KB216568

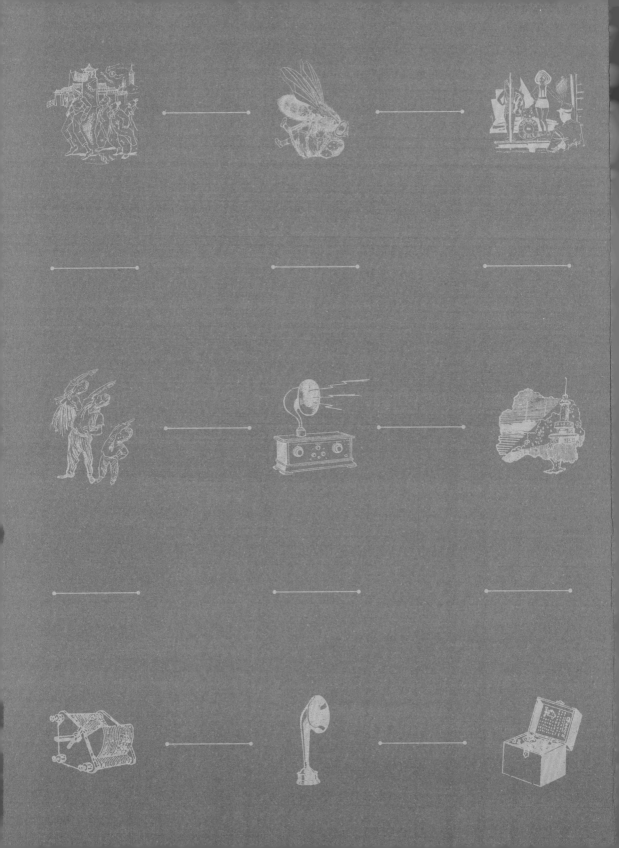

포스터로 본
일제강점기 전체사

포스터로 본 일제강점기 전체사

일본식민주의 미학과 프로파간다

초판 1쇄 발행 2023년 11월 30일
초판 2쇄 발행 2024년 6월 10일

지은이   최규진
펴낸이   이영선
책임편집   김종훈

편집   이일규 김선정 김문정 김종훈 이민재 이현정
디자인   김회량 위수연
독자본부   김일신 손미경 정혜영 김연수 김민수 박정래 김인환

펴낸곳 서해문집 | 출판등록 1989년 3월 16일(제406-2005-000047호)
주소 경기도 파주시 광인사길 217(파주출판도시)
전화 (031)955-7470 | 팩스 (031)955-7469
홈페이지 www.booksea.co.kr | 이메일 shmj21@hanmail.net

ⓒ 최규진, 2023
ISBN 979-11-92988-36-8 93910

이 도서는 한국출판문화산업진흥원의 '2023년 우수출판콘텐츠 제작 지원' 사업 선정작입니다.

포스터로 본
일제강점기 전체사

일본식민주의 미학과 프로파간다

최규진 지음

서해문집

머리말

일제강점기 포스터

1949년에 출간한 조지 오웰George Orwell의 소설 《1984》는 전체주의 독재를 비판하는
'디스토피아 소설'이다. 이 소설에서 가상의 국가인 오세아니아Oceania의 독재자 빅
브라더Big Brother는 텔레스크린telescreen으로 사람들의 모든 일상을 감시한다. "빅 브라더는
당신을 지켜보고 있다." 그 눈은 "동전에도, 우표에도, 책 표지와 깃발에도, 포스터에도,
그리고 담뱃갑에도, 어디에도 쫓아오고 있다."[1] 감시와 처벌만이 아니었다. 오세아니아의
'진리성'에서는 "전쟁은 평화, 자유는 예속, 무지는 힘"과 같은 괴상망측한 선전을 끝없이
되풀이했다. 그 선전에서 포스터가 큰 역할을 했다.

오세아니아와 일제강점기의 식민지 조선을 맞비교할 수는 없다. 그러나 포스터가 주요한 선전
수단인 것은 똑같다. 강렬한 색을 칠한 포스터는 중요한 시각미디어였다. 선전가들은 다양한
대중에게 특정 이념을 제창하는 데 비교적 값싼 형태의 대중매체인 포스터를 자주 이용했다.[2]
포스터란 무엇일까. 일제강점기 사전에서는 포스터란 "선전과 광고용의 문자와 회화"라고
정의했다.[3] 포스터라는 말을 언제부터 썼을까. 일본에서는 1919년 또는 1920년 무렵부터
널리 쓰기 시작했다.[4] 식민지 조선도 그와 비슷했다. 그러나 아직 사람들이 외국어에 익숙하지
않았던 때에 포스터를 '광고화廣告畵'나 '광고 그림'[5] 또는 '선전하는 그림'[6]이라고 했다.
일본에서도 처음에는 포스터가 아니라 '광고화'라고 불렀다.[7]

이 책은 일제강점기 포스터를 다룬다. 일제강점기의 성격을 규정할 때 '식민지 근대'라는 말을

쓰곤 한다. '모던modern', 곧 '근대'란 참 어려운 개념이다. 그런데 '근대'라는 말에 식민지라는 말까지 덧붙이면 훨씬 더 어렵다. '식민지 근대'란 도대체 무엇일까. 일제강점기에 마주했던 '근대'를 어떻게 보아야 할까. 간단하게 말하기 힘들다. 다만, 이 책에서는 여러 포스터를 해석하면서 '식민지 근대'의 모습을 차근차근 들추려 한다.

이 책은 일제가 포스터를 제작하고 배포했던 1915년부터 일제가 패망하는 1945년 8월까지를 대상으로 한다. 포스터에 담긴 제국주의 이데올로기를 분석하는 것이 주요한 목표 가운데 하나다. 그러나 포스터를 배포하는 역사적 배경과 문화적 맥락을 놓치지 않을 것이다. 그 시절을 살아 내야 했던 민중의 삶도 포스터로 읽어 내고 싶다.

포스터와 프로파간다

유럽과 미국에서는 1880년 무렵 색채가 화려한 대형 옥외 포스터를 많이 만들었다. 파리나 베를린, 뉴욕의 길거리에는 광고탑, 빌딩 벽면, 교외 광고 게시판 등 옥외 게시 장소가 차츰 생겨났다. 유럽에서 포스터는 돈을 내고 옥외 게시장소에 게시하는 것을 전제로 해서 출발했다.[8] 이때의 포스터는 '거리의 미술관'이었다.[9] 1890년대 포스터의 인기는 절정에 다다랐다. 수집가들을 위해 특별판을 만들었고, 벽에 붙은 포스터를 떼어 가는 일도 있었다.[10] 아름다운 대형 포스터는 '시각예술'로서 여러 나라에서 포스터 붐이 일어났다. 포스터는 수집 대상이 되고 화랑에서 거래되기도 했다. 19세기 말에서 1900년대에 구주歐洲 각국의 포스터는 선명한 색을 사용해 화려한 장식성을 과시하는 대형 석판화라는 점이 공통이었다.[11]

그러나 제1차 세계대전이 일어나면서 포스터는 완전히 그 모습이 바뀌었다. 구미 각국은 병사 모으기나 전쟁 비용 조달을 위한 절약, 국채國債 구입, 물자 제공 등을 국민에게 호소할 필요가 절박했다. 그들은 전쟁을 선전하고 전의를 높이려고 앞다투어 포스터를 많이 만들었다. 이것이 이른바 '대전大戰 포스터'였다. 라디오는 아직 보급되지 않았다. 글자를 읽을 수 있는 사람이 적었다는 점을 고려한다면 신문은 매체로서 힘이 약했다. 포스터는 보는 눈에 호소한다는 독특한 힘이 있어 전의를 드높이고 애국심을 개발하는 데 큰 영향을 미쳤다. 길거리를 장식했던 처음의 포스터가 '예술적'이고 '장식적'이었던 것에 견주어 '대전 포스터'는 단순하게 표현하면서 의지를 강하게 전달하는 '메시지 매체'의 성격이 강했다.[12]

제1차 세계대전은 최초의 총력전이었다. 19세기 전쟁과는 달리 제1차 세계대전에서는 모든 국민이 전쟁에 참여했다. 공중 폭격과 원거리 포격으로 민간인과 군인의 구분도 사라졌다. 전쟁을 치르는 정부는 자기 국민만이 아니라 적대국의 국민에게도 선전했다.[13] 군사력과 경제력 못지않게 여론을 장악하는 일이 중요했다. 제1차 세계대전 뒤부터 일본 정부와 일본군은 선전이 필요하다는 것을 인식하기 시작했다. 일본 정부는 영국과 프랑스를 주축으로 하는 연합군이 승리하는 데 선전전이 큰 역할을 했다고 보았다.[14]

선전이란 무엇일까. 크게 보면 "어떤 생각을 널리 유포하는 메커니즘이 곧 선전이다."[15] 일제강점기에는 선전을 다음과 같이 정의했다. "선전이란 자기 또는 자기 집단이 요구하는 방향으로 상대방 또는 다른 집단을 끌어들이는 수단이다."[16] "선전이란 어떤 주장을 선포하고 달성하기 위한 하나의 수단이다."[17] 요즈음에도 선전을 이와 비슷하게 정의하는 일이 많다. 보기를 들면 "선전이란 사람들을 특정한 방식으로 생각하고 행동하게 만들어 어떤 목적을 이루기 위해 고안해 낸 개념을 전파하는 것"으로 정의한다.[18]

18~19세기 동안 대부분의 유럽 언어권에서 '선전'은 정치적 신념의 유포, 종교적 복음의 전파, 상업광고 등을 일컫는 중립적 의미로 사용됐다. 그러나 제1차 세계대전을 지나면서 '선전'은 중립성을 잃어버렸다.[19] 많은 사람이 "선전이란 조작된 설득"이라는 부정적 느낌을 지니게 되었다. 이러한 인식에 따르면 "선전이란 대중에게 침투하기 위해 동원되는 교활한 방법"이다.[20] "선전이란 자신이 바라는 행동을 다른 사람에게 촉구하려고 그들의 인식을 의도적으로 조작하는 것이다", "선전이란 여론을 움직이려 할 때 쓰는 일련의 기술이다." 이러한 개념 규정은 "선전이란 정교하게 조작된 기만이며 속임수다"라는 말과 서로 통한다.[21] 설득은 논리를 중심으로 삼지만, 선전은 감성에 호소한다.[22] 그러나 선전을 단순히 비논리적 사기나 거짓말과 똑같은 것으로 여길 수는 없다. 선전이란 국가의 의지를 전달하고 지배 이데올로기를 확산하는 주요한 장치이기도 하기 때문이다.

변화하는 일제의 선전정책

일제는 식민 통치를 하면서 강제와 억압뿐만 아니라 설득과 회유도 했다. 일제는 여러 '문화사업'을 해 민중의 환심을 사려고 했으며 온갖 방법으로 자신의 치적을 홍보했다.

또한, 일제는 '근대적' 계몽과 대중 동원을 위한 선전 활동을 멈추지 않았다. 근대 미디어가 발달하면서 선전은 더욱 활기를 띠었다. 서구에선 1919년 베르사유조약 체결부터 1929년 대공황에 이르기까지 평시 선전 분야가 크게 호황을 누렸다.[23] 마찬가지로 일제도 1920년대부터 선전이라는 말을 자주 입에 오르내렸으며, 그에 따라 선전 기술도 정교해졌다. 이른바 1920년대 '문화통치기'에 '내선융화'를 선전하려는 다음 그림이 그 보기다.

그림 1 팸플릿 표지, 《매일신보》 1921년 4월 18일; 《경성일보》 1921년 4월 15일

그림 2 리플릿 표지(연도 미상), 민족문제연구소 엮음, 《식민지 조선과 전쟁미술》, 2004, 64쪽

그림 1은 일본의 치적을 선전하는 팸플릿(소책자) 표지다. 이 팸플릿은 조선총독부에서 1921년 4월 16일부터 3일 동안 주요 지역에서 강연회, 활동사진 등으로 자신들의 치적을 대대적으로 선전할 때 배포했다.[24] '동창同昌, 공락共樂'이라고 적혀 있다. 함께 번영하고 함께 즐기자는 뜻이다. 이 팸플릿은 "문화정치의 실재를 보여 주고 일본과 조선 두 민족이 공존공영하는 모습을 선전"하려고 만들었다.[25]

그림 2는 그림 1과 도안이 같지만 '조선 안내'라고 적혀 있다. 조선 관광 안내 리플릿 표지다. 조선과 일본 어린이가 어깨동무하고 기와 담장 옆에 서 있다. 일본 어린이는 기모노가 더러워지지 않도록 하는 아동용 앞치마(まえかけ, 前掛け)를 입었다. 평화의 상징인 비둘기가 그 앞에서 모이를 쪼고 있다. 일본 어린이가 굴렁쇠를 들고 있어서 두 아이가 함께 놀고 있음을 알겠다. 그림 1·2는 똑같은 도안을 여러 용도로 사용했음을 보여 준다. 그와 마찬가지로 포스터를 잡지 표지나 광고에 그대로 사용하는 일도 적지 않았다.

일제의 선전정책은 세 시기로 나눌 수 있다. 제1기는 1905년 통감부 설치에서 3·1운동이 일어난 1919년까지다. 이 시기는 '조선의 정보를 탐내는' 일본인에게 조선 정보를 제공했다는 특징이 있다. 이 시기에 일제는 주로 언론을 통제하는 정책을 펼쳤다. '선전'이라고 해도 정보를 제공하는 정도였다. 따라서 본격적으로 선전이 시작된 것은 제2기부터라고 할 수 있다. 일제는 1920년대부터 본격적으로 '근대 미디어'를 동원해 선전하기 시작했다. 신문에선 다음과 같은 기사를 실었다. "선전이라는 말이 요즈음 유행어 가운데 가장 큰 유행어다. 선전이란 영어의 프로파간다를 번역한 말이다."[26] 제2기는 1920년부터 1937년 중일전쟁이 일어나기 전까지로 '조선정보위원회'가 활동했던 때다. 이 시기에는 조선 통치 실패에 대한 나라 안팎의 비판에 대응해 여론을 쇄신하고 독립의식을 억제하려는 선전을 했다. 제3기는 1937년 7월 7일 중일전쟁이 일어났을 때부터 1945년 8월 15일 패전에 이르기까지로 '조선중앙정보위원회'가 주도하는 시기다.[27] 조선중앙정보위원회는 "여론을 통일하고 사상전을 준비하기 위한 정보, 계발, 선전기관"이었다.[28] 제3기는 일본이나 조선이나 전쟁을 위한 선전에 집중했지만, 조선은 "황국신민화 선전을 통해서 시국 인식을 심화시켰다"라는 점에서 일본과 달랐다.[29]

선전의 테크놀로지와 포스터

대중에게 선전할 때 근대 미디어가 중요한 역할을 했다. 일제는 근대 미디어를 활용해 '교화와 선전'의 그물망을 펼쳤다. 일본에서도 선전이 중요했지만, 조선은 '독특한 사정' 때문에 선전이 더욱 중요했다. 일제 관헌 자료에서는 그 까닭을 다음과 같이 적었다.
첫째, 황국신민을 육성하려면 선전이 매우 중요하다. 둘째, 반도에서 사상전체제를 확고히 하려면 선전이 필요하다. 반도가 중국과 소련에 가까이 있다는 지리적 사정을 이용해서 적들이 조선을 사상전 공세의 목표로 쉽게 이용할 수 있다. 방공이라든가 방첩에서 고등경찰이 나서서 사찰하고 단속하는 것은 임시 조치에 지나지 않는다. 오히려 선전에 힘을 쏟아 사상전 체제를 굳건하게 하는 것이 무엇보다 중요하다. "조선 반도의 '정신적 방위'를 위해 선전이 필요하다." 셋째, "조선의 현실과 조선 통치의 실상을 나라 안팎에 이해시키려면 정보선전이 필요하다."[30] 이 세 번째 이유는 3·1운동 뒤에 악화한 국제여론과 간도·남만주·연해주에서 반일 무장독립군의 투쟁이 날로 격렬해지자 일제가 그 대응책을 마련해야 했던 사정을 보여 준다.[31]

일제는 여러 선전 수단을 동원했다. 일제의 선전 담당자가 직접 정리한 그들의 선전 수단을 요약하면 다음과 같다.[32]

① 신문: 신문은 총독부의 통치 방침에 협력해서 '신문보국新聞報國'에 매진하고 있다.

② 라디오: 뉴스와 강연 방송, 관청 공시사항을 널리 알린다.

③ 영화: 영화의 영향력이 큰 것은 말할 필요가 없다, 조선의 '관청영화官廳映畵'로서 총독부 영화반에서 만든 영화가 있다.

④ 강연회: 이것은 가장 널리 보통으로 행해지는 계발선전啓發宣傳 방법이다. 총독부 국·과장을 비롯해 관민 유명 인사를 동원해서 시국 인식과 국민정신총동원에 대한 강연회를 여러 번 열었다. 특히 조선 부인의 계발을 위해 조선 여류교육가를 동원하여 순회강연회를 여는 데 힘을 쏟고 있다.

⑤ 좌담회: 좌담회란 강연회와는 다르게 강사와 청중이 질문 응답 또는 의견 교환을 하는 것이다. 여러 좌담회 가운데 주재소와 경찰관을 중심으로 하는 '경찰좌담회'가 조선에서 보편적으로 행해지고 있으며 매우 좋은 효과를 내고 있다.

⑥ 가미시바이(그림연극): 시국 인식과 내선일체, 방공방첩, 저축장려, 납세장려, 위생사상 보급 등에 활용하고 있다.

⑦ 뉴스 사진: 뉴스 사진은 간편하게 제출해 전시할 수 있는 특징이 있다. 전쟁을 알지 못하는 지방의 민중에게 시국을 인식시키는 선전력이 크다.

⑧ 포스터와 삐라: 선전용으로 가장 일반적으로 또 다량으로 사용하는 방법이다. 선전적 도안과 선전적 표어로써 직접 눈에 간단하게 호소하는 것이다. 셀로판 삐라가 있다. 자동차, 기차 등의 유리나 집의 문 등에 붙여 사람들의 눈에 띄게 한다.

이상과 같은 선전 방식 가운데 선전 비용이 적게 드는 포스터는 "직접 눈에 간단하게 호소"하는 효과가 있어서 일제가 자주 이용했다. 특히 중일전쟁 뒤부터 본격적으로 전시체제에 들어서면서 선전 수단으로 포스터를 더욱 중요하게 여겼다.[33] 그러나 사회운동가에게도 포스터는 중요했다. "포스터는 시간적으로 보아 가장 생명이 길고 대중의 눈길을 끌기에 가장 편리하"기 때문이었다.[34]

위에 보기를 든 선전 수단 말고도 일제는 훈시, 유고, 성명, 담화, 팸플릿, 전람회, 전시회,

각종 행사 등으로 선전했다. 어디 그뿐인가. 다음 글은 개인의 일상생활에 얼마나 선전이
깊숙하게 침투하고 있었는지를 보여 준다.

사람의 눈길이 닿고 귀로 들을 수 있는 모든 것은 선전매체로 이용할 수 있다. 보기를 들면, 현수막,
스탬프, 연초 카드, 그림엽서, 영화 자막, 애드벌룬, 전광판, 달력, 지도 등이다. 조선전매국에서
담배 속에 시국에 관한 표어 등을 적은 카드를 넣어서 시국을 인식할 수 있도록 했다. 영화
막간幕間에 시국 선전의 표어를 자막으로 보여 주는 것은 선전에 효과가 있다. 영화를 상영하기 전에
황국신민서사를 보여 주는 것처럼 각종 주간週間에 그것을 자막으로 알리는 것이 그 보기다.[35]

"사람의 눈길이 닿고 귀로 들을 수 있는 모든 것을 선전매체로 이용한다." 이 말은 일제의 선전
메커니즘을 아주 잘 보여 준다. 또한, 모든 문화와 예술 영역은 통제의 대상이자 국민동원의
수단이 되었다.
위에 인용한 여러 선전 방법에서 '가미시바이紙芝居'가 매우 낯설다. 가미시바이란 무엇일까.
핵심만 짚어 보자. 가미시바이는 일본에만 있던 미디어다. 식민지 조선에서는 가미시바이를
'종이연극', '조희연극', '조희광대', '지연극紙演劇', '화극畵劇' 등 여러 이름으로 불렀다.[36]
가미시바이란 매우 간단한 무대장치에 1세트의 그림을 넣고 차례로 그림을 빼면서 실연자가
연극처럼 설명하는 것이다. 1세트에 16~28장 남짓한 그림이 들어 있다. 무대장치는 자전거
뒷부분에 놓는 일이 많았다.[37]
그림 3 사진이 그 사실을 알려
준다.
일본에서 1920년대 후반
불황기에 엿장수 등이 사람을
모으는 수단으로 종이에 그림을
그리고 여기에 말을 붙이면서
가미시바이가 시작되었다.
1930년대 초에 〈황금박쥐〉라는
모험활극이 크게 인기를 끌면서
'길거리 가미시바이' 전성시대가

그림 3 사진, 조선총독부 정보과, 《통보通報》 128호, 1942년 11월 15일,
18쪽

열렸다.[38] 가미시바이는 그림을 보여 주면서 설명을 했기 때문에 쉽게 정보를 전달할 수 있었다. 또 무성영화에서 변사가 크게 활약했듯이, 가미시바이 실연자의 말솜씨가 중요했다. 일제는 1937년부터 식민지 조선에서 가미시바이를 프로파간다에 활용하기 시작했다. 다음 그림을 보자.

그림 4는 총독부 문서과에서 처음으로 '시국 선전'을 하려고 만든 '지나사변과 총후의 반도'라는 가미시바이 그림이다. 책상 위에서 가미시바이를 실연하는 모습이다.

그림 4 사진, 古田才, <朝鮮に於ける時局と紙芝居>(1), 조선총독부 경무총감부 엮음, 《경무휘보》 385호, 1938년 5월, 131쪽

그림 5 삽화, 《황민일보》 1942년 10월 9일

가미시바이는 비용이 적게 들고 시설이 매우 간단했다. 게다가 자전거나 그림 5처럼 간단한 무대를 이용해서 어디서든 쉽게 공연할 수 있었다. 식민권력은 가미시바이가 시국을 인식시키는 '문화공작'의 첨병이자 '농산촌의 건전오락'이 되어야 한다고 생각했다.[39] 가미시바이는 오락 욕구와 프로파간다를 결합한[40] 달콤한 선전(sweet propaganda)[41] 수단이었다. 일제는 물자난이 심각했던 태평양전쟁 말기에 가미시바이를 더욱 장려했다. 일본에서 탄생한 독특한 매체인 가미시바이는 조선만이 아니라 대만과 만주, 그리고 그 밖의 점령지에서도 일제의 선전 수단으로 활용되었다. 다음 그림이 그 사실을 보여 준다.

그림 6 삽화, 鈴木常勝, 《メディアとして紙芝居》, 平文社,　　그림 7 사진, 《매일신보》 1943년 8월 19일
2005, 83쪽

그림 6은 중국 광저우에서 가미시바이로 선전하는 모습을 그린 삽화다. 그림 7은 말레이시아
'원주민'을 모아 놓고 영국과 미국을 격멸하자는 내용의 가미시바이를 실연하는 사진이다.
여러 선전 수단 가운데 벽신문이 있었다. 벽신문이라는 말도 낯설다. 이 책에서 몇 개의
중요한 벽신문을 소개했기 때문에 벽신문이 무엇인지 좀 더 자세하게 살펴보겠다. 벽신문은
공장, 사무소, 집회소, 합숙소 등 대중이 잘 모이는 곳의 벽을 이용해서 여러 가지 정치, 시사
문제, 뉴스, 사진, 만화 등을 붙여 놓고 지나가는 사람들에게 공개하는 신문 형태의 매체를
일컫는다.[42] 노동운동 진영이나 사회주의 계열에서도 벽신문을 활용해 자신들의 사상과
운동방침을 선전하려 했다. 그러나 일제는 그러한 벽신문을 허락하지 않았다. 벽신문도 일제가
독점했다. 일제는 벽신문을 다음과 같이 설명했다.

> 포스터가 가진 선전 소구력訴求力에 여러 종류의 주장과 보도성을 첨가한 것이 벽신문이다.
> 소련에서 가장 일찍부터 발달했지만, 소련이나 이탈리아의 벽신문은 뉴스 중심주의다. 독일에서는
> 이에 선전 소구성訴求性을 가미해서 커다란 효과를 보았다. 일본에서도 정보국이나 대정익찬회,
> 산업보국회 등에서 벽신문을 활용하고 있다. 군軍에서도 점령지에서 원주민을 위해 벽신문을 써서
> 선무宣撫·선전에 중대한 역할을 하고 있다.[43]

위에 인용한 글을 보면, 일제가 포스터의 장점을 살리되 좀 더 많은 정보를 전달하려 할 때
벽신문을 활용했음을 알 수 있다. 문자량이 많은 큰 포스터를 일반적으로 '벽신문'이라고

불렀다.[44] 일제는 태평양전쟁 뒤부터 벽신문을 예전보다 더 많이 활용했다.

이 책의 구성과 포스터의 배치

이 책의 전체 구성과 포스터를 배치한 맥락을 알아 두면 혹시 생길지도 모를 혼돈을 피할 수 있다.

첫째, 이 책은 포스터를 몇 개의 범주로 나누어 묶되 한 주제 안에서는 시간의 흐름에 따라 배치했다. 일제강점기의 포스터를 1장 계몽, 2장 홍보, 3장 사상동원, 4장 전쟁동원이라는 네 범주로 나누었다. 얼핏 보면 1장과 2장은 전쟁 이전의 포스터이고 3장과 4장은 전시체제기의 포스터로 비칠 수 있다. 그러나 각 주제는 모든 시기를 아우르고 있다. 비록 네 개의 장으로 나누었지만 1장 계몽과 2장 홍보의 내용이 겹치기도 한다. 3장 사상동원과 4장 전쟁동원은 '동원'이라는 측면에서는 같은 범주라고 할 수도 있다. 1장과 2장에서 다루는 포스터는 일제가 자신들의 지배정책을 관철하기 위한 '은밀한 유혹'[45]을 다룬다. 따라서 1장과 2장은 3장의 '사상동원'과 같은 범주라고 할 수도 있겠다. 이처럼 각 장은 서로 떨어져 있으면서도 서로 긴밀하게 연결된다.

둘째, 이 책은 상품을 광고하려고 만든 '상업 포스터'는 다루지 않는다. '인쇄예술의 정수'인 포스터는 상업광고에 널리 쓰였다.[46] 일제강점기에 영화 포스터를 비롯한 상업 포스터가 아주 많아서 길거리뿐만 아니라 목욕탕이나 이발소 등 곳곳에 붙어 있었다.[47] 그림 8이 그 사실을 보여 준다.

그림 8은 종로 야시 끝에 있는 빙수 가게 모습이다. 왼쪽 벽에 '기린 맥주' 포스터가 있다. 이뿐만 아니라. 매체에서도 '시장

그림 8 삽화,《동아일보》1937년 8월 26일

그림 9 《경성일보》 1928년 12월 7일

그림 10 일본 포스터(1928),
에도도쿄박물관 소장

쟁탈전' 등의 기사를 쓰면서 맥주나 화장품 포스터를 싣기도 했다.[48] 그림 9·10이 그 보기다. 그림 9는 신문에 실린 '구라부 미신美身 크림' 포스터이고 그림 10은 에도도쿄박물관이 소장하고 있는 자료다. 같은 포스터다. 손에 거울을 든 여성을 그렸다. 그 여성은 고개를 비틀었다. 이것은 일본에서 '여자다움'을 표현하는 패턴화된 신체 기법이었다.[49] 그림 9·10처럼 화려하게 치장한 상업 포스터는 근대인에게 볼거리를 제공하며 시각 경험에 큰 영향을 미쳤다.[50] 상업 포스터를 '판매전의 돌격대' 또는 '쇼윈도의 영화'라고 규정했던 신문 기사를 요약해서 소개한다.

포스터는 상품의 얼굴이기 때문에 좋은 물건, 나쁜 물건을 결정하는 데 중요한 역할을 한다. 판매전의 돌격대가 바로 포스터다. 같은 상품이라 하더라도 포스터가 무언의 요염한 소리를 내고 불꽃을 튀게 해 고객을 끌어들인다. 특히 포스터는 길거리 쇼윈도를 물들이는 영화로서 교묘하게도

그림 11 광고, 《동아일보》 1938년 12월 22일

그림 12 일본 포스터(1938), 田島奈都子
編,《プロパガンダ·ポスターにみる日本
の戦争》, 勉誠出版株式會社, 2016,
39쪽, 에도도쿄박물관 소장

영화 못지않은 볼거리를 제공한다. 포스터는 큰 상점의
쇼윈도, 끽다점, 그릴, 호텔과 공중목욕탕의 벽에 있다.
그리고 영화계 공방전의 첨단 역할을 한다.[51]

셋째, 이 책에는 포스터가 아닌 다른 이미지 자료도 섞여
있다. 포스터를 더 잘 알 수 있도록 잡지 표지, 사진, 삽화,
만화, 광고 등을 보조자료로 활용했다. 광고와 '프로파간다
포스터'를 비교하는 보기를 들면 그림 11·12와 같다.
그림 11의 상업광고는 그림 12 포스터의 주제와 소재를
차용했다. 국가의 명령에 따라 일사불란하게 일하러
가는 사람들을 그렸다. '장기전'이 된 중일전쟁에서 힘을
모아 '신동아'를 건설하자는 내용이다. 이처럼 민간의
'상업선전'과 국가의 정치선전이 서로 겹쳤다. 그림 11은
이윤 획득의 수단인 광고가 '여론지도'의 역할을 하고
있음을 보여 준다.[52] 이제 광고와 상업 포스터의 관계를 보자.
술 광고인 그림 13과 강장제 약 포스터인 그림 14는 똑같이 중일전쟁에 참전한 일본 군인을
모델로 삼았다. 이처럼
광고와 상업 포스터가
서로 비슷한 경우가 적지
않다. 도안을 만든 사람이
같거나 서로 영향을
주고받았기 때문일
것이다.
이 책에는 전단도 일부
섞여 있다. 전단은
포스터와 관계가 깊기
때문이다. 그러나 독자가
포스터와 여러 종류의

그림 13 광고,《매일신보》1937년 12월
11일

그림 14 일본 상업 포스터(연도 미상),
三好一,《日本のポスター: 明治 大正
昭和》, 紫紅社, 2003, 138쪽

시각 자료를 혼동하지 않도록 캡션을 달아 구별했다.

넷째, 이 책에 컬러 포스터를 실은 내막은 다음과 같다. 옛 잡지에 매우 드물게 컬러 포스터가 있다. 그러나 모든 매체는 거의 모두 흑백 사진으로 포스터를 전달한다. 그나마 상태가 좋지 못하면 알아보기조차 힘들다. 다행스럽게도 그 포스터 가운데 어떤 것은 오늘날의 '현존 자료'를 통해 컬러로 선명하게 볼 수 있다. 그 경우 옛 자료와 '현존 자료', 그렇게 두 포스터를 견주면 특별한 느낌을 받을 수도 있다. 그리하여 이 책에서는 때로는 앞의 그림 9·10처럼 흑백과 컬러로 된 두 포스터를 함께 제시하기도 했다. 그러나 옛 매체에 실린 흑백 포스터와 '현존 자료'의 컬러 포스터, 이렇게 두 종류가 있을 때 이 책은 컬러 포스터만을 제시하는 것을 원칙으로 했다. 왜냐하면 두 포스터를 한꺼번에 보여 주면 번잡해지고 쓸데없이 분량이 많아지기 때문이다. 다만, 자료 출처는 식민지 조선의 매체를 앞에 쓰고 국내외 박물관이나 출판물의 출처를 뒤에 적었다. 보기를 들면 그림 15와 같다.

컬러는 선전 내용을 강렬하게 전달하기 위해 사용하는 중요한 표현 요소다. 컬러에 따라 수용자가 포스터를 받아들이는 인상이 크게 달라진다. 따라서 컬러로 된 '현존 자료'를 보면 옛사람의 시각적 체험을 더 잘 이해할 수 있다.

다섯째, 이 책은 매체에는 없지만, 박물관 홈페이지나 도록 등에서 소개한 포스터도 일부 실었다. 이 경우 다른 포스터들과 함께 배치해 맥락을 파악할 수 있도록 했다. 일본 포스터나 서구의 포스터라 할지라도 국내 포스터를 이해하는 데 도움이 되는 것은 이 책에 실어서 서로 비교할 수 있도록 했다. 일제강점기의 포스터를 세계사적 맥락 또는 '제국의 연쇄' 속에서 생각하는 계기를 마련하려는 뜻에서였다.

여섯째, 본문에 싣지 못한 포스터는 부록으로 실었다. 한 주제로 묶을 수 없었던 여러 종류의 포스터를 시대별·주제별로 배치했다. 부록은 아무런 해설 없이 포스터를 나열한 것일

그림 15 《조선신문》 1928년 12월 14일; 《경성일보》 1928년 12월 14일, 후쿠오카시박물관 소장

따름이지만, 더 많은 이미지 자료를 제공한다는 차원에서 나름대로 의미가 있다. 그 자료가 연구자에게 조금이나마 도움이 된다면 다행이다.

이 책의 목표와 특성

이 책은 "포스터로 보는 일제강점기 전체사(total history)"를 지향했다. '전체사'는 사람마다 다른 의미로 사용하지만, 일반적으로 정치사·경제사·문화사와 같은 분리된 틀을 뛰어넘는 역사서술을 뜻한다. '전체사'란 개별 사건일지라도 넓은 맥락을 고려하면서 '통합적'으로 해석하는 역사이기도 하다. 이 책은 '통합적 시각'으로 포스터를 해석하면서 일제강점기의 '전체사'를 서술하려고 했다.

이 책은 다음과 같은 특징이 있다. 첫째, 일제강점기의 매체와 문헌에 실려 있는 거의 모든 포스터를 수집하고 정돈한 것을 토대로 삼았다. 이것이 이 책의 가장 큰 특징이자 장점이다. 그렇게 모은 포스터 가운데 많은 것이 아직 세상에 알려지지 않았다. 그 포스터들은 비록 색이 선명하지 않고 흑백으로 된 것일지언정 매우 소중한 정보를 담고 있다. 많은 자료를 데이터베이스로 구축하여 검색 기능을 강화한 오늘날에도 이미지 자료는 검색할 수 없다. 오직 신문 한 장 한 장, 잡지 한 쪽 한 쪽을 모두 넘겨 보아야만 포스터를 발굴할 수 있다. 나는 10년이 넘는 동안 그 작업을 해 왔다.

둘째, 포스터를 매우 중요한 사료로 여긴다. 이제 그 누구도 문자 사료만이 역사 자료라고 생각하지 않는다. 비문자非文字 사료도 문자 사료 못지않게 중요하다는 것은 상식이다. 마침내 비문자 사료는 문자 사료를 뒷받침하는 들러리에서 벗어나 그 자체로 역사 해석의 주요한 재료가 되었다. 포스터뿐만 아니라 사진, 만화, 광고, 삽화, 회화 등의 시각 이미지는 '역사적 재현'이자 중요한 역사 자료다.[53] 더구나 거의 모든 포스터는 주제어나 텍스트를 덧붙여 쓰면서 '객관적'이며 명확하게 의사를 전달하려고 한다. 따라서 포스터는 역사를 이해하는 사료의 근거를 충분히 확보하고 있다.[54]

셋째, 여러 종류의 포스터로 일제강점기를 촘촘하게 살펴보되, 포스터 하나하나를 전체의 맥락 안에 배치하려고 했다. 나무는 보고 숲을 보지 못하는 오류를 벗어나려 했다는 뜻이다. 포스터를 배포하는 사회적이고 정치적인 맥락을 놓치지 않으려고 했다. 또한, 이 책에선 역사학만이 아닌 여러 학문 분야의 성과와 방법론을 적극적으로 받아들였다. 포스터에 담긴 의미를 알아내려면 도상학의 도움을 받아야 했고 미술사 연구 성과도 힘닿는 대로 공부해야만 했다.

넷째, '일상생활사 관점'을 유지하려고 했다. 일제의 선전 포스터는 식민권력이 어떻게 대중을 장악하려 했으며 일상생활을 재조직하려 했는지를 뚜렷하게 보여 준다. 그뿐만 아니라 포스터에는 '거대 담론'에 가려졌던 '작은 역사'들이 있다. 정말이지 포스터에는 식민지 시대를 풍요롭게 이해할 수 있는 소재가 많다. 포스터는 그동안 잘 알려지지 않았거나 스쳐 지나쳤던 미세한 생활사 영역을 풍요롭게 탐색할 수 있게 한다.

다섯째, 문화정치학적 접근법을 시도했다. 포스터라는 이미지 자료를 이데올로기 지형만이 아닌 문화적 맥락 안에 자리 잡게 하려 했다는 뜻이다. 그동안 "정치경제적 변동이 문화에 어떤 영향을 미쳤는지는 분석했지만, 문화 자체의 내부에서 어떤 정치가 작동하고 있었는지는 생각하지 못했다."[55] 문화정치학적 방법론은 그래서 필요했다. 일제강점기, 더욱이 전쟁 때 '문화'는 부차적 문제였다고 생각하는 것은 큰 오류다. "문화도 전쟁의 무기"[56]라는 일제의 선언에서 보듯이 전시체제기에도 일제는 '문화'를 매우 중요하게 여겼다. "문화를 통해 국민의 사기를 높이고 문화를 통해 일본정신을 드높여 미국·영국과 사상전을 치른다. 전쟁의 군수품인 예술과 오락을 국책에 맞게 편성해서 사기를 높이고 언론과 문예를 전쟁에 동원한다."[57] 그렇게 일제는 문화와 예술, 그리고 오락을 전쟁으로 동원했다.

여섯째, 매체에 실린 포스터가 흐릿해서 잘 보이지 않는다 해도 역사적 배경을 안다면 그 의미를 해석해 낼 수 있다고 생각했다. 포스터는 당대의 이데올로기를 시각적으로 번역한 것이자 '시각적 속기速記'다.[58] 따라서 그 포스터를 해석할 때 주관적 요소가 작용하기 마련이다. 그 누구도 '객관적'일 수 없다. "설득력이 있는가." 그것만이 문제다. "역사가에게 이미지는 핵심적이면서도 속기 쉬운 사료다."[59] 이 사실을 늘 염두에 두었다. 그러나 아무리 신경을 쓴다 해도 이미지 해석에 전혀 오류가 없다고 장담할 수는 없다. 그 오류는 앞으로 함께 고쳐 가면 될 것이기에 용기 내어 이 책을 썼다.

일곱째, 그동안의 연구 성과를 충실하게 반영하면서도 사료를 발굴해 새롭게 서술한 내용이 적지 않다. 그러나 쓸데없이 복잡한 사실들을 늘어놓기보다는 절제하고 압축해 쉽게 전달하려고 했다. 그저 여러 포스터를 모아 놓은 두꺼운 자료집쯤으로 여기지 않았으면 좋겠다. 나로서는 이 책이 전문 연구자에게도 적잖은 시사를 줄 수 있기를 기대한다.

"이미지는 글보다 전염성이 강하다."[60] 독자 여러분께서는 포스터를 디딤돌로 삼아 재미있고
풍요롭게 일제강점기의 '전체사'를 이해하는 길로 들어서길 바란다. "지배 이데올로기를
지배적으로 만들려 했던" 일제의 프로파간다를 오늘날의 자본주의 프로파간다에 빗대어
생각한다면 더 바랄 것이 없겠다.

차례

2 널리 알리니

함께해 주세요

구경 한번 와 보세요

3 황국신민이 되어라

4 동원되는 신체와 물자

I

국민이여 깨우쳐라

알라! 근대의 위생

위생과 건강:
파리 잡는 날, 폐디스토마와 회충

위생과 건강, 이것은 제국주의자들이 식민정책을 대중에게 전파하는 주요 장치였다.
제국주의자들은 "건강을 보살피고 문명의 세계로 이끈다"라는 것을 명분으로 내세웠다.
제국주의자들이 위생과 건강에 신경을 쓴 까닭은 식민지에 사는 자국민들을 위할 뿐만 아니라,
식민지 민중이 건강해야 노동력을 착취할 수 있기 때문이기도 했다. 이제 이미지 자료에
나타난 일제강점기 위생과 보건정책의 방향을 살펴보자.

그림 1 전단, 《경성일보》 1929년 9월 5일

그림 1은 경기도 위생과에서 위생 사상 선전용으로
만든 전단이다.[1] "파리를 잡으시오, 파리는 병의 씨를
뿌리오"라고 적었다. 병균을 마구 흩뿌리는 파리를 그렸다.
이렇게 위생 계몽에서는 파리 잡기를 강조했다. "사람
잡아먹는 파리"라고도 했다.[2] 파리가 전염병을 옮기기
때문이었다. "파리를 잡아 오면 돈을 준다." 신문에 이런
기사가 심심찮게 실렸다. "황해도 헌병파견소에서 파리
잡기를 권장하려고 파리 한 홉을 잡아 오는 사람에게 돈
10전을 준다"라고 1914년에 첫 보도를 했다.[3] 전쟁이
한창이던 1941년에도 "파리 열 마리에 1전, 쥐는 한
마리에 5전씩 각 경찰서에서 사 주기로 했다"라고 신문은
보도했다.[4] 신문에서도 "파리 한 마리에 미균 600만"이
있다면서 위생을 계몽했다.[5] '파리 잡기' 계몽에 다음과
같은 포스터가 등장했다.

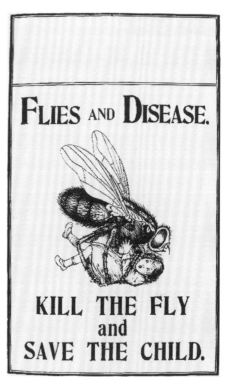

그림 2 《동광》 2호, 1926년 6월, 3쪽

그림 3 데이비드 웰치 지음, 이종현 옮김, 《프로파간다 파워》, 공존, 2015, 141쪽

그림 2는 국내 잡지에 실린 포스터다. 눈길을 사로잡는 포스터라고 여길 수 있지만, 사실은 그림 3을 번안했다. 그림 3은 1920년 무렵 영국의 공중보건 선전 포스터다. 터무니없이 큰 파리를 그려서 표적 청중에게 충격을 주는 기법을 활용해서 메시지를 강렬하면서도 매우 단순하게 드러내었다.[6] 식민 당국에서는 '승취일蠅取日', 즉 파리 잡는 날을 정해서 파리 퇴치에 나섰다. 그날은 "파리에게 선전포고하는 날"이었다.[7] 그림 4 포스터에서 보듯이 일본에도 '파리 잡는 날'이 있었다.

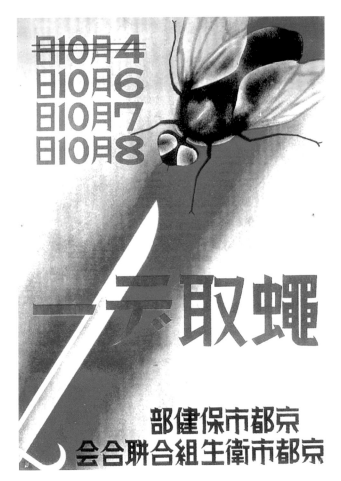

그림 4 일본 포스터, 三好一, 《日本のポスター: 明治 大正 昭和》,
紫紅社, 2003, 195쪽; 並木誠士·和田積希 編著, 《日本のポスター:
京都工芸繊維大学美術工芸資料館デザインコレクション》, 青幻舎, 2018, 150쪽

'파리 잡는 날'을 틈타 살충제 광고도 기세를 올렸다.[8]
경성부에서는 살충제 광고가 곁들여진 다음과 같은
포스터를 배포하기도 했다.

그림 5 《경성일보》 1934년 8월 17일　　　　　그림 6 광고, 《동아일보》 1935년 5월 30일

그림 5는 분무기로 파리약을 뿌리는 모습을 그렸다. 마치 칼로 파리를
찌르는 듯하다. 이 포스터에 "날리지 말고 죽여라, 파리와 모기. 7일은
파리 잡는 날"이라고 적혀 있다. 경성부에서 배포한 이 포스터 오른쪽
밑에 살충제 그림이 있다. 살충제회사가 협찬했다는 것을 알 수 있다.
그림 6 살충제 광고는 그림 5 포스터를 그대로 광고에 활용했다.
매체에서는 파리를 잡아야 한다는 기사를 쓰면서 그 효과를 높이려고
다음과 같은 삽화도 실었다.

그림 7 《동광》 2호, 1926년 6월, 2쪽

그림 7은 아마도 포스터일 것이다. 그림 7에서 "파리는 우리의 원수"라고 했다. 시계 위에 파리를 그려 넣고 여름이 다가오는 지금 "파리를 잡을 때"라고 했다. 그림 8에서는 '파리 비행기'가 장티푸스 폭탄을 밥그릇에 떨어뜨린다. 이 삽화를 실은 기사에서는 파리가 "장티푸스 탄, 이질 탄, 역리疫痢 탄 등을 떨어뜨려" 사람에게 병을 옮긴다고 적었다.[9] 중일전쟁 직후에 그린 이 삽화에는 전쟁 분위기가 배어 있다. 그림 8과 비슷한 주제를 활용한 그림 9의 미국 포스터도 있다.

그림 8 삽화, 《동아일보》 1937년 7월 16일

그림 9는 미국 필라델피아 공중보건부가 1941년에서 1943년 사이에 배포한 포스터다. 이 포스터는 파리가 건강에 큰 위험이 된다는 것을 강조했다. "파리는 결막염, 다발성 골수염, 장티푸스, 결핵, 탄저병, 나병, 콜레라, 설사, 이질과 같은 질병을 퍼트릴 수 있다. 파리는 소, 돼지, 가금류와 같은 동물에게 질병을 전달할 수 있다."[10] 이처럼 국가권력이 국민에게 위생을 선전하는 것에는 "청결의 명령에 자발적으로 복종하는 신체"를 창출하려는 의도가 있었다.[11]

그림 9 미국 포스터, Peter Darman, *Posters of World War II : Allied and Axis Propaganda 1939~1945*, Pen & Sword MILITARY, London, 2008, p.418

"열 길 물속은 알아도 한 길 사람 속은 모른다." 사람의 마음을 알아내기 힘들다는 속담이다. 그런데 어느 신문 기사에서는 그 속담을 "사람 속에 기생충이 있는 것을 알지 못한다"라는 말로 패러디했다.[12] 다음 포스터는 폐로 침입하는 기생충에 관련된 내용이다.

그림 10에서 상투를 튼 '야만의 조선인'이 게걸스럽게 게를 먹고 있다. 그의 폐에 화살표로 '토질 예방'이라는 표지를 달았다. 포스터 오른쪽에는 가재와 게를 잡는 모습, 포스터 왼쪽에는 가재를 파는 모습을 그렸다. 맨 아래쪽에는 가재와 게를 그렸다. 포스터에는 "토질 예방을 위해서 가재와 게를 못 잡고 못 판다"라고 적었다. '토질'이란 폐디스토마다. 폐디스토마는 폐에 침범해 병을 일으키는 기생충이다. 폐디스토마에 감염되면 기침을 하면서 가래가 끓고 피가 섞여 나온다. 적어도 1944년까지 폐디스토마 기생충에 대한 확실한 치료 약이 없었다.[13] 병이 완만하게 진행되어서 폐디스토마를 비교적 가볍게 여겼다. 하지만 질병이 널리 퍼져 노동 능력을 떨어뜨리는 일이 많고, 합병증 때문에 사망하는 사람이 적지 않았다. 총독부는 폐디스토마 박멸 대책을 수립하려고 1922~1923년에 조사를 했다. 조사 결과 조선인이 좋아하는 가재와 동남참게 등을 날로 먹어서 생기는 것임을 발견했다.[14] 1924년에 가재와 동남참게의 채취와 거래를 금지하는 법을 만들어 시행했다.[15] 폐디스토마는 함경남도와 충청도에서 특히 심했다. 신문에서는 "90퍼센트는 기생충을 가졌으며 그 가운데 농민은 거의 다 기생충 보유자"라고 적었다.[16] "회충은 말할 것도 없고 십이지장충 환자가 전인구의 25퍼센트나 되지만 놀라는 사람 없이 태연했다."[17] 그만큼 기생충은 가장 흔한 병이었다. 그래서 결핵, 성병, 기생충을 일컬어 '민족 보건의 3대 재앙'이라고도 했다.[18] 그림 11은 일본에서 상업용으로 만든 회충약 포스터였지만, 조선의 회충약 광고에 등장한다.

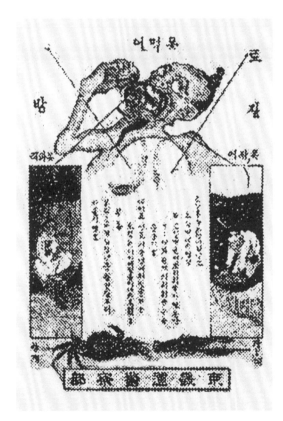

그림 10 《매일신보》 1924년 8월 5일

그림 11 《경성일보》 1928년 6월 10일(출처: 三好一, 《日本のポスター: 明治 大正 昭和》, 紫紅社, 2003, 153쪽)

그림 11 회충약 '마구닌' 포스터에는 일본의 농사법과 시장 보기, 하수처리 등의 생활상이 담겨 있다. 회충이 어떻게 몸속으로 침입해서 어떤 증상을 일으키는지를 설명했고 막대그래프도 중앙에 배치했다. 그 막대그래프에 따르면, 평지 농촌의 회충 감염률이 가장 높고 산악의 농촌이 그다음이며, 도시는 그보다 낮다. 막대그래프 위에는 회충의 모습과 함께 회충 알이 채소에 붙어 있다가 몸속으로 들어와 몸을 헤집고 다니는 모습을 그렸다. 막대그래프

아래쪽에는 회충약이 들어와 회충을 칼로 죽이는 장면을 의인화해서 표현했다. 전체 그림의 오른쪽에는 회충 감염 경로도를, 왼쪽에는 회충 예방법을 그렸다. 체계적이고 세밀하다. 이 상업용 포스터는 대중 계몽뿐만 아니라 약의 신뢰도를 높이는 효과를 거두었을 것이다. 그림 11에 있는 인체도는 그림 12에서 보듯이 다른 광고에서 자주 활용했다.

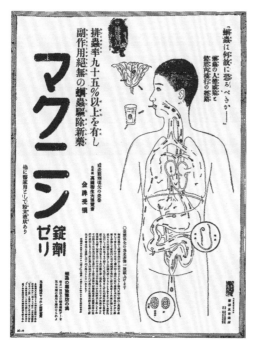

그림 12 회충약 광고, 《경성일보》 1928년 7월 19일

이 광고는 회충이 인체에 들어와 몸속을 돌아다니는 경로를 그려서 회충이 위험하다는 것을 보여 준다. 그런 뒤에 '마구닌'은 95퍼센트 이상의 구충 효과가 있으나 부작용은 전혀 없다고 광고했다.[19]

병을 숨기지 마라:
이질과 염병, 콜레라

국가와 국민 사이의 상호작용이나 '의사소통'은 주로 대규모 공중보건 캠페인의 형태로 대중매체를 통해 이루어진다. 캠페인은 충격, 교육, 설득 또는 해학적인 방법을 사용한다.[20] 다음 캠페인은 '충격'의 방법을 썼다.

그림 1 전단, 《경성일보》 1929년 9월 5일

그림 1은 경기도 위생과에서 위생 사상 선전용으로 만든 전단이다.[21] '마귀의 손'을 그렸다. "감출수록 느는 것은 이질과 염병"이라고 한글로 썼다. "감출수록 느는 것은 적리赤痢와 장티푸스"라고 일본어로 썼다. 이질은 수인성전염병이다. 1~3일의 잠복기를 거쳐 설사와 발열, 구토 등의 증세가 나타난다. 일찍 발견하여 치료하면 생명에 거의 지장이 없지만, 환자 배설물을 통해 빠르게 전염된다. 일제강점기에는 이질보다는 일본 병명인 적리라는 말을 더 많이 썼다. 염병이란 무엇인가. 염병은 장티푸스다. 장티푸스는 티푸스균이 장에 들어가 일으키는 전염병이라는 뜻으로 '장'과 '티푸스'를 합친 말이다. 그림 1에서도 한글로는 염병이라고 썼지만, 일본어로는 '腸チフス'라고 적었다. 염병이라는 말은 이 병을 옮기거나 물들이거나(染) 하는 것에 초점을 맞춘 단어다. '염색'이라는 말이 머리카락이나 옷을 물들이는 것을 뜻하듯, '염병'이란 병으로 물들인다는 뜻이다. 장티푸스라는 말을 일본어로 표기한 것을 한국에서는 '장질부사'로 읽었다. '장질부사'는 장에 문제를 일으키는 끔찍한 열성병을 뜻하며 그 자체로는 전염성이 없다.[22] 흔히 욕설로 많이 쓰는 '염병할 놈'은 장티푸스에 걸려 죽을 놈이라는 뜻이다.

그림 1에서 "감출수록 느는 것"이라는 말의 뜻을 알려면 훨씬 더 복잡한 과정을 거쳐야
한다. 무엇보다 위생경찰을 알아야 한다. 식민지 위생경찰은 감염병 예방을 위한 검역,
청결조사, 법정감염병 호구조사 등의 일을 했다. 사람들은 아프지 않아도, 그리고 바라지
않아도 위생경찰을 만나야 했다. 위생경찰은 법과 행정을 기반으로 강제적 집행을 했기

그림 2 《조선신문》 1927년 9월 3일

때문에 조선 사람에게 공포와 위협의 대상이었다.[23] 식민지
조선에서 위생경찰의 업무 범위는 여느 '문명국가'와 큰
차이가 없었지만, 집행 방식은 달랐다. 대한제국 시기나
그 무렵의 일본과 비교해 보면 식민지 조선의 위생행정은
매우 불완전하고 억압적이었다. 식민지 위생경찰은 집을
방문하여 환자를 색출하고 피병원避病院으로 옮기려 했다.
전염병 환자나 의심되는 사람들은 신고하지 않고 숨거나,
환자를 피병원으로 옮기는 것을 거부했다.[24] 이 무렵 시설이
좋지 않았던 피병원에서는 강제 격리 말고는 별다른 의학
대책을 하지 않았다. 조선 사람들은 피병원을 '죽음 대비소'로
여겼기 때문에 싫어하고 반발했다.[25] 포스터에서 "감출수록
느는 것"이라고 적었던 까닭을 알 수 있다. 이질 또는 '적리'
포스터를 하나 더 보자.

그림 2에 "이질과 장티푸스는 채소로부터"라고 적혀 있다.
이질과 장티푸스는 주로 여름철에 많이 퍼졌다. 신문에서는
"적리에 걸리지 않으려면 냉수와 채소 등 음식물에 주의해야
한다"라고 했다.[26] 포스터에서는 "채소를 사려면 흙 묻은 채로,
씻는 물을 보면 구정물"이라고 적었다. 그리고 "씻은 채소는
사지 말라"고 했다.

조선에 일본 사람이 건너와서 활동하려면 조선 사람에게도
예방접종을 해야 했다. 그것이 일본인의 몸을 보호하기 위한
의학적 전략이었다.[27] 예방접종과 관련된 다음 포스터를 보자.

그림 3 《조선일보》 1920년 8월 9일

그림 3은 호열자虎列刺 예방 포스터다. 그러나 신문에서는 호열자 예방 '선전광고'라고 소개했다. 1920년에는 '포스터'가 아니라 '선전광고'라고 했음을 알 수 있다. 그림 3의 오른쪽 위에서 호랑이가 입을 벌리고 달려든다. 호열자는 콜레라의 일본식 음역어로 "호랑이가 살점을 찢어 내는 것과 같이 고통스럽다"라는 뜻도 가지고 있다. 1900년을 앞뒤로 호열자가 콜레라를 대표하는 용어로 자리 잡으면서 민간의 대표 용어가 되었다.[28] 호열자는 '구토·설사병'이었다.[29] 중국에서 들어오던 호열자는 1876년 개항 뒤에는 주로 일본에서 들어왔다. 콜레라는 1919년과 1920년에 크게 유행했다. 그림 3은 그때 상황을 반영한다. 콜레라는 전염력이 강하고 치사율이 높았다. 콜레라에 걸리면 손을 쓸 수가 없었다. 예방하는 것 말고는 달리 길이 없었다.[30] 다시 그림 3을 보자. 왼쪽 아래의 아이들은 겁먹은 표정으로 의사에게 주사를 맞고 있다. 오른쪽 아래에는 방갓을 쓰고 태연하게 일하는 남자와 아이를 안은 여인이 있다. 예방주사를 맞지 않은 그들은 호열자의 피해를 입을 것이다. 그림 가운데에는 커다랗게 물음표를 그렸다. 그 물음표 안에는 다음과 같은 글을 적었다. "호열자. 예방주사를 할 것. 냉수, 생선, 생채소, 덜 익은 과실을 주의할 것. 위장이 상했을 때는 곧바로 의사에게 진찰받을 것. 부엌, 뒷간, 하수구를 소제하고 소독할 것. 파리를 잡을 것."

그림 3은 매우 흐리다. 다음 두 그림을 겹쳐서 보면 그림 3의 본래 모습을 추측할 수 있다.

그림 4 일본의 '선전미술', 大阪商業美術家協會
編,《宣傳美術創作品集》, 1929, 4쪽

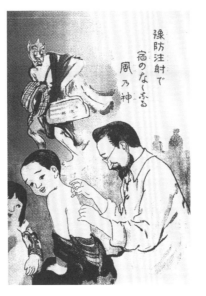

그림 5 일본의 예방주사 계몽 포스터, 内務省衛生局,
《流行性感冒》, 平凡社, 2008(=1922), 162쪽

그림 6 전단,《경성일보》
1929년 9월 5일

그림 4는 일본에서 만든 '선전미술' 작품이다. "콜레라
예방일, 무섭게도 사나운 호랑이가 온다"라고 적었다.
그림 5는 인플루엔자, 이른바 '스페인 독감'이 유행할
때 예방주사를 맞으라고 선전하는 일본 포스터다.
"예방주사로 머무를 곳이 없는 감기의 신"이라고
적었다.
식민지 조선에도 예방주사를 맞아야 한다고 계몽했다.
그림 6 전단이 그 보기다.
그림 6도 그림 1과 똑같이 경기도 위생과에서 위생
사상 선전용으로 만든 전단이다.[31] 예방주사 맞은 팔을
그렸다. "예방주사, (병에) 걸린 뒤에 생각 남"이라고
한글과 일본어로 적었다. 병에 걸린 뒤에 예방주사
맞지 않은 것을 후회하지 말라는 뜻이다.

'망국병', 결핵:
결핵 예방

결핵은 하이델베르크에서 발견된 기원전 5000년 선사시대 사람의 뼈에 그 흔적이 남아 있을
만큼 오래된 질병 가운데 하나다. 결핵이 사회문제가 되기 시작한 것은 19세기 산업화와
관련이 있다. 도시화·집단화 속에서 결핵이 널리 퍼졌다. 지나친 노동, 불결한 주거, 부적절한
음식물, 생리적이며 심리적인 스트레스가 결핵이 유행할 조건을 제공했다. 중세 때 페스트가
온몸을 검푸르게 하면서 죽음에 이르게 한다고 하여 흑사병黑死病이라 불렸던 것에 빗대어
19세기의 결핵은 '백색 페스트'라는 별칭을 얻었다. 20세기 결핵은 더욱 무서웠다. 주요 사망
원인 가운데 1위 또는 2위를 차지했기 때문이다. 결핵의 원인균인 결핵균은 1882년 코흐Robert
Koch(1843~1910)가 발견했다. 결핵균은 공기를 타고 감염되며, 환자와 접촉하거나 태내에서도
감염이 된다. 결핵에 걸리면 미열과 기침, 가래가 생긴다. 잠잘 때 식은땀이 흐르고 체중이
줄며 피로, 식욕부진, 호흡곤란, 객혈 등의 증상이 있다.[32]

식민지 시기 결핵은 다른 전염병보다 위험했다. 쉽게 전파되고 뚜렷한 치료제가 없었기
때문이다. 일본은 결핵 환자 수가 세계에서 3위였지만, 식민지 조선은 그보다 더 심각했다.[33]
사회 경제가 농촌형에서 생산형으로 옮겨 가는 전환기에 결핵이 크게 늘었다. 그 시기를
지나 '번영기'를 맞이하면 사망률이 낮아진다.[34] 식민지 조선에서 결핵 치료 방법이 마련되지
않았기에 예방이 중요했다. 조선총독부가 맨 처음 내놓은 대책도 바로 '예방책'이었다. 1918년
〈폐결핵 예방에 관한 건〉이라는 법령에서는 학교, 병원, 극장 등 사람이 많이 모이는 곳에
'타호唾壺', 즉 가래나 침을 뱉는 그릇을 둘 것, 타호에는 소독약이나 물을 넣어 두라고 했다.
그러나 가래를 규제했던 이 법령은 전혀 효과가 없었다. 그런데도 왜 그런 조치를 했을까.
서구에서 19세기 말에 산업 발달로 공기가 급속히 나빠져서 가래침을 뱉는 사람도 늘어났다.
사람들은 휴대용 가래침 통을 들고 다녔으며 심지어는 공공용 가래침 통을 설치하기도 했다.[35]
결핵에 별다른 대응을 하지 않았던 조선총독부가 1930년대 들어 신경을 쓰기 시작했다.
결핵 환자가 빠르게 늘었기 때문이기도 하지만, 국민의 체력을 유지하여 전쟁을 원활하게
치르려는 뜻이 더 컸다.[36] 총독부가 앞장서서 1936년에 '조선결핵예방협회'를 만들었다.

이처럼 총독부가 태도를 바꾼 데는 일본의 국내 정책 영향이 컸다. 1936년 일본 내무성에서는 '결핵예방국민운동진흥주간'을 위한 계획을 세웠다.[37] 이에 따라 일본에서는 해마다 '결핵예방국민운동진흥주간'을 두고 선전 활동을 했다.[38] 일본과 마찬가지로 1936년 조선에서도 '무서운 망국병'인 결핵을 예방하는 선전을 시작했다. '결핵예방협회'는 여러 곳에 지부를 두고 해마다 열리는 '결핵예방주간' 때 홍보했다. 평북 결핵예방협회에서는 '결핵 예방 7칙'을 인쇄해서 배포했다. 7칙이란 "① 일광욕을 하라. ② 대기에 친근하게. ③ 기분은 명랑하게. ④ 운동은 적당하게. ⑤ 주거는 명랑하고 청결하게. ⑥ 수면은 충분하게. ⑦ 조기에 진단, 조기에 치료"였다.[39] 다음은 그해에 조선총독부에서 배포한 결핵 예방 포스터다.

그림 1 《조선시보》 1936년 5월 26일

그림 1에 "결핵예방. 쬐어라, 햇볕"이라고 적었다. 이 결핵 예방 포스터는 일본 군국주의를 상징하는 욱일기를 떠올리게 한다. 이 포스터에는 "마시기 편한 산쿄三共 간유肝油" 광고도 덧붙였다. 중일전쟁 뒤에 결핵 예방 캠페인은 국가주의 성격을 강하게 드러내있다. 그 무렵의 포스터를 보자.

그림 2 《경성일보》 1938년 5월 13일　　　　　그림 3 《통보》 56호, 1939년 11월 2일

그림 2는 1938년 '결핵예방데이' 포스터다.[40] 결핵을 예방하려면 일광욕을 하고 맑은 공기를 마시라고 했다. 그림 3은 1939년 '건강주간' 때의 결핵 예방 포스터다. 1939년에 조선에서도 일본에 호응하여 '건강주간'을 설정했다.[41] 그림 2와 그림 3은 거의 같다. 둘 다 일장기를 꽂은 선전탑을 그렸다. 그 선전탑에 "건강은 국력"이라고 적었다.

"인적자원을 좀먹는 결핵을 예방하자!"[42] 이 표어에서 보듯이, 조선총독부는 중일전쟁과 태평양전쟁으로 이어지는 전시체제에서 건강한 '인적자원'을 확보하려고 결핵예방운동을 했다. '건강동원'인 셈이다. 그러나 결핵은 갈수록 심해졌다. "통계에 따르면, 중일전쟁 4년 동안의 일본군 전사자와 거의 같은 수의 일본 청년 남녀가 해마다 결핵으로 목숨을 잃었다."[43] 언론에서는 식민지 조선도 1930년대부터 40만 명의 환자가 있고, 연간 4만 명이 사망한다고 추정했다.[44] 그림 4는 '건민운동健民運動' 차원에서 진행한 결핵예방운동 포스터다. 나중에 자세히 살펴보겠지만, '건민운동'이란 "국민의 건강을 향상시키는 운동"으로 조선총독부가 1942년 5월에 시작했다.

그림 4 《부산일보》 1942년 5월 1일; 《경성일보》 1942년
5월 1일; 《매일신보》 1942년 5월 1일

그림 4에서 일장기 머리띠를 두른 사람의 얼굴과 몸이 구릿빛이다. 그는 태양을 그려 넣은 '결핵예방' 깃발을 들었다. 그 무렵 매체에서는 "일광욕으로 결핵에 대한 저항력을 강하게 하라"라고 선전했다.[45] 그림 4에 "나라에 보답하는 열정과 힘으로" 결핵을 예방하자고 적었다.

조선총독부는 '결핵예방협회'를 중심으로 '결핵예방데이' 등 계몽과 홍보를 하는 것 말고는 적극적으로 조치하지 못했다.[46] 유력한 결핵 대책으로 떠오른 것은 결핵 요양소 건립이었다. 요양소는 환자를 격리하여 전염의 우려를 차단할 수 있을 뿐만 아니라 신체 저항력을 높여 자연 치료를 할 수 있다는 점에서 각광받았다.[47] 그러나 요양소를 설립할 수 없었던 조선총독부는 개인위생을 강조하는 대책 말고는 할 수 있는 것이 없었다.[48] 그림 5 포스터는 개인위생을 강조한다.

그림 5에선 '결핵섬멸', 다시 말하면 결핵을 모조리 무찔러 없애 버리자고 했다. "길 위의 가래 하나, 병마病魔의 백탄百彈"이라고 적었다. 예전에도 거리에 침을 뱉지 말자고 홍보했지만,[49] 이제는 전쟁 분위기를 물씬 풍겼다. 이 무렵 "결핵은 국가의 적이다, 쬐어라 햇볕!" 그런 '전투적' 표어를 내걸었다.[50]

그림 5 《경성일보》 1941년 8월 10일;
《조선신문》 1941년 8월 10일

국가를 위한 눈과 이:
눈의 기념일과 충치예방일

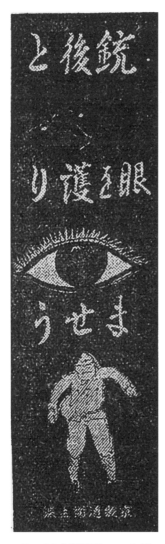

그림 1 전단, 《매일신보》 1942년 9월 18일

한때는 안경도 패션이었다. "눈도 나쁘지 않은 젊은 청년들이 안경을 떡 뻗치고 아주 멋이 나는 줄 알고 나돌아다닐 때도 있었다."[51] 그러나 "근시가 많은 것은 국가 보건상 또는 국력상 좋지 못하다", "일본군의 일원으로 참가할 청장년이 눈의 장애 때문에 여의치 못하면 안 된다."[52] 일제는 눈 보호 캠페인을 위해 1939년부터 '눈의 기념일' 행사를 했다.[53] "눈은 문명의 어머니다. 전쟁을 할 때는 적을 정찰하고 전투를 치를 때 또는 생산 확충에서 가장 필요한 무기다. 그러므로 눈을 잘 보호해야 한다."[54] 다시 말하면 '눈의 기념일'은 눈이라는 '신체 무기'를 소중하게 여기는 날이었던 셈이다. '눈의 기념일'에는 무료 진찰 등의 행사를 했다. 태평양전쟁 뒤인 1942년 '눈의 기념일' 행사에서는 다음과 같은 전단과 포스터를 만들었다.

그림 1은 경기도 위생과에서 배포한 전단이다. 전선에서 싸우는 병사만이 아니라 "총후도 눈을 보호하자"라고 했다. 왜 그런가. 그림 1에서 '총후의 눈'은 '거동이 수상한 자'를 뚫어지게 쳐다본다. 이 무렵 스파이를 조심하자는 방첩 캠페인이 한창이었다. 이 전단은 "밝은 눈으로 스파이를 잘 찾아내라"라고 말하는 듯하다. 또한, 공습하는 적의 비행기를 잘 찾아내려면 좋은 눈을 가져야 한다고도 했다. 그 논리에 따르면 "방공을 잘하려면 눈에 좋은 비타민A를 먹어야 한다."[55]

그림 2에선 "눈을 보호하자"라고 적고 화살표로 '눈의 기념일' 날짜를 가리킨다. 이 닦기는 오늘날 가장 몸에 익은 위생 습관일 것이다. 칫솔, 치약 등의 이 닦기 관련 상품은 가장 널리 소비하는 위생 관련 용품이다. 예전에도 소금으로 양치했었다. 치약으로 이를 닦는 행위는 근대인이 되는 과정이었다.[56] 선교사들의 보고에 따르면, 한국인은 치아가 건강했다고 한다. 한국인의 전통적인 식사법과 조리법이 치아 건강에 매우 유리하고, 굵은 소금으로 치아를 관리해서 살균 효과와 함께 치석 침착을 방지했기 때문이다.[57] 그러나 일제강점기 경성 사람들은 치아 질환(34.6퍼센트), 이비인후 질환(25.3퍼센트) 외과 질환(17.3퍼센트), 소화기 질환(14.0퍼센트) 순으로 고통을 받았다. 남녀노소 할 것 없이 충치가 많았다.

그림 2 《매일신보》 1942년 9월 16일; 《황민일보》 1942년 9월 18일

20세기 한국인의 치아 건강이 위협을 받게 된 것은 개항 뒤 설탕 유입과 보급에 따른 필연적인 결과였다.[58]

근대 치의학이 도입되면서 구강위생을 강조했다. 일본에서는 '우치齲齒예방일' 등을 마련하여 구강위생을 계몽했다. 1928년부터 해마다 6월 4일이 되면 '충치예방의 날' 행사를 했다.[59] 충치는 일본말로 '무시바むしば'이기 때문에 6(む)과 4(し)를 달과 날로 삼아 사람들이 기억하기 쉽게 했다.[60] 조선에서도 1928년부터 '충치예방의 날' 행사를 했다.[61] 치과의사가 앞장섰고 총독부나 치약회사도 이 행사를 후원했다. 신문은 다음과 같은 포스터도 실었다.

그림 3 《조선신문》 1931년 6월 3일

그림 3은 맛있게 밥을 먹는 모습을 그렸다. "6월 4일 충치예방일, 좋은 이로 잘 씹자"라고 적었다. 그림 3에서 '충치예방데이'는 일본치과의사회와 조선치과의사회가 공동 주최했다고 적었다. 일본에서 만든 포스터를 그대로 조선에 배포했음을 알 수 있다. 그림 4·5 포스터도 마찬가지다. 그림 4는 "6월 4일 충치예방데이"라고만 적고 이를 환하게 드러내고 웃는 아이를 그렸다. 그림 5는 사진을 이용한 포스터다. 이 포스터도 건강한 이를 보여 주면서 충치 예방을 홍보했다.

그림 4 《경성일보》 1932년 6월 5일

그림 5 《조선시보》 1936년 6월 4일

그림 6 일본 포스터(1938), 田島奈都子, 《戦前期日本のポスター: 広告宣伝と美術の間で揺れた50年》, 吉川弘文館, 2023, 212쪽

1939년 '충치예방의 날' 행사는 날짜를 바꾸어 5월 4일에 했다. 건강에 관련된 모든 행사는 5월에 하도록 통합했기 때문이다. 이 해의 표어는 "치아의 애호에 빛나는 체위"였다.[62] '체위 향상'을 강조했던 그해의 보건 방침에 따른 표어였다.[63] 1940년에는 '국민건강주간' 행사 가운데 하나로 "근시와 충치예방운동"을 했다.[64] 또한 1941년의 '국민건강증진운동' 때와 1942·1943년의 '건민운동' 때에도 충치 예방 홍보를 했다.[65] 1937년부터 1943년까지 '충치예방의 날' 행사에는 치과의사회보다는 정부와 치약회사의 의도가 강하게 작용했다.[66] 일장기를 앞세운 그림 6 포스터에서 보듯이 충치 예방에 국가주의적 성격도 강화했다. 전시체제가 되면서 충치는 건강만이 아니라 경제 차원에서도 중요했다. 다음 글을 보면 그 까닭을 알 수 있다.

보통 의사와는 달리 치과의는 다량의 금을 사용한다. 이 금은 도지사의 허가를 얻어 조선은행에 가서 '의료용특별순금'이라는 도장과 서류를 갖추어 샀다. 비상시 국민으로서 입속으로 금을 묻어둔다는 것은 국가적으로 손실이다. 따라서 국가 경제를 생각해서라도 한 개의 충치도 생기지 않도록 하는 것이 국민의 의무다.[67]

금은 중요한 치과 재료 가운데 하나였다. 전시체제기에 금 사용을 규제하면서 치과 치료에 어려움을 겪었다.

생활을　바꾸자

'흰옷 중독자'를 몰아내라:
'색의色衣'와 몸뻬

한민족을 흔히 '백의白衣민족'이라고 하지만, 왜 흰옷을 좋아했는지 분명하지 않다. 1920년대 들어 일부 지식인들이 잡지와 신문을 통해서 "흰옷은 비효율적이며 돈과 시간을 많이 들게 한다"라면서 옷차림을 바꾸자고 주장했다. 이광수李光洙(1892~1950)는 "흰옷은 망국의 옷"이라고도 했다.[68] 1920년대에 "낡은 습속을 개량하자"라는 운동을 할 때 흰옷을 벗고 '색의'를 입자는 캠페인을 했다. 색의란 곧 검정 옷이다.

그림 1은 《조선일보》 부사장 안재홍이 주도했던 '생활개신운동' 포스터다. "조선 사람아, 새로 살자!!"라고 적었다. "잘살자면, 생활개신해야 한다"라고 했다.[69] 그림 1에서 보듯이 '생활개신운동'으로 "색의단발, 건강증진, 상식보급, 허례폐지, 소비절약" 등 다섯 가지

그림 1 《조선일보》 1929년 5월 12일

목표를 제시했다. 사회주의 계열에서는 '생활개신운동'을 강하게 비판했다. 그들은 "생활개신운동이란 민중의 투쟁의식을 제거하는 운동"이며 오히려 농촌에서는 소작운동을 일으켜야 한다고 주장했다.[70] 1930년대에 들어서 색의장려운동이 드세졌다. "검은 옷은 생활에 편리하고 흰옷은 세계적인 수치다. 검은 옷은 활발한 옷이고, 흰옷은 비애의 상복喪服이다. 검은 옷은 광선을 빨아들이고 흰옷은 추위가 들어온다. 검은 옷은 강장強壯의 기상이고 흰옷은 쇠약의 조짐이다."[71] 그러한 논리를 펼쳤다. 그러나 조선 사람은 불행의 상징인 검은 옷을 싫어했다.[72] 다음 삽화와 만화는 1930년대 색의장려운동의 모습을 보여 준다.

그림 2 삽화, 《매일신보》1931년 1월 16일   그림 3 만화, 《매일신보》1939년 1월 5일

그림 2는 색의선전 행렬을 그린 삽화다.[73] 선전 행렬을 할 때는 깃발과 악대를 앞세워 행진하며
선전지를 나누어 주고 구호를 외치거나 색의장려 노래를 불렀다. 다음과 같은 노래였다.
"청승맞고 보기 싫은 백의 벗고 아름답고 보기 좋은 색의 입세, 세상 사람 다 싫어하는 백의,
무슨 일로 우리들만 입는가."[74] 거의 모든 선전 행렬은 장터와 시내를 돌아다니는 것으로
끝을 맺었지만, 때로는 구역을 나누어 선전하기도 했다.[75] 그림 3은 "길에서 요령을 흔들면서
색의장려를 선전하는 사람을 어이없이 바라보는 검둥이 굴뚝쟁이"를 그린 만화다. 1939년에도
길거리에서 색의장려 선전을 했음을 알 수 있다.
1930년대 들어 색복착용운동을 차츰 관官이 주도하게 되었다. 김서규金瑞圭는 1931년 10월에
경상북도 도지사로 발령받자 곧바로 색의장려운동을 했다.[76] 그는 1922년 함경북도 참여관
때부터 '백의폐지·색복장려'운동을 했다.[77]

그림 4는 김서규가 도지사를 하던 경상북도에서 1932년 10월 1일부터 일주일 동안을 색복장려 기간으로 정했을 때 배포한 선전 포스터다. 김서규 도지사는 "백의를 벗고 생활 향상을 꾀하려고" 색복을 선전한다고 말했다.[78] 그림 4에서 색복을 입은 여인이 흰옷을 입은 여인에게 '색복려행', 다시 말하면 "색복을 힘써 입는 것"이 "경제갱생의 제1보"라고 설득한다. 색복은 "경제되고 활동에 편리"하다고 적었다.

1932년 일제는 농촌진흥운동을 하면서 공권력을 동원하여 본격적으로 색의장려운동을 했다. "농촌진흥은 색의로부터"라는 표어를 내걸기도 했다.[79] 왜 농촌진흥운동에서 색의를 장려했을까. "흰옷은 일할 의욕을 떨어뜨린다"라고 보았기 때문이다.[80] 또한, 오랜 생활방식을 깨뜨려서 '근대적 국민'으로 포섭하려는 의도였다.[81]

그림 4 《경성일보》 1932년 10월 2일; 《매일신보》 1933년 7월 25일; 《삼천리》 제5권 9호, 1933년 9월, 63쪽

말이 '장려'였지 강제나 마찬가지였다. 장날에 관리가 '색의장려' 등을 새긴 큰 도장을 흰옷 위에 찍었고 검정 물이 든 물총을 쏘기도 했다. 관공서 앞에 "백의 중독자는 출입을 금한다"라는 간판을 달았다. 흰옷을 입은 사람은 공사판 인부로 채용하지 않는 일도 있었다. 서약서를 쓴 다음에도 계속 흰옷을 입으면 벌금을 물리기도 했다. 색의 입은 실적이 좋은 마을에 상을 주거나 염료를 거저 또는 싸게 주는 유인책을 쓰기도 했다. 전쟁 막바지인 1945년 7월, "적 비행기에서 내려다보면 눈에 잘 띄기 때문에 흰옷을 벗자"라는 것을 마지막으로 일제의 흰옷 말살정책은 끝을 맺었다.[82]

1940년대가 되면 사치품 금지령이 내려지는 가운데 패션도 전쟁의 영향을 크게 받았다. 다음 포스터에서 보듯이 무엇보다 먼저 옷감을 절약해야만 했다.

그림 5 《경성일보》 1943년 8월 6일

그림 5는 '결전피복'이라는 표제어를 강렬한 글씨체로 썼다. '결전피복'이라는 말과 함께 그 글씨체는 사람들을 긴장하게 만든다. '결전'이라는 말에서 심각한 전쟁 국면을 느낄 수 있다. 손에 든 종이에 "낡은 옷을 고쳐 입읍시다. 국민복과 외투는 안감을 절약합시다. 양복과 외투는 새로 짓지 맙시다"라고 적었다. 국민복이란 기존에 양복을 입던 사람이 양복 대신 입는 일종의 유니폼이다. 국민복은 "와이셔츠도 넥타이도 필요하지 않고 군복도 되는" 옷이었다.[83]

여성의 잠재적인 힘을 전쟁에 활용하려 했던 일제는 여성의 옷차림에도 개입했다. 다음 포스터가 그 사실을 알려 준다.

그림 6 《경성일보》 1944년 9월 1일

그림 6은 '여성의 국민복'인 몸뻬 선전 포스터다. 몸뻬를 입은 여인을 그렸다. "당신은 몸뻬를 입었습니까"라고 적었다. 전차와 승합자동차에 이 포스터를 붙이도록 했다. 이 포스터를 실으면서 신문에서는 다음과 같은 기사를 썼다. "몸뻬는 총후 여성의 제복이다. (1944년) 9월 1일부터 몸뻬를 늘 입어야 한다. 몸뻬를 입지 않으면 관공서 출입은 말할 것도 없고 영화관이나 교통기관을 이용할 수 없다."[84] 본디 몸뻬는 일본의 노동복이었다. 식민지 조선에서 여성이 강제동원이나 방공훈련을 받으러 나갈 때는 반드시 몸뻬를 입어야 했다. 일제는 1943년부터 '결전 복장'을 강조했다. '결전 복장'이란 남자는 국민복에 각반을 차며 여자는 몸뻬를 입어서 '전투배치' 태세를 갖추는 옷차림이었다.[85]

시계의 명령, 시간의 규율:
시時의 기념일

시간이라는 용어는 '시'라는 말과 '사이'를 뜻하는 '간'이라는 말이 결합하여 형성된 근대적
번역어다.[86] 오늘날 당연한 것으로 생각하는 시간의 흐름과 매듭은 객관적 사실도 아니고
자연현상도 아니다. 이는 아주 인위적이며 각각의 시대 또는 문화에 따라 차이를 보이는
그야말로 사회적인 제도다.[87]

조선을 병탄한 뒤에 시간을 통일하려 한 일제는 1911년에 조선민력이라는 달력을 발행하고
연호를 '메이지明治'로 했다. 국경일도 모두 일본 국경일로 바꾸었다.[88] 1912년에는 한국
표준시간을 동경 135도를 기준으로 하는 일본 표준시로 통합했다. 서울의 자오선이 동경 127도이고 일본 도쿄의 자오선이 135도라서 30분 남짓 차이가 나던 것을 통일했다. 다음 포스터는 그 사실을 보여 준다.

그림 1은 일본에서 배포한 포스터다. 제삭 연도는 알 수 없다. "6월 10일, 시의 기념일, 시간을 지키고 시간을 귀하게 여기라"라고 적었다. 지도에서 조선과 일본의 표준시가 같다는 것을 나타내었다.

시간의 제도를 바꾸어도 사람들의 시간 감각은 쉽게 바뀌지 않는다. 동서양을 가릴 것 없이, 국민에게 시간을 잘 지키고 시간을 '효율적'으로 이용하라고 교육하는 것이 중요했다. 근대 권력은 공간 재편성과 함께 시간 재편성을 시도했다. 시간 재편성 과정에서 학교, 군대, 공장이 시간 규율의

그림 1 일본 포스터(연도 미상), 並木誠士·和田積希 編,
《日本のポスター: 京都工芸繊維大学美術工芸資料館
デザインコレクション》, 青幻舎, 2018, 149쪽

주요 훈련장이 되었다.

일제는 식민지 조선에서 시간관념을 '근대화'하려 했다. 그 기획 가운데 하나가 '시의 기념일' 행사였다. 1920년 5월 말부터 6월 초까지 일본 도쿄에서 '생활개선동맹회'가 시의 전람회를 열었다. 이것이 좋은 평을 받자 그 뒤부터 해마다 6월 10일에 시의 기념일 행사를 했다.[89] 6월 10일을 기념일로 한 까닭은 "7세기에 덴지天智 천황이 물시계로 표준시간을 알린 날"이었기 때문이다.[90] 조선에서도 1921년부터 해마다 6월 10일이 되면 '시의 기념일' 행사를 했다. '시의 기념일'에는 정오 말고도 오전 6시와 오후 6시에 일제히 사이렌을 울려 시간관념을 심어 주었다.[91] 사이렌은 그야말로 '시간의 지도자'였다.[92] 특히 전시체제에서 사이렌은 궁성요배와 묵도, 방공공습경보 등을 통해 민중의 동작을 규칙적이고 민활하게 활동하도록 다그쳤다.[93] '시의 기념일'에는 시계를 무료로 고쳐 주는 행사도 했다. '시의 기념일'을 앞뒤로 시계 판매상도 광고에 열을 올렸다. 그들은 "시계란 생존경쟁에서 우승할 수 있게 하는 시간의 수호자"라고 광고했다.[94] 이제 매체에 실린 '시의 기념일' 포스터를 시간의 흐름에 따라 살펴보자.

그림 2 《경성일보》 1924년 6월 11일;
《매일신보》 1924년 6월 11일

그림 2는 포스터인지 전단인지 확실하지 않다. 《경성일보》에서는 그림 2가 포스터라고 했고 《매일신보》에서는 전단이라고 했다.[95] "시의 기념일, 6월 10일. 시간은 금"이라고 적었다. 벤저민 프랭클린Benjamin Franklin(1706~1790)은 "시간은 돈이다"라는 경구로 시간과 화폐의 가치를 결합하는 자본주의 시간관을 요약했다.[96] 그림 2에선 바로 그 경구를 적었다. 왜 종을 그렸을까. '시의 기념일'에는 "신사神社, 사원寺院, 교회당에서 정오에 일제히 종을 치고 각 공장에서는 기적을 불어" 시간관념을 전파했다.[97] 따라서 포스터에 종을 그린 것은 조금도 이상하지 않다. 다른 포스터를 이어 보자.

그림 3에는 "서로 시간을 려행합시다"라는 표어를 일본어와 한글로 적었다. 멋진 '근대인'도
그렸다. 일제강점기에 자주 나오는 단어인 '려행勵行'이란 "힘써 실행한다"라는 뜻이다. 의무를
강조한 말이다. 그림 3에서 시계 옆의 태양은 태양력을 상징하는 듯하다. 음력이 아닌 양력을
쓰라는 뜻으로도 읽힌다. 이와는 달리 그림 4는 절의 종을 그려 전통적인 정서에 호소했다.
"시의 존중 려행", 다시 말하면 "시간 존중하기를 힘쓰자"라고 적었다.

1926년 6월 10일 시의 기념일은 순종 장례일이었기 때문에 지방에서는 하루 앞당겨 기념
행사를 하는 곳도 있었다.[98] 경성부에서는 "포스터만 배포했다."[99] 그러나 그해의 포스터는
전하지 않는다. 다음 그림 5는 여느 포스터와 다르게 풍경화처럼 보인다.

그림 3 《경성일보》 1925년 6월 7일; 《매일신보》
1925년 6월 10일

그림 4 《조선신문》 1925년 6월 10일

그림 5 《경성일보》 1928년 5월 30일

그림 6 《매일신보》 1934년 6월 7일

그림 5에는 품격 있는 시계와 함께 커튼 너머로 멋진 풍경이 펼쳐진다. 자연의 리듬과 기계 시간이 조화로워 보인다. 이 포스터에도 '시간 존중'과 '정시려행定時勵行'이라는 '시의 기념일' 핵심 표어를 적었다. '시의 기념일' 표어에는 "시간은 금이다", "시간을 지키자", "시계를 바르게 맞추어라" 등이 있었다.[100] 일본에선 "초를 다투어라", "시간은 운명을 새긴다", "1초에 승패가 갈린다" 등의 강박적 표어도 있었다.[101] 조선에서는 "기차 타는 기분으로 시간을 엄수하자"라는 표어가 있었다.[102] 왜 기차를 들먹였을까. "관공서 가운데 시간을 제일 잘 지키는 곳은 철도역이고 재판소는 시간에 아주 무관심하다. 호텔 모임은 잘 지키면서 조선 요리점 모임은 제시간에 이루어지지 않는다. 회의에 늦게 참석해야 점잖은 것으로 생각한다."[103] 조선인의 시간관념을 비판한 글이다. 이 글에서 보듯이 기차는 시간관념의 전파자였다.

시간을 효율적으로 이용하는 것은 가정주부에게도 중요했다. '가정생활의 합리화' 때문이다. 그림 6 포스터는 여성을 겨냥했다.

그림 6을 보면 "시의 기념일 6월 10일, 비상시에는 먼저 시간을 잘 지키세요"라고 했다. 만주사변이 일어난 뒤의 '비상시'이기 때문에 시간과 물자를 절약하는 것이 주부의 임무라는 뜻이리라. '시의 기념일'이니 아무래도 시계가 주제가 될 수밖에 없다. 다음 포스터는 아예 사람이 등장하지 않는다. 그림을 견주어 보자.

그림 7 《조선신문》 1931년 6월 11일

그림 8 일본의 '시의 날' 포스터 도안,
大阪商業美術家協會 編, 《宣傳美術創作品集》,
1929, 5쪽

그림 7은 1931년에 평안남도에서 배포한 '시의
기념일' 포스터다. "활용하라 일각을"이라고
일본어와 한글로 적었다. 본디 각刻이란 15분
남짓한 시간이지만 아주 짧은 시간을 일컫는다.
그림 8은 1929년에 일본에서 어느 미술가가 그린
'선전미술'이다. 시계 톱니바퀴를 그려 시계—기계의
이미지를 강조했다. 얼핏 봐도 그림 7은 그림 8과
많이 닮았다. 그림 7·8과 닮은 또 다른 포스터를
보자.
그림 9는 분침 위에 '시간존중'이라고 적어서
1분이라도 시간을 아끼라고 압박한다. 톱니바퀴처럼
시간과 삶이 서로
맞물려야 한다고
주장하는 듯하다.
중일전쟁 뒤부터
'시의 기념일'
성격이 바뀌있다.
전시체제기의
포스터를 보자.

그림 9 《경성일보》 1933년 6월
10일

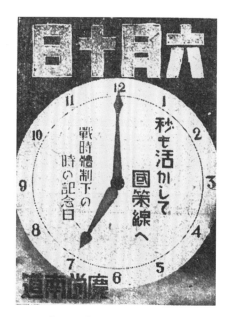

그림 10 《부산일보》 1939년 6월 1일

그림 11 《매일신보》 1941년 6월 8일

그림 10은 전시체제기의 '시의 기념일' 포스터다. "1초도 활용하여 국책선國策線으로"라고 적었다. 1초라도 아껴서 국가 정책을 실천하라는 뜻이다. 일제는 '시의 기념일'을 계기로 능률 향상의 개념을 확산시켜야 한다고 했다.[104] 또한 '시의 기념일'에는 시간에 맞추어 궁성요배와 정오의 묵도를 하는 것을 몸에 익히라고 했다.[105]

그림 11은 평양에서 배포한 '시의 기념일' 포스터다. 기독교 교세가 강했던 평양의 분위기를 반영해서 교회 종을 그렸다. 이 포스터에 다섯 개의 표어를 적었지만 흐릿해서 도무지 읽을 수 없다. 신문 기사를 참고하자. 평양부에서는 '시의 기념일'을 맞이하여 "시간을 엄수하는 것은 새생활의 출발이다"라는 표어를 내걸었다. '새생활'이란 '전시생활의 혁신'을 뜻했다.[106] 평양부에서는 '시의 기념일'에 "오전 7시 시보에 맞추어 궁성요배를 하고 이어서 황군의 무운장구를 바라는 묵도를 하라"라고 했다.[107] 전시체제기에 '시간은 금'을 넘어 "목숨도 오고 가는 1분 1초"가 되었다.[108] 1943년부터 '시의 기념일'은 "행사보다는 가슴으로 그 정신을 새기는 날"로 하자고 했다.[109] 시의 기념일에 특별한 행사를 하지 않았다. 패색이 짙어지면서 기념행사를 할 겨를이 없었던 탓이다.

"되질보다 저울질":
미터법

"옛날 조선에서도 도량형에 관한 제도를 구비하지 않았던 것은 아니다. 그러나 오랜 기간
폐정弊政의 결과 이 제도는 완전히 쇠락하여 거의 계량의 표준으로 삼기에는 부족한
상황이었다.""⁰ 일제는 조선의 도량형을 그렇게 평가했다. 도량형이란 "길이, 부피, 무게
따위의 단위를 재는 법"이다. 도량형의 '도度'는 '자'를, '량量'은 '되'를, 그리고 '형衡'은 '저울'을
뜻하지만, 실제 도량형이라고 하면 모든 측정기구와 그 단위계까지를 일컫는다.
일제는 통감부를 설치한 뒤인 1909년에 일본 제도에 따라 조선의 도량형을 바꾸었다.
도량형의 제작·수입·판매는 관영官營으로 하며 도량형기의 수리는 정부의 허가를 받은
사람만이 할 수 있도록 했다. 일제는 스스로 이 제도를 '획기적 개혁'이라고 했다."'' 1912년
6월에 모든 도에서 새로운 도량형을 시행했다.""²
1924년 7월 1일부터 일본·대만·사할린에서 미터법제도를 적용하면서 조선에서도 이를
적용할 필요가 생겼다. 총독부는 〈조선도량형령〉을 공포하여 1926년 4월 1일부터 미터법을
시행했다.""³ 그 뒤 총독부는 4월 1일을 '미터법 시행기념일'로 하여 미터법 보급의 계기로
삼았다. 일본과 단위를 통일해야
식민지 지배의 효율성도 높아질
터였다. 그러나 하루아침에 습관을
고칠 수 없으므로 유예기간을 두고
미터법을 보급하기로 했다. 새로운
〈도량형령〉을 시행한 뒤부터
전람회와 강습회 또는 간담회 등을
통해 미터법을 보급했다. 이제
미터법 선전 포스터를 보자.
그림 1은 경상북도에서 주최한
'생활개선 미터전람회' 선전

그림 1 《조선신문》 1927년 4월 16일

그림 2 《경성일보》 1928년 3월 30일

포스터다. 신문 한쪽 크기였다."[4] '날개 달린 여신'이 오른손에 미터의 원기原器를 들고 왼손으로는 지구에 끈을 걸쳐서 도량을 통일했음을 나타냈다. 이 이미지는 미터의 발생과 유래를 상징한다."[5] 그림 2는 미터법 시행 2주년 기념 포스터다. '날개 달린 여신'이 무언가 물건을 들고 구름 위를 날아간다. "미터법 시행 2주년, 길이는 미터, 부피는 리터, 무게는 킬로그램. 사용합시다, 미터법을. 조선총독부." 이렇게 일본어와 한글로 적었다. 이 포스터 말고도 미터법과 관련하여 '날개 달린 여신' 이미지를 활용한 경우가 많다.

그림 3 《경성일보》 1928년 8월 31일

그림 4 미터법 책 광고, 《경성일보》 1929년 4월 1일

그림 3은 평양에서 열리는 미터 전람회를 알리는 포스터다. 그림 4는 《최신 미터법 요람》이라는 책 광고다. 4면에 크기가 다른 줄자를 그려 넣고 한 칸에 1밀리미터 또는 1센티미터 등으로 적었다. 그림 3·4에서 '날개 달린 여신'은 무엇을 뜻할까. 미터법은 1789년 프랑스혁명을 계기로 만들어졌다. 따라서 '날개 달린 여신'은 미터법을 처음 시행했던 프랑스에서 기원을 찾을 수 있다. 서양권에서 도량형의 신은 헤르메스였다. 프랑스혁명 뒤에 미터법을 널리 알리려고 헤르메스의 이미지와 여성 천사의 이미지를 결합한 캐릭터를 새로이 고안해 냈다. 이 캐릭터는 미터법과 관련하여 자주 모습을 드러낸다.

미터법을 통해 세상을 공정하게 잰다는 것을 강조하면서 정의의 여신 디케의 이미지를 차용하기도 했다. 때로는 미터법의 기원이 프랑스라는 것을 강조하려고 프랑스의 상징인 마리안느 이미지를 차용하기도 했다. 그림 5 포스터는 한반도 지도와 함께 조선총독부 건물을 전면에 내세웠다.

그림 5 《조선》(조선문) 150호, 1930년 4월, 도판   그림 6 《조선신문》 1932년 4월 1일

그림 5는 미터법 시행 4주년을 맞이해서 만든 포스터다. "배우기 편하고 익숙해지기 쉬운
미터법, 오늘부터 사용하자"라고 적었다. 그러나 오랜 습관을 한꺼번에 바꾸기 어려웠다.
그것은 일본도 마찬가지였다. 조선이나 일본이나 유예기간을 둘 수밖에 없었다. 조선총독부는
머지않아 유예기간이 끝난다는 포스터도 만들었다.
그림 6은 미터법 시행 6주년 기념 포스터다. 화살표로 시계를 가리키며 "때는 닥쳐왔다.
도량형이 4년 뒤에 전부 미터법으로 바뀐다"라고 적었다. 그리고 줄자, 저울, 컵을 그렸다.

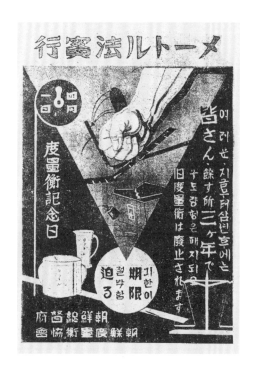

그림 7 《조선신문》 1933년 4월 1일

그림 7에선 4월 1일은 도량형기념일이라고 했다. "여러분 지금부터 3년 뒤에는 옛 도량형은 폐지됩니다"라고 한글과 일본어로 적었다. 주먹으로 옛날 되와 자 등을 내려치는 그림이다. 미터법을 선전할 때는 으레 "되질보다 저울질이 좋다"라고 말하곤 했다.[116] 그림 6과 그림 7에서도 일 수 있듯이 조신에서 미터법을 시행하는 일은 1936년 3월 말까지 유예기간을 두었다. 그 뒤 "일본과 함께 실시하기 위해" 다시 3년을 더 연장하여 1939년에 시행하기로 했다.[117] 이 유예기간 동안 미터법은 얼마나 생활 속에 뿌리를 내렸을까. 일제는 "학교 교육에서는 거의 완전히 실행되었고, 철도·체신·전매·토목 등의 사무와 사업에서도 대체로 실행하고 있다. 민간 측에서는 주요 도시의 백화점·공설시장·대회사·대공장 등을 중심으로 날이 갈수록 실행자가 증가하는 추세다"라고 평가했다.[118] 그러나 미터법을 전면적으로 시행하지 못했다, 일본도 1924년 7월 1일부터 미터법을 시행하고 유예기간을 두어 준비했지만, 지정한 기간 안에 시행하지 못했다. 일본에서 1933년부터 미터법 강제 실시 반대운동이 일어났고 몇 번의 과정을 거치면서 미터법 시행은 무기 연기되었다.[119] 그에 따라 1939년에 "조선에서도 미터법을 당분간 시행하지 않는다"라고 결정했다.[120] 이 땅에서 1964년 1월 1일부터 미터법을 전면적으로 시행했지만, 기존에 사용했던 척관법과 야드·파운드법 등이 공존했다.[121]

독이 되는 술:
금주 캠페인

"태초에 술이 있었다", "신은 물을 만들고 인간은 술을 빚었다"라는 말처럼 술과 인간의
삶은 서로 떼려야 뗄 수 없는 관계다. 어떤 사람에게는 술 한 잔이야말로 다시없는 위안이요
오락이고 강심제요 활력소가 된다. 그러나 "사람이 술을 먹다가, 술이 술을 먹고, 마침내 술이
사람을 먹는" 심각한 폐해를 일으키기도 한다. 그래서 어떤 사람은 아예 술을 입에 대지 말라고
경고한다. 그런 주장을 하는 포스터를 보자.

그림 1 《동아일보》 1924년 2월 26일

그림 1은 황주黃州 '금주 선전대'가
발행한 '선전지'다. 이 무렵 포스터를
'선전지'라고도 했다.[122] '음주의 습관'에
따라 "청년 남녀가 잔술집으로 들어가서
나중에는 큰 술 만드는 그릇 속에
사로잡혀 살인, 강도, 기지, 도박자,
부랑자, 광인이 되어 나온다."[123] 술을
만드는 사람은 "자꾸 들러라" 하며 술을
권한다. 그래서 "양조업은 죄악이다."[124]
'선전지'를 아예 간판처럼 만들어 걸어
놓은 것이 '선전판'이다. 종로에 들어선
'금주 선전판'을 보자.

그림 2 사진, 《매일신보》1927년 1월 26일

그림 2의 사진을 보면 종로를 걷는 한 사내 위에 큼지막한 '금주 선전판'이 걸려 있다. 1920년대 종로의 후미진 곳에는 허름한 선술집이 많았고 큰길가에는 바bar와 카페 같은 고급 술집이 들어서기 시작했다. 그곳에 위와 같은 '금주 선전판'을 세웠다. '금주 선전판'은 과격하다. "에잇, 이놈의 술!" 양복 입은 사내가 술병을 내팽개쳐 산산조각 내고 술이 사방으로 튄다. 전국 1년 술값이면 경성 인구가 1년을 생활할 수 있다는 내용을 숫자로 설명했다. 이 선전판은 '조선예수교 절제회'라는 기독교 부인단체가 만들었다.[125] 어려운 경제를 이겨 내려면 절약하고 술을 삼가야 한다는 '절제운동'이 생겼다. 그 운동에 기독교 계열이 앞장섰다. 그래서 한국 교회는 일찌감치 '금주 기관' 역할을 했다. 학생기독청년회는 학생들의 풍기 문란을 막는 차원에서 금주 캠페인을 했다.[126] 1907년 무렵부터 한국에 진출하기 시작한 구세군은 신도에게 엄격한 '금주 규율'을 요구하면서 금주운동을 맹렬하게 펼쳤다. 그들은 "술은 뱀의 독이오. 독사의 악독이로다"라는 성경 구절을 인용하곤 했다.[127] 기독교인들은 "술에서 비롯되는 죄악을 제거하여 조선인의 도덕을 개선하고 술 소비에 드는 비용을 절약하여 경제를 살린다"라는 뜻에서 금주운동을 했다.

술이 건강에 해로우므로 끊어야 한다고 주장하는 단체도 있었다. 다음 포스터가 그 보기다.

그림 3은 '경성 여자기독교 절제회'가 만든 금주 포스터다. '여자기독교 절제회'는 여성 기독교인들이 만든 절제운동 단체였다. 1911년 한국에 있던 여자 선교사들이 세계적으로 조직되어 있던 기독교 여자 절제회의 외국 지부를 조선에도 설치했다.[128] 이 포스터는 심장을 비교하여 술의 해독을 설명한다. 술 안 먹은 사람의 '염통'은 쌩쌩한데, 술 먹은 사람의 '염통'은 흐물흐물하다. "술이 인체에 미치는 영향을 철저하게 인식시켜야 금주운동의 효과가 있다"라는 논리를 반영한 포스터다.[129] 기독교 금주운동가들은 악대를 동원한 가두선전과 강연회 등을 했고,[130] 금주 포스터를 만들어 배포하거나 판매도 했다.[131] 기독교 계통의 학교에서는 학생들에게 금주 포스터를 그리게 해서 금주운동에 참여시켰다. 그림 4는 경신학교 학생들이 그린 금주 포스터다.

그림 3 《조선중앙일보》 1935년 1월 31일

그림 4 《조선중앙일보》 1933년 10월 22일

생활을 바꾸자

"조선 투사들이여, 끊어라 마魔의 술을", "들어라 힘 있게 금주의 깃발을", "음주는 죽음에 이른다"라고 적었다. 교인들 가운데 금주를 하는 사람도 있었다. 그러나 금주운동은 교회 밖의 대중에게 거의 영향을 미치지 못했다.

소비절약운동과 조선물산장려운동이 일어나면서 절약의 한 방법으로 금주를 장려했다. 1920년대 초에 지방의 물산장려운동은 주로 금주단연운동의 모습을 띠고 전개되었다.[132] 청년운동과 농민운동의 한 갈래로 금주운동이 일어나기도 했다. 그러나 다음과 같은 금주운동은 독특하다.

그림 5 《조선신문》 1932년 8월 25일; 《경성일보》 1932년 8월 25일

그림 5는 1932년 함경남도에서 발행한 금주 포스터다. 일본어만 쓰여 있다. 맨 위에 '관민일치'라고 썼다. 함경남도 당국에서 금주운동에 앞장섰다는 뜻이다. "9월 1일, 술 없는 날. 낭비의 첫째는 음주, 절약의 첫째는 금주"라는 글귀가 보인다. 술을 먹지 않으면 절약되는 돈과 쌀이 얼마나 되는지 적었다. 그런데 왜 행정당국이 금주운동을 했으며 굳이 9월 1일인가. 그림 6 일본 포스터를 보면 해답을 찾을 수 있다.

그림 6 포스터에선 간토대지진 때 무너진 건물 사진과 함께 "9월 1일을 잊지 말고 금주하라"라고 했다. 또한 '대진재'의 손해가 얼마인데 음주는 그보다 더 큰 손해를 입힌다고 숫자로 적었다. "진재는 막을 수 없지만, 술은 끊을 수 있다"라고 썼다.

그림 5에서 보는 식민지 조선의 9월 1일 금주운동은 그림 6과 똑같이 간토대지진이 그 배경이다.[133] 1923년 9월 1일, 도쿄와 지바千葉, 시즈오카静岡를 일컫는 간토關東 지역에서 대지진이 일어났다. 이 지진은 점심시간에 일어났기 때문에 식사 준비를 하던 화덕이 넘어져 목조 주택에 불이 붙으면서 더욱 피해가 컸다. 간토대지진 때 일본 당국은 "조선인이 우물에 독을 탔다"라는 유언비어를 퍼뜨려 수많은 조선인을 학살했다. 일본에서는 간토대지진이

일어난 9월 1일을 기념하여 술을 먹지 말자는 운동을 했다. 나머지 364일은 술을 마셔도 되는 날이라고 승인받았다고 해석하는 것이 문제이긴 했다.[134] 일본에서 '9월 1일, 술 없는 날'은 '일본국민 금주동맹'이 주최하고 내무부가 후원했다. "대지진 때 횡사한 사람들의 명복을 빌고 국민적 반성을 하는 날"이었다.[135]

◎九月一日を忘れぬ爲めに
追善の涙からも
奮發の意氣からも
禁酒せよ
此際
斷然
邁進せよ
酒盃を棄てゝ
シラ真劍で
心機
一轉
◎勤倹と飲酒は両立せず
見よ○比べよ○考へよ
大震災の損害は
人命を失ふこと 十三万
富を失ふこと 百億
飲酒の損害は
人命を失ふこと 年々震災の犠牲者以上
富を失ふこと 年々酒代十億圓
◇震災は百年目
酒害は四六時
◇震災は不可抗力
飲酒は止め得る
日本國民禁酒同盟

그림 6 일본 금주 포스터(연도 미상), 에도도쿄박물관 소장

조선에 사는 일본인도 일본의 행사를 본떠 9월 1일을 금주의 날로 삼았다. 태평양전쟁이 일어난 뒤에는 9월 1일이 되면 간토대지진을 기억하기보다는 술 먹지 말고 저축하라는 캠페인으로 바뀌었다.[136]

이러저러한 금주운동이 있었지만, 술 소비와 주세는 해마다 늘었다. 일종의 타협책으로 "술잔 주고받기를 폐지하자"라는 주장도 생겨났다. 술잔을 주고받으면 술을 낭비하고 그에 따라 쌀도 낭비할 뿐만 아니라, 병균을 전파한다는 주장이었다.[137]

그러나 정작 술과 담배 소비에 영향을 미친 것은 1938년부터 시행한 〈미성년자 금주금연법〉이었다. 일본에서는 1922년에 〈미성년자 금주금연법〉을 실시했다. 조선에서는 1938년에 시행했다. 식민지 조선에서 이 법을 늦게 시행한 것은 15세 정도면 결혼할 수 있는 나이로 여겼던 조선의 관습 때문이었다. 조선에서 10대 후반에 술을 먹고 담배 피우는 것은 그다지 불량한 일이 아니었다. 그러나 근대 학교 교육이 보급되고 학생 풍기를 단속하면서 술 먹기와 담배 피우기를 불량한 행위로 인식하기 시작했다.[138]

〈미성년자 금주금연법〉은 불량학생이 되는 것을 막는 것만을 목표로 삼지는 않았다. 일제의 지원병제와도 관계가 깊다. 앞으로 군인이 될 청소년의 신체를 관리하려는 뜻이었다. "지원병제가 실시되니 청소년들의 체위 향상을 위하여 청소년의 건강을 해롭게 하는 음주 끽연을 금지한다"라는 뜻이 담겨 있었다.[139] 또한 "술이 부족하니 먼저 학생부터 술을 먹지 말라"는 뜻도 있었다.[140]

아끼는 생활:
연료절약과 전쟁을 위한 절약

근대 이전에도 근검과 절약은 바람직한 덕목이었다. 생활개선운동은 민간이 주도하기도 하고 총독부 권력이 앞장서기도 했다.[141] 어느 것이든 "절약하자"라는 요구는 빠지지 않았다. 다음은 경기도에서 배포한 "땔감을 절약하는 개량온돌" 포스터다.

일제강점기에 온돌을 바라보는 시각은 서로 달랐다. 민속학자 손진태는 온돌은 세계에서 그 유래를 찾아볼 수 없는 귀중한 유산이라고 했다.[142] 그러나 "겨울날에 온돌방에 몸을 묻고 있는 온돌 생활은 아편중독과 같다"라고 격렬하게 비판한 사람도 있었다.[143] 한반도에 사는 일본인들은 온돌 생활을 하면서 차츰 온돌을 긍정적으로 보기 시작했지만, 1920년대 중반까지 온돌을 매우 부정적으로 보았다.[144] "일본인들이 온돌집에 살면 그들의 기질이 우울하고 게으르며 방종한 쪽으로 바뀔지 모른다"라고 걱정하는 사람도 있었다.[145] 온돌을 부정적으로 보는 사람들은 흔히 온돌을 산림 황폐화의 주범으로 꼽았다. 온돌을 개량해야 한다는 생각은 거기서 비롯되었다.

그림 1 포스터에 나오는 '개량온돌'은 경기도에서 임무과장林務課長을 하던 가케바 사다키치掛場定吉가 제안했다.[146] 그에 따르면 '개량온돌'은 다음과 같은 장점이 있다. "약 40퍼센트의 연료가 절약되고 실내 온도를 일정하게 유지하여 위생에 좋다. 또한 경기도에서 온돌 때문에

그림 1 《매일신보》 1923년 6월 1일

그림 2 온돌 개량 홍보 포스터, 대한민국역사박물관 소장

일어난 화재가 34~43퍼센트를 차지하는데 개량온돌은 화재를 방지할 수 있다."[147] 그림 1에서도 불을 땐 뒤에 아궁이와 굴뚝의 뚜껑을 닫으면 "연료절약 4할 이상, 화재 예방"이 된다고 적혀 있다. 또한 그림 1에 새로운 굴뚝은 "오랫동안 보온할 수 있으며 개량하기 쉽다"라고 했다. 그림 2 포스터에서도 아궁이와 굴뚝을 막으라고 했다. 여인이 개량아궁이를 가리키고 있다. 아궁이와 굴뚝을 막으면 땔감이 반밖에 들지 않고 화재를 예방할 수 있다고 적었다. 개량아궁이를 어떻게 보급했을까.

면서기들은 온돌 화구 덮개를 공급하고 그 돈을 받으러 다녔다.[148] 군 직원뿐만 아니라 경찰까지 출동하여 집마다 개량아궁이를 억지로 배급해서 원성이 높았던 곳도 있었다. 전시기戰時期에는 철을 사용할 수 없어 시멘트로 만들기도 했다. 오늘날도 재래식 아궁이에 사용하고 있다.[149]

1930년대에 들어서 절약과 절제에 대한 요구가 더욱 드세어졌다. 공황과 전쟁 때문이었다. 이때에는 '생활개선'보다는 국가주의적인 이데올로기를 주입하는 것에 더 신경을 썼다.[150] 중일전쟁 뒤의 절약 캠페인은 '국가주의적' 성격이 더욱 두드러졌다.

그림 3을 보면 "연말연시 총후보국 강조"라고 적혀 있다.
이 포스터를 배포한 1938년 한 해 동안 '국민정신총동원
총후보국강조주간', '저축보국강조주간',
'경제전강조주간', '국민정신작흥주간' 등 전쟁을
뒷받침하는 갖가지 '강조주간' 행사를 했다. 그림
3에서 보는 '연말연시 총후보국강조주간'은 그해의
모든 '강조주간'의 결산이었다.[151] 그림 3은 아령으로
연말연시의 '허례'를 깨부수는 모습을 그렸다. 아령에는
'저금', '국채'라고 적었다. '연말연시 총후보국
강조주간'은 "소비절약·생활쇄신·허례폐지"를 목표로
삼았다.[152] 그렇게 해서 절약한 돈으로 나라를 위해
저금하고 국채를 사라고 했다. 다음 포스터도 그림 3과
선전의 목표가 같다.

그림 3 《통보》35호, 1938년 12월 15일,
도판

그림 4 조선총독부 체신국, 《朝鮮の遞信事業》, 1939년, 도판

그림 4는 '총후'에서 '봉공奉公'하려면
생활을 개선해야 한다고 했다. '채권보국',
'저축보국'이라고 썼다. 근검절약하여 우편저금을
하고 국채를 사서 "나라의 은혜에 보답하라"는
뜻이다.
전쟁이 일어나면 모든 물자가 귀해지기
마련이다. 그 무렵의 소비절약 캠페인을 보자.

그림 5 《매일신보》 1939년 7월 22일   그림 6 사진, 《매신 사진순보》 327호, 1943년 7월 21일, 9쪽

그림 5는 수돗물을 절약하자는 포스터이고 그림 6은 수돗가에서 연출한 사진이다. 그림
5와 그림 6은 구도와 콘셉트가 같다. 그림 5에서는 "한 방울의 물도 소중하다, 낭비하는
물이 없도록 하자"라고 적었다. 불볕더위로 물을 많이 쓰니까 수돗물을 절약하자며 만든
포스터였다.[153] 그림 6에서 한복을 입은 여인이 "수다를 떨면서" 물이 넘치는 것도 모른다.
몸뻬 입기를 강요했던 그 시절에 한복은 '비국민非國民'의 상징이었다. 이 사진과 함께 실린
기사에서는 "물을 절약해서 미영 격멸의 여름 진영을 굳게 다지자"라고 했다.[154]
전쟁 때가 아니더라도 수돗물 사정은 좋지 않았다. 1910년대에는 일본인과 조선인 상류층만이
상수도를 이용했으며, 많은 조선인은 우물과 하천수를 이용했다. 1920~1930년대에 도시에서
차츰 우물이 사라지고 상수도가 보급되었다.[155] 그러나 수도 설비는 평등하지 않았다. 1932년
경성부에서 일본인 98퍼센트가 수도 급수를 받고 조선인은 32퍼센트만 급수를 받았다.[156]
따라서 수도를 새로 놓아 달라거나 증설을 요구하는 주민들의 집단행동도 있었다. 경성부의
수도 요금은 매우 비쌌고, 수질 관리도 형편없었다. 만성적 급수량 부족으로 여름철에 자주
단수 조치를 한 것도 수도 사용자들에게는 큰 불만이었다.[157]
절약 캠페인 가운데 다음 포스터는 독특하다.

그림 7 《조선신문》 1940년 5월 22일

그림 7은 '제1회 상점경비절하주간' 포스터다. 으레 비행기를 그려 전쟁 중이라는 사실을 떠올리게 했다. 여인이 간단하고 소박한 물건을 들고 있다. "파는 사람도 사는 사람도 낭비를 없애자"라고 적었다. 왜 경성상공회의소에서 상점 경비를 줄이자는 운동을 했을까. 조선총독부에서 전시경제 통제를 강화하면서 상인이 너무 많은 이익을 내지 못하도록 했다.[158] 전쟁으로 물자를 제한하면서 물건을 갖추기도 힘든데 물가마저 통제하자 상인의 이익이 많이 줄었다. 또한, 소비절약과 저축장려운동 등으로 장사하기 힘들어졌다.[159] 이에 따라 여러 낭비 요소를 없애서 상점 경영을 합리화하자는 취지로 1940년에 '제1회 상점경비절하주간'을 설정했다. 예전보다 이익이 줄어든 상인에게 도움을 주고 물가도 잡아 보겠다는 뜻이다. 그러나 기껏해야 "포장절약, 소모품절약, 상점업무 합리화, 정리정돈"을 하자고 제안하는 것에 그쳤다.[160] 그나마 '상점경비절하주간'은 오직 한 번뿐이었다.

전시 절약 캠페인에서 절미운동節米運動, 즉 쌀을 덜 먹자는 운동을 빠뜨릴 수 없다. 중일전쟁이 한창이던 1939년에 큰 가뭄이 들어 식량 사정이 아주 나빠졌다. 일제와 조선총독부는 군수 식량을 확보하기 위해서라도 식량절약 방안을 마련해야 했다. "제국의 대륙병참기지인 조선은 어떠한 재해가 일어날지라도 제국에 필요한 식량만큼은 반드시 공급할 결심을 해야 한다."[161] 그리하여 "흰쌀을 먹지 말고 거칠게 빻은 쌀로 바꿀 것, 쌀을 낭비하지 말고 '대용식'을 먹자"라는 절미운동을 시작했다.[162] 다음은 잡지에 실린 절미운동 광고다.

그림 8 광고, 《家庭の友》 32호, 1940년 6월, 21쪽

그림 8을 보면 매월 10일은 '대용식일'이다. '대용식일'은 '절미일'이라고도 했다. '절미보국', '식량절약', '혼식장려'라고 적혀 있다. 쌀을 절약하려면 보리, 조, 고구마, 감자를 쌀밥 대신 먹거나 쌀에 넣어서 밥을 지으라고 했다.[163] 선전가들은 "쌀밥을 많이 먹으면 머리가 나빠지고 음식을 많이 먹으면 건강에 해롭다. 나무뿌리나 나물은 쌀보다 비타민이 풍부하다"라는 기묘한 논리를 폈다. "근육노동자 이외의 사람과 늙은 사람, 어린이는 하루 한 끼는 죽을 먹도록 하면 보건에 좋다"라고도 했다.[164] 이 무렵 절미운동 강화로 길거리에 호떡 장사가 크게 늘었다는 기사도 실렸다.[165] 굳이 절미운동 때문만이 아니라 생활이 어려워져 밥 대신 호떡으로 끼니를 때우는 사람이 늘었기 때문이다.

일본에서도 절미운동을 했다. 전쟁이 장기화하면서 농촌에서 군대로 나가는 젊은이들이 늘고 농촌 인구가 줄어 생산력이 낮아지면서 주식인 쌀 생산력도 줄어드는 악순환이 생겼다. 이로써 일본에서도 1940년 3월부터 쌀 소비량을 10퍼센트 줄이자는 절미운동을 제창했다.[166] 그를 일컬어 '식량보국운동'이라고 했다.[167]

식민지 조선에서 절미운동은 계속되었다. 학교에서는 학생 도시락을 검사해 혼식을 강제했다.[168] 혼식 등 절미운동에 참여하지 않는 층을 '백반白飯계급', '백미당'이라고 비난했다. 늘 흰쌀밥을 먹는 사람을 '비국민'이라며 배급에서 제외했다.[169] 1942년이 되면 절미운동은 더욱 긴박해졌다. 신문에서는 "참외든 무엇이든 한 끼를 메꾸면 그것이 곧 절미다"라는 식의 글을 실었다.[170] 제대로 된 쌀과 잡곡을 구하기 어렵고 배급되는 식량은 이른바 대용식으로 채워졌다.[171] 그 무렵의 증산운동과 연결해 "절미는 가정에서 되는 증산이다"라는 표어도 내걸었다.[172]

절미운동 포스터는 그림 9 하나만 찾을 수 있었다. 1942년에 쌀 배급 통장제를 실시하면서 배포했던 포스터다.

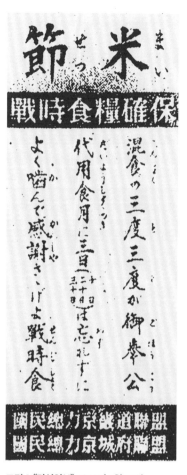

그림 9 《경성일보》 1942년 6월 26일

그림 9를 보면 전시 식량을 확보하려면 쌀을 절약해야 한다는 것을 굵은 글씨로 강조했다. "하루 세 끼 모두 혼식하는 것이 국가에 봉사하는 길이다. 대용식은 달마다 3일(10일, 20일, 30일)이라는 것을 잊지 마라. 잘 씹어서 먹고 전시 식량을 고맙게 여기자"라고 적었다. 앞의 그림 8에서 보듯이 대용식을 먹는 '절미일'을 처음에 제정할 때는 10일 한 번뿐이었다.[173] 그러나 1940년 11월부터 '절미일'을 10일, 20일, 30일 세 번으로 늘렸다.[174] 그림 9는 그 사실을 보여 준다. 식량 사정이 크게 나빠진 1943년에도 절미운동은 이어졌다. "농촌 사람들은 필요 이상으로 많이 먹는 습관이 있다. 이것은 도리어 몸에 좋지 못하다. 빨리 고치자"라고 했다.[175] 고구마와 감자는 말할 것도 없고 "예전에는 가축의 사료로 쓰던 잡곡과 비료에 쓰던 바다에서 나는 풀을 먹자"라고 했다.[176] 한 걸음 더 나아가 "식량절약도 전투다, 배고픈 것쯤 참자!"라고 했다.[177]

1943년에는 '결전생활'이라는 말이 시대의 용어가 되었다. 이전에 쓰던 '결전생활'이라는 말은 모든 영역을 포괄하는 하나의 레토릭이었다. 그러나 1943년 5월에 알류샨열도 서쪽 끝에 있는 애투섬에서 일본 병사가 전사하거나 자결한 '애투섬 옥쇄' 뒤부터 '결전'이라는 말이 절실해졌다.[178] '결전생활'이란 국가가 요구하는 대로 일상생활을 하는 것이었다.[179] 경성부에서 만든 '결전의 서誓'는 다음과 같다. "우리는 모든 것을 임금께 바친다. 우리는 모든 것을 전력 증강에 바친다. 우리는 모든 것을 간소하게 해서 명랑한 생활을 한다. 이리하여 우리는 이 성전을 기어코 이겨 낸다."[180] 이 같은 선언은 추상적이다. 잘 알려진 그림 10 포스터를 보면 결전생활이 무엇인지 구체적으로 알 수 있다.

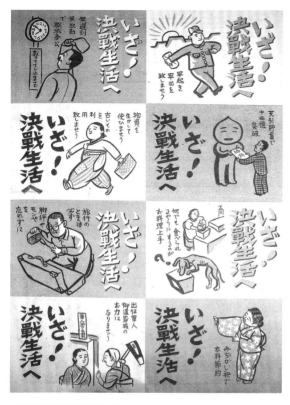

그림 10 부평역사박물관 소장

이 만화 포스터는 언제 만들었을까. 1943년에 만들었다. 포스터 내용 가운데 12억 저축 목표라고 적혀 있는 것이 그 근거다. '결전의 해'인 1943년 저축 목표액이 12억 원이었다.[181] 좀 더 좁혀서 포스터를 배포한 때를 밝혀 보자. 일제는 1943년 7월에 결전생활을 실천하자는 운동을 했다. 그림 10 포스터는 그때 만든 것으로 추정해도 큰 무리가 없다. 왜냐하면 '결전생활실천강조운동'의 내용과 포스터에서 주장하는 내용이 거의 같기 때문이다.[182]

그림 10을 오른쪽 위에서 아래로 내려가면서 보자. "일찍 일어나고 일찍 출근하자. '원천저축'으로 12억 돌파. 무엇이라도 먹을 수 있게 만드는 것이 요리 잘하는 길. 짧은 소매로 옷감절약." 그렇게 적혀 있다. 이 내용에서 '원천저축'이란 임금이나 급료에서 미리 일정액을 빼는 것을 뜻한다. 대표적으로 농산물 공출 대금에 대해서 원천저축을 실시했다. 이제 왼쪽 위에서 아래로 내려가면서 보자. "무지각, 무결근으로 직역봉공職域奉公. 물자를 살려서 씁시다, 낡을 것을 이용합시다. 여행할 때는 반드시 각반이나 몸뻬를 잊지 맙시다. 출정군인 유가족에게 힘이 되어 줍시다." 그렇게 적었다. 왜 여행할 때는 각반과 몸뻬를 가져가라고 했을까. 적이 공습한다면 곧바로 대응할 수 있는 태세를 갖추라는 뜻이다.[183]

저축은 이곳에:
은행, 체신국과 금융조합

그림 1 《조선신문》 1928년 12월 22일

근대적 금융제도에 익숙하지 않은 사람에게서 사금을 끌어모으려면 먼저 저축의식을 널리 선전해야 했다. 일제는 "조선에는 저축기관으로서 볼 만한 것이 없고, 더욱이 오랫동안 가렴주구에 시달려 인민에게 저축사상이 없다"라고 했다.[184] 일제는 줄기차게 근검절약과 저축을 강조했고 금융기관이 저축 선전에 앞장섰다. 먼저 은행의 저축장려 포스터를 보자.

그림 1은 만화 포스터다. 갖가지 소매치기와 여러 도둑을 그렸다. "조심하라. 남아 있는 돈은 은행으로"라고 적었다. '경성조합은행'에서 도난을 예방하고 "한 푼이라도 돈이 있으면 은행에 예금하라"는 뜻에서 이 포스터 2000장을 인쇄하여 경기도 형사과에 기부해서 배포하게 했다.[185] 이제 체신국의 저축장려 포스터를 보자.

그림 2 조선총독부 체신국, 《朝鮮の遞信事業》, 1929, 도판; 《조선신문》 1928년 3월 8일

그림 3 조선총독부 체신국, 《朝鮮の遞信事業》, 1930, 도판; 《경성일보》 1930년 4월 17일

그림 2는 체신국 우편저금 포스터다. 여성이 1전짜리 돈을 저금하고 아기 천사가 종을 울린다. "나라가 우리를 부유하게 한다"라고 적혀 있다. 15일만 지나도 예금에 이자를 붙여 준다고 홍보했다. 그림 3에서 "긴축은 뻗어 나가는 일본의 기치"라고 했다. 욱일기를 뾰족하게 디자인하여 '긴축'하는 느낌을 준다. 남성이 한 손에 달러 주머니를 들고 다른 손에 예금통장을 들었다. 달러 주머니를 그린 것으로 보아서 이 포스터가 세계 경제와 연관되어 있음을 쉽게 알 수 있다. 그런데 왜 '긴축'일까. 이 그림을 해석하려면 일본의 '금 해금'정책을 이해해야 한다. 1차 세계대전 뒤에 세계 강대국들이 금본위제로 복귀했지만, 일본은 여전히 금 수출을 금지했다. 그에 따라 1923년 무렵부터 외환시세가 폭락하고 무역 적자가 늘었다. 일본 정부는 '금 해금'을 단행하여 국제 경쟁력을 회복하고 불황에서 벗어나려 했다.[186] 마침내 일본은 1930년 1월에 금본위제로 복귀했다. 금본위제를 뒷받침하려면 엔화 가치를 회복시키고 통화량을 축소해야만 했다. 그 수단으로 일본은 긴축재정을 선택했다.[187] 일본은 조선에도 긴축 방침을 그대로 적용했다. 행정당국에서는 긴축 계획을 세워 경비절약에 나섰으며 사람들에게도 절약하라고 요구했다.[188] 그 무렵 상품광고마저 '긴축 시대'라는 카피를 내걸 만큼 긴축은 사회적 용어가 되었다.[189] 다음은 공모에서 입선한 '긴축 포스터'다.

그림 4 《매일신보》 1930년 2월 15일

그림 4에서 맨 왼쪽 포스터는 "시세時勢를 깨우쳐라, 노동은 국부國富의 기초"라고 적고 일하는 농부를 그렸다. 가운데 포스터는 일본과 한반도의 하늘을 일장기로 덮고 "긴축은 뻗어나가는 일본의 기치, 소비절약·국산애용"이라고 적었다. 맨 오른쪽 포스터는 표제어를 '국난타개'라고 했다. 그에 걸맞게 거친 파도에 휩싸인 배가 연기를 내뿜으며 위태롭게 항해하는 그림을 그렸다. 체신국의 저축장려 포스터를 더 보자.

그림 5 조선총독부 체신국,《朝鮮の遞信事業》, 1934, 도판

그림 5는 1932년부터 시작한 농촌진흥운동을 주제로 삼았다. "자력갱생은 저축으로"라고
적었다. 저 멀리 마을에는 벚꽃이 흐드러지게 피고 짚신을 신은 농부들이 힘을 합쳐 밭을
간다. 포스터 속의 농촌은 풍요롭고 사람들은 부지런하다. 일제는 피폐해진 농가 경제를
되살려 체제를 안정시키려고 농촌진흥운동을 했다. 농민은 게으르고 무지한 상태에서 벗어나
자력갱생의 정신으로 새 삶을 살아야 한다고 했다. 농촌진흥운동은 착취 메커니즘을 철저히
은폐한 채, 열심히 일하고 절약하면 잘살 수 있다는 이데올로기 세뇌정책이었다.[190] 그림 5는
그런 세뇌정책에 이바지한다. 체신국 저축장려 포스터를 더 보자.

그림 6 조선총독부 체신국, 《朝鮮の遞信事業》, 1935, 도판

그림 7 조선총독부 체신국, 《朝鮮の遞信事業》, 1936, 도판

그림 6도 농촌진흥운동과 관계가 깊다. "자력갱생, 게으름 방지, 부업진흥, 생활개선"을 하라고 했다. "꾹 참고 절약해서 재해에 대비하자"라고 적었다. 위쪽에는 수재와 가뭄이 든 모습을 그렸고 화면 가득히 농부와 여성 그리고 소년이 일하는 모습을 배치했다. 그림 7은 체신국 우편저금 포스터다. "오늘의 저금은 내일의 행복"이라고 일본어와 한글로 적었다. 다정한 오누이가 저금통장을 들고 있으며 따뜻한 색으로 행복을 나타내었다.

체신국 못지않게 금융조합도 열심히 저축 캠페인을 했다. 1907년에 설립한 금융조합은 금융기관과 농업협동조합의 두 가지 역할을 했다. 그러나 금융조합은 창설할 때부터 농민의 이익을 대변하는 농업협동조합이라기보다는 일제 지배정책을 철저하게 따르는 정책기관이었다.[191] '금융'과 '조합'이라는 이름과 달리 금융조합은 농촌을 통제하는 역할도 했다.[192] 금융조합이란 '조선농촌의 흡혈관管'이라고 비판하는 사람도 있었다.[193] 금융조합은 새로운 '빚노예'를 만드는 기구로서 농민의 지배기구로 군림했다.[194]

금융조합에서는 전단을 뿌리고 저금통을 나누어 주는 등 저축 캠페인을 활발하게 펼쳤다. 금융조합의 저축장려 포스터와 전단을 보자.

그림 8은 포스터다. 저금하면 가정이 행복해진다고 했다. 11월 1일은 금융조합에 저금하는 날이라고 적었다. 그림 9는 전단이다. 이 전단에서도 "금융조합저금 데이는 11월 1일"이라는 표제어를 달았다. 농민 가족이 '저금의 씨'를 뿌리고 있다. 돈 나무에 돈이 주렁주렁 달렸다. 금융조합에서는 가을걷이가 끝난 농민을 대상으로 그림 10과 같은 포스터도 배포했다.

그림 8 《경성일보》 1934년 10월 30일

그림 9 전단, 서울시립대학교 박물관, 《캠페인을 보면 사회가 보인다》, 2002, 90쪽

그림 10 제작 연도 미상 포스터, 창원시립마산박물관 소장

그림 10에서는 '추수저금계절'에 농민들이 저금해야 한다고 했다. 한 톨의 쌀이라도 아끼라고 했다. 그리고 "풍년에도 낭비하면 흉년과 같고, 흉년에도 절약하면 풍년과 같다"라고 적었다. 술을 먹지 말라고 했다. 그리고 "절약한 논은 유리하고 안전한 금융조합저금을 하자"라고 적었다. 이처럼 저축장려 포스터는 일상생활을 파고들었다. 그러나 전시체제기에 들어서면 전쟁 분위기를 물씬 풍긴다. 다음 포스터가 그 보기다.

그림 11은 금융조합 35주년을 기념하면서 저축을 장려하는 포스터다. "저축으로 헤쳐 나가는 결전 일본"이라고 적었다. 지구본 모양의 저금통에 동전을 넣고 있다. 전함을 그려서 저축하는 돈이 곧 전쟁 비용이 된다는 메시지를 전한다. 전시체제기의 저축 장려 포스터는 뒤에서 자세하게 다룬다.

그림 11 《경성일보》 1942년 5월 21일

가시오, 왼쪽으로:
좌측통행

차량과 사람의 통행을 좌측으로 할 것인지 우측으로 할 것인지는 교통통제의 기초가 되는 중요한 문제다. 그 방향에 따라 차량의 출입구나 운전자 위치가 바뀌며 좌회전과 우회전의 원칙도 달라진다. 유럽대륙은 고대 로마시대부터 우측통행을 한 것으로 추측한다. 근대 법제화 과정에서 유럽대륙은 모두 우측통행을 했다. 아메리카대륙에서도 우측통행을 채택했다. 유럽 국가 가운데 오직 영국만이 좌측통행이었다. 영국과 지난날의 영연방이었던 홍콩·싱가포르·오스트레일리아 그리고 일본에서 좌측통행을 한다. 일본은 1872년에 인력거와 사람의 통행을 좌측으로 하도록 한 뒤부터 오늘날까지 이어 오고 있다. 일본 최초의 도시계획 때 초빙한 영국인 기사 워터스T. Waters가 권고한 것으로 추측하기도 한다.[195] 일본에서는 좌측통행을 했지만, 일제강점 초기 조선에서는 "기존의 관행과 의식을 참작해서" 우측통행으로 규정했다. 한국인은 왼쪽을 존중해서 다른 사람에게 양보할 때도 왼쪽 길을 열어 주는 것을 예의로 여기는 관행이 있었다. 따라서 한국인에게 익숙한 우측을 진행 방향으로 명문화했다.[196] 조선에서는 1906년에 최초로 〈우측통행령〉이 반포되었다. 1913년에 반포된 〈도로취체규칙〉에서도 "도로 보행자는 우측, 우마牛馬, 그 밖의 여러 차는 도로 중앙부의 오른쪽을 통행"하라고 규정했다.[197] 그러나 "한국의 관행 때문에 우측통행을 했다"라는 설명과는 다른 내용의 기사가 신문 한 귀퉁이에 실려 있다. 그 내용을 소개하면 다음과 같다.

일본 내지의 도로 통행규정은 전부 좌측통행이다. 그러나 군대에서는 당초에 제정한 규칙이라고 우측으로 통행하여 교통이 복잡한 길 위에서도 대부대의 행군은 일반규정을 무시하고 행인이나 마차와 역행하는 것이 기괴한 상례이다. 조선에서는 (초대 총독인) 데라우치 마사다케 시대에 만사를 군대식으로 통치하는 방침에 따라 도로 규정을 군대와 똑같이 우측으로 결정하였다. 그 덕택으로 전차 승강 등에는 일반이 특별히 곤란을 당하였다. 그리하여 이에 대하여 일본 사람들이 좌측통행이 편리하다고 개정을 주장하는 의견도 차츰 유행할 무렵에도 당국은 경찰의 여력이 많았던지 우측통행의 도로단속을 매우 엄중히 실행했다.[198]

이 기사는 "이상하게도 부대 행군은 우측통행을 한다"라고 했다. 그리고 '육군 강경파' 출신인 데라우치 마사다케寺內正毅(1852~1919) 초대 총독 때문에 일반인도 우측통행을 하게 했다고 적었다. 사실이야 어찌 되었든, 일본과 식민지 조선의 통행제도가 달라서 여러 문제가 생겼다. 외국에서 차를 수입할 때도 일본용과 조선용을 구분해야 했다. 일본에서 전차를 만들 때도 조선용은 따로 만들어야 했다. 조선을 여행하는 사람과 고관들의 불평도 많았다. 일본의 식민지 가운데 대만은 처음부터 일본에 맞추어 좌측통행을 했다. 이런 사정 때문에 조선에서도 1921년 10월 25일에 〈도로취체규칙〉을 개정해서 좌측통행제로 바꾸었다.[199] 그리하여 1921년 12월 1일부터 좌측통행을 실시하기로 했다. 다음 그림은 좌측통행 시행 날짜를 왼손으로 가리켜서 사람들이 기억하도록 했다.

그림 1 삽화, 《경성일보》 1921년 11월 30일

처음으로 좌측통행을 실시한 날에 선전 삐라를 뿌리고 경찰을 시내 곳곳에 배치했다. 각 학교 학생에게는 좌측통행기를 손에 들고 시내를 돌아다니게 했다. 이른바 '기행렬'이었다. 소방 자동차는 좌측통행이라고 쓴 종을 울리며 경성 시내를 돌아다녔다. 소방대에서는 "행보는 문명인의 거동, 좌측통행은 그의 표정, 가시오 가시오 좌편으로, 부디부디 잊지 말고서" 하는 선전가를 불러서 사람들의 눈길을 끌었다.[200] 그림 2는 좌측통행을 실시하기 시작한 1921년 선전 포스터다.

그림 2는 '교통도덕'을 표제어로 내걸었다. "도로는 왼쪽을. 마주쳤을 때는 서로 왼쪽으로. 모두 협동하여 교통안전을 꾀하자"라고 적었다.

신문에서는 "좌측통행을 선전하는 그림 3000장을 배포했다"라고 보도했다.[201] 이 무렵 포스터를 '선전하는 그림'이라고 불렀음을 알 수 있다.[202] 일본 사람이 만들었을 이 '선전하는 그림'은 도무지 한국의 정서에 맞지 않는다. 일본 설화에 나올 듯한 어떤 신이 구름 위에서 왼손으로 칼을 잡고 오른손에 부채 같은 나뭇잎을 들었다. 손에 들고 있는 것은 일본에서 제사

그림 2 《매일신보》 1921년 12월 1일;
《경성일보》 1921년 12월 1일

그림 3 삽화, 조선총독부, 《보통학교수신서》 1,
1922, 26쪽

지낼 때 쓰는 사카키榊라고 부르는 식물로 보인다.
일본에서는 고대부터 식물이나 끝이 뾰족한 사물에
신이 깃들어 있다고 여겼다. 교통법규를 따르라는
메시지를 전하려고 '선전하는 그림'을 만들었을 텐데
그림을 이해하기 어렵다. 이에 견주어 그림 3의
교과서 삽화는 명료하게 그 의미를 전달한다.
그림 3에서 위쪽의 네모 칸을 보면 길 가운데에 교통
순사가 서 있고 사람들이 모두 좌측으로 통행한다.
그림 아래쪽에는 상급생이 전봇대에 붙인 "좌측통행,
왼편으로 가시오"라는 전단을 가리키며 하급생에게
좌측통행을 알려 주고 있다. 두루마기에 짚신을 신은
학생의 차림새가 눈길을 끈다.
일정한 시간이 흐른 뒤에 경찰은 좌측통행 위반자를
단속하기 시작했다. 일제 경찰에 불만을 품고 있었던
사람들에게는 더욱 화가 치미는 일이었을 것이다.
무엇보다 '왼팔에 푸른 띠를 두른 교통 순사'의 고함이
귀에 거슬렸다. 도시에 온 시골 사람들은 '외인편',
'바른편'이라고 서투르게 조선 말을 하는 일본 순사의
말에 눈이 동그래져서 어쩔지 모르다가 뺨을 맞는
일도 있었다.[203] 경찰이 좌측통행을 어기는 사람을
심하게 다루어 "백주대로에서 다른 사람의 구경거리로
만드는 일이 많다"라는 내용이 신문의 독자투고란에
실리기도 했다.[204] 좌측통행 포스터를 더 보자.

그림 4 《경성일보》 1924년 7월 10일

그림 4는 양장을 한 일본 어린이와 색동저고리를 입은 조선 어린이가 좌측통행을 하는 포스터다. 화살표를 그렸다. "왼쪽을! 왼쪽을!"이라고 적었다.

교통 당국에서는 "좌측통행으로 교통도덕을 보급하고 교통능률을 높이는 데 효과가 컸다"라고 평가했다.[205] 그러나 만족할 만한 수준은 아니었다. 일제는 전시체제기에도 계속 좌측통행을 홍보했다. '교통안전데이'나 '국민정신작흥운동' 또는 '준법운동'을 할 때면 늘 좌측통행 홍보도 곁들였다. 생활개선운동을 할 때면 으레 '좌측통행 준수'도 끼워 넣었다. 그러나 매체에 실린 좌측통행 포스터는 찾을 수 없다. 일제가 이 땅에서 물러난 뒤에 좌측통행은 어떻게 되었을까. 해방 뒤 미군정 때 운전석의 위치가 달라지면서 주행 방향도 우측으로 바뀌었다. 보행만은 관성을 바꾸기 어려워 좌측통행을 했다. 2009년 10월 1일부터 시범 삼아 우측보행을 하다가 2010년 7월부터 전면 실시했다.

웃음과 봉사:
친절·명랑운동

사람이 살면서 지켜야 할 '예의'라는 것이 있다. 누구나 따라야 할 공중도덕도 있다. 전화와
관련된 두 포스터를 보면서 '근대'의 예의와 도덕을 생각해 보자.

그림 1은 '전화강조주간' 포스터다. "옛 번호부는 잘못 걸린 전화의 원천, 헷갈리는 번호는 먼저 번호부를 확인할 것, 전화번호는 정확하게, 말은 보통의 소리로 명료하게. 전화는 특별히 예의를 지킵시다." 그렇게 적었다. '전화강조주간'에서는 체신국이 전화 업무를 개선하기 위해 "민첩, 정화, 친절, 정성"을 목표로 삼았다.[206]

그림 1 《경성일보》 1935년 2월 16일;
《조선신문》 1935년 2월 16일

그림 2 《조선시보》 1936년 4월 8일

전화강조주간 때 일반인에게 전화 교환 상황을 참관하게 하는 행사도 했다.
그림 2는 '전신전화선애호'라는 표제어를 달았다. 아이들이 연날리기를 한다. "전화선 가까이에
연을 걸지 마세요"라고 적었다. 1936년 4월 부산체신국 분국에서 전신전화애호주간 때 배포한
포스터다. 전신전화애호주간이란 "선 하나의 고장은 만인의 손해"이기 때문에 전신전화선을
보호하자는 운동이었다. 전선에 돌을 던지거나 전선에 연이 걸리게 하지 말라는 등의 캠페인을

했다.[207]

사람 사는 사회에서 예의와 친절은 필요하다. 명랑한 사회를 만들려고 노력하는 것은 좋은 일이다. 그러나 일제 전시체제기의 '친절운동'과 '명랑운동'에는 음험한 속뜻이 담겨 있다. 그 내막을 살펴보자.

1942년 7월 무렵부터 국민총력조선연맹은 "총후를 명랑하고 즐겁게 지키자"라는 운동을 계획했다.[208] 매체에서는 "독일과 일본에서도 친절운동을 하고 있다"라며 분위기를 띄웠다.[209] 먼저 교통기관이 친절운동에 나섰다. 혼잡한 교통기관은 불친절의 대명사였기 때문이다. "철도 종업원은 경찰과 형제간이나 마찬가지"였다.[210] 늘 만원인 전차나 버스는 전쟁터와 같았다. 기차, 전차, 버스 승객들을 마치 짐짝처럼 취급하는 일이 많았다.[211] 종업원의 표정에는 명랑한 웃음이 없어 승객의 기분은 더욱 우울해지고 승무원과 승객의 말다툼이 자주 일어났다.[212]

그림 3 삽화, 《춘추》 1942년 9월호, 109쪽

그림 3은 전차 승무원의 불친절을 고발하는 삽화다. 출근길 만원 전차에서 승객을 함부로 대하는 승무원을 과장해서 그렸다. 그림 4는 '교통연맹'에서 배포한 친절운동 포스터다. 네 칸으로 나누어서 전달하려는 메시지를 구분했다. 맨 위의 칸에는 전차 손잡이 안에 부상병을

그림 4 《경성일보》 1942년 8월 8일

그려 넣고 "감사로서 보호하라"고 적었다. 두 번째 칸에는 타고 내리기를 빨리하려면 저마다 표를 가지고 있으라고 했다. 세 번째 칸에는 두 팔을 벌리고 활짝 웃는 전차 여차장을 그렸다. "가슴에 친절, 얼굴에 웃음"이라고 적었다. 전차 여차장은 1932년부터 출현했다.[213] 네 번째 칸에서는 "승객도 차 안의 정리에 협력하라"라고 했다.

교통만이 아니라 상업도 친절운동 대상이었다. 필수품이 배급제로 바뀌면서 상인 도덕이 사라지고 불친절이 생겼다.[214] "물건을 사러 상점 안으로 들어가면 어느 편이 객이고 어느 편이 주인인지 모를 지경이었다."[215] 물건은 없어서 못 팔았고 팔더라도 이익이 적어서 굳이 친절할 필요가 없었던 탓이다. "팔아도 사도 웃는 얼굴", 상도商道를 실천하려면 친절해야 한다고 했다.[216] 다음 포스터를 보자.

생활을 바꾸자

그림 5 《경성일보》 1942년 8월 20일

그림 6 《매일신보》 1943년 9월 5일

그림 5에서는 물건을 파는 사람은 친절하고 물건을 사는 사람은 감사하게 여기라고 했다. "친절주간에서 친절습관으로"라고 적었다. 친절주간에만 친절한 척하지 말고 친절을 습관으로 만들라는 뜻이다. 이런 친절운동과 함께 상인들에게 "정실과 연고에 따라 물건을 파는 등 물자 배급에서 불공평하지 말 것, 공정가격으로 거래하고 비밀 거래를 하지 말 것" 등을 요구했다.[217] 전쟁 때의 물자난과 흐트러진 유통체계를 반영한 요구다. 상인은 그저 이익을 남기려고 장사한다는 생각을 버리고 중대한 국가의 배급기관 역할을 하고 있다는 것을 깨달아야 한다고 했다. 그리하여 상인도 '직역봉공', 곧 자기 직업으로 국가에 봉사하는 길을 찾으라고 했다.[218]

친절 캠페인에서 "웃음은 친절의 근본이다"라고 했다.[219] "가슴에는 진심, 얼굴에는 웃음, 웃는 얼굴로 이겨 나가자 이 결전", "친절하자 서로, 웃는 얼굴에는 적이 없다."[220] 이런 식으로 표어도 만들었다. 웃음을 주제로 삼은 친절 포스터를 보자. 그림 6에 "친절하게", "결전생활을 웃는 얼굴로"라는 표제어를 달았다. 두 여성이 마주 보며 웃는다. 포스터에서는 상점, 기차, 전차, 버스, 병원, 여관, 음식점, 각 사무소의 창구窓口, 모두 친절해야 한다고 적었다. 그것이 "빗발치는 적탄 속에서도 명랑하게 전쟁을 치르는 병사에 대한 기본 예의다"라고 했다.[221] "총후의 멸사봉공滅私奉公, 웃는 얼굴로."[222] 즐거운 마음으로 자신을 희생하여 국가에 봉사하라는 뜻이다. 다음은 친절을 선전하는 벽신문이다.

그림 7 벽신문,《국민총력》4권 9호, 1942, 도판;《매일신보》1942년 8월 9일;《경성일보》1942년 8월 11일

그림 7은 "조선에서 처음으로 만든 색채가 아름다운 사진 벽신문"이다. 몇십만 장을 인쇄해 사람이 많이 모이는 곳에 붙였다.[223] 여자 여럿이 활짝 웃고 있다. 이 벽신문을 번역하면 다음과 같다.

서로 더욱 친절하게!!
더치하버 강습의 해군 비행기는
자폭自爆의 그 순간까지
동료 비행기의 귀환을 진심으로 바랐다고 한다.
총후 동포 여러분!!
우리는 지금 대전쟁을 치르고 있다.
다소 물자가 부족하거나 불편이 따르며

일이 많아서 바빠지는 것은 당연하지 않은가.

서로 무뚝뚝함과 찌푸린 표정보다는

따뜻한 친절과 예의를, 밝은 미소를

가게 앞에, 창구에, 직장에 넘쳐나게 해서

더욱 밝게, 강하게, 유쾌하게

총후의 모든 힘을 발휘하고 정진하여

장기전을 이겨내야 하지 않겠는가!!

친절운동을 하면서 포스터나 벽신문에선 주로 웃는 여성을 그렸다. 왜 그랬을까. 친절이라는 가치를 활짝 웃는 여성의 이미지로 가시화한 것은 젠더적 분할을 보여 준다.[224] 또한, 대인 서비스업에서 일하는 여성 노동자를 겨냥한 탓이기도 하다. "명랑은 직업을 가진 여성의 재산이다. 고객에게 친절하라." 그렇게 여성 노동자에게 감정노동을 더 많이 요구했다. 성질 죽이고 일해야 하는 감정노동이야 예전부터 있었지만, 자본주의는 감정 관리를 좀 더 체계적으로 조직했다.[225] "가정은 항구와 같아서 남편과 아들에게 휴식과 위안을 주어야 하는데 주부가 명랑해야 한다"라는 논리도 있었다.[226]

일제는 왜 친절운동을 벌였을까. 1943년 친절운동에서는 "관공서 당국에 대해서는 그 명령에 복종하여 지도를 따르며 불평불만을 누설하지 말도록 할 것"을 중요한 실천 사항으로 제시했다.[227] 정부 정책을 고분고분 따르라는 뜻이다. "친절은 전력戰力이다! 결전생활을 친절로써 이겨 내자."[228] 그렇게 광고에서도 친절운동을 거들었다. 그러나 친절운동은 일제의 뜻대로 진행되지 않았다. 친절운동 그 자체마저 불친절했다. "스님이나 목사님에게 설교를 부탁하는 것이 훨씬 친절운동이 잘될 것"이라는 비아냥도 있었다.[229]

국가의 요구를 즐겁게 받아들이는 것, 이것이 친절과 명랑운동의 핵심이었다. 전쟁에서 비롯되는 긴장과 우울을 해소하기 위해 강제하는 친절이자 명랑이었다. 본디 '명랑'이라는 어휘는 밝고 환한 날씨를 가리키는 말이었다. 그러나 1930년대가 되어서는 주로 사람의 성격이나 감정을 가리키는 말로 썼다.[230] 체제가 요구하는 건전한 사상을 지니고 즐겁게 일하여 국가에 봉사하라는 것이 '사회 명랑화'의 핵심이다. 공장에서 작업 시작하기 전의 '조례朝禮'에서 외치는 구호 가운데 하나가 '명랑'이었다.[231] 명랑은 온순하면서도 나약하지 않고 활기 넘치면서 사회에 해롭지 않은 감각이다. '명랑'이란 제국이 지시하는 제국의

감각이다.[232]

"불친절을 쫓아내면 총후는 명랑."[233] 이렇게 시작한 명랑운동은 시간이 흐를수록 전쟁과 더 깊게 연관되었다. 조선총독부는 1945년 신년 표어를 '명랑감투明朗敢鬪'로 삼았다.[234] 명랑하고 과감하게 싸우자는 뜻이다. "어떠한 곤란과 불편이 있더라도 항상 명랑하게, 또 미영의 반격이 아무리 치열하더라도 최후의 승리는 우리 것이라는 굳은 신념"으로 열심히 일하자고 했다.[235] 음울과 퇴영은 '명랑감투'의 적이었다.[236] 1945년 이광수는 다음과 같이 '명랑'했다.

국민학교 5~6년생 계집애들이 골무와 바늘을 가지고 더운 여름방학 날에 교실에 모여서 하루 종일 군복의 호크와 단추를 달고 있다. 할 줄 모르는 바느질에 옷감이 단단하여서 조그마한 손가락들이 바늘구멍투성이가 되지만 이 딸들이 싫다는 생각을 한 일이 있는가. 이 얼마나 귀엽고 명랑한 일인가.[237]

초등학교 여자 어린이에게도 군복을 만들게 하는 것, 그것이 명랑운동의 본질이었다. 친절운동은 단순한 서비스 강화운동이 아니었다. 온갖 어려움을 달게 받아들이며 전쟁을 명랑하게 뒷받침하라는 뜻이었다. '명랑'은 일제 말 동원정책 때 즐겨 썼던 어휘였지만 해방 이후 단독정부 수립에 즈음하여 다시 사용했다.[238] 그 뒤 박정희 정권과 전두환 정권 등에서도 '명랑화'운동을 했다.[239]

살면서 해야 할 일

무엇보다 납세:
납세보국

세금이 있어야 식민 통치를 할 수 있다. 그러나 세금을 제때 내지 못하는 사람이 많았다. 일제와 친일 언론에서는 "조선 사람은 납세의무 관념이 없다"라고 비난했다. 그 주장에 따르면, "옛날 조선에서는 당국자가 가렴주구만을 일삼았을 따름이고 인민에게 납세의 의무를 설명하지 않았다. 조세법이 완전하지 못해서 납세관념이 형성되지 않았다."[240] 이와는 달리 "조선인 체납자가 해마다 증가하는 까닭은 조선인이 납세의무의 관념이 유치해서가 아니라, 조선인의 생활이 법률상으로나 경제상으로 파멸할 지경에 빠졌기 때문이다"라는 진단도 있었다.[241]

어찌 되었든 일제는 국민이라면 세금을 제때 내야 한다는 것을 끊임없이 강조했다. 세금 내는 날을 기억하게 하려고 납세자에게 달력을 나누어 주는 선전술도 활용했다. 그림 1과 그림 2는 경성부에서 납세 대상자에게 나누어 주었던 달력이다.

그림 1 1925년 납세달력, 《매일신보》 1924년 12월 29일; 《경성일보》 1924년 12월 25일

그림 2 1933년 납세달력, 《매일신보》 1932년 12월 18일; 《조선신문》 1932년 12월 18일

그림 1·2는 1월 달력만을 찍은 사진이다. 그림 1 맨 위를 보면 경성부 휘장徽章을 그려
넣고 근검이라고 크게 적었다. 그림 2 맨 위에도 닭 사이에 경성부 휘장이 있다. "이 달력은
오른쪽에 그달에 내야 할 세금을 적고 왼쪽에는 납세 표어를 적었다. 광고도 곁들인 모던한
디자인을 적용했다."[242] 그림 2의 오른쪽에는 '수도 급수료'에 대한 내용을 적었고 왼쪽에는
"국기는 제일祭日, 납세는 기일期日"이라는 표어를 적었다. 그림 2의 아래쪽에는 간장 광고가
있다. 그런데 그림 1과 그림 2의 경성부 휘장이 다르다. 왜 그럴까. 잠깐 눈을 돌려 경성부
휘장을 살펴보자.

그림 3 1918년에 만든 경성부 휘장,
《매일신보》 1918년 6월 18일

그림 4 1926년에 새로 만든 경성부
휘장, 《동아일보》 1926년 9월 26일

그림 1의 달력에는 그림 3의 휘장이, 그림 2의 달력에는
그림4의 휘장이 있다. 그림 3의 경성부 휘장은 1918년에
만들었다. 성벽을 본뜬 둥근 그림 안에 京경 자를 썼다.[243]
그러나 1925년 11월에 경성부 휘장을 개정하기로 하고 도안을
현상 공모했다. 옛 휘장은 "성에 갇힌 느낌이어서 발전하는
경성을 표현하지 못하고 아름답지도 않기" 때문이었다.[244]
마침내 그림 4와 같은 경성부 휘장으로 바꾸었다. 위의
산은 북한산이고 아래의 산은 남산이다. 앞으로 이 남산은
관악산이나 남한산을 나타내는 것으로 하면 된다. 중앙의 원은
경성 시가를 뜻한다.[245] 좌우로 성벽을 허물어 동서(청량리,
왕십리, 이촌동, 용산, 마포 등)로 시가지가 확대되어 발전하는
미래상을 표현했다.[246]
이제 다시 납세 포스터로 눈길을 돌리자. 다음 그림을 보면서
납세의 의무를 선전하는 방식을 살피자.

그림 5 납세 포스터, 천안박물관 소장   그림 6 약 광고, 《매일신보》 1919년 3월 12일

그림 5는 충청남도 납세 포스터다. 언제 만들었는지 알려지지 않았다. 아마 1910년대 말 또는
1920년대 초에 만들었을 것이다.[247] 이 포스터에서 큰 비중을 차지하고 있는 비행선이 그
근거다. 그때가 비행선이 사람들의 관심을 가장 많이 끈 시기였다. 또한, 콘셉트가 똑같은 그림
6의 1919년 약 광고도 근거가 될 수 있다. 가장 중요한 근거는 포스터 속 사람들 차림새다.
그림 5에서는 곤돌라gondola, 즉 비행선 바구니에 조종사와 함께 일장기를 든 학생이 탔다.
그 학생은 모자를 쓰고 두루마기를 입었다. 초등학생 교복이다. 비행선에서 전단을 뿌린다.
두루마기와 한복을 입은 조선 남녀, 그리고 양복과 기모노 등을 입은 사람들이 앞다투어
전단을 받고 있다. "서로 잊지 못할 납세일", "급히 말라 성공, 늦지 말라 납세", "체납滯納은
공민公民의 적", "아침에 일어나기와 납세는 먼저 하는 것이 제일", "권리를 주장하기 전에
납세를." 전단에는 그렇게 적혀 있다. 다시금 충청남도에서 배포한 다른 포스터를 보자.

그림 7에 등장하는 인물 모두가 흰옷을 입었다. 집은 다 기와집이다. "납세는 문화의
터(基)"라고 붉은 글씨로 쓴 표제어가 선명하다. 그림 7은 1920년대 '문화통치' 시기에
만들었다고 추측할 수도 있겠다. 포스터 속 사람들의 차림새나 표제어가 그 근거다. 이
포스터는 곳곳에 세금 표지를 달았다. 광세鑛稅, 도축세屠畜稅, 연초세煙草稅, 주세酒稅,
지세地稅, 호세戶稅, 가옥세家屋稅, 법인소득세法人所得稅, 시장세市場稅, 거륜세車輪稅,
어업세漁業稅 등이 있다. 이렇게 걷은 세금을 "총독부, 도청, 면사무소 등에서는 관아官衙,
학교, 통신, 권업勸業, 위생, 도로 등의 사업에 쓴다"라는 것을 그렸다.
일제는 새로운 세금제도가 나오면 그것도 열심히 알렸다.

그림 7 납세 포스터, 천안박물관 소장

그림 8 《경성일보》 1928년 1월 14일   그림 9 《경성일보》 1928년 12월 16일

그림 8에서는 소화 3년(1928) 1월 31일까지 부청 또는 군청에 정확하게 영업세를 신고하라고
했다. 그림 9에서도 "소화 4년(1929), 1월 31일까지 부청 또는 군청에 신고. 영업명과 과세
표준도 함께"라고 적었다. 둘 다 영업세 낼 때가 다가왔다는 포스터다. 영업자는 해마다 한
번 그 해의 판매 금액과 수입 금액 등 영업세의 과세 표준을 신고해야 했다. 영업세는 수익세
가운데 하나였다. 이 영업세는 일제가 1927년에 실시했으며 개인소득세를 실시하기 위한 예비
작업이었다.[248]
초기 납세 포스터는 안내와 계몽의 성격이 짙다. 그러나 시간이 흐를수록 납세 포스터는
국가주의 또는 애국주의의 모습을 띤다. 다음 포스터가 그러하다.

그림 10 大阪商業美術家協會 編, 《宣傳美術創作品集》, 1929, 도판

그림 11 박암종, <한국 근대 포스터의 특징과 스타일에 대한 연구: 근현대디자인박물관 소장 포스터를 중심으로>, 《디자인학연구》21-5, 2008, 234쪽

그림 10은 판화처럼 만든 경성부 납세 포스터 도안일 것이다. "강한 일본은 납세로부터" 라는 표어를 적었다. 그림 11은 1940년대 포스터로 추정된다.[249] 떠오르는 태양을 욱일기로 묘사하고 닭이 우는 모습을 그렸다. "다하라 납세, 지키라 납기"라고 적었다. 세금을 내야 할 때가 되면 납세 포스터를 적잖게 배포한 듯하다. 다음 포스터 묶음이 그 증거다.

그림 12 오른쪽 맨 위의 포스터에서 한 남성이 커다란 일장기를 흔든다. "뻗어나가는 국력은 납세로부터"라는 표어가 있다. 그 밖의 포스터는 노인·여성·아이 등을 내세워 납세의 의무를 다하라고 설득하거나 세금은 각 개인의 삶을 윤택하게 하는 데 쓰인다는 메시지를 전한다.

중일전쟁 뒤부터 납세 선전은 살벌해졌다. "납세는 총후의 실탄, 총을 잡는 마음으로 납세를." 이런 식의 표어를 즐겨 사용했다.[250] 또한 중일전쟁 뒤부터 '납세보국'이라는 말을 자주 썼다. 서흥 세무서에서 만든 〈납세보국가〉의 주요 가사를 보자.

그림 12 경성세무감독국 엮음, 《납세선전시설례집》, 1937, 도판

정의로 일어선 황군, 천황을 위해 죽음으로 보답한다. 총후의 국민, 전시 증산과 함께 세금을 내자. 그 누구라도 정성스러운 마음을 세금으로 보여야 한다. 세금을 미루는 것은 수치이다. 국난이 닥쳐온 지금 납세보국을 빛내자.[251]

전쟁이 일어나자 세금을 내지 않는 사람을 비국민非國民으로 규정하기 시작했다. "세금을 체납하는 사람은 본인과 집의 수치일 뿐만 아니라 그 마을의 불명예이고 국가에 폐를 끼치는 것이다. 또한, 총후의 수호와 시국 인식에 문제가 있는 사람으로 전쟁 준비나 각오가 없는 사람이다."[252] 그렇게 세금 체납자를 공격했다. 1930년대 중반부터 세출은 명목상의 항목만 다를 뿐 사실상 대부분 군사비에 가까웠다.[253]

중일전쟁 뒤에 만든 납세 포스터는 전쟁 분위기를 물씬 풍기면서 납세의무를 매우 강하게 압박했다. 다음 포스터를 보자.

그림 13 《매일신보》 1937년 11월 21일;
경성세무감독국 엮음, 《납세선전시설례집》,
1937, 도판

그림 13에서는 한반도 지도를 '납세'라는 글자로 덮었다.
풀숲을 헤치며 나아가는 일본 군인도 그렸다. "총후의
의무, 먼저 납세"라는 표어를 적었다. 이 포스터는
세금을 전쟁 비용으로 쓴다는 메시지를 분명하게 전한다.
그림 14는 포스터가 아닌 전단이지만 시대 상황을 잘
보여 주기 때문에 여기에 소개한다.

그림 14에서는 지구본 위에 대동아공영권을 표시하고
총검을 부여잡은 일본군이 돌진하는 모습을 그렸다.
'납세보국'이라고 크게 쓰고 "떠올리자 전선, 잊지 말자
납기"라고 적었다. 또한, '신도실천, 납기엄수'라고 위와
아래에 두 번이나 적었다.

일제는 전시체제기 납세 선전에서 '납세보국'이나
'신도실천' 등의 단어를 즐겨 사용했다. 이 말은
황국신민은 세금을 내어 국가의 은혜에 보답하고 신하의
도리를 다해야 한다는 뜻이다. 마치 세금을 내는 것이
국가에 돈을 헌납하는 행위처럼 느끼게 한다.

일제의 세무 기구는 방대했고 세무 관리의 권한은
강력했으며 세무 행정은 강압적이었다.[254] 일제는
납세조합과 같은 어용 조직과 법령을 동원하여 세금을
거두는 데 혈안이 되었다. 조선인은 제국주의 통치
비용을 스스로 부담하는 모순에 허덕여야 했다.[255]

그림 14 전단, 민족문제연구소 엮음, 《식민지
조선과 전쟁미술》, 2004, 83쪽

큰일 난다:
'애림'과 산불, 불조심의 날

불조심 캠페인은 예나 지금이나 비슷하다고 생각하기 쉽지만, 일제강점기는 좀 특별했다.
그때 불조심 포스터에서는 은근슬쩍 야만의 조선을 강조하거나 일제의 지배정책을 곁들여
홍보했다. 산불을 조심하자는 다음 포스터를 보자.
미쓰이三井 합명회사가 "조선은 산불이 많이 나서 큰 피해가 생긴다"라면서 그림 1 포스터를
배포했다. 미쓰이는 러일전쟁 뒤에 일본의 지원을 받으며 조선과 만주로 진출한 회사였다.[256]
산림산업에 참여했던 미쓰이로서는 조선의 산림자원이 소중했다.[257] 그래서 그림 1처럼 "서로
산화山火를 주의합시다"라고 홍보했다. 갓을 쓴 사람이 곰방대를 물었으며 다른 사람은 궐련에

그림 1 《경성일보》 1925년 5월 24일

성냥불을 붙인다. 끝내 울창한 산에 불이 났다.
"큰일 났다." 이 포스터를 보는 순간, '무식한
조선인'을 떠올리게 한다.
나무를 사랑하자는 '애림일'이나 '애림주간'
행사 때면 나무 심기와 함께 산불 방지
캠페인을 했다. '애림일'이 무슨 날인지를
알려면 '식수기념일植樹記念日'부터
살펴보아야 한다. 일본에서는 1898년부터
'진무천황제神武天皇祭' 때 나무 심기를
하기로 했다. '진무천황제'란 일본 초대 천황인
진무 천황이 사망한 날인 4월 3일에 제사를
지내는 것이다. 일제는 조선을 병탄한 뒤부터
조선에서도 해마다 4월 3일에 '식수기념일'
행사를 했다. 그 행사는 갖가지 일본의
기념일을 식민지 조선에 적용하는 작업 가운데
하나였다. '식수기념일' 포스터를 보자.

그림 2 조선산림회, 《조선산림회보》 120, 1935(출처: David Fedman,
Seeds of Control—Japan's Empire of Forestry in Colonial Korea, Seattle:
University of Washington Press, 2020, p.188)

그림 2는 '진무천황제' 날에 사람들이 민둥산에 나무를 심으러 가는 모습을 담았다. 원
안에 "4월 3일 식수기념일"이라는 표제어를 썼다. '식수기념일'이 관청만의 행사였던 것을
의식했는지, "식림은 관민 공동일치"라고 적었다.
일본에서는 1934년부터 '진무천황제'가 열리는 4월 3일을 포함해서 4월 2일부터 4일까지
애림일로 정했다. 다음은 그때의 일본 포스터다.

그림 3 일본의 제1회 애림일 포스터(1934), 中島弘二 編, 《帝国日本と森林》, 勁草書房, 2023, 126쪽

그림 4 일본의 제1회 애림일 포스터(1934), 일본 농림수산성 소장

그림 3에선 나무 심는 모습과 나무 가꾸기를 그려 넣고 "숲을 만들어 산을 보호하자"라고 적었다. 그림 4에서 "나무 심는 것은 살아 있는 저축"이라고 했다. 일본만이 아니라 식민지에서도 애림일 행사를 했다. 이처럼 애림일은 천황제를 전파하는 의미를 담고 있었으며 제국 일본의 영역을 표시하는 것이기도 했다.[258] 이제 식민지 조선의 애림일 포스터를 보자.

그림 5 애림일 포스터, 국립민속박물관 소장   그림 6 애림주간 포스터, 국립민속박물관 소장

경상남도에서 배포한 그림 5 애림일 포스터에서는 '산화 주의'라고 적고 울창한 산에 불이 붙은 모습을 그렸다. 평안남도에 배포한 그림 6 애림주간 포스터에는 '삼림자원 확충'이라는 표제어를 달았다. 이 두 포스터에서 보듯이, 지역에 따라 애림일이나 애림주간 날짜가 달랐다.[259] 그림 5에 따르면, 경상남도에서는 5월 20일에 애림일 행사를 했다. 그러나 1940년부터는 4월 3일을 중심으로 애림주간을 통일했다.[260] 그림 6에서 팻말에 "애림주간, 4월 1일부터 7까지"라고 적었다. 따라서 그림 6은 1940년 이후에 만든 포스터일 확률이 높다.

일제는 전시체제기의 애림주간 때 '식수보국운동植樹報國運動'을 했다. '식수보국운동'이란 "전쟁에 필요한 산림자원을 사랑하고 보호"하는 운동이었다.[261] 다음 일본 포스터가 그 내용을 보여 준다.

그림 7 일본의 제9회 애림일 포스터(1942), 中島弘二 編,
《帝国日本と森林》, 勁草書房, 2023, 136쪽

그림 7은 '대동아공영권' 지도 위에 울창한 숲과 함께 커다란 일장기를 그렸다. '과학 무기'의 첨단인 비행기가 지도 위를 난다. "대동아의 자원인 삼림을 사랑하고 보호하자"라고 적었다. 일본에서는 1942~1944년에 '거국擧國조림운동'을 했다.[262] 이와 비슷한 취지로 식민지 조선에서도 1944부터 4월 3일에 애림운동이 아닌 '결전조림운동'을 하기로 했다.[263] 근대 도시에는 더 많은 인구와 건축물이 제한된 공간에 밀집했으며 대형 화재의 원인이 되는 발화 물질을 더 많이 썼다. 이에 대응하면서 도시의 소방 기구와 활동도 발달했다.[264] 그에 따라 불조심 캠페인도 활발해졌다. 다음 선전물을 보자.

그림 8 입간판, 《경성일보》 1925년 9월 23일

그림 8은 경성부청 앞에 세운 커다란 입간판이다. 불을 통제하는 소방관을 거인처럼 그렸다. 그를 올려다보는 조선인들을 소인국 사람처럼 매우 작게 그렸다. 1924년 경성부의 화재 손실이 120만 원이라고 썼다. 입간판 양쪽에 "화재는 곧 소방서로, 도난은 곧 경찰로"라고 적었다. 다음 포스터도 경성의 불조심을 홍보한다.

그림 9 《조선신문》 1927년 12월 14일

그림 9를 보면, 1927년 2월에 정규방송을 시작한 JODK 경성방송국이 라디오 송신 철탑으로 전파를 내보내고 있다. 그 주위에 빌딩을 과장해서 그려 넣어 식민 통치를 미화했다. 이 포스터 속의 식민지 경성은 참으로 화려하다. 그런데 불씨가 날아다닌다. 일본어와 한글로 불조심이라고 적었다. 자동차 헤드라이트는 경성, 용산, 마포 소방조消防組라는 글자를 비추고 있다. 이 포스터는 바로 그 소방조가 제작·배포했다.

소방조는 글자대로라면 "불을 끄는 조직체"다. "소방은 에도시대의 꽃이다"라는 말처럼 일본인은 잦은 지진과 태풍 그리고 홍수 피해 때문에 에도시대부터 소방에 대한 의식이 강했다. 따라서 그들이 머무는 곳이면 가장 먼저 소방대를 만들어 재난에 대비했다.[265] 개항 뒤에 소방조는 부산에서 맨 처음 모습을 드러내었다. 이어서 인천·원산 순으로 만들었다.[266] 소방조는 자기 일을 하다가 불이 나면 출동하여 불을 끄는 의용 소방 체제였다.

조선총독부는 통치조직을 정비하면서 소방조를 경찰 보조단체로 만들었다. 그에 따라 소방조는 소방 활동 말고도 경찰을 보조하는 역할도 했다. 특히 3·1운동을 진압하는 등의 '질서유지'에 소방조를 동원하기도 했다. 1939년에 소방조를 경방단警防團으로 통합했다. '경방단'이란 경계하고 방어하는 단체라는 뜻이다. 경방단은 기존의 소방조, 방호단, 수방단을 통합한 '실전적實戰的 조직'이었다.[267] 방호단이란 적의 공습에 대비한 방공훈련을 할 때 경찰서나 소방서에 협력하는 조직이었고,[268] 수방단은 홍수에 대비하는 조직이었다. 소방조는 경방단에 편입되면서 더욱더 전쟁 보조기구로 전락했다.[269] 경방단은 검은색 전투모에 누런색의 국방복을 입고 각반을 찼다. 이 제복은 일본의 경방단과 똑같았다.[270] 전시체제기에 경반단은 방공 활동뿐만 아니라 공출을 독려하고 노동력동원에 나서는 등 경찰 보조기구 역할을 했다.[271]

이제 '방화放火데이'의 역사를 살펴보자. 소방서에서는 1920년대 중반부터 '화재의 계절'인 겨울철에 맞추어 방화데이 행사를 했다.[272] 1930년부터는 일본과 똑같이 12월 1일에 전국적으로 '방화데이' 행사를 했다. 이날에는 소방서와 소방조가 모두 참석하여 방화기원제를 지냈다. 소방차를 타고 시내를 돌며 포스터와 전단도 배포했다.

일제는 소방 활동을 식민 통치의 중요한 홍보 수단으로 삼았다. 소방이란 화재로부터 국민의 생명과 재산을 보호하는 행위였기 때문이다.[273] 1934년부터는 방화데이를 방화주간으로 확대했다.[274] 다음은 방화주간 때의 선전 포스터다.

그림 10 《매일신보》 1939년 11월 30일

그림 10에 "1억 사람이 한마음으로 방화데이를 맞이하여 불조심하자"라고 적었다. 그런데 왜 종을 그렸을까. 종은 '경보대'였다. 일제는 '비상시'에는 경보체계를 잘 갖추어야 한다고 생각했다. 화재, 폭우, 홍수, 공습 등이 있을 때 빠르게 알릴 수 있는 경보대가 중요했다. 주로 사이렌과 종이 경보대 역할을 했다.[275]

일제는 1937년 중일전쟁을 일으키고 전시체제로 전환하면서 소방서를 군사 보조 기관으로 활용했다.[276] 방공防空과 방화放火를 한데 묶어 선전하는 그림 11 포스터가 그 사실을 잘 보여 준다.

그림 11에서는 소방망루와 적기를 비추는 탐조등을 함께 그렸다. "방화데이, 방공과 방화는 총후의 임무"라고 썼다. 적의 공습에서 비롯된 불도 재빠르게 끄는 훈련을 열심히 하라는 뜻이다. "비상시국이기 때문에 방화와 방공은 떨어질 수 없는 관계"라고 했다.[277] "소방서 활동은 단순한 화재에만 국한되어 있는 것이 아니라 적기의 공습에도 유감없이 활동하도록 그 기능을 갖추어야 한다"라고 했다.[278] 이 무렵 방화데이는 아예 '국방 방화데이'라고 불렀다.[279] 다음 포스터도 '국방 방화'의 모습을 보여 준다.

그림 11 《매일신보》 1937년 11월 25일;
《조선일보》 1937년 11월 25일

1940년 11월에 장충단공원에서 소이탄으로 집에 불이 붙는 실험을 하면서 소방훈련을 했다. 12월 1일 방화데이에 앞선 행사였다.[280] 그림 12는 그때의 포스터다. "화재는 총후의 적이다"라고 적었다. 소방차가 급히 달려가고 경방단이 도시의 불을 끄고 있다. "도시의 방공에서 방화가 제일 중요하다."[281] 전시체제기의 방화데이는 화재 예방보다는 폭격에 대비한 훈련을 중요하게 여겼다. 그 무렵 "방화주간은 전력 증강의 한 방책"이었다.[282]

그림 12 《경성일보》 1940년 11월 22일

교통훈련과 수송:
교통안전과 해상안전

1905년 통감부가 들어서면서 일본식 경찰제도를 시행했다. 이때 교통경찰이 처음 등장했다.
전차 궤도가 교차하는 곳이나 교통이 빈번한 곳에 순경을 2명씩 배치하여 전차를 통제했다.
우마차를 길가에 두거나 대중이 모여 교통을 방해하면 교통경찰이 단속하도록 했다.
예전보다 도시의 길이 복잡해졌으니 규칙이 필요했다. 1906년에는 〈가로관리규칙〉을 만들고
1913년에는 〈도로취체규칙〉 등을 만들었다. 대소변을 보는 행위, 연설하는 행위, 길거리에
우마차를 세워 두는 행위 등을 규제했다.[283] 다음 포스터는 어린이가 도로에서 지켜야 할
규칙을 계몽하는 '교통데이' 포스터다.

그림 1 《경성일보》 1925년 4월 12일

그림 2 《조선신문》 1925년 4월 12일

그림 1은 경기도 보안과에서 경성·인천·개성의 초등학생을 대상으로 만든 포스터다. 이 포스터 맨 아래에 "신문은 경성일보"라고 적어서 경성일보사에서 기증했음을 표시했다. 길을 함부로 건너는 아이, 자전거를 타다가 넘어진 사람, 물건을 머리에 이고 아이와 함께 길을 건너는 여인을 그렸다. "길에서 놀지 말라"는 뜻으로 야구를 하는 모습도 그렸다. 그림 2는 교통량이 많았던 경성부와 인천부가 만든 포스터다. 이 포스터 1500장을 초등학교에 배포해 교실에서 교재용으로 사용할 수 있게 했다.[284] 전차와 자동차 사이를 아이들이 위험하게 달려가고 있다. "좌우를 살펴서 건너세요"라고 적었다.

교통안전 캠페인에 경찰이 앞장섰다. 1920년대 일본에서는 '경찰의 민중화, 민중의 경찰화'를 내세웠다. "경찰 활동의 기반을 민중에 두고 민중의 동의와 협찬을 얻어 질서를 유지하려면 경찰은 적극적으로 민중에게 선전해야 한다"라고 했다. 일본의 교통안전 캠페인은 경찰의 활동을 대중에게 어필하려는 시도였다.[285] 식민지 조선도 마찬가지였다.

1920년대에 들어와 자동차가 늘고 1928년부터는 버스를 운행하자, 전차도 늘면서 경성의 교통이 복잡해졌다. 화물자동차가 늘고 버스를 운행하면서 이제 자동차는 도시 풍경을 구성하는 중요한 요소가 되었다. 대중교통을 이용한 통학과 통근이 일상이 되는 1920년대부터 경성에서는 아침저녁으로 '교통지옥'을 맞이했다. 1930년대 말에는 출근할 때 만원 전차를 한두 번 보내고 10분 넘게 기다리는 일이 흔했다. 전차는 사람으로 크게 붐벼서 "타는 전차가 아니라 매달리는 전차"라고 말할 정도였다.[286]

교통량이 늘면서 교통사고 건수와 피해자 수도 늘었다. 이에 따라 다음과 같은 교통사고 방지 포스터도 만들었다.

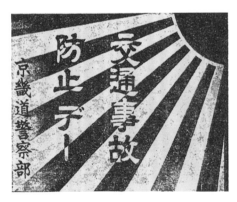

그림 3 《조선신문》 1929년 5월 5일

그림 3에선 "교통사고 방지데이"라고 적고 욱일기를 마치 도로처럼 그렸다. 전차는 개통 때부터 사고가 자주 일어났다. 궤도가 연장되고 타는 사람 수가 늘면서 이미 1910년대부터 그 폐해가 심각했다. 오가는 사람이 많았던 시내 중심부에서 전차 사고가 자주 났다. 다음 포스터는 전차 사고를 주요하게 다루었다.

그림 4 《부산일보》 1941년 5월 31일

그림 4에서는 출발하기 시작한 전차에 달려가서 타는 것이 교통사고의 원인이 된다고 했다. 전차에서 떨어진 사람을 그려 넣었고 화살표로 '위험'이라고 표시했다. 바로 뒤에 화물차가 다가오고 있다. 급하더라도 교차점에서 멈추라고 적었다. "실수와 적의 공습에는 예고가 없다"라고 적었다. 공습훈련을 했던 전시 상황을 반영했다.

자동차 사고율도 높았다. 피해자가 부주의한 탓도 있지만 길이 좁고, 포장되지 않았으며 가로등과 신호등 같은 교통 기반 시설이 좋지 않았기 때문이다.[287] 신문에서는 "경성에서 보도와 차도의 구별이 없는 곳이 많으며, 이 현상은 북부 일대에 심하다"라고 했다. 여기서 '북부'란 청계천 북쪽을 말한다. 일본인이 주로 살던 남촌에 견주어 북촌 도로 사정이 좋지 않음을 알 수 있다. 또한, "우마차, 인력거 등 중세 교통수단과 전차, 자동차 등 현대 교통수단이 뒤섞이는 기형을 보이면서 '조선 특유의 교통문제'가 생겼다."[288] 아주 중요한 문제가 더 있다. "교통사고로 피해를 입은 사람에게 보상이 너무 적은 것은 교통안전에 대한 관념을 희박하게 하는 하나의 원인이 되며 인권에 대한 무시였다."[289] 운전수가 노동시간이 지나치게 길어 졸음운전을 하는 것도 교통사고 원인 가운데 하나였다.[290] 그러나 경찰에서는 "인습에 찌들어, 옛날의 나쁜 습관대로 도로를 사용하는 사람들 때문에 교통사고가 난다"라고 진단했다. 그 보기로 "재주 부리듯 자전거를 타는 사람, 달리는 전차에 뛰어 타고 뛰어내리는 사람, 전차 승객의 무질서, 길거리에서 노는 아이, 길거리에 짐을 부리고 내리기, 심지어 길거리에서 물건 만들기, 길거리에 짐차 놓아두기" 등을 지적했다. 그리고 이러한 행위는 '문화국민'이라면 할 수 없는 수치스러운 행동이라고 비난했다.[291]

"경성은 교통지옥, 행인의 공포시대가 왔다"라고 신문은 적었다.[292] 경기도 보안과에서는 "꽃 시절을 맞아 교통사고가 늘어날 것"이라며 1930년 4월에 제1회 교통안전데이 행사를 했다.[293] 이때의 포스터는 전하지 않는다. 다음은 제2회 교통안전데이 포스터다.

그림 5 《조선신문》 1931년 4월 18일

그림 6 《조선신문》 1931년 4월 10일; 《경성일보》 1931년 4월 10일

1931년 제2회 교통안전데이 행사에는 학생들을 동원하기도 했다. 그들에게 교통 완장을 채워 교통질서 캠페인을 하게 했다.[294] 그림 5는 그 사실을 보여 준다. 그림 5에서는 "서로 조심하자"라고 적고 왼팔에 교통 완장을 두른 학생을 그렸다. 학생들이 교통안전데이 때 '교통순사' 역할을 한 것을 나타낸다. 그림 6에선 기모노를 입은 여인과 한복을 입은 여인이 다정하게 길을 걷고 있다. '내선융화'를 선전하려는 속셈이다. 저 멀리 '안전지대'에서 사람들이 전차를 기다리고 있으며 자동차는 질서 있게 달린다. 이어서 제4회 교통안전데이 포스터를 보자.

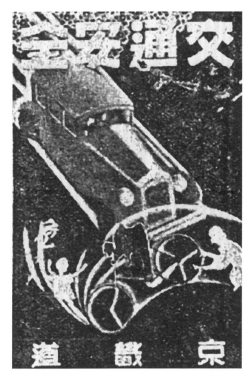

그림 7은 자전거를 탄 사람이 교통사고를 당하는 모습이다. 섬뜩한 장면을 그려서 교통안전에 주의하라는 경고를 보낸다. 이러한 포스터 말고도 교통안전데이에는 자동차 행렬, 자전거 행렬, 가장행렬 등으로 교통선전대를 만들어 홍보했다. 영화 상영과 라디오방송 등으로 '교통사상'을 보급했다. '교통도덕 함양', '교통훈련' 등의 구호를 내걸기도 했다.[295] 교통안전데이 때는 "가두의 한 모퉁이를 점령하고 앉아 있던 지게꾼, 떡 장사, 날품팔이꾼 등의 교통안전 방해자를 단속하기도 했다.[296] 1936년부터는 교통안전데이 날짜를 늘려 '교통안전주간'으로 바꾸고 관민 합동으로 '교통안전협회'도 만들었다.[297] 도시만이 아니라 교통에 대한 지식을 농촌에도 보급해서 그들이 도시에 와서 '고·스톱'을 잘 분별하여 사고를 당하지 않도록 해야 한다고 했다.[298]

그림 7 《매일신보》 1933년 4월 22일; 《경성일보》 1933년 4월 22일; 《조선신문》 1933년 4월 23일

전시체제기에 교통난은 더욱 심해졌다. 전쟁이 길어지면서 전투의지 드높이기, 조선신궁 참배 강요, 출정군인 환송 행사 등 새로운 교통 수요가 늘었기 때문이다.[299] 그러나 부속품과 타이어, 석유가 끊겨 버스 운행이 제한되는 등 교통 사정은 훨씬 더 나빠졌다.[300] 이에 교통안전주간 행사의 내용도 크게 바뀌었다. 전쟁 분위기가 흠뻑 들어 있는 1940년 교통안전주간 포스터를 보자.

그림 8 《매일신보》 1940년 4월 5일

그림 9 《경성일보》 1941년 4월 12일

그림 8을 보면 "사고도 국난이다. 모두가 막아
내자"라고 적었다. 교통사고로 '인적자원'과
'물적자원' 손실이 생기면 안 된다는 뜻이다. 왼팔에
완장을 찬 '교통순사'가 전차 위에서 오른팔을 들어
방향을 지시하고 있다. '하일 히틀러'를 외치는 독일
친위대를 떠올리게 한다. 교통안전 캠페인을 더
보자.

그림 9는 1941년 '교통안전주간'
포스터다. 신호등과 큰 전등을 그렸다.
"총력總力·총립總立·총훈련總訓練"이라는 구호도
적었다. 그 구호는 딱히 교통안전에만 해당하는
것이 아니었다. "온 힘을 다하여 모두 나서서 다
함께 훈련하자"라는 뜻으로 여러 캠페인에서
이 구호를 활용했다. 1941년의 교통안전주간은
"고도국방국가 확립을 위한 국민총훈련은
교통훈련으로부터"라는 표어를 내걸었다.[301] 말이
'교통안전'이지 "자동차와 그 밖의 교통수단을
철저히 검사하여 전시 수송의 안정성과 능률을
증진하는 데 유감이 없도록 한다"라는 것이 주요
목적이었다.[302] "수송력은 곧 전력이 되며 싸우는
무기가 된다."[303] 전시체제기의 '교통안전주간'은
전쟁 수송력 강화가 주요 목표였다. 운송수단을
병기兵器로 여긴 두 그림을 서로 견주어 보자.

그림 10 표지, 《사진주보》 291호, 1943년 9월 29일,
국립공문서관 아시아역사자료센터 소장

그림 11 광고, 《조광》 95호, 1943년 9월, 도판;
《경성일보》 1943년 8월 20일; 《매일신보》 1944년 1월
28일

그림 10은 일본에서 출판한 《사진주보》 표지다. 달리는 기차 바퀴와 함께 "전력戰力 수송에
돌진"이라고 적었다. 그림 11은 본디 포스터였던 것을 철도국에서 광고에 활용한 것으로
보인다. 그림 10과 그림 11은 콘셉트가 같고 인쇄한 시기도 비슷하다. 그림 11에서 "철도는
병기다"라고 했다. 왜냐하면 철도는 전쟁에 필요한 병력과 물자를 실어 나르기 때문이다. 이
무렵부터 교통 관계자를 '교통전사交通戰士'라고 추켜세우며 군사 분위기를 한껏 풍겼다.[304]
'교통안전주간'은 각 도에서 계획하여 5~6월 중에 실시했다. 1943년이 되면 '교통안전주간'을
'교통훈련주간'으로 이름을 바꾸고 날짜도 통일했다. '교통훈련'을 여러 전시훈련 가운데
하나로 만들겠다는 뜻이다. 그러나 거창한 이름과는 달리 효과가 의심스러운 자질구레한 '훈련'
사항만을 늘어놓았다.[305] '교통훈련'에는 걷기를 장려하는 운동도 포함되었다. 다음 포스터가
그 보기다.

그림 12 《매일신보》 1943년 4월 9일

그림 13 교통도의앙양주간 포스터,
국립민속박물관 소장

그림 12는 '교통훈련주간' 때의 포스터다.
'비상시'이기 때문에 될 수 있으면 걸어서 통근하라고
했다.[306] 행군하는 군인과 공장으로 걸어가는
'산업전사'를 그렸다. "결전시대, 걸어서 몸을
단련하자"라고 적었다. 교통난을 완화하고 체력을
단련하려면 가까운 거리는 걸어서 출근하라는
뜻이다. "걸어라, 걸어라! 전력 증강이다!"[307] 이
표어는 도보장려의 핵심을 보여 준다. 그러나
걷기장려는 이때가 처음은 아니다. 이미 1939년부터
총독부 학무과에서는 학생들에게 "체조나 그 밖의
운동을 할 때는 맨발로 하고 도보 통학을 하라"라고
지시했다. 도보 통학을 하면 건강에 좋고 교통 혼잡도
줄일 수 있다고 했다.[308]

'교통훈련주간'은 전시 교통도덕 확립도 목표로
삼았다. 그림 13 포스터가 그 보기다.
그림 13은 '교통도의道義앙양주간'이라는 표제어를
달았다. 국민복을 입은 사람이 걷고 있다.
"청장년이나 학생들은 혼잡한 전차를 기다리는
사이에 차라리 걸어서 가라"라는 메시지를 전한다.[309]
"살펴서 두 눈으로 끊임없이 주의"라고 적었다.
그런데 이 포스터에 적힌 '도의'란 무엇일까.
'도의'란 '도덕'과 엇비슷한 말이지만, 맥락은 전혀
다르다. 1942년 5월에 8대 조선 총독이 된 고이소
구니아키小磯國昭(1880~1950)는 '도의조선 확립'을
통치 방침으로 내세웠다.[310] 그는 일본이 공존공영의
큰 도의를 사방에 펼치려고 미·영과 전쟁을 치른다고
했다. 그는 "우리 자신이 도의정신을 확립하여 대동아
지도자 자격을 갖추어야 한다"라고 했다.[311] 그가

그림 14 《경성일보》 1943년 4월 9일

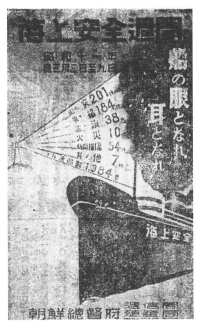

그림 15 《조선시보》 1936년 3월 4일;
《조선신문》 1936년 2월 28일

내세운 '도의조선'에는 조선인을 정부의 명령에 잘 따르게 만들고 '결전생활'에 알맞게 훈련시키겠다는 의지가 담겨 있었다.

'제국의 레토릭'이었던 '도의조선'은 해방된 뒤에도 '도의국가'나 '국민도의'라는 형태로 이어졌고, 이승만의 제1공화국 건국 이데올로기로 다시 호출되었다.[312] 그림 14도 교통훈련주간 포스터다. '발의 훈련'을 위해 걸어 다니자는 내용이다. 전투모를 쓴 남자가 국민복에 각반을 찼다. '밀리터리룩'이다. 그 사내가 대동아공영권 지도 위를 걸어간다. 포스터에 "걸어라, 대동아 끝까지"라고 적었다. 신문에서는 다 같이 걸어서 "건강과 '교통 완화'라는 일석이조의 효과를 거두자"라고 선전했다.

육상교통만이 아니라 해상안전 캠페인도 했다. 조선 연해안에서 배 사고로 인명과 물질 피해가 많이 생기자 1936년에 해상안전주간을 실시했다.[313] 그림 15는 그 포스터다.

그림 15를 보면 충돌, 화재, 기관 고장 등의 배 사고 내용을 적었다. 배 옆구리에 해상안전이라는 글자를 크게 썼다. 포스터 오른쪽에 "배의 눈이 되고 귀가 되어라"라는 표어도 적었다. 체신국 해사과海事課가 앞장서서 3월 2일부터 9일까지를 해상안전주간 행사를 했다. "3월에 바다 사고가 가장 많이 일어나기 때문에" 날짜를 그렇게 잡았다.[314] 1936년에만 해상안전주간 기사가 있는 것으로 보아, 오직 그해에만 행사를 한 듯하다.

삶을　윤택하게

민심을 이끌라:
도서관주간

일제는 1910년대에 식민지 조선에서 '무단통치'를 했다. 그러나 1919년 3·1운동 뒤부터 폭압의 정치를 그대로 이어 갈 수 없었다. 식민 통치를 안정시키려면 새로운 지배정책을 마련해야 했다. 일제는 대중의 정신과 감정을 조절하고 통제하는 '문화지배정책'을 강화하려 했다. 1920년대 일제의 '문화정치'는 조선인을 식민지배에 순응시키는 새로운 전략이었다. 그 '문화정치'의 시정 목표 가운데 하나가 도서관 등의 문화시설을 확충하는 것이었다.[315] 그 이전에도 규모가 작은 '근대 도서관'이 있기는 했지만, 1920년대 '문화정치'를 시작하면서 공공도서관이 등장하기 시작했다.[316]

일제는 도서관이 문화창조의 공간이라기보다는 '사회교육'이 이루어지는 중요한 기관이라고 생각했다. 일제에 도서관이란 민심을 선도하기 위한 국가 기구였다. 조선총독부는 1914년 군산도서관, 1919년 대구도서관, 1920년 광주도서관, 1922년 경성부립도서관, 1923년 인천도서관, 1924년 개성도서관, 1925년 조선총독부도서관 등을 개관하면서 "민중교화를 위한 근거를 마련했다"라고 했다.[317] 그러나 그들 스스로가 도서관이 "일본에 견주어 지체되었다"라고 했다.[318] 1941년까지 관립 도서관 2곳, 공사립 도서관 45곳에 지나지 않았다.[319]

'사회교육'을 활기차게 진행하려면 많은 사람이 도서관을 이용하도록 선전해야 했다. 일본과 똑같이 조선에서도 1924년 11월 1일부터 7일까지 '도서관주간' 행사를 했다.[320] 이때에는 도서관을 무료로 개방하고 동화회童話會, 부인강좌 등을 열었다.[321]

이제 도서관주간 포스터 가운데 도서관 정보가 담겨 있는 것을 보자.

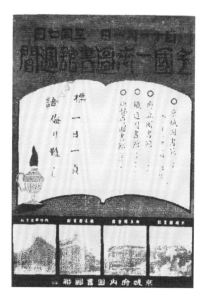

그림 1 조선도서관연구회(1925),
《조선지도서관朝鮮之圖書館》 3권 4호,
1933년 10월, 도판

그림 2 조선도서관연구회(1932),《조선지도서관》
3권 4호, 1933년 10월, 도판;《조선신문》1932년
10월 26일;《동아일보》1932년 10월 30일

그림 1은 1925년 도서관주간 포스터, 그림 2는 1932년 도서관주간 포스터, 그림 3은
조선총독부도서관에서 배포한 1935년 도서관주간 포스터다. 그림 1·2는 도서관의 모습과
위치를 보여 주고 등불을 그렸다. 책 읽기 좋은 '등화가친燈火可親'의 계절임을 강조한다. 그림

그림 3 조선총독부도서관(1935),《문헌보국》제1권
제2호, 1935년 12월, 90쪽

1은 책 안에 경성도서관, (경성)부립도서관,
철도도서관, 총독부도서관과 주소를 적었다.
그 아래에는 각 도서관 사진을 실었다.
"하루 한 쪽도 가볍게 여기지 말라"는
표어도 적었다. 그림 2는 "문화 향상은
독서로부터"라는 표어와 함께 도서관 네 곳을
소개했다. 그림 3에선 조선총독부도서관
건물과 책을 그려 넣고 "가장 좋은 책을 가장
많은 사람에게"라고 했다.
다음 도서관주간 포스터는 독특하다.

그림 4 조선도서관연구회(1926), 《조선지도서관》 3권 4호, 1933년
10월, 도판

그림 4는 1926년 도서관주간 포스터다. 지혜의 여신 아테나가 책을 받들고 있다. 촛불을
크게 그렸다. 촛불은 '등화가친'과 '문명의 빛'을 뜻한다. "하루 한 쪽도 가볍게 여기지 말라",
"독서하는 사람이 가장 강하다"라고 적었다.
다음에서 보듯이 도서관주간 포스터에는 책 읽는 모습이 많다.

한결같이 독서 삼매경에 빠졌다. 그림 5에는 "읽을수록 커지는 지혜 주머니"라고 적혀 있다.
그림 6에서 장년 남성은 신문을 읽는 듯하다.

그림 5 조선도서관연구회 (1928), 《조선지도서관》 3권 4호, 1933년 10월, 도판

그림 6 조선도서관연구회(1930), 《조선지도서관》 3권 4호, 1933년 10월, 도판; 《조선신문》 1930년 11월 2일

그림 7 조선도서관연구회(1933), 《조선지도서관》 3권 4호, 1933년 10월, 도판; 《조선신문》 1933년 10월 26일

1930년대 전체 열람자 가운데 40퍼센트 남짓이 신문을 읽었다. 도서관에서 무료로 신문을 볼
수 있었기 때문이다.[322] 주로 남학생이 시험공부를 하려고 도서관에 갔다. 1930년대 들어서는
열람자 가운데 무직자가 늘었다. 학교를 졸업한 뒤에 직장을 얻으려고 공부하는 사람들이었다.
열람자 가운데 성인 여성은 매우 드물었다. 그렇지만 다음 포스터는 여성을 모델로 했다.

그림 8 조선도서관연구회(1927),
《조선지도서관》 3권 4호, 1933년 10월,
도판

그림 9 1929년, 《조선신문》 1929년 10월
29일

그림 10 1937년, 田島奈都子 編,
《明治·大正·昭和初期日本ポスタ
ー史大図鑑》, 國書刊行會, 2019,
319쪽

그림 8을 보면 "사람은 책을 만들고, 책은 사람을 만든다"라고
했다. 오늘날에도 익숙한 표어다. 서재 커튼 너머로 보름달이
환한데, 일본 여성이 책 읽기에 흠뻑 빠졌다. 그림 9는
단발머리 '신여성'이 모델이다. 그림 10에는 한복을 입은
어머니와 소녀가 등장한다. 가을걷이한 볏단 사이에서 소녀가
책을 읽는다. "등불을 차츰 가까이하고, 간편하게 책을 펼친다."
그렇게 한자로 적었다. 여성이 책을 읽는 모습은 여성이
교육받을 기회가 늘고 출판물이 많이 나오는 근대의 특성을
보여 준다.[323] 다음 포스터는 인물을 등장시키지 않고 책만으로
구성했다.

그림 11 《조선신문》 1931년 10월 29일; 《경성일보》 1931년 10월 30일

그림 12 《경성부립도서관 관보》 7호, 1936년 11월, 1쪽

포스터에 무슨 책을 그렸을까. 독립의식을 북돋우는 내용이나 사회주의 책 같은 '불온서적'이 아님은 분명하다. 그러한 책은 도서관에 있더라도 열람하지 못하게 했다. 그러나 황국신민화를 위한 정신교육서와 전쟁을 뒷받침하는 책은 장려하여 관외 대출도 허락했다.[324] 도서관에 있는 책은 거의 모두 일본 책이었다.[325] 일본어를 읽을 수 없는 사람에게 일본 책으로 가득한 도서관은 아무런 쓸모가 없었다. 1930년 국세조사에 따르면, 일본어와 한글을 모두 읽고 쓸 수 있는 사람은 6.78퍼센트에 지나지 않았다.[326]

일제는 도서관의 '대중문고'를 중요하게 여겼다. 그들의 공식 문헌에서도 도서관의 '대중문고'가 '민중교화'에 효과가 크다고 평가했다.[327] '대중문고'란 "학교 교육을 받지 않는 일반 대중의 독서 취미를 높이기 위한 것"[328]이라고 했지만, 사실은 일제의 지배 이데올로기를 전파하는 책이었다. "총독부 도서관에서는 방공防空 연습 때 방공사상을 선전하기 위하여 대중문고를 개방했다"[329]라는 신문 기사에서도 그 사실을 알 수 있다.

도서관에서는 도서관주간 포스터 말고도 다음과 같은 포스터를 만들었다.

그림 13 《매일신보》 1927년 12월 10일

그림 14 《조선신문》 1930년 4월 2일

그림 13은 새로 지은 경성부립도서관 건물을 홍보하는 포스터다. "독서에는 고독이 없다"라고 적었다. 그 속내야 어찌 되었든 멋진 말이다. 《논어》 첫 문장에서 말하듯, "배우고 때로 익히니 또한 즐겁지 아니한가." 그림 14는 조선총독부도서관 개관 5주년 기념 포스터다. 어린이가 푹신한 의자에 앉아 책을 읽고 있다. 조선총독부도서관은 풍요와 문명의 상징이라고 말하는 듯하다. 그러나 조선총독부도서관은 식민 통치 정책에 충실했을 따름이다.

도서관주간 행사는 전쟁 바람을 탔다. 도서관에서 '정신작흥精神作興'에 관한 신간 도서 목록을 나누어 주고,[330] 전쟁전람회도 열었다.[331] 1938년 도서관주간 때에는 "생업보국生業報國에 관련된 책을 추천하는 행사를 했다."[332] '생업보국'이란 "열심히 일해서 나라의 은혜에 보답한다"라는 뜻이다. 일본에서는 1939년에 '도서관주간'을 '독서보급운동'으로 이름을 바꾸었다.[333] 식민지 조선도 마찬가지였다.[334] '국민정신작흥'에 도움이 되게 한다면서 '독서보급운동'을 했다.[335] 1940년에도 조선총독부도서관에서는 '독서보급운동' 행사를 했다.[336] 그러나 1941년부터 독서보급운동 기사는 신문에서 찾을 수 없다. 전쟁이 길어질수록 도서관은 천덕꾸러기가 되었다. 학교마저 병영처럼 만들었던 일제가 '독서 취미'를 장려했을 까닭이 없다.

"내 살림 내 것으로":
물산장려운동

"조선 물산을 팔고 사자"[337]라는 물산장려운동은 1920년 평양에서부터 시작했다. 1920년 7월 30일 조만식曺晩植(1882~1950) 등 40~50명이 모여 발기인대회를 열었다. 그러나 창립총회를 열지는 못했다. 이 운동이 일본 상품 불매운동이라고 여긴 일제 당국이나 평양상업회의소가 설립을 방해했기 때문이다. 마침내 1922년 5월에 다시 발기인대회를 열고, 6월 20일에 창립총회를 열었다.[338] 평양 물산장려회를 이끈 사람은 조만식(회장)·이덕환(부회장) 등의 민족주의자였지만, 실제 이 운동에 적극적으로 참여한 세력은 대공장 경영주와 상인층이었다. 조선인 자본가층은 물산장려운동을 자본축적의 계기로 활용하려고 했다.[339]

서울에서도 1922년부터 물산장려운동에 관심이 높아졌다. 1922년 10월 무렵에 신문은 "1923년 4월부터 일본과 조선 사이의 관세를 철폐할 것"이라는 기사를 보도하면서, "관세철폐는 조선토착산업을 몰락시킬 것이므로 자작자급을 실천해야 한다"라고 주장하기 시작했다.[340] 물산장려운동은 1923년 4월 일본과 조선 사이의 무역에서 면직업과 주류를 제외한 모든 상품의 관세가 면제될 시기가 눈앞에 다가오자, 위기의식이 높아진 자본가들이 자구책으로서 일으킨 운동이기도 했다.[341] 이러한 사회 분위기에 호응하여 1922년 12월 1일에 조선청년연합회에서는 조선물산장려 표어를 현상 모집했다. "내 살림은 내 것으로", "조선사람, 조선 것", "우리는 우리 것으로 살자", "우리 것으로만 살기" 등이 당선되었다.[342] 물산장려운동의 대표적인 선전 구호가 이때 만들어졌다.[343]

평양과 학생층이 중심이었던 물산장려운동이 관심을 끌자 서울에서 물산장려회를 창립하려는 움직임이 생겼다. 마침내 1923년 1월에 물산장려운동을 총괄하는 조직인 '조선물산장려회'를 창립했다. 조선물산장려회는 "조선 물산을 장려하며 조선인의 산업을 진흥하여 조선인 경제상 자립을 도모"하는 것을 목적으로 삼았다. 서울 물산장려회는 음력 설날에 조선 물산으로 만든 옷을 입고 시가 행렬을 하여 계몽선전을 할 계획이었다.[344] 이때 "내 살림 내 것으로, 조선사람 조선 것"이라는 표어를 넣은 전단도 돌리려 했다. 조선 각도의 토산 필목에 조선물산장려회라고 '조선문'으로 쓴 기를 세우고,[345] 북을 울리며 무리를 지어 거리를 행진하려 했지만, 일제 경찰이 허락하지 않았다.[346] 다만 평양에서는 50명씩 나누어 행렬하는 것을 허락했다.[347] 그러나 50명 제한을 무너뜨리면서 많은 군중이 평양에서 선전 행렬에 참여했다.[348]

조선물산장려회 창립을 앞뒤로 곳곳에서 물산장려 조직이 생겨났다. 지역의 유지가 중심이 된 곳이 가장 많았고 다음으로 청년회가 주도한 곳이 많았다.[349]

물산장려운동은 서울과 평양뿐만 아니라 전국의 대도시와 지방의 작은 읍까지 퍼졌다. 각 지역에서는 노동단체와 좌익단체도 일부 참가했다. 금주·단연의 절약운동이나 저축운동도 물산장려운동의 영향을 많이 받았다.[350] 민족주의 성향이 있는 사람, 언론, 상공인뿐만 아니라 재력이 있는 친일 인사까지 포함해서 여러 계층이 물산장려운동을 지원했다.[351] 초기에는 사회주의 진영 일부에서도 물산장려운동에 참여했다.

그러나 1923년 여름부터 대중적 열기가 식고 물산장려회도 제대로 움직이지 않았다. 1924년 4월 30일에 열린 제2회 정기총회 뒤부터 물산장려회는 완전한 침체에 빠졌고 사무실 임대료도 마련하지 못해 이곳저곳으로 옮겨 다녔다.[352] 왜 그랬을까. 일제의 탄압 때문일까. 다음 풍자 삽화부터 먼저 보자.

그림 1을 보면 어느 연설회장 앞에서 경찰이 두루마기 입은 사람들을 밀치고 협박한다. 삽화에서는 "물산장려를 3·1의 부활로 보는 색안경"이라고 적었다. 그리고 "내 살림 내 것"을 "만세"로 듣는 멍텅구리는 딱하다면서 경찰을 비웃었다. 이 삽화를 보면, 경찰은 사람이 많이 모이는 물산장려 선전 행렬과 강연회를 곱지 않게 여겼음을 알 수 있다. 물산장려 선전 활동은 음력 정월 1일에 하다가 1928년부터는 음력 1월 15일에 하기로 했는데,[353] 양력으로는 3월이 가까웠다. 따라서 경찰은 물산장려회의 선전 활동이 '제2의 3·1운동'으로 번질까

그림 1 삽화, 《동명》 2권 10호, 1923년 3월, 8쪽

경계했다. 그러나 일제 당국으로서는 물산장려운동이 일본 상품을 배척한다든가 일본에 저항하지 않는다면 그저 하나의 산업운동에 지나지 않으므로 굳이 탄압할 이유가 없었다. 물산장려운동을 하는 사람들도 "경찰에서 귀찮게 군 곳도 있는 듯하지만, 그것은 으레 있는 일"[354]이라면서 경찰의 간섭을 큰 걸림돌로 여기지 않았다.

그렇다면 물산장려운동이 침체한 근본 원인은 무엇인가. 무엇보다 식민 지배를 받으면서도 '민족'의 경제력을 키울 수 있다고 생각하는 '경제적 실력양성론' 그 자체가 문제였다. 좀 더 직접적 원인을 짚어 보자. 첫째, 자본과 기술이 부족하여 일본 자본과 경쟁할 수 없었고, 민족자본이 '토산소비운동'을 뒷받침하지 못했다. 이미 자본제 상품을 사용하지 않고서는 생활할 수 없는 사람들은 '토산소비운동'을 이어 갈 수 없었다.[355] 둘째, 인적·조직적 결함 때문이었다. 일제강점기의 한 평론가는 "물산장려운동의 지도자 가운데 일반 민중에게 철저한 신망을 가진 자가 적기 때문"에 침체했다고 했다.[356] 물산장려운동 주도 세력은 민족적 명분만을 민중에게 강요하고 "우리 것을 사라"라고 외쳤을 뿐이었지, 민중의 신뢰를 얻으려는 어떤 노력도 하지 않았다.[357] 게다가 서울의 물산장려회는 서울만의 조직이었을 뿐 지방의 물산운동 단체와 거의 연결되지 않았다.[358] 셋째, 물산장려운동은 소비자 대중의 구매력을 높이려는 방안, 다시 말하면 노동문제나 소작문제를 해결하려는 어떠한 운동방침도 마련하지 않았다.

1925년부터 물산장려회는 조직 재건을 모색했다. 상공업자들이 조직에 합류했다. 그로써 "수면 상태에 있던 물산장려운동이 다시 활동을 시작했다."[359] 신문에서는 "물산장려운동이 관념적인 지식계급에서 실질적인 상공업계급으로 진전하고 있다"라고 했다.[360] 물산장려회의 선전 활동도 이어졌다. 예전처럼 음력 정월 초하루에 선전 행렬, 강연회, 전단 배포 등을 계획했다.

초기의 물산장려운동 포스터는 전하지 않는다. 1928년까지도 "조선지에 인쇄한 선전 삐라를 배포했다"라는 기사는 있지만,[361] 포스터를 제작·배포했다는 기사는 없다. 1929년에는 "시내 조선인 경영 공장과 상점의 상표를 수집 나열하여 의미심장한 표어를 기록한 포스터를 시내 각 요소에 걸게 할 것"이라고 했다.[362] 그러나 그 포스터를 찾을 수 없다. 1932년이 되어서야 다음과 같은 물산장려운동 포스터가 처음으로 신문에 실렸다.

그림 2 《동아일보》 1932년 2월 6일; 《조선일보》 1932년 2월 6일

그림 2는 "다른 지방보다 기세가 맹렬했던"[363] 평양 조선물산장려회에서 만든 포스터다. 현상 모집한 포스터이며 평양만이 아니라 조선 각지에 배부했다.[364] '조선물산장려 10주년 기념'이라고 크게 적어서 1922년에 평양 물산장려회가 창립한 것을 떠올리게 했다. 외국 물품 쪽으로 기울어진 저울을 조선 물품 쪽으로 여러 사람이 잡아당기고 있다. "다 같이 힘껏 당기자. 이리로 기울어지도록."

평양 경찰이 1933년부터 물산장려 선전 행진을 못 하게 했으므로 "선전 포스터와 삐라만 뿌렸다."[365] 그러나 1933년 포스터는 전하지 않는다. 다음은 《조선일보》와 《동아일보》에 실린 1934년 물산장려운동 포스터다.

그림 3 《조선일보》 1934년 2월 14일   그림 4 《동아일보》 1934년 2월 14일

그림 3·4 모두 13도 조선을 그려 넣고 "자~ 자작자급하여 우리의 것으로 살자"라고 했다.
도마다 소년·소녀가 한 명씩 책상에 앉아 '조선의 할아버지'에게서 글을 배운다. 칠판에는
다음과 같은 글이 쓰여 있다. "아이들아. 너희는 아무쪼록 너희 손으로 만들어서 먹고 입고
써라. 그래야 너희가 있는 이 땅에서 오래 살게 되느니라." 그림 4에서는 평양의 평안백화점이
포스터를 기증했다고 했다. 협찬 광고인 셈이다. 이 '협찬 광고'는 1930년대에 상공업자들이
물산장려운동을 주도하고 있음을 알려 준다.
평양 조선물산장려회는 1935년에도 행진은 하지 못하고 포스터 1만 장과 전단 수만 장을
배포했다.[366] 다음은 그때의 포스터다.

그림 5 《조선일보》 1935년 2월 4일

그림 6 《동아일보》 1936년 1월 24일

그림 5는 조선 바깥에서 물품이 못 들어온다는 뜻으로 국경과 해안가에 관문과 철조망을 그렸다. "그 안에 쇠를 때리는 것과 베 짜는 것을 그려 우리의 것은 우리의 손으로 만들어 먹고 입고 쓰자는 것을 표시했다."[367]

그림 6의 1936년 물산장려운동 포스터는 그림 3과 그림 4의 1934년 포스터를 조금 변형해서 그대로 사용했다. 그만큼 포스터 제작에 성의가 없었다.

그림 6은 전체 모습이 1934년 포스터와 같지만, '조선물산장려회, 평양'이라고 한 것과 칠판의 글씨가 다르다. 칠판에는 "조선을 사랑하는가? 조선 물산을 사랑하자. 우리가 쓸 물건을 우리 손으로 만들어 쓰자"라는 내용을 적었다. 이 포스터를 끝으로 물산장려운동은 사라졌다. 본디 물산장려운동은 소비자의 민족의식에 호소하여 조선 물산을 사용하자는 계몽운동이었다. 그 계몽마저도 일제와 큰 마찰을 일으키지 않는 범위 안에서 진행했다. 그러다가 조선 총독 우가키 가즈시게宇垣一成 (1868~1957)가 농촌진흥운동과 조선 공업화정책을 밝히자 물산장려회는 동요했다.[368] 그동안 '민족경제 자립화'에 한계를 느끼고 있던 조선물산장려회는 1937년 2월에 해체를 결정했다.

아는 것이 힘:
브나로드운동

1920년대에 초등학교에 입학하는 학생이 차츰 늘었지만 1935년에도 학령 아동 가운데 25퍼센트만이 공부를 할 수 있었다.[369] 1920년에 농민운동·노동운동·청년운동 등의 사회운동에서 문맹퇴치운동을 하여 상당한 성과를 올렸다. 그러나 문맹률을 크게 낮추지는 못했다. 식민지 말기에도 남자의 문맹률은 67.3퍼센트, 여자의 문맹률은 89.0퍼센트였다.[370] '문맹'이란 문자를 해독할 수 없는 상태를 시각장애와 똑같이 여기는 단어다. 이 '문맹'이라는 부정적 언어는 문맹퇴치운동을 계기로 확산했다. 총독부의 공식 문헌에서는 '문맹'이라는 용어가 아닌 '식자識者', '비식자非識者', '읽고 쓰는 정도', '해독하는 정도' 등 은유가 없는 용어를 썼다.[371]

그림 1 《동아일보》 1928년 3월 25일

언론계에서도 계몽운동으로서 문맹퇴치운동에 나섰다. 그때의 계몽이란 "무지에 대한 문화의 투쟁"이었다.[372] 문맹은 신문 독자 확대에도 큰 걸림돌이어서 언론사로서는 문맹 퇴치가 매우 중요했다. 《동아일보》는 "조선 민족의 9할을 문맹에 묻어 두고 있다는 것은 문명인으로서 일대 치욕"이라고 했다. 그리고 창간 8주년을 맞이하여 "이미 여론에 오른 문맹퇴치운동을 전 조선으로 확대하려 한다"라고 했다.[373] 그렇게 《동아일보》는 1928년 4월 1일부터 "글장님 없애는 운동"을 시작하려고 했다.[374] ① 전국 곳곳에 포스터 수만 장을 첨부, ② 소년단 지상 선전 행렬, ③ 비행기 공중 선전 비행(전단 살포), ④ 라디오로 선전 강연, ⑤ 동아일보 구독자에게 《우리글 원본》 배부,[375] ⑥ 인력거와 자전거에 선전기 꽂기,

⑦ 전차를 이용한 선전 등을 준비했다.[376] 그림 1은 그때 동아일보사에서 준비했던 선전 포스터다.

그림 1에선 "문맹퇴치, ㄱㄴ부터 배우자, 동아일보사"라고 적었다. 이 포스터는 매우 강렬하다. 이 포스터에 대해서 《동아일보》는 다음과 같이 자세하게 설명했다.

"ㄱㄴ부터 배우자"고 외치고 나서는 횃불(烽火) 든 사람 뒤에 수많은 '글장님'들이 감겼던 눈을 뜨고 기쁘게 따르는 형상을 그린 것이다. ㄱㄴ을 쓴 것은 배우기 좋고 알기 쉽고 쓰기 만만한 세계에 자랑할 우리글부터 배우기 시작하자는 것이다. 훨훨 타오르는 횃불은 글장님이 눈을 뜬 뒤의 광명을 표현한 것이며 군중이 있는 편이 어두컴컴한 것은 무식 지옥의 암흑을 표시한 것으로 이 포스터를 오색영롱하게 인쇄 선명히 여러 만장을 박아 내어 당일로 전 조선 일제히 요처 요처에 걸게 한 것이다.[377]

그러나 일제 경찰은 운동을 시작하기 3일 전인 1928년 3월 28일에 "문맹퇴치의 선전운동을 일절 금지한다"라는 통지를 보냈다. 비행기에서 뿌릴 전단, 인력거와 자전거에 꽂고 다닐 선전기宣傳旗, 독자에게 배부할 그림 2와 같은 《우리글 원본》까지 모두 압수했다.[378]

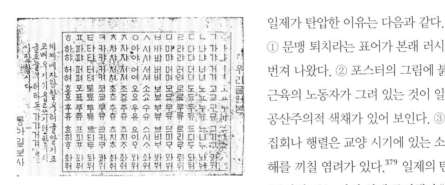

그림 2 《우리글 원본》 사진, 《동아일보》 1928년 3월 27일

일제가 탄압한 이유는 다음과 같다. ① 문맹 퇴치라는 표어가 본래 러시아에서 번져 나왔다. ② 포스터의 그림에 붉은 근육의 노동자가 그려 있는 것이 일종의 공산주의적 색채가 있어 보인다. ③ 소년 집회나 행렬은 교양 시기에 있는 소년들에게 해를 끼칠 염려가 있다.[379] 일제의 탄압으로 《동아일보》는 야심 차게 준비했던 "글장님 없애는 운동"을 중지할 수밖에 없었다.

그림 1 포스터가 일제에 탄압의 빌미를 준 셈이다. 이보다 조금 앞서 나온 그림 3 포스터 때문에 일제가 더욱 신경이 날카로웠을 수도 있다.

그림 3은 석영夕影 안석주(1901~1950)가 그렸다. 포스터 아래에 안석주의 이니셜인 S.C AHN이 있다. 안석주는 1925년 8월에 결성한 '조선프롤레타리아 예술동맹(KAPE, 카프)' 회원이었다. 카프는 "예술을 무기로 하여 조선 민족의 계급적 해방을 달성한다"라는 강령을 내걸었다.[380] 카프는 일제의 극심한 탄압으로 1935년 해산되었지만, 예술의 사회적 역할을 성찰하게 하는 기회를 제공했다.[381] 카프 계열 작가들은 주로 포스터, 만화, 삽화, 판화 등을 이용했다.[382] 안석주는 대중에게 쉽게 다가갈 수 있는 장르인 포스터에 관심이 높았다. 안석주는 《조선일보》가 펼친 문맹퇴치운동과 연계하여 그림 3 포스터를 발표했다. 앞에 있는 그림 1도 안석주의 작품일지도 모르겠다. 그림 1과 그림 3에서 우람한 청년과 그를 바라보는 수많은 사람의 모습이 거의 비슷하다. 그림 3은 전면에 영웅적으로 그려진 청년이 '문맹퇴치'라는 깃발을 손에 들고 다른 한 손으로는 주먹을 불끈 쥐며 대중을 선동하는 모습이다. 이 작품은 전형적인 사회주의 리얼리즘 양식을 보여 준다.[383]

일제의 탄압으로 동아일보사의 '글장님 없애는 운동'이 금지되자 이듬해인 1929년에 조선일보사가 여름방학에 귀향하는 학생들의 농촌계몽운동으로 문자보급운동을 했다. 조선일보사는 "아는 것이 힘, 배워야 산다", "전 조선 대중에게 문자를 보급시키자!"라는 표어를 내걸었다.[384] 조선일보사는 《한글원본》이라는 '귀향 학생 문자보급운동 교재'를 준비했다. 학생들에게 '하기방학의 봉사사업'으로 문맹 지옥에 빠진 사람들을 구제하라고 했다.[385] 1929년 제1회 문자보급운동 때 약 5만 부의 《한글원본》을 배포했다.[386] 1930년에 9만 부, 1931년에 30만 부, 1935년에 10만 부, 1936년에 10만 부를 배포했다.[387] 《한글원본》은 《문자보급교재》로 확충했다. 문자보급운동 포스터는 없고 다음과 같은 교재의 표지만 전한다.

그림 3 《조선일보》 1928년 1월 1일

그림 4 표지, 《조선일보》 1930년 7월 13일

그림 5 표지, 《조선일보》 1931년 7월 17일

그림 4·5 《한글원본》은 여름방학 때 귀농 학생들이 쓸 교재였기에 여름에 출간했다. 그림 6·7 《문자보급교재》는 학생을 동원하는 것이 어려워지면서 겨울 농한기에 "독자와 희망자에게 배부"했다.[388] 이 교재는 "귀향하는 학생이 교재로 사용하거나 농촌강습소 또는 야학교 등에서 사용하기 좋다"라고 했다. 이렇게 교재를 무료 배포하면서 1936년까지 제6회 문자보급운동을 이어 갔다.[389]

일제의 탄압으로 1928년에 '글장님 없애는 운동'을 할 수 없었던 동아일보사는 1931년 7월 여름방학부터 다시 문자보급운동을 시작했다. 그것을 브나로드운동이라고 불렀다. 브나로드는 "인민 속으로"라는 러시아 말이다.

그림 6 표지, 《조선일보》 1935년 12월 22일

그림 7 표지, 《조선일보》 1936년 12월 13일

제정러시아에서 1870년대에 나로드니키(인민주의자)들은 "민중 속으로" 들어갔다. 그들은 농민을 계몽하여 차르 정부를 타도하고 농촌공동체를 건설하려 했다. 이름은 같아도 러시아의 브나로드운동과 동아일보사가 주최한 브나로드운동은 성격이 매우 달랐다. "브나로드라는 것은 러시아 말로 '민중에게'라는 말이다. 19세기에 러시아 지식계급들이 농민·노동자에게

들어가서 몸소 체험도 하고 지도도 하던 운동을 지적한 것인데 우리는 그중에서 다만
'민중에게로'라는 뜻을 취해 온 것이다."[390]《동아일보》는 그렇게 설명했다. 그와 함께 식민지
조선의 브나로드운동은 "글을 모르는 이에게 글을 주고, 위생 지식이 없는 이에게 위생 지식을
주는 운동"이라고 규정했다.

이처럼 서로 성격이 달랐는데도 왜 민중에게는 낯설었던 '브나로드'라는 말을 썼을까.
"러시아혁명 뒤에 불어닥친 러시아 바람을 이용하여 혁명에 향수를 느끼는 지식인층을 흡수해
보자는 것과 《동아일보》가 진보적 색채를 가지고 있다는 것을 과시하고자 한 것"이라는 해석이
있다.[391] 이 땅에 사회주의가 보급되는 1920년대 초부터 이미 여러 글에서 브나로드의 내용을
소개하고 있었다.[392] 브나로드운동 때에는 다음과 같은 번역시도 잡지에 실렸다.

> 우리가 읽고 또한 토론하는 것이
> 그리고 우리의 눈이 번득임이
> 오십 년 전 러시아 청년에게 질 배 없다.
> 우리는 무엇을 해야 할지를 토론한다.
> 그러나 누구 하나 주먹을 쥐어 책상을 치며
> 〈VNAROD!〉라 부르짖는 이 없어라.[393]

이 시는 사회주의를 동경했던 이시카와 다쿠보쿠石川啄木(1886~1912)가 쓴 〈끝없는 토론
뒤〉(1911) 가운데 1연이다. 이 번역시를 실은 데는 "행동하지 않는 일본의 젊은이를 한탄하며
브나로드를 외치는 다쿠보쿠의 시"를 상기시킴으로써 브나로드운동에 참가하자는 뜻이
있었다.[394]

브나로드운동은 1931년부터 1934년까지 모두 4회에 걸쳐 동아일보사가 주도한
'농촌계몽운동'이었다. 동아일보사에서는 지식인들이 문맹자들에게 글을 가르치는 봉사 정신을
실천하라고 했다. 그러면서 "오직 글과 셈에 한하고 이에 탈선되는 언동을 절대로 근신하여
브나로드운동 자체의 안전을 해함이 없게 하라"라고 '브나로드운동대'에게 경고했다.[395] 그뿐만
아니었다. 《동아일보》는 브나로드운동에 참가하는 학생들의 신원 증명을 확실하게 하려고
학교 관계자들로부터 참가자 모집을 접수하는 방식을 도입하기도 했다. 이처럼 《동아일보》는
브나로드운동이 합법적일 뿐만 아니라 "비밀운동, 지하운동에 참여하려는 학생들을

사상적으로 선도하는 기능을 가져서" 총독부에도 쓸모 있는 운동이라고 호소했다.[396] 그리하여 대규모의 체포와 유형으로 막을 내렸던 러시아의 브나로드운동과는 매우 다르게 경찰의 감시 아래 평온하게 진행되었다.[397] 다음은 브나로드운동 포스터다.

그림 8 《동아일보》 1932년 7월 18일

그림 9 《동아일보》 1933년 8월 2일

그림 10 《뉴시스》 2018년 9월 15일

아쉽게도 제1회 브나로드운동 포스터는 없다. 그림 8·9는 제2회와 제3회 브나로드운동 포스터다. 그림 10은 최근에 알려진 제4회 브나로드운동 포스터다. 그림 10 포스터 덕분에 브나로드 포스터는 일관되게 "농민이란 계몽되어야만 할 수동적인 존재"로 묘사하고 있음을 명료하게 알 수 있다. 모든 포스터에서 계몽의 주체인 학생은 몸집이 크고 높은 곳에 있으며, 계몽의 대상인 농민은 키가 작고 낮은 곳에 있다. 포스터 속의 학생은 농민에게 위계적이고 시혜적인 눈길을 보낸다. 그러나 그림 8에서는 브나로드라고 했지만, 그림 9와 그림 10에서는 계몽운동이라고 했다. 그림 10에서 학생이 오른손에 횃불을, 왼손에 《한글공부》를 들었다. 동아일보사에서는 《한글공부》와 《일용숫자계산법》을 교재로 배부했다.[398]

브나로드운동은 한글과 숫자를 보급하여 문맹을 벗어나게 하자는 소박한 운동이었지만, 사회적 요구와 맞아떨어지면서 큰 반향을 불러일으켰다. 이 운동에는 학생, 종교단체, 지역유지 들이 주로 참여했다. 그러나 저마다 참여하는 배경은 달랐다. 브나로드운동에 참여하는 학생들 가운데 일부는 문맹퇴치운동만 한 것이 아니라 농민에게 현실 인식과 민족의식을 불어넣기도 했다. 일제는 1930년대에 야학·강습소·서당 등의 민간 교육을 폐쇄해서 '적화사상'이 전파되는 것을 막으려 했다. 그와 함께 1935년에는 조선일보사와 동아일보사에서 학생들의 여름방학을 이용해서 농촌계몽운동을 하는 것마저도 금지했다.[399]

"생활의 과학화, 과학의 생활화": 과학데이

1934~1936년에 활발하게 일어났던 과학데이운동은 '과학대중화운동의 주역'이었던 김용관(1897~1967)부터 이야기를 시작해야 한다. 1924년 10월 김용관은 우여곡절 끝에 41명의 발기인을 모아 발명학회를 창립했다. 발명학회는 경성고등공업학교를 졸업한 전문 기술자들이 중심이었다. 경성고등공업학교는 경성제국대학 이공학부가 설립되기 전까지 식민지 조선의 공업교육을 대표했다. 김용관 등은 자신들의 전문 기술을 활용하여 공업 발전에 실질적 도움을 주려 했다. 그러나 발명학회는 창립한 뒤 곧바로 활동을 멈추었다. 아직 때가 무르익지 않은 탓이다. 세월이 흘러 1932년에 김용관은 그동안 정회 상태였던 발명학회 재건에 앞장섰다.[400]

김용관 등의 발명학회 주도자들은 1933년부터 과학대중화운동을 시작했다. 1933년 6월에 창간한 《과학조선》은 김용관이 '전임이사'로 있던 발명학회의 기관지로 시작했지만,[401] 곧 대중 과학잡지로 탈바꿈했다.[402] "너무 전문적이지도 않고 통속적으로 흐르지도 않으면서 전문지식을 통속화한다"라는 편집 방침을 정했다.[403] 그들은 《과학조선》으로 과학계몽운동을 할 계획이었다.

김용관은 과학사상을 사회에 널리 알리는 대중 이벤트를 구상했다. 그는 각계 인사를 모아 '과학데이실행위원회'를 만들었다. 찰스 다윈이 사망한 지 52주년이 되던 해인 1934년 4월 19일, 제1회 과학데이 행사를 했다. 따뜻한 봄날에서 날짜를 고르다가 다윈의 기일에 맞추었다.[404] 제1회 과학데이 행사는 언론사와 기업의 큰 호응을 받았다. 공개 강연과 라디오방송, 과학시설과 산업시설 견학, 활동사진 상영 등 여러 방식으로 행사를 치렀다. 특히 강연회와 활동사진 상영회에 사람이 많이 몰렸다. 1934년 제1회 과학데이 때 배포한 표어는 다음과 같다.

> 과학의 기초를 굳게 닦자! 과학조선을 목표로! 한 개의 시험관은 전 세계를 뒤집는다! 과학의 승리자는 모든 것의 승리자다! 과학의 황무지인 조선을 개척하자! 과학의 대중화운동을 촉진하자! 과학은 힘이다, 배우고 응용하자![405]

제1회 과학데이를 알리는 포스터를 《조선일보》, 《동아일보》, 《조선중앙일보》가 협찬하여 만들었다. 언론의 지원이 큰 힘이 되었다. 그림 2에서 보듯이 천일약방 같은 기업도 거기에 동참했다.

그림 1 《과학조선》 2권 4호, 1934년 6월, 13쪽; 《동아일보》 1934년 4월 13일

그림 2 《과학조선》 3권 4호, 1935년 6월, 6쪽

그림 3 《조선일보》 1934년 4월 18일

그림 4 《과학조선》 2권 4호, 1934년 6월, 12쪽

《동아일보》가 협찬한 그림 1, 천일약방이 협찬한 그림 2, 그리고 《조선일보》가 협찬한 그림 3에는 "과학의 승리자는 모든 것의 승리자다! 한 개의 시험관은 전 세계를 뒤집는다!"라는 표어를 적었다. 그림 1·2 포스터는 무엇을 그렸을까. "하늘을 찌르는 거대한 발광 로봇"[406]으로 보거나, "빛을 뿜어내는 철탑"으로 해석하기도 한다.[407] 그러나 "독일의 카를차이스사에서 만든 마르크스Ⅱ 모델로 보이는 천체투영기"[408]라는 설이 맞는 듯하다. 그 무엇이 되었든 이 포스터는 대중에게 과학의 마술 같은 힘을 상상하게 만든다. 그림 3에선 톱니바퀴로 둘러싸인 기계와 그것을 조작하는 기술자 그리고 전기를 상징하는 번개를 그렸다. 그림 4는 비행기와 함께 라디오 송신철탑을 그려서 과학의 실용성을 강조했다.

김용관 등은 과학데이 행사가 뜻밖의 큰 성공을 거두자 1934년 7월 9일에 '과학지식보급회'를 만들었다.[409] 윤치호尹致昊(1865~1945)를 회장으로 하고 조만식, 여운형呂運亨(1886~1947), 김성수金性洙(1891~1955), 송진우宋鎭禹(1890~1945) 등을 고문으로 했다. '과학지식보급회'는 '생활의 과학화, 과학의 생활화'를 목표로 삼았다. 1935년 제2회 과학데이는 과학지식보급회가 주관했다. 이 행사에서 김억金億(1896~?)이 작사하고 홍난파洪蘭坡(1898~1941)가 작곡한 다음과 같은 '과학의 노래'를 연주하기도 했다.[410]

1. 새 못 되어 저 하늘 날지 못하노라 그 옛날에 우리는 탄식했으나 프로페라 요란히 도는 오늘날 우리들은 맘대로 하늘을 나네.
2. 적은 몸에 공간은 너무도 넓고 이 목숨에 시간은 끝없다 하나 동서남북 상하를 전파가 돌며 새 기별을 낱낱이 알려 주거니.
3. 두드려라 부서라 헛된 미신을 이날 와서 그 누가 믿을 것이랴. 아름다운 과학의 새로운 탐구에 볼지어다 세계는 맑아지거니.
(후렴) 과학 과학 네 힘의 높고 큼이여 간 데마다 진리를 캐고야 마네[411]

이 노래는 진리를 탐구하는 과학의 표상으로 비행기와 전파를 보기로 들었다. 또 과학의 효과로 미신이 없어질 것이라고 했다. 제2회 과학데이 포스터는 다음과 같다.

그림 5 《조선중앙일보》 1935년 4월 19일;
《과학조선》 3권 4호, 1935년 6월, 7쪽

그림 5에 '과학지식보급회'라고 또렷하게 적혀
있다. 유선형의 기차와 비행선을 사선으로
배치하여 속도감을 느끼게 하면서 과학의
실용적인 효능을 설득한다. 1935년 제2회
과학데이 행사는 1회보다 더 짜임새 있고
성대했다. 평양과 개성 등의 지방에서도 행사를
했다. 자동차가 줄을 지어 과학데이 선전 행렬을
이루었고 신문마다 이를 크게 보도했다. 자동차
선전 행렬은 과학의 힘을 감각적으로 과시하는
것이기도 했다.[412] 이제 제3회 과학데이 포스터를
보자.

그림 6 《조선중앙일보》 1936년 4월 19일

그림 7 《동아일보》 1936년 4월 19일

그림 6은 생활 속의 과학을 이미지로 표현했다. 왼쪽에 '과학지식보급회'라고 적고 오른쪽에
"한 개의 시험관은 전 세계를 뒤집는다"라는 표어를 적었다. 그 아래에 포스터를 기증한
조선중앙일보사를 크게 적었다. 흐릿하지만 하늘을 나는 비행기, 공장 굴뚝과 톱니바퀴,
하늘을 비추는 탐조등을 그렸다. 그림 7에선 "한 개의 시험관은 전 세계를 뒤집는다"라는
표어를 특화해서 시험관과 현미경을 그렸다.

1930년대에 조선 과학운동이 일어나고 호응을 받을 수 있었던 까닭은 무엇일까. 1930년대엔
조선 공업화가 빠르게 진전되고 있었고 기술 인력에 대한 사회적 수요가 늘었다. 또한
과학운동을 앞장서 이끌 과학기술자 집단이 어느 정도 형성되었기 때문이다.[413]
발전하던 과학운동은 1936년 무렵부터 차츰 쇠퇴했다. 일제가 조선인들 사이에 활발하게
벌어지고 있는 과학운동을 탄압했기 때문이다. 1937년 제4회 과학데이 행사에서는 모든
형태의 옥외 집회가 금지되어 기행렬과 집회, 강연회 등을 할 수 없게 되었다. 1938년 제5회
과학데이 행사 때는 선전탑을 세우는 데 그쳤다.[414] 김용관은 YMCA에서 과학강연회를 마치고
나오다가 1938년 어느 날 추적해 온 일본 경찰에 체포된다.

발명학회는 잡지 《과학조선》을 내고 '과학데이'를 시작했으며 과학지식보급회의 모체가
되었다. 그러나 발명학회는 1938년부터 일본 발명협회의 조선지부로 흡수되어 버렸다.[415]
과학지식보급회 회장 윤치호는 《과학조선》 1940년 4월호에 "현대과학을 기본으로 한
대동아건설에 일치 협력해야 한다"라고 썼다.[416] 발명학회도 그렇게 친일의 길을 걸었다.

희망을 살리자:
어린이날

오늘날 유치원이나 초등학교에 다니는 아이들을 가리켜서 어린이라고 부른다. 그러나 일제강점기에는 "1921년까지도 어린이라고 부르지 않았다. '어린내'·'애새끼', 지방에 따라서는 '가시내'·'머슴애'라고 불렀다."[417] 어린이라는 말조차 낯설었고 몇 살까지를 어린이라고 불렀는지도 명확하지 않았다. 1920년대 후반이 되면서 '어린이'는 차츰 오늘날과 같은 나이의 어린이를 가리키는 말이 되었다.[418]

방정환方定煥(1899~1931)이 처음 '발명'한 어린이라는 말은 '늙은이'나 '젊은이'처럼 '어린이'라고 부름으로써 그 인격을 인정하자는 뜻이었다.[419] 이 어린이라는 말이 뿌리내린 데에는 어린이날과 잡지《어린이》가 큰 역할을 했다.[420]《어린이》는 1923년 3월에 창간되고 1934년 2월호로 중단되었다.[421]

'천도교소년회'가 1922년 5월 1일에 첫 어린이날 기념식을 했다. 1923년에 방정환 등이 만든 '조선소년운동협회'를 중심으로 '제1회' 어린이날 기념식을 다시 했다.[422] 이로써 어린이날은 전국적인 기념일이 되었다.[423] 다음 포스터를 보자.

그림 1 제1회 어린이날 포스터, 우리역사넷 소장

그림 1은 1923년 5월 1일 '제1회' 어린이날 포스터다.[424] 방정환이 큰 역할을 한 색동회 마크를 그렸다. 색동회도 1923년 5월 1일에 정식으로 닻을 올렸다. 사랑을 뜻하는 하트 모양 안에 태극을 그렸다. 태극임을 감추려고 입과 눈을 그려 병아리처럼 만들었다. "백의민족의 어린이가 나오면서 부르짖는 모습"이다.[425] 5월 1일은 전 세계 노동자들이 투쟁으로 국제적 연대를 확인하는 메이데이기도 하다. 일제 경찰은 '노동기념일'에 신경을 곤두세우면서 어린이날 '삐라 선전'까지 금지했다.[426] 그런 가운데 열린 '제1회' 어린이날 기념행사는 큰

반향을 불러일으켰다.

1924년 어린이날 기념행사도 성대하게 치렀지만, 경찰의 방해로 제대로 진행하지 못한 곳도 있었다. 1925년 어린이날엔 좀 더 우여곡절이 많았다. 다음 만화를 보자.

眞 寫 筆 鐵
─《迎 歡 稿 投》─
이크! 大衆에 놀탁이 鐵寫투린어 이를하 運動에도 질색!

그림 2 시사만화, 《조선일보》1925년 4월 30일

그림 2는 "자라 보고 놀란 가슴 솥뚜껑 보고 놀란다"라는 속담을 모티프로 삼았다. "민중대회에 놀란 경찰이 어린이운동에도 질색"이라고 적었다. 여기서 '민중대회'란 '전조선민중운동자대회'를 일컫는다. '전조선민중운동자대회'는 "사상·농민·노동·청년·여성·형평 등 각 운동단체가 모여서 운동의 통일과 운동 방침을 토의하는" 행사였다.[427] 1925년 4월 20일부터 21일까지 지역 425개 단체 대의원 508명이 참가할 예정이었다.[428] 일제 경찰은 신경이 날카로워져서 지역에서 올라오는 사람을 환영하는 붉은 깃발마저 금지했다.[429] 붉은색이 사회주의를 뜻한다고 여긴 탓이다. 마침내 경찰은 그 대회를 금지하고 간담회조차 못 하게 했다.[430] 그 밖에도 5월 1일 메이데이를 앞뒤로 여러 대회가 잇달아 열릴 예정이었다. 이에 경찰은 "충혈된 눈으로 사방을 희번덕거리면서" 모든 집회를 금지했다.[431] 어린이날 행사도 예외가 아니었지만, 마지못해 허가했다.[432] 그러나 메이데이를 경계했던 경찰은 어린이날 행렬도 못 하게 했다.[433]

1926년 제4회 어린이날은 순종의 승하로 국상이 겹쳐서 행사를 음력 5월 1일로 연기했다. 연기한 날도 순종의 인산일因山日이어서 행사를 할 수 없었다. '오월회'만이 추석에 어린이 행사를 했다.[434] '오월회'(1925년 5월~1928년 2월)는 사회주의 이념을 수용하여 소년운동을 하던 단체였다. 어린이날 행사는 해마다 규모가 커졌으며 사회주의적 색채가 차츰 짙어져 갔다.[435] 그에 따라 경찰은 어린이날에 붉은 기나 붉은 글씨를 사용하지 못하게 했다.[436] 1927년에는 민족소년운동을 표방하는 '조선소년운동협회'와 무산소년운동을 내세우는 '오월회'가 따로따로 어린이날 행사를 했다. 다음은 '조선소년운동협회'가 배포한 포스터다.

그림 3을 보면 "잘살려면 어린이를 위하라!!",
"새 조선의 일꾼은 어린이"라고 적고
'조선소년운동협회'에서 배포했음을 밝혔다.
'오월회'에서도 1927년 어린이날 포스터를
만들었다.[437] 그러나 그 포스터는 전하지
않는다. '소년운동협회' 쪽의 기행렬에는
3000명의 어린이가 참여했고 '오월회' 쪽의
기행렬에는 2000명의 어린이가 참여하는
'대성황'을 이루었다.[438] 기행렬 때에는 어린이날
표어기標語旗를 들고 악대를 앞세우고 '어린이날
노래'를 부르며 행진했다.[439] '어린이날 노래'는
1925년 어린이날 기념행사 때 탄생했다.
방정환이 쓴 가사에 야구 응원가인 〈정엄하고
활발한 야구수들아〉 곡조에 맞추어 불렀다.[440]
그 가사는 다음과 같다.[441]

그림 3 《조선일보》 1927년 5월 1일

기쁘구나 오늘날 5월 1일은/ 우리들 어린이의 명절날일세/ 복된 목숨 길이 품고 뛰어노는 날/ 오늘이
어린이날

(후렴)

만세 만세를 같이 부르며/ 앞으로 앞으로 나아갑시다/ 아름다운 목소리와 기쁜 맘으로/ 노래를
부르며 가세/ 기쁘구나 오늘날 5월 1일은/ 반도 정기 타고난 우리 어린이/ 길이길이 뻗어날 새 목숨
품고/ 즐겁게 뛰어노는 날

1927년 어린이날 행사를 단일하게 치르지 않은 것에 여론이 나빴다. 신문에서도 "따로따로
기행렬을 한 것은 유감이고 불쾌한 일"이라고 논평했다.[442] 그에 따라 두 갈래로 나뉜
소년운동을 통합하려는 움직임이 생겼다. 다음 포스터는 주관단체를 통합하여 치른 어린이날
포스터다.

그림 4 《조선일보》 1928년 5월 6일

그림 5 《동아일보》 1928년 5월 6일

그림 4와 그림 5는 1928년 어린이날을 '조선소년총연맹'이 주최했음을 알려 준다. 사진에서는 보이지 않지만 그림 4의 아래쪽에 '조선소년총연맹'이라고 썼음이 분명하다. '조선소년총연맹'이란 어떤 조직일까. 긴 이야기를 압축해 보자. 1927년부터 사회주의 진영과 민족주의 진영이 힘을 합쳐서 일제에 맞서야 한다는 논리가 힘을 얻었다. 그에 따라 소년운동도 1927년 10월에 '조선소년연합회'로 통합했다. 1928년 3월에는 '조선소년연합회'를 강화하면서 이름도 '조선소년총동맹'으로 바꾸려고 했다. 그러나 경찰에서는 '총동맹'이라는 이름을 허락하지 않았다.[443] 어쩔 수 없이 '조선소년총동맹'이 아닌 '조선소년총연맹'이라고 이름 지었다. '조선소년총연맹'의 주요 지도자들은 대체로 청년운동단체에 관계하거나 적어도 계급의식을 갖는 소년운동가들이었다.[444]

그림 4와 그림 5는 1928년부터 어린이날을 5월 첫 번째 일요일로 했음을 알려 준다. "5월은 만물이 회생하는 시기이고 소년은 인생의 싹과 같다 해서 어린이날을 5월 1일로 정했다. 그러나 메이데이와 맞물린다고 하여 오월 첫 번째 일요일로 바꾸었다."[445]

그림 4는 작업복을 입은 '무산 소년'이 깃발을 들고 행진하는 모습처럼 보인다. 그림 4가 사회주의 이념의 기호를 표현했다고 말할 수 있을까. "무언가를 이끌고 나가겠다는 의지적인 주체를 형상화한 것"[446]이라고 주장할 수는 있겠다. 다음에서 보듯이 1928년 어린이날 포스터는 더 있다.

그림 6 《매일신보》 1928년 5월 5일   그림 7 《조선일보》 1928년 5월 6일

그림 6에는 어린이날 주관단체인 '조선소년총연맹'과 부인약인 '태양조경환' 광고가 보인다.
'태양조경환'은 임신과 출산에 도움을 준다고 선전했던 약이다. 어린이날을 겨냥한 협찬 광고였다.
그림 7에서는 포스터와 전단을 합성하여 주관단체와 협찬 광고를 보이지 않도록 했다.
그림 6·7에는 "어린이는 장래 희망의 꽃이다!", "모든 힘과 사람을 어린이에게로!"라는 표어를
적었다. "소년건강주의, 소년교육보급, 소년조기早起장려, 소년조혼폐지, 소년끽연금지,
소년학대방지"라는 어린이날 요구를 적었다. 소년의 건강을 보살피고 교육과 인권을 확장하며
봉건적 구습을 타파해야 한다는 내용이다. 1928년은 어린이날에 경쟁자가 생긴 해이기도 하다.
일제는 1928년 5월 5일부터 '아동애호데이'를 만들어 어린이 행사의 주도권을 차지하려고
했다.[447]
1929년에 조선소년총연맹은 "미래는 소년의 것이다!", "씩씩하고 참된 소년이 됩시다!"라는 등의
표어를 내걸고 어린이날을 준비했다.[448] 그러나 '천도교소년연합회'에서도 어린이날 기념식을
하면서 어린이날은 또다시 둘로 나뉘었다.[449] 1929년 어린이날 포스터를 보자.

그림 8 《매일신보》1929년 5월 5일   그림 9 《조선일보》1929년 5월 5일

그림 10 《조선일보》1930년 5월 4일

그림 8은 이전의 어린이날 포스터였던 그림 4를 조금 변형했을 따름이다. 그림 9는 아마도 신문사에서 두 포스터를 합성하여 실은 듯하다. 씩씩하게 행진하는 어린이와 즐겁게 노는 어린이를 함께 보여 준다. 1929년 어린이날도 성황을 이루었지만, 어린이날 행사를 금지당한 곳도 적지 않았다.[450] 일제는 "소년운동의 등 뒤에 사회주의운동가들이 숨어 있다"라고 판단해서 금지하곤 했다. 이제 1930년 어린이날을 살펴보자. 그림 10은 기행렬을 하는 어린이를 주제로 삼았다. 그러나 포스터를 배포한 주체를 적지 않았다. "'조선소년총연맹'이 내부 분열로 1930년 어린이날 기념행사를 추진할 수 없는"[451] 상황이었기 때문이다. 1930년 어린이날 결의문 가운데 "우리는 희망의 꽃이며 장래 행복의 열매인 것을 잊지 맙시다. 우리는 몸과 마음을 튼튼히 하고 배우기에 힘씁시다"라는 내용이 있다.[452] 그림 10에서는 그 결의문을 요약해서 제시했다. 그림 11은 1930년 어린이날의 분위기를 전한다. 그림 11에 김용준이 그렸다고 쓰여 있다. 화가이며 미술평론가이자 문학적 재능도

그림 11 시사만화, 《중외일보》 1930년 5월 4일

뛰어났던 '월북 미술가' 김용준金瑢俊(1904~1967)이 그림 11을 그렸다고 추정할 수 있다. '동심화童心畵'로 어린이날을 그렸노라고 했다. 아동화는 어린이가 그린 그림이지만, '동심화'란 "어린이의 마음으로 어른이 그린 그림"이라고 할 수 있겠다. 그림 11에서 어린이날

기행렬을 경계하는 경찰의 눈이 매섭다.

어린이날 행사는 깃발을 앞세우고 선전문을 돌리며 시가를 행진하는 시위성의 기행렬과 동화 구연 등 연예를 중심으로 어린이를 즐겁게 하는 행사, 소년문제 강연회나 부모 대상 강연회 같은 어른들을 대상으로 하는 계몽 행사 등으로 이루어졌다. 이 가운데 어린이날의 하이라이트는 기행렬을 중심으로 한 가두선전 활동이며 여기에는 소년단체 회원들이 참여했다.[453]

1931년에는 '조선소년총연맹'이 유명무실해지자 '전선어린이날중앙연합준비회'가 어린이날을 준비했다. 그러나 '무산계급 소년운동'을 주장하는 세력들은 그 조직에 반대하면서 "비국제적이고 비계급적인 어린이날을 배격하고" 참다운 어린이날을 준비해야 한다고 했다.[454] 그들은 '국제무산소년주간' 기념행사를 준비했지만 금지당했다.[455]

1931년부터 1937년까지 "어린이날 중앙준비회를 임시로 조직하여"[456] 어린이날 행사를 했다. 다음은 그때의 포스터들이다.

그림 13에서는 '어린이날'이라는 글자 위에 어린이들이 노는 갖가지 모습을 조그맣게 그렸다. 그림 13 포스터를 배포한 1932년은 5월 1일이 첫 일요일이어서 메이데이와 어린이날이 겹쳤다. 이날 《동아일보》에서는 "노동자와 어린이는 모두 내일의 주인공이다"라는 사설을 싣기도 했다.[457] 그림 14는 기행렬을 하는 '천진난만한 어린이' 모습을 담았다. 그림 15는 인형과 장난감을 들고 있는 여자아이를 '동심화' 기법으로 그린 것이 아닐까.

1937년 어린이날 기념식을 마지막으로 어린이날 행사를 하지 못했다. 왜 그랬을까. 그때 신문에서는 어린이날이 "흐지부지되고 말았는데, 거기에는 여러 가지 이유가 있다"라고 했다.[458] 여러 연구에서는 일제가 소년단체를 탄압하여 어린이날 주관단체를 조직할 수 없었고 중일전쟁 뒤의 전시체제에서 어린이날 행사를 금지했기 때문이라고 설명하곤 한다. 그 밖에도 일제 권력이 시행했던 '아동애호주간'에 '어린이날'이 밀려나고 말았다고 볼 수도 있다.[459] 어린이날은 1946년 5월 첫 번째 일요일인 5월 5일에 부활했다. 1961년에 제정 공포된 〈아동복지법〉에 5월 5일을 어린이날로 표기하면서 지금까지 5월 5일이 어린이날이 되었다.

그림 12 《조선일보》 1931년 5월 3일; 《매일신보》 1931년 5월 3일

그림 13 《조선일보》 1932년 5월 1일; 《동아일보》 1932년 5월 1일; 《매일신보》 1932년 5월 1일

그림 14 《조선중앙일보》 1933년 5월 7일

그림 15 《조선일보》 1934년 5월 3일; 《매일신보》 1934년 5월 4일

2

널리 알리니

주세요

함께해

귀신이 곡할 라디오:
JODK와 라디오 등록

일본에서는 1925년 3월 22일에 도쿄에서 첫 라디오방송을 했다. 그 뒤 오사카와
나고야방송국을 열었다. 세계 최초의 라디오방송은 1920년 미국 피츠버그의 KDKA 방송국이
시작한 것으로 알려져 있다. 1922년에 영국방송협회(BBC)의 전신이 탄생한 것을 떠올린다면
일본의 라디오방송은 빠른 편이었다.[1] 식민지 조선에서는 1927년 2월 16일에 라디오
정규방송을 시작했다. 호출부호 JODK, 출력 1kW였다. 호출부호 JODK는 경성방송국이
도쿄방송국(JOAK), 오사카방송국(JOBK), 나고야방송국(JOCK)에 이은 네 번째 방송국임을
뜻했다. JODK는 내선일체의 의지를 반영한 이름이기도 했다.[2]

> "제, 오, 디, 케이."
> "여기는 경성방송국이올시다."
> "지금 울리는 종소리는 열두 시를 가리키는 종소리올시다. 딩, 땅, 딩, 땅"
> 이 세 가지 술어는 새로 생긴 술어로 아마 모르실 분이 없을 것이다. 라디오는 레코드와 함께 실로
> 현대인의 양식이 되었다. 그렇게 보편화했고 또 그렇게 되어 가는 중이다.[3]

위에 인용 글에서 보듯이 1930년대에 들어 라디오에 익숙해진 사람이 늘었다. 처음에
경성방송국은 하나의 주파수로 한국어와 일본어 방송을 동시에 하는 방식을 채택했다. 한국어
방송과 일본어 방송의 비율은 3 대 7 정도였다. 방송은 경제 시황보도, 물가 시세, 일기예보,
공지 사항 등 주로 조선에 사는 일본인의 경제활동에 도움을 주는 내용이었다. 한국어
방송으로는 창·민요·동화·방송극과 같은 오락 프로그램이 대부분이었다.
수신기를 방송국에 등록한 뒤에 월 2원의 수신료를 내야 방송을 들을 수 있었다. 그러나
수신기 값이 매우 비싸고 방송도 일본인 위주여서 수신기를 가진 조선 사람은 거의 없었다.
개국 직후인 1927년 2월에 청취자 계약을 신청한 사람은 1440명이었으나, 조선인은 275명에
지나지 않았다. 1929년에는 청취자 수가 1만 226명으로 늘었지만, 조선인 청취자는 겨우

1000명 남짓했다.[4] 이 사실을 두고 그때 어떤 이는 "라디오가 운다. 우리와는 거리가 멀다. 조선의 라디오 문명 그것은 정복자의 전유물이다"라고 적었다.[5]

이 땅에 라디오가 등장하는 과정을 짚어 보자. 신문에선 1920년부터 간단한 외신기사로 라디오가 있다는 사실을 알렸다. 신문은 "말 보내는 곳을 방송국이라 하고 말 듣는 자를 청취자라 한다. 수신기만 있으면 어디서든 들을 수 있다"라는 등의 라디오 관련 정보를 실었다. 조선총독부는 1924년 11월에 시험 삼아 무선방송을 했다. 그 뒤 《조선일보》도 1924년 12월에 '무선전화 방송 시연회'를 했다. 그 무렵 라디오를 무선전화라고 불렀다. 이 모임에 참여한 사람들은 수신기에서 나오는 요술 같은 소리를 들으며 '귀신이 곡할 노릇'이라고 감탄했다. 뒤이어 지방 곳곳에서 신문사가 주최하는 공개방송이 잇따랐다. 라디오를 알리는 데는 다음과 같은 광고도 큰 역할을 했다.

그림 1은 '무선전화기'에 사용하는 기계와 부품광고다. 1924년에 《조선일보》에서 라디오 시연회를 열기 하루 전에 이 광고가 신문에 실렸다. 그림 1 광고에 적은 '무선전화기'란 곧 라디오다. 무슨 까닭에서인지 이 광고에서는 라디오 부품의 가격을 자세하게 적었다.

그림 2는 초기 라디오 모습을 잘 보여 준다. '기묘한 나팔 모양의 전기 확성기'[6]에서 '라디오ラジオ'라는 소리가 나오는 모습을 그리고 '무선전화기와 부속품'이라고 적었다. 1927년까지도 라디오와 무선전화기라는 말을 함께 썼음을 알 수 있다. 이제 경성방송국 개국 기념일에 배포한 포스터를 보자.

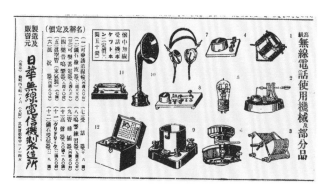

그림 1 '무선전화기' 광고, 《조선일보》 1924년 12월 17일

그림 2 라디오 광고, 《동아일보》 1927년 6월 7일

그림 3 개국 2주년 포스터, 《경성일보》
1929년 2월 11일; 《조선신문》 1929년
2월 10일

그림 4 개국 3주년 포스터,
《경성일보》 1930년 2월 14일

그림 5 개국 5주년 포스터, 《조선신문》
1932년 2월 8일

그림 3에서 경성방송국 건물과 라디오 송신탑이 위엄 있는 모습을 뽐낸다. 방송국에는
일장기를 엇대어 걸었다. 남산과 남대문도 보인다. 2월 중순에 2주 동안 기념방송을 한다고
적어서 청취자의 관심을 끌려고 했다. 그림 4에서는 경성방송국 기념방송 프로그램 밑에
여러 여성을 그렸다. 차림새로 보아 대부분 일본 여성이다. 그림 5에서도 송신탑을 그렸다.
송신탑에서 나오는 전파가 태양의 빛처럼 중부지방을 환하게 밝힌다. 이 포스터는 "전파란
곧 문명의 빛"이라고 말하는 듯하다. 양장을 입은 일본 여성과 한복을 입은 조선 여성이
햇살처럼 퍼진 전파 속을 함께 걷는다. 일본 여성과 조선 여성은 JODK가 일본어와 조선어로
방송한다는 것, 또는 '내선일체'를 나타낸다.

라디오를 들으려면 수신기를 방송국에 등록해야 했다. "한 달에 2원씩 받는데 신청을 아니
하고 비밀히 청취하는 자는 1년 이하의 징역에 처한다. 가입자의 문 앞에는 위에 '제오디케',

중앙에 가입자 번호, 하부에 안테나를 나타낸 표찰을 부친다더라."[7] 이 신문 기사에서 말한
'표찰'은 그림 6과 같다.

'표찰'의 공식 이름은 '청취장聽取章'이다. 라디오
'청취장'은 붉은 바탕에 흰 글씨로 썼다.[8] '청취장'과
관련된 포스터를 보자.

그림 7에서는 남자 어린이가 책상에 앉아 라디오를
듣는다. 이것을 보고 여자 어린이가 왼손으로
라디오 등록 서류와 '청취장'을 가리키고 있다.
'도청자盜聽者'가 되지 말라는 뜻이다. 어린이를
모델로 쓴 것은 어른들에게 더 강한 메시지를
전달하려는 의도다. 《조선신문》은 이 포스터를
실으면서 다음과 같이 해설했다.

그림 6 '청취장', 《조선신문》 1927년 2월 16일

그림 7 《조선신문》 1933년 11월 28일

조선의 라디오 청취자는 이중방송 개시 뒤부터
급격하게 늘어서 1933년 10월 말에 2만 7343명에
이르렀다. 그러나 이것은 라디오 상인의 수신기 판매
상황이며 그 밖의 방면에서 본다면 꽤 많은 수의 불법
시설자, 이른바 도청자가 있을 것으로 보이기 때문에
체신국에서는 이것을 엄중히 단속하여 불법시설을 모두
없애는 방침을 세웠다. 이 선전을 위해 표어를 넣은
포스터를 만들어서 전 조선에 배포하고 일반의 주의를
환기시켰다.[9]

이 기사에서 '이중방송'이란 일본어 방송의
곁방살이를 하던 한국어 방송을 1933년 4월에
분리하여 제1 방송은 일본어 방송, 제2 방송은 한국어 방송으로 한 것을 말한다. 일본어
방송이 중심이었던 라디오는 경영난을 극복하고 선전 효과를 높이려고 1933년부터 1943년까지

조선어 제2 방송을 내보냈다. 일본어 사용을 강제해서 '내선일체'를 이루려고 했던 때에 조선총독부의 정책을 선전하려고 조선어 방송을 했다. 아이러니다. 이로써 조선에서 라디오 수신 가입자 수가 1933년부터 눈에 띄게 늘었다. 이에 자극받아 대만에서도 1942년에 대만어 방송을 시작했다.[10]

그림 7은 일본 어린이를 그린 듯하다. 라디오를 보유한 사람 가운데 일본인이 많았으며 그만큼 일본인 도청자도 많았을 것이다. 이 무렵 일본에서도 다음과 같은 '도청자' 방지 포스터를 만들었다.

그림 8 일본 포스터(1934), 에도도쿄박물관 소장

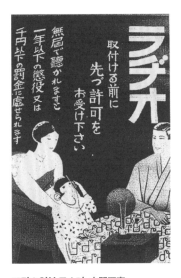

그림 9 일본 포스터, 大門正克, 《戰爭と戰後を生きる》, 小學館, 2009, 153쪽

그림 8은 라디오로 야구 경기를 중계하는 모습이다. 라디오 등록 서류와 청취장을 그려 넣고 "허가받고 들으세요"라고 적었다. 그림 9에서는 "라디오를 설치하기 전에 먼저 허가받으세요. 등록하지 않고 들으면 1년 이하의 징역 또는 1000원 이하의 벌금에 처합니다"라고 적었다. 조선총독부에서는 라디오 도청이 수신료 수입을 줄일 뿐만 아니라 '전파전'에서 해악을 끼치는 것으로 인식했다. 하얼빈의 '적화赤化방송'과 난징의 '배일排日방송'이 조선에도 다다랐다.[11] 일제는 도청으로 반공과 방첩에 큰 문제를 일으킬 수 있다고 판단했다.[12] 일제 당국은 "단파장 수신기를 사용하여 함부로 국외의 라디오를 듣는 사람이 많다"라며 단속했다.[13] 다음 포스터는 그때 상황을 반영했다.

그림 10 《국민신보》 1939년 10월 29일

그림 10에서는 "라디오, 허가받고 들읍시다. 허가받지 않고 들으면 벌을 받습니다"라고 적었다. 허가 서류와 조선방송협회가 발행하는 '청취장'이 라디오를 꽁꽁 묶었다. 이 포스터가 나온 1939년의 상황을 알려면 일본에 큰 영향을 주었던 독일의 경우를 보아야 한다. 1939년 9월 1일, 독일이 폴란드를 침공했다. 3일, 영국과 프랑스가 독일에 선전포고하면서 제2차 세계대전이 시작되었다. 이때 영국과 프랑스 모두 라디오로 선전포고했다. 이러한 선전포고는 완전히 새로운 형식이면서 제2차 세계대전의 큰 특징이기도 했다. 독일은 개전과 함께 선전성 라디오부에 방송사령부를 새로 만들고 방송에 관한 모든 일을 맡도록 했다. 1939년 9월 1일 독일 국방위원회는 모든 외국 방송에 대하여 청취 금지 명령을 내려 위반자는 사형을 포함한 중형을 하도록 했다. 전쟁이 날로 치열해짐에 따라 라디오는 세계 각국의 선전전에서 중요한 '무기'가 되었다.[14] 다음 삽화는 그 무렵 독일의 라디오정책을 보여 준다.

그림 11 삽화, 大坪義勢, 《国家総力戦防諜講話》, 大日本雄弁会講談社, 1941, 184쪽

그림 11에서는 독일 라디오가 영국 라디오를 깨뜨리는 모습을 그렸다. 일본도 독일을 본떠
라디오 통제를 강화했다. 총독부 체신국에서는 1942년 9월부터 일반인 가운데 단파 또는 전파
수신기를 소유한 사람은 반드시 당국에 신고하도록 했다. 이를 어기면 무겁게 처벌한다고
공표했다.[15]
라디오는 전화처럼 의사소통을 위한 도구로 발달하지 않았으며 축음기처럼 듣는 이가 스스로
조작할 수 있는 도구도 아니었다. 라디오는 처음부터 듣는 사람을 객관화하고 주변화했다.
이처럼 라디오가 일방통행식이었기 때문에 간편하고 효율적인 권력장치로 자주 이용되었다.[16]
경성방송국은 조선에 사는 일본인들의 정보와 문화 욕구에 부응하고, 일본의 식민체제에
한국인을 순응하게 하기 위한 교화의 수단이었다. 1933년 한국어 방송인 제2 방송이 개설되어
일정하게 독립적으로 프로그램을 만들면서 활기를 띠었지만, 1937년 중일전쟁 뒤부터 총독부
대변인 노릇을 했다.[17] 보기를 들면, "애국가나 전승가 등과 같이 일반에게 선전할 필요가 있는
것은 늘 라디오를 이용했다."[18] 경성방송국은 도쿄에서 오는 검열받은 전쟁 뉴스를 식민지
곳곳으로 내보내는 중요한 매체였다.[19] 그 뉴스는 "겉으로는 뉴스였지만 실질적으로는 뉴스가
아니었다."[20] 라디오는 전쟁의 중요한 도구가 되었다. 다음 그림은 전쟁과 라디오의 관계를 잘
보여 준다.

그림 12 라디오 광고,《국민신보》1939년 11월 12일

그림 13 일본 포스터(1939), 에도도쿄박물관 소장(田島奈都子 編,
《明治·大正·昭和初期日本ポスター史大図鑑》, 國書刊行會, 2019,
325쪽)

그림 12와 그림 13은 중일전쟁이
장기전의 늪으로 빠져들던 1939년의
광고와 포스터다. 그림 12에서는
총검과 라디오로 화면을 구성하고
"무력전보다 선전전"이라는 헤드카피를
달았다. 이어서 "승패를 결정하는 것,
라디오!"라고 적었다. 그림 13을 보면
일본 비행기가 중국을 공격하는 모습과
함께 라디오 송신탑을 그렸다. "다 함께
국방, 갖추자 라디오"라고 적었다. 그림
12·13은 라디오가 전쟁 필수품이라고
했다. 사실 라디오는 전시체제를
유지하는 데 큰 역할을 했다. 국가는
라디오를 통해 국민을 일정한 방향으로
이끌고 일정한 형태로 묶어 두는 데

성공했다.[21] 조선의 라디오도 전쟁에 관한 뉴스를 신속하게 전했다. "강연·강좌·연예 등에서도 사변에 관련된 것을 강조하여 국책에 순응하는 방송을 했다." 일제는 "라디오를 통해서 조선 전체를 하나의 교실로" 만들려 했다.[22]

해외에서 들어오는 전파를 차단하려면 방송 출력을 높여야 했다. 일제는 1936년부터 방송 출력을 높이기 시작했다. 이와 함께 부산(1935), 평양(1936), 청진(1937), 이리(1938), 함흥(1938)에 방송사를 세워 전국 네트워크를 구축해 나갔다.[23] 다음은 부산방송국 창설 기념 포스터다.

그림 14에는 방송국 송신탑과 1934년에 준공된 부산대교(영도대교)가 있다. 부산대교는 '기술의 결정판인 도개교'로서 식민 통치를 화려하게 위장하는 역할을 했다.[24] 마치 부산의 '발전'을 축하하는 듯이 기생이 춤을 춘다.

이처럼 곳곳에 방송사를 세운 것은 더 많은 사람을 일본의 선전에 귀 기울이게 만들려는 뜻도 있었지만, 소련과 중국에서 오는 '모략 방송'을 방해하기 위한 '전파전電波戰'의 성격도 지녔다.[25] 북부지방의 방송국은 블라디보스토크에서 내보내는 '적색 방송'을 방지하려는 목적이 컸다.[26] 그와 함께 경성 제2 방송국과 청진방송국에서는 소련으로 선전 방송을 내보내기도 했다.[27]

그림 14 《경성일보》 1935년 9월 14일

라디오, 스포츠와 체조:
라디오 중계방송과 라디오체조

라디오가 복제의 소리이자, 예전에는 없던 소리, 장소를 뛰어넘는 소리를 내보내자,
사람들은 위화감과 친근감이라는 두 가지 엇갈린 감정을 드러내었다. 라디오는 시간을 알리는
시스템, 라디오드라마, 라디오체조, 스포츠 방송, 아나운서 등 신문과는 다른 정보 전달
방법을 개발했다.[28] 라디오는 조선·대만·만주·중국에도 보급되어 일본 세력권에서 유력한
정보매체로 성장했다. 무엇보다 라디오는 일본 세력권 곳곳에 흩어진 일본인을 결합하게

그림 1 《경성일보》1929년 8월 16일

만드는 데 큰 역할을 했다. 라디오는 일본제국을
일체화하고 이민을 촉진하는 역할을 했다.[29]
일본어 방송이 중심이었던 제국의 라디오는 경영난을
해결할 뿐만 아니라 선전 효과를 높이려고 1933년부터
1943년까지 조선어 제2 방송을 내보냈다. 라디오가
수익을 내려면 청취자가 바라는 프로그램을 만들어야
했다. 그 프로그램 가운데 하나가 중계방송이다.
"청취료는 내리고 중계방송도 단행, 인기를 끌려 하는
방송국." 이것은 "경성방송국이 청취자를 늘리려고
청취료를 2원에서 1원으로 내리며 중계방송을 강화하려
한다"라는 신문 기사의 제목이다.[30] 일제의 기념일
행사나 일본어 강연을 중계하는 것은 대중이 반기지
않았을 것이다. 아무래도 연예·오락·스포츠 등의
'실황방송'이 사람들의 관심을 끌었을 것이다. 그림 1
포스터를 보자.
그림 1은 1929년에 《경성일보》와 《매일신보》가 공동
주최하는 '제6회 전선야구쟁패전'을 경성방송국에서
중계한다는 포스터다. 1924년부터 시작한 이 대회에선

조선에 있는 16개 야구팀이 시합했다.[31] 그러나 '제6회 전선야구쟁패전' 이전에도 야구 중계를 했다. 야구를 맨 처음 중계한 것은 1927년 '경일야구쟁패대회'였다.[32] 그 밖에도 1933년 4월부터 권투를 중계방송하기 시작했으며,[33] 1933년 9월에 축구를 맨 처음 중계방송했다.[34] 1934년에는 동대문 밖 신설동에서 열리는 봄철 경마대회를 중계했다. 이것이 경마 방송의 효시다.[35] 이렇게 라디오는 스포츠와 오락 중계방송을 하면서 청취자의 취미를 반영하고, 다시금 뭇사람의 취미를 조직했다. 라디오는 삶의 현장을 중계하며 청취자의 관심을 끌려고도 했다. 종로 야시 실황을 중계하거나,[36] 조기잡이 등의 생산 현장으로 마이크가 출동하는 것 등이 그 보기다.[37]

라디오는 대중에게 몸을 움직이도록 명령하기도 했다. 라디오체조가 그것이다. 라디오체조란 라디오에서 나오는 음악과 구령에 따라 운동하는 '국민보건체조'였다.[38] 또한, 라디오체조는 "경쾌한 반주 음악과 함께 하는 심신 단련 체조"였다.[39] 다음 포스터를 보자.

그림 2 《경성일보》 1934년 7월 21일

그림 2를 보면 떠오르는 태양, 또는 커다란 일장기를 배경으로 체조를 한다. '국민보건체조'라고 썼다. "뛰노는 아침 햇살 받으며, 구부려라 뻗어라 우리들의 팔, 라디오는 외친다. 하나, 둘, 셋."[40] 이것은 '라디오체조 노래' 가운데 1절이다. 그림 2는 마치 그 노래를 그림으로 옮긴 듯하다. 그림 오른쪽에 "건강을 지키려면 체조를 열심히 하라"라는 말을 한자로 적었다. 그림 왼쪽에는 "라디오체조 도해圖解를 무료로 드립니다"라고 적었다.

라디오체조를 처음 시작한 곳은 미국이다. 미국의 몇몇 지역방송국에서 라디오체조를 시작했다. 그 가운데 뉴욕 메트로폴리탄사의 라디오체조를 일본에서 모방했다.[41] 메트로폴리탄 생명보험회사는 보험 가입자의 건강을 증진하여 보험 지급금을 줄이려는 뜻에서 라디오체조 방송을 1923년에 시작했다.[42] 1925년 3월에 일본 체신성 간이보험국에서도 라디오체조를 해야 한다고 제안했다.[43] 간이보험이란 우편국이 취급하는 생명보험이다. 일본에서 라디오체조는 체신성 간이보험국과 생명보험회사협회, 그리고 일본방송협회가 협의한 뒤에 문부성에 체조의 구체적인 고안을 맡겨서 1928년 11월 1일에 시작했다.[44] 라디오체조는 쇼와 천황 즉위 기념사업 가운데 하나이기도 했다.[45] 식민지 조선에서도 1931년에 경성방송국에서 5시 45분부터 6시까지 라디오체조를 방송했다.[46] 그러나 "이때의 라디오체조는 말 그대로 라디오에서만 하는 체조여서 사람들이 따라 하지 않았다."[47] 라디오체조회와 우편국 등이 중심이 되어 라디오체조를 대중에게 보급했다. 그 밖에도 곳곳에서 라디오체조 강습회를 열었다. 여러 매체에서는 다음과 같은 도해를 실어 라디오체조 붐을 일으키려 했다.

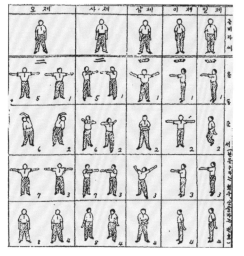
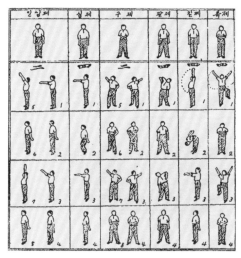

그림 3 라디오체조 도해(1~5), 《신시대》1권 2호, 1941년 2월, 278쪽

그림 4 라디오체조 도해 (6~11), 《신시대》1권 2호, 1941년 2월, 279쪽

예전에는 일반 사람이 체조를 거의 하지 않았지만, 이제 라디오체조로 일반인을 끌어들였다.[48] 중일전쟁 뒤부터 일제는 라디오체조를 강제하기 시작했다. 전쟁에서 승리하려면 국민 체위를 향상시켜야 한다는 뜻에서다. 물자난 때문에 "구두를 비롯하여 운동 용구 전반이 통제되어 가죽, 쇠붙이, 무명 따위로 만든 도구를 사용하는 운동은 중지"했다. "도구를 쓰지 않는 운동으로는 라디오체조가 으뜸"이었다.[49] 이 틈을 타서 라디오회사에서도 다음처럼 라디오체조를 광고에 활용했다.

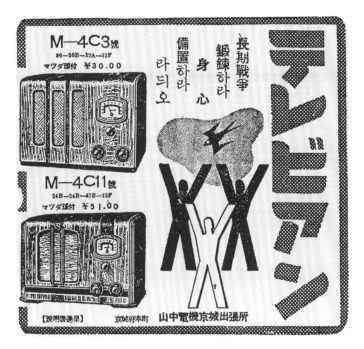

그림 5 라디오 광고, 《매일신보》 1938년 6월 24일

그림 5에서는 "중일전쟁이 장기전이 되었으니 몸과 마음을 단련해야 한다"라면서 라디오를
갖추어 라디오체조를 하라고 한다.

1940년대가 되면 일제는 라디오체조를 더욱 강요했다.[50] 이때부터 라디오체조는 체력
향상만이 아닌 '국민총훈련'의 성격을 띠었다. 일제는 라디오체조로 집단적 훈련의 성과를
얻으려 했다. "매일 아침 6시에 전원이 모이면 규율과 통제 속에서 국민의례를 한 뒤에 라디오
소리에 맞추어 체조하고 만세삼창을 한 다음에 해산"하라고 했다.[51] 라디오 소리는 확성기를
통해 크게 들리도록 했다.[52]

집단체조는 개개의 신체를 사회적 존재로 적응시킨다.[53] 새벽 6시에 시작하는 라디오체조로
부지런한 습관을 기르는 것은 근면한 노동자의 덕목이 될 것이다. 또한 체조로 몸을 단련하여
훌륭한 병사의 소질을 갖추게 만든다. 이것이 라디오체조의 기본 취지였다.

라디오체조가 사람들을 건강하게 만든다면 어쨌든 좋은 일이 아닐까. 그러나 라디오체조는
건강을 개인이 아닌 국가적 가치로 의미를 바꾸어 버리고,[54] 개개의 신체를 국가로

동원하려는 목적이 있었기 때문에 문제가 심각했다.[55] 일제는 대중에게 똑같은 시간에 똑같은 장소에서 똑같은 동작을 하게 만들고 국민의례, 일장기, 만세삼창 따위를 강제하여 충실한 황국신민으로 길들이려 했다. "국민 체력을 향상시키며 집단적 훈련을 통하여 황국신민의 실천력을 키운다."[56] 바로 그것이 라디오체조의 목적이었다. 또한, 라디오체조는 맹주 일본이 '대동아공영권'의 영역을 점검하는 일이기도 했다. 일본 잡지에 실린 다음 글은 그 내용을 담고 있다.

대동아에서 일제히 라디오가 외친다, 하나, 둘, 셋. 필리핀과 홍콩에서도 그리고 자바, 괌, 버마(미얀마)에서도. 지금 라디오체조는 내지內地와 똑같이 건민운동의 제일선에 있다. "떠오르는 아침 해를 맞으며 …" 맹주盟主 일본에서 방송되는 낭랑한 라디오체조의 노랫소리는 이 광대한 공영권의 각 지역을 묶어 준다. 바야흐로 문자 그대로 대동아가 하나 되어 힘차게 체육훈련을 펼치고 있다. 전파가 흩뿌리는 희망과 건강의 선물, 언뜻 보기에도 연약한 원주민들의 체위가 라디오체조의 보급으로 건설과 보조를 맞추어 튼튼해지고 있다. 진실한 공영권의 확립은 라디오체조로부터라고 할 수 있다.[57]

라디오체조는 차츰 일본인의 정체성을 확인하는 체조가 되었다. 이와 함께 라디오체조를 하는 곳이 바로 일본의 영토이며 일본의 지배가 관철되는 곳이라는 상징이 되었다.[58]

인구조사와 '국민 점호':
국세조사

국세조사란 인구조사에 해당하는 일본 용어였다.[59] 일본에서는 'census'를 '국세조사'라고 번역했다. 신문에서도 "국세조사란 영어로 '센서스'라 하며 사회조직과 국민 생활의 내용을 파악하는 것"이라고 해설했다.[60] 그러나 '국제조사'라는 번역어는 인구만이 아니라 국부國富 전체를 조사하는 것처럼 느끼게 했다. 때로는 그런 포괄적인 뜻으로 '국세조사'라는 말을 쓰기도 했다.[61]

일본은 1920년 제1회 국세조사를 했다. 그때 일본은 제1차 세계대전의 전승국이었고 일본 국민은 뻗어 가는 국세를 가늠하는 조사인 것처럼 느꼈다.[62] 다음 그림은 일본의 제1회 국세조사 포스터다.

그림 1 국세조사편찬회 엮음, 《국세조사기념록》, 1921, 도판

그림 1의 왼쪽 포스터 아래에 'census'라고 적은 것이 눈에 띈다. 1920년에 일본은 '일본제국 판도' 전체에서 국세조사를 하려 했다. 식민지 조선에서도 일본과 동시에 시행할 예정이었다. 그러나 3·1운동 뒤에 "민심이 안정되지 않아" 조선에서는 국세조사를 하지 않고 그 대신 임시 호구조사를 했다.[63] 3·1운동 뒤에 국세조사를 하는 것은 인심을 동요하게 할 염려가 있었다. 또한, "국세조사를 하려면 5만 명의 조선인 촉탁이 필요한데 소요 뒤에 조선인은 관공서에 복무하기를 기피하는 경향이 있어서 조사원을 구할 수도 없었다."[64]

일본은 10년마다 국세조사 '본조사'를 하고 5년째 되는 해에 '간이조사'를 하도록 법으로 정했다. 1925년 10월 1일에 첫 번째 간이국세조사를 했다. 그것이 조선에서는 처음으로 실시하는 센서스였다.[65] 총독부는 간이국세조사 홍보에 힘을 쏟았다. 포스터를 붙이는 것 말고도 스탬프 찍기, 표어 현상 모집 등을 했으며 신문과 잡지에 기사를 공급해서 보도하도록 했다. 또한, 영화 필름을 만들어 각 도의 활동사진반과 영화관에 배부해서 막간에 상영하도록 했다. 경성·평양·대구·개성에서 비행기로 전단 8만 장을 뿌렸다.[66] "이미 홍보를 위해 비용을 많이 쓰고 4만 명의 인원을 동원하여 조사하는 사업이다. 사람으로서 사람의 수효에서 빠지지 말라." 신문에서는 그렇게 당부했다.[67] 1925년 간이국세조사 포스터를 보자.

그림 2 《경성일보》 1925년 9월 6일; 《조선신문》 1925년 10월 1일

국세조사는 10월 1일 오전 0시를 기준으로 각 세대의 인구를 조사했다. 그림 2의 시계는 바로 그 시점을 가리킨다. 그때 사람들에게 "오전 0시 현재"라는 시간관념은 매우 낯설었다. "오전 0시에 조사원이 집마다 방문하여 조사하는 것이 아닌가" 하는 오해도 했다.[68] 그림 2를 보면 "신고는 있는 대로 빠짐없게"라고 썼다. 일본어 옆에 한글로 토씨를 달았다. ① 씨명 또는 성명, ② 남녀의 별別, ③ 출생 연월, ④ 배우配偶의 관계, ⑤ 본적 또는 국적. 이것이 국세조사의 신고사항이라고 했다. 1925년 간이국세조사 포스터는 그림3·4와 같이 두 개가 더 있다.

그림 3은 닭과 비슷하게 생긴 커다란 새와 한반도 지도를 그렸다. 새 꼬리에 조선총독부라고 썼다. 마치 조선총독부라는 큰 새가 조선이라는 알을 품어 새롭게 탄생시키는 듯한 모습을 연출했다. "국세조사, 10월 1일 오전 0시 현재"라고 적었다. 그림 4에서는 한복 입은 여성이 입간판을 들고 있는 모습을 그려 온화한 분위기를 연출했다.

국세조사란 "인구의 현재 수를 알아서 국가 사회의 실상을 알려는 것이 목적이기 때문에 일반인들은 안심하고 신고"하라고 했다. 그러나 "국세조사는 범죄 수사를 위한 것", 또는

그림 3 조선총독부, 《조선》(조선문) 93호, 1925년 7월, 도판

그림 4 《매일신보》 1925년 10월 1일

"국세조사는 세금을 매기기 위한 것"이라는 유언비어가 돌았다.[69] 세금과 관련한 유언비어는 국세國勢와 국세國稅의 발음이 같은 탓도 있었다.[70]

일제강점기 국세조사 가운데 1930년 국세조사가 가장 충실했다.[71] ① 씨명 또는 성명, ② 세대에서의 지위, ③ 남녀의 별(別), ④ 출생 연월일, ⑤ 배우의 관계, ⑥ 직업, ⑦ 출생지, ⑧ 민적 또는 국적, ⑨ 독서 정도(읽고 쓰는 정도). 이렇게 9개 항목을 조사했다.[72] '독서 정도'란 조선 사람으로서 일본어 아는 사람이 얼마이고 일본 사람으로서 한글을 아는 사람이 얼마인지를 파악하려는 것이었다.[73] 1930년 국세조사 포스터를 보자.

그림 5 《조선신문》 1930년 9월 7일; 《조선시보》
1930년 9월 4일; 《경성일보》 1930년 6월 12일

그림 5에 "올바른 신고는 백정百政의 기초"라는
표어가 있다. 이 밖에도 1930년 국세조사는 "밝은
정치는 올바른 신고에서", "국세조사는 치국治國의
정초定礎", "사실 신고는 국민의 의무" 등의 표어를
내걸었다.[74] 여러 방식으로 국세조사를 선전했다.
부채를 홍보물로 활용하기도 했다.

1930년 경성부에서는 둥근 부채 8만 개를 만들어 한
세대에 하나씩 나누어 주어 국세조사를 선전하기로
했다. "일어와 조선문으로 썼고 3가지 색깔로 만든
매우 아름다운 부채"라고 했다.[75] 그림 6은 둥근
부채의 도안이고 그림 7은 손잡이가 달린 실제
부채 모습이다. 부채 중앙에는 '일본제국 판도'인
일본·조선·대만 지도를 그렸다. "국세조사는
백정의 기초", "신고는 빠짐없이 있는 그대로."
그렇게 표어를 적었다. 9개 신고사항도 보인다.

1935년 10월 1일은
간이국세조사를 해야
하는 날이다. 국세조사의
기준일을 10월 1일로 한
까닭은 이때가 비교적
인구 이동이 적어서
조사하기 쉽다고
판단했기 때문이다.[76]
그런데 10월 1일은
'시정기념일'이기도 했다.
1935년 10월 1일은
"시정 25주년 기념일에

그림 6 부채 디자인, 《조선신문》 1930년
8월 8일

그림 7 부채 사진과 기사, 《경성일보》
1930년 8월 28일

해당하므로 국세조사의 취지를 더욱 철저하게 알려야 한다"라고 했다.[77] 시정기념일이란 어떤 날인지 잠깐 짚어 보자. 일제는 처음에 8월 29일 '병합기념일'에 축하 행사를 했다. 그러나 일제는 조선인들을 자극하는 '병합기념일' 대신에 총독정치를 기념하는 10월 1일을 기념일로 했다. 이날 모든 관청이 휴무했다. 은행과 회사 등도 업무를 쉬었다. "시정기념일은 실로 조선만의 특정 기념일이었다."[78] 선전에 더욱 신경을 썼던 1935년 간이국세조사 포스터를 보자.

그림 8 경성부, 《조선국세조사: 소화10년》, 1936, 도판

그림 8은 조선에 배포했던 1935년 간이국세조사 포스터 묶음이다. 중앙의 포스터는 신문에도 크게 실렸다. 그림 9를 보면 펜으로 신고사항을 쓰고 있는 손을 그렸다. 종이 위에 "신고사항 ① 씨명 또는 성명, ② 남녀의 별, ③ 출생 연월일, ④ 배우의 관계, ⑤ 상주지, ⑥ 민적 또는. 그렇게 적었다. "민적 또는 국적"이라고 써야 완성되지만, 포스터에서는 아직 '국적'이라는 단어를 쓰지 않아서 호기심을 자극한다. 그림 9에서 솔개가 두 날개를 펴고 있는 포스터는 국내 매체에서는 찾을 수 없다. 그러나 다음 포스터에서 그 모습을 자세하게 알 수 있다.

그림 9 《매일신보》 1935년 9월 15일

그림 10 일본 포스터(1935), 田島奈都子 編, 《明治·大正·昭初期日本
ポスター史大図鑑》, 國書刊行會, 2019, 310쪽

그림 11 1935년 국세조사 휘장, 조선총독부,
《조선국세조사보고: 소화10년 전선편 제3권,
결과표급기술보문》, 1939년, 부록 30쪽

그림 10은 일본 홋카이도에서
배포한 국세조사 포스터다. 그림
8 포스터와 그림 10 포스터는
똑같다. 이 솔개 이미지는 그림
11에서 보듯이 휘장에도 사용했다.
국세조사원이 직무를 할 때 이
휘장을 몸에 달도록 했다.[79] 1935년 국세조사에서도 여러 방식으로 선전했다.
그림 12는 셀룰로이드로 만든 '투명 포스터'다. "한 사람의 거짓은 만인의 실재를 죽인다"라고
적었다. 경성부는 이 포스터를 버스와 자동차의 앞창이나 유리 또는 상점의 쇼윈도에 붙여
사람들의 눈길을 끌었다.[80] 그림 13은 책갈피다. 경성부는 국세조사 선전용 책갈피를 만들어
초등학교 학생들에게 나누어 주었다. 들판에서 널뛰기하며 노는 여자아이를 그렸다. 지도
밑에 '국세조사'라고 적고 그 아래에 조사 기준 시점과 신고사항을 적었다. 학교 시간표도 함께
그려 넣어서 책갈피의 효용성을 높였다. 초등학생을 통해 각 가정에 국세조사를 홍보하려는
목적이었다. 국세조사 때마다 선전 수단으로 스탬프를 활용했다. 그림 14의 스탬프는 경성부의

그림 12 셀룰로이드 포스터, 경성부,
《조선국세조사: 소화10년》, 1936, 82쪽

그림 14 스탬프, 조선총독부 체신국 엮음,
《조선체신사업연혁사》, 1938, 52쪽

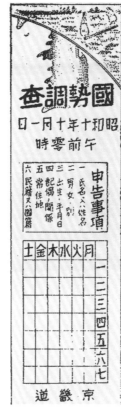

그림 13 책갈피, 경성부,
《조선국세조사: 소화10년》,
1936, 82쪽

지도 위에 종을 그렸다. 또한, 종소리의 파동을 시각화하여 선전의 효과를 높였다.

중일전쟁을 일으킨 일본은 전시 물자 확보에 온 힘을 기울였다. 일본은 1939년 8월 1일 국민들의 소비를 조사하는 '임시국세조사'를 했다. 조선에서도 똑같이 이를 실시했다. 이 조사는 그 이름만 '국세조사'이지 인구조사가 아니었다. 이 조사는 일본의 주요 도시에서 하던 '임시상업조사'를 뒤이은 상업 경영체 조사였다.[81] 그리하여 1939년 '임시국세조사'는 '물物의 국세조사'라고도 불렸다. 이 국세조사는 "소비생활을 조사하여 장기화하는 시국에 대처하도록 물자배급의 새로운 계획을 세우도록 하는 것"이 목표였다.[82] 물품 판매업을 하는 사람, 물품 판매 중개업을 하는 사람, 법인이나 조합, 기타 물품의 판매 또는 판매를 중개하는 사람, 요리점·음식점·여관업 등을 하는 사람은 신고해야 했다.[83] 상점 경영자 38만 4000명, 요리점·음식점·여관업 7만 2500명이 여기에 해당했다.[84] 이 '임시국세조사'는 물품을 사는 값과 파는 값 등도 조사했기 때문에 과세조사가 아닌가 하고 오해하는 일이 많았다.[85] 매체에 실린 임시국세조사 포스터는 찾지 못했다. 일본 교토에서 배포한 다음 포스터에서 '임시국세조사'의 선전 방향을 가늠할 수밖에 없다.

그림 15에서 임시국세조사란 "상점과 물物의 조사"라고 적었다. 1939년 임시국세조사와 관련된 식민지 조선의 이미지 자료로 그림 16과 같은 스탬프가 있다.

그림 15 일본 포스터(1939), 三好一,《日本のポスター: 明治大正 昭和》, 紫紅社, 2003, 193쪽

그림 16 스탬프,《매일신보》1939년 7월 28일

우편국에서는 엽서와 편지에 그림 16의 스탬프를 찍어 선전했다. 중앙에 '물物의 국세조사'라고 적었다. "도안은 쌀·보리·수레를 넣어 농공상農工商을 표현했다."[86] 1940년 10월 1일에 국세조사를 했다. 이 국세조사는 10년마다 실시하는 '본조사'로서 전쟁 냄새를 물씬 풍겼다. 일제는 중일전쟁이 길어지면서 인적자원 확보가 매우 중요하다고 여겼다. "낳아라 불려라, 나라를 위하여." 이것이 일제가 내건 구호였다.[87] "국력은 그 나라의 백성이 얼마나 늘고 있느냐 하는 것으로부터 측정해야 한다"라고 했다.[88] 따라서 1940년 국세조사는 "전시 인구의 상태를 잘 알 수 있도록 상세하고 정밀하게 조사"하려 했다.[89] 현역군인까지 포함하여 '전선과 총후'를 모두 조사하는 것이 1940년 국세조사의 가장 큰 특징이었다.[90]

총독부에서는 전 조선에 8만 명의 조사원을 배치하여 50호를 1조사구로 묶어 427만 호를 조사한다고 했다.[91] 신문은 국세조사 내용을 다음과 같이 보도했다.

10월 1일 현재의 남녀별 인구수를 조사하는 것은 물일이고 직업, 지식 정도, 노동능력을 면밀하게 조사하고 일본어를 이해하는 사람의 수요, 장정壯丁의 수효를 조사할 터인데, 종래에는 그리 중요하게 여기지 않던 부인들의 생산능력 즉, 자녀를 낳는 능력을 상세하게 조사할 것이라고 한다.[92]

1930년 '본조사' 국세조사에서는 9가지를 물었지만 1940년 '본조사' 국세조사에서는 35가지를 물었다. "어린아이는 몇이나 낳았으며 시집갈 처녀는 몇이나 있고 한 사람 몫으로 쌀은 얼마나 사는가. 일본어를 할 줄 아는 사람은 몇이나 되고 어느 학교를 졸업했는가." 그렇게 자세하게 조사했다.[93] 그러나 아쉽게도 1940년 국세조사 포스터는 찾을 수 없다.

일제는 1944년 5월 1일에 인구조사를 했다. 일제는 왜 전황이 급박한 상황에서 갑자기 인구조사를 했을까. 먼저 포스터를 보자.

그림 17은 경성부에서 배포한 1944년 인구조사 포스터다. 기준 시점이 5월 1일 0시라는 것과 "신고는 정확하게 있는 그대로"라는 표어를 적었다. 총검을 든 군인과 남성이 없는 가정을 그렸다. 이 가정의 남성이 전선에 나갔음을 뜻한다. 1944년 인구조사는 "전시의 요청에 대응하는 것이기 때문에 예전의 국세조사보다 훨씬 큰 사명을 가진 것"이라고 했다.[94] 이 인구조사는 ① 주소와 본적, ② 성명, ③ 남녀성별, ④ 출생 연월일, ⑤ 배우자의 유무, ⑥ 소속된 산업 또는 직업이나 특수기능, ⑦ 종업從業상의 지위, ⑧ 병역 관계, ⑨ 민적 또는 국적, ⑩ 학력 등 10개 항을 조사했다.[95] 5년마다 실시하는 국세조사보다 오히려 임시인구조사가 더 상세했다.

그림 17 《경성일보》 1944년 4월 25일

이 인구조사는 징병제 실시와 관련이 깊었다. 또한, 이 조사로 전력 증강과 생활필수품 배급 계획을 세우는 데 필요한 기초자료를 얻고자 했다.[96] "인구의 이동이 심하여 신뢰할 수 있는 자료가 없어서 자원조사법에 따라 인구조사를 한다"라고 했다.[97] 〈자원조사법〉이란 1929년에 공포된 것으로 대공황을 맞이하여 인적·물적 자원을 자주 조사하려고 만든 법이었다. 갑자기 오래된 그 법을 들먹이며 인구조사를 한 까닭은 무엇일까. 징병·징용·노무자·여자정신대가 될 '인적자원'이 얼마나 있으며 어떻게 거주하는지를 파악하려는 목적이었다.[98] 신문에서는 "1944년 인구조사란 국민 전체를 전투배치하려고 점호를 하는 것"이라고 했다.[99] '전투배치를 위한 국민 점호', 이 규정은 1944년 인구조사의 핵심을 정확하게 짚었다.

일제는 간이국세조사를 해야 하는 1945년에도 국세조사를 하지 않고 5월에 인구조사를 할 것이라고 했다.[100] 그러나 패전이 눈앞에 닥친 일제는 계획했던 인구조사를 하지 못했다.

불우이웃 돕기:
'동정同情'

크리스마스쯤에 구세군이나 기독교단체에서 '불우이웃 돕기'를 했다. 구세군의 '자선냄비'는
1928년 이 땅에서 첫선을 보였다. '자선냄비' 옆에서 땡그랑 땡그랑 요령을 흔들고 있는 남자
구세군은 붉은 테를 두른 모자에 회색 두루마기를 입었다. 여자 구세군은 검정 치마에 흰
저고리를 입었다. 모두 가슴에 구세군이라는 글자를 새겼다. "자선냄비에 돈을 넣어 주십시오.
1전도 좋고 2전도 좋습니다. 그 돈으로 추위에 떨고 배고파 하는 가련한 사람들에게 따뜻한
밥 한 그릇이나마 대접하려는 것입니다."[01] 그들은 길을 걷는 사람들에게 그렇게 '동정'을
호소했다.

'동정'을 전면에 내건 단체는 중앙기독교청년회였다. 1927년 연말부터 종로에 있는
중앙기독교청년회가 '동정사업'을 했다. 동정 메달 5만 개를 만들어 일반인에게 팔아 그
수입으로 가난한 사람을 돕겠다고 했다. 회원들이 시장과 거리, 요리점 등을 돌며 메달을
팔았다. 메달을 산 사람에게는 메달을 가슴에 달도록 부탁했다. "언 손도 서로 쥐면 녹습니다.

그림 1 《매일신보》 1928년 12월
13일

그림 2 《동아일보》 1929년 12월
18일

눈물도 함께 흘리면 위안이
됩니다"[02]라는 글을 넣은
포스터와 전단도 만들었다.
중앙기독청년회는 해마다 연말
동정주간에 포스터를 만들었다.
그 포스터는 한결같이 가운데에
동정 메달을 그려 넣고 문안만
조금씩 바꾸었다.
그림 1·2 포스터는 헐벗고
굶주린 사람들에게 '동정'을
보내 줄 것을 호소했다.
'동정'이라는 말은 예전부터

있었지만, 조선어에서 'sympathy'에 대응하는 단어로 쓰이기 시작한 '동정'은 일본에서, 더 근원적으로는 서구에서 들어온 개념이었다.[103] 1920년대에는 '동정'이라는 말이 감정을 나타내는 명사 가운데 가장 널리 쓰였다. '동정'이라는 말은 단순히 불쌍하게 여긴다는 뜻을 넘어 도덕적인 가치 판단이 개입된 말이었다.[104] 개인적인 고통을 사회화한 것이기도 했다.[105] 이 동정이라는 말은 연민이나 공감을 뜻했지만, 때로는 아나키즘의 상호부조론의 영향을 받기도 했다.[106]

신문에서는 구세군의 자선냄비와 중앙기독청년회의 동정 메달 판매자를 일컬어 '거리에 나타난 빈민의 천사'라고 했다.[107] 그러나 동정 메달 판매를 곱지 않게 보는 사람도 있었다. 남의 돈으로 자기 자선사업을 하는 것이 보기 싫다고 했다.[108]

그림 1·2의 동정 메달에는 어떤 뜻이 담겨 있을까. 헐벗은 어린이를 형상화한 듯하다. 그러나 이 도안은 다음 포스터에서 보듯이 국제적인 맥락이 있다.

그림 3 미국 포스터, 조선사회사업협회, 《조선사회사업》
1930년 2월, 도판

그림 4 사진, 1924 Cleveland Community
Fund의 핀 배지 버튼Pin Badge Button

그림 3은 일제 관변잡지에 실렸다. 미국 오하이오주 클리블랜드에서 만든 "자선합시다"라는 포스터다. 그림 3 오른쪽 아래에 있는 배지를 확대해서 보면 클리블랜드라는 글자가 보인다. 이 포스터에 10회 지역 재단(Community Fund) 캠페인이라고 적었다. 클리블랜드 지역 재단은 1914년에 설립되었으니 그림 3은 1920년대 중반의 포스터일 것이다. 식민지 조선의 '동정 메달'도 그림 4와 디자인이 똑같다. 중앙기독청년회와 클리블랜드 지역 재단의 관계를 추측해 볼 수는 있지만, 자세한 내용은 알 수 없다.

1932년에 중앙기독청년회는 메달을 판매한 돈을 경찰로 보내더니 1933년에는 동정 메달을 파는 것을 그만두었다. 그 대신 헌 옷 등 '동정 물품'을 받아 양로원과 고아원 등에 보냈다.[109] 이해를 마지막으로 중앙기독청년회의 동정사업은 신문 기사에서 사라졌다. 왜 그랬을까. 1933년부터 경성에서 동정사업의 주도권은 일제 당국으로 넘어갔기 때문이다. 경성부 방면위원회와 경성 교화단체연합회가 주최하여 극빈자를 위한 '세말동정주간'을 실시하기 시작했다.[110]

방면위원회제도를 짚어 보자. 방면위원제도는 식민 당국이 도시의 빈민문제를 다루려고 조선에 도입한 사회사업이었다. 도시를 구역별로 나누고 구역마다 방면위원을 두어 그들에게 빈민들을 관리하도록 했다. 지역 사회에서 지배력을 가진 인물 가운데 일제의 식민정책을 실천할 수 있는 사람을 방면위원으로 뽑았다.[111] 본디 방면위원제도는 일본에서 1918년 '쌀소동'이 일어났을 때 도시 빈민의 생활을 조사하고 관리하려고 만든 제도였다. 조선에서는 1927년에 경성에 처음 도입했다. 1930년대 초중반이 되면 부산, 평양, 대구 등 여러 도시에도 방면위원회를 만들었다.[112]

1933년부터 시작한 '세말동정주간'은 경성부로서는 따로 비용을 들이지 않고서도 방면위원회 활동을 선전하기에 좋은 프로그램이었다.[113] 방면위원회는 '세말동정주간'에 경성의 세민細民에게 물품을 나누어 주는 행사를 했다. 그럴 때면 '시국 선전'도 곁들이곤 했다.[114] 어찌 되었든 '동정'은 불우이웃돕기를 뜻하는 사회적 언어였다. 다음 '연극 음악의 밤' 포스터에도 '동정'이 등장한다.

그림 5 《조선일보》 1934년 8월 17일　　그림 6 《동아일보》 1937년 12월 17일

1934년 여름에 충청·전라·경상도에 큰비가 내렸다. 1924년 '을축년 대홍수' 못지않은
수재水災였다.[115] 전국에서 수재민을 돕는 손길이 이어졌다. 의연금을 모으려고 여러 곳에서
'동정 음악회' 등을 열었다.[116] 자선·기부 문화는 근대적 현상이었다. 전국에서 수해 의연금이
모인 데는 신문과 잡지 등의 출판물과 미디어의 힘이 작용했다.[117] 그림 5는 일본에서도 수해
의연금을 전달했다는 것을 보여 준다. 이 포스터는 도쿄에 있는 재일 조선인 극단에서 공연한
'남선 수재水災 동정' 연극과 음악의 밤을 알린다.[118] 물에 잠긴 마을과 망연자실한 수재민을
그렸다.

이제 총독부가 주도했던 '세말동정주간' 포스터를 보자.

그림 6은 경성부 사회과에서 배포한 '세말동정주간' 포스터다. 사회과는 사회사업에
관한 사무를 관장하는 조직이다. 봉투를 주고받는 모습을 그림으로 표현했다. 봉투에는
"세말동정주간 금품 접수, 사회과"라고 적었다. 동정주간 때 사회과에 금품을 기부하라는
뜻이다. '동정금' 받는 곳을 포스터 아래쪽에 썼다. 사회과만이 아니라 경찰서와 방면위원회도
동정금을 받았다.[119] 1937년부터 동정금을 넣는 주머니를 각 가정으로 보내 '의연금'을
모집했다. 자발적 동정이 아닌 강요였다.[120] 그림 7은 그 '동정대同情袋' 사진이다.

식민 권력은 '동정 문화'가 상황에 따라 일제 지배에 바람직하지 않은 방향으로 흐르는
것을 경계했다. 1930년대 초까지 동정을 둘러싸고 식민 권력과 종교단체 또는 사회단체가
경합했지만,[121] 마침내 식민 권력이 동정 문화를 체제 안으로 흡수했다. 식민 권력은 동정금
모금 예상액을 정하고 각 가정에서 그 액수를 채우기를 바랐다. 전시체제기에는 저축 목표액
액수를 채워야 하고 채권을 사야 했으며 국방헌금도 내야 했다. 동정주간이 되면 동정금이
부담스러웠다. 관련 단체에서는 "총후 인적자원을 확보하는 데 필요한 것임을 알아서
동정금을 기꺼이 내라"라고 독촉했다.[122] 식민 권력이 독차지한 동정문화에서는 자발성이 크게
훼손되었고, 대항문화의 성격이 완전히 사라졌다. 동정사업뿐만 아니라 1930년대의 구제
활동과 자선 활동 모두가 그러했다.[123]

동정주간은 식민지 조선에서만 있었던 것은 아니다. 만주를 보자.

그림 8은 1939년 만주의 세말동정주간 포스터다. 관련 기사에 따르면, 동정운동은 만주
적십자사와 사회사업연합회 같은 관제 조직이 앞장섰다.[124] 포스터에서는 헐벗고 추위에 떠는
빈민이 동정을 바라는 손을 내밀고 있다.

일제는 나름대로 식민지에서 '사회사업'을 했다. 그러나 될 수 있으면 국가재정을 적게
쓰면서도 식민 통치의 정당성을 선전하고 '사회교화'의 효과를 거두려 했다. 조선총독부는
그 방안으로 자산가들의 협력을 요청하거나 민간을 동원했다. 일제의 사회사업은 '사회를
위한 것' 또는 '공공을 위한 것'이라기보다는 '질서를 유지하기 위한 것' 또는 사람들을 '국가에
협력하게 만드는 것'이었다.[125] 일제 식민 당국은 경제적 착취와 군사적 동원 못지않게 조선인의 삶을 관리하고 보호해야 했다.[126] 권력과 관계없는 '순수한 구민'이나 사회복지 같은 것은 없다. 결국 복지의 역사란 사람들을 효율적인 노동자와 군인으로 만들고 사회적 갈등을 예방하기 위해 그들의 삶을 부양했던 역사다.[127]

그림 7 '동정대' 사진, 《매일신보》
1937년 12월 3일

그림 8 《만선일보》 1939년 12월
15일

국가를 위한 체육:
체육데이와 체육대회

'근대적 신체'의 특징 가운데 하나는 신체가 국가권력의 정밀한 관리와 검사 대상이 되며 좋은 신체와 건강은 훈련으로 육성될 수 있다고 하는 것, 즉 '체육'이라는 개념이 일반화했다는 사실이다.[128] 체육데이는 그러한 체육개념을 확산하려는 국가 이벤트로 탄생했다. 제1회 체육데이는 1924년 11월 3일부터 시행했다. 체육데이는 일본 문부성이 기획했고, 일본과 식민지 조선에서 동시에 진행했다. "일본 본토뿐만 아니라 멀리 사할린과 홋카이도에서부터 조선이나 만주 등의 각지에 이르기까지 '거국일치·관민합동'의 큰 행사였다."[129] 일본 문부성은 체육데이가 체육을 국민에게 보급하는 데 큰 효과가 있을 것이라고 기대했다. 체육데이는 단순히 운동경기를 장려하려는 것이 아니라 정신적인

그림 1 《조선신문》 1924년 11월 3일

측면을 중요하게 여겼다. 체육데이를 계기로 '체육의 국민화와 사회화', 그리고 '운동의 교육화와 체육화'를 이루어야 한다고 했다.[130] 신문 기사에서도 "운동회 같은 경기만으로 그칠 것이 아니라 건강한 신체와 강건한 정신을 함양하여 국가 존립과 민중 행복을 꾀하는 것"이 체육데이의 목표라고 했다.[131]

일본 문부성에 따르면, "식민지 조선에서도 제1회 체육데이인 1924년 11월 3일에 거의 모든 학교에서 체육데이 취지를 관철하려고 노력했다."

그림 1은 1924년에 경성부에서 주최한 제1회 체육데이 포스터다. 큰 종과 결승 테이프를 끊는 육상 선수를 그렸다. 체육데이 행사는 민간의 스포츠 활동이 아닌 관변행사 성격이 강했다.[132]

1925년 제2회 경성부 체육데이는 갓 지은 경성운동장에서 열렸다. 경성운동장은 조선시대에 군사훈련을 하던

훈련원 연못 터에 들어섰다. 종합경기장에 걸맞게 육상경기장을 비롯하여 야구장, 정구장, 경성 풀장을 갖추었다.[133] 1925년 10월 15일, 조선신궁에 신상을 안치하는 의식인 '조선신궁 진좌제'에 맞추어 경성운동장 개장식을 했다. 그리고 경성운동장에서 10월 17일과 18일 이틀 동안 제1회 조선신궁경기대회를 열었다.[134] 그 뒤부터 경성운동장에서 여러 체육대회와 온갖 행사를 했다. 해방 뒤에 경성운동장은 서울운동장으로, 다시 동대문운동장으로 이름을 바꾸었고 2007년에 철거됐다.[135]

식민지 조선에서 체육데이는 1926년 제3회부터 10월 1일로 날짜를 바꾸었다. 그러나 일본에서는 체육데이가 여전히 11월 3일이었다. 조선은 일본과 기후가 달라 체육데이 날짜를 옮겼다고 했다.[136] 일본에서는 1933년부터 각 지역의 사정에 따라 체육데이 행사를 하라고 했는데, 조선에서는 이미 1926년부터 '문부성의 체육데이'에서 벗어났다. 왜 그랬을까. 거기에는 "체육데이를 10월 1일 시정기념일에 맞추려는 의도가 있다"라고 주장하는 연구가 있다.[137] 10월 1일 시정기념일은 조선총독부가 관제를 만들고 정식으로 출범한 날이었다.[138] 체육대회 날짜를 10월 1일로 적은 포스터를 보자.

그림 2는 1928년 경성부가 주최하는 제5회 체육데이 포스터다. 10월 1일에 경성운동장에서 대회를 열고 야구, 정구, 육상경기를 한다는 것과 경성부 사회관에서 체육 영화를 상영한다는 것을 적었다. 그러나 학생들의 연합체조 등은 포스터에 적지 않았다.[139]

중일전쟁 뒤에는 체육데이에 '전시색'이 감돌았다.[140] "종래에는 학생과 생도, 그리고 각 경기단체에 등록된 선수 중심이었던 것을 폐지하고 이제 일반 부민의 체위 향상을 목표로 한다"라고 했다. 이에 따라 부민 연합

그림 2 《경성일보》 1928년 9월 15일; 《매일신보》 1928년 9월 17일

라디오체조 등을 했다.[141] 체육데이 행사 때는 국가합창, 국기게양, 황거요배, 순국 영령에 내한 묵도, 황국신민서사 등의 황국신민 의례를 치렀다.[142] 1940년 10월 1일 시정기념일 때에는 체육데이 기사가 신문에 실리지 않았다. 그 대신 징병제에 대비하려면 조선인의 신체를 군사적으로 '연성鍊成'해야 한다는 것을 강조했다.[143] 이때 연성이란 '연마육성鍊磨育成'을 줄여 쓴 말이다.

1941년 체육데이는 "국방력을 강화하기 위해 튼튼한 신체와 굳건한 정신력을 기르도록 체육을 반성하는 날"이었다.[144] 1941년 체육데이는 "국책에 순응하여 국민 체력을 강화하는 날"로 삼았다.[145] 1942년 경성부 체육데이는 "남녀노소 가릴 것 없이 모든 부민이 걷기 훈련을 하는 날"로 정했다.[146] 이처럼 전쟁이 격화하면서 체육데이는 '연성'으로 전환했다. 이제 조선인은 시정기념일의 체육데이에 참가하는 것이 아니라 시정기념일의 '연성'에 동원되었다.[147]

1925년에 개장한 경성운동장에서 첫 행사로 제1회 '조선신궁경기대회'를 열었다는 것을 앞에서도 말했다. 제1회 조선신궁경기대회에서는 육상, 야구, 정구, 농구, 배구의 5종목을 겨루었으며 전국에서 선수가 모였다.[148] 일제는 1925년 10월에 '조선신궁진좌제'와 경성운동장 개장 그리고 '조선신궁경기대회'를 하나로 묶어서 식민 지배 이벤트를 연출했다. 전국체육대회 성격을 지닌 조선신궁체육대회는 1925년에서 1944년까지 20회 열렸다. 그동안에

'조선신궁경기대회', '조선신궁봉찬체육대회', '조선신궁국민연성대회' 등으로 이름을 바꾸어 진행했다.[149] 먼저 '조선신궁경기대회' 포스터를 보자.

그림 3은 1928년에 열린 제4회 '조선신궁경기대회' 포스터다. 10월 13일에서 17일까지 5일 동안 경성운동장에서 경기한다고 했다. 결승 테이프를 끊는 육상 선수를 그렸다. 그러나 이 대회에서도 체조를 중요하게 여겼다. 조선신궁체육대회에서는 언제나 대규모의 연합체조나 매스게임을 했다. 매스게임은 신체의 단련, 집단정신의 배양과 함께 때때로 외부에 선전하는 역할도 했다.[150]

그림 3 《조선신문》 1928년 10월 9일

'조선신궁경기대회'는 1933년부터 '조선신궁봉찬체육대회'로 이름을 바꾸었다. '봉찬奉贊'이라는 말을 넣은 것은 "반도의 수호신인 메이지 대제를 모신다는 의미를 더욱 명확하게 하려는 뜻"이었다.[51] 이제 '조선신궁봉찬체육대회' 포스터를 보자. 그림 4는 1938년 제14회 '조선신궁봉찬체육대회' 포스터이고 그림 5는 1941년 제17회 '조선신궁봉찬체육대회' 포스터다. 그림 4는 럭비선수들 가운데에 일장기를 큼지막하게 배치해서 국가주의 체육을 강조했다. 그림 5만으로는 제17회 대회의 성격을 파악하기 어렵다. 이 포스터와 함께 실린 《경성일보》 기사를 참조하자. 기사를 간추리면 다음과 같다.

그림 4 《경성일보》 1938년 9월 29일

제17회 조선신궁봉찬체육대회는 21일 오후 3시 참가 전원 1만여 명이 총독부에 모여 조선신궁 참배식으로 나아가는 체육 행진을 하여 임전하 반도 최고의 체전을 개막하였다. 뒤이어 22일 오전 9시부터 경성운동장에서 개회식을 했다. 10시에 국방경기를 열고 18개 종목의 단련 경기를 26일까지 5일 동안 했다. 전력 증강의 힘과 정열로 1만 6300명 젊은이들의 힘찬 운동이 신궁대전에 봉납奉納되었다. 반도 2400만 민중이 끊임없이 체력을 단련하여 반도의 수호신인 조선신궁에 봉납하고 체력봉공의 의지를 다졌다. 이 가운데 황국신민의 긍지와 자각을 파악하는 정신적 수확을 거둔 것이 이 대회의 의의이다.[52]

그림 5 《경성일보》 1941년 10월 21일

이 기사에서 보듯이 '조선신궁봉찬체육대회'는 '체력봉공', 즉 "체력을 키워 나라에 봉사"하는 대회이자 황국신민을 육성하는 대회였다. 전시체제기에 건강보국, 체력봉공이라는 '일본제 한자'가 체육계를 휩쓸었다.[53] 다음 포스터와 참고 그림은 '체력봉공'의 이미지를 잘 보여 준다.

그림 6 《매일신보》 1942년 9월 23일

그림 7 일본 포스터(1937), 並木誠士·和田積希 編著,
《日本のポスター: 京都工芸繊維大学美術工芸資料館デザイ
ンコレクション》, 青幻舎, 2018, 245쪽

그림 6은 1942년 제18회 '조선신궁봉찬체육대회' 포스터다. 우람한 체격의 남성이 일장기를
움켜잡고 결의에 찬 모습으로 위를 쳐다본다. 강력한 체력으로 훌륭한 전사가 되거나 열심히
일해서 '봉공'하라는 메시지를 전한다. 1942년에 배포한 그림 6은 이미 1937년에 나왔던 그림
7의 일본 포스터를 그대로 본떴다. 그림 6에서 '조선체육진흥회'가 '조선신궁봉찬체육대회'를
주관한다고 적었다. '조선체육진흥회'는 그림 4와 그림 5에 보이는 '조선체육협회'를 더욱
군국주의에 맞게 바꾼 단체였다. '조선체육진흥회'는 일제 말기 체육 분야에서 황국신민화에
앞장서고 '국방체육'을 추진하는 유일한 기관이 되었다. 이제 조선에서는 진정한 의미의 체육은
사라지고 오로지 전쟁 준비를 위한 체력증강과 전투훈련만이 남았다.[154]
앞에서 제17회와 제18회의 포스터를 통해 '조선신궁봉찬체육대회'의 군사적 성격을 보았지만,
이미 1939년에 열린 제15회 대회부터 '전력 증강'을 위한 대회로 바뀌기 시작했다. 제15회
'조선신궁봉찬체육대회'에서는 육상경기 종목에 수류탄 던지기나 중량 운반 계주 등을 넣었다.

1940년 16회 대회에서는 이 같은 종목을 아예 육상경기에서 분리하여 '국방경기'로 이름 붙여 실시했다. 그 대회 개회식에서 시오바라 도키사부로鹽原時三郞 학무국장은 "체육의 진정한 목적은 일본정신을 투철하게 하는 것이며 국가 전략의 증강에 이바지하는 것이어야 한다"라고 했다.[155]

조선신궁체육대회를 명확하게 알려면 일본의 메이지신궁체육대회도 함께 보아야 한다. 왜냐하면 일본의 체육정책이 식민지 조선에도 적용되었을 뿐만 아니라, 조선신궁체육대회는 메이지신궁체육대회의 지방 예선 대회였기 때문이다. 이제 간략하게 메이지신궁체육대회의 성격을 짚어 보자.

메이지신궁체육대회는 "일본 유일의 종합 체육대회"로서[156] 학생, 청년단, 남녀 일반인, 군인 등이 참여했다. 일본은 1924년 10월 말 메이지신궁 외원경기장外苑競技場을 개장한 기념으로 '메이지신궁경기대회'를 열었다. 국민의 신체를 단련하고 '정신작흥精神作興'을 목적으로 한다고 했다. 그러나 '메이지신궁경기대회'에는 메이지신궁이라는 공간과 체육대회라는 행사를 통해서 천황제 이데올로기를 확산하고 국민통합을 꾀하겠다는 의도가 있었다.[157]

메이지신궁체육대회는 체육을 통해서 '국민 만들기'와 신체 관리정책을 실행했던 제국 일본의 대표 이벤트였다.[158] 메이지신궁체육대회는 제국주의시대의 상황과 일본 국내의 상황을 그대로 반영했다. 조선·대만·만주 등의 식민지와 점령지에서도 참여한다는 점에서 식민지 통치정책 가운데 하나이기도 했다.[159]

메이지신궁체육대회란 메이지 천황의 탄생을 기념하는 메이지절(11월 3일) 무렵에 열린 종합경기대회였다. 1924년부터 1943년까지 모두 14회 열렸다. 처음에는 '메이지신궁경기대회'(내무성 주최)라고 했지만, '메이지신궁체육대회'(메이지신궁체육회 주최), '메이지신궁국민체육대회'(후생성 주최), '메이지신궁연성대회鍊成大會'(후생성 주최) 등으로 이름과 주최를 바꾸어 진행했다.[160] 이름과 주최를 바꾸었다는 것은 대회의 성격도 바꾸었다는 것을 뜻한다. 전쟁이 그러한 변화를 일으킨 주요한 원인이었다. '경기'에서 '체육'으로, '국민체육'에서 '국민연성'으로 이름을 바꾼 것은 체육을 국가주의적으로 재편하는 과정을 보여 준다. 체육과 스포츠가 '연성'으로 바뀌면서 전쟁과 더욱 깊게 연결되었다.[161]

1937년 중일전쟁을 일으킨 일제는 모든 자원을 전쟁으로 집중하는 '총동원체제'를 확립했다. 그 무렵 병력과 노동력을 제공할 국민의 신체를 국가가 관리하고 규율하는 여러 정책을 시행했다. '메이지신궁체육대회'도 '메이지신궁국민체육대회'로 이름을 바꾸면서 그러한 정책을

그림 8 《경성일보》 1940년 10월 26일

그림 9 《경성일보》 1941년 10월 31일

반영했다.[162] 다음 포스터를 보자.

그림 8은 제11회 메이지신궁국민체육대회 포스터다. '진지감투眞摯敢鬪'라는 표어를 적었다. 진지하고 용감하게 싸우라는 뜻이다. 총을 들고 달리기 시합을 하는 사진을 이용한 듯하다. '행군경주'를 하는 모습일 것이다. 메이지신궁대회에서 제10회(1939)와 제11회(1940)를 기점으로 총검도, 국방경기, 자전거, 활공훈련 등의 종목이 등장했다. 총검도는 전투 능력을 양성하기 위한 것이었다. 국방경기란 견인경주, 수류탄 투척과 돌격, 흙부대 운반경주, 행군경주 등 전쟁에 필요한 체력과 전투기술을 겨루는 경기였다. 자전거는 체력을 키우는 데 도움이 될 뿐만 아니라 전쟁에서도 활용할 수 있었기에 장려했다.[163] '메이지신궁국민체육대회'는 "경기장은 전장戰場으로 통한다"라면서 국방경기를 중요하게 여겼다.[164]

그림 9는 1941년 제12회 '메이지신궁국민체육대회' 포스터다. '수류탄 던지기'를 하는 모습을 그린 듯하다. 이 디자인은 '메이지신궁국민체육대회' 참가장參加章에도 그대로 사용했다.[165] 그림 9는 '체력봉공'을 전면에 내걸었다. 체력봉공이란 "강건한 체력으로 훌륭하게 황국을 위해 일할 수 있게끔 체위를 향상하자는 결의를 나타내는 말"이었다.[166]

전시체제기에 일본의 메이지신궁국민체육대회는 '국방체육'을 강조했다. "전시의 체육은 단순히 건강과 취미만이 아니라 전력 증강에 목표를 두어야 한다"라는 체육의 군사화정책이었다. 그것은 조선신궁체육대회도 똑같았다. 일제강점기에 '국가주의적' 체육대회만 있었던 것은 아니다. 전시체제기 이전에는 여러 스포츠가 활발했다. 신문사 등이 주최하는 스포츠 경기와 체육단체가 주관하는 여러 대회가 자주 열렸다. 매체는 그것을 알리는 다음과 같은 포스터와 전단을 실었다.

그림 11 《조선일보》 1938년 4월 5일

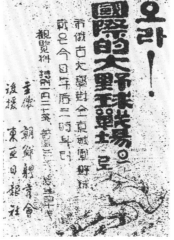

그림 10 《경성일보》 1930년 8월 20일

그림 12 전단, 《동아일보》 1925년 10월 29일

스포츠에는 승패를 가르는 경쟁이 있어서 사람들이 더욱 흥미를 느꼈다. 야구와
축구 경기는 꽤 많은 입장료 수입을 올릴 만큼 인기가 높았다. 스포츠는 근대 문화의
상징처럼 되었고, 스포츠를 즐기는 남녀의 모습이 새로운 풍속으로 자리 잡았다.[167]
이러한 '자유주의적' 스포츠는 전시체제기가 되면서 억압당했다.

결핵에 맞선 실seal:
크리스마스실

최인훈이 쓴 《크리스마스 캐럴》이라는 연작소설은 1950~1960년대 한국 사회에서
크리스마스가 풍속으로 자리잡는 과정을 문제 삼았다. 그 소설 가운데 크리스마스 때 들떠
있는 사람들을 가리켜 "남의 제사에 가서 곡을 하는 것과 같다"라고 비판하는 구절이 있다.[168]
'남의 명절'이었던 크리스마스가 한국에서 어떻게 축제 날이 되었을까. 얼핏 미군정을 떠올릴
수 있겠다. 성탄절이 미군정 체제에서 공휴일로 지정되었기 때문이다. 이때 기독교 인사는
권력의 자리에 올랐으며 크리스마스 축하는 친미의 상징이었다.[169] 크리스마스는 미군정의
뒤를 이어 이승만 정권기인 1949년에 정식으로 공휴일이 되어 새로운 명절로 굳게 자리
잡았다. 그러나 이미 일제강점기에 '크리스마스 문화'가 기독교인뿐만 아니라 일반 대중에게도
번져 가고 있었다.

근대 크리스마스는 1830년대에 영국에서 잉태되고 미국에서 성장했다. 이어서 미국의
크리스마스가 유럽을 비롯한 전 세계로 퍼져나갔다.[170] 근대 크리스마스는 도시 중간계급의
발명품이었으며, 회계연도 끝에 자리한 자본의 '추수감사절'이었다.[171] 한국의 경우, 1890년대
후반 교회에서 크리스마스 행사를 했지만, 1920년대까지만 해도 크리스마스는 낯선 서양
풍속이었다.[172] 상업계는 그와 달랐다. 일본 자본은 1910년대 후반부터 산타클로스가 등장하는
광고를 실어 크리스마스 때 선물을 주고받는 문화를 전파했다. 그렇게 크리스마스는 자본의
상술과 함께 이 땅에 뿌리를 내리기 시작했다. 시간이 흐를수록 산타클로스 광고가 늘어났다.
신문에서는 "크리스마스가 기독교인의 손에서 상인의 손으로 넘어갔다"라고 적었다.[173]
1930년대가 되면 크리스마스는 상업문화와 긴밀하게 결합했다. 신문과 잡지에서는
크리스마스 선물로 무엇이 좋은지를 소개하는 글을 싣곤 했다. 백화점은 크리스마스에
맞추어 쇼윈도를 새롭게 꾸몄다. 요릿집과 카페 앞에도 크리스마스트리가 나타났다.[174]
카페에서는 '크리스마스 티켓'을 팔아 한몫 잡으려 했다.[175] 분위기가 그러하니 크리스마스를
핑계 삼아 쇼핑하거나 고급 술집에서 연말 분위기를 즐기는 사람이 생겨났다. 그러나 1937년
중일전쟁이 일어난 뒤부터 크리스마스가 수그러들었다. 성탄 축하회를 하지 말라는 정부

방침 때문이었다.[176] 주고받는 선물 대신 전쟁터에 있는 군인에게 위문대를 보내자고 했다.[177]
신문에서는 재치 있게도 "이제부터는 산타클로스는 오지 않는다"라고 적었다.[178] 하기야
가난했던 식민지 대중에게는 어차피 산타클로스는 오지 않았다. 크리스마스 때 장난감을
선물받았던 어린이가 도대체 몇이었겠는가. 다음의 '그림동요'를 보자.

그림 1 그림동요, 《동아일보》 1930년 12월 25일

그림 1은 전봉제(1909~1996)가 그린 그림동요다.
그림동요란 동요 한 편에 그림 하나를 묶은
작품이다.[179] 선물 보따리를 맨 산타클로스
할아버지는 가난한 집을 그냥 지나친다. 이 그림과
함께 전봉제는 가난한 집 "문틈으로 찬 눈만
들어온다"라는 내용의 동요를 썼다.
'대동아전쟁'이 일어났을 때는 "영미문화를
박멸하자"라는 사회 분위기 속에서 크리스마스를
완전히 잊어야만 했다. 그 무렵 '자숙 통고'는
살벌했다. 교회에서도 전시뉴스를 상영하는 등 '신판
성탄제'를 치렀다.[180]
크리스마스 하면, '크리스마스실'을 빠뜨릴 수 없다.
크리스마스실은 덴마크 우체국장이었던 아이날
홀벨Einar Hollboell(1865~1927)이 우표와 비슷하게
만들어 결핵 기금을 마련한 것에서 비롯되었다. 홀벨은 우편물에 소액의 '실seal'을 붙이도록
하면 그 판매대금으로 결핵에 걸린 수많은 어린이를 구할 수 있다고 생각했다. 그의 제안에
따라 덴마크에서 1904년 12월 10일에 최초로 '실'을 만들었다. 크리스마스실운동은 세계
곳곳으로 퍼졌다. 미국은 1907년에, 아시아에서는 1910년에 필리핀이 처음 시작했다.
일본에서는 1924년에 실을 발행했다.[181] 크리스마스실은 자금 모집과 결핵에 대한 계몽을
동시에 할 수 있는 사업이었다.[182]
이 땅에서는 셔우드 홀Sherwood Hall(1893~1991) 박사가 결핵 기금을 확보하려고 1932년 12월
3일에 처음으로 크리스마스실을 만들었다. 그는 평양에서 맨 처음 평양기독병원을 개설한
윌리엄 홀William James Hall(1860~1894)의 아들이다. 홀 박사는 우리나라에서 태어난 최초의

외국인이었다.[183] 홀 박사는 미국 감리회 의료선교사가 되어 '고향' 한국에 돌아와서 구세병원과 해주구세의료원을 운영했다.[184] 1928년에 세운 해주구세의료원은 한국 최초의 결핵 전문 요양병원이었다.[185]

홀이 만든 첫 번째 크리스마스실의 도안은 거북선이었지만, "일본의 침략을 무찌른 표상"이기 때문에 일본이 허락하지 않아서 남대문으로 도안을 바꾸었다.[186] 크리스마스실은 병원, 교회, 학교 또는 개인을 통해서 판매했다.[187]

일제강점기 신문에는 크리스마스실 포스터가 3개 실려 있다. 신문은 아무런 해설기사 없이 1934년 포스터를 신문 한 귀퉁이에 실었다.

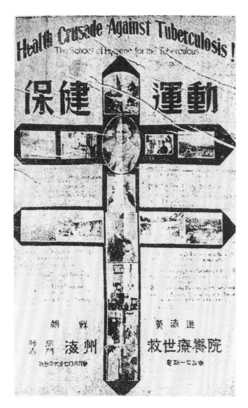

그림 2 《조선중앙일보》 1934년 12월 21일

그림 2에서 영어로 "폐결핵에 맞선 건강운동"이라고 썼다. 한자로는 보건운동保健運動이라고 적었다. 복십자 안에 해주구세요양원 시설과 인물 사진을 넣었다. 영어로 쓴 작은 글씨는 알아볼 수 없지만, 이 포스터가 외국인도 선전 대상으로 삼았음을 알려 준다. 그림 2에는 크리스마스실에 관한 내용이 없는 것으로 보아 해주구세요양원 홍보 포스터인 듯하다.

1934년 크리스마스실 포스터로는 다음과 같은 '현존 자료'가 있다.

그림 3 보건 포스터, 국립민속박물관 소장

그림 4 소형 포스터(1935), 신동규, <일제침략기
해주구세요양원의 결핵관련 홍보자료 판매와
수익금 활용에 대한 고찰>, 《일본문화연구》59,
2016, 166쪽

그림 3은 엘리자베스 키스Elizabeth Keith(1887~
1956)가 제작한 판화로 만든 포스터다. 눈 덮인
소나무, 성곽, 산 등을 배경으로 어린아이를 업고
있는 여인을 그렸다. 오른쪽 밑에 보건保健이라고
적고 작가 서명을 했다. 영국화가 엘리자베스
키스는 손꼽히는 판화가였다. 키스는 일제강점기
동안 네 차례 조선을 방문하여 조선의 생활상과
사회상을 생생하게 표현했다.[188] 키스는 조선
아이들에게 동정심도 있었지만, 천진하고 밝은
모습에 애정을 가지고 그 아이들에게 도움이 될
일을 찾았다. 키스는 크리스마스실을 만드는 데
자신의 그림을 제공했다.[189]

해주구세요양원에서는 1935년과 1936년에도
그림 2와 비슷한 복십자 포스터를 발행했다.[190] 그
포스터를 보자.

그림 4에 "크리스마스실은 결핵예방운동의
억센 심볼", "크리스마스실은 결핵 환자에의
격려의 선물"이라고 적었다. 이 포스터가 실 판매
촉진을 목표로 삼았음을 알 수 있다. 홀 박사는
'실 캠페인'과 판매증진을 위한 포스터를 무료로
배포했다. 실 도안을 넣어 한지 또는 양지로 만든
포스터는 돈을 받고 팔았다. 그 포스터는 상당한
인기를 끌어서 판매액이 많았다.[191]

다시금 신문에 실린 그림 5 포스터를 보자. 신문에
실린 포스터는 흐릿하니까 '현존 자료'도 함께 보자.

그림 5 《매일신보》 1936년 11월 15일;
《조선일보》 1936년 11월 13일

그림 6 크리스마스실 홍보 포스터,
대한민국역사박물관 소장

그림 5·6은 엘리자베스 키스가 1936년에 그렸다. "원각사지 탑이 보이는 탑골공원에서
남매가 연날리기를 하는 정겨운 모습"이라고 해석하기도 한다.[192] 이 포스터에는 다음과 같은
선전문을 적었다. "국민 보건을 위하여 크리스마스실을 선전하자", "결핵병 박멸의 진수眞髓인
크리스마스실을 애용하자", "대중이여! 합심하여 보건운동의 정병精兵이 되고 민중 행복의
지도자가 되자."
이어서 신문에 실린 1937년 크리스마스실 포스터와 '현존 자료'를 함께 보자.
그림 7·8은 '장애인이며 천재적인 화가', 또는 '일제 군국주의에 협력한 친일 화가'인
김기창金基昶(1913~2001)이 그렸다. 오른쪽 아이는 검정 고무신에 두루마기를 입고 모자를
썼다. 이 무렵 초등학교 학생의 옷차림이다. 포스터 상단의 "누각에는 대동문大動門이라고

그림 7 《동아일보》 1937년 11월 23일; 《조선일보》
1937년 11월 19일

그림 8 실 포스터(1937), 신동규, <일제침략기
해주구세요양원의 결핵예방과 퇴치를 위한 홍보인쇄자료의
분류와 성격 검토>, 《한일관계사연구》 54, 2016, 348쪽

한자로 쓴 것을 볼 수 있으며, 평양의 얼어붙은 대동강 위에서 어린이들이 노는 모습이다."[193]
매체에 실린 크리스마스실 포스터는 이것이 전부다. 이 밖에도 1935년 '널뛰기' 실 포스터,[194]
1936년 실 홍보용 소형 포스터[195] 등이 논문과 저술을 통해 소개되었다.

1932년부터 1940년까지 아홉 차례 발행한 크리스마스실이 다음 해에 중단되었다. 일본
헌병대가 셔우드 홀에게 스파이 혐의를 씌워 강제로 추방했기 때문이다. 크리스마스실운동은
해방 뒤에 다시 시작되었다. 해주에서 셔우드 홀을 도왔던 문창모(1907~2002) 박사가 앞장서서
1949년 한국 복십자회에서 다시 크리스마스실을 발행했다. 1952년에는 한국기독의사회에서
발행했고, 1953년에 대한결핵협회를 창립하면서 크리스마스실운동을 본격화했다.[196]

담배 권하는 사회:
'취미의 담배'

16세기 말 임진왜란을 앞뒤로 일본에서 들어온 담배는 아주 빠르게 퍼졌다. 담배는 조선
사람에게 빼놓을 수 없는 기호품이 되었다. 피우는 사람이 많으니, 담배 농사를 생업으로 삼는
사람도 늘었다. 담배는 중요한 상품작물이 되어 조선 후기 사회경제에 큰 영향을 미쳤다.
개항 뒤에 궐련 등이 물밀듯이 들어왔다. 조선 사람들은 쓰고 강렬한 전통적인 담배 맛을
좋아했기 때문에 값이 비싸고 순한 외국산 담배는 일부 상류계층에서만 피웠다. 그러나
1894년에 김홍집 정권이 거리에서 긴 담뱃대를 쓰지 말라는 법령과 단발령을 공포하면서
사정이 달라졌다. 상투를 자르고 양복을 입기 시작한 사람들이 생기면서 궐련의 수요가
늘었다. 이때 수입한 담배는 주로 일본제와 미국제였다. 여러 연초 제조회사는 신문에 수많은
광고를 했다.[197] 다음 광고를 보자.

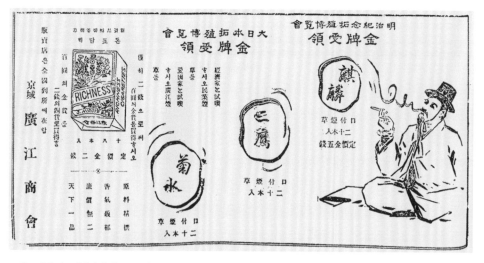

그림 1 담배 광고, 《매일신보》 1913년 12월 25일

그림 1 광고에서는 담배 연기 안에 여러 담배 이름을 적었다. 한복을 입고도 궐련을 피운다는 것을 보여 준다. 'Richness표' 담배를 '풍요표' 담배가 아니라 '돈표' 담배라고 번역한 것이 이채롭다. 궐련은 현대성을 구현하는 기호품이었다.[198] 궐련의 담배 포장도 근대적 문물의 상징이었다. 이국적인 사물을 정교하게 도안한 삽화와 질 높은 인쇄 기술로 선명한 색채를 표현했기 때문이다.[199]

일본에서는 1896년부터 엽연초를 전매하고 1904년부터는 궐련초까지 전매했다. 일제는 1914년에 조선에 〈연초세령〉을 공포하여 영세한 조선인 연초 제조업자를 몰락시켰다. 이어서 1921년에 연초전매제를 실시했다.[200] 연초전매제는 일제가 조선에서 안정적으로 세수를 확보하는 효율적인 수단이었다.

세계사에서 1920년대와 1930년대는 흡연자들의 천국이었다. 담배 제조업체들은 다양한 상품을 시장에 내놓고 치열하게 경쟁했다.[201] 조선총독부 전매국에서도 신문 등을 앞세워 새로 만든 담배를 홍보했다. 신문에서는 담배 포장 디자인을 크게 실어서 호기심을 자극하곤 했다. 다음은 그 보기 가운데 하나다.

그림 2 '히카리' 포장 도안, 《조선신문》 1932년 1월 14일; 《경성일보》 1932년 1월 14일; 조선총독부 전매국, 《조선전매사》 2권, 1936, 263쪽

그림 2는 '히카리ひかり, 光' 담배 포장 도안이다. "떠오르는 태양이 상서로운 구름을 비추고 있는 모습"이다.[202] 강렬한 붉은 사선으로 욱일기를 연상하게 표현했다. 이 담배는 만주사변 때 만주에 출동한 부대를 위해 만들었다.[203] 제1차 세계대전 때부터 담배는 군인들의 필수품처럼 되었고, 정부는 위문품에 담배를 포함했다.[204]

전매국에서는 새로 만든 담배를 선전하는 데 포스터를 널리 활용했다. 백화점 갤러리에서 전람회를 열 만큼 담배 포스터는 인기가 높았다.[205] 이제 조선총독부 전매국 담배 포스터를 보자.

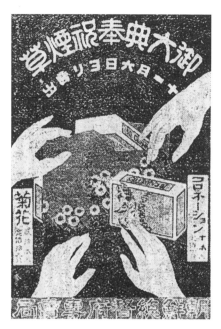

그림 3 포스터는 맨 위에 '어대전御大典 봉축奉祝 연초'라는 표제어를 달았다. 맨 아래에는 조선총독부 전매국이라고 적었다. '어대전'이란 천황 즉위기념일을 축하하는 행사다. 1928년에 히로히토가 다이쇼 천황을 이어 천황 자리에 올랐다. 그것을 기념하려고 담배를 만들었다. 그림 3 포스터에선 '코로네이션コロネーション, coronation' 담배와 '국화' 담배 두 종류를 그렸다. 코로네이션, 즉 대관식은 곧바로 이해할 수 있다. 그런데 왜 '국화'라고 이름 붙였을까. 1868년부터 잎이 16개 달린 국화 문장紋章은 일본 황실의 표상이었기 때문이다.[206] 그림 4·5는 코로네이션과 국화 담배 포장 도안이다.

그림 3 《경성일보》 1928년 10월 9일

'코로네이션'은 10개비에 10전이었고 '국화'는 20개비에 15전이었다.[207] 신문에서는 이 담배가 품질이 매우 뛰어나고 맛이 좋아 불티나게 팔릴 것이라고 홍보했다.[208] 그러나 이 담배가 잘 팔리지 않아서 "전매국의 어대전봉축사업은 크게 실패했다."[209] 1932년에 배포한 담배 포스터도 매체에 실렸다.

그림 4 '코로네이션' 포장 도안,
조선총독부 전매국,《조선전매사》 2권,
1936, 263쪽

그림 5 '국화' 포장 도안,
조선총독부 전매국,
《조선전매사》 2권, 1936, 263쪽

그림 6은 1932년 12월 1일부터 판매한 '은하' 담배 포스터다. "약 7만 장을 전국에 배부하여 애연가들의 구매 기분을 높일 것"이라고 했다.[210] 산맥과 함께 "견우직녀가 만난다는 은하수"를 그렸다. '양절연초'로 10개비에 10전이라고 적었다. 양절연초란 다진 담배를 종이로 감고 양 끝을 자른 담배다. 그림 7은 '은하'의 포장 도안이다. 1933년에는 여송연, 즉 담뱃잎을 돌돌 말아서 만든 담배를 선전하는 그림 8 포스터도 만들었다.

그림 6 《조선신문》 1932년 11월 15일

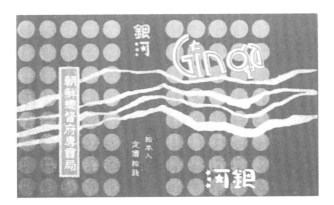

그림 7 '은하' 포장 도안, 조선총독부 전매국, 《조선전매사》 2권, 1936, 263쪽

그림 8《조선신문》 1933년 7월 11일

그림 8은 '국산 발매', '엽권연초'라는 표제어를
달았다. '엽권연초'란 여송연을 뜻한다. 그림 8은
대만 풍경이다. 그림 8에는 대만에서 가장 높은
신고산新高山을 그렸다. 일본 통치 기간에는
그 산을 '니타카'산にいたかやま이라고 했다.
포스터에서 '엽권연초'의 이름을 '니히타카'와
'시루비야'라고 했다. '니타카'산과 '샐비어salvia'
꽃을 뜻한다. 조선총독부 전매국에서는
서양에서 만든 시가의 수입을 막고 '국산'을
장려할 목적으로 대만총독부 전매국에서 만든
'엽권연초'를 소매점에서 팔게 했다.[211] 그림
8 포스터를 담배 가게에 배포했을 것이다.
신문에서는 가격이나 담배 맛이 결코 수입품에
뒤지지 않는다고 홍보했다.[212] 이어서 다음
포스터를 보자.

그림 9 포스터에서 스탠드 불빛이 환한데
재떨이에서 담배 연기가 피어오른다.
비둘기를 그린 '피죤' 담뱃갑이 선명하다.
이 포스터는 가을 '독서 시즌'과 연초를
결부시켰다. '조선연초소매인협회'가 이 포스터
1만 5000장을 배포하여 담배 매상을 높이려
했다.[213] 이 포스터에 그린 '피죤' 담배를 조금 더
살펴보자.
전매국에서 만든 담배는 종류가 아주 많았지만,
피죤과 마코가 가장 인기가 높았다. 피죤은
10전짜리 고급 담배였고 마코는 5전짜리로서
'프롤레타리아트의 담배'였다.[214] 다음은 그
담뱃갑이다.

그림 9《조선신문》 1936년 8월 21일

그림 10 '피존 pigeon'과 '마코 macaw' 담뱃갑,
서울역사박물관 소장

1936년 11월에 피존 12전, 마코 6전으로
값을 올리자 피존에서 마코로 '전향'하는
사람도 있었다. 그러나 "독한 피존 한 갑을
피우던 사람이 그 분량을 채우려고 마코 두
갑을 피우면 마찬가지"라는 기사도 실렸다.[215]
1939년에 "조선에서 가장 대중적이고 인기
있는 담배"[216] 피존과 마코의 이름을 바꾸기로
했다. 영어 이름이었기 때문이다. 그 무렵
일본정신을 드높이고 영국을 배척한다는
뜻에서 카페나 바의 이름도 일본식으로

바꾸도록 했다. 신여성에게 유행하던 파마permanent도 '전발電髮'이라고 고쳐 부르도록 했다.[217]
그러나 전매국에서는 피존을 비둘기, 마코를 앵무로 고친다면 어감이 좋지 않아서 덜 팔리지
않을까 고심했다.[218] 마침내 피존은 '하토はと(비둘기)'로, 마코는 흥아興亞로 이름을 바꿨다.[219]
곧이어 '하토' 14전, 흥아 7전으로 값마저 올렸다. 세입을 늘려 전쟁 비용을 마련하려는
목적이었다.[220] 이름을 바꾸면서 담배 포장 도안을 어떻게 바꾸었을까. 다음 그림을 보자.

그림 11 '하토' 광고, 《경성로컬》
1940년 9월호, 36쪽

그림 12 '흥아' 포장 도안, 《매일신보》
1939년 10월 10일(출처: 민족문제연구소
엮음, 《식민지 조선과 전쟁미술》, 2004,
156쪽)

그림 11 광고를 보면,
'하토'는 흡연가들에게
익숙한 비둘기 도안을
그대로 사용했음을 알 수
있다. 그러나 그림 12를
보면 '흥아' 디자인은 서양의
금강앵무 대신에 일본 진무
천황 신화에 등장하는 금빛
솔개로 바꿨다.
1938년에도 신문은 다음과
같은 담배 포스터를 실었다.

그림 13은 연기가 피어오르는 담배를 그려서 흡연 욕구를 자극한다. 새로운 담배 '가가야키かがやき, 輝き'를 '토스트 양절담배'라고 선전했다. "구운 잎으로 만들고 양 끝을 자른 담배"라는 뜻이다.

그림 14는 '미영彌榮(이야사카いやさか)' 담배 발매를 알리는 포스터다. 욱일기가 바람에 휘날린다. 포스터 중앙에는 천황을 상징하는 어떤 문양을 그려 넣은 듯하다. "봉축, 기원 2600년"이라고 했다. 《일본서기》에 따르면 일본의 초대 진무 천황은 기원전 660년에 즉위했다. 이를 기점으로 하면 1940년이 이른바 황기皇紀 2600년이 된다. 일제는 이해를 기념한다면서 '이야사카' 담배를 내놓았다. '이야사카'는 번영 또는 만세라는 뜻이다. 그림 15에서 보듯이 '이야사카' 담뱃갑에선 앞면에 봉황과 구름, 뒷면에

그림 13 《경성일보》 1938년 4월 22일

태양과 구름을 화려하게 디자인해 넣고 '기원 2600년, 시정 30주년 기념'이라고 적었다.

전매국에서는 담배 판매를 늘리려고 연초전람회를 했다. 그 행사를 알리는 그림 16·17과 같은 포스터도 만들었다.

그림 14 《매일신보》 1940년 2월 6일; 《경성일보》 1940년 2월 7일

그림 15 '이야사카' 담배 포장 도안, 개인(하세가와 사오리) 소장

그림 16 《경성일보》 1934년 5월 28일   그림 17 《매일신보》 1934년 5월 25일

그림 16·17 모두 평양 미나카이三中井백화점에서 열린 연초전람회를 선전하는
포스터다. 그림 16에 '제조 실연'이라고 적었다. 담배 만드는 과정을 직접 보여
준다는 뜻이다. 이 전람회에는 "일본, 조선, 만주, 중국과 서양 각국의 흡연 도구,
그림, 사진 등을 출품했다."221 그림 16은 여러 흡연 도구를 그렸다. 그림 17은
"단발머리 신여성이 흡연하는 모습"으로 해석할 수 있다. 여성이 흡연하는 모습을
그렸던 예전의 담배 광고와 똑같은 마케팅전략이라고 할 수도 있겠다. 담배 피우는
여인을 모델로 삼았던 광고는 그림 18·19와 같다.

그림 18 담배 광고, 《매일신보》
1912년 5월 1일

그림 19 전면 담배 광고, 《매일신보》
1914년 11월 8일

'취미의 연초전람회'는
1935년에 부산에서도
열렸다. 그때의 포스터는
그림 16을 그대로
사용했다.[222] 이밖에
전매국은 곳곳에서
연초전람회를 열어 "연초에
대한 흥미를 높였다."
전매국만이 아니라
'연초소매인협회'에서도
담배를 많이 판매하려고
여러 선전 활동을 했다. 다음
포스터가 그 보기다.

그림 20 《조선시보》 1936년 4월 21일

그림 20에 '담배 점포 장식 경기회', '입상 소매점
예상투표 모집', '재단법인 연초소매인협회
부산지부'라고 적었다. 이 포스터는 어느 담뱃가게가
'장식 경기' 대회에서 입상할지를 예상하는 행사를
홍보한다. 당첨된 사람들에게 담배를 경품으로
주었다.[223]

말에 돈 걸기:
경마

경마란 일정한 거리를 말을 타고 달려 빠르기를 겨루는 경기다. 말을 이용하여 승부를 가린다는 점에서는 스포츠이지만 배당금을 준다는 점에서는 '사행성이 있는 오락'이다. 일본에서 1905년에 경마투표권 발매와 함께 경마를 인가했다. 그러나 여러 사건이 일어나자 1908년에 '마권馬券' 발행을 금지했다. 마권을 허락해 달라는 청원이 이어졌고 마침내 1923년에 이르러 〈경마법〉을 시행하면서 마권 발행을 허가했다.[224] 일본에서는 전쟁을 치를 때 경마에 여러 제약을 하다가 1944년에 폐지했다.[225] 다음 삽화는 일본 경마장 분위기를 전한다.

그림 1 일본 경마장 삽화, 일본경마회,
《우준 優駿》 1941년 10월호, 95쪽

일본에서 경마를 왜 시작했을까. 군마가 필요한 일본 육군에서는 국민이 좋은 말을 사육해야 한다고 생각했다. 경마는 군대에서는 쓸모없는 승마술이었지만, 경마라도 보급하면 말을 사육하는 국민이 많아질까 하는 뜻으로 일본에서 단 하나뿐인 '공개 도박장'을 설치했다.[226] 일본의 '경마구락부'는 '군마 개량'이라는 육군의 요구를 대의명분으로 활용하면서 자신들의 이익과 경마 팬의 욕구를 좇아 경마를 운영했다.[227] 식민지 조선에도 일본 경마제도를 그대로 옮겨 왔다. 그리하여 1921년부터 이 땅에서 근대 경마대회가 뿌리내렸다. 서울에서는 용산의 연병장과 여의도에서 열었던 경마대회가 새로운 풍물이 되었다. 1921년 이른 봄 부산에서 막이 올라 대구, 서울, 평양, 원산으로 북상하면서 잇달아 경마대회가 열렸다. 서울을 비롯한 5개 도시에서 경마를 했다는 점에서 1921년은 한국 근대 경마의 첫해라고 할 만하다.[228] 경마대회를 여는 도시가 차츰 늘었다. 1925~1926년 무렵에는 도청 소재지 정도의 도시에서는 거의 모두 경마대회를 했다. 때에 따라 '특별 경마대회'나 '임시 경마대회'를 열기도 했다.[229] 다음이 그 보기다.

그림 2 경마장 사진, 극동시보사 엮음,《조선박람회기념사진첩》, 극동시보사, 1929, 101쪽

그림 2는 1929년 조선박람회를 기념하여 '경성경마구락부'가 동대문 밖 신설동
경마장에서 개최한 경마대회 사진이다. 이 사진에서 경마의 열기가 뜨거웠음을 알 수
있다. 이 '조선박람회 기념 경마대회'는 지역에 있는 6개 '경마구락부'에서도 공동으로
열었다.[230]
때로는 작은 읍에서도 경마대회를 열었다.[231] 경마대회는 갈수록 번창했다. 그 사실을
신문에서는 다음과 같이 보도했다.

   해마다 봄과 가을이 되면 경성을 비롯하여 각 지방에서 경마대회가 열리는데 그
   경마대회라는 것은 단순한 오락적 경기가 아니고 일종의 도박 성질을 띠게 되는 까닭으로
   경마대회가 열릴 때마다 대다수의 사람들은 일확천금의 꿈을 꾸다가는 실패하고 만다.[232]

마치 서로 경쟁하듯이 지방 유지와 업소들이 경마대회를 조직하는 데 몰려들었다.
그림 3은 '대구경마구락부'가 주최한 경마대회 포스터다.

그림 3 《조선시보》 1926년 4월 15일

그림 3은 매체에 실린 경마 포스터 가운데 가장 이른 시기의 것이다. 경마대회라고 크게 쓰고 말 머리를 그렸다. 오른쪽 밑에 말발굽 디자인도 보인다. 아마도 거기에는 경마대회가 열리는 날짜를 적었을 것이다. 흐릿하지만 포스터 중간에 '승마투표勝馬投票'를 한다고 적었다. 맨 아래에는 대구경마구락부라고 썼다. 이 경마대회를 열면서 대구경마구락부는 "경마가 말의 개량에 이바지한다"라는 명분을 내걸었다. 신문에서도 "말의 좋고 나쁨은 군대의 사기만이 아니라 일본 국민의 정신에도 큰 영향을 주기 때문에 말의 개량은 국가 발전에 공헌하는 것이 크다"라며 대구 경마대회를 거들었다.[233]

경마는 좋은 구경거리였다. 특히 초기의 경마는 말을 타고 묘기를 보여 주는 마술馬術 시범을 곁들여 더욱 흥미를 끌었다.[234] 그러나 경마의 인기가 치솟은 데에는 '마권(승마투표권)'이 큰 역할을 했다. 일본과 마찬가지로 식민지 조선에서도 1923년 봄부터 '마권'이 공인되었다. 전에는 상품권을 주었지만, 이때부터 '적중자'에게 현금을 주었다. "말보다 마권을 산 사람들이 더 날뛰었다"[235]라는 말은 일확천금을 노리는 사람들의 모습을 잘 표현했다. '승마투표권'을 전면에 내세운 개성 경마대회 포스터를 보자.

그림 4 《조선신문》 1930년 10월 7일

그림 5 일본 포스터(1930), 田島奈都子 編,
《明治·大正·昭和初期日本ポスター史大図鑑》,
國書刊行會, 2019, 244쪽

개성부에서는 부제府制를 시행하는 것을 기념한다면서 '개성 소방조'가 주최하여
개성공설운동장에서 경마대회를 열었다. 개성에서 처음 열리는 경마대회였다.[236] 그림
4는 그 경마대회를 알리는 포스터다. 달리는 말이 매우 빠르고 기수는 말과 한 몸이 되어
보는 이를 짜릿하게 만든다. 게다가 '승마투표'를 한다고 크게 적어서 호기심을 한껏
부추겼다. 그림 5의 일본 포스터와 비교한다면, 그림 4의 분위기를 좀 더 잘 느낄 수
있다. 다음처럼 개성 경마대회 포스터가 더 있다.

그림 6 《조선신문》 1931년 5월 1일

그림 6은 1931년 개성에서 열린 춘계 경마대회 포스터다. 그림 6은 그림 4를 그대로 사용하되 '춘계'라는 글씨를 덧붙이고 날짜만 바꾸어 적었다. 그림 6에도 '승마투표 거행'이라고 큼직하게 써 놓았다. 개성 경마대회는 승마투표 때문에 "경성·평양·인천 그 밖의 곳곳에서 사람들이 몰려와" 크게 흥행했다.[237] 경성 기생도 많이 왔다. 경성에 오가는 기차 시간에 맞추어 경마대회를 여닫아 고객을 끌어들이는 데 신경을 썼다.[238]

'승마투표'는 그야말로 베팅betting이어서 사람들이 이전보다 훨씬 더 많이 경마에 참여했다. 경마에 거는 돈도 많아서 주최 측의 수익금은 그만큼 더 늘었다. 신문에 실린 경마장의 뜨거운 분위기를 보자.

조선에 최초로 경마가 들어오던 5~6년 전만 해도 아직 경마라는 것이 어떠한 것이라는 것을 잘 모르는 관계로 혹 경마장에 가 보아도 조선 사람이라고 별로 볼 수가 없었고 또 설혹 더러 조선 사람이 있었다 해도 그대로 경마하는 구경만 할 뿐이지 투표 같은 것을 하는 사람을 별로 볼 수 없었으나 한강 강변에 있던 경마장이 작년 가을부터 동대문 밖 광장으로 옮겨 온 뒤부터는 그동안에 벌써 경마 도박을 하는 방법을 잘 알았음인지 갑자기 조선 사람의 수효가 늘게 되어 하루에 평균 만여 명씩 들어오는 입장자 중의 약 7000명이 조선 사람이요, 한 경마에 투표하는 표수가 평균 4000여 매의 마권馬券 중에 약 3000매가 조선 사람의 숫자를 보여 파죽지세로 유행되는 조선 사람의 경마열에는 일본 사람들도 혀를 내두르고 경탄함을 마지않는다 한다.[239]

다음에 볼 부산 경마 포스터는 부산의 경마 문화를 보여 준다. 두 개의 포스터를 서로 견주어 보면서 부산 경마장의 변천을 짚어 보자.

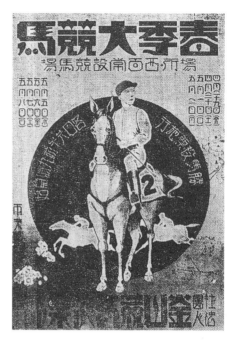

그림 7 《부산일보》1928년 5월 2일   그림 8 《조선신문》1932년 5월 1일

그림 7·8 포스터에 사단법인 부산경마구락부가 주최했다고 적었다. 부산에 사는 일본 유력자들이 모여 만든 법인이었다. 1922년 경성의 '조선경마구락부'를 시작으로 평양과 대구, 신의주 등 지역 경마 시행단체가 인가를 받았다. 부산에서도 1926년에 부산경마구락부를 조직하고 이듬해인 1927년에 당국의 인가를 받았다.[240] 그림 7에서는 '부산진 매축지'에서 경마대회를 연다고 했지만, 그림 8에서는 '서면 상설경마장'에서 연다고 했다. 1921년 부산진 매축지에서 맨 처음 개최한 부산 경마대회는 그 뒤 여러 임시경마장을 전전하다가 1930년부터 서면 상설경마장에서 열었다. 포스터는 그 사실을 반영하고 있다. 《부산일보》는 경마와 홍보에 큰 역할을 했다. 부산일보사 사장과 대주주가 모두 부산경마구락부와 관계가 깊었기 때문이다.[241] 《부산일보》는 "흥미 있는 오늘의 경마 예상" 등의 기사를 실어 경마 분위기를 띄웠다.[242] 《부산일보》는 다음과 같은 경마 포스터도 실었다. 그림 9에 "서면 경기장으로 가는 기차, 전차, 버스가 있다"라고 적혀 있다.

다른 곳의 경마장 분위기는 어떠했을까. "스포츠 유행에 편승하여 경마도 인기가

그림 9 《부산일보》 1938년 3월 9일

높아졌다"라고 했지만,[243] 꼭 그런 것만은 아니었다. 신문에서는 1932년 봄 전북 이리의 경마장 분위기를 다음과 같이 전한다. 1932년 봄, 전북 이리에서 "소방조 기금을 마련한다"라는 구실로 경마대회를 열었다. 마권을 산 사람은 모두 조선 사람이었다. 농촌 부녀자들이 그동안 모아 놓은 20~30전으로 마권을 샀다. 식량을 사러 왔다가 돈을 잃고 길거리에서 통곡하는 사람도 있다. 상당한 집 부녀들이 금비녀와 가락지 등을 남편 모르게 저당하니, 전당국은 저당해 줄 자금이 바닥났다. 하다못해 남편 모르게 집을 저당 잡히고 경마한 사람도 있었다.[244] "경마구락부는 서서 돈을 벌지만, 전당포는 앉아서 돈을 벌었다."[245] 경마장은 공공연한 관허 도박장이었다.[246] 전문 마권사들에게 경계의 표적이 될 만큼 경마에 흠뻑 빠졌던 소설가 김동인은 다음과 같이 말한다.

경마에 갔던 사람의 열에 아홉은 손해를 보건만 경마는 재미있다. 나도 경마에 손해를 볼 때마다 이다음은 어떤 일이 있든 다시는 경마에 안 가겠다고 굳게 맹세하곤 하지만 경마 때가 되기만 하면 만사를 제지하고 빚을 내어서라도 나가게 된다. … 마치 사랑에 끌리는 소녀와 같이 나의 발이 저절로 경마장으로 향하여짐을 어찌하랴.[247]

신문에서는 "경마란 도박이 아니다"라는 기사를 내보내곤 했지만,[248] 경마장 밖에서도 경마 도박을 했다. 경성방송국에서 "말 애호 사상을 기른다"라며 경마 방송을 하자, 그 방송을 들으며 집에 앉아서 돈을 거는 사람이 있어 경찰이 단속하기도 했다.[249] '경마의 진흥'에 대해서 조선총독부에서는 다음과 같이 평가했다.

1932년에 공포된 〈조선경마령〉에 따라 말의 개량 증진, 마사馬事 사상의 보급을 목적으로 하는
경마시행법안이 시행된 1933년 이래 경성·부산·대구·군산·평양·신의주 6개소에 설치되었다.
그런데 마정 계획의 실시와 함께 특히 말 생산장려 지역인 조선 북부 지방에서 경마를 시행할

필요성이 생겼다. 이에 1937년 함흥·청진·웅진
3개소에 경마구락부 신설을 인가하고, 기존의
6개 구락부와 함께 경마를 시행하도록 했다.
경마의 진흥에 노력한 결과 해가 갈수록
좋은 성적을 나타내, 1939년 전 조선 경마의
승마투표권 발매액은 약 1000만 원에 다다랐다.
이는 1933년의 170만 원, 1937년의 500만
원에 비해 경이적인 약진을 보이는 상황이다.[250]

그림 10 경마장 사진, 《관광조선》 2권 3호, 1940년 5월,
71쪽

이렇게 흥행을 이어 가던 경마는 전쟁이
길어지면서 새로운 국면을 맞이했다.
1940년에는 상금 가운데 10~50퍼센트까지
현금이 아닌 공채로 지급하는 등 전시 재원
마련에 경마를 이용했다.[251] 1940년 춘계
경마대회는 '황기皇紀 2600년 기념 경마'라는
이름으로 열었다.[252] 다음 사진에서 보듯이
1940년에도 경마장에는 사람들이 북적였다.

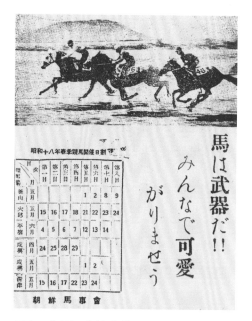

1942년에는 여러 곳의 경마협회
또는 경마구락부 등을 모두 해체하고
조선마사회에서 경마에 관한 모든 것을
관장했다.[253] 조선마사회는 1943년에도 그림
11과 같은 광고를 했다.
그림 11은 조선마사회가 주최하여
부산·대구·평양·함흥·청진에서 1943년

그림 11 경마 광고, 《방송지우》 2호, 1943년 4월, 57쪽

춘계 경마대회를 연다는 광고다. "말은 무기다!! 모두가 사랑하자"라는 표어를 적었다.
1943년에는 '경마의 황금기'라는 1939년보다 경마장은 군산과 신의주 두 곳이 줄었지만,
오히려 입장 인원이 1만 9000명 남짓 늘었다. 마권 발매액도 2배 넘게 증가했다. 이렇게
전시에도 경마 흥행은 이어졌다.[254]

태평양전쟁이 막바지에 접어드는 1944년이 되면, 일본에서는 계속되는 공습으로 경마를
할 수 없었다. 일본 경마장은 군사 주둔지나 농지로 바뀌었다. 그러나 식민지 조선에서는
경마를 계속했다. 일제는 그 까닭을 다음과 같이 설명했다. 첫째, 조선에서는 경마장을 증산
시설 등으로 전용할 가치가 없다. 둘째, 경마의 규모가 작고, 관중이 많이 모이지 않는다.
셋째, 조선의 마정馬政을 장려한다.[255] 그러나 경마대회에서 벌어들일 수익금을 놓치지 않을
속셈이었다. 경마를 계속함으로써 일본이 전쟁에서 불리하지 않다고 눈속임하려는 뜻도
있었다.[256]

1944년 봄에도 조선마사회는 경성·부산·대구·평양에서 춘계 경마대회를 연다고 광고했다.
이 광고에는 "강한 군마軍馬는 경마로부터!!"라는 표어를 적었다.[257] 1944년 추계 경마대회
때는 "관중에게 공습 대피훈련을 시키는 등 결전색이 농후한 경마대회"를 했다.[258] 그림 12
광고는 일제가 패망하기 직전까지 경마가 있었음을 알려 준다.

그림 12 경마 광고, 《경성일보》 1945년 5월 22일

바다의 유혹:
해수욕장

동서양 가릴 것 없이 해수욕의 목적은 치료와 요양이었다. 일본의 경우 메이지시대에 이르러
레크리에이션을 위해 해수욕을 한다는, 이른바 근대적 의미의 해수욕이 차츰 정착하기
시작했다.[259] 식민지 조선에서도 생업의 공간이자 병 치료의 공간이었던 바닷가에 여가를 위한
해수욕장이 들어섰다. 부산, 원산, 인천 등 일본인 거류지가 모여 있던 곳에서 해수욕 문화가
생겨나기 시작했다. 인천해수욕장은 1912년 7월에 경성일보사와 매일신보사가 주최하여
개장했다. 부산에서는 1913년에 송도해수욕장을 열었다. 원산에서는 1916년 봄부터 외국인
선교사들이 별장을 만들어 여름 피서지로 활용했다. 1918년에 원산부가 원산해수욕장을
만들었다. 해수욕장은 수심이 얕고 백사장이 넓게 펼쳐진 곳에 들어섰다. 해수욕장 주변은
경치가 좋고 관광지가 가까이 있어서 패키지 관광을 할 수 있었다.[260]
전근대의 풍류나 유람과는 다른 해수욕이라는 여름철 여가 문화가 생겨났다. 자본은 철도를
비롯한 교통의 흐름에 따라 곳곳에 휴양지를 만들고 소비자들을 끌어들이기 시작했다.
대중은 자본이 정해 놓은 동선을 따라 자본이 제공하는 문화 상품을 소비했다.[261] 그러나 일부
사람만이 그 상품을 소비할 수 있었다. 잘사는 사람만이 '모던'의 혜택을 누리며 해수욕장에
갔을 따름이다. 다음 두 글은 그러한 원산해수욕장의 풍경을 보여 준다.

> 아름다운 산 쪽의 외국인과 일본 해수욕장 사이에 아무런 설비도 없는 조선인 해수욕장이 풀이 죽은
> 모습으로 끼어 있다. 거기에는 비치파라솔도 수영복도 입지 않은 새까만 조선인 아이들이 나체로
> 모여 있었다. 해수욕장은 식민지 모습 그 자체를 보여 주고 있었다.[262]

> 조금만 더 올라가면 한 가난한 어촌이 있다. 새까만 오막살이들. 눈만 반짝이는 코를 줄줄 흘리는
> 불쌍한 어린아이들이 물가에서 장난한다. 조금 더 가서 화려한 곳과 참 좋은 대조다.[263]

해수욕장을 보는 시선도 달랐다. 한편에서는 해수욕장이란 여름을 멋지게 보내는 낭만의

공간으로 여겼지만 다른 편에서는 도덕적으로 타락한 곳이며 사치스러운 피서라고 공격했다. 그러나 매체에서는 여름이 되면 서구에서 유행하는 수영복 패션 등을 소개하면서 해수욕이 근대의 피서 풍속이라는 인식을 퍼뜨렸다.[264]

여름철 바다는 자연물이 아니라 더위에 지친 사람을 유혹하는 상품이었다.[265] 해수욕장으로 안내하는 또 다른 상품의 세계가 쇼윈도에 펼쳐졌다. 다음 삽화에서 보듯이 여름철 쇼윈도는 바다를 상상하게 만들면서 상품을 펼쳐 보인다.

그림 1 삽화, 《동아일보》 1936년 7월 2일

"쇼윈도는 6월이 되면 벌써 성미 급하게 여름 화장을 하고 지나가는 사람들에게 추파를 던진다."[266] 백화점에서는 해수욕장 포스터를 곳곳에 붙였다. 김기림이 쓴 〈바다의 유혹〉이라는 수필은 포스터가 주요 소재다.

나는 이윽고 백화점의 층층대를 넘쳐흐르는 사람들의 폭포를 거슬러 화끈화끈한 입김에 얼굴을 씻기우면서 간신히 옥상으로 기어 올라갔다. 이 벽에서도 저 벽에서도 이상하게 눈에 걸리는 것은 해수욕장의 '포스터'다.

"시민 제군, 당신들에게 유쾌한 한 여름을 제공할 만반의 준비를 마치고 당신들을 고대하고 있습니다. xxx 해수욕장"[267]

다음 만화도 해수욕장 포스터를 소재로 삼았다.

그림 2 만화, 《조광》 5권 8호, 1939년 8월, 176쪽

그림 2에서는 남편이 해수욕장 포스터를 관음증의 시선으로 바라보자 "바다로 피서를 가는 까닭을 알겠다"라며 부인이 질투한다.

백화점에만 해수욕장 포스터가 있었던 것은 아니다. "흔히 여름이면 정거장 대합실에 해수욕장 포스터가 나타났다."[268] 해수욕장 포스터는 사람들의 눈길을 끌었다. 몸매가 드러나는 해수욕복 때문이기도 했을 것이다. 어떤 사진관에서는 "혹한에 해수욕복으로 허리만 가린 벌거숭이 여자를 찍은 사진을 전시"해서 보는 사람을 더 춥게 만들었다.[269] '육감적'인 신체와 푸른 바다가 어우러진 포스터일수록 더 인기가 있었을 것이다. 다음 소설 삽화를 보면 구두 고치는 가게 벽에도 해수욕장 포스터가 있다.

그림 3 삽화 속의 원산해수욕장 포스터는 해수욕복을 입은 여성이 화면 전체를 꽉 채웠다. "전에는 바다와 배와 구름을 그리던 것을 이제는 해수욕복 입은 여자만을 그려 놓고 '원산으로 오라', '몽금포로 가라' 한다. 바다의 매혹이 자연에서 여성으로 이전되었다."[270] 이 글은 마치 그림 3에 있는 원산 포스터를 말하는 듯하다. 원산해수욕장은 인기가 높았다. 경성

그림 3 삽화, 《조선일보》 1934년 7월 22일

가까이에 인천해수욕장이 있었지만, 간만의 차가 커서 일본인들은 대부분 경원선을 타고 멀리 원산까지 갔다. '원산해수욕주식회사'는 1923년 6월에 '남만주철도주식회사'의 원조를 받아 송도원해수욕장을 개설했다. 그 뒤에 송도원호텔이나 별장, 공동 온욕장, 골프장, 테니스 코트, 학생단체 기숙사 등의 시설을 갖추었다. 원산해수욕장은 시설을 제대로 갖춘 조선 최고의 해수욕장으로 불리게 되었다.[271]

여름철이면 곳곳에 해수욕장 포스터가 붙어 있었다고 했지만, 오히려 매체에 실린 해수욕장 포스터는 드물다. 이제 신문에 실린 해수욕장 포스터를 보자.

그림 4는 진해의 '지요가하마千代ヶ浜'해수욕장 개장을 알리는 포스터다. 일본식으로 해수욕장 이름을 붙였다. 식민지 조선에서 일본인의 비율이 가장 높았던 도시이자 군사도시였던 진해의 특성을 반영한 해수욕장 이름이다. 이 해수욕장을 이용했던 사람도 대부분 일본인이었을

것이다. 그림 중앙에는 두 여성이 앉거나 서 있다. 여성은 그때 말로 '교태미'를 한껏 뽐낸다. 이 포스터에서 해수욕장은 여성의 관능미가 드러나는 곳이다. 해수욕장은 "나체의 난무亂舞, 뒷 선과 다리 선의 광란狂亂이 있는 곳"이라고 쓴 글도 있다.[272] 여성의 육체를 "남자들은 체면도 없이 훑어본다."[273] 그림 4에서 바다와 파도, 흰 백사장과 화려한 파라솔이 어우러졌다. 해수욕장을 세련되고 화려한 휴양지로 묘사했다.

그림 5 포스터는 낭만과 욕망이 어우러진 바다가 아닌 '전투정신'을 기르는 바다를 그렸다.

그림 4 《조선시보》 1934년 6월 25일; 《조선신문》 1934년 6월 24일

그림 5 《부산일보》 1939년 6월 18일

그림 5는 "부산부민의 오아시스인 송도해수욕장을 예년처럼 7월 상순부터 8월 하순까지 연다"라고 알리는 포스터다.[274] 해수욕장에서 수영하는 이 소년은 '체위 향상'이라고 적은 수영 모자를 썼다. 수영 모자에 일장기도 새겨 넣었다. 일제는 전시체제기에 "체력은 국력"이라면서 '체위 향상'을 크게 강조했다. '체위'란 일본 징병검사에서 '체격등위'라는 용어를 줄여 쓴 말이다. 일본은 군인이 될 청년의 '체위 저하'를 걱정했다. '체위 저하'란 징병검사에서 '근골 박약'이라고 불리는 "가늘고 긴 도회형 체격"을 지닌 청년이 증가하는 경향을 가리키는 말이었다.[275] 일제는 체위 향상으로 '인적자원'의 질을 높여야 한다고 했다. 다음 포스터에서도 '체위 향상'이라는 말이 나온다.

그림 6은 경남철도 연선에 있는 대천에서 해수욕과 온천을 하라는 내용이다. 여기에도 '체위 향상'이라고 적었다. 바다는 노는 곳이 아니라 '체위 향상'을 하는 곳이라는 뜻이다. 이 포스터를 만든 1941년이 되면 해수욕장은 차츰 "해양정신 연성鍊成의 도장"으로 바뀌기 시작했다. '연성'이란 연마육성鍊磨育成을 줄인 말이다. '연성'이라는 말은 일본에서 1938년에 등장하여 시대의 유행어가 되었다. 마침내 1942년 일제가 〈해군특별지원병령〉을 공포하면서 해수욕장은 '해양 연성회' 장소로 변질되었다.[276] 이제 여학교에서도 여름철에 '바다의 연성'을 했다. 그림 7은 그때의 사진이다.

그림 6 《조선공론》 29권 7호, 1941년 7월, 도판

그림 7 사진, 《매일신보》 1942년 8월 10일

그림 7은 인천 송도에서 '적전상륙敵前上陸' 하듯이 바다에서 훈련하는 이화여고 학생들의
모습이다. "해군특별지원병제도를 실시하기 때문에 황국의 처, 황국의 어머니가 될
여학생에게 바다의 지식을 넓히는" 훈련을 하고 있다.[277] 이제는 낭만의 바다가 아닌 정복해야
할 바다였다. 일제는 "해양을 정복하는 자가 세계를 제압한다"라는 '해양정신'을 길러야 한다고
했다.[278] 이로써 해수욕장은 '바다의 연성'을 하는 훈련장이 되었다.

와 보세요

구경 한번

무단통치와 이벤트 :
조선물산공진회, 가정박람회, 인천수족관

"지배계급은 한 손에는 채찍, 다른 손에는 당근을 들고 있다." 식민 통치도 마찬가지다. 제국주의자들이 오로지 강제와 수탈, 억압과 폭력만으로 식민지를 통치했던 것은 아니다. 제국주의는 '문명'과 '진보'를 내세우며 식민지 민중을 회유하고 설득하는 여러 장치를 마련했다. 일제의 1910년대 '무단통치기'도 그러했다. 1915년에 열린 조선물산공진회가 식민지인을 포섭하는 대표 행사였다.

일제는 조선 통치 5년을 기념하여 1915년 9월 11일부터 10월 31일까지 조선물산공진회를 열었다. 거기에는 "이제 조선 통치의 기초를 확립했다"라는 일제의 자신감이 배어 있었다.[279] 일제에 따르면, 공진회는 "과거 5년간 조선 산업의 진보를 전시하고, 생산품의 우열을 심사 · 품평하는 것"이 주요한 목적이었다.[280]

공진회란 조선 곳곳에서 생산된 물품을 한군데 모아 놓고 심사하는 행사였지만,[281] 그것이 전부는 아니었다. 일제는 공진회를 통해서 조선 강점을 축하하고 지배의 정당성을 홍보했다. 그래서 정식 명칭이 '시정 5년 기념 조선물산공진회'였다.[282] 공진회는 첫째, 5년 동안의 식민 통치를 과시하는 것, 둘째, 조선인들에게 문명의 실체를 보여 주고 일본이 문명국임을 알리는 것, 셋째, 일본 자본가에게 조선의 실상을 알려 투자를 촉구하는 것 등의 목표를 가졌다.[283] 조선물산공진회 공업 부문에는 7000점을 내놓았는데 선진 기술로 생산한 제품과 조선인이 전통 방식으로 만든 제품을 함께 진열했다. 이로써 전통적 업종이 식민지 공업에 통합되었음을 보여 주며 일본 자본의 투자를 유도했다.[284]

일제는 공진회를 열어서 대중에게 구경거리를 제공하고 식민 통치의 정당성을 설득하려 했다. 공진회에 출품한 일본 제품을 보면서 "조선에서는 어느 때가 되어야 저런 물건을 만들어 낼 수 있는지 한탄하는 사람이 있었다."[285] 공진회에서는 조선 왕조의 통치와 일본제국주의 통치를 자연스럽게 비교할 수 있도록 출품작을 선정하고 배열하는 데 많은 신경을 썼다.[286] 일제는 많은 사람이 공진회를 구경하도록 여러 방안을 마련했다. 다음과 같은 선전도 큰 역할을 했다.

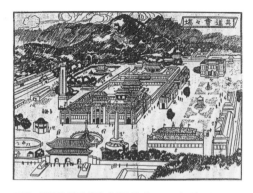

그림 1 공진회 회장 삽화, 《매일신보》1915년 9월 3일

《매일신보》는 그림 1을 1면에 큼지막하게 싣고 여러 전시장을 설명했다. 그림 2 포스터도 경복궁에서 열린 공진회 전시장이 어떻게 배치되었는지를 꼼꼼하게 보여 준다. 공진회를 경복궁에서 개최하면서 궁내에 있는 많은 전각을 옮기거나 헐어 버렸다. 경복궁의 모든 지역을 진열관, 미술관, 매점, 휴게소, 음식점 등으로 사용했다. 부지를 정리하고 궁궐을 수리한다는 구실로 기존 건물을 파괴하고 철거했다.[287] 경복궁의 권위는 떨어지고 위엄은 사라졌다. 이미 경복궁은 공공 행사를 위한 의례와 유흥의 무대가 되었다.[288]

공진회는 총관람객 수가 100만 명을 넘었다. 거기에는 일제가 조직적으로 동원한 '단체관람객'이 적지 않았지만, 흥행에 성공했다고 볼 수 있다. 이제 널리 알려진 그림 3 포스터를 보면서 공진회의 정치적 성격을 짚어 보자.

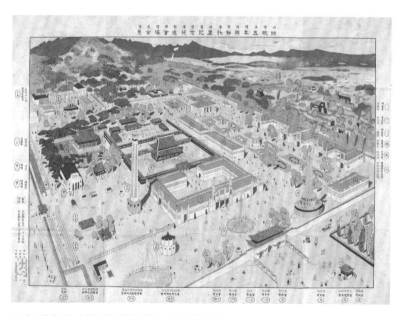

그림 2 시정 5년 기념 조선물산공진회장 전경, 서울역사박물관 소장

그림 3 《시정 5년 기념 조선물산공진회 경성협찬회보고》,
1916, 도판: 《매일신보》 1915년 4월 22일

그림 3 포스터는 반관반민半官半民
지원단체인 '경성협찬회'가 만들었다.
흐릿하게 보이지만, 조선물산공진회를
'The Chosen Industrial Exhibition'이라고
적었다. '조선산업전시회'라는 뜻이다. "낯선
영어는 시각적 호기심을 자극한다."[289]
그림 3은 춘앵무를 추는 기생을 전면에
내세웠다. 이 춘앵무 모티프는 조선 문화의
기호인 전통춤과 여성 신체의 매력을 결합한
것이다.[290] 화려한 색과 현란한 무늬가 있는
옷을 입고 족두리를 쓴 기생은 '풍속적인
이미지'를 나타내기도 하지만[291] 욕망의
대상이자 식민지의 은유가 되기도 한다.[292]
그림 3은 기생 뒤편으로 공진회장의 모습을
위아래로 나누어 그렸다. 위에는 공진회가
가을에 열린다는 뜻에서 단풍을 그렸다.
그러나 단풍 안에 배치한 근정전과 경회루는
어둡고 쓸쓸하다. 아래에는 일본 천황가의

상징인 국화와 함께 근대적 공진회 건물이 환하며 사람들로 북적인다.[293] 낙엽은 곧 질 것이고
국화는 활짝 피어 탐스럽다. 그림 3은 그렇게 '옛 조선'과 '새로운 식민지'를 대비했다. 이
포스터는 누구를 대상으로 한 것일까. 다음 기사를 보자.

　　이 광고지는 동경에서 제작한 것으로 한 기생이 황색 무의舞衣를 입고 춤추는 모습을 나타내었고
　　배경에는 경복궁과 공진회 회장의 원경을 배치하여 매우 미려하다. 총 5000매 가운데 반절은
　　일본으로, 반절은 조선 각지에 분배한다더라.[294]

위의 기사에서 두 가지 사실을 알 수 있다. 첫째, 이 무렵 포스터를 '광고지'라고 했음을 알
수 있다. 같은 신문의 다른 기사에서는 포스터를 '광고화'라고도 했다.[295] 둘째, 이 포스터는

그림 4 1914년 도쿄 다이쇼 大正 박람회 포스터,
東京府 編,《東京大正博覧会事務報告》(下卷),
1916, 도판(홍선표,《한국 근대미술사》, 시공아트,
2012, 122쪽)

일본인 관광객을 대상으로 했다. 이미 일본인은 조선 하면 기생을 떠올리는 데 길들어 있었기에 이 포스터에도 기생 이미지를 활용했을 것이다. 이 기생 이미지는 정치적 선전 수단이면서 공진회를 상업적으로 포장하여 관광객과 관람객을 유도하는 수단이기도 했다. 오늘날 상품광고와 관광포스터 등에서 여성을 상업화하여 응시의 대상으로 연출하는 것의 초기 형태라고 할 수 있다.[296] 그림 3과 관련하여 다음 두 그림을 더 보자.

그림 3의 조선물산공진회 포스터는 그림 4의 일본 포스터를 번안하고 차용했다.[297] 그림 5는 1922년 평화기념도쿄박람회 그림엽서다. 1922년 3월 10일부터 7월 31일까지 일본 도쿄 우에노공원에서 열린 평화기념도쿄박람회에 조선관과 조선 찻집을 연못 옆에 세웠다. 그 건물은 경복궁의 경회루를 모방했다.[298] 그림 5에 보이는 건물이 바로

조선관이다. 그림 5의 기생은 옷 색깔만 다를 뿐 그림 3의 기생과 차림새가 같다. 이 기생은 조선의 '대리표상'이다.[299]

그림 3의 기생도 수줍은 표정이지만, 그림 5의 기생은 아예 뒤로 돌아앉았다. 이 수줍음이란 식민지적 정서를 강요한 것이 아닐까. 그래서 "조선 여성이 수치심을 드러내는 표정에서 인간적 소박한 매력을 느낀다"[300]라는 어떤 일본 기자의 말은 유쾌하지 않다. 그림 3의 기생

그림 5 그림엽서, 평화기념조선박람회조선협찬회 엮음,《평화기념동경박람회 조선협찬회 사무보고》, 1922, 도판

그림 6 담배 광고 부분, 《매일신보》 1915년 9월 12일

이미지는 그림 6과 같은 상업광고에서도 그대로 활용했다.

그림 6의 '뷰티Beauty표' 담배 포장 도안은 물산공진회 포스터를 '표절'했다. 이 담배는 'Beauty'를 비롯하여 'cigarettes with mouthpieces', 즉 필터 달린 담배라고 영어로 써 넣었다. 그리고는 '뷰티표' 담배를 '관기표官妓票' 담배라고 '번역'해서 광고하기도 했다.[301] 이 밖에도 여러 광고가 공진회의 인기에 편승했다.[302]

일제의 1915년 가을 이벤트는 조선물산공진회 말고도 더 있다. 공진회 개최 기간과 똑같이 가정박람회와 인천수족관을 열었다. 일제는 한꺼번에 여러 '시각적 유도장치'를 작동해 자신을 '문명'의 전달자로 인식시키려 했다.

가정박람회는 경성일보사 본사에서 열렸다. 공진회 덕택으로 가정박람회도 꽤 붐볐다. 가정박람회는 시대에 맞는 가정을 보여 주고 조선물산공진회 사업에 협조하려는 목적으로 개최한 '미디어 이벤트'였다.[303] 경성가정박람회는 1915년 3월에 일본에서 《국민신문》이 창간 25주년을 기념하여 도쿄 우에노에서 연 가정박람회를 본떴다. "가정집의 방을 만들고 거기에 의장을 덧보태 사람들의 이목을 끄는 방식"으로 했다. 다시 말하면, 오늘날의 백화점 가구 판매장에서 볼 수 있는 모델룸의 전시를 시도했다.[304] 경성에서 열린 가정박람회의 사진을 보자.

그림 7 가정박람회 출품작 사진, 경성협찬회, 《경성안내》, 1915년, 262쪽

일본의 가정박람회는 서양의 생활 양식을 표본으로 삼았다. 그러나 경성에서 열린 가정박람회는 일본식 가정을 모범으로 가정을 개량하는 데 목적을 두었다.[305] 일본 마네킹으로 가득한 그림 7이 그 사실을 보여 준다. 경성 가정박람회 포스터는 아직 발견하지 못했다. 다만 다음과 같은 사진엽서가 있다.

그림 8 가정박람회 사진엽서, 서울역사아카이브 소장

그림 9 가정박람회 보도 사진, 《경성일보》 1915년 10월 6일

그림 8은 가정박람회 때 비행기가 축하 비행하는 모습을 담은 사진엽서다. 이 사진엽서는 그림 9의 사진을 그대로 사용했다. 사진엽서의 왼쪽 원 안에는 가정박람회장 야경을 넣었다. 가정박람회는 그때로서는 획기적인 일이었다. 남의 집 '대문'을 열어 그 집의 방이 몇 개인지, 그리고 방 안의 물건은 무엇을 어떻게 배치하고 사는지 등의 호기심을 공개적으로 해소할 기회였다.[306]

가정박람회는 일본 중류 계층의 이상적인 가정생활과 주택을 모형으로 전시했고 식민지 조선의 상류층 주택의 실내 모형도 전시하여 자연스럽게 비교하도록 했다. 거기에는 조선 '구식 집'은 불편한 점이 매우 많으니 진열된 일본 중류 가정을 모범 삼아 개량하라는 정치적 기획을 내포하고 있었다.[307] 신문 기사에 따르면, 조선 여성 관람자가 "조선인의 가정에는 개량할 점이 특별히 많다는 것을 알았다. 가정박람회는 훌륭한 가정 학교다"라고 말했다고 한다.[308] 사실과 관계없이 이 기사는 가정박람회의 목적이 무엇인지를 알게 한다.

이제 '조선물산공진회 분신分身'인 인천수족관을 보자. 수족관을 유치하려고 인천과 부산이 경쟁했다. 그와 관련된 신문 기사가 있다.

> 올가을 경성에서 열리는 '시정 5년 기념 조선물산공진회'의 별체분신別體分身인 수족관을 우리 부산이 개설해서 공진회가 폐회된 뒤에는 영구적으로 설비를 존속하여 이를 보존한다는 의견을 미리 제출한 적이 있지만 실현되지 못했다. 공진회에 따르는 수족관은 인천항이 차지하게 되었다.[309]

그 동안의 조선물산공진회 연구에서 인천수족관을 다루지 않았다. 그러나 "공진회 사업 가운데 하나로 수족관을 인천에 설치했다"라는 사실에 주목해야 한다.[310] 기사 하나를 더 인용한다.

> 올가을 경성에서 개설될 시정 5년 기념 공진회에 수족관을 어떻게 설비할까 하는 것이 기대되는 문제다.…경성에서는 해안의 거리가 너무 멀어서 도저히 바닷물을 공급하기 어렵다. 그리하여 인천, 원산, 부산 등을 거론한다. 그러나 인천은 바닷물이 혼탁하여 여러 어종을 모아 두기 어려울 뿐만 아니라 조수 간만의 차이가 심해서 바닷물을 공급하는 데 어려움이 따른다. 원산과 부산은 경성에 본관을 두고 있는 공진회의 분회장으로는 알맞지 않다. 따라서 규모가 큰 수족관을 둘 수 없다.[311]

물산공진회를 계획하면서 인천, 원산, 부산 등을 수족관 후보지로 꼽았지만, 완벽한 곳이 없다는 내용이다. 그러나 물산공진회를 열 때가 되자 인천에 수족관을 세우기로 했다. 인천수족관을 알리는 두 포스터를 보자.

그림 10과 그림11은 진귀한 어류와 해초를 그려서 수족관에 대한 호기심을 부추긴다. 그림 10에는 "시정 5년 기념 조선물산공진회협찬회 인천수족관, 9월 11일에서 10월 31일까지"라고 썼다. 물방울처럼 생긴 원 안에 바다와 섬, 인천항과 산, 인천수족관 건물 등을 그렸다. 인천수족관에는 100종이 넘는 물고기가 있었다.[312] 매체에서는 해녀관과 잠수관 등이 있고 28개 어조魚槽를 두어 "마치 육상의 용궁처럼 꾸며 놓았다"라고 선전했다.[313] 그림 11에서는 한 여인이 바닷속 '용궁'을 거닐고 있는 것으로 묘사했다. 그림 12 그림엽서는 선명하고 화려하다.

그림 10《매일신보》1915년 7월 24일

그림 11 인천수족관 포스터, 인천개항박물관 소장

그림 12 그림엽서, 서울시립대학교 박물관, 《엽서로 보는 근대 이야기》, 2003, 99쪽

그림 12를 소개한 《엽서로 보는 근대 이야기》에서는 연도를 제시하지 않은 채 '인천 월미도 전경과 수족관'이라고 아주 간단하게 해설했다.[314] 그림 12의 오른쪽에 있는 수족관 사진은 신문에 실린 1915년 인천수족관 사진과 똑같다.[315] 따라서 그림 12는 1915년 인천수족관을 기념하는 그림엽서였다고 추정해도 아무런 무리가 없다.

인천협찬회가 200여 평 부지에 인천수족관을 세웠다. 인천협찬회란 조선물산공진회를 후원하기 위해 인천에서 조직한 관변단체다. 인천협찬회는 수족관과 함께 군함 관람으로 붐을 일으키려 했다. 조선물산공진회가 열리는 동안 수족관과 군함은 인천 관광의 상징이 되었다.[316] 인천협찬회는 사람들이 수족관에서 '기이한 구경'을 하면서 일본의 시혜를 느끼고 군함에 올라가 일본의 군사력을 직접 보기를 바랐다.

놀 짬이 없다:
부업품공진회와 자력갱생

1923년 10월 5일부터 10월 24일까지 경복궁에서 조선부업품공진회가 열렸다. 조선총독부의
지원을 받아 조선농회가 주최했다. 이 행사는 "부업 발달을 장려해서 농가의 수입을 증가하고
생활 향상과 안정을 꾀하는 것"이 목표였다.[317] 부업품공진회는 본 행사 이외에도 오락으로
여러 '경기대회'를 열어 관람객의 흥미를 끌었다.[318]

부업품공진회는 1923년 9월 1일에 일어난 간토대지진이 하나의 변수가 되었다. '간토대지진'
때문에 일본이 뒤숭숭한데 조선이 이를 강 건너 불구경하듯 해서는 안 된다면서 개최를
중지하거나 연기해야 한다는 의견이 있었다. 그러나 "조선 농민의 수입을 증가시켜 농촌을
진흥하고 오히려 인심이 동요하는 것을 막기 위해서" 부업품공진회를 계획대로 열기로 했다.[319]

부업품공진회는 사회경제적 난국을 타개하는 수단이기도 했다. 일본에서는 1920년부터
시작된 경제공황에 따라 금융계가 혼란에 빠지고 농촌은 피폐해졌다. 쌀값은 하락하고
농촌에서는 소작쟁의가 자주 일어나 사회문제가 되었다. 조선도 마찬가지였다. "소작문제는
일본만큼은 소란스럽지 않지만, 농촌의 곤란은 일본 이상이었다." 조선부업품공진회는 이러한
현실에 대한 대응책이었다.[320]

"1915년 조선물산공진회가 장남이라면 1923년 조선부업품공진회는 차남"이었다.[321]
부업품공진회는 여러 면에서 물산공진회를 본떴다. 둘 다 경복궁에서 열었다. 물산공진회가
조선총독부 신청사를 건립하기 위한 사전 이벤트로서 경복궁 내부를 파괴했다면,
부업품공진회는 경복궁 외관을 변형시켰다. 이때 광화문을 지키던 해태도 옮겼다.[322] 시인이자
평론가인 김기진(1903~1985)은 '관동대지진' 때 학살당한 동포와 광화문에서 쫓겨난 해태를
생각하며 "해태가 운다. 조선서 운다! 시월은 초닷새, 해태가 운다"라는 시를 썼다.[323] 이
시에서 "시월 초닷새"란 바로 부업품공진회가 열리는 날이다. 이제 부업품공진회 포스터를
보자.

그림 1 《매일신보》 1923년 7월 19일; 《경성일보》 1923년 7월 19일

그림 2 표지, 《조선》(조선문) 73호, 1923년 10월

그림 1은 신문에 실린 조선부업품공진회 포스터다. 그림 2는 그림 1 포스터를 조금 변형하여 만든 잡지의 표지다. 그림 1에 큰 글씨로 '조선부업품공진회'라고 적혀 있고, 원 안에 "10월 5일부터 24일까지 경복궁에서 연다"고 알렸다. 이 포스터는 봉황인 듯한 새도 그렸다. "부업이란 주업에 대한 상대적인 말로 본업에 지장을 주지 않고 잉여노동력을 이용하는 것이다."[324] 부업품공진회를 주최하는 쪽에서는 부업을 그렇게 정의했다. 다음은 조선부업품공진회 그림엽서다.

그림 3 조선부업품공진회 기념엽서, 서울역사아카이브 소장

그림 3에서는 쌀가마니와 여러 채소를 그려 부업품공진회가 농촌을 위한 행사임을 나타냈다. 남대문 사진과 단풍 그림을 배치하여 조선부업품공진회가 경성에서 가을에 열린다는 것을 알렸다. 《매일신보》는 "현재 일본과 외국은 부업 수입이 주업 수입보다 많다"라면서 부업은 다음과 같은 장점이 있다고 했다. 첫째, 주업인 농업은 토지와 떼려야 뗄 수 없지만, 부업은 토지가 필요 없고 계절과 시간의 지배를 받지 않는다. 둘째, 기후풍토가 생산에 영향을 미치지 않고 노력한 만큼 소득을 올릴 수 있다.[325]

부업품공진회 때 한몫 보려는 사람들이 있었다. 간토대지진으로 타격을 받은 경성 본정本町의 상인도 그 가운데 하나였다.[326] 상인들은 서울 구경 오는 지주들을 겨냥해서 다음과 같이 광고했다.

그림 4는 부업품공진회를 구경하려면 "신식을 좇는 서울, 유행하는 제품"을 준비하라는 구두 광고다. 그 무렵의 첨단 패션을 보여 준다. 매체에서는 이처럼 들뜬 분위기를 연출하기도 했지만, 부업품공진회의 취지를 비판하는 사람도 적지 않았다. 《동아일보》는 "부업장려로 농촌을 진흥시킬 수 있다는 주장은 그저 헛웃음만 나오게 하는 천박한 의견이다"라고

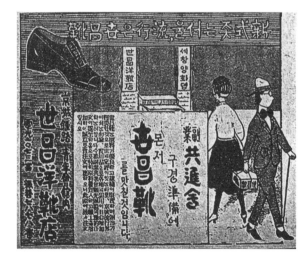

그림 4 광고, 《매일신보》 1923년 10월 20일

비판했다. 그리고 "소작쟁의, 농민의 해외 이주, 중소 자작농의 감소, 농촌인구의 사망률 증가 등에 대한 근본 대책을 마련해야 한다"라고 주장했다.[327]

부업품공진회장은 어떤 모습이었을까. 직접 본 사람이 쓴 글을 보자. 부업품공진회는 일본 사람을 위한 행사처럼 보인다. 과자 만드는 것, 허리띠 짜는 것, 그 모두를 일본 사람이 만들었다. "한편에서 상투 틀고 탕건 쓴 노인이 한가롭게 재떨이를 만들고 있으면, 다른 편에서는 일본인이 경영하는 기계 소리가 요란하다", "삿자리 몇 닢, 멍석 몇 닢, 짚신 몇 짝을 늘어놓은 옆에는 일본 제품의 화려한 기구가 번쩍인다." '면화관'만 하더라도 광목이 거의 다 일본산이다. 조선 사람이 만든 제품은 한편 모퉁이에 경성방직회사 제품과 시골서 짠 무명 몇 필이 있을 뿐이다. 동양척식주식회사 특설관에는 '옛날과 오늘날의 농촌'이라는 제목을 달아서 농촌의 여러 상황이 나아졌다고 자랑했다.[328] 누구를 위한 부업품공진회였던가. "일부 상인의 상품광고를 목적으로 한 광고회장이 아닐까 하는 의문을 갖지 않을 수 없다."[329] 부업품공진회는 일본산 부업 생산품을 전시하고 그것이 얼마나 우수한지를 직접 보여 주었다.[330]

부업품공진회는 조선 농민에게 어떤 영향을 주었을까.《경성일보》기사에 따르면, 부업품공진회 관계자의 설명을 들어가면서 노트에 기록하는 열성 관람자도 있었다고 한다. 그러나《동아일보》기사에서는 효과가 거의 없고 "놀러 가는 공진회", "구경하러 가는 공진회"에 지나지 않았다고 했다.[331]

부업품공진회의 효과를 높이려고 통계전람회도 열었다.[332] 부업품공진회가 10일 남았을 때 같은 구역에서 통계전람회를 겹쳐 열었다. "조선의 '통계사상'을 보급하려고 열었다"라고 했다. 통계전람회에서 통계 그림, 통계표, 통계에 관한 저서와 간행물, 통계 표어, 통계 창가와 선전가, 통계 규정, 선전용 포스터, 통계 강습회와 강연집 등을 전시했다.[333]

"통계는 추상적이기보다는 구체적이고 연역적이기보다는 귀납적인 점에서 근대과학의 가장 중요한 특색을 가졌다. 그러므로 통계사상을 보급하는 것은 매우 시의적절하다. 다만 공명정대하게 통계학적 양심을 지켜 주길 바란다."[334]《동아일보》는 사설에서 그렇게 적었다. 《동아일보》는 "통계는 약도 되고 독도 되는 양면성을 가지고 있다. 과거 총독부는 통계 마술을 부렸지만 이제 통계학적 양심을 지켜 주길 바란다"라고 당부했다.[335] 그러나 통계전람회는 일제의 '통계 마술'을 위한 곳이었다. 다음 통계전람회장 사진을 보자.

그림 5를 보면 막대그래프와 도표 등을 사용하여 무언가
수량이 늘어나고 있음을 눈에 확 띄게 했다. 이처럼 일제는
통계전람회를 통해서 수량화한 통계를 제시하며 식민 통치를
정당화하는 '통계의 마술'을 부렸다.

1923년 부업품전람회 뒤에도 부업에 대한 계몽과 선전을
계속했다. 농가 경제를 살리려면 열심히 부업을 해야 한다고
했다. 그림 6 포스터는 그 보기다.

그림 5 통계전람회장 사진, 《조선》
(조선문) 74호, 1923년 11월, 도판

그림 6 《매일신보》 1933년 2월 21일; 《경성일보》
1933년 2월 19일

그림 6은 보통
포스터와 달리
길쭉하다. 주먹을
불끈 쥔 남자는
'근로정신'이
가득한 눈빛과 근육질의 체격을 뽐낸다. 그림
6에 1933년 3월 20일부터 5일 동안 '경상북도
상품진열관'에서 '자력갱생, 농산어촌 진흥
부업품전람회'를 연다고 적었다. 전람회 회장
정문에도 "자력갱생이라는 글자를 큼지막하게
썼다."[336] 그림 6의 '자력갱생 농산어촌
부업품전람회'는 "극도로 피폐한 농산어촌의
갱생은 부업장려와 생산품 판로를 개척하지 않으면
불가능"하다는 판단에서 경상북도 산업과와
대구상공회의소가 함께 주최했다.[337] 대구역
앞에 있는 경상북도 상품진열관에서 1933년
3월 20일부터 5일 동안 연다고 했다. "불황의
여파로 위축된 중소상공업자 마음에 활기를
주고 근로정신을 함양하여 농산어촌의 경제를
향상시킨다"라는 취지였다.[338]

'자력갱생'은 무엇이고 '농산어촌 진흥'은 어떤 맥락에서 나온 말일까. 1930년대 초반의 시대 상황을 알아야만 그 뜻을 다 알 수 있다. 이 단어들은 대공황과도 관계가 있다. 1929년에 시작한 공황은 1930년대 초반까지 격렬했다. 조선도 공황의 소용돌이에 휩쓸렸다. 농업공황으로 농산물 가격이 폭락하여 농촌경제가 큰 타격을 입었다. 1930년부터 1933년까지 쌀값도 곤두박질쳤다. 일제는 농촌문제가 단순히 경제적인 문제에 그치는 것이 아니라 식민 통치 전반에 큰 영향을 미친다고 판단했다. 특히 '내선융화'의 걸림돌인 사회주의사상과 독립운동의 영향에서 농민을 차단해야만 했다.[339] 그리하여 일제는 〈농산어촌 진흥에 관한 건〉(1932년 10월 8일)을 공포하면서 농촌진흥운동을 시작했다. 농촌진흥운동은 '자력갱생'을 핵심 표어로 삼았다.

'자력갱생'이란 "남에게 의지하지 말고 스스로 어려운 처지에서 벗어난다"라는 뜻이다. '자력갱생'이라는 말은 식민지 조선에 앞서 일본에서 '정신작흥운동'을 할 때 사용했다. 일본의 '정신작흥운동'은 1923년 11월 10일 〈국민정신작흥에 관한 조서〉를 반포하면서 시작했다. 간토대지진 직후 비상시국에 대처하려는 관제 운동이었다. 그로부터 10년 남짓이 지난 1932년에 조선 총독 우가키 가즈시게는 일본의 '국민정신작흥운동' 기념일인 11월 10일에 식민지 조선에서도 일본과 같은 '국민정신작흥운동'을 시작한다고 선포했다.[340] 그는 1920년대 말에서 1930년대 초는 세계 대공황과 만주사변 등이 일어나 비상시국이 되었기 때문에 식민지 조선에서도 '국민정신작흥운동'을 해야 한다고 판단했다. 조선의 정신작흥운동에서 '자력갱생'은 중요했다. "자력갱생의 발랄한 기력氣力을 기른다"라는 것을 정신작흥운동의 '실행강목'으로 정했다.[341]

농촌진흥운동과 정신작흥운동은 서로 짝을 이루었다. 일제는 "전체 인구의 80퍼센트를 차지하고 있는 농민이 전혀 자각이 없으며 갱생의 기운이 희박하니까 농촌에 자력갱생의 정신을 불어넣어야 한다"라고 했다.[342] 농촌경제가 파탄이 난 것은 일제의 지배정책 탓도 아니고 지주의 수탈 때문도 아닌 오로지 농민의 무지와 게으름 때문이라고 했다. 따라서 자력갱생의 정신으로 스스로 깨치고 부지런하면 잘살 수 있다고 했다.

일제는 "부업으로 들어온 현금을 저축하면 농가 경제가 안정될 것"이라는 생각을 농민에게 심어 주려 했다. 다음 포스터는 '농민 통제 기관인 금융조합'을 통해 그러한 논리를 선전한다.

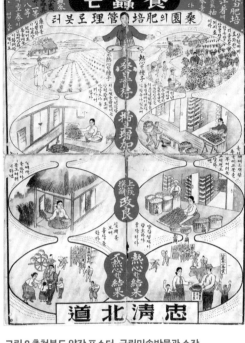

그림 7 국립민속박물관 소장　　　　　　　　그림 8 충청북도 양잠 포스터, 국립민속박물관 소장

그림 7에서 "닭과 누에에 지지 않게 부업 저금을 합시다"라고 적었다. 소와 닭, 그리고 상투를 튼 할아버지가 가마니를 짜는 모습을 그려서 부업장려의 품목을 알렸다. 그러나 소를 키울 수 있는 사람은 한 동리에 한두 명에 지나지 않았고 돼지나 닭 기르기도 사료 때문에 조금은 여유 있는 농가에서만 할 수 있었다.

그림 8에 "양잠은 뽕나무밭을 비옥하게 관리하는 것으로부터"라고 썼다. 양잠이란 뽕나무를 재배하고 누에를 쳐서 고치를 생산하는 것이기 때문이다. 그림 오른쪽에 누에치기를 열심히 하는 사람을 그렸고 왼쪽에는 그렇지 않은 사람을 그려서 서로 비교했다. 뽕나무밭에 거름을 잘 준 사람에게 가축, 농잠구農蠶具, 가구 등의 상품을 준다고 적었다.

생사 수출은 일본 경제에서 큰 비중을 차지했다. 일본은 외화를 획득하기 위해 누에치기를 장려했다. 전쟁 때에는 다음처럼 누에치기를 장려했다.[343] "고치는 국민 의료의 재료로 필요할 뿐만 아니라 낙하산이며 비행기 등 군수품의 원료로서도 중요하다. 그리고 누에는 여자나

아이들이 25일 동안의 단기간에 성과를 낼 수 있다."[344] "예로부터 누에는 '하늘의 벌레'이기 때문에 이것을 사육함은 하늘의 뜻에 따르는 것이라고 할 수 있다."[345]

영세농일수록 가마니 짜기가 수입에서 차지하는 비중이 컸다.[346] 가마니란 "짚을 돗자리 치듯이 쳐서 만든 용기"이다. 그 어원은 일본어 가마스かます다. 가마니가 우리나라에 들어오게 된 것은 개항 뒤에 조선의 미곡이 일본으로 유출되면서부터다. 조선의 포장재인 '섬'이 일본 시장에서 통용되는 단위에 맞지 않을 뿐만 아니라 장거리 유통에도 적합하지 않아 일본 가마니를 들여왔다.[347] 가마니는 조선에서 기존에 사용하는 '섬'보다 부피는 작으나 한 사람이 운반하기에는 적당했으며, 두께가 두껍고 사이가 촘촘해서 곡물이 흘러내리지 않았다. 1907년 무렵부터 조선에서 가마니를 직접 만들기 시작했다. 가마니 짜기는 농한기를 이용할 수 있고 농촌의 부녀와 아동노동까지 동원할 수 있어서 부업으로 장려했다.[348] 그림 9 삽화는 어머니와 어린 딸이 밤늦도록 가마니를 짜는 모습을 그렸다.

전쟁이 일어나면서 가마니 수요가 크게 늘었다. 군수용 식량을 포장하기 위해서도, 참호와 같은 군사시설을 만드는 데도 가마니가 필요했다. 새끼, 거적, 가마니는 "농촌에서 생산하는 병기兵器"였다.[349] 일제는 '가마니 짜기 경기' 등을 자주 열어 가마니 생산을 독려했고,[350] 농민에게서 군용 가마니를 공출했다. 농민들이 강제 할당된 가마니를 공출하려고 다른 곳에서 비싸게 사서 대는 일도 있었다.[351]

그림 9 삽화, 《가정지우》 6호, 1937년 9월, 54쪽

일제가 부업을 장려하는 데에는 일본 자본주의에 필요한 원료 농산물을 값싸게 공급하려는 목적도 있었다. 따라서 일본 수출산업을 위한 원료 생산을 부업으로 장려했다. 제사 자본에 제공할 양잠과 포장에 쓰일 짚 가공이 그것이다.[352] 그러나 부업으로 농촌경제가 크게 나아질 수 없었다. "자본주의가 낳아 놓은 대량생산의 상품이 관세도 없이 밀려 들어와서 소공업小工業과 농가 부업을 깨뜨렸을 뿐만 아니라, 농산품을 상품화시켜서 이중삼중의 착취를 거듭하고 있다."[353] 그렇게 비판하는 잡지 글도 있다.

같고도 다른 공진회:
지역의 물산공진회

공진회에서는 여러 물품을 한군데 모아 놓아 관람객이 비교하게 만들고 심사로 우열을 가렸다. "함께 나아간다"라는 뜻을 가진 '공진共進'이라는 명칭이 붙은 것에서 알 수 있듯이 "조선인이 함께 문명인으로 나아가자"라는 행사였다.[354] 1910년대부터 지방에서 주로 1차 산업품, 특히 농산품 중심의 여러 공진회가 열렸다.[355] 그 가운데 제1회 경상북도물산공진회는 1913년 11월 5일부터 19일까지 대구에서 열렸다. 이 공진회는 "쌀을 비롯한 주요 농산물 등을 개량하고 발달시킨 흔적이 잘 나타났다"라고 한다.[356] 이 기사에서 제1회 경상북도물산공진회는 일제의 농업 개량정책을 선전하는 것이었음을 알 수 있다. 제2회 경상북도물산공진회는 1918년에 천황 탄생기념일인 10월 31일부터 11월 19일까지 대구에서 열렸다.[357] 그때 그림 2와 같은 포스터도 만들었다. 그러나 아직은 포스터라고 부르지 않고 '광고지'라고 했다.[358] 그 '광고지'는 1915년 조선물산공진회의 '광고지'와 거의 비슷했다. 두 '광고지'를 서로 견주어 보자.

그림 1 조선물산공진회 포스터(1915, 경성), 《시정 5년기념 조선물산공진회 경성협찬회보고》, 1916, 도판

그림 2 제2회 경상북도물산공진회 포스터(1918, 대구), 《매일신보》 1918년 9월 26일; 《제2회 경상북도물산공진회사무보고》, 1919, 도판

그림 1은 앞에서 '조선물산공진회'를 서술할 때 이미 소개했지만, 그림 2와 비교하기 쉽게 다시 여기에 싣는다. 당연히 그림 1과 그림 2는 다르다. 첫째, 그림 1이 경복궁을 배경으로 하고 그림 2는 불국사 다보탑을 배경으로 했다. 둘째, 그림 2는 기생의 모습보다 제1호관의 화단과 분수를 전면으로 내세웠다.[359] 셋째, 그림 1에는 일본 황실의 상징인 국화가 있지만, 그림 2에는 국화가 없다. 그러나 큰 틀에서 보면 두 포스터는 거의 같다. 특히 옛 공간은 생기 없고 어두운 공간으로, 근대적 공간은 활기 있고 밝은 공간으로 그린 것이 그러하다. 그림 2 포스터에서 생략했던 국화 그림이 다음 그림엽서에는 있다.

그림 3 그림엽서, 《경성일보》 1918년 11월 2일; 《부산일보》 1918년 11월 4일

그림 3 그림엽서는 제2회 경상북도물산공진회의 주요 건물인 제1호관이 1915년 조선물산공진회 제1호관을 흉내 냈음을 알려 준다.[360] 제2회 경상북도물산공진회에서 여흥 프로그램으로 군사적 행사를 했다. 비행기가 하늘을 날면서 "폭탄을 던지고 비행기 사격 연습을 하여 처음 보는 장관을 연출"했다.[361] 또한 공진회 마지막 날에는 대구 보병 80연대가 연병장에서 화염방사기와

'독가스 방독면' 등을 동원한 군사훈련을 보여 주어 "군사사상을 고취했다."[362] 이러한 행사에는 일제의 압도적 힘을 연출하여 대중의 저항의식을 미리 차단하려는 뜻이 있었다.

1923년 10월에는 조선부업품공진회(10월 5일, 경성), 조선수산공진회(10월 10일, 부산), 전국특산품진열회(10월 1일, 대구)가 잇달아 열렸다. 매체에서는 "경성의 부업공진회, 부산의 수산공진회, 대구의 특산품진열대회 등은 각자의 분발심을 자극하여 산업 발전에 크게 이바지한다"라고 홍보했다.[363] 이 모든 행사는 "제국의 부력富力을 증진하며 조선 민중에게 행복한 생활을 주기 위한" 것이라고 선전했다.[364] 수산공진회도 간토대지진 영향 때문에 우여곡절을 겪었지만, 예정대로 열렸다.[365] 이제 '조선수산공진회' 포스터를 보자.

그림 4를 보면 대궐이 있는 바닷속 용궁을 그렸다. 인어가 등불을 들고 나팔을 분다. 등불은 수산업의 앞날을 밝힌다는 뜻일 것이다. 나팔은 "수산공진회가 조선에서는 처음 있는 일"[366]임을 강조한 것으로 보인다. 포스터 속 지도는 부산이 항구만이 아니라 철도에서도 중요한 역할을 한다는 것을 나타낸다. 조선수산공진회는 여러 수산 물품을 진열하고 비교·심사하여 수산업 발달에 도움이 되게 한다는 취지였다. 조선에서 가공한 제품이 일본에 뒤처진다는 점을 느끼게 하는 것도 공진회를 개최한 주요한 목적 가운데 하나였다.[367] 부산에서 연 조선수산공진회는 수산업을 장악하고 있는 일본인 자본가들이 주도했다.

그림 4 《조선시보》 1923년 6월 3일; 한국향토문화전자대전

1910년대부터 주로 바닷가 도시에서 '수산품평회'를 열곤 했다.[368] 1922년 7월 원산에서 처음으로 연 '수산품평회'도 그 가운데 하나였다.[369] 이 경험을 바탕으로 1933년 7월에 '함경남도연합수산공진회'를 원산에서 열었다. 그 포스터인 그림 5를 보자.

그림 5 포스터가 멋있다고 생각했는지 여러 신문에서 이 포스터를 실었다. 행사보다는 포스터가 훨씬 더 크게 언론의 조명을 받은 듯하다. 포스터에 가슴을 드러낸 인어를 그렸다. 인어가 손에 든 것은 진주조개인 듯하다. "원산부, 연해沿海 11군 연합수산공진회"라고 크게 썼다. 바닷가에 잇닿은 11개 군이 힘을 합쳐 원산에서 수산공진회를 연다는 뜻이다. 그러나 8월에 폭풍우로 "원산 해안 일대가 수라장이 되고 거의 모든 공진회 회장이 무너졌다."[370] 복구하여 다시 개관하고 폐회를 늦추었지만,[371] 아무래도 관람객동원에 어려움을 겪었을 것이다.

그림 5와 같은 '연합공진회'를 여러 곳에서 열었다. 경상남도연합공진회도 그 가운데 하나였다.

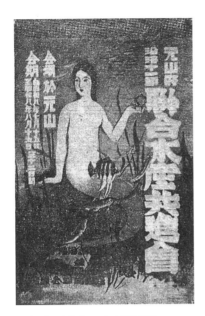

그림 5 《조선시보》 1933년 7월 15일;
《조선신문》 1933년 6월 8일; 《매일신보》
1933년 6월 4일; 《경성일보》 1933년 6월 3일

그림 6 《매일신보》 1927년 2월 21일;
경상남도 창원군 외 2부 18군 연합물산공진회
엮음, 《물산공진회사무보고》, 1928, 도판

경상남도연합공진회는 1927년 4월 "벚꽃 명소로 조선에서 이름이 높은 진해"에서 열렸다. "국유철도의 개통을 기념하고 지방 산업의 개발을 촉진한다"라는 취지였다. 창원군이 주최하고 부산과 마산의 2부府를 비롯하여 진주·김해·통영 등 18군郡이 찬동하고 연합했다.[372] 그 포스터인 그림 6을 보자.

그림 6은 "경상남도 창원 외 2부 18군 연합물산공진회"라는 표제어를 달았다. 개최지는 진해이며 회기는 1927년 4월 8일부터 14일까지라고 적었다. 배와 비행기가 있다. 어떤 배는 군함처럼 보인다. 하늘에는 해군 군함기, 즉 욱일기가 떠 있다. 연합물산공진회 건물을 웅장하게 그렸다. 조선 여성과 일본 여성이 다정하게 '내선융화'를 이루고 있다. 흐드러지게 핀 벚꽃을 그려 진해의 봄을 알린다. 관람권에도 벚꽃을 크게 그려 넣었다.[373] "벚꽃을 보려고 모여드는 관중이 장관을 이루었다"라고 신문은 보도했다.[374]

그림 6에서 비행기와 군함을 그린 까닭은 무엇일까. 진해가 군사도시였기 때문이다. 1904년 러일전쟁 때 일본은 진해만을 점령하고 해군 기지로 사용했다. 이때부터 창원·웅천·거제는 일본 해군의 세력권이 되었다.[375] 일제는 1910년부터 진해에 군항을 건설하고 시가지를 만들기 시작했다. 진해는 일본이 계획한 식민도시였다. 식민지 시기 진해의 사진과 우편 스탬프를 보자.

그림 7 진해 사진, 조선흥업주식회사 엮음, 《조선흥업주식회사삼십주년기념지》, 1936, 176쪽

그림 7 사진을 실은 책에서는 진해 벚꽃을 다음과 같이 설명했다. "1910년 일본 해군이 진해에 요항要港을 설치할 때부터 길거리와 군용지의 빈터를 아름답게 하려고 벚나무 10만 그루를 심었다. 이때부터 진해는 경성의 창경원과 평양의 모란대와 함께 벚꽃의 명소가 되었다."[376] 그림 8 우편 스탬프에서는 군함과 벚꽃, 그리고 등댓불과 함께 1905년 쓰시마해전에서 일본 함대가 러시아 발트함대를 격파한 것을 기념하는 탑을 그렸다.[377] 이 진해 스탬프는 진해의 특성을 명료하게 제시했다.

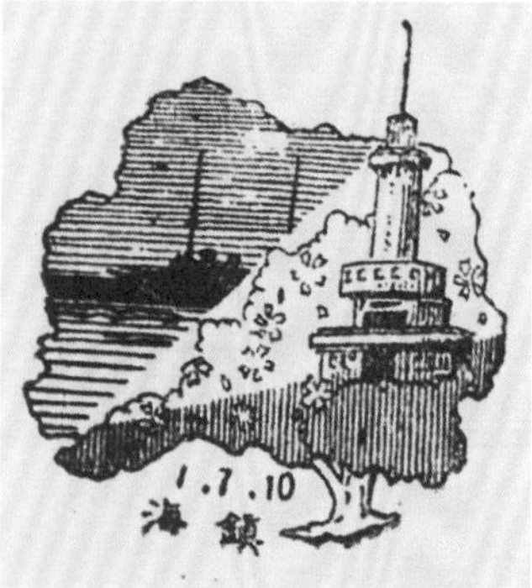

그림 8 진해 스탬프, 조선체신협회, 《조선체신협회잡지》, 1932년 10월, 67쪽

1910년 4월부터 1912년 말까지 3년 남짓한 시간 동안에 '군항 도시' 진해가 틀을 잡았다. 새로운 시가지는 조선인들을 강제로 내쫓은 뒤에 일본인을 위해 만들었다.[378] 1912년 진해에 사는 일본인 수는 1744호 5616명이었고 조선인 수는 425호 1998명이었다. 일본인 숫자로만 따지면 진해는 경성·부산·인천·평양·원산 다음이었으며 조선인 대 일본인 비율이 26 대 74로서 '일본인 도시' 가운데 일본인 비율이 가장 높았다.[379] 그래서 그림 6에서도 일본 여성을 전면에 내세웠다.

모든 공진회의 성패는 얼마나 많은 관람객을 유치하는가에 달려 있다. 벚꽃은 진해 연합공진회에서 큰 역할을 했다. 다음 포스터도 진해 벚꽃을 중요한 소재로 삼았다.

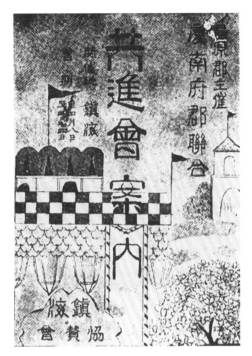

그림 9 경상남도 창원군 외 2부 18군 연합물산공진회
엮음, 《물산공진회사무보고》, 1928, 114쪽

그림 10 경상남도 창원군 외 2부 18군 연합물산공진회 엮음,
《물산공진회사무보고》, 1928, 113쪽

그림 9·10도 1927년 진해에서 열린 경상남도연합공진회 포스터다. 그림 9는 공진회 회장
안팎에 핀 벚꽃을 그렸다. 그림 10은 아예 벚꽃 나무줄기에 "꽃의 진해, 공진회"라고 적었다.
제1회장: 농산잠업, 제2회장: 임업공산품, 제3회장: 축산 참고관, 제4회장: 수족관이라고
했다. 그 밖에도 특설관으로 해군관과 육군관을 두었다고 했으며 연예관에서 기생이
공연한다고 적었다. 그림 10에서는 전선 무도대회, 야구대회, 정구대회 등의 프로그램도
소개했다. 진해 공진회 때 연예관에서는 일본 춤을 공연했다. 진해 해군집회소에서 검도와
스모 등의 무도대회를 열었다. 진해 공진회는 그 어느 공진회보다 일본색이 짙었다. 그 밖에도
군함을 관람하게 했으며 비행기 폭탄 투하, 군악대의 연주 등을 했다.[380] 특설관으로 해군관과
육군관을 두었던 것에서도 알 수 있듯이 진해 공진회에는 군사적 성격이 짙게 배어 있었다.
지방에서 열린 물산공진회 가운데 목포에서 열린 '조선면업공진회'는 목화를 중심 주제로

삼았다는 것이 큰 특징이다. 목화로 만든 옷감이 무명이다. 목木은 무명이고 화花는 솜이다. 목화란 곧 무명의 원자재인 솜을 만드는 꽃이라는 뜻이다. 목화를 면화棉花라고도 했다. 전라남도는 예부터 면화를 재배했다. 그때의 면화 품종은 '아시아면'이었고 개항 뒤에는 흔히 '재래면'이라고 불렀다. 일본인이 1904년에 목포 가까이에 있는 고하도에서 육지면을 시험 삼아 재배해서 성공했다. 육지면이란 미국 등 북아메리카에서 재배하는 품종으로 오늘날 거의 모든 면섬유의 원료다. 육지면은 '재래면'보다 수확량이 20~30퍼센트 더 많고 섬유 가닥이 길어 면제품을 만들기에 알맞았다. 일제는 육지면 재배를 장려하여 면방직산업의 원료를 확보하려 했다. 일본에선 제1차 세계대전 중에 면방직공업이 크게 성장했지만, 전쟁이 끝난 뒤에 서구 국가들의 방적업이 부활하면서 면화 구입에 어려움을 겪었다. 일제는 식민지 조선에서 원면을 공급받고자 했다.[381] 일제의 정책으로 전라남도는 대표적 육지면 생산지가 되었다. 또한 호남선을 1914년에 개통하면서 다른 곳에서 생산하는 육지면도 쉽게 목포로 모을 수 있었다. 이로써 목포는 육지면을 확산하는 거점이자 육지면을 일본으로 내보내는 창구가 되었다.[382]

목포와 목화는 관계가 깊었기 때문에 1926년에 목포에서 '조선면업공진회'를 열었다. "이 공진회는 목포 개항 30년을 기념하는 것"이기도 했다.[383] 또한, "조선 면화 재배 20주년이 되는 해"이기도 했다. 1904년 고화도에서 시험 재배했지만 1906년 통감부에서 권업모범장을 설치한 때를 공식 재배 기준으로 삼았다.[384] 1926년 조선면업공진회 포스터를 보자.

그림 11 《경성일보》 1926년 9월 20일; 《조선시보》
1926년 10월 31일; 전라남도물산공진회·조선면업공진회,
《전라남도물산공진회·조선면업공진회 지誌》, 1927, 도판

그림 12 전라남도물산공진회·조선면업공진회,
《전라남도물산공진회·조선면업공진회 지》, 1927, 도판

그림 11·12 모두 전라남도물산공진회·조선면업공진회라고 했다. 그러나 그림 11을 보면
물산공진회보다 면업공진회에 훨씬 더 신경을 썼음을 알 수 있다. 그림 11에서 햇불을 든
여인이 활짝 핀 목화를 입으로 불어 날리고 있다. 산 위의 구름을 푹신푹신한 솜처럼 그렸다.
여인의 차림새가 서양식인 것은 '재래면'이 아닌 육지면이라는 것을 나타낸다. 그림 11에 목화
말고도 벼와 고치를 그려서 면업뿐만 아니라 다른 물산공진회도 함께 연다는 것을 알렸다.
그림 11 포스터 속 공진회 제1회장에는 큼지막한 일장기와 만국기가 달려 있다. 포스터는
실제 모습을 얼마나 반영하고 있을까. 다음 사진을 보자.

그림 13의 사진을 보면 그림 11 포스터의
건물과 산은 실제 모습을 반영하고 있다는
것을 알 수 있다. 그림 12는 '전라남도
물산공진회·조선면업공진회'에서 '부설'로
교육전람회와 위생전람회도 함께 열어
상승효과를 노렸음을 알려 준다.[385]
1920년대에는 여러 곳에서 공진회를
활발하게 열었다. 저마다 포스터를
만들어 더 많은 관람객을 모으려고 했다.
신문은 다음과 같은 포스터를 실었다.
그림 14의 '중요물산공진회'는 진주에서

그림 13 사진, 전라남도물산공진회·조선면업공진회,
《전라남도물산공진회·조선면업공진회 지》, 1927, 도판

철도가 개통된 것을 기회로 "지방 산업을 발달시킨다"라는 취지로 열었다.[386] 여성과 함께 진주
권역을 지도로 표시했다. 그림 15는 강릉의 오죽헌과 선녀 이미지를 표현한 듯하다. 그림 16
"실과교육진흥 물산전람회"라고 이름을 붙였지만 다른 물산품평회와 비슷했다. 다만 교육과
학예품도 전시했다는 특징이 있었다.[387]
임업 분야에서도 공진회가 열렸다.

그림 14 중요물산공진회
포스터(1925, 진주), 《경성일보》
1925년 11월 7일

그림 15 강원도 영동 6군 연합물산품평회
포스터(1926, 강릉), 《부산일보》 1926년
10월 7일

그림 16 실과교육진흥 물산전람회
포스터(1926 울산), 《부산일보》 1926년 10월
28일

그림 17에선 울창한 삼림을 그리고 '경상북도 임산공진회'라고 적었다. 조선에서 열린 첫 임산공진회였다.[388] 그림 18을 보면 '경상남북도연합 임업진흥공진회 김천협찬회'라고 크게 적고, 경부선·김천에서 공진회를 연다고 했다. 이 포스터는 숲과 산과 공진회장을 웅장하게 그렸다. 1932년에 열린 김천 임업진흥공진회는 "임산 가공품, 임업에 관한 업적과 발명품 등을 수집하여 비교 심사하여 임업의 개량과 발전을 꾀하려는" 행사였다.[389] 이때 더 많은 관람객을 유치하려고 '조선주朝鮮酒品평회'를 비롯한 여러 행사도 한꺼번에 했다.[390] 만주사변을 기념하기 위한 '만몽군사전람회'도 그 가운데 하나였다.[391] 그림 18의 포스터 밑에 여러 행사가 촘촘하게 적혀 있다.

축산업 분야에서도 공진회가 열렸다. 다음 포스터를 보자.

그림 17 《경성일보》 1926년 8월 5일5일;
《전라남도물산공진회·조선면업공진회
지》, 1927, 도판

그림 18 《경성일보》 1932년 9월 15일

그림 19는 1932년 11월 열린 '함경남도 육우공진회' 포스터다. 축우는 북부 산촌이 주요 생산지였다. 자작 농민이 많은 부락에서 소를 키웠다.[392] 북부 지방에서 축산품평회를 자주 열었다.[393] 그러한 축산품평회의 경험을 바탕으로 육우공진회를 열었을 것이다. 그림 19는 살찐 육우肉牛를 그려서 공진회의 성격을 명확하게 드러내었다.

일제는 소 기르기를 장려했다. 일본에서 필요한 경작용 소를 보급하고 일본의 소고기 소비 증가에 대응하려는 뜻이었다. 또한, 소 증산정책으로 식민지 농촌을 안정화하여 조선 농민을 포섭하거나 동화하려 했다.[394] 일본인들은 '조선 소朝鮮牛'를 높게 평가했다. "육질이 좋고 고기 맛이 뛰어나며, 성질이 온순하여 부리기 쉽고, 거친 사료를 먹여도 잘 자란다"라고 했다.[395] 일본에서 조선

그림 19 함경남도농회 엮음, 《함경남도 육우공진회 보고서》, 1933, 도판

소는 일본 농업을 보조하는 노동력이었고, 군사 물자를 생산하기 위한 원료였으며, 중요한 식량자원이기도 했다. 조선 소의 일본 '수출'은 어디까지나 자유무역 형태였지만, 실제로는 자원을 제국 질서 안에 편입하고 배치하는 것이었다.[396] 일제강점기 동안 조선 소 약 150만 마리가 일본으로 '수출'되었다.[397]

그림 20 조선 소 수출 사진, 吉田雄次郎 編, 《朝鮮ノ移出牛》, 朝鮮畜産協會, 1927, 도판

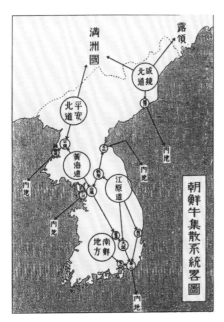

그림 21 조선흥업주식회사 엮음, 《조선흥업주식회사 삼십주년기념지》, 1936, 173쪽

그림 20은 인천항에서 일본으로 가는 배에 크레인으로 조선 소를 싣고 있는 모습이다. 그림 21에선 성진, 원산, 진남포, 인천, 부산을 통해 일본으로 소를 수출하는 것을 지도에 그렸다.

식민 통치와 박람회:
조선박람회, 조선산업박람회, 조선대박람회

일제는 1910년 10월 1일을 총독정치를 시작한 날로 정했다. 그리고는
'시정기념일始政紀念日'이라고 하여 공휴일로 했다. 일제는 5년을 주기로 하여 식민 통치를
기념하는 행사를 치르고 싶어 했다. 앞에서 서술한 1915년 조선물산공진회도 그러한 행사
가운데 하나였다. 일제는 1929년에 시정 20주년 기념 박람회를 열었다. 엄밀하게 말하면
'시정 20주년'은 1930년이었지만, 무슨 까닭인지 1929년으로 앞당겼다. 조선총독부는 1929년
조선박람회 목적을 다음과 같이 밝혔다.

> 조선총독부가 정치를 시작한 뒤부터 20년이 지나 여러 시설과 경영이 차츰 그 발걸음을 앞으로
> 내디디고 있으며 문화, 산업, 경제 등이 순조롭게 발전했다. …시정 20년 동안의 실적을 명확하게
> 하고 다른 한편으로는 서로 비교해 장점을 채택하고 단점을 보완하여 산업경제의 발전에 이바지하게
> 한다.[398]

"박람회는 '산업'의 디스플레이인 동시에 '제국'의 디스플레이다."[399] 1929년 조선박람회는 식민
통치 20년 동안의 업적을 과시하겠다는 것이 핵심이었다. 이제 포스터를 보면서 조선박람회의
성격과 목적을 살피자.

그림 1 조선박람회경성협찬,《경성협찬회보 보고서》, 1930, 도판;《경성일보》1928년 12월 14일;《조선신문》 1928년 12월 14일;《조선시보》1929년 5월 28일, 대한민국역사박물관 소장

그림 2 일본 대례기념교토대박람회 大礼記念京都大博覽會 포스터(1928), 三好一,《日本のポスター: 明治 大正 昭和》, 紫紅社, 2003, 122쪽

그림 1은 조선박람회 포스터 현상 모집에서 1등을 한 작품이다. 신문에서는 "경회루와 근정전을 중앙에 배치하고 조선의 산업을 복잡하지 않게 볼 수 있는 구도와 색채로 그린 빼어난 작품"이라고 평가했다.[400] 화려한 색을 사용해 '근대적' 분위기를 연출했다. 포스터에 그린 조선의 궁궐은 식민지로 전락한 '근대' 조선을 상징한다.[401] 그림 1에서 조선박람회 주제를 둥그렇게 배치했다. 오른쪽 위에서부터 시계 방향으로 살펴보자. 기계, 축산, 교육, 어업, 체신, 무역, 공업, 병원(의료), 광업, 교통, 농업, 임업 등의 이미지를 칸마다 그렸다. 식민 통치로 이 모든 영역이 발전했음을 박람회에서 볼 수 있다는 뜻이다. 그림 1은 그림 2의 영향을 많이 받았다.

다음 포스터는 조선박람회 포스터 현상 모집에서 2등을 한 작품이다.[402]

그림 3에 대해 신문에서는 "짙은 분홍색(緋色)으로 그린 뛰어난 작품이다"라고 설명했다.[403] 이 포스터에서 톱니바퀴만이 공업을 상징하고 벼, 낫, 인삼, 나무, 생선 등은 농수산과 임업을 뜻한다. 경회루와 근정전 위에 달이 빛나는데 닭이 있다. 왜 닭일까. "우리 조선은 고대에 계림鷄林이라 칭했다. 고대뿐만 아니라 지금에도 문단이나 혹 기타 칭호를 사용함에 이를 인용하는 일이 있다."[404] 때때로 매체에서는 한반도를 '계림반도鷄林半島'라고도 불렀다. 그렇다면 그림 3에서 닭은 한반도를 뜻한다.

그림 3 《조선신문》 1928년 12월 14일; 《경성일보》 1928년 12월 14일, 후쿠오카시박물관 소장

경성협찬회에서는 포스터만이 아니라 그림엽서도 현상 모집했다. 경성협찬회란 조선박람회를 추진하고 후원하기 위해 만든 보조단체였다. 그림엽서 도안 현상 모집 결과를 신문에서는 그림 4와 같이 보도했다. 그림 4에서 보여 주는 세 도안이 컬러로 남아 있다. 그것을 잇달아 보자.

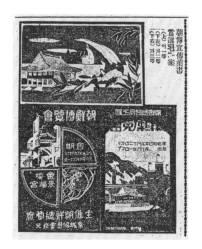

그림 4 《매일신보》 1929년 3월 12일; 《경성일보》 1929년 3월 12일; 《조선신문》 1929년 3월 12일

그림 5에서는 경회루 뒤편에 조선총독부 건물이 우람하게 버티고 있다. 이로써 조선박람회에 정치적 의미를 새겨 넣었다.[405] 그림 6에선 경복궁 근정전과 박람회장을 '모던하게' 디자인하고 수족관을 그려 환상적인 분위기를 연출했다. 그림 7에서도 경회루와 박람회장 등을 그렸다. 여러 글에서 위의 그림들을 '1929년 조선박람회

그림 5 그림엽서 도안 현상 모집 1등, 국립민속박물관 소장

포스터'라고 소개하지만, 정확하게 말하면 '그림엽서 도안'이다.

조선에서 박람회는 '정치적 시각 이벤트'였다.[406] 조선총독부와 경성협찬회는 갖가지 방법으로 조선박람회를 홍보했다. 박람회의 성패가 관람객 수에 달렸기 때문이다. 경성협찬회에서는

조선박람회를 흥행하게 하려고 포스터, 전단, 그림엽서, 안내서 등 여러 인쇄물을 배포했다. 그뿐만 아니라 여러 매체에 돈 들여 광고했으며 성냥갑도 광고물로 활용했다. 다음이 그 보기다.

그림 6 그림엽서 도안 현상 모집 2등,
부산광역시립박물관 소장

그림 7 그림엽서 도안 현상 모집 3등,
국립춘천박물관 소장

그림 8 신문 광고, 《조선일보》 1929년 8월 12일 　　　그림 9 선전용 성냥, 山路勝彦, 《近代日本の植民地博覧会》, 風響社, 2008, 6쪽

그림 8의 광고와 그림 9의 왼쪽 성냥갑은 그림 7 그림엽서 도안을 그대로 사용했다. 그림 9의 오른쪽 성냥갑은 그림 3 조선박람회 포스터를 그대로 썼다.

《동아일보》에서는 1929년 조선박람회가 "통치 20년의 선정을 선전하며 일본 자본가의 투자열을 고취하고 재경在京 대상인의 침체 상태를 타개하기 위해 지방 농민과 지주를 경성에 끌어모으려 한다"라고 비난했다.[407] 그러나 조선박람회를 주최하는 쪽에서는 조선뿐만 아니라 일본인을 대상으로도 홍보했다. 아직 그 내용을 다룬 논문은 없다. 다음 두 그림을 보면서 조선박람회를 어떻게 일본에 홍보했는지 살펴보자.

그림 10 도쿄의 광고판, 《경성일보》 1929년 5월 17일

그림 10에 경회루와 박람회장을 그렸으며 조선을 시각적으로 재현하는 데 장승을 활용했다. 장승은 전통 마을신앙에서 나타나는 형상이지만 일제강점기에는 '조선풍속인형'으로 만들어 일본 관광객에게 판매했다.[408] 그림 10을 보면 조선총독부가 주최해 경성의 옛 경복궁에서 9월 12일부터 10월 31일까지 조선박람회를 연다고 했다. 맨 아래는 글씨가 흐릿해서 도무지 읽을 수 없다. "회장會場 안에는 철도여행에 관한 안내소가 설치되어 있음, 철도성." 그렇게 적은 듯하다. 조선박람회 사무국에서 이런저런 선전 방안을 모색하다가 도쿄 시내를 운행하는 전차 승객이 볼 수 있도록 조선박람회 광고판을 만들었다. 그림 10은 바로 그 광고판 도안이다. 이 광고판은 "승객에게 조선박람회에 대해 깊은 인상을 남겼다."[409] 이 광고에 이어서 조선박람회 사무국에서는 일본에 그림 11처럼 두 번째 전차 광고를 했다.

그림 11 《경성일보》 1929년 8월 1일

그림 11은 금강산과 춤추는 기생을 그린 포스터다. 일본인에게 전파했던 전형적인 조선 이미지다. 이 사진을 실으면서 《경성일보》는 다음과 같이 해설했다. "조선박람회 사무국에서는 1929년 6월에 조선박람회 선전을 위해 전차 광고로 큰 효과를 거두었는데,

다시금 두 번째로 9월 10일부터 3일 동안 사진과 같은 광고를 걸어서 120만의 승객에게 조선박람회의 존재를 선전하기로 했다."[410] 그림 11엔 그림 10처럼 맨 아래에 "회장 안에는 철도여행에 관한 안내소가 설치되어 있음, 철도성"이라고 적혀 있다. 그림 10과 그림 11은 조선박람회를 본 뒤에 철도로 조선을 관광하라고 유혹한다. 다음은 또 다른 조선박람회 관광 홍보 포스터다.

그림 12 민족문제연구소 엮음, 《식민지 조선과 전쟁미술》, 2004, 38쪽

그림 12를 보면 경성에 남대문과 전시관을 그려 넣고 조선박람회 깃발을 세웠다. 한반도와 만주를 잇는 철도와 비행기, 여객선 등을 그려 관광의 환상을 부추겼다. 조선총독부 철도국에서는 박람회와 함께 '세계적 명산 금강산', 고도古都 경주, 평양 관광을 권유했다. 실제로 일본상업회의소 주최로 박람회에 참석했던 각 지역 시찰단은 박람회를 본 뒤에 금강산과 평양을 거쳐 만주까지 갔다.[41]

1929년 조선박람회는 일제강점기 박람회 가운데 규모가 가장 컸다. 매체에서도 조선박람회를 둘러싸고 수많은 이야기를 쏟아 냈다. 그 가운데 다음 두 만화는 화려한 포스터에 가려진 현실을 드러낸다.

그림 13 시사만화, 《중외일보》 1929년 10월 6일

사람들이 일제의 선전과 홍보만을 좇아 박람회장에 갔을까. 그림 13은 각 도의 협찬회나 지방 행정조직이 단체 관람객을 조직해서 박람회에 보냈음을 암시한다. 강요에 못 이겨 관람단에 참가한 사람이 적지 않았다. 이 시사만화에서는 "박람회 들어가서 한눈팔면 길을 잃어버리니, 단장의 깃발만 쳐다보고 다니면서" 박람회 구경은 뒷전이다. 돈만 하늘로 덧없이 날아간다. 다른 만화를 보자.

그림 14에서는 1929년 9월 조선박람회 때 경계가 삼엄했음을 고발한다. 이 만화에서는 조선박람회의 모든 전시관을 일본인으로 형상화했다. 조선박람회란 곧 일본인을 위한 박람회였다는 뜻이다. 그림 14에서 경찰이 눈을 부릅뜨고 경계한다. 실제로 일제는 박람회를 계기로 체제에 저항하는 여러 움직임이 있을 것을 걱정했다. 해외의 독립운동 세력이 박람회를 계기로 어떤 계획을 세우지는 않을까, 국내의 '불순세력'이 준동하지는 않을까. 일제는 신경과민이 되었다. "조금만 눈에 거슬리면 거동이 수상하다는 이유로 '예비검속'하여 1주일 또는 2주일씩이나 유치장에 넣어 두었다."[412] 근대의 환상과 박람회 유혹 뒤에 식민 통치의 강박과 긴장이 자리 잡고 있었음을 보여 준다.

박람회란 근대적 욕망을 시각적으로 전환하여 눈앞에 펼치는 전시 공간이다. 일제는 1935년에도 박람회를 열었다. 1935년은 조선총독부 통치 25주년에 해당하는 해로 여러 기념사업을 계획했다. 그 가운데 하나가 총독부가 후원하고 조선신문사가 주최한 조선산업박람회였다. 조선산업박람회는 1935년 4월 20일부터 6월 10일까지 50일 동안 경복궁 뜰에서 열었다. 규모는 크지 않았으나 조선 각도에서 특산물을 출품하고 국산관, 전매관, 교통관, 직물관, 형무소즉매관, 우수기계관, 체신관, 국방관, 참고관 등을 설치했다. 관람자는 40만 명에 다다랐다.[413]

왜 조선산업박람회를 열었을까. "조선산업박람회로 조선총독부 시정 25주년을 기념한다. 또한 '우가키주의(宇垣이즘)'가 명백하게 나타나는 '농촌락토農村樂土'를 두루 소개, 선전, 주시시키는 것을 목적으로 한다."[414] 이러한 기록은 조선산업박람회가 제6대 총독인 우가키 가즈시게의 업적을 전시하는 것이었음을 알려 준다. 조선산업박람회 포스터와 그림엽서를 보자.

九月博覽會와警戒戒嚴軍

그림 14 시사만화, 《조선일보》 1930년 1월 1일

그림 16 조선산업박람회 그림엽서 봉피封皮, 서울역사아카이브 소장

그림 15 조선산업박람회 포스터,《조선신문》1935년
2월 14일

그림 15에는 기와지붕 장식인 '잡상'과 해태가 있다. 해태상 뒤로는
박람회장과 여러 선전탑이 보인다. 낯선 기호처럼 "THE CHOSEN
INDUSTRIAL EXHIBITION' 라고 썼다. 그림 16은 그림 15의 콘셉트를
그대로 쓰되, 조선산업박람회 회장을 전면에 내세웠다. 그림 16에선
"조선총독부 시정 25주년 기념 조선산업박람회 그림엽서 제1집"이라고
크게 적었다. 조선산업박람회도 여느 박람회와 마찬가지로 단체 관람객을
모집했다. 다음 포스터가 그 증거다.

그림 17 《조선신문》 1935년 4월 17일

그림 17은 조선박람회를 기회로 삼아 청주, 공주, 조치원 등에서 경성 관광객을 모집한다는 상업 포스터다. '여행구락부' 지부와 조선철도주식회사 지부 등이 주최한다고 적었다. 특별 임시열차도 운행한다고 했다. 기차와 함께 경성 건물에 꽃을 그렸다. 산업박람회를 본 뒤에 경성 구경도 하라는 뜻이다. 이 포스터는 박람회 자체가 주요한 관광상품이었음을 보여 준다.

일제에 1940년은 특별했다. 그들에 따르면 진무 천황이 기원전 660년에 백성들을 다스리기 시작했으니, 1940년은 2600년이 되는 해라고 했다. '내지' 일본에서는 온갖 행사를 치르면서 천황제 이데올로기를 강화했다.

조선총독부에서는 이해가 마침 시정 30년이 되는 해여서 거의 1년 내내 기념 행사를 이어 갔다. 그 가운데 '시정 30주년 기념 조선대박람회'가 가장 규모가 컸고, 가장 오랫동안 행사를 했다. 이 박람회는 조선총독부 기관지 역할을 했던 경성일보사가 주최했다. 중일전쟁을 치르면서 물자와 인력이 부족한 상황에서 총독부가 직접 나서기보다는 경성일보사를 앞세우는 것이 낫다고 판단했기 때문이다. 그러나 총독부가 자금과 여러 지원을 했음은 말할 나위 없다. 철도국이 보유하고 있는 동대문 밖 마장리 땅에 박람회장을 마련했다. 오늘날 청량리역이 들어선 곳이다.[415] 이전의 주요 박람회가 경복궁에서 열렸던 것과는 달랐다. 이 새로운 박람회 장소는 한반도와 일본제국의 여러 지역을 연결하는 중요 철도선이 만나는 요충지였다. 일제는 바로 그곳에서 '새 시대'를 여는 박람회를 열었다.[416]

박람회는 제국주의 프로파간다 장치인 동시에 소비자를 끊임없이 유혹하는 상품 세계의 광고 장치였다. 또한 박람회에는 유흥물도 있다.[417] 그렇게 모든 박람회는 제국주의, 소비사회,

대중오락이라는 세 가지 요소를 섞었다. 1940년에 열린 '시정 30주년 기념 조선대박람회'에도 상품 세계가 펼쳐지고, '사막의 귀염둥이 낙타' 등 사람들의 호기심을 부추길 요소를 배치했다. '비행탑' 같은 놀이기구도 있었다. 연예관에서는 여러 공연이 펼쳐졌다.[418] 그러나 1940년 조선대박람회는 제국주의 프로파간다 성격이 매우 강했다. 조선대박람회는 목표는 다음과 같았다 "① 국체명징과 조국정신肇國精神의 작흥, ② 내선일체의 실천 강조, ③ 흥아성전興亞聖戰의 인식 강화, ④ 일만지日滿支 상호 긴밀한 융화, ⑤ 산업의 개발과 무역의 진흥."[419] 이러한 목표에 따라 식민통치기념관과 제국역사관, 그리고 전쟁기념관 등이 들어섰다.[420] 다음 사진은 그 내용을 잘 보여 준다.

그림 18 팔굉일우탑, 高橋猛 編,
《朝鮮大博覽會の槪觀》, 경성일보사, 1940, 20쪽

그림 19 내선일체, 高橋猛 編,《朝鮮大博覽會の槪觀》, 경성일보사,
1940, 26쪽

그림 18은 조선대박람회의 '건국 거리(建國通)'에 세운 '팔굉일우탑' 사진이다. 이 탑은 팔굉일우 이념을 형상화했다. 팔굉일우八紘一宇란 "세계를 지탱하는 여덟 개의 지붕을 한 지붕 아래 통합한다"라는 뜻이다. '팔굉일우'라는 말은 광신적인 국수주의자였던 국주회國柱會의 다나카 지가쿠田中智學(1861~1939)가 1903년에 만든 말이다.

그림 20 성전광장, 高橋猛 編, 《朝鮮大博覽會の槪觀》, 경성일보사, 1940, 22쪽

《일본서기》의 진무 천황 대목에서 나오는 "팔굉을 덮어 집으로 하는 것"을 근거로 삼았다. 중일전쟁이 일어나자 제1차 고노에 내각이 '국민정신총동원운동'을 펼치면서 '팔굉일우'가 일본제국의 공식 이데올로기가 되었다.[421]

그림 19에서는 조선신궁에 있는 한 성직자 앞에서 황실에 충성을 다짐하는 조선인 가족을 형상화했다.[422] 내선일체라는 그 무렵의 표어를 적었다. 자세히 보면 앞줄에서 국민복을 입은 남자는 '봉공대奉公袋'를 손에 들었다. '봉공대'란 입대할 때 휴대해야 할 군대수첩, 직업교육에 관한 증서, 인감, 일용품 등을 넣는 주머니다.[423] 이 '봉공대'에 국방헌금과 장병위문 등의 자금에 충당할 목적으로 쌀 따위를 넣어 바치기도 했다.[424]

그림 20을 보면 '성전광장聖戰廣場'에 세운 전시관은 아예 군함 모습이다. 1940년에 중일전쟁을 성전이라고 일컫는 것이 그 어느 때보다 성행했다.[425] '성전광장'이라는 이름도 그 영향을 받았을 것이다. 이제 조선대박람회를 알리는 포스터를 보자.

그림 21 《경성일보》1940년 2월 24일

그림 22 《경성일보》1940년 5월 7일

그림 23 《경성일보》1940년 6월 28일

그림 21에 일장기를 상징하는 태양을 배경으로 진무 천황 신화에서 나오는 금빛 솔개가 난다. 이 포스터를 실은 《경성일보》에서는 "전진하는 반도, 평화와 황기皇紀 2600년을 의미하는 금빛 솔개를 배치한 아름답고 웅대한 도안이다"라고 해설했다.[426] 이 포스터는 일본 통치가 한반도에 찬란하게 미치고 있음을 그려서 조선박람회에 제국주의적 성격이 매우 강하다는 것을 상징했다.

그림 22는 현상 모집에서 1등을 한 포스터다. "천장과 기둥을 여러 가지 색으로 칠한 커다란 조선 건물이 있다. 박람회 기념탑이 보이는 하늘에 은빛 날개의 비행기가 날아가고 있는 화려한 도안이다."[427] 이 포스터는 그림 18의 사진에 보이는 여러 탑을 웅장하게 그렸다.

그림 23에서 닭은 해를 치고 탑은 촛불처럼 빛난다. 이 포스터에 대해서 《경성일보》는 다음과 같이 해설했다. "이 도안은 동아의 여명에 힘차게 날갯짓하는 계림(조선—인용자)을 상징한다. 적赤, 황黃, 흑黑, 남藍, 백白의 바탕색도 깔끔하며 반도의 웅장함을 유감없이 보여 준다."[428] 다시 1940년 조선대박람회 포스터를 더 보자.

그림 24 조선대박람회 포스터, 《경성일보》
1940년 5월 2일 (출처: 山路勝彦, 《近代日
本の植民地博覧会》, 風響社, 2008, 1쪽)

그림 24를 보면 "기원 2600년 시정 30주년 기념,
조선대박람회"라는 표제어를 달았다.
"회기: 1940년 9월 1일에서 10월 20일. 회장: 동東경성
역전. 주최: 경성일보사. 후원:
조선총독부·조선군사령부·
진해요항부"라고 적었다. 그리고 개최 장소와는 관계없는
조선총독부 건물과 근정전을 그렸다. 박람회장 위로
두 대의 비행기가 난다. 이 포스터는 흰 저고리와 검은
치마라는 민족적 옷을 입은 여성을 중앙에 배치했다.
기생이 아니라 '현모양처'로 묘사된 이 여성은 일장기를
흔들고 있다. 이는 황실의 대의에 대한 충성을 상징하는
전시戰時 행동양식 가운데 하나였다.[429] 전장으로 떠나는
병사의 무사와 행운을 기원하는 시각 기호이기도 했다.[430]
그림 25는 1939년 8월 29일 '한일병합기념일'을 축하하는

《사진주보》 표지다. 《사진주보》는 일본 내각정보부가
발행한 전쟁 선전 잡지였다.[431] 그림 25에서는 "일본과
조선 모두 일장기 아래에서"라고 적었다. 일장기를 든
조선 여성의 웃는 얼굴이 환하다. 아무래도 그림 24는
그림 25의 영향을 크게 받은 것으로 보인다.
총독부의 나팔수였던 《매일신보》는 1940년
조선대박람회가 "초기에 호우로 어려움을 겪었지만
130만 관객이 몰렸다"라고 적었다. 그리고 "① 책과
디오라마 모형 등으로 일본 역사를 보여 주어 국체관념을
함양한 것, ② 시정 30년의 치적을 보여 주어 일본인에
대한 신뢰와 대동아건설에 확신을 심어 준 것, ③
무훈관·성전관·병기진열소 등의 웅장한 시설에서 황군
무용武勇의 실상을 보여 주어 고도국방국가 건설의
필요를 암시한 것" 등의 성과를 거두었다고 평가했다.[432]

그림 25 표지, 《사진주보》 80호, 1939년
8월 30일 (출처: 保阪正康 監修·太平洋戰
爭研究會 著, 《<写真週報>に見る戦時下の
日本》, 世界文化社, 2011, 82쪽)

나도 박람회:
온갖 이름의 박람회

우리나라에서는 언제 처음 박람회가 열렸을까. 1906년 부산일한상품박람회가 최초라고 한다.
누가 왜 일한상품박람회를 열었을까. 러일전쟁 뒤에 일본인들은 정치적 우위를 배경으로 하여
상권을 확대하려 했다. 1905년 경부선과 관부연락선이 개통되자 부산은 조선과 일본을 잇는
교두보가 되었다. 부산에 사는 일본인들은 부산 상권을 확대할 기회를 마련하고 싶었다.[433]
부산일본상공회의소는 조선과 일본 상공인을 참여시켜 1906년 4월 25일부터 7월 25일까지
일한상품박람회를 열었다. 일본 상공인들은 사탕·맥주·농기구·가마니·청주·성냥 등 일본
공산품을, 조선 상공인들은 각 지역 특산물을 주로 출품했다.[434] 이 박람회는 일본 상품을
홍보하는 행사나 마찬가지였다. 일본 상공인들은 일본 상품을 조선인에게 보여 줌으로써
조선인의 소비욕을 자극했다.[435]

부산에 이어 경성에서도 1907년에 박람회가 열렸다. 경성박람회는 1907년 9월 1일부터 11월
15일까지 76일 동안 구리개(현 서울 을지로)에 있는 대동구락부 자리에서 열었다. 대동구락부는
일본인과 친일 조선인 유지들이 만든 친목단체였다.[436] 그 '유지'들이 박람회 개최를 추진하고
농상공부와 탁지부 그리고 통감부가 후원했다. 대한제국 농상공부에서 경성박람회를
주관한다고 했지만, 일본의 영향이 컸다. 이 박람회도 일본 상품 전시장이나 마찬가지였다.[437]
경성박람회장은 어떤 모습일까. 다음 그림엽서와 사진을 보자.

그림 1 경성박람회 그림엽서, 高橋千晶·前川志織 編著,
《博覧会絵はがきとその時代》, 青弓社, 2016, 52쪽

그림 2 사진, 《매일신보》 1912년 5월 4일

그림 1 경성박람회 그림엽서에는 한복을 입은 두 남자의 뒷모습이 있다. 남대문 옆으로 조랑말을 끌고 가는 남성이 있다. 남대문을 어둡게 배치하고 조그마한 조랑말을 등장시키면서 조선을 낙후한 나라로 묘사했다. 만국기를 길게 늘인 박람회장 사진을 중앙에 배치하면서 근대 이미지를 강조했다. 아치 모양의 창을 단 서양식 탑이 보인다. 이 그림엽서는 아직도 전통에 젖어 있는 후진 조선과 근대화를 전파하는 일본, 계몽과 이국정서라는 두 시선이 교차한다.[438] 그림 2의 사진은 그림 1에 실린 경성박람회장의 모습을 잘 보여 준다.[439]

일제가 주최한 박람회가 다 그렇듯이, 경성박람회를 개최한 데도 정치적 의도가 있었다.

1907년은 헤이그밀사사건으로 고종이 퇴위하고 정미7조약에 따라 조선 군대를 해산하자 전국에서 의병이 봉기하는 등 정국이 불안했다. 일제는 조선인의 관심을 다른 곳으로 돌리는 데 경성박람회를 활용했다. 박람회가 순수한 경제·문화 행사였다면 굳이 무리해서 열 필요가 없었겠지만, 그것이 정치적 행사이기도 했기 때문에 일제는 박람회를 강행했다.[440] 총독부와 긴밀한 관계가 있는 언론사들은 판매 부수를 늘리고 독자층을 확대할 기회라고 여기고 박람회 개최에 적극 나섰다.[441] 언론사의 박람회와 총독부의 식민 통치는 서로 짝을 이루었다. 조선신문사에서 개최한 1926년 조선박람회도 그러하다. 먼저 포스터를 보자.

그림 3 《조선신문》 1926년 5월 4일

그림 3의 포스터에서 조선박람회 회기가 1926년 5월 13일부터 6월 11일까지라고 했다. 제1회장은 왜성대, 제2회장은 경복궁, 제3회장은 용산이다. 화려한 차림을 한 기생과 그 뒤편으로 광화문과 박람회장을 그렸다. 그림 3에는 잘 보이지 않지만, 하늘을 나는 비행기도 조그맣게 그려 넣었다. 주최 측에서는 "침체한 조선 산업계에 활기를 주고 경기를 돋우려고" 1926년 조선박람회를 열었다고 했다.[442] 그러나 조선 산업이 아닌 일본 상품이 박람회장을 장악했다. 조선박람회는 일본 상품의 유혹 못지않게 위압적인 일제의 군사력도 보여 주었다. "박람회 제1회장의 참고관에는 여러 무기와 항공기 모형이 진열되어 있는데 완고한 노인이 보면 이 얼마나 놀랄 만한 일인가"라고 쓴 참관기도 있다.[443] 그림 3 포스터에 비행기를 그린 까닭을 알 수 있다. 1926년 조선박람회가 끝나기 전날인 6월 10일은 순종 인산일이어서 일제 경찰은 "더욱 많은 밀정을 배치하고 엄중한 경계를 했다."[444] 이 조선박람회에 관람객이 60만이었다고 했지만,[445] "대부분은 지방 관청이 지령하여 어쩔 수 없이 뽑혀 온, 말하자면 의무 구경꾼"이었다.[446]

1927년에 경성일보사도 박람회 개최에 나섰다. 경성일보사는 아주 독특하게 도쿄에 있는 국기관國技館에서 조선박람회를 열었다. 이 박람회는 그동안 전혀 소개되지 않았다. 이제 그 윤곽을 살펴보자. 《경성일보》는 "일본 수도의 중앙에서 조선 문화의 대전당이 출현했다"라고 조선박람회를 선전했다.[447] 경성일보사는 왜 일본에서 조선박람회를 열었을까. "조선 통치가 일본제국에 매우 중요한 의의가 있지만, 일본 관리나 실업가, 그 밖의 지식계급조차 조선을 잘 알지 못한다. 이것은 조선 통치를 곤란하게 하는 하나의 요소가 된다. 조선을 병합한 뒤에도 조선을 소개하는 사업이 기대에 미치지 못한 것이 유감이다. 이 조선박람회가 좋은 계기가 되기를 바란다."[448] 《경성일보》는 그렇게 조선박람회의 목적을 보도했다. 조선을 소개하는 박람회라고 했는데 포스터에서는 조선을 어떤 모습으로 형상화했을까.

그림 4에서는 금강산을 배경으로 양반 가문의 어머니와 아들을 등장시켰다. 그림 5의 모델은
기생이다. 근대과학의 위력을 발휘하여,[449] "조선박람회 회장에 겨울과 같은 스케이트장과
얼음 터널을 만들었다."[450] 그래서 그림 4에서는 "여름에 더욱 차가운 스케이트장, 얼음의
터널"이라는 표제어를 달았다. 그림 4를 보면 경성일보사와 국기관이 주최한다고 적었는데
그림 5에서는 경성일보사와 국기관 그리고 매일신보사가 주최한다고 적었다. 뒤늦게
조선박람회에 매일신보사가 합류했음을 알 수 있다. 신문에서는 조선박람회에서 전시한
내용을 다음과 같이 전한다.

조선 각 도에서 출품한 특산품은 요즈음 발달하고 있는 조선 산업의 전반을 보여 주고 경회루를
모방한 특설관에 설치한 조선 각지의 풍경을 담은 그림과 사진 모형은 조선을 알리는 좋은 재료이다.
더욱이 금강 36봉의 위용을 비롯하여 대표적인 기생의 무용은 많은 사람에게 감탄을 줄 것이다.[451]

그림 4 《경성일보》 1927년 6월 8일; 《조선신문》 1927년 6월 29일

그림 5 《경성일보》 1927년 6월 30일; 《매일신보》 1927년 7월 1일

상호이해가 내선융화의 바탕이 되기 때문에 조선박람회를 열었다고 했다.[452] "예전에 일본에서 개최했던 박람회나 공진회에도 조선관이 있었지만 모두 그 체면을 장식하려고 필요에 따라 설치한 것에 지나지 않았다. 이번처럼 조선의 발전 경로와 각종 물산을 물샐틈없이 아우르고 산하와 도시의 풍경으로 반도의 모습을 비슷하게 보여 주는 것은 처음 있는 일이다." 이것이 박람회의 의의라고 주최 측에서는 주장했다.[453]

매일신보사와 경성일보사는 1932년에도 박람회를 함께 열었다. 신흥만몽박람회였다. 어떤 박람회였던가. 일제 자료를 요약해 보자. "만주사변과 상해사변의 파노라마를 비롯하여 근대 과학전의 새로운 병기 등을 전시했다. 이로써 전쟁의 흔적을 회상하게 했다. 또한 일본제국의 '생명선'인 만몽의 산업 현황과 자원을 소개하고 조선의 각종 산업을 망라해 만선 산업의 전반을 알리는 데 힘썼다. 이 박람회에 무려 30만 명이 입장했다."[454] 이제 포스터를 보면서 신흥만몽박람회의에 좀 더 가까이 다가가자.

그림 6 《매일신보》 1932년 6월 27일; 《경성일보》 1932년 6월 27일

그림 6에서 거대한 코끼리는 이국적 분위기를 연출하고 만주국 국기는 신대륙의 유토피아 이미지를 담았다.[455] 이 포스터에도 어김없이 비행기가 등장한다. 그림 6에서 신흥만몽박람회는 경성일보사와 매일신보사가 공동 주최하고 여러 행정기구와 남만주철도주식회사 그리고 육군성, 해군성, 조선군사령부, 관동군사령부 등의 군부가 후원했음을 알렸다. 이 박람회가 군사적 성격이 매우 강했음을 알 수 있다. 7월 21일부터 9월 8일까지 50일 동안 경성훈련원에서 개최한다고 적었다.

그러나 '만몽박람회'는 이때가 처음이 아니었다. 경성에서 신흥만몽박람회를 열기 전인 1932년 4월에 부산에서 '만몽박람회'를 먼저 열었다. "만주국 탄생을 계기로 만몽 사정을 소개하고

국방사상을 환기할 목적으로" 부산재향군인연합분회, 황국봉공부산지부, 부산일보사가
공동 주최했다.[456] 조선에서 '만몽'을 주제로 삼은 첫 박람회였다.[457] 만몽이란 어디인가. '만'에
해당하는 중국의 동북3성과 '몽'에 해당하는 내몽골자치구·몽고인민공화국을 뜻하기도 하지만
때에 따라 바뀌었기 때문에 딱 부러지게 짚어 내기 어렵다.[458] 일본은 일단 '만몽'이라고 부른
뒤에 시간의 경과에 따라서 그 영역을 팽창하는 방법을 썼다.[459] 부산의 '만몽박람회'는 만몽관,
육군관, 해군관, 명치 천황 성덕관 등의 회장을 두었고, 육탄 3용사 유품과 기관총, 고사포
등의 신병기를 전시했다.[460] 육탄 3용사란 "1932년 2월에 폭약을 가득 채운 길이 3미터의
대나무 탄약통을 들고 상하이 근교 중국 방호선 철조망으로 돌격한 세 명의 일등병"이다.[461]
부산에서 열린 만몽박람회는 천황사상과 군국주의를 퍼뜨리려는 박람회였음을 알 수 있다.
경성에서 열린 신흥만몽박람회도 "그저 만몽을 소개하는 것에 그치지 않고 만주사변에서
황군의 활동"을 소개하는 것이 목적이었다.[462] 경성의 신흥만몽박람회는 "일본의 생명선인
만몽을 정확하게 인식시키는 것"이 목적이라고 했다.[463] '생명선'이라는 비장한 레토릭은
1931년부터 쓰기 시작했다. '생명선'이라는 용어는 러시아로부터 일본을 방어한다는 뜻과 함께
대륙의 자원을 확보한다는 뜻을 담고 있었다.[464]
조선의 만몽박람회는 일본에서 열린 제국주의적 박람회를 본땄다. 일본에서는 군부와
신문사가 만몽군사박람회(1932, 1933), 빛나는 일본대박람회(1936), 성전聖戰박람회(1938),
대동아건설박람회(1939) 등을 개최해 박람회 붐을 일으켰다. 사람들은 이 박람회에서 일본의
침략 과정을 간접 체험함으로써 제국주의 환상에 빠져들었다.[465] 전쟁 때의 박람회는
'전쟁열'을 높이고 일제의 침략전쟁을 선전하는 데 큰 효과를 거두었다. 박람회에서는
사진·영상·음성 등의 미디어나 복제품을 활용했을 뿐만 아니라 체험관 등을 두어 사람들의
관심을 끌었다.[466]
박람회 붐을 틈타 좀 엉뚱한 박람회도 열렸다. 다음은 '관광과 보건의 납량박람회' 포스터다.

그림 7 《부산일보》 1936년 7월 23일

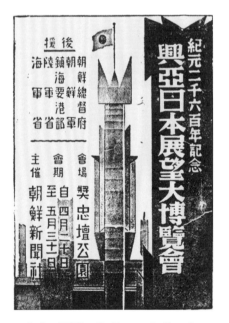

그림 8 《조선공론》 28권 5호, 1940년 5월, 도판

그림 7이 무엇을 뜻하는지 알기 어렵다. "조선에서 최초로 열리는 관광과 보건의 납량박람회"는 부산일보사가 주최했다. 관광과 보건에 관련된 여러 물품을 전시하고 부산 시민에게 위안과 오락을 제공한다고 했다.[467] 1940년에는 조선신문사가 흥아일본전망대박람회를 열었다. 조선신문사에는 '기원 2600년'을 기념하는 여러 행사를 기획했다. 그 가운데 하나가 흥아일본전망대박람회였다. "내선일체를 구현하고, 뻗어 가는 일본의 참모습을 보여 주는 것"이 목적이었다.[468] 그 포스터를 보자. 그림 8·9는 흥아일본전망대박람회 포스터. 이 박람회는 "흥아의 성전을 치르는 무적 황군의 활약상을 보여 주는"[469] 것이 목적이었다. 여러 군 조직이 후원한다고 적혀 있다. 장충단공원에서 연다고 했다. 이 박람회에서 "역대 천황의 치적과 청일전쟁부터 중일전쟁에 이르기까지 전투의 자취, 그리고 병참기지 조선의 축도를 전시했다."[470] 이로써 흥아일본전망대박람회는 국방사상 보급에 큰 공헌을 할 것이라고 했다.[471] 장충단공원에서는 1942년에 일본정신박람회도 열렸다. 그 박람회 포스터는 뒤에서 '일본정신'을 설명할 때 자세하게 다루겠다. 1940년대에 열린 모든 박람회는 드러내 놓고 전시 파시즘을 선전했다. 다음 그림에서 보는 박람회도 그러하다.

그림 9 《조선신문》 1940년 3월 6일

그림 10 흥아대박람회 포스터, 국립민속박물관 소장

그림 10은 "대동아전쟁 완수·징병제 실시 기념, 흥아대박람회"라는 표제어를 달았다. '대동아공영권' 지도 위에 일장기와 총검을 그렸다. 전시관도 그렸다. 경상북도 대구부와 《대구일일신문》이 주최한다고 했다. 회기는 1943년 10월 1일부터 11월 5일까지라고 했다. 조선총독부·진해경비부·조선군보도부·국민총력 조선연맹 등이 후원한다고 적었다. 신문에서는 "징병제도의 취지를 일반에게 철저히 알리기 위하여 흥아대박람회를 열었다"라고 소개했다.[472] 일제는 징병제에 다음과 같은 의의가 있다고 했다. 첫째, 징병제는 내선일체를 구현하여 일본과 조선이 '피의 유대'를 맺게 한다. 둘째, 징병제는 제국의 신민에게만 주어지는 특권이다. 셋째, 징병제는 조선인이 대동아공영권에서 '지도적 지위'에 서는 것을 보장한다.[473] 일제는 '죽음의 정치'로 조선인을 몰아넣으면서 그토록 화려한 말 잔치를 했다. 그림 10 흥아대박람회 포스터는 그러한 '죽음의 정치'를 선전한다.

매체에서는 때때로 일본에서 열린 박람회 포스터도 소개했다. 다음 평화박람회 포스터도 그 가운데 하나다.

그림 11은 평화기념도쿄박람회에서 '조선데이'를
알리는 포스터다. 이 박람회는 제1차 세계대전의
승전국인 일본이 "세계 인류의 평화를 위한다"라며
기획했다. 1922년 3월 10일에서 7월 31일까지
일본 도쿄 우에노공원에서 열렸다. 조선총독부는
이 박람회에 적극 참여하고 조선관 건축에도 힘을
쏟았다.[474] 조선관은 경회루를 모델로 삼았다. 그림
11에 경회루를 닮은 '조선관'이 있다. 또한, "추첨해서
호랑이 모피를 주고, 야간에는 불꽃놀이를 한다"라고
적었다. 조선 여인이 호랑이 모피를 들고 있으며 폭죽이
터진다.

매체는 조선과는 관계없는 다음과 같은 일본 박람회
포스터도 실었다.

그림 11 평화기념조선박람회조선협찬회
엮음,《평화기념동경박람회 조선협찬회
사무보고》, 1922, 162쪽

그림 12는 나가사키국제산업관광박람회 포스터다.
일본어 신문인《조선신문》이 일본인 독자를 위해 그림
11과 같은 일본 박람회 포스터를 소개했을 것이다.
조선에서 열리는 이러저러한 박람회에 더욱 관심을
쏟게 하려는 전략일 수도 있겠다.

그림 12《조선신문》1934년 1월 27일

은밀한 설득:
전시와 전람회

전시문화는 사물에 대한 인식을 시각화하는 방법이다.[475] 박람회, 박물관과 함께 전람회도
중요한 사회교육시설이다. 일제가 말하는 사회교육이란 "국가, 공익단체, 또는 개인이 민중의
자질을 향상시킬 목적으로 하는 교육"이다.[476] 이때 '민중'이란 "불특정, 또는 일정하지 않은
숫자의 사람의 시간적 공간적인 집단"을 일컫는다.[477] 전람회는 무엇이고 어떤 목적이 있는가.
일제 사회교육 관계자의 말을 직접 들어보자.

> 전람회는 실물, 표본, 모형, 사진, 회화, 영화, 도표 등을 진열하여 민중의 지식을 개발하는
> 시설이다. 이 점에 대해서는 박물관의 진열과 큰 차이는 없다. 다만 박물관의 진열은 상설적이고
> 전람회는 일시적인 점이 다르다. 물론 전람회를 위해서는 상설적인 회장은 있어야 한다. 그러나
> 특정한 내용을 가진 전람회 하나하나는 일시적이다. … 전람회는 시대의 요구에 순응하여 그때그때
> 민중의 지식을 개발하는 목적을 가진다.[478]

일제는 "백문百聞이 불여일견不如一見"이라면서 전람회를 중요한 선전 수단으로 여겼다.[479]
특히 전시체제기에 전쟁을 위한 전람회를 쏟아 냈다. 그러나 그 이전에도 조선총독부의 업적을
알리는 전람회를 많이 열었다. 다음과 같은 '도세道勢전람회'가 그 보기다.

그림 1 《경성일보》 1928년 8월 21일

신문에서는 1921년부터 평안남도에서 '도세전람회'를 열었다고 보도했다.[480] 도세전람회는 "도민의 공공관념을 키우고 지방을 개발한다"라는 목표를 내걸었다.[481] 그 뒤에도 전라북도 등에서 도세전람회를 열었다.[482] 그림 1은 1928년 함경북도 도세전람회 포스터다. 나남에서 연다고 했다. 왜 기차 바퀴를 손에 든 '선녀'와 산맥을 달리는 기차를 그렸을까. 이 포스터를 실은 《경성일보》 기사를 보면 그 까닭을 알 수 있다.

함경선이 9월 1일부터 개통하기 때문에 철도국에서는 10월 1일 나남에서 성대한 개통식을 거행하기로 했다. 함경북도에서는 이 개통식에 전 조선에서 참가자가 많이 오기 때문에 이 기회에 함경북도를 크게 선전하려고 9월 29일부터 10월 3일까지 6일 동안… 도세전람회를 연다.[483]

함경선은 함경남도 원산과 함경북도 종성에 있는 상삼봉역을 잇는 철도다. 위의 기사와는 달리 함경선은 수해 때문에 예정보다 늦은 9월 12일에 개통했다.[484] 그러나 함경선 노선 전체가 개통된 것을 축하하는 '전통식全通式'만큼은 시정 기념일인 10월 1일에 맞추어 나남에서 했다. 나남은 러일전쟁 때 일본이 러시아와 여러 차례 국지전을 벌였던 곳이다. 일본은 러시아와 가깝고 청진항이 배후지인 나남을 군사도시로 개발했다.[485] 나남에서 열린 함경북도 도세전람회는 무엇을 전시했을까. 국경지대인 함경북도가 산업과 교통이 발달하면서 인구도 늘고 살기 좋아졌으며 군사적으로도 중요한 곳이라고 강조했을 것이다. 이처럼 모든 전시에는 다 특정한 의도가 있고 권력의 의지가 담겨 있지만, 비교적 정치색이 옅은 전람회도 있었다. 그 가운데 특색 있는 포스터를 남긴 전람회를 살펴보자. 다음은 1928년 우량품전람회와 주류품평회 포스터다.

그림 2 《매일신보》 1928년 10월 14일; 《경성일보》
1928년 10월 13일

그림 3 《매일신보》 1928년 10월 14일; 《경성일보》
1928년 10월 12일

그림 2는 평안남도에서 주최한 '전국우량품전람회' 포스터다. 기생의 전형적인 이미지를
되풀이해서 그렸다. '전조선주조업연합회'에서는 전국우량품전람회를 이용해서
전선주류품평회를 열었다.[486] 거기에 조선에서 생산하는 청주·소주·약주 등을 출품했다.[487]
그림 3은 전선주류품평회를 알리는 포스터다. 기생이 왼손에 술 단지를 들고 있다. 모란봉
줄기가 밋밋하게 아래로 뻗어 있는 서기산과 평양 대동문을 그렸다. 서기산공원 일대는
청일전쟁 때 청군의 포병 진지였으며 일제강점기에 중심 시가지로 바뀌었다. 서기산공원은
평양의 첫 근대공원이었다.[488] 왜 기생을 모델로 했을까. 평양 기생이 유명하기도 했지만,
우량품전람회와 주류품평회의 여흥 프로그램에 기생의 무용과 연주가 많다는 것을 보여
주려는 뜻이다.[489]
조선 특산품 포스터는 '조선의 정서'를 담으려 했다. 그 포스터를 보자.

그림 4 《경성일보》 1934년 10월 3일;
《매일신보》 1934년 10월 10일

그림 4는 '전선특산품 선전즉매회' 포스터다. 말 그대로 모든 조선의 특산품을 모아 선전하고 그 자리에서 파는 행사였다. 조선총독부 상공장려관과 각 도 상품진열소가 연합하여 주최한다고 적었다. 먼저 함경남도 함흥에서 첫 번째 행사를 하고 해마다 각 도에서 차례로 개최할 계획이었다.[490] 항아리를 머리에 인 여인 뒤편에 도자기 등의 여러 특산품을 촘촘하게 그렸다. 다음은 조선일보사가 주최한 조선특산품전람회 포스터다.

그림 5에서는 화문석, 담뱃대, 부채 등의 특산품을 그렸다. 《조선일보》에서는 강화의 화문석, 영흥의 명주, 통영의 나전칠기, 담양의 대나무 제품 등을 비롯하여 곳곳에 특산물이 많은데 개량하지 않고 판로도 개척하지 않는 것이 안타깝다고 했다. 이것을 극복하고 농촌의 부업도 장려할 목적으로 '《조선일보》 6000호, 혁신 5주년' 기념사업으로 '조선특산품전람회'를 열었다고 했다.[491]

'가내공업품'이라는 이름으로 특산품이나 부업과 관련한 전람회도 열었다. 그림 6 포스터가 그 보기다.

그림 5 《조선일보》 1938년 3월 23일

그림 6 《경성일보》 1926년 3월 14일

그림 6에서는 경주 불국사 다보탑을 그려 '가내공업품전람회'가 '토산품공업'에 관련된 것임을
나타내었다. 이 전람회는 가내공업 제품의 품질 개선과 판로 개척이 목적이었다. 조선에서
처음으로 열린 행사였다.[492] 1930년대 초에도 '가내공업품'이라는 이름으로 전람회를
열었는데, 이는 부업 장려가 목적이었다.[493]

식민지 공업화정책을 뒷받침하는 공업품전람회도 열었다. 다음은 그 전람회 포스터다.

그림 7 《조선신문》 1928년 9월 23일　　그림 8 《조선신문》 1933년 10월 31일　　그림 9 《조선신문》 1934년 9월 25일

그림 7 '함경남도 섬유공업품전람회' 포스터를 보면 일본 여인이 실타래를 들고 있다. 마치 일본 섬유제품을 홍보하는 포스터처럼 보인다. 이 전람회에는 조선 생산품만이 아니라 일본과 대만 등에서도 출품했다.[494] 그림 8은 제1회 공업전람회 포스터다. 그러나 '공업전람회'라는 말은 포스터에 적지 않았다. 다만, 톱니바퀴 위에 포목을 쌓아 둔 모습과 함께 공업 발전을 뜻하는 디자인을 곁들였다. 조선공업협회가 주최하고 조선총독부 등이 후원하며 미스코시백화점 4층 홀에서 연다고 적었다. 공업진흥전람회는 조선 공업화에 대한 기대를 담고 있었다.[495] 우가키 가즈시게 총독도 이 전람회를 보았다고 신문은 홍보했다.[496] 그는 북한지역을 중심으로 조선 공업화정책을 추진했다. 조선을 대륙 침략의 발판으로 삼으려는 뜻이었다. 그림 9는 제2회 공업전람회 포스터다.[497] 남대문에 있는 상공장려관에서 열었다.[498] 미술전람회 포스터는 '예술적'인 의미를 담으려 했다. 조선미술전람회 포스터는 양이 많아서 부록에 따로 실었다. 여기서는 《부산일보》가 주최한 부산미술전람회 포스터만 보기로 하자.

그림 10 제5회 부산미술전람회 포스터, 《부산일보》
1932년 5월 29일

그림 11 제7회 부산미술전람회 포스터,
《부산일보》 1934년 10월 28일

그림 12 제11회 부산미술전람회 포스터,
《부산일보》 1941년 10월 29일

조선미술전람회는 조선총독부가 직접 관할하며
1922년부터 1944년까지 23회까지 이어졌다.
조선미술전람회에는 조선인들이 정치에서 '문화'로
관심을 돌리게 하려는 의도가 있었다.[499] '조선 3대
신문의 하나'인 《부산일보》는 조선미술전람회에
자극받아 1928년부터 부산미술전람회를 주최했다.
이 전람회는 1935년, 1937년, 1938년 3년을 빼고
1942년 12회까지 했다.[500] 그림 10·11·12는
경남지역 화가들이 중심이었던 부산미술전람회를
알리는 포스터다.
《부산일보》의 '문화 이벤트' 가운데 다음 포스터에서
보는 '국인형菊人形과 국화대회'는 특별하다.

그림 13 《부산일보》 1926년 10월 20일   그림 14 국인형·국화대회 포스터, 국립민속박물관 소장

그림 13은 1926년 제1회 '국인형과 국화대회' 포스터다. 이 행사는 《부산일보》가 "부산 개항 50년 축하 여흥의 압권"으로 기획했다.[501] '국인형'이란 머리와 손발을 제외하고 모든 곳을 국화로 장식한 사람 크기의 인형이다.[502] 이 국인형은 일본 특유의 국화 감상법이다. 그림 14는 제2회 개최, 부산 국낙원 '국인형·국화대회'라고 적었다. 이 포스터는 1927년에 만들었지만, 1926년에 만든 그림 13의 도안을 그대로 활용했음을 알 수 있다. 국낙원, 다시 말하면 국화의 낙원은 국인형과 국화 화단으로 이루어졌다.[503] 1928년의 제3회 국낙원 '국인형·국화대회'도 1·2회 대회와 마찬가지로 대정공원에서 열었다.[504] 부산 대정공원은 근처에 해수욕장이 있어 산책하기 좋았고 전차 종점과도 멀지 않았다.[505] 대정공원은 한국 최초의 운동장으로 알려져 있다.[506]

가을철이면 부산 말고도 여러 곳에서 국화대회가 열리곤 했다. 전시체제기에 열린 국화대회는 "국화에 숨어 있는 일본정신을 드높이는" 행사였다.[507]

3

황국신민이 되어라

이 날을   기억하라

'15년 전쟁'의 시작:
만주사변기념일과 '만주 개척'

1931년 9월 18일 관동군은 군사행동을 시작했다. 관동군은 스스로 남만주철도주식회사 철로를 폭파한 뒤에 전쟁을 일으켰다. 마침내 관동군은 만주 전체를 점령했다. 이 '만주사변'은 1931년부터 1945년까지 일제가 벌인 '15년 전쟁'의 시작이었다. 그러나 일본 대중은 환호했다. 그 환호의 물결은 아시아의 일본인 사회에도 퍼져 갔다.[1] 다음에서 보듯이 조선에 사는 일본인들은 만주사변을 지지하는 대회를 곧바로 열었다.

그림 1 《조선신문》 1931년 9월 26일

그림 1은 총을 들고 보초를 서는 군인을 그렸다. 재향군인회, 청년단, 소방대원 등의 '준군사단체'가 만주사변을 지지하는 '만몽권익옹호대회'를 조선신궁 광장에서 연다는 포스터다. 이 대회는 만주에서 일본의 이익을 지켜 내려면 국방이 매우 중요하다는 것을 대중에게 알리는 행사였다.[2] 조선인들은 일본인들의 이러한 '애국적'인 행위를 못마땅하게 여기며 그냥 구경거리로 바라보았다.[3] 일제는 만주사변을 일으킨 9월 18일을 국가기념일로 삼아 기념행사를 했다. 이때에는 군인의 훈련이나 방공연습과 같은 군사적 행사를 하거나 강연회 등을 열었다. 그날 집에 국기를 달라고 했다.[4] 아마도 만주사변기념일마다 포스터를 만들었을 테지만, 매체에서는 만주사변 2주년 때부터 포스터를 소개했다. 그 포스터를 보자.

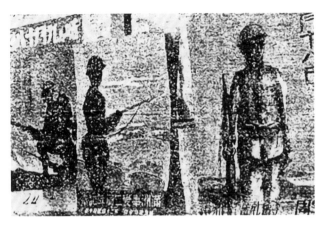

그림 2는 조선군사령부와 20사단에서 모집했던 만주사변 2주년 기념 포스터들이다.[5] 이 사진은 세 포스터를 잇대어 놓았다. 군에 응모한 포스터여서 그런지 모두 총을 든 군인을 주요한 소재로 삼았다. 다음 그림도 만주사변 2주년 기념 포스터다.

그림 2 《경성일보》 1933년 9월 18일

그림 3 《조선신문》 1933년 9월 12일 (출처: 辻田真佐憲 監修, 《洲帝帝國ビジュアル大全》, 洋泉社, 2017, 62쪽)

만주국은 건국의 계기가 되었던 만주사변을 중요하게 여겼다. 기념일이 가까워지면 사변을 기념하는 포스터를 발표했다. 그림 3을 보면 일본 군인이 여자아이 손을 잡고 걸으며 만주 국기를 든 남자아이와 웃는 얼굴로 이야기한다. 이 포스터를 만든 1933년은 만주국을 세운 지 1년밖에 되지 않았기 때문에 국가로서는 아직 '어린이'였다. 이 포스터는 어른 일본이 어린 만주국을 보호하고 있다는 메시지를 전한다.[6] 만주 관련 포스터에서는 어린이를 주제로 한 것이 많다. 다음 포스터도 그러하다.

그림 4 《조선신문》 1934년 9월 5일 (출처: 田島奈都子 編著,
《明治·大正·昭和初期日本ポスター史大図鑑》, 國書刊行會, 2019,
332쪽)

왜 어린이가 자주 등장할까. 만주국이 새로운 국가이므로 앞으로 성장할 이미지로서 어린이가
알맞다고 생각했기 때문이다. 그림 4에서는 어린이가 깃발을 높이 흔들며 관동군과 친한
모습을 연출했다. 만주에 사는 사람들에게 만주국의 '국민'이라는 인식을 심어 주려고 국기를
크게 그려 넣었다. 만주사변 5주년을 알리는 다음 포스터는 중요한 내용을 담고 있다.

그림 5 만주사변 5주년 기념 포스터,《경성일보》1936년 9월 5일,
에도도쿄박물관 소장

그림 5를 "인상파가 원숙기에 들어섰을 때의 기법을 활용했다"라고 평가하기도 한다.[7] 엄마 품에 안긴 아이는 만주 이민이 뿌리를 내렸다는 것을 뜻한다. 그 아이는 자연자원을 개발할 인적자원이 증식되었음을 니타낸다. 이 포스터에는 긍정적 이미지만 가득하다. 아이는 튼튼하고 몸뻬 입은 여성은 넉넉하다. 군복처럼 생긴 작업복을 입은 사내는 인자하다. 땅은 드넓고 만주는 평화로우며 사는 사람은 행복하다. 이 농민 가족은 나치 미술이 이상화했던 농민의 모습, 즉 "어떤 보수나 수확물을 위하여 일하지 않는, 성스러운 종교적인 모습"[8]과 닮았다.

왜 1936년 만주사변 5주년 기념 포스터는 만주에 이주한 일본 농민을 주제로 삼았을까. 일본은 "1937년부터 실시할 100만 호 이주계획"을 위해 1936년부터 만주 이민문제를 강조하기 시작했기 때문이다.[9] 일제는 1936년 8월에 '만주농업이민정책'을 7대 국책 가운데 하나로 결정했다.[10] 일제는 중국 동북부를 침략해서 1932년에 만주국을 만들었지만, 일본인이 너무 적었다. 그곳에 일본인을 늘려 통치의 안정을 꾀하려 했다. 이러한 인구정책은 소련에 대한 군사적 준비이기도 했다. "유사시에는 쟁기를 버리고 무기를 잡을 일본인"이 필요했다.[11] 일본 농민은 쌀농사를 중심으로 하는 집약적 농업기술에 익숙했다. 따라서 밭농사 중심의 조방적 만주 농업에 적응할 수 없다. 생활수준이 높은 일본 농민은 가격경쟁에서 중국 농민을 이길 수 없어서 농업이민은 위험하다는 비판도 있었다. 그러나 농업공황으로 피폐해진 일본 농촌을 살리고 중국 민중의 항일운동을 억압하거나 소련에 대비한 포석으로 일본 농민을 이주시켜야 한다는 주장이 힘을 얻었다.[12] 일본인 이민을 위한 토지는 관동군과 만주국의 여러 기관에서 그곳 농민으로부터 매우 싸게 강제 수용했다.[13]

일제는 만주사변기념일을 "정신적으로 긴장하는 날"로 활용하곤 했다.[14] 신문에서는 식민지 조선에서 1942년까지 만주사변기념일 행사를 했다고 보도했다.[15] 그러나 만주사변기념일 포스터는 더 이상 찾을 수 없다. 다만 그림 6과 같은 만주 이민 관련 1942년 포스터가 있다.

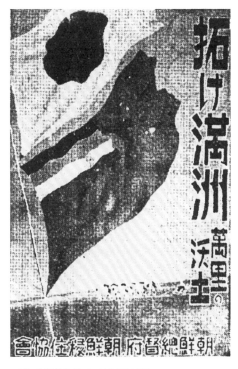

그림 6 《매일신보》 1942년 1월 18일

그림 6은 '만주 개척민' 모집 포스터다. 만주 개척민은 "식량기지 만주에서 증산에 매진할 건설 전사"였다.[16] 일본인 이민자들을 '개척민'으로 불렀기 때문에 조선인 이민자들도 똑같이 '개척민' 칭호를 부여받았다.[17] 그림 6은 '조선이주협회'에서 배포했다. '조선이주협회'란 조선인의 만주 개척 이민사업을 촉진하며, 조사와 선전, 개척민의 훈련을 맡은 조직이었다.[18] 그림 6에서 일장기와 만주국기 아래 드넓은 만주를 개척하고 있는 모습을 재현했다. 농부가 여러 필의 말을 몰아 개간하는 만주대륙을 그렸으며 '만리옥토萬里沃土'라고 적었다.[19]

'조선이주협회'에서는 그림 6 말고도 '만주개척청년의용대'라는 포스터도 배포했다.[20] 아쉽게도 그 포스터는 전하지 않는다. 그와 비슷하게 일본에서는 그림 7과 같은 포스터를 배포했다.

그림 7에서는 '만몽개척청소년의용군'을 모집한다면서 "가라 젊은이여! 북만주의 기름진
평야로!!"라고 적었다. '청소년의용군'이란 징병 연령 직전의 청소년을 마치 군인처럼 훈련해
만주로 보내는 제도였다. 일본은 100만 명을 만주로 이민시킨다는 계획이 뜻대로 이루어지지
않자 1937에 '만몽개척청소년의용군'제도를 마련했다. 1938년부터 대상자를 모집했다.
1938년부터 패전 때까지 청소년의용군은 8만 6000명이 넘었다.[21]
식민지 조선에서도 1940년부터 '만주개척청년의용대'를 조직하기 시작했다.[22] 그러나 해마다
3만 명을 모집했던 일본과는 달리 조선에서는 한해에 150명, 1개 중대만을 구성했다.[23] 비록
인원은 적지만 "만주 개척민의 자질을 향상하고 내선일체의 이상을 구체화"하는 성과가 있다고
일제는 선전했다.[24] 청년의용대는 "평상시에는 식량을 증산하고, 비상시에는 총검을 들어
대륙을 주검의 결전장으로 삼는" 사람들이었다.[25] 이러한 일본의 만주 이민정책에 대해서

그림 7 일본 포스터(1940), 田島奈都子 編, 《プロパガンダ・
ポスターにみる日本の戦争》, 勉誠出版株式會社, 2016, 106쪽

소련은 "일본이 만주에 인간 '토치카'를
건설하고 있다"라고 비판했다.[26]
일제는 만주를 소수의 일본 식민자가
다수의 원주민을 통치하는 '점령
식민지'가 아니라 많은 일본인 농민을
이주시키는 '정착 식민지'로 만들려 했다.
조선총독부도 일제의 식민정책에 따라
조선인의 만주 이주를 적극 장려했다.[27]
일제는 1940년대에 들어서 만주 이주민을
'개척전사' 또는 '흙의 전사'라고 불렀으며
그들이 사는 곳을 '개척부락'이라고
했다.[28] 일제는 만주 개척민이란 "백인
지배와 착취에서 아시아를 해방하는
대동아공영권의 담당자"라고 선전하기도
했다.[29] 조선 개척민들은 겉으로는
'농업이민'이었지만, 사실은 가혹한
조건과 엄격한 통제 속에서 힘겨운
노동을 해야만 했다.

꼭두각시 만주국:
'왕도정치'와 '오족협화'

1931년 9월 18일 관동군은 남만주철도 노선에서 폭탄을 터뜨리며 만주의 중국군을 공격했다. 관동군이란 중국 관동주에 주둔하던 일본군이다. 그렇게 일본은 '만주사변'을 시작했다. '만주사변'은 전쟁이었다. 그러나 1928년 파리 부전조약에서 전쟁을 금지했기 때문에 일본은 전쟁이라고 부르지 않고 '사변'이라고 불렀다. 일본은 4개월 남짓 '사변'을 치르고 나서 1932년 중국 동북부를 중국 본토에서 떼어 내 '괴뢰 만주국'을 만들었다.[30] '괴뢰국'이란 독립국가 형식을 취하지만 다른 나라의 의사에 따라 통치하는 국가다.[31] 일본은 겉으로는 괴뢰 만주국을 간접 지배했지만 실제로는 관동군이 '내면 지도'했다. 일제의 만주 침공은 일본제국주의가 파시즘으로 가는 서막이었다. '괴뢰 만주국'은 일제가 대륙을 침략하는 교두보가 되었다.[32] 일제는 만주를 소련에 대한 전진기지로 여기기도 했다.

관동군이 건설한 만주국은 일종의 병영국가였다. 만주국 정부는 자기 자신을 정당화하는 '이념공작'에 힘을 기울였다. 만주국은 "군벌의 압제에서 해방된 왕도낙토王道樂土"이며 "여러 민족이 화합하는 민족협화民族協和"를 이루었다고 선전했다.[33] 식민지 조선의 매체도 만주의 선전물을 실어서 만주국에 좋은 감정이 생기도록 유도했다.

그림 1 사진, 《매일신보》 1932년 2월 22일

그림 1은 "새로운 국가를 건설하면서 '자치지도부'가 만몽 각지의 거리마다 붙인 신국가 선전 포스터"를 찍은 사진이다.[34] '자치지도부'란 "만주사변이 일어난 뒤에 동요하는 인민의 치안 유지를 맡은 조직"이다. 자치지도부는 만주국을 만든 뒤인 1932년 3월 15일에 해산했다.[35] 1932년 3월 1일은 만주 건국일이다. 이 만주 건국일은 만주국의 정당성과 맞닿아 있었다. 그 때문에

그림 1에서 보는 것과 같은 여러 포스터로 건국기념일을 선전했다. 그림 1의 왼쪽에 있는
포스터를 컬러 자료로 보자.

그림 2 辻田真佐憲 監修,
《滿洲帝國ビジュアル大全》, 洋泉社, 2017,
39쪽

그림 3 辻田真佐憲 監修, 《洲帝國ビジュア
ル大全》, 洋泉社, 2017, 94쪽; 朝日新聞社
取才班, 《朝日新聞の秘藏寫真が語る戦争》,
朝日新聞社, 2009, 도판

그림 2는 1932년에 만주 자치지도부에서 배포한
포스터다. 위쪽에 만주국 지도를 그렸다. "국가를
개조하는 일에 모든 사람이 나서야 하며 옛 군벌을
척결하고 권리를 획득하자"라며 주먹을 불끈 쥐었다.
그림 1의 오른쪽 포스터에는 "왕도정치! 우리들의
광명이 왔다"라고 쓰여 있다. 여인이 입은 옷은 만주국의
국기인 '오색기五色旗'를 떠올리게 한다. 그림 3
포스터를 보면 그 여인이 입은 옷의 색깔과 모양새를
짐작할 수 있다.

그림 3은 국내 선전을 맡았던 '만주국 국무원
총무청 정보처'에서 1932년에 발행한 포스터다.[36]
'정보처'는 중일전쟁 뒤에 홍보처로 바뀌었다.[37] 이
'미스 만주' 포스터의 실제 모델은 일본 여성이었다.[38]
"대단한 미인은 아니지만 귀여워서 중국인이
친근하게 느낄 수 있는 모습"이다.[39] 이 여성이 입은
옷은 '오족협화'를 상징하는 만주국기와 똑같이
황黃·적赤·백白·청靑·흑黑, 그렇게 다섯 색이다.
오족협화란 만주에 사는 다섯 민족인 "일본인, 조선인,
한족, 만주족, 몽골족이 서로 화합하며 살자"는
주장이다.

1932년 만주 자치지도부에서 만든 다른 포스터가
《경성일보》에 실렸다. 그 포스터를 현존하는 컬러
자료로 보자.

그림 4를 실은 《경성일보》는 "새롭게 만주국이 생겨서 3000만 민중이 다시 살아나게 되었다"라고 썼다.[40] 그림 4에서 "동북 민중의 낙원을 만들자"라고 했다. 햇빛이 쏟아지는 푸른 만주 땅 위에서 여러 민족이 손을 맞잡고 원을 그리며 춤을 춘다. 평화를 상징하는 비둘기도 난다. 이 만주국 포스터는 도쿄에도 게시되었다.[41] 식민지 조선에도 이 포스터가 나붙었을 것이다. 1933년에 《조선신문》은 "만주국 건국은 세계 평화의 첫걸음"이라면서 그림 5처럼 '만주국 건국 기념 포스터'를 여럿 겹쳐 놓고 사진을 찍어 소개했다.

그림 4 《경성일보》 1932년 3월 1일(출처: 辻田真佐憲 監修, 《滿洲帝國ビジュアル大全》, 洋泉社, 2017, 38쪽)

만주 건국 1주년을 맞이하여 조선에서도 만주에 관한 관심을 높이려고 '만주 건국 포스터' 등을 신문에 싣고 관련 기사를 크게 보도했다. 그림 5에 실린 네 포스터를 현존하는 컬러 자료를 통해 하나하나씩 보자.

그림 5 만주국 건국 1주년 기념 포스터들, 《조선신문》 1933년 3월 2일

그림 6 辻田真佐憲 監修,《滿洲帝國ビジュアル大全》,
洋泉社, 2017, 45쪽

그림 7 田島奈都子 編著,《明治·大正·昭和初期日本ポスタ
ー史大図鑑》, 國書刊行會, 2019, 341쪽; 朝日新聞社
取才班,《朝日新聞の秘藏写真が語る戦争》, 朝日新聞出版,
2009, 143쪽

그림 6을 보면 양력 3월 1일에 만주국을 세웠음을 강조하고 '낙토'가 눈앞에 펼쳐졌다고
적었다. '대동大同 2년'이라고 했는데, 대동은 만주국의 연호였다. 그림 7에서는
싱안성興安省, 지린성吉林省, 헤이룽장성黑龍江省, 러허성熱河省, 펑톈성奉天省을 기둥으로
해서 만주국이라는 건물을 짓고 있다. 사람들이 이 건물에 '왕도건국王道建國'이라는 현판을
걸고 있다. 그림 5 사진에 찍힌 포스터 가운데 나머지 두 개를 마저 보자.

그림 8과 그림 9는 콘셉트가 같다. 만주국 바깥은 검게 칠해서 만주국을 도드라지게 표현했다. 모두 만주국기를 강조했다. 그림 9에서 "만주국기는 세계 평화를 앞장서 이끈다"라고 적었다. 만주국기는 "국가의 의미를 국민에게 이해시키고 국가관념을 불어넣는" 역할을 했다. 만주국은 국가개념조차 희박했던 다양한 민족에게 국가와 국기를 정착시키려고 많은 돈을 들여 홍보했다.[42]

만주국기와 관련하여 조선어로 된 그림 10 포스터는 눈길을 끈다.

그림 8 辻田真佐憲 監修, 《滿洲帝國ビジュアル大全》, 洋泉社, 2017, 43쪽

그림 9 辻田真佐憲 監修, 《洲帝國ビジュアル大全》, 洋泉社, 2017, 48쪽

그림 10 辻田真佐憲 監修, 《滿洲帝國ビジュアル大全》, 洋泉社, 2017, 71쪽; 기시 도시히코 지음, 전경선 옮김, 《비주얼 미디어로 보는 만주국》, 소명출판, 2019, 6쪽

그림 10을 언제 인쇄했는지 알 수 없다. "오색이 찬란한 만주국기 아래서 오족이 공존공영共存共榮하자"라고 한자와 한글을 섞어 썼다. 조선 민족이 많이 살았던 지린성 지역에서 발행했기 때문이다.[43] 각 민족이 전통의상을 입었지만, 일본인만 서양식 재킷을 입었다. 그리하여 일본인은 다른 아시아 민족과는 달리 중립화되고 지방색 없는 중심의 자리를 차지한다.[44] 그림 10에 '만주국협화회滿洲國協和會'에서 배포했다고 적혀 있다. 만주국협화회는 1932년 7월에 관동군이 앞장서서 만든 조직이다. 만주국협화회는 이른바 '민족협화'를 내세우며 '선무공작'을 하여 만주국의 정당성을 전파하고 항일운동에 대응하는 조직이었다.[45]

《매일신보》도 다음과 같은 만주국 건국 1주년 기념 포스터를 실었다. 이번에는 신문에 실린 포스터와 현존하는 컬러 포스터를 비교하며 감상하자.

그림 11 《매일신보》 1933년 9월 20일

그림 12 1933년, 辻田真佐憲 監修,
《滿洲帝國ビジュアル大全》, 洋泉社, 2017, 44쪽;
기시 도시히코 지음, 전경선 옮김, 《비주얼 미디어로
보는 만주국》, 소명출판, 2019, 3쪽

그림 11·12에는 러시아계로 보이는 '이주민'을 그렸다. 만주국에 거주하던 민족은
만주·중국(한족)·몽골·일본·조선의 다섯 민족을 비롯하여 이슬람 계열의 회족과
중앙아시아에 살던 소수 수렵민족, 러시아혁명 뒤에 공산정권을 피해 이주한 이른바
백계 러시아인과 유대인까지 다양했다.[46] 오족협화를 상징하는 이미지 자료에는 때때로
만주에 사는 민족으로 백계 러시아인이 등장한다.[47] 그림 11·12에서는 오족이 힘을 합쳐
'국운비등國運飛騰'이라고 쓴 애드벌룬을 떠받들고 있다.

1942년은 만주국이 건국 10주년을 맞이하는 해였다. 만주국은 새해 첫날부터 연말까지
기념행사를 이어 갔다. 일본에서도 만주 건국 10주년을 경축하는 행사를 했다. 조선, 대만,
사할린樺太도 일본을 뒤따랐다. 일본은 만주 건국 10주년 기념행사를 동맹국의 결속을
다시는 계기로도 활용했다. 독일 베를린에서 만주국 건국 10주년 기념연주회를 열었는데 일본
지휘자로 유명했던 조선인 안익태가 지휘했다.[48] 만주 건국 10주년을 맞이하여 다음과 같은
포스터가 《매일신보》에 실렸다.

그림 13 《매일신보》 1942년 3월 1일

그림 13은 만주국에서 만든 건국 10주년 포스터다. 식민지 조선에서도 만주국 건국 10주년 경축 행사를 했다. 곳곳에 일본과 만주 국기를 걸어 경축의 뜻을 보이고 경성에서 '군관민' 인사가 참여하는 경축식을 열었다.[49] "만주국과 손을 잡고 성전 완수에 매진하자"라는 뜻에서였다.[50] 그림 13에는 어느 궁궐이 멀리 흐릿하게 보이고 큼지막한 조형물이 왼쪽에 있다. 이 조형물은 해태일까. 해태는 상상 속의 신령한 동물이다. 외뿔인 해태는 위대한 시대에 나타나는 동물이며, "죄 있는 사람을 들이받아" 시비와 선악을 판가름해 주는 동물이다.[51] 그러나 그림 13의 조형물은 오늘날 중국 자금성紫禁城 태화문太和門 앞에 있는 사자상과 매우 닮았다.

자금성의 사자상은 황제의 권위를 상징했다. 그림 13에서 '사자'는 목에 무엇인가를 걸었다. 방울일까. 중국 자금성 태화문 앞에 있는 사자상은 가슴에 방울을 달았고 한국 광화문 앞에 있는 해태에도 방울이 있다. 방울은 주술적으로 경계나 금줄의 의미가 있다.[52]

그림 14 자금성의 청동사자

'성전'이라고 부르라:
지나사변기념일

일본은 1931년부터 1945년 8월 패전 때까지 자신들이 잇달아 일으켰던 전쟁을 '만주사변',
'지나사변', '대동아전쟁'이라고 불렀다. '지나사변'이란 중일전쟁이다. '지나支那'라는 말은
18세기 후반 일본에서 'China'에 해당하는 표현으로 쓰기 시작했다. 처음에는 '지나'라는 말에
중국인을 멸시하는 뜻이 없었다. 그러나 일본의 다이쇼시대(1912~1926)에 '지나'는 차별적
용어로 바뀌었다. 이때부터 중국인들은 '지나'라는 말에 혐오감을 느꼈다. 일본이 제국주의
침략을 본격화하자 '지나'라는 호칭은 차별과 침략의 상징이 되었다.[53]

1937년 7월 7일, 일본군은 중국 국민당군과 충돌하는 '루거우차오盧溝橋사건'을 계기로 중국
전체를 침공하는 제국주의 침략전쟁을 시작했다. 일본 육군은 3개 사단으로, 3개월 만에, 1억
엔의 전쟁 비용을 들이면 중국의 항복을 받아 낼 수 있다고 판단했다.[54] 일본은 '전쟁'이라고
표현하지 않고 선전포고도 하지 않겠다는 방침을 정했다. 일본은 처음에 이 침략전쟁을
'북지사변北支事變'이라고 했다가 1937년 9월 2일부터 '지나사변'이라고 부르도록 했다. 이것은
일본이 국제규범을 어기면서 교전을 확대하고 있다는 것을 일본 스스로 인정하고 있음을 보여
준다.[55]

일본이 곧바로 승리할 것이라는 낙관론과는 달리 '지나사변'은 길어졌다. 중일전쟁이 일어나자
조선인 사이에서는 "일본이 패할 것이다", "전쟁으로 조선이 큰 피해를 보고 있다"라는
'유언비어'가 떠돌았다. "전쟁이 세계대전으로 비화할 것"이라는 날카로운 통찰력을 보인
'유언비어'도 있었다.[56] 조선총독부는 중일전쟁이 일어나자마자 '유언비어'와 출판물을 철저하게
단속하면서 "시국을 인식시키는" 이데올로기 선전을 곧바로 시작했다.[57]

일제는 해마다 지나사변기념일 행사를 하면서 포스터도 배포했다. 다음은 1938년 포스터다.

그림 1에 "이루라 성전聖戰, 빛나라 동아東亞"라고 적혀 있다. 일제는 '지나사변'을 성전이라고 규정했다. 일제는 중일전쟁을 일으킨 뒤부터 곧바로 성전이라는 말을 쓰기 시작해서 1940년에 이 말을 매우 많이 썼다.[58] '성전', 곧 신성한 전쟁이라는 말에는 종교적 의미가 담겨 있다. 그림 1 포스터는 외국 포스터를 번안했다.[59] 1939년 지나사변기념일에는 다음과 같은 포스터를 배포했다.

그림 1 《경성일보》 1938년 6월 23일(출처: 田島奈都子 編著. 《明治·大正·昭和初期日本ポスター史大図鑑》, 國書刊行會, 2019, 283쪽)

그림 2는 전쟁 포스터에서 자주 등장하는 이미지다. 비행기는 한가롭고 지상의 풍경은 멋지다. 전쟁을 '낭만적'으로 그렸다. 비행기, 전함, 전차 등 발달한 전쟁 무기는 전쟁의 승리를 암시하는 장치다.[60] 다음 어린이책에서 보듯이 '과학적'인 무기는 전쟁에 대한 환상을 부추긴다.

그림 2 《매일신보》 1939년 6월 24일

그림 3 삽화, 大每てども會 編,
《(歴史に輝く)支那事變物語：小國民讀本》, 盛光社, 1938,
도판

그림 4 삽화, 大每てども會 編, 《(歴史に輝く)支那事變物語
：小國民讀本》, 盛光社, 1938, 도판

그림 3·4는 어린이책에 실린 삽화다. 중일전쟁 때 일본군이 공격하는 모습을 그렸다. 그림
3은 "해군 정예부대가 공군과 호응하여 포격하는 장면"이라고 했다. '과학적'인 무기의 위력을
스펙터클하게 그렸다. 무기가 곧 영웅인 셈이다. 전차를 앞세운 그림 4도 전쟁의 공포와
잔인함은 묘사하지 않은 채 화려한 색깔로 전쟁을 미화했다. 이러한 그림은 전쟁을 "고도의
기계 조작으로 이루어지는 모험"으로 여기게 한다.[61] 그림 2의 '낭만적' 포스터도 그림 3·4의
삽화와 똑같은 맥락을 지녔다.
이제 1940년 지나사변기념일 포스터를 보자.

그림 5는 일본 육군성에서
배포한 포스터다. 전차를
대각선으로 배치해서
역동적으로 보이게 하고
하늘에는 비행기를 그리는 등
매우 상투적이다. 그러나 그림
6은 강렬하며 긴장감을 준다.
이 포스터는 식민지 조선의
'국민정신총동원조선연맹'에서
배포했다. 그림 6에서 나이
든 남자는 깃발을 들고
절규한다. 그 깃발에는 마크와
함께 "국민정신총동원,
경성○○○정町

그림 5 《매일신보》 1940년 7월 2일;
《조선신문》 1940년 7월 2일; 《경성일보》
1940년 7월 2일

그림 6 《경성일보》 1940년 6월 26일; 《동아일보》
1940년 6월 26일; 《조선일보》 1940년 6월 26일;
《총동원》 2권 7호, 1940년 7월, 도판

제○○○애국반"이라는 글씨가 있다. 그 남자 뒤로는 '대일본국방부인회' 띠를 두른 여인들이
행진하며 청년훈련소 학생도 욱일기를 들고 행군한다. 포스터 오른쪽에 "국민총훈련, 애국반
깃발 아래에서"라고 적었다. 애국반 깃발은 그림 7과 같다.
그림 6은 '국민총훈련의 포스터'라고 불렀다.[62] 국민총훈련이란 '국민정신총동원조선연맹'을
조직한 지 2년째이며 '지나사변' 3주년을 맞이하여
황국신민의 자세를 가다듬자는 운동이었다. 일본정신을
드높이고 '내선일체'를 촉진하며 철저하게 전시 생활을
하자고 했다.[63]
그림 8은 일본이 '대동아전쟁'을 일으키기 직전인 1941년
지나사변기념일 포스터다.

그림 7 애국반 깃발, 《경성일보》 1940년
11월 12일

그림 8 《매일신보》 1941년 6월 13일; 《매일신보》 1941년 6월 25일, 에도도쿄박물관 소장

그림 9 삽화, 《월간 소국민》, 1944년 8월호, 31쪽

그림 8을 보면 "성전 4년, 7월 7일"이라고 적었다. 이 포스터 4만 장을 인쇄했다.[64] 조선군사령부는 일본 육군성에서 만든 이 포스터를 조선 곳곳에 배포했다. "이날을 계기로 시국을 재인식하고 성전을 수행하는 결의를 더욱 굳게 가지라"는 뜻이었다.[65] 이 포스터는 그림 9처럼 어린이들에게 전쟁의식을 전파하는 삽화 등으로 변용되기도 했다. 포스터와 삽화의 전차 겉모습이 독특하다. 일본에는 1929년에 개발한 '89식 중전차'가 있었다. 일본군은 중일전쟁 때 이 전차를 앞세워 전투를 치르기도 했다. 그러나 일본은 독일과 달리 기갑전력을 많이 이용하지 않았다.[66] 그림 7·8에 등장하는 전차는 1937년('황기 2597')에 새로 만든 '97식 중中전차'다. 전차 위의 둥그런 테는 통신용 안테나다. '97식 중전차'는 기갑전력이 빈약했던 중국군에는 위력을 발휘했지만, 미국이나 소련 전차에는 크게 뒤졌다.

전쟁의 추억:
육군기념일과 군기제

1905년 2월 20일부터 3월 10일까지 약 20일 동안 만주 봉천奉天 근처에서 러일전쟁 가운데 가장 치열했던 지상전이 벌어졌다. 일본군이 승리한 이 '봉천전투'는 '선양瀋陽전투'라고도 한다. 일본은 '봉천전투'에서 승리한 3월 10일을 육군기념일로 정하고 1906년부터 행사를 했다. 일본에서 한참 동안 육군기념일은 군대만의 행사였다. 군부는 국민이 전쟁기념일에 냉담한 것에 분개하면서 육군기념일과 해군기념일을 '국민화'할 것을 요구했다. 군부는 전쟁기념일이 러일전쟁에 참전했던 군인뿐만 아니라 모든 국민의 '집합적 기억'이 되기를 바랐다. 마침내 일본에서는 러일전쟁 25주년이 되는 1930년부터 육군기념일을 '국민화'했다.[67] 식민지 조선에서는 1914년 무렵부터 육군기념일을 하나의 이벤트처럼 연출하기 시작했다. 1914년 육군기념일에 일본 군대는 용산 연병장에서 '공방연습'을 하여 많은 사람에게 구경거리를 제공했다.[68] 그 뒤에도 모의 전투와 연합훈련과 같은 군대 행사를 하면서 "제국 군대의 '정의와 힘'을 국민에게 보여 주려" 했다.[69] 육군기념일은 교련 수업을 받는 학생을 훈련하고 군사문화를 전파하는 중요한 장치가 되기도 했다. 보기를 들면, 1925년 3월 10일 제20회 육군기념일에 경성과 평양의 남학생을 모의 시가전에 참여시키고 여학생에게는 간호부대원 역할을 하게 했다.[70] 육군기념일에는 군대가 시가행진과 분열식을 하면서 대중이 위압감을 느끼게 했다. 일제는 러일전쟁의 승리를 추억하며 눈앞에 닥친 전쟁을 완수하기 위한 장치로 육군기념일을 활용했다. 1941년 태평양전쟁을 일으킨 뒤부터는 육군기념일을 증산, 저축, 유기 헌납 등 물자동원을 다그치는 계기로 삼았다.

이제 육군기념일 선전 포스터를 보면서 육군기념일을 '국민화'하는 과정을 살펴보자. 다음은 매체에 보도된 첫 번째 육군기념일 포스터다.

그림 1 《경성일보》 1928년 3월 14일

그림 1에서는 "평화의 보증"이라는 문구와 방한복을 입은 군인을 그렸다. 저 멀리 산 아래 집에는 일장기를 달았고 흰옷을 입은 농부가 일한다. 국경지대와 국경수비대를 묘사했다. 이 포스터는 무엇을 뜻할까. 이 포스터를 실은 신문의 기사를 요약해서 읽어 보자.

> 침략주의를 위한 육군이 아니라 평화를 보장하기 위한 육군이라는 것을 선전한다. 그리하여 호전적인 국민이라는 오해를 없애려는 방침을 세웠다. 강연이나 연설 등 여러 방법으로 선전하되 포스터가 가장 통속적通俗的이고 효과가 커서 조선군에서도 올해(1928년-인용자)부터 포스터를 이용하기로 했다. 포스터는 3월 10일 육군기념일에 사용할 목적으로 동경에서 만들었다. 군대가 경비하면 농민이 마음 놓고 일할 수 있다는 것을 알린다. 군대는 평화를 보장함이 목적이라는 것을 강력하게 보여 주고 있다.[71]

이 기사는 그림 1의 의미뿐만 아니라 조선에 주둔하는 일본군이 1928년부터 포스터를 사용해 조선 민중을 대상으로 선전하기 시작했다는 중요한 내용도 담고 있다.
일본 육군성은 1929년부터 1944년까지 해마다 육군기념일 포스터를 만들었다.[72] 그 포스터를 식민지 조선에도 배포했다. 1929년에 만든 포스터를 보자.

그림 2 《조선신문》 1929년 2월 20일;
《경성일보》 1929년 3월 5일

그림 3 《경성일보》 1929년 3월 10일

그림 2에서는 "러일전쟁 때 방한구防寒具를 입은 일본
기마병을 그렸다."[73] 이 포스터를 만든 1929년에는 전쟁의
그림자가 없었으며 일반 사람들이 육군기념일의 정치적
의도를 느끼기 어려웠다.[74] 그래서 이 포스터 사진을 실은
신문에서는 다음과 같이 적었다. "3월 10일 육군기념일은
일본의 국운이 걸렸다고 할 만한 전승일이다. 그런데도
그저 육군만의 기념일로 여기고 국민이 무관심하다.
이날은 국가의 기념일임을 알아야 한다."[75] 1929년에
육군성에서 만든 이 포스터 말고 조선군사령부에서 만든
그림 3과 같은 육군기념일 포스터도 있다.

그림 3에는 일본 기마병을 보고 일장기를 흔들며
환호하는 조선 여자 어린이와 일본 여자 어린이가
등장한다. 두 어린이는 '내선융화'를 증명한다. 포스터
왼쪽에 "방비가 있으면 평화가 있다"라고 한글과
일본어로 적었다. 군대를 응원하는 장면에서는 늘
어린아이와 어머니, 그리고 일장기가 등장한다.
이것은 일종의 부호처럼 작동한다. 점령자는 남성이고
피점령자는 여성 또는 어린아이라는 도식이다.[76]
천진하고 순수한 어린이의 이미지를 군대의 폭력성을
희석하고 미화하는 데 활용하곤 했다. 또한, 점령지에서
일장기를 흔드는 주민의 모습은 복종의 표상이기도
했다. 그림 3에서 여자 어린이가 일본 군인을 올려다보고
있으며 군인은 느긋하게 여자 어린이를 내려다본다.
군인은 필요에 따라 인자하고 자애로운 이미지로
연출된다.[77]
1930년 육군기념일 25주년 포스터는 육군성에서 매우
만족했다.[78] 그 포스터를 보자.

그림 4 《조선신문》 1930년 2월 11일; 《경성휘보》
102호, 1930년 3월호, 도판(출처: 田島奈都子
編, 《明治·大正·昭和初期日本ポスター史大図鑑》,
國書刊行會, 2019, 335쪽)

그림 4에서는 '상기하라 25년 전'이라고 했다.
"중앙에 말을 탄 오야마 이와오大山巖(1842~1916)
만주군 사령관이 있고 그 옆에 고다마
겐타로兒玉源太郎(1852~1906) 참모장이 있다. 봉천
입성 장면을 위풍당당하게 그렸다."[79] 이 포스터는
중심인물에 시선을 집중하게 했다. 육군성에서는
"러일전쟁 승리 25주년을 축하하는 포스터로서는 이
이상 어울리는 것은 없다"라고 평가했다.[80] 아마도
'전쟁영웅'을 인자한 모습으로 그려서 군인에 대한
친근감을 불러일으킨다고 판단했을 것이다.
조선에서도 25회 육군기념일 행사를 알리는 다음과
같은 포스터를 만들었다.

그림 5에서는 가운데에 욱일기를 그려 넣고
비행기, 나팔 부는 병사, 풀밭에서 총을 겨누는
군인을 그렸다. "제25회 육군기념일, 빛나는
역사, 영예로운 앞길"이라고 썼다. 또한, "9일은
연병장에서, 10일은 광희문에서"라고 적었다.
이로써 9일에 용산 연병장에서 육군기념일
행사를 하고 10일에 광희문 밖에서 병사와
학생의 연합연습을 한다는 것을 알렸다.[81]
다음에서 보는 1931년 육군기념일 포스터도
러일전쟁을 소재로 삼았다.

그림 5 《조선신문》 1930년 3월 7일; 《경성일보》
1930년 3월 7일; 《경성휘보》 102호, 1930년 3월, 도판

그림 6 《조선신문》 1931년 3월 5일

그림 6은 육군성에서 만든 포스터다. 러일전쟁 때 전선에서 보초를 서는 병사를 그렸다.[82] 이 포스터는 군인이란 국가를 방위하는 성스러운 존재라고 주장한다.

1932년 3월 1일 만주국을 세운 뒤부터 육군기념일 포스터는 만주국을 주요한 모티프로 삼았다. 만주사변과 만주국 건립에서 육군이 결정적 역할을 했기 때문이다. 다음은 그때 배포한 만주국과 관련된 여러 포스터다.

그림 7에서는 "만몽滿蒙은 밝아진다"라고 했고 그림 8에서는 "만몽은 평화 건설로"라고 적었다. 둘 다 젊은 군인을 위엄 있는 모습으로 그렸다. 그림 9에서는 "만몽은 태양으로 빛난다"라고 적었다.

그림 7 1932년 육군기념일과 만주국, 《조선신문》 1932년 3월 1일(출처: 辻田真佐憲 監修, 《洲帝帝國ビジュアル大全》, 洋泉社, 2017, 91쪽)

그림 8 1933년 육군기념일과 만주국, 《조선신문》 1933년 3월 4일(출처: 辻田真佐憲 監修, 《洲帝帝國ビジュアル大全》, 洋泉社, 2017, 92쪽; 田島奈都子 編著, 《明治·大正·昭和初期日本ポスター史大図鑑》, 國書刊行會, 2019, 348쪽)

"빛나는 태양은 일본을 상징하며 황도皇道로 만몽의 천지를 차츰 밝게 한다는 뜻을 지니고 있다."[83] 1936년에 신문은 아무런 설명 없이 그림 10을 실었다. 육군기념일 포스터라고 추정해도 될 듯하다. "굳건한 준비는 동아를 안정시킨다"라고 적었다.
중일전쟁이 일어난 뒤인 1938년부터 육군기념일 포스터는 중일전쟁과 관련된 내용을 선전했다.

그림 9 1935년 육군기념일과 만주국,《조선신문》1935년 2월 7일, 에도도쿄박물관 소장

그림 10《경성일보》1936년 2월 15일

그림 11은 총검을 부여잡고 결연한 의지를 보이는
군인을 그렸다. "이기고 나서 투구 끈을 조이자"라고
적었다. 중일전쟁이 장기전의 늪에 빠졌으니
이기더라도 계속 긴장하자는 뜻이다. 그림 11·12
포스터와 표지도 장기전을 반영했다.

그림 12는 "3월 10일 육군기념일에 일본 육군성
정보부가 종군화가협회에 맡겨서 만든 포스터다."[84]
육군성 정보부는 그림 13처럼 그 포스터를 표지로
사용해서 팸플릿을 내기도 했다. 삽을 짚고
쉬는 군인을 그렸다. 군인의 눈길이 머무는 곳에
'흥아興亞!'라고 적었다. "지금은 건설 중이다. 국민
모두 참고 견디며 군수자원을 아껴 중국 점령지에
안업낙토安業樂土를 건설하자."[85] 이것은 그림
12를 실은 신문의 해설기사다. 일본은 중일전쟁을
'속전속결'하려 했지만, 전쟁이 길어졌다. 이때부터

그림 11 《조선신문》 1938년 2월 26일;
《부산일보》 1938년 3월 10일; 陸軍省新聞班,
《長期戰に對する國民の覺悟》, 1938, 도판

'장기건설'이라는 말을 쓰기 시작했다. 장기건설이란 중국군과 오래 싸우면서 점령지역을

차근차근 건설한다는
뜻이었다.[86] 그림
12와 그림 13은 삽을 통해
장기건설의 메시지를
전한다.

해마다 치르는 육군기념일
가운데 5년째에 해당하는
해에는 러일전쟁을
회고하는 색채가 강했다.[87]
다음 포스터가 그 보기다.

그림 12 포스터, 《매일신보》
1939년 3월 2일; 《경성일보》
1939년 3월 2일

그림 13 팸플릿 표지, 육군성 정보부,
《支那事變下に再び陸軍記念日を迎へて》,
1939

그림 14 《동아일보》 1940년 3월 7일; 《매일신보》 1940년
3월 7일(출처: 田島奈都子 編, 《プロパガンダ·ポスターに
みる日本の戦争》, 勉誠出版株式會社, 2016, 28쪽)

그림 14는 러일전쟁 때의 군인을 그렸다.
그러나 그 군인의 뒤편에 1939년 5월의
노몬한사건 때 활약했던 비행기를 가득
채웠다. 옛것과 새것을 전경과 후경으로
하는 이 포스터는 시대착오를 드러낸다.[88]
《만선일보》는 그림 15와 같은 1940년
만주의 육군기념일 포스터를 실었다.

일장기, 비행기, 군인을 배치한 그림 15는
상투적이다. 다만 다음과 같은 해설기사는 만주의
육군기념일에 어떤 의미를 부여했는지를 알려 준다.
"육군기념일은 육군만의 기념일도 아니고 러일전쟁
기념만도 아니다. 세계에 정의 일본의 역량을 보여 준
전쟁이다. 특히 만주를 전장으로 해서 싸운 러일전쟁은
만주국으로서는 일본 이상으로 의의가 깊다."[89]
다음에서 보는 태평양전쟁 직전의 육군기념일
포스터는 좀 더 긴박하다.

그림 15 《만선일보》 1940년 3월 10일

그림 16 《경성일보》 1941년 2월 27일; 《매일신보》 1941년 3월 4일;
《조선신문》 1941년 3월 5일

그림 16은 일본군이 자랑스럽게 여겼던 '경기관총輕機關銃'을 들고 맹렬하게 돌진하는 모습을
그렸다. 눈 위에 철모 그림자가 기괴스럽게 드리워졌다. 마치 죽음의 그림자처럼 느껴져
섬뜩하다. 아시아·태평양전쟁 이후 포스터에서는 '전투의지'를 더욱 강조했다. 다음 포스터와
표지 그림을 함께 보자.

그림 17 포스터,《매일신보》1943년 3월 3일;《경성일보》
1943년 2월 23일

그림 18 표지,《신시대》1권 3호, 1941년 3월

그림 17은 조선군 보도부가 만든 "2500만이여 군신軍神의 뒤를 따르라"라는 포스터다.[90]
조선군 보도부란 중일전쟁 뒤에 군이 식민지 조선인을 직접 통제하면서 침략전쟁에 대한
지지와 협력을 끌어내려고 만든 조직이다.[91] 그림 17에 "군신의 뒤를 따르라! 아! 오늘도
존귀한 육탄肉彈이 적진으로 쇄도하고 있다! 우리도 돌격이다!"라고 썼다. '군신'이란
전쟁영웅을 일컫는 말이다. 온갖 매체에서는 '군신'을 떠받드는 기사를 쏟아 내면서 전쟁
동원에 활용했다. 그림 17과 그림 18은 병사의 옆얼굴을 클로즈업했다. 인물을 클로즈업해
올려다보는 구도는 보는 사람을 굴복하게 하는 고전적 수법으로 병사의 영웅적 이미지 표현에
알맞았다.[92]
그림 17에서는 "격멸하고야 만다"라는 표어를 적었다. 1943년 한 해를 규정했던 유명한
표어다. 일본《고사기古事記》에 따르면 "격멸하고야 만다"라는 말은 진무 천황이 동쪽을
정벌할 때 불렀던 군가 가사 가운데 하나였다.[93] 식민지 조선에서 "격멸하고야 만다"라는
표어를 다음과 같은 내용으로 바꾸어 선전하기도 했다.

그림 19는 국민총력조선연맹에서 만든 전단이다. "두들겨
부수자. 적! 미영"이라고 적었다. 이 표어는 "격멸하고야
만다"라는 육군기념일 표어를 대중에게 더욱더 강하게
전달하려고 만들었다. 이 전단에 대해서 신문에서는 "반도
2500만의 결의가 한데 뭉친 듯한 글자가 종이 위에서
뛰논다"라고 보도했다.[94]

**그림 19 전단, 《매일신보》1943년 5월
3일**

1943년에 일본에서는 "격멸하고야 만다"라는 선전이 온
나라를 휩쓸었다. 일본이 1942년 6월 미드웨이해전에서
패배하고 1943년 2월에 과달카날섬전투에서 패배하면서
전쟁 상황이 나빠졌기 때문이다. 일본은 용맹과 과감을 외치며 천황과 황국에 헌신하라는
정신주의를 강조했다.[95] 다음 포스터는 1943년 일본의 정신세계를 드러낸다.

**그림 20 일본 포스터(1943), 田島奈都子,《戦前期日本のポスター:
広告宣伝と美術の間で揺れた50年》, 吉川弘文館, 2023, 도판**

그림 20은 일본 육군성에서 배포한 포스터다.
"격멸하고야 만다"라는 '국책표어'를 크게
적었다. 미국 성조기와 영국 국기를 밟으며
돌격하는 병사를 그렸다. 병사는 입을 굳게
다물고 눈을 부릅뜨며 당장이라도 총검으로
찌르려고 한다. 이 병사의 뒤에서 전차가
줄지어 달린다. 일본에서는 이 포스터 5만
장을 배포했다.[96] 그와 함께 다음과 같은 대형
사진 포스터도 거리에 내걸었다.

그림 21 사진, 도가와 이사무 지음, 박상국 옮김,《사진으로 보는 일본 현대사》1, 역사의식, 1990, 207쪽

그림 21에는 도쿄 유라쿠초有楽町 극장 앞에
걸린 대형 사진 포스터가 있다. 그림 22는 그
사진 포스터만을 보여 준다. 이 사진 포스터는
다다미 100장 정도의 크기이며 육군성 보도부가
지도하고 아사히신문사가 기획했다. 1943년 3월
10일 육군기념일을 앞뒤로 10일 동안 "격멸하고야
마는 국민대회" 회장이었던 도쿄 유라쿠초에
있는 일본극장(日劇)과 오사카 난바難波의
다카시마야高島屋 정면에 걸었다.[97] 그림 22는
그림 20 포스터와 마찬가지로 성조기와 영국
국기를 짓밟고 있다. 한 명은 수류탄을 던지며
함성을 지른다. 총검을 움켜쥔 다른 한 명은
곧바로 튀어 나가 돌격하려고 한다. 보기에

그림 22 每日新聞社 編,《日本の戰爭 2:
太平洋戰爭》, 每日新聞社, 2010, 215쪽

따라서는 패배가 눈앞에 닥쳐 마지막으로 저항하는 듯하다.[98]
다음에서 보듯이 "격멸하고야 만다"라는 표어를 사용한 상업광고도 많았다.

그림 23 광고, 《매일신보》 1943년 3월 9일

그림 24 광고, 《신시대》 4권 10호, 1944년 10월, 도판

그림 23 치약 광고에서 "격멸하고야 만다"라는 표어는 일본 《고사기》에서 비롯되었다는 내용까지 소개했다. 루스벨트와 처칠을 꿰뚫은 일본 화살을 그렸다. 다른 여러 광고에서도 이러한 콘셉트를 즐겨 사용했다. 그림 24는 그림 22 포스터를 활용했다. 저축해서 빨리 전선으로 비행기를 보내자고 적었다.

1943년 육군기념일 때는 경성의 여러 백화점에서 '제38회 육군기념일 전람회'를 열었다. 그 전람회는 조선의 징병제에 대비해서 '무적 황군'을 대중에게 선전하는 것이 목적이었다.[99] 일본에서 육군기념일 포스터를 1944년까지 만들었다.[100] 그러나 조선의 매체에서는 찾지 못했다. 다만 '육군기념일, 군대생활 1일' 포스터가 전한다.

그림 25 《부산일보》 1944년 3월 6일

그림 26 《경성일보》 1932년 4월 16일

그림 25는 육군기념일 행사 가운데 하나로 '군대생활의 하루' 이동 사진전을 연다고 선전한다. 이 사진전은 징병검사에서 우수한 성적으로 합격하자는 '갑종합격운동'과도 짝을 이루었다. 군대교육과 군대생활을 27장의 인쇄물로 만들어 관공서, 학교, 공장, 광산 등에서 전시하도록 했다.[101] 징병에 대한 거부감을 없애려는 뜻이다. 또 다른 육군 행사로 '군기제'가 있었다. '군기제'란 육군 보병이나 기병 부대를 만들 때 일본 천황이 연대기聯隊旗를 준 날을 기념하는 행사다. 그 포스터를 보자. 그림 26은 보병 74연대의 '군기제' 포스터다. 일제는 함경북도 나남에 19사단 사령부를 두고 용산에 20사단 사령부를 두었다. 두 사단을 지휘하는 조선군사령부는 용산에 있었다. 보병 74연대는 19사단 소속으로 함흥에 주둔했다.[102] 그림 24에선 군인이 욱일기를 부여잡고 돌진하는 모습을 그렸다. '군기제' 때에는 군사 행사를 하면서 일본군의 위력을 과시했다.[103] 또한, 교련훈련을 받은 학생들을 불러들여 분열식을 하거나[104] 씨름 등의 여흥 프로그램을 만들어 일반인이 군에 친밀감을 느끼도록 했다.[105] 육군은 전차기념일 행사도 했다. 일본은 1925년 5월 1일에 전차 부대를 만들었다. 그날을 기념한다면서 1942년 5월 1일에 제1회 전차기념일 행사를 했다. 그러나 그해에만 전차기념일 기사가 있는 것으로 보아 단 한 번의 행사였던 것으로 보인다.

'Z기 정신':
해군기념일

일본은 1905년 러일전쟁 때 '봉천전투'에서 승리한 3월 10일을 육군기념일로 했다. 해군이
승리한 5월 27일을 해군기념일로 했다. 쓰시마섬 근해에서 일본 연합함대와 러시아
발트함대가 맞붙은 전투에서 일본 해군이 이긴 날이다. 육군기념일과 해군기념일은
1945년까지 일본 국민의 축제였다.

식민지 조선의 매체는 일찍부터 해군기념일 기사를 실었다. 1930년에 《조선신문》에서는
해군기념일 25주년을 맞이해서 'Z기'를 나누어 주는 행사를 하기도 했다.[106] Z기는 본디
국제 해양 신호에서 알파벳 Z에 해당하는 깃발이었다. Z기는 검은색, 빨간색, 남색,
노란색으로 이루어졌다. 일본은 러일전쟁 때 "황국의 흥폐興廢는 이 한 싸움에 있다. 모든
장병은 한층 더 분발하여 싸우라"라는 신호로 Z기를 사용했다.[107] 해군에서도 나름대로
해군기념일 행사를 했다. 그러나 초기의 행사는 대중적이지 않았으며 포스터도 전하지 않는다.
처음에 조선인은 해군기념일에 관심을 두지 않았다. 보기를 들자. 1929년 충청북도 괴산군
연풍공립보통학교에서는 교장이 "해군기념일이 어떤 날인가?"라고 물었는데 대답하는 학생이
하나도 없었다. 교장이 화가 나서 학생들을 마구 때리고 "내일부터 학교에 오지 말라"고 했다.
그러자 실제로 학생들이 모두 학교에 가지 않는 동맹휴학을 했다.[108]

육군기념일은 육군의 노력으로 1930년에 국민에게 호소력을 발휘하기 시작했다. 해군은
육군만큼 치밀하지 않았다. 일본에서 1935년이 되어서야 해군이 계획을 세워서 해군기념일을
'국민화'하기 시작했다.[109] 식민지 조선에서도 1935년 30주년 기념식을 계기로 해군기념일의
규모가 커졌다. 조선신궁 광장에서 해군기념일 기념식 행사를 했고 해군은 군함기를 들고
길거리를 행진하기도 했다.[110] 다음은 해군기념일에 군함기와 함께 Z기를 건 조선신궁
사진이다.

그림 1 사진, 《경성일보》 1937년 5월 28일

그림 2 《조선신문》 1939년 5월 9일;
《매일신보》 1939년 5월 25일

중일전쟁이 일어난 뒤부터 조선총독부와 조선에
주둔한 일본군은 군사 행사를 강화했다. 그에 따라
해군기념일도 그 의미가 커졌다. 그림 2·3은 1939년
해군기념일 포스터와 행사 사진이다.

그림 2에서는 "바다의 일본, (지나)사변하의
해군기념일"이라고 적었다. 군함과 해군 비행기,
그리고 해군을 상징하는 함포가 있다. 이 포스터는
포토몽타주 기법을 활용해 여러 개의 흑백 사진을
조합해서 만들었다. 이러한 포스터를 만든 데에는
그 무렵에 일본에서 번성했던 사진을 주체로 삼은
잡지의 영향도 있었다.[111] 사진을 활용하는 포스터는
화면에 '현실미'를 주었다.[112] 1939년 해군기념일에도
여러 기념 행사를 했다. 조선신궁에서 기념식을 하고,
정오에 1분 동안 묵도를 하며 집마다 국기를 달아
기념하도록 했다.[113] 그림 3은 인천항에 들어온 군함의
해군육전대가 군함기를 앞세우고 경성 시가를 행진하는
모습이다.
다음으로 1940년과 1941년 해군기념일 포스터를 보자.

그림 3 사진, 《동아일보》 1939년 5월 28일

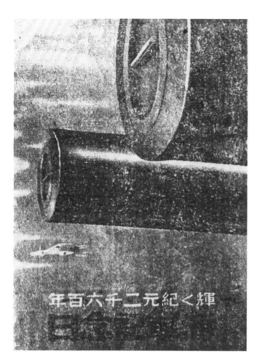 

그림 4 《동아일보》 1940년 5월 26일; 《경성일보》 1940년   그림 5 《경성일보》 1941년 5월 24일
5월 25일

그림 4에서는 거대한 함포를 그려서 해군의 위용을 보여 주고 승리를 암시하려 했다. 그림
5에는 "빛나는 해군기념일"이라고 적었다. 바다를 뒤덮은 군함기 위로 일본 진무 천황 신화에
등장하는 금빛 솔개가 난다. 일본 군함기도 해군기념일의 주요한 상징이었다. 일본 군함기란
"흰 바탕 위에 붉은 해가 솟아올라 열여섯 줄기의 햇살을 펼쳐 7대양을 비추고 있는 것"이다.[114]
1940년 해군기념일에도 인천항에 머물던 해군이 경성에 와서 군함기를 들고 시가 행진을
했다.[115]
1941년 12월 8일 아시아·태평양전쟁 뒤부터 해군기념일은 또 다른 의미를 지녔다. 다음
포스터는 그 내용을 잘 드러낸다.

그림 6 《경성일보》 1942년 5월 22일

그림 6의 달력에 '훈련'과 '맹훈련'만 쓰여 있다. 보통 달력과 달리 '월월화수목금금'이라고 했다. '월월화수목금금' 그 자체가 하나의 표어였다. 그때는 너무나 유명했던 이 표어는 해군이 많이 사용했다. 이 말은 1908년에 어느 일본 해군 장교가 한 말에서 비롯했다.[116] 쉬지 않고 훈련, 훈련, 맹훈련한다는 뜻이다. 그림 6은 일반인도 국가를 위해서 더욱 열심히 일하라는 메시지를 전한다.[117] 해군기념일은 'Z기'의 정신을 되새기는 날이며, 바로 그 "Z기의 정신으로 증산하자"라고 했다.[118] 1942년에는 아시아·태평양전쟁이 일어난 '비상시국'에 맞추어 '무적 해군전람회'도 열었다. 다음은 그 전람회를 알리는 포스터다.

그림 7 《매일신보》 1942년 5월 20일; 《경성일보》 1942년 5월 20일

그림 7에 등장하는 비행기는 해군에서 운용했던 '96식 육상공격기'인 듯하다. 이 비행기는 '일본 최초의 근대적인 쌍발폭격기'로 알려져 있다. '96식 육상공격기'는 중일전쟁부터 태평양전쟁 초기까지 일본 해군의 주력 공격기였다.[119] 이 포스터에 "해군기념일에 바치는 무적해군 대전람회"라고 적었다. 경성의 5대 백화점인 화신和信, 미쓰코시三越, 조지야丁子屋, 미나카이三中井, 히라타平田백화점에서 한꺼번에 전람회를 열어 해군을 "눈으로 알게 했다."[120]

1943년 해군기념일 포스터는 어떠했던가. 매체에 실리지 않아 알 수 없다. 그러나 다음 잡지 표지에서 그 모습을 추정할 수는 있다.

그림 8 표지, 《半島の光》 65호, 1943년 5월

그림 8의 맨 아래에 "5월 27일 해군기념일"이라고 적혀 있다. 1943년 해군기념일 포스터 도안을 잡지의 표지로 활용했다고 생각해도 큰 무리가 없다.

1943년 해군기념일 행사에서는 해양소년단 결성식이 가장 눈길을 끌었다. '국민학교' 아동 가운데 5학년 이상의 남자가 해양소년단원이 될 수 있었다. '대일본 해양소년단 조선본부'라고 이름을 정했다. 해양소년단은 총독부 학무국 안에 설치하며 각 도에 지부를 두기로 했다.[121] 조선의 해양소년단은 1942년까지는 식민지 조선에 사는 일본인 아동만으로 결성했다. 1943년부터 조선인 아동이 참여하기 시작했다.[122] 해군특별지원병제도에 발맞추어 '황군 용사의 후계자'를 양성하는 것이 해양소년단의 목표였다.[123] 1943년 해군기념일에 해양소년단이 결성식을 하는 장면을 보자.

그림 9 해양소년단 분열식 사진, 《매일신보》 1943년 5월 28일

그림 9는 해양소년단 결성식장에 소년들이 분열식을 하며 입장하는 모습이다. 해양소년단은
군대와 똑같이 분대, 소대, 중대로 이루어졌다.[124] 소년들은 흰 해군복에 흰 해군모를 썼다.
모자에는 금빛으로 '대일본 해양소년단'이라고 적고 어깨에는 목총을 맸다.[125]
1944년은 일본 해군이 붕괴한 해였다. 일본 해군은 6월의 마리아나해전과 10월의
레이테해전에서 결정적 타격을 입었다.[126] 매체가 전하는 1944년 해군기념일 포스터도
없다. 이 해의 해군기념일에는 "비행기와 어뢰를 전선에 보내자", "대공세는 우리들의
증산으로부터!"라는 표어를 내걸었다.[127] 해군기념일을 중심으로 하여 '군수물자 증산주간'을
설정했다.[128] 눈앞에 패전이 닥친 일제가 군수물자 부족에 시달렸음을 알려 준다.

"하늘, 사내가 가야 할 곳": 항공일

조선총독부는 1940년부터 '항공일'을 만들어 여러 행사를 했다. "기원 2600년을 맞이해서 일본에 처음으로 비행기가 선을 보인 1910년 9월 28일을 기념하려고" 이날을 항공일로 했다.[129] "근대전에서는 항공술의 발달이 승리의 열쇠이기 때문에 일반 민간인에게도 항공술과 항공사상을 장려하고 보급하려는" 목적이었다.[130] 제1회 항공일 포스터를 보자.

그림 1 《매일신보》 1940년 9월 26일; 《경성일보》 1940년 9월 24일 (출처: 並木誠士·和田積希 編著, 《日本のポスター: 京都工芸繊維大学美術工芸資料館デザインコレクション》, 青幻舎, 2018, 262쪽)

그림 2 《경성일보》 1940년 9월 26일 (출처: 並木誠士·和田積希 編著, 《日本のポスター: 京都工芸繊維大学美術工芸資料館デザインコレクション》, 青幻舎, 2018, 263쪽)

그림 1·2는 제1회 항공일 포스터다. 둘 다 똑같이 "하늘, 사내가 가야 할 곳"이라는 표어가 적혀 있다. 그림 1에 왜 글라이더를 그렸을까. 첫 항공기념일이어서 큰 행사는 못 하고

"항공술의 기초라고 할 수 있는 글라이더 강습을 대대적으로 할 계획"이었기 때문이다.[131]
그림 2는 땅 위에 '항공일'이라는 글자와 함께 비행기 그림자를 그려서 시각적 선전 효과를
높였다.

1941년 제2회 항공일부터는 9월 20일로 날짜를 바꾸었다.[132] 다음은 그때의 포스터다.

그림 3 《부산일보》 1941년 9월 18일
(출처: 並木誠士·和田積希 編著, 《日本のポス
ター: 京都工芸繊維大学美術工芸資料館デザ
インコレクション》, 青幻舍, 2018, 264쪽)

그림 4 《경성휘보》 237호, 1941년 8월, 도판

그림 3에서는 고글에 비행기 편대가 비친다. 사나이는 멋지고 하늘은 높다. 비행사에 대한
동경을 한껏 부추긴다. 여기서도 "하늘, 사내가 가야 할 곳"이라고 적었다. 이 포스터는 서구의
포스터에서 모티프를 차용했다.[133] 그림 4는 사진을 이용한 포스터다. 모형 비행기를 든
어린아이를 연출하고 "하늘의 기념일, 9월 20일"이라고 적었다. 모형 비행기로 놀면서 어릴
때부터 '항공사상'을 몸에 익혀 훌륭한 비행사가 될 준비를 해야 한다는 뜻이다. 1941년 일본
뉴스 영화에는 다음과 같은 해설이 있다. "모형 비행기는 이제 장난감이 아닙니다. 소년들은
대나무와 나무, 종이, 고무, 철사를 사용해 항공과학 이론을 실제에 적용하고 있습니다."[134]
이제 아시아·태평양전쟁 뒤에 맞이한 1942년 제3회 항공일 포스터와 전단을 보자.

그림 5 포스터, 《매일신보》 1942년 9월 5일   그림 6 전단, 《경성일보》 1942년 9월 18일

신문에서는 "항공일이란 항공 일본을 찬양하고 국민에게 항공지식을 보급하는 날"이라고
해설했다. 1942년 항공일에도 항공순직자에 대한 위령감사제, 모형경기대회, 활공대회
등을 했다.[135] 그림 5 포스터에서 항공일은 '조선국방항공단'이 주최하고 조선총독부,
국민총력조선연맹, 조선군사령부, 해군 무관부가 후원했다고 했다. 그림 6은 모형 활공기를
든 소년을 모델로 삼았다. 셀로판으로 만든 전단이다. 이 전단도 '조선국방항공단'이 제작했다.
"강하게 단련하여, 모두 하늘로"라는 뜻을 담은 전단이었다.[136] 이 무렵 학교에서는 모형
비행기교육과 활공교육을 강조했다. "활공기(글라이더)와 비행기를 제작해서 기계 제작의 기본적
수련을 하고 항공기에 관한 이치를 깨닫고 흥미를 깊게 하여 국방에 관한 관심을 높이는" 것이
목적이었다.[137]
1942년 항공일에는 그림 7과 같은 포스터를 만들었다. 일본 포스터와 비교해 보자.

그림 7 《황민일보》 1942년 9월 20일; 《경성일보》 1942년 9월 15일

그림 8 일본 포스터(1942), 並木誠士·和田積希 編著, 《日本のポスター: 京都工芸繊維大学美術工芸資料館 デザインコレクション》, 青幻舎, 2018, 265쪽

그림 7은 제3회 항공일 포스터다. "청년이여 그대야말로 다음의 용감한 비행사다"라고 적었다. 조종사는 하늘을 올려다보며 출격을 기다린다. 마치 "하늘을 정복하는 자, 세계를 정복한다"라는 표어를 되새김하는 듯하다. 그림 8은 일본에서 배포한 제3회 항공일 포스터다. "하늘이다, 날개다, 청년이다"라고 적었다. 그림 7과 그림 8은 거의 같다.

1943년 제4회 항공일에는 좀 충격적인 포스터를 만들었다. 신문에 실렸던 그 포스터를 컬러 자료로 보자.

그림 9 《매일신보》 1943년 9월 18일(출처: 田島奈都子 編, 《プロパガンダ·ポスターにみる日本の戦爭》, 勉誠出版株式會社, 2016, 61쪽)

그림 10 만화, 매일신문사, 《매신 사진순보》 280호, 1942년 3월 21일, 19쪽

그림 9는 갓난아이 때부터 비행기와 친하게 하며 하늘에 대한 동경을 품도록 하라는 뜻을 담았다. 그러면 나중에는 "아버님 어머님 나도 하늘로 보내 주세요"라고 스스로 말하는 훌륭한 소년으로 자란다. 포스터 윗부분에 참으로 앳된 모습의 소년비행병을 그렸다. "항공 세력의 우열이 전쟁에서 중요한 요소가 된다. 한 사람이라도 더 많은 항공 요원을 결전장으로 보내자"라는 목적으로 이 포스터를 만들었다.[138] 그림 10은 그러한 사회 분위기를 반영하는 만화다. 이 만화에서는 갓난아이를 비행기 요람에 태워서 하루라도 빨리 비행기와 친숙하게 만들겠다고 한다.

1943년 항공일에 맞추어 소년비행병을 모집한다는 포스터도 함께 배포했다.[139] 항공일 때 신문에서는 청소년들을 소년항공병으로 보내야 한다는 기사를 실었다.[140] 항공일을 계기로 소년비행병들이 '향토 방문'을 하는 이벤트도 했다.[141] 이처럼 항공일이란 전쟁의 열기를 높일 뿐만 아니라 예비 비행사를 양성하기 위한 기획이기도 했다.

바다를 누벼서:
해海의 기념일

1941년에 일본은 "해양 제패의 기초를 확립하기 위해" 7월 20일을 해海의 기념일로 정했다.[142] 날짜를 그렇게 잡은 까닭은 "메이지 9년(1876)에 메이지 천황이 동북지방을 순행할 때 뱃길을 택하여 요코하마에 무사히 도착한 날"이었기 때문이다.[143] 바다를 굳게 지키고 바다의 자원을 개발한다는 뜻에서 '해의 기념일'을 만들었다.[144] 제1회 해의 기념일 포스터를 보자.

그림 1에선 가까이 있는 등대를 크게 그리고 멀리 있는 배를 조그맣게 그렸다. 이 포스터를 실은 신문에서는 "7대양에 일장기를 날리자"라고 적었다.[145] 제1회 해의 기념일에는 해운업자, 선원, 조선소 직공, 등대지기 등의 공로자를 표창하기도 했다.[146]
다음에서 보는 1942년 제2회 '해의 기념일' 포스터는 제1회 해의 기념일 포스터와 비슷하다.

그림 1 《조선신문》 1941년 7월 17일; 《매일신보》 1941년 7월 17일; 《경성일보》 1941년 7월 17일

그림 2 《경성일보》 1942년 7월 4일   그림 3 《매일신보》 1943년 7월 12일

그림 2의 포스터를 약 3만 장 남짓 인쇄했다.[147] 이날을 계기로 "세계를 지배하는 자 마땅히
바다를 지배해야 한다"라는 의지를 다지자고 했다.[148]

1943년 해의 기념일 포스터는 그림 3에서 보듯이 남양 바다를 배경으로 삼았다.
그림 3 지도에는 인도네시아, 필리핀, 인도차이나반도, 대만, 한반도, 일본 등이 있다.
지도는 일본이 점령한 지역을 나타낸다. 남양을 누비는 일본 배를 그렸다. 조선총독부는
해군특별지원병제를 실시하기로 한 1943년 제3회 해의 기념일에 좀 더 특별한 의미를 두려고
했다. 해양소년단이 시가를 행진했다. 신문에서는 "태평양을 일본이 차지할 때까지 바다의
아들들은 바다로 나아가야 한다"라고 했다.[149] 일본에서는 "바다를 무덤으로 삼자"는 비장한
결의도 했다.[150]

1944년이 되면 해의 기념일은 일주일 동안 진행하는 '해원충실운동'으로 바뀌었다. 제공권을
빼앗기면서 해상 수송에 어려움을 겪던 일본이 선원을 확보하려는 운동이었다.[151] 그 포스터를
보자.

그림 4 《매일신보》 1944년 7월 14일

일제는 군수물자와 생활필수품을 운반하는 사람을 가리켜 '수송전사'라고 불렀다. 그림 4에서 앳된 얼굴의 청년이 배의 키를 잡고 있다. 그는 '바다의 수송전사'다. '바다의 수송전사'는 비행기와 잠수함의 공격도 무릅써야 했다.[152] 그림 4에 "이제부터 바다다. 반도의 젊은이여 선원이 되어 대동아 건설에 앞장서자"라고 적었다. "청춘은 해양으로." 이 포스터를 실은 《매일신보》는 그렇게 선동했다.[153] 이 포스터는 조선해원보국단에서 배포했다. 조선해원보국단이란 "해원을 규합하고 통제하여 징용하는 조직"이었다.[154] 마치 이 포스터에 맞장구를 치듯이 잡지 《신여성》은 다음과 같은 표지를 사용했다.

《신여성》은 일본주의와 내선일체를 목표로 삼았던 녹기연맹綠旗聯盟의 기관지 《녹기》의 자매지였다.[155] 《신여성》은 일하는 여성을 표지 모델로 내세우곤 했다. 거기에는 여자 농부, 여성 노동자, 간호사, 여자 근로보국대 등이 등장한다. 그림 5에서는 배의 키를 잡은 여성의 모습을 그렸다. 그 여성은 일장기를 새긴 두건을 두르고 닻 모양의 목걸이를 찼다. 그림 5는 실제 모습이라기보다는 여성이 국가를 위해서라면 아무리 험한 일이라도 해야 한다는 메시지를 전달한다.

그림 5 표지, 《신여성》 3권 7호, 1944년 7월

이날을 기억하라

허튼 생각일랑 말고

'붉은 악마(赤魔)':
반공反共

식민지 조선에서 1920년대에 사회주의사상이 빠르게 퍼졌다. 사회주의가 크게 유행하여, "입으로 사회주의를 말하지 않으면 시대에 뒤지는" 상황이었다. 젊은 세대가 사회주의사상에 더 민감했다. 이 새 세대를 일컬어 그때는 '마르크스 보이', '엥겔스 걸'이라고 불렀다. 1920년대 중반에 들어서면 사회주의는 사상에서 운동으로 전환하여 대중에게 큰 영향을 미쳤다. 일제는 "파업과 소작쟁의에 붉은색이 돈다"라고 판단했다.

사회주의가 이 땅에 본격적으로 소개되기 전부터 친일 매체에서는 사회주의에 대한 나쁜 인식을 퍼뜨렸다. 조선총독부 기관지인 《매일신보》는 다수당이라는 뜻을 가진 '볼셰비키'를 '과격파'라고 부르면서 온갖 흉측한 이미지를 덧씌웠다. 《매일신보》가 전하는 러시아 '과격파'는 "신성한 개인의 재산을 빼앗고 부인 공유제를 주장하는 사람"이었다.[156] 《매일신보》는 '과격파'라는 말을 계속 퍼뜨리면서 사회주의에 대한 불안과 혐오를 부추겼다.

일제는 1923년에 '과격운동단속법'이라는 이름으로 사회주의 탄압법을 준비했다.[157] 마침내 1925년에 〈치안유지법〉을 시행했다. 일제는 "국체國體를 변혁하고 사유재산제도를 부인하는" 사회주의자들을 〈치안유지법〉으로 옭아맸다. 1925년에 시행한 〈치안유지법〉에서 보듯이 식민지 조선에서 일제의 반공정책은 명확하고 강력했다. 그러나 1920년대에 조선총독부가 포스터나 전단을 활용해서 반공 선전을 했다는 증거가 보이지 않는다.

격동의 1930년대에 일본은 매우 빠르게 선전정책을 확장했다. 일제는 전쟁을 일으키면서 일반 대중의 지지를 얻는 일이 중요하다는 것을 인식했다. 일본은 중국 대중에게 "아시아를 해방하려고 전쟁을 일으켰다"라고 선전할 때 '사상전'이라는 아이디어에 주목했다.[158] '사상전'이란 곧 반공주의를 뜻한다. 다음 전단은 일본이 만주에서 펼친 '사상전'이 어떠했는지를 알려 준다.

그림 1 일본군 전단(연도 미상), 辻田真佐憲 監修, 《滿洲帝國ビジュアル大全》, 洋泉社, 2017, 88쪽; 一ノ瀬俊也, 《宣伝謀略ビラで読よむ, 日中・太平洋戦争》, 栢書房, 2008, 13쪽

그림 1은 만주사변 뒤에 일본군 또는 만주국 정부가 현지의 민중에게 뿌린 전단이다. 빗금 왼쪽을 보자. 용공容共은 늑대를 집에 들여놓는 것과 같다. 공산당은 사람의 얼굴을 하고 있지만, 마음은 짐승이다. 공산주의자들은 교묘하게 말해 사람을 속인다. 공산주의를 받아들이면 반드시 그 집은 망한다. 빗금 오른쪽을 보자. "친일은 행복을 부른다. 일만日滿이 친선하여 편안하게 살자. 천하태평." 그렇게 전단에 적었다. 다음 만화에서 보듯이 공산당을 늑대에 자주 비유했다.

그림 2 시사만화, 《부산일보》 1941년 5월 28일

그림 3 내각정보부, 《사상전전람회기록도감》, 1938, 92쪽

그림 2를 보면 장제스蔣介石(1887~1975)가 늑대, 즉 공산당에 이끌려 항일의 길로 들어섰다. 그러나 그것은 일본의 '동아 신질서'를 등지고 죽음으로 가는 길이라고 만화로 그렸다.

1937년 중일전쟁을 일으킨 뒤에 일제는 공산주의에 대한 '사상전'으로서 적극적으로 반공을 선전했다. 중국인을 상대로 한 포스터를 더 보자.

그림 3에는 "보아라! 보아라! 공산당의 참해慘害"라고 크게 적었다. 그보다는 작은 글씨로 "일본군은 인민을 고통에서 구하고 이기적인 군벌과 사람의 도리를 벗어난 공산당을 제거할 것이다"라는 내용을 적었다. '화평和平'이라는 가면을 쓴 뿔이 두 개 달린 '적마赤魔', 그리고 중국 군벌이 온갖 만행을 저지르다가 일본군 기마대를 보고 당황한다. 중국인들은 일장기를 들어 환호한다. 그림 3은 대조법을 썼다. 선전으로 표적 청중들의 동조를 확실하게 얻으려고 할 때 흔히 대조법을 쓴다. 대조법의 선전은 선과 악, 미녀와 야수, 질서와 혼란을 대립시킨다. 대조법은 흑백논리로 가치 판단을 하려는 사람들의 심리적 욕구를 이용한다.[159] 일제는 식민지 조선에서 "공산주의자가 곳곳에 점점이 흩어져 있는 게 아니라, 여기가 좀 빨개지면 순식간에 그 일대가 적화될 그런 위기를 항상 안고 있다"라고 인식했다.[160] 그만큼 일제는 반공에 신경을 쓸 수밖에 없었다. 그렇지만 일제강점기에 반공 프로파간다에 관련된 이미지 자료는 생각보다 훨씬 적다. 그나마 '조선방공협회'와 관련된 것뿐이다.

간략하게 조선방공협회를 살펴보자. 〈치안유지법〉으로 민족해방운동을 탄압하던 일제는 중일전쟁이 일어날 무렵부터 세 겹의 장치를 더 마련했다. 첫째, 사상범에 대한 감시·통제와

전향을 목적으로 하는 '사상범 보호관찰제도'를 실시했다. 둘째, 혁명적 농민운동이
활발했던 함경남도와 함경북도에 '사상정화공작'을 했으며 그것을 조선 전체로 확대하려고
조선방공협회를 만들었다. 셋째, '유언비어' 단속을 강화했다.[161]
조선총독부 경무국, 특히 보안과가 주도하여 1938년 8월 15일에 조선방공협회를 만들었다.
조선방공협회는 각 도의 도지사를 지부장으로 하고 도내 유력 관민으로 구성한 연합지부를
두었다. 여기에 각 경찰서를 중심으로 해당 경찰서장을 지부장으로 하여 서署 직원, 민간
유력자가 협력하는 지부를 두었다. 지부 아래에는 그 지방의 정세에 따라 지역마다 또는
공장과 직장의 노동자 집단마다 방공단을 만들었다. 그 밖에 기존 교화·종교단체 등에
'방공부'를 두었다. 일제 자료에 따르면, "1939년 말에 조선의 방공단과 지부 수는 3500개에
이르렀고 단원 또는 부원 수는 20만을 넘었다."[162] 조선방공협회 마크는 그림 4와 같다.

그림 4 마크, 조선총독부 경무국 보안과,
《朝鮮における防共運動》, 1939, 52쪽

조선방공협회 마크는 "방공으로 밝아진 반도"를 상징한다.
마크 배경으로는 욱일기를 가득 채웠다. 조선방공협회는
"공산주의사상과 운동의 박멸과 일본정신의 앙양"을
목적으로 삼았다. "불온사상을 가진 사람을 개과천선하게
하여 진정한 황국신민으로 자각하게 한다. 또한,
일본정신을 드높여 사상국방의 완벽을 꾀한다"라는
취지였다. '일본정신'은 조선방공협회가 보급한 '방공가'의
가사에서도 핵심 주제였다. 제1절은 이렇다.

천황의 위세 널리 미치는 곳/ 빛나는 반도/ 이곳 방공의
제일선/ 맹세하라 충성을/ 막아라 적마赤魔를/ 가자!/ 성은의
깃발 아래/ 기필코 일으키라 일본정신[163]

조선방공협회는 "잊지 마라 방공. 지키라 황국皇國", "적赤으로 더럽히지 마라 신국神國
일본"[164]이라는 표어도 내걸었다. 방공하여 천황을 받들라는 뜻이다. 일제는 조선인의 마음에서
공산주의를 지워 내고 그 자리에 일본정신을 채워 넣으려는 이데올로기 공세를 계속했다.
조선방공협회에서는 다음과 같은 방공 포스터를 배포했다.

그림 5 조선총독부 경무국 보안과,
《朝鮮に於ける防共運動》, 1939, 51쪽

그림 6 조선총독부 경무국 보안과,
《朝鮮に於ける防共運動》, 1939, 51쪽

그림 5를 보면, 투구를 쓰고 칼을 휘두르는 무사가 있다. 그 무사는 몸에 일장기, 독일기, 이탈리아기를 둘렀다. 일본·독일·이탈리아가 맺은 방공협정을 뜻한다. 무사가 일본도로 '적마'를 내려치고 있다. 붉은색으로 칠했을 것이 분명한 '적마'의 생김새가 흉측하다. 포스터의 오른쪽에 방공, 왼쪽에 "적마를 없애자!"라고 쓰고 맨 아래에 조선방공협회라고 적었다. 본디 종교적 색채가 강한 '적마'라는 표현은 1920년대에는 그다지 많이 쓰지 않았다. 1931년 로마교황 비오 11세가 '적색 악마박멸'의 기도를 한 것이 전해지면서 '적마'라는 말이 유행했다.[165] 조선방공협회는 코민테른 즉 제3인터내셔널과 소련에 '적마' 이미지를 덧씌워 공산주의에 대한 특별한 설명 없이도 부정적 인식을 심어 주었다. 방공협회에서 만든 반공 포스터를 더 보자.

그림 6에선 "인류의 적 공산주의, 적화를 막아 내자"라고 적었다. 오른쪽에 조선방공협회라고 썼다. '적화'를 쇠사슬로 꽁꽁 묶었다. 조악하기는 하지만 조선방공협회는 다음과 같은 방공 전단도 대량으로 살포했다.

그림 7 전단, 조선총독부 경무국 보안과, 《朝鮮における防共運動》, 1939, 51쪽

그림 8 전단, 조선총독부 경무국 보안과, 《朝鮮における防共運動》, 1939, 51쪽

그림 7에선 "소련을 조국으로 하는 공산주의를 장사 지내자!!"라고 했다. 그림 8에선 "격멸!! 공산주의"라고 적었다. 조선방공협회는 가두행진, 좌담회, 강연회, 가미시바이, 전람회, 연극, 영화, 음반, 애드벌룬 등 온갖 방법으로 방공을 선전했다. 다음은 방공영화 전단이다.

그림 9 〈방공의 맹세〉 영화 전단에 다음과 같이 적었다.

방공의 맹세, 완전 발성發聲. 조선어판. 대망의 방공영화 드디어 완성. 조선총독부·조선방공협회의 지도와 후원 작품. 경성에 거주하는 백계 러시아인 전원 특별출연. 적赤의 위협을 멀리하고 진실한 황국신민 각성의 길로. 무대가 반도의 수도인 경성에서 동란의 상해에 이르는 파란만장한 거대편. 비상시 영화계의 힛트.

그림 9 전단. 조선총독부 경무국 보안과, 《朝鮮に於ける防共運動》, 1939, 62쪽

이 영화의 줄거리는 다음과 같다. 공산주의자들은 민족이 아닌 코민테른에 충성한다. 그들은 돈에만 관심이 있는 음험한 인물이며 가족의 희생을 돌보지 않고 자신의 목표만을 추구하는 냉혹한 사람이다. 그렇지만 내선일체에 충실한 사람들은 농민들의 생활 향상에 힘쓰는 착한 사람들이다.[166] 반공전람회는 어떠했던가. 다음 사진을 보자.

그림 10은 반공전람회 사진이다. 사진에 찍힌 전람회장 그림을 보면 공산주의자가 무고한 인민을 학살하고 음험한 스탈린이 굴에서 기어 나와 전쟁을 일으킨다. 이러한 전람회를 알리려고 다음과 같은 포스터도 만들었다.

그림 10 사진, 《부산일보》 1938년 11월 18일

그림 11은 미나카이백화점 5층과 6층에서 "적색 소련을 고발하는 전람회"를 연다는 내용이다. 《경성일보》가 이 전람회를 주최하고 조선군 보도부와 조선방공협회가 후원했다고 적었다. 소매 깃에 일본·독일·이탈리아 국기를 단 사람이 종이를 벗겨 내니 감추어진 스탈린 얼굴이 나타난다. 국기들은 '일·독·이 방공협정'을 뜻한다. 일제는 소련과 국경을 맞대고 있는 조선을 '방공의 제1선'으로 여기고 갈수록 방공정책을 강화했다.[167]

그림 11 《경성일보》 1938년 10월 25일

스파이를 스파이 하라:
방첩防諜

일제가 펴낸《국민방첩독본》에 따르면, 방첩이란 "외국의 비밀전에 대해 국가를 방위하는 모든 행위"다.[168] 조선에서 스파이 이야기는 1930년대 초반부터 유행했지만, 중일전쟁 무렵에 본격화했다. 이때부터 방첩이 중요한 사안이 되었다.[169] '스파이'라는 낯선 단어를 사전에서는 다음과 같이 설명했다.

> 스파이: 비밀전의 공격자이며 비밀조직의 구성 분자이다. 색안경을 끼고 다니는 그림자와 같은 남자이거나 마타하리와 같은 여자만은 아니다. 스파이는 백주 대낮에 활보하며 단편적인 정보를 모아서 전모를 알아내며 첩보를 본국에 보낸다. 또한, 아무렇지 않게 말하는 가운데 인심의 꼬투리를 잡아 인심의 불안을 일으키며 불평불만을 일으켜 생산력을 떨어뜨린다.[170]

1930년대에는 스파이를 여성으로 재현하는 경우가 많았다. 방첩의 논리에 따르면, "퇴폐적이고 요염한 여성"은 간첩일 확률이 높다. 백화점에 진열한 스파이 모형도 여자였다.[171] 왜 여자 스파이를 많이 등장시켰을까. 대중의 관심을 끌어 방첩교육 효과를 높이려는 뜻이었다. 스파이와는 완전히 다른 모범적인 '총후 부인상'을 제시하려 했기 때문이기도 했다.[172]

여자 스파이에 어떤 의미가 담겨 있는지 좀 더 깊게 분석해 보자. 전쟁 때 대부분의 여성 이미지는 적의 공격에 무기력한 희생자로 묘사되었다. 다른 쪽에서는 여성을 '내부의 적', 다시 말하면 악의 없는 공범이나 교묘한 반역자로 묘사하기도 했다.[173] 전쟁이 일어나자 남성의 논리에 여성이 참가하도록 요구하고 남성을 따르도록 하면서 여성을 전쟁에 동원했다. 이러한 동원은 남성이 주도하는 젠더 질서를 변경하는 것이 아니라 오히려 그것을 강화했다. 그러나 "전시에 여성을 '국민화'하면서 일어나는 사건에 대한 남성의 두려움과 무서움."[174] 이것이 여성 혐오 또는 여자 스파이 담론으로 나타났다. 그것은 후방을 담당하는 여성층을 전쟁의 목적에 맞게 이끌거나 불온한 여성이 늘어나는 것을 막으려는 의도와도 연결되었다.[175]

여성은 스파이에게 이용당하기 쉬운 존재로 여겨졌다.[176] 일제는 무엇보다 먼저 여급과 기생을 문제 삼았다.[177] "허영심이 많은 신여성"은 말할 것도 없고,[178] 일반 가정주부도 입조심을 해야 한다고 했다.[179] 고관 부인은 더욱 간첩에 조심해야 한다. 부인의 지위가 높을수록 국가 기밀을 알기 쉽기 때문이다.[180]

1941년 태평양전쟁 때가 되면 구체적인 '국민방첩' 방법을 선전했다. 불조심, 문단속, 신고정신에서 세균전에 이르기까지 전시의 일상과 삶 전체에 '방첩'이 스며들도록 했다. 입조심, 행동 조심 등 인간의 의식과 무의식 모두를 통제하려 했다.[181] 이때에도 여전히 여성은 더욱 관리해야 할 존재였다. 무엇보다 '여자의 수다'가 문제였다.

그림 1 만화, 《국민총력》 1941년 10월호, 도판

그림 2 만화, 《국민총력》 1941년 11월호, 도판

그림 1을 보면 수돗가에서 이야기하는 여성에게 여자아이가 말한다. "아이코, 조심하세요. 스파이가 듣고 있습니다." 그림 2에서는 방첩 포스터를 붙인 담 앞에 아이들이 모여 있다. 담에 붙인 포스터에는 흉측한 야수 그림과 함께 "스파이를 조심하라"라는 문구가 쓰여 있다. 담장에 오른 아이는 모형 비행기를 들고 전투 비행사가 될 꿈을 키우고 있다. 그 아이들 모두 마스크로 입을 가려 입조심하고 있지만, 두 여성은 말을 나누며 걸어간다. 그 여성을 향해 가장 키가 작은 아이가 손가락으로 방첩 포스터를 가리키고 있다. 스파이가 들으니까 입조심하라는 경고다. 흔히 프로파간다에 등장하는 어린이는 "아이보다 못한 어른"을 꾸짖는 역할을 한다. 일제는 전쟁에 관한 소문과 유언비어를 경계했다. 일제 관변 학자는 유언비어를 다음과 같이 규정했다.

전시에는 모든 통신·정보·선전의 여러 계통이 모두 정부의 뜻대로 되어야 한다. 그러나 유언비어는 중앙집권적인 통제를 어그러뜨린다. 유언비어는 인심의 안정성을 파괴하고 정신적인 균형을 교란하는 가장 위험한 병균이며, 국가를 안에서부터 무너뜨리게 하는 도화선이다. 유언비어는 수많은 뉴스 제작자를 가지며 마침내 처음 뉴스와는 완전히 다른 내용을 가진 집단 전염병 현상을 보인다.[182]

"유언이란 뒷구멍에서 쑤군쑤군 이야기하는 것이 전해지는 말이다."[183] "유언이란 국민의 우매한 행위이자 부자유에 패한 한숨이다."[184] 유언비어를 그렇게 해설하기도 했다. 다음은 유언비어를 퍼뜨리지 말라는 만화다.

그림 3 만화, 조선총독부 정보과, 《통보》119호, 1942년 7월 1일, 25쪽

그림 3에서 조선 여성들이 불평과 불만을 이야기한다. "총후의 소리를 스파이 귀는 다 듣는다, 조심!" 그렇게 쓰여 있다. 모든 유언비어에는 민심의 불안과 정부에 대한 반감이 담겨 있었다. 전시체제기 유언비어에는 조선인의 피해의식을 드러내는 것, 일제의 정책에 협력하기를 거부하는 것, 일제의 패망을 바라는 것 등이 있었다. 그 어떤 유언비어라도 대단히 정치적일 수 있다.[185]

전시체제기에 '시국'에 관한 유언비어는 커다란 사회문제였다. "정치적 스파이가 군사적 스파이보다 무섭다. 그들은 유언비어를 만들어 민심을 소란하게 한다."[186] "스파이처럼 무서운 적군은 없다. 스파이는 항상 유언비어를 만들고 이것을 이용한다."[187] 유언비어를 퍼뜨리는 사람은 스파이와 같다고 했다.

일제는 유언비어에 대해 '엄벌주의'를 내세웠으며, '불온언동'에 대해서는 가혹하게 처벌했다.[188] 입조심하라는 포스터를 보자.

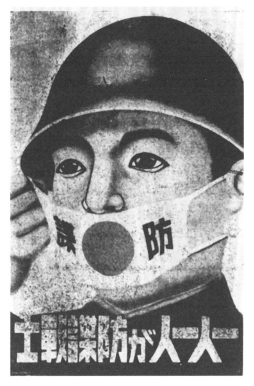

그림 4 일본 포스터, Peter Darman, *Posters of World War II : Allied and Axis Propaganda 1939~1945*, Pen & Sword MILITARY, London, 2008, p.230

그림 5 일본 포스터, 日刊工業新聞社 編,《戰時防諜読本: スパイに警戒せよ》, 日刊工業新聞社, 1941, 도판

그림 4와 그림 5는 일본에서 배포했던 방첩 포스터다. 그림 4는 굳게 닫은 입과 '방첩防諜'이라는 글자만으로 간결하게 메시지를 전한다. 그림 5는 철모를 쓴 군인이 일장기를 새겨 넣은 방첩 마스크를 썼다. "한 사람 한 사람이 방첩전사"라고 적어서 방첩의 군사적 의미를 강조했다. 이제 조선의 방첩 선전을 보자.

그림 6 조선총독부 경무국 보안과,
《朝鮮に於ける防共運動》, 1939, 51쪽

그림 6은 조선방공협회에서 만든 방첩 포스터다. "말하지 마라 유언流言, 누설하지 마라 기밀"이라고 적었다. 방첩이라는 한자를 치아처럼 디자인해 입조심하라는 메시지를 전했다. 그림 7은 "입조심하여 스파이를 막자"라는 전단이다. 서대문경찰서가 제약회사의 협찬을 받아 '총후 국민의 방첩'이라는 제목으로 만들었다. 만화를 넣고 3색으로 인쇄한 전단이다. 서대문경찰서는 이 전단 5만 장을 만들어 관내에 살포했다.[189] 이 전단에서는 음식점과 전차 등에서 남의 말을 엿듣는 스파이를 그렸다. "스파이는 어디에도 있으니 주의하라"라고 전단에 적었다. 다른 것은 듣지도 보지도 말하지도 말고 오직 정부의 지시만을 따르라는 것이 방첩 프로파간다의 주요 내용이었다. "방첩은 국가의 생명선, 막으라 입, 귀, 눈."[190] 이런 표어를 내걸었다. 그리고 그 내용을 그림 8과 같은 이미지로 나타내었다.

그림 7 전단, 《경성일보》 1941년 12월 16일

그림 8 조선총독부 경무국 보안과,　　　　　그림 9 만화 가운데 부분, 《문화조선》 3권 4호, 1941년 7월, 90쪽
《朝鮮に於ける防共運動》, 1939, 51쪽;
《경성일보》 1938년 12월 1일

그림 8 포스터에선 "말하지 마라 군기軍機, 속지 마라 유언流言"이라고 적었다. 한자로 눈 목目 자와 귀 이耳 자, 입 구口 자를 쓰고 그 안에 눈, 귀, 입을 그려 넣었다. 그림 9는 어느 만화의 배경에 등장하는 포스터다. 각자 눈과 귀와 입을 막았다. 이 포스터는 그냥 만화에만 나온 것이 아니라 실제로 있었을 것이다.

"불평·불만은 이적행위다. 태업·파업 등은 적의 모략이니 직장을 엄격히 지켜라."[191] 이 표어는 방첩 프로파간다의 또 다른 목표를 보여 준다. 다음 포스터는 "직장은 전장"이라며 노동자에게 방첩을 강조한다.

그림 10 일본경마회, 《우준》 1941년 8월호, 22쪽

그림 10에서 "직장은 전장. 누설하지 마라, 군의 기밀"이라고 적었다. 직장이 곧 전쟁터이니 직장의 기밀을 함부로 말해서는 안 된다는 뜻이다. 그림 11에 "공장도 군대다! 우리에게도 군기軍紀가 있다"라고 적었다. '산업전사'인 노동자는 군대처럼 규율을 지키며 열심히 일해야 한다는 뜻이다.

일제는 '국민방첩주간' 등의 행사를 하면서,[192] "그대의 곁에 스파이가 있다"라는 식으로 방첩사상을 선전했다.[193] 겉으로 보아서는 잘 알 수 없는 '내부의 적'이기 때문에 늘 주위 사람들을 감시해야 한다. 스파이 담론에는 일제에 포섭된 사람과 그렇지 않은 사람을 구분하려는 의식이 담겨 있다. "일본정신을 드높여 스파이를 막아야 한다"라는 주장이 그 증거다.[194] 스파이 담론은 '좋은 일본인 되기'라는 이데올로기와 짝을 이루었다.[195] 1942년에 배포한 포스터 세 개를 잇달아 보자.

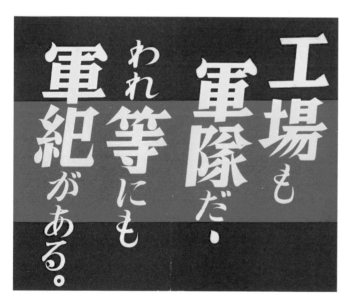

그림 11 일본 포스터(연도 미상), 에도도쿄박물관 소장

그림 12 《매일신보》 1942년 7월 11일;
《경성일보》 1942년 7월 18일

그림 13 《경성일보》 1942년 7월
13일

그림 14 《매일신보》 1942년 7월 14일;
《경성일보》 1942년 7월 15일

그림 12에서 "적敵은 마음의 틈을 교활하게 노린다"라고 적었다. 살짝 열린 문틈으로
적의 첩보·선전·모략이 들어온다. 신문에서는 '모략전'에서 승리하려면 "마음도 무장해야
한다"라고 했다.[196] 그림 13은 그림 12와 엇비슷하다. "수단과 방법을 가리지 않고 적이
다가온다"라고 적었다. 그림 14에서는 "스파이를 파괴하는 필승진必勝陣"을 그렸다. 저 멀리
스파이와 함께 첩보·선전·모략이 있다. 그 주위를 당국의 '지도'와 '단속'이 에워싸고 있다.
"수호하라 일장기, 방어하라 간첩"[197]이 표어처럼 그림 14에서 일장기가 보인다.
"스파이는 형체 없는 폭탄이다."[198] 일제는 그렇게 스파이라는 잠재된 적에 대한 공포를 부추겨
일상을 규율했다. "늘 방첩에 신경을 쓰고"[199] "스파이를 스파이 하는"[200] 자세를 가져야 한다고
했다. 거기에는 순사보다 이웃을 더 무섭게 만드는 이간질이 포함되어 있었다.[201] '국민방첩'은
스파이에 대한 경계를 통해 사회적 적대감을 일상화하고 내면화하는 기제를 다양하게
생산했다.[202] 특히 외국인을 경계해야 한다면서 외국인 혐오를 부추겼다.

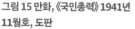

그림 15 만화, 《국민총력》 1941년 11월호, 도판

그림 16 만화, 《신시대》 1권 5호, 1941년 5월, 145쪽

그림 15에서는 스파이라는 팻말 옆을 외국인이 지나가고 어린아이와 개가 마스크를 쓴 채 외국인을 외면한다. 그림 16에서 서양 종교인은 반전사상을 퍼뜨리는 스파이다. 외국인 증오와 혐오는 모든 정치적 실책이나 사회적 불운을 외국인들의 탓으로 돌리는 무지하고 야만적인 행위이며 애국심을 부추기는 가장 천박하고도 확실한 방법이다.[203] 외국인에 대한 공포는 1930년대에 일본에서 몇 번 문제를 일으켰다. 1937년 중일전쟁이 일어났을 무렵 일본 경찰 관계자는 '외국'이라는 단어를 들으면 저절로 "국가전복을 꾀한다"라는 이미지를 떠올렸다.[204] 일본만 방첩 프로파간다를 한 것은 아니었다. 전쟁에 참여한 모든 국가는 부주의한 대화를 삼가라는 캠페인을 했다. 이러한 캠페인은 모든 민간인을 비밀스러운 문화 속에 연루시켜 대중이 정부의 검열과 감시정책에 호응하는 분위기를 만들었다.[205] 그러나 일본 방첩 프로파간다에서 '일본정신'을 강조한 것은 매우 독특했다. 방첩을 철저히 하려면 먼저 일본정신을 드높여야 한다고 했다.[206] "자유주의, 개인주의, 외국 숭배와 모방 이러한 것이 스파이 비밀전에 온상을 제공한다. 따라서 이러한 사상을 배격하는 일본정신을 굳건히 지키면 방첩에 문제가 없다"라고 했다.[207] 방첩을 빌미로 조선인에게 일본정신을 강요하여 황국신민으로 만들려는 속셈이었다.

"총후에도 적이 있다."[208] 일제는 '총후의 적'으로 공산주의와 스파이를 똑같은 범주로 묶었다. 다음 그림을 보자.

그림 17 표지, 渡邊圓四郎, 《姿なき惡魔: 半島を襲ふスパイ》,
朝鮮民報社, 1940

그림 17은 《형체 없는 악마, 반도를 습격하는 스파이》라는 책의 표지다. 그 표지에 '방공사상
보급판'이라고 적었다. 이 책에 따르면, 공산주의자는 곧 스파이이고 반공은 곧 방첩이다.
일제에 '빨갱이'와 '스파이'는 교묘하게 외부에서 내부로 침투하는 존재였다. 그들은 정체가
모호해서 끊임없이 색출해야만 하는 존재였다.[209] "수행하라 성전, 굳게 하라 방공. 수호하라
일장기, 방어하라 간첩."[210] 연결된 이 구호는 방공과 방첩이 결합하는 모습을 잘 보여 준다.
중일전쟁 뒤부터 반공과 방첩이 결합하기 시작했지만, 1941년 뒤에는 완전히 하나가 되었다.
그 시절 배제와 절멸 또는 박멸의 대상이 되지 않으려면 방공과 방첩에 힘쓰는 일본인, 즉
황국신민이 되어야만 했다.[211]

친근한 경찰, 익숙한 법:
방범과 준법

조선을 강점한 뒤에 일제는 군대, 헌병, 경찰에 권력을 집중해 민중을 통제했다. 경찰은
식민지 국가권력을 중앙에서 지방으로, 상부에서 하부로 침투시키는 주요 수단이었다.[212]
일제는 1910년대에 헌병경찰제를 실시하면서 폭력으로 치안을 유지했다. 헌병경찰제란
군인인 헌병이 일반 경찰 업무까지 맡는 제도였다. 헌병경찰은 정식 절차나 재판을 거치지
않고도 조선인에게 벌금·태형·구류형 등을 제멋대로 할 수 있었다. 그야말로 '작은
총독'이었다.[213]
조선총독부는 1920년대에 '문화통치'를 한다면서 헌병경찰제를 폐지하고 보통경찰제로
바꾸었다. 그와 함께 경찰 이미지를 쇄신하려 했다. 일본에서 '선전하는 경찰'로 나서기 시작한
것과 비슷했다.[214] 다음은 그때의 포스터다.

그림 1은 1921년에 경상북도 경찰부에서 만화 형식으로 만든 '경찰 포스터'다. 포스터에서
경찰관이 "백성을 애호함을 본 업무로 삼는다"라고 말한다. 백성은 "경찰관을 신뢰하는 것이
마땅한 도리"라고 했다. 포스터에 "곤란이 생기면 경관에게 문의하시오. 경찰에서 반드시
보호해 주오"라고 썼다.

이 포스터는 '경찰의 민중화'를
선전한다. 일본에서 먼저 시작한
'경찰의 민중화'란 경찰이 민중에게
다가가 민중의 동의를 얻으면서
민중을 경찰 쪽으로 끌어당겨 체제
안으로 묶어 두려는 정책이었다.[215]
이처럼 일본에서 '국민경찰'을
주장하기 시작한 것은 국민과
경찰이 멀어진다면 러시아처럼

그림 1 《경성일보》 1921년 7월 22일

혁명이 일어날 수도 있다고 생각했기 때문이다. 1918년 쌀소동 뒤에 경찰이 친절해야 한다는 인식이 생겼기 때문이기도 했다.[216] '경찰의 민중화'는 '민중의 경찰화'와 짝을 이루었다. 이는 "경찰관과 민중이 상호 협력하는 것"을 뜻했다.[217] 조선총독부에서도 주로 1921~1924년에 '경찰 민중화' 캠페인을 활발하게 펼쳤다.[218] 그림 1은 그 사실을 알려 준다.

경찰은 1930년대에 들어서도 민중의 보호자임을 선전하는 포스터와 전단을 만들었다. 뒤탈 걱정하지 말고 물품 강매, 기부 강요, 공갈·협박 등을 일삼는 불량자를 신고하라고 선전했다.[219] 그러나 경찰이야말로 협박을 일삼았고 기부금을 강요해 반발을 사는 일이 많았다.[220]

4월 '꽃철'이나 연말이 되면 절도 등 범죄가 늘었고 경찰은 방범에 주의하라고 홍보했다. 그때마다 "경찰은 치안을 확보해 민중의 복리를 증진한다"라는 의식을 심어 주려 했다.[221] 경찰은 범죄를 예방하자는 포스터와 전단도 배포했다. '꽃철' 방범 포스터를 보자.

그림 2 《조선신문》 1935년 4월 16일

그림 2는 '조선 최초의 방범데이' 포스터다. '꽃철'을 맞이해 좀도둑이 횡행해지자 경기도 경찰부에서 처음으로 '방범데이'를 만들었다.[222] 그림 2에서 꽃잎이 흩날리는데 흉악한 손길이 집을 노리고 있다. 포스터에는 "방범, 문단속보다도 사람이 집 지키기"라고 적었다. '경찰 포스터'는 경찰부를 상징하는 마크를 즐겨 사용했다. 그 마크와 함께 범죄 이미지를 그린 포스터를 보자.

그림 3은 거리에 붙인 방범 포스터 사진이다. 범죄의 화살을 경찰 방패로 막았다. 그림 4는 경찰이 연말 경계령을 내리고 "거동이 수상한 사람과 불량자 검거에 나서겠다"라면서 배포한 포스터다.[223] 범인의 뒷모습을 그렸으며 문단속을 잘하고 집에 사람이 있어야 한다고 적었다. '경찰의 민중화', '민중의 경찰화'는 1930년대 후반부터 '경민일체' 또는 '경민일치'라는 말로 발전했다. 경찰과 민중이 하나가 되어 치안을 확보하고 시국에 대처하자고 했다. 그림 5·6 포스터는 '경민일치'가 주제다.

그림 3 《조선일보》 1936년 12월 16일

그림 4 《매일신보》 1939년 12월 15일

그림 5 방범 홍보 포스터, 국립민속박물관 소장　　그림 6 《매일신보》 1940년 12월 17일

그림 5에서 "인조로 방범", '경민일치'라고 썼다. '인조'란 무엇일까. "일본의
인조隣組(도나리구미)는 곧 조선의 애국반이다. 이 조직은 상부상조의 정신을 기초로 해서
비상시국의 국방국가에 봉공한다."²²⁴ 그림 5는 '인조정신隣組精神',²²⁵ 다시 말하면 이웃끼리
서로 돕는 정신으로 방범하자고 했다. "빈집 털이, 날치기, 소매치기, 몰래 들어오는 도둑"을
주의하라고 적었다. 그림 6에선 경찰부를 상징하는 마크에서 빛이 뿜어져 나온다. 그 빛을
받으며 두 손으로 집을 보호하고 있는 모습을 그렸다. 표제어로 '인보상조隣保相助'라고
적었다. 이웃이 서로 돕자는 뜻이다. 이 포스터는 '방범연합회'가 배포했다. 방범연합회는 각
경찰서의 방범협회가 연합한 조직이다. 방범협회란 '경민일치'에 따라 "민간 유력자와 경찰
관계자가 한 뭉치가 되어 범죄 방지에 힘을 기울이는" 조직이었다.²²⁶
경찰은 애국반을 방범의 주체로 만들려고 했다. 애국반원 전체를 방범조합으로 조직하거나²²⁷
애국반에 방범당번을 두어 돌아가며 방범 활동을 하게 했다.²²⁸ 다음 포스터는 애국반을
강조했다.

그림 7 《매일신보》 1942년 3월 13일

그림 7을 보면 '가정방범'이라는 표제어를 크게 적었다. 1941년부터 "애국반을 단위로 한 가정방범운동"을 했다.[229] 그때에는 비밀 거래를 절멸하는 것이 가정방범의 첫 번째 목표였다.[230] 배급품 등을 남몰래 거래하지 말자고 했다. 1942년에는 "2400만 애국반원을 총동원하여" 4월 27일과 28일 이틀 동안 가정방범운동을 하기로 했다.[231] 그림 7에선 '애국반' 글씨 밑에 멋진 집을 아름다운 색깔로 그렸다.[232] "첫째는 문단속, 둘째는 집 지키기, 피해는 곧바로 경찰에"라는 표어도 적었다. 물자난이 심해지자 구하기 힘든 필수품 도난이 많았다.[233] "구하기 힘든 물자의 도난이 빈번해 총후의 치안 확보에 검은 그림자를 던지게 하고 있어서" 방범에 신경을 써야 한다고 했다.[234] 총력전인 현대전에서 전선의 승리뿐만 아니라 모든 국민은 "방공防共, 방첩, 방공防空, 방화防火, 방범"을 실천해 후방을 지켜야 한다고 했다.[235] 이처럼 일제는 방범을 치안 유지뿐만 아니라 국가의 안보와 관련된 문제로 여겼다. "범죄가 늘어나는 것은 인심을 어지럽혀서 종합전력에 나쁜 영향을 미친다"라고 판단했다.[236] 가정방범운동은 생활 질서를 확고히 해서 후방을 안정시킬 뿐만 아니라 서로 감시하게 하는 역할도 했다.

일제는 "재범을 막고 선도하려는" 목적으로 '사법보호' 제도를 시행했다. "사법보호란 죄를 저지른 사람들을 참 인간으로 소생시키기 위해 보호하는 것을 말한다. 9월 13·14일이 사법보호기념일이다."[237] 왜 그 날짜인가. 1912년 9월 13일 메이지 천황의 장례식 때 대사면한 것을 기념하려는 뜻이었다.[238] 조선총독부는 1934년에 9월 13일을 사법보호기념일로 결정했으며 1935년 9월 13일부터 기념일 행사를 했다. 1941년부터는 사법보호주간으로 확대했다.[239]

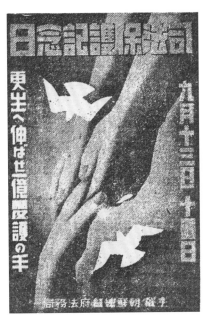

그림 9 《경성일보》 1940년 9월 12일

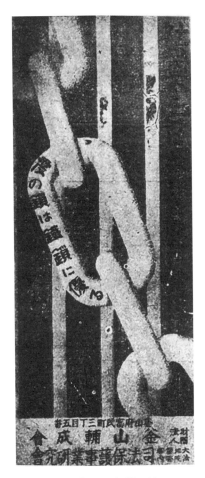

그림 8 《부산일보》 1936년 9월 11일

그림 8에 "사랑의 고리는 쇠사슬보다 강하다"라고
적혀 있다. 전과자를 쇠사슬로 묶어 두기보다
사랑으로 감싸자는 뜻이다. 그림 9는 '갱생의 손'을
뻗는 모습이다. "사회에서 버림받은 사람들을
선도해야 한다"라는 메시지를 전한다.[240] 사법보호는
"죄를 지었던 사람을 충량한 황국신민으로 갱생시켜
전력 증강에 보탬이 되게 하는 것"이 목표였다.[241] 보기를 들면, 총독부는 '소년보호'를 하여
소년병이나 소년공으로 활용하고자 했다.[242] 사상범들을 '보호관찰'해 후방을 안정시키면서
이데올로기 선전으로 동원했다.[243]
전쟁이 길어지자 일제는 물자 수요와 공급을 조절하고 주요 물자를 통제하며 물가를 조정하는
등의 통제경제정책을 시행했다. 그러한 정책을 뒷받침하려고 1938년 11월에 총독부 관제를
개정해서 경제경찰을 만들었다.[244] 경제경찰은 물가 단속, 물자 배급 등과 같은 경제 업무를
맡았다. 경제경찰의 활동을 알리려고 다음과 같은 '통제경제 포스터'도 배포했다.

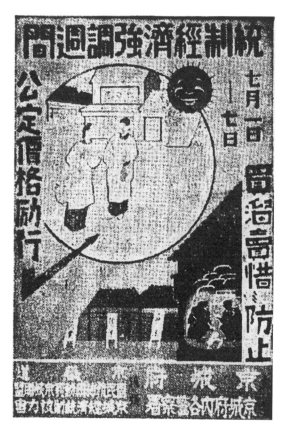

그림 10 《매일신보》 1940년 6월 30일

그림 10을 보면 1940년 7월 1일부터 7월 7일까지 '통제경제강조주간'을 실시한다고 했다. 상인들은 통제경제에 큰 영향을 받았다. 그림 10에 '공정가격려행公定價格勵行'과 '매류매석買溜賣惜' 방지라고 적혀 있다. 공정가격을 반드시 지키고 사재기하지 말라는 뜻이다. 그림 10은 바르게 거래하는 밝은 화면과 불법으로 사재기하는 어두운 화면으로 나뉘어 있다.

강압적인 전시 통제경제에 모순이 생길 수밖에 없었다. 신문에서는 "물자 수급이 원활하지 못한 것을 기회로 온갖 악덕 간상배가 출몰"한다고 보도했다.[245] 상인은 국책을 어기는 주범으로 몰렸으며 암거래라는 말이 그들의 별명처럼 되었다.[246] 암거래란 "물자가 크게 부족해서 공정가격을 넘어서서 재화와 용역을 비싸게 거래하는 비공식 거래"를 일컫는다.[247] 통제경제를 어기는 사람을 경제사범經濟事犯이라고 불렀다. 1940년 들어 경제사범이 크게 늘자 경제경찰을 늘리고 처벌을 강화했다.[248] 경찰에서는 "총후를 좀먹는 경제사범을 뿌리 뽑자", "팔 때도 살 때도 총을 잡는 마음으로." 그런 표어를 내걸고 '경제경찰방범주간'을 실시하기도 했다.[249] 상인은 '상업도덕'을 지키고 준법정신을 가져야 한다고 강조했다. 다음은 그때의 포스터다.

그림 11 《경성일보》 1941년 8월 9일

그림 12 《경성일보》 1942년 11월 8일

그림 11을 보면 "8월 20~26일, 신상업도덕확립주간"이라고 썼다. 굳게 악수한다. '신상업도덕'이란 "상업은 국가배급기관임을 깨달아서 상인은 자신의 이익만을 탐하는 행위를 하지 않는 것"이었다.[250] 포스터에는 "상도商道에 반영된 일본의 아름다움"이라고 적었다. 상업도덕을 갖추어 '상업보국'과 '명랑거래'를 하려면 법을 잘 지켜야 했다.[251] 그래서 준법운동을 벌이면서 그림 12와 같은 포스터도 배포했다.

일본에서 준법주간은 1937년 5월에 일본 각의에서 결정한 '국민교화방침'에 따라 그해 10월 1일 사법기념일부터 5일 동안 실시한 것이 효시다. 국민에게 준법정신을 심어 주어 질서를 유지하고 국가권력을 강화한다는 취지였다.[252] 전쟁이 길어지면서 준법운동은 경제통제를 잘 따를 것을 강조했다.[253] 그림 12의 팻말에 '준법'이라고 쓰여 있다. "적敵은 격멸, 암闇은 박멸"이라는 표어도 적었다. 암이란 암시장, 또는 암거래를 일컫는다. 그림 12의 아래쪽에는 적을 격멸할 군함을 그렸다. 두 손을 모은 원 안에는 상가를 밝게 빛나게 그렸다. 암거래가 없는 '명랑한' 상점이라는 뜻이다.[254] 준법운동은 암거래 방지와 유언비어 단속을 주요 목표로 삼았다.[255] 누가 암거래를 했는가. 다음 그림을 보자.

허튼 생각일랑 말고

그림 13 삽화, 《家庭の友》 36호, 1940년 10월, 21쪽

그림 13은 경제경찰의 눈을 피해 뒷골목에서 흥정하는 브로커를 그렸다. 그들의 그림자가 '교활한 여우'와 같다. 이 삽화에서 보듯이 일부 상인이나 브로커들이 암가격으로 매매했다. 그러나 생필품을 구할 수 없어 위험을 무릅쓰고라도 필수물자를 구매하려는 생존권 차원의 암거래도 있었다.[256] 어찌 보면 암거래는 생활의 지혜이기도 했다.[257] 전쟁이 막바지로 치닫던 1944년이 되면 암시장이 아니면 구할 수 없는 생활물자가 늘고 '암가격'도 치솟았다. 그동안 은밀하게 행해지던 암거래가 사회 전반으로 퍼져 갔다.[258] 돈이 있더라도 물건을 살 수 없는 상황에서는 물자를 물물교환하기도 했다.[259]

내 곁의 전쟁:
방공防空

제1차 세계대전을 거치면서 전쟁의 모습이 크게 달라졌다. 이전까지 전쟁이라면 전방에 한정되었고, 후방은 적의 총탄이 미치지 못했다. 그러나 비행기가 발달하면서 후방도 적의 공습을 받았다. 20세기에는 '공습'이라는 새로운 전투 형태가 나타나면서 사회와 정치에 커다란 영향을 미쳤다.[260]

일제는 "조선은 대륙으로 가는 가교로 육지에 접한 국경을 가지고 있고, 병참기지로서 군사상 매우 중요하기 때문에 쉽게 공습을 받을 수 있다"라고 판단했다.[261] 다음 지도와 일본 포스터에는 적의 폭격기 행동반경에 조선이 주요하게 포함되어 있다.

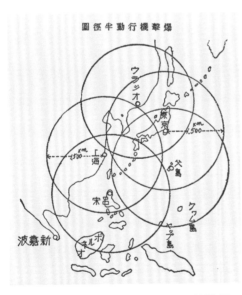

그림 1 폭격기 행동반경도, 삽화, 경성부근방공연습통감부,
<방공>, 《文教の朝鮮》 95호, 1933년 7월, 75쪽

그림 2 중폭격기의 행동반경, 일본 포스터(1938),
Gennifer Weisenfeld, *Gas Mask Nation—Visualizing Civil Air Defense in Wartime Japan*, Chicago and London: The University of Chicago Press, 2023, p.12

그림 1에 따르면 조선은 블라디보스토크의 소련 공군, 상하이의 중국 공군, 홍콩의 영국 공군의 행동반경 안에 있다. 일본에서 배포한 그림 2 포스터에도 조선은 일본과 똑같은 공습 위험지역으로 분류했다. 이러한 적의 공습에 대비하려면 '군방공'과 '민방공'을 긴밀하게 결합해야 한다고 했다. 군방공은 비행기, 고사포, 고사기관총, 방공기구防空氣球,

조공등照空燈, 청음기 등을 사용해 적극적으로 적기를 공격하는 것이다. 민방공이란 새어 들어온 적기의 폭격으로 생긴 피해를 최소한도로 그치게 하는 것이다.[262] 일본에서는 1928년 7월 5일부터 3일 동안 오사카에서 맨 처음 도시 방공연습을 했다. 그 뒤로 1930년대에 대도시나 군항 또는 군사시설을 포함하고 있는 도시에서 자주 방공연습을 했다.[263] 식민지 조선에서도 1930년대 초부터 방공연습을 했다.

그림 3은 "조선 최초로 시도하는 방공연습"[264] 포스터다. 1931년 평양에서는 3월 10일 육군기념일을 계기로 3월 9일부터 10일까지 방공연습을 했다. 그와 함께 부상자

그림 3 평양 방공연습 포스터, 《조선신문》 1931년 3월 8일

구조, 소방 등의 훈련을 했다.[265] 3월 9일에는 등화관제를 해 평양 시내는 암흑으로 변했다.[266] 그림 4는 평양 등화관제 때 조공등이 비행기를 비추는 모습과 고사포 부대가 적기를 물리치는 장면을 연출한 사진이다.

등화관제란 적의 비행기가 밤에 폭격하는 것을 방해하려고 등불을 끄거나 빛이 건물 밖으로 새어 나가지 않도록 가리는 행위다. 일본에서는 1919년에 요코스카橫須賀 진수부에서 제1차 세계대전 때 유럽의 경험을 토대로 등화관제를 맨 처음 시험했다. 이를 계기로 해군 군함에서 자주 등화관제훈련을

그림 4 평양 방공연습 사진, 《경성일보》 1931년 3월 11일

했다.[267] 군은 등화관제라는 수단을 쓰면, 군이 계엄령을 내리지 않아도 도시 기능을 군이 통제하고 군의 지휘 아래 둘 수 있다는 사실을 발견했다.[268] 등화관제훈련은 전쟁 분위기를 연출함으로써 사람들에게 긴장감을 불어넣고 군의 통제를 몸에 익히도록 하는 효과도 있었다. 그러나 민중이 지배자의 의도대로만 움직이지는 않았다. 등화관제를 기회로 "달밤에 산책하기 좋다고 산책하는 사람",[269] "초저녁부터 불을 끄고 문을 닫고 잠자는 사람",[270] "문을 걸어 잠그고 늦게까지 술을 마시는 사람"[271] 등이 있었다.

평양에서 방공훈련을 했는데 경성에서 가만히 있을 턱이 없었다. 1932년 경성에서 3월 10일 육군기념일을 계기로 다음과 같은 포스터가 나왔다.

그림 5 《경성일보》 1932년 3월 5일; 《조선신문》 1932년 3월 5일

그림 5는 관제 조직인 '경성부 연합청년단'이 배포한 '방공데이' 포스터다. "방공데이. 3월 9일·10일", "방공 마크를 사자"라고 적었다. '조선호'가 날고 사람들이 환호한다. 조공등이 하늘을 비추며 고사포가 있다. '경성부 연합청년단'에서는 육군기념일을 계기로 "국방사상을 보급하고, 방공 마크를 판매한 이익금을 애국기 조선호 건조비로 헌납한다"라는 계획을 세웠다.[272] 그림 5의 왼쪽에 방공 마크가 보인다. 방공 마크에는 "방공데이, 애국기 건조"라고 적었다. 그들은 '애국'을 내세우며 민간을 조직하는 수단으로 '방공'을 이용했다. 이러한 운동에는 조선군 조직 가운데 하나였던 애국부가 개입했음이 틀림없다. 조선군 애국부는 헌금운동 등을 하면서 후방에서 전쟁 후원 활동을 하는 조직이었다. 헌금운동은 1932년 1월 본토에서 헌납한 애국기가 조선 상공을 거쳐 만주로 날아간 것을 계기로 삼았다. 이에 자극받아 조선에 사는 일본인들은 1932년 2월부터 헌금운동을 벌여 3월 상순에 '애국 제1 조선호'를 헌납했다.[273] 1933년부터 총독부와 군이 긴밀하게 협력해 방공훈련을 했다.[274] 1933년에 경기도를 중심으로

강원도, 황해도, 충청남북도의 5개 도에 걸쳐 규모가 큰 방공연습을 했다.[275] 그 방공연습을 계기로 방공전람회를 열었다.[276] 다음은 그때의 방공전람회 포스터다.

그림 6 《매일신보》 1933년 6월 12일

그림 6을 보면 방공전람회가 열리는 곳이 적혀 있고 "공중전투와 폭격 등"의 장면을 볼 수 있다고 했다. 일본 옷과 한복을 입은 여자 어린이가 가스마스크를 썼다. 가스마스크는 사람들의 눈길을 끄는 일종의 아이콘이었다. 신문과 잡지에서 방공연습을 보도할 때면 자주 가스마스크를 등장시켰다.[277] 왜 가스마스크가 방공연습의 아이콘이 되었을까. 제1차 세계대전 때 공습에서는 사용하지 않았지만, 대량 파괴 병기인 독가스가 등장했다. 독가스는 강력한 살상력과 사람들을 혼란에 빠뜨리는 효과가 있다. 따라서 공습에 독가스를 사용할 수 있다는 것을 늘 상정해야만 했다.[278] 일본에서 방공연습을 시작했던 1920년대 말에 일본 육군이 본격적으로 독가스를 제조한 것도 가스마스크가 방공연습의 아이콘이 된 또 다른 배경이었다. 가스마스크는 독가스의 공포를 이용하는 '심리 공작'이기도 했다.[279] 그림 6은 '경성국방의회'가 배포했다. 경성국방의회는 "국방사상 보급을 목표로 삼는" 관제 조직이었다.[280] 그림 5에 등장했던 경성부 연합청년단은 1933년에도 방공데이라면서 방공 마크를 팔아서 고사포나 청음기 등의 방공기재 헌납 자금을 마련했다.[281] 방공 마크를 산 사람들에게는 방공전람회 입장권을 주었다.[282]

일본은 군항이 있는 도시에서 방공훈련을 자주 했다. 그와 비슷하게 진해와 마산에서도 일찍부터 방공훈련을 했다. 다음 포스터를 보자.

그림 7 마산 방공 포스터, 《부산일보》 1933년 9월
14일

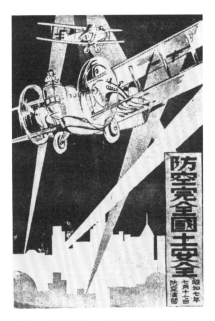

그림 8 고베 방공 포스터, 神戶市電氣局 編,
《神戶地方防空演習に於ける燈火管制》,
神戶市電氣局, 1933, 도판

그림 7은 마산 방공연습 선전 포스터다. "잠깐의
암흑!, 황토皇土의 수호!"라고 적었다. 이 포스터는
"마산고녀 학생이 그린 만화 포스터로서 200장을
마산에 배포했다."[283] 1933년에 진해만에서
해군함대가 연습하는 것에 맞추어 마산과 진해를
중심으로 방공연습을 했다.[284] 이 방공연습은
만주사변 2주년 기념행사이기도 했다. 등화관제와
함께 가스마스크 등의 방독 설비를 관람하게 했다.[285]
그림 7의 비행기는 일본 포스터인 그림 8의 비행기와
같다.

1930년대 초반의 방공연습은 육군기념일(3월
10일)이나 해군기념일(5월 27일), 만주사변기념일(9월
18일)을 계기로 군과 민이 함께하는 연습이었다.[286]
이때의 방공연습은 일본의 군사력과 행정력을
과시하며 국민을 통제하기 위한 수단이었다.
중일전쟁이 일어난 뒤에 "준전시체제로부터
본격적인 전시체제로 이행함에 따라 조선의
방공문제는 현실 문제가 되었다."[287] 일제는
"중일전쟁이 길어지고 소련과의 관계가
긴박해지면서 방공 경비력을 증강할 필요가
있다"라고 생각했다.[288] 1937년 가을에 칙령으로
조선에 〈방공법〉을 시행해 국가 기관이 강력하게
통제하는 방공훈련을 했다.[289] 〈방공법〉은 "군관민
일치협력을 강화하기 위한 법"이었다.[290] 다음
그림은 중일전쟁 뒤의 방공훈련 모습을 담고 있다.

그림 9에서는 고사포와 함께 안개 속의 남대문을 그려 경성에서 방공훈련을 하고 있음을 나타내었다. 또한, 경성 부근의 '방공연습지역 약도'를 그려 넣었다. 그림 10에는 하늘에서 내려다본 경성 시가와 방공훈련을 주관하는 '경성 요지방위사령부' 건물이 있다. 1935년에 설치한 '요지방위사령부'는 중요 지점을 방어하는 조직이었다.[291] 그림 10에는 날아다니는 적기를 향하고 있는 '공중청음기'도 있다. 공중청음기는 야간 또는 흐린 날에 적기가 오는 방향을 알아내는 기계다.[292] 그림 9와 그림 10은 1938년 3월 10일 육군기념일을 기회로 경성, 인천, 개성, 수원 등 경기도 주요 도시에서 했던 방공연습이거나,[293] 아니면 6월 29일부터 7월 4일까지 실시한 '경기도 방공훈련'을 나타낸 것일 수도 있겠다.[294] 다음 방공 포스터에서는 가스마스크를 크게 강조했다.

그림 9 경성 부근 방공연습 그림엽서, 조선총독부 체신국 엮음, 《조선체신사업연혁사》, 조선총독부 체신국, 1938, 45쪽

그림 10 경성 부근 방공연습 그림엽서, 조선총독부 체신국 엮음, 《조선체신사업연혁사》, 조선총독부 체신국, 1938, 45쪽

그림 11 경성의 방공 포스터(1939),《동아일보》1939년 6월 28일;《조선일보》1939년 6월 25일

그림 12 일본의 방공 포스터(1938), 毎日新聞社 編,《日本の戰爭 2: 太平洋戰爭》, 毎日新聞社, 2010, 61쪽

그림 11에 "방공훈련 부민 총동원, 6월 28일 오후 실시"라고 표제어를 적었다. "이 방공훈련은 가정방화조합을 완성한 뒤에 처음으로 전면적 동원을 하는 것"이었다.[295] '가정방호조합'이란 5~10호로 조합을 만들어 공동으로 방호 활동을 하는 조직이다.[296] 그림 11에서 "가정방공과 방호단의 혼연일체"라고 적었다. 방호단이란 군, 경찰서, 소방서와 협력해 방공 활동을 하는 조직이다.[297] 그림 11은 그림 12와 매우 비슷하다. 1938년에 제작한 그림 12에서도 가스마스크를 강조하면서 "피난은 지도자를 따르라"라고 적었다.

1939년에 "방공은 민중으로부터"라는 표어를 걸고 대규모 방공전람회를 경성 부민관에서 열었다.[298] 그 전람회를 알리려는 포스터를 현상 모집했다. 거기에 당첨된 여러 포스터가 자료로 남아있다. 그 가운데 가스마스크를 소재로 삼은 포스터와 경성 부민관을 강조한 포스터를 일본 포스터와 비교해 보자.

그림 13은 여러 매체에 실렸다. 이 포스터가 현상 모집에서 1등을 차지해 방공전람회 공식
포스터가 된 듯하다. 그림 13의 가스마스크 모습은 그림 14와 같았을 것이다. 이제 다른
'조선방공전람회' 포스터도 일본 도안과 비교해 보자.

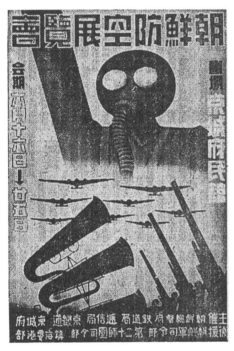 

그림 13 《조선일보》; 《동아일보》; 《매일신보》;
《조선신문》; 《경성일보》 1939년 6월 10일; 조선총독부
경무국 방호과 엮음, 《조선방공전람회기록》, 1939, 21쪽

그림 14 일본 포스터(연도 미상), 三好一, 《日本のポスター:
明治 大正 昭和》, 紫紅社, 2003, 109쪽

그림 15 조선총독부 경무국 방호과 엮음,
《조선방공전람회기록》, 1939, 23쪽

그림 16 일본 그림엽서(1933년 8월), Gennifer
Weisenfeld, *Gas Mask Nation—Visualizing Civil Air
Defense in Wartime Japan*, Chicago and London:
The University of Chicago Press, 2023, p.7

그림 15에서는 전람회가 열리는 곳인 경성 부민관을 강조했다. '조공등'이 깜깜한 밤하늘을
비추고 여러 비행기가 난다. 그림 16 그림엽서 도안은 일본에서 방공훈련 팸플릿 표지로도
사용했다. 그림 15와 그림 16의 분위기가 비슷하다.

1939년 방공전람회 포스터 현상 모집에서 다음과 같이 몸뻬 입은 여인을 주인공으로 삼은
것이 눈에 띈다.

그림 17 조선총독부 경무국 방호과 엮음,
《조선방공전람회기록》, 1939, 29쪽

그림 18 조선총독부 경무국 방호과 엮음,
《조선방공전람회기록》, 1939, 30쪽

그림 17에서 몸뻬를 입은 여성이 애국부인회 띠를 두른 채 가스마스크를 쓰려고 한다.
그림18에서 여성이 양동이에 담은 물로 불을 끈다. 그 여성은 가스마스크를 쓰고 몸뻬를
입었다. 이 포스터 말고도 매체에서는 불 끄는 훈련을 하는 '몸뻬 부대', 즉 몸뻬 입은 여인들의
사진을 자주 실었다.[299] 몸뻬와 관련된 다음 그림을 보자.

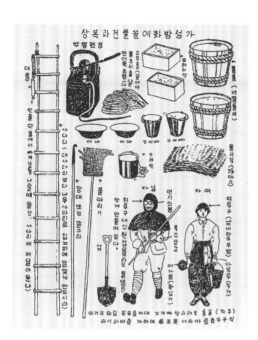

그림 19 삽화, 신시대사 편집부 엮음, 《(애국반·가정용) 언문 방공독본》, 박문서관, 1941, 51쪽

그림 20 표지, 《신시대》 3권 7호, 1943년 7월

그림 19에서는 불을 끌 때 필요한 여러 물건과 복장을 설명했다. 여자는 몸뻬를 입어야 하며 머리에는 냄비라도 뒤집어쓰고 메가폰을 들라고 했다. 오늘날의 대걸레와 비슷한 '불 따리기(때리기)'도 눈길을 끈다. 그림 20에서 표지의 모델은 방공훈련에 나간다. 그녀는 몸뻬를 입고 손에 양동이와 '불 때리기'를 들었다.

일제는 전쟁이 길어질수록 방공훈련을 강조했다. 예고 없이 방공훈련을 하기도 했다.[300] 동원체제를 점검하고 위기의식을 높여 일제의 지배정책에 협력하도록 만들려는 속셈이었다. 초보적인 군사훈련을 시키고 사회적 비판의식을 차단하려는 목적도 있었다. 1941년이 되면서 초등학교 저학년 교과서에도 '방공지식'을 넣었다.[301]

일제는 폭탄이나 독가스탄보다는 소이탄을 더욱 걱정했다. 소이탄燒夷彈(incendiary bomb)이란 폭탄·총포탄·로켓탄·수류탄 등의 탄환류 속에 소이제燒夷劑를 넣은 것이다. 이 소이탄은 "마른 풀에 불을 붙이는 성냥 노릇을 하는 폭탄"이다. 무게가 가벼워 비행기에 많이 실을 수 있으므로 도시 공습에 가장 많이 쓰인다.[302] 소이탄에 대한 대응이 필요했다. "우리 도시 건물은 거의 목조건축물이기 때문에 적기의 좋은 먹잇감이 되기 쉽고 도시 방위상 특별히 취약성을 가졌다. 따라서 우리나라 방공은 '방화防火 제일주의'여야 한다"라고 했다.[303] 다음 포스터는 '방화 제일주의'를 잘 보여 준다.

그림 21 《매일신보》 1942년 3월 10일

그림 21은 총독부에서 현상 모집한 방공 포스터 가운데 1등을 한 작품이다. 손가락을 치켜세워 하늘을 가리킨다. "일치단결 국토방위"라고 적었다. 몸뻬를 입은 여성이 물동이를 나르며 "모든 사람이 하나같이 단결하여" 불을 끈다. 방공훈련 때 여성들은 반드시 몸뻬를 입어야 했다. 여성들에게 "양동이에 물을 담아서 일정한 거리에서 일정한 목표에 물을 던지는 주수경기注水競技"를 시키기도 했다. '주수경기'에서 이기면 펌프나 몸뻬 등을 상품으로 주기도 했다.[304] 이광수는 "몸뻬 두건에 물 가득 담은 양동이를 번쩍번쩍 드는 여자라야 남자들의 사랑을 끌 것이다"라면서 몸뻬 입은 여성을 찬양했다.[305] 그러나 바지를 속옷으로만 입었던 조선 여성들은 평상복 또는 외출복으로 바지를 입는 것에 수치심을 느꼈다. 마땅한 웃옷이 없는 상황에서 짧은 저고리 아래에 몸뻬를 입어 허리를 드러내는 것도 민망했다. 다음 포스터도 방공에서 불 끄기가 가장 중요하다고 했다.

그림 22 **조선총독부 정보과,《통보》116호, 1942년 5월 15일, 33쪽**

"근대전은 전선戰線과 총후銃後의 구별이 없다. 도시는 국가 총력전의 중요한 거점으로서 새로운 전투 장소다. 도시 방공에서 무엇보다 불 끄기가 가장 중요하다."[306] 매체마다 그렇게 적었다. 경기도 경찰부에서는 "대동아전쟁이 일어났으니 실전에 곧바로 대응할 수 있도록 방공훈련을 해야 한다"라고 했다.[307] 이에 호응하듯이 그림 22 포스터는 절박한 메시지로 긴장된 분위기를 연출한다. "온 힘으로 지켜라, 이 하늘, 이 국토", "공습이다, 소화消火제일", "준비는 되었는가, 하늘에 거국일치의 망網을 펼쳐라." 다음 포스터도 긴장감을 한껏 끌어 올린다.

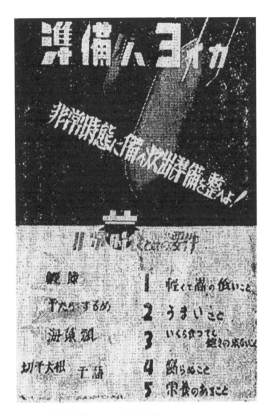

그림 23 《경성일보》 1942년 8월 18일

그림 23에서는 폭탄이 떨어지는 그림과 함께 "준비는 되었는가"라고 적었다. 비상시에 대비해서 먹을거리를 미리 준비하라고 했다. 솥단지가 눈에 띈다. 마치 솥단지 위로 폭탄이 떨어질 듯하다. 이제 불을 써서 요리할 수 없다. 솥단지 아래에 비상시의 '방공식' 요건을 적었다. 가볍고 부피가 작을 것, 맛있을 것, 아무리 먹어도 물리지 않을 것, 상하지 않을 것, 영양이 있을 것. 그 왼쪽에 보기를 들었다. 말린 오징어, 해조류, 무말랭이, 통조림이라고 적은 듯하다. 이미 1941년부터 "방공식량은 보존이 쉽고 불이 필요 없으며 영양에 지장을 주지 말아야 한다"라는 등의 기사가 신문에 실리곤 했다.[308] 시간이 흐를수록 매체에서는 더욱 자주 '방공음식'을 다루면서 공습이 임박했다고 경고했다. 실제로 미군이 조선을 폭격했을까. 최초로 한반도 근해, 즉 부산과 제주도 남방에 미군기가 날아온 것은 1944년 7월 8일이었다. 이때 조선군사령부가 처음으로 경계경보를 발령했다.[309] 다음 경고문은 그 무렵의 상황을 보여 준다.

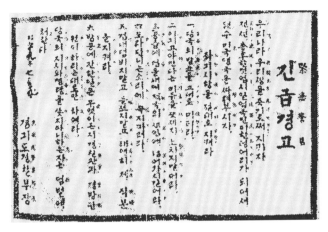

그림 24 경고문, 《매일신보》 1944년 7월 31일

그림 24 경고문은 "사이판섬에서 일본군 전원이 전사했다는 소식이 전해졌을 무렵에" 발표했다.[310] 경고문의 내용은 다음과 같다.

> 우리 나라 우리 땅을 죽기로써 지키자. 전선 총후 할 것 없이 일억 국민은 한 덩어리가 되어 원수 미국과 영국을 때려 부수자.

다음 사항을 절대로 지켜라. ① 당국의 발표를 그대로 믿어라. ② 이기고야 만다는 믿음을 끝까지 놓치지 마라. ③ 공습에 겁을 내어 적국의 꼬임에 넘어가지 마라. ④ 돌아다니는 소리에 속지 마라. ⑤ 겁내어 덤비지 말고 들뜨지 말고 태연히 제 직분을 지켜라. ⑥ 방공에 관한 일은 무엇이든지 경찰관과 경방단원이 하라는 대로만 해라. 당국의 지시와 명령을 좇지 아니하는 자는 엄벌에 처한다.

경기도 경찰부에서는 위와 같은 '긴급경고문'을 거리마다 붙였다.[311] 경고문은 비장하지만, 오히려 대중은 그 경고문에서 일제 패망을 예측하지 않았을까 싶다.

미군 비행기가 초기에는 주로 정찰이나 무력시위를 목적으로 했지만, 1944년 10월 말부터 식민지 조선 일부 지역에 공습을 시작했다.[312] 그러나 얼마나 피해를 주었는지 아직 밝혀지지 않았다.

방공훈련은 공습의 피해를 막는 데는 큰 효과가 없다. 다만 국민의 정신을 긴장시키고 전의를 높이는 심리적 효과를 기대할 수는 있다. 또한, 방공훈련은 국민을 조직화하는 수단으로 활용할 수 있다. 따라서 공습의 위험이 있는지 없는지를 따지지 않고 정부와 군은 적극적으로 방공훈련을 하려 했다.[313] "모든 국민은 국토방위의 전사가 되어야 한다."[314] 이 말처럼 일제는 국민 '통합'과 통제에 방공훈련을 활용했다.

허튼 생각일랑 말고

내선일체의 길

'국어'가 된 일본어:
'국어상용'과 국어전해운동

일제는 조선을 강점한 뒤부터 일본어 보급에 힘을 기울였다. 1911년 〈조선교육령〉을 공포해 일본어를 '국어國語' 자리에 앉히고 한국어를 '조선어'로 밀어냈다. 이로써 조선의 언어는 식민지어로 전락했다. 일제는 식민지 교육체계를 구축하고 학교를 통해서 차근차근 일본어를 보급하려 했다. 그러나 1937년 뒤부터 '내선일체內鮮一體'와 '황국신민화'를 강조하면서 일본어 보급을 서둘렀다.[315] 그 논리는 다음과 같았다. "국어 보급은 단순히 일상생활을 편리하게 하려는 목적만이 아니라 참된 일본정신을 파악하며 국체國體에 대한 신념을 굳게 해 내선일체의 밑바탕을 이루게 하는 반도 통치의 중대한 시책이다."[316]

1938년 2월에 공포한 〈육군특별지원병령〉으로 일본어는 더욱 중요해졌다. 일본어를 할 줄 아는 조선인이어야만 군인으로 활용할 수 있기 때문이었다. 일본 내각회의에서도 조선의 지원병제를 결정하면서 황국신민화, 내선일체와 함께 "일본어를 보급해서 사상을 선도해야 한다"라고 했다.[317] 1938년부터 전국에서 '간이 국어강습회' 등을 열고 사회교육기관을 통해서 일본어를 보급하기 시작했다.[318] 초등학교에서 조선어를 선택 과목으로 만들고 일본어교육을 강화했다. 초등학교는 "학교라기보다 오히려 일본어 특별 훈련소와 같은 곳이었다."[319] 그렇지만 1942년이 되어도 20퍼센트 남짓만 일본어를 해독할 수 있었다.[320]

1941년 12월 7일 일본군이 진주만을 공격하면서 전쟁은 아시아·태평양전쟁으로 확대되었다. 일제는 1942년 5월에 1944년부터 식민지 조선에서 징병제를 하겠다고 발표했다. "징병제도를 앞두고 국어를 통하는 것이 가장 시급한 일"이 되었다.[321] "황국신민이라면 일상생활을 완전히 국어로 말해야 한다"라고도 했다.[322] 일제는 "국어보급운동의 새로운 단계"로 들어섰으니,[323] '국어상용 총력전'을 펼치겠다고 했다.[324] 국민총력조선연맹은 〈국어보급운동요강〉을 발표했다.[325] 학교만이 아니라 모든 사회교육기관과 매체를 동원해 일본어를 보급하겠다고 했다. 이어서 국민총력조선연맹에서는 다섯 개의 '국어생활실천강조 표어'를 선정했다. 그 표어는 다음과 같다. ① 1억의 사람, 말은 하나. ② 국어로 나아가자, 대동아. ③ 내선일체, 먼저 국어. ④ 일본정신, 국어로부터. ⑤ 익숙하고 친해지자, 황국의 말.[326]

일제는 징병제에 대비해서 1942년부터 국어 붐을 일으키려 했다. 1942년에 '국어상용' 포스터가 쏟아져 나왔다. 그 가운데 다음 포스터는 일제의 언어정책과 점령정책의 관계를 그대로 보여 준다.

그림 1 조선총독부 정보과, 《통보》 117호, 1942년 6월 1일, 33쪽; 제국지방행정학회 조선본부 엮음, 《조선행정》 236호, 1942년 6월, 76쪽

일제는 "일본 국기가 나아가는 곳에서는 반드시 국어를 상용해야 한다"라고 했다. 일제의 영향력이 미치는 모든 곳에 일본어를 강요하겠다는 뜻이다.[327] 그림 1을 보면 "1억의 사람, 말은 하나"라는 표어를 적고 낙하산 부대가 내려와 영토를 점령하는 모습을 그렸다. 일본군은 그저 영토만 점령한 것이 아니라 그곳의 언어도 점령하게 될 것이다. 이제 '국어상용'을 전면에 내세운 포스터를 보자.

그림 2 《매일신보》 1942년 2월 20일; 매일신문사, 《매신 사진순보》 280호, 1942년 3월 21일, 27쪽; 조선총독부 정보과, 《통보》 117호, 1942년 6월 1일, 16쪽

그림 3 《매일신보》 1942년 6월 24일

그림 2와 그림 3은 비슷하지만 그림의 방향과 표어가 다르다. 그림 2에서는 "우리는 황민, 국어로 나아가자"라고 적었다. 그림 3에서는 "내선일체, 먼저 국어"라고 썼다. 그러나 기본 콘셉트가 같다. 그림 2에서는 저 멀리 비행기 세 대가 날아간다. 보이지는 않지만, 그림 3도 그러할 것이다. 그림 2와 그림 3에서 옷에 저고리 깃이 있는 것으로 보아 조선 여인이 모델이다. 펼친 책에는 "국어로 나아가자, 대동아"라고 쓰여 있다. 포스터를 현상 모집할 때 그 표어를 주제로 내걸었기 때문이다.[328] 그림 2는 중학생이 그렸으며 화신백화점에서 열린 '국어생활실천운동' 전람회에도 출품했다.[329] 이제 "국어로 나아가자, 대동아"를 주제로 삼은 포스터를 보자.

그림 4 조선총독부 정보과, 《통보》111호, 1942년
3월 1일, 11쪽; 제국지방행정학회 조선본부 엮음,
《조선행정》233호, 1942년 3월, 37쪽;
《조선공론》1942년 11월호, 88쪽; 《조선신문》
1942년 2월 19일

그림 5 매일신문사, 《매신 사진순보》280호,
1942년 3월 21일, 27쪽

그림 4도 그림 2처럼 화신백화점 '국어생활실천운동 전람회'에 전시한 포스터다.[330] 그림 4는
'국민총력 경기도연맹'이 국어생활실천운동을 벌인다는 것을 알렸다. 책 안에 전차, 비행기,
일장기를 그려 넣고 "국어로 나아가자 대동아"라고 적었다. 그림 5는 그림 4와 같은 시기에
현상 모집에 당선된 포스터가 틀림없다. 교복을 입은 중학생이 '국어생활실천강화'라고
쓴 리본을 달고 있는 것에서 그 사실을 알 수 있다. 그림 5에선 "국어를 사용합시다"라고
썼다. 중학생은 왼손에 일장기를 쥐고 오른손으로는 "국어로 나아가자, 대동아"라고 쓴
종이를 치켜들었다. 이 포스터에는 '대동아공영권' 지도도 그려 넣었다. 1942년 봄에 시작한
국어생활실천운동은 직장, 학교, 가정에서 국어를 상용하자는 운동이었으며 "국어로
나아가자, 대동아"라는 표어를 일상생활의 좌우명으로 만들자는 운동이었다.[331]
조선총독부는 1942년 5월에 징병제 실시를 발표한 뒤부터 다시금 '국어상용' 선전에 열을
올렸다. 다음 포스터에서 보듯이, "국어로 나아가자, 대동아"라는 표어도 계속 썼다. 그들은
끊임없이 똑같은 주제를 되풀이하는 방법으로 이념을 주입했다.[332]

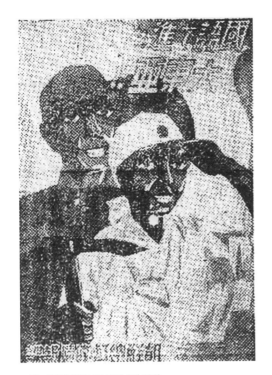

그림 6 《매일신보》 1942년 6월 18일

그림 6은 "2년 뒤에 조선에도 징병제도를 실시하기 때문에 황국신민의 자질을 갖추려면 국어를 알아야 한다"라는 취지로 조선총독부 정보과에서 배포한 포스터다.[333] 이 포스터에서는 괭이를 들고 총후를 지키는 어머니와 제복을 입고 병사로 출정하는 아들을 재현했다.[334] 전체 그림의 배경뿐만 아니라 어머니가 두른 두건에도 일장기가 있다. 황국신민이라면 일장기를 떠받들어야 하며 "국어로 나아가자, 대동아"라는 표어를 생활신조로 삼아야 한다고 했다.

일제는 "국어가 단순히 일본어가 아니라 대동아어이기 때문에 대동아공영권의 중핵이 되는 반도 민중은 누구나 다 국어를 알아야 한다"라면서 국어상용운동과 국어전해운동全解運動을 했다.[335]

국어전해운동이란 "배울 기회가 없어 국어를 알지 못하는 사람을 한 사람도 빼놓지 않고 국어 배울 기회를 만들어 주자"는 운동이었다.[336] "훌륭한 황국 군인을 내는 가정이 되어야 한다. 국어상용의 열쇠는 어머니에게 달렸다. 건병健兵의 어머니가 되도록 노력해야 한다."[337] 이 글에서 보듯이 국어전해운동의 주요 대상은 여성이었다. 그림 6은 어머니를 전면에 내세우면서 '국어생활실천'에서 어머니의 역할이 중요하다는 것을 강조했다.[338] 다음 포스터도 그러하다.

그림 7 《매일신보》 1942년 9월 2일

그림 7은 뒤늦게 신문에 실렸지만, 그림 6과 같은 때 배포한 포스터다. "어머니 학교에 다녀오겠습니다", "오늘도 하루 종일 국어로 말하자, 응." 이렇게 "어머니와 아들이 정다운 대화를 나누는 포스터"다.[339] 이 포스터는 포스터 대부분이 사용하는 압축과 강조의 도안과는 달리 친근하고 일상적인 장면을 사용해 여성과 어린이의 눈길을 끌려고 했다.[340] 이 포스터 속 어머니는 가정에서도 국어를 쓰면서 국어를 생활화하고 있다. 이 포스터는 '일일일어一日一語'운동을 떠올리게 한다. '일일일어'운동이란 학교에 다니는 어린이가 일본어를 하지 못하는 가족에게 하루에 한 마디씩 일본어를 가르치게 하는 운동이었다.[341] 1943년에는 "국어로 말하자"라는 '가정가요'도 만들었다. 그 노래 가사는 다음과 같다.

1. 동쪽을 보고/ 해님에게 큰 절/ 힘차고 씩씩하게/ "안녕하세요おはよう"
2. 맛있는 도시락/ 행복한 점심/ 모두 다 모여서/ "잘 먹겠습니다いただきます"
3. 내일도 열심히/ 일하도록/ 창가의 달님에게/ "잘 자요おやすみなさい"
   후렴: 오늘도 내내/ 활기차고 즐겁게/ 국어로 말하자/ 아이우에오アイウエオ[342]

국어상용운동은 학교생활에 큰 변화를 일으켰다. 일제강점기 학교생활을 회고하는 다음 글을 보자.

선생님은 도장이 찍힌 우표 크기만 한 딱지를 열 장씩 나눠 주시며 말했다. "오늘부터 고쿠고조요(국어상용) 운동을 실시한다. '조센고(한국말)'를 쓰면 무조건 '후타(딱지)'라고 말하고 표를 빼앗아라. 표를 많이 빼앗은 사람에겐 토요일마다 상을 주고 잃은 애들은 변소 청소를 한다. 그리고 꼴찌는 '노코리벤쿄(방과 후 수업)'로 집에 보내지 않을 것이다."[343]

'국어상용' 때문에 국민학교에서 '딱지 전쟁'이 벌어지고 일본말이 서툰 애들은 아예 입을 다물었다. 입학시험에도 국어상용정책을 적극 반영했다. 중등학교 입학시험에서 "언어·사상·성품을 조사할 때" 일본어 능력을 더욱 많이 반영하도록 했다. 국민학교에 입학할 때 치르는 구술고사에서도 "가정에서 얼마나 국어생활을 하는가"를 중요한 참고 자료로 하기로 했다.[344] 카페, 바에서 일하는 여급과 기생에게도 국어로 손님을 맞이하라고 했다.[345] 그렇게 유흥의 장소에서도 '국어상용'을 강제했다. 일제는 생활하면서 늘 일본어로 말하는 것이 조선인을 황국신민으로 훈련하고 내선일체를 이룩하는 지름길이라고 했다.[346] "가정에서 국어 사용"이라는 표어에서 나타나듯이, 가정은 '국어전해운동'의 전략적 거점이었다.[347] 일제는 징병제 실시가 가까워질수록 국어보급운동에 신경을 썼다.[348] 이때의 국어보급운동은 '군인 만들기'와 더욱 관계가 깊어졌다. 다음 포스터가 그 보기다.

그림 8에서는 군인을 그려 넣고 "훌륭한 군인을 내려면 국어생활을 실행하자!"라고 적었다. 신문에서는 이 포스터를 소개하면서 다음과 같은 해설기사를 실었다.

"훌륭한 군인을 내려면 국어생활을 하자!" (국민총력)조선연맹에서는 1944년 8월 15일부터 국어상용운동을 전선적으로 전개하고 있는데 무엇보다 군인을 내는 반도의 부형들은 집에서나 밖에서나 국어생활에 힘써서 군국가정軍國家庭을 이루려고 힘쓰자고 포스터를 배포하고 먼저 군인 가정에서부터 솔선수범하자는 운동을 전개하고 있다.[349]

"군인이 되는 가장 중요한 조건은 국어생활을 철저히 하는 것이다."[350] 군대에 갈 사람들에게 일본어는 필수였다. 여성도 "군대에 간 남편에게서 편지가 와도 읽을 수 없는 부인의 비통함이 없도록"[351] 일본어를 익히라고 했다. 일제에 조선어란 사라져야 할 언어였다. 일제는 "국어상용에서 한 걸음 더 나아가 조선어를 말살할 정도의 열의로 국어교육을 철저하게 해야 한다"라고 했다.[352] 그러나 조선어를 아주 없애지 못했다. '일어 전용'을 강조하면서도 일어 해독률이 낮은 것을 고려해 국책 관련 글이나 선전물, 또는 농민을 대상으로 하는 글에서는 한글을 일본어 옆에 토씨처럼 적었다. 그리하여 일본어는 상층부의 언어이고 조선어는 하위 집단의 언어처럼 만들었다.[353]

그림 8 《매일신보》 1944년 8월 25일; 《경성일보》 1944년 8월 26일, 대한민국역사박물관 소장

"몸 바쳐 천황에게":
일본정신

일제는 전쟁동원과 황국신민화를 목적으로 조선인에게 일본정신을 주입하려 했다.[354]
일본정신이란 무엇인가. 일본정신은 "권리를 주장하는 개인주의·자유주의·민주주의를
청산하고 천황의 뜻을 따르는" 것이며, "천황의 말씀을 생명을 걸고 실천하는 것이다."[355]
미나미 지로南次郎(1874~1955) 총독은 "몸을 던져서 천황에게 귀일歸一하고 모든 나를 바쳐서
국가에 봉사하는 것이 일본정신의 본질이다"라고 말했다.[356] "전사하는 순간에도 천황폐하
만세를 외치며 죽는 것이 곧 일본정신이다"라는 설명도 있다.[357] 이러한 주장은 천황제가
요구하는 일본정신의 핵심을 짚었다.

전시체제기에 일본정신이라는 말이 하나의 유행어처럼 되었다. 일본정신은 강렬한 배외주의를
드러내고 일본제국의 본질을 보여 주는 역할을 했다. 일본정신을 조선인에게 어떻게 '체득'시킬
것인가. 국민총력조선연맹에서는 다음과 같은 실천 사항을 내놓았다. ① 아침의 궁성요배,

그림 1 《매일신보》 1938년 11월 16일

② 신사참배, ③ 정오의 묵도, ④ 국기게양, ⑤
황국신민서사 낭송이었다.[358] "대일본은 신국神國이기
때문에 각 가정에 가미다나神棚를 모셔 놓고 신과
함께 생활하는 것"에서 일본정신을 구현해야 한다고도
했다.[359] '일본정신 실천 사항'을 선전하는 포스터를
보자. 그림 1은 '황거요배' 포스터다.

날마다 아침에 천황이 있는 '황거'에 '요배'를 하면서
천황에 충성하라고 했다. 황거요배는 1938년 11월 3일
명치절부터 시작했다. 명치절이란 메이지 천황 탄생을
축하하는 날이다. 국민정신총동원조선연맹에서는
'황거요배' 전단 610만 장을 인쇄해서 한 집에 한 장씩
붙여 놓도록 했다.[360] 널리 알려진 그림 2 전단이 바로
그때 배부한 것일 수도 있다.

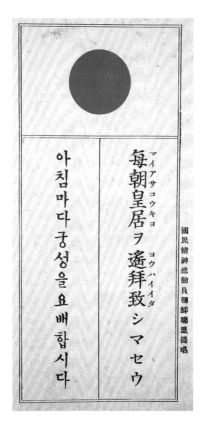

每朝皇居ヲ遙拜致シマセウ
マイアサコウキョ　ヨウハイイタ

國民精神總動員朝鮮聯盟提唱

아침마다 궁성을 요배합시다

그림 2 궁성요배 전단, 부평역사박물관 소장

1939년 2월부터 '황거요배'를 '궁성요배'로 바꾸어 불렀다.[361] 이와 관련된 기사를 요약하면 다음과 같다.

국민정신총동원조선연맹에서는 작년(1938년: 인용자)부터 매일 아침 7시 50분을 기해서 경성방송국을 통해서 전 조선 일제히 황거요배운동을 시작했다. 이 시각을 기해서 멀리 동방을 향해서 국가가 존엄한 것을 인식하도록 이것을 시작했다. 오는 2월 1일부터 그 명칭을 변경하여 새로이 '궁성요배'라고 한다. 메이지 21년(1888년-인용자)에 궁내성宮內省에서 "황거가 낙성되었으므로 앞으로는 궁성이라고 칭한다"라고 했기 때문이다.[362]

이 궁성요배는 "충성보국의 사상을 함양하고 황국신민의 신념을 갖도록 하며 확실하고 급속하게 내선일체를 구현"하는 것이라고 했다.[363] 그림 3 사진을 보자.

그림 3은 군대식으로 줄을 선 삼척 탄광 노동자들에게 궁성요배를 강요하는 사진이다. 이때 궁성요배는 노동규율을 강제하는 훈육의 장치가 되기도 했다.

허리를 숙이는 요배는 고개를 숙이는 묵도와 관계가 깊었다. 일제는 궁성요배와 묵도를 '가정문화'로 만들려 했다.[364] 묵도는 일정한 시간 동안 활동을 멈추고 침묵하는 '기묘한' 행위다. 묵도는 언제 어디서 시작했고 일본에 어떻게 뿌리내렸을까. 1912년 4월 타이타닉호 침몰사고의 희생자를 애도하거나 제1차 세계대전 격전지였던 프랑스 전선에서 전몰자를 추모하려고 소규모 또는 종교적인 의미를 띤 묵도를 했다. 그러나 오늘날과 같은 형태의 묵도는 영국에서 시작했다. 영국은 제1차 세계대전이 끝난 다음 해인 1919년 11월 11일 11시를 전몰 병사 추도기념일로 정하고 2분 동안 묵도를 했다. 일본에서는 1924년 간토대지진 1주기 추도식 행사에서 황태자가 황실의 의례로서 영국식으로 묵도를 했다. 이때 전차 등의

그림 3 궁성요배 사진, 《문화조선》 4권 4호, 1942년 7월, 도판

교통도 멈추었고, 절에서는 신호로서 큰북과 종을 울렸으며 시민은 1분 동안 묵도를 했다. 간토대지진 희생자에 대해 특정한 종교나 종파를 명시하지 않은 형태로 조의弔意를 표시하는 방법으로 묵도를 처음으로 일본에 도입했다. 묵도는 1925년 뒤부터 야스쿠니신사 행사나 육·해군기념일 등에서 차츰 일반화하고 정착했다. 일본에서 묵도는 그 이전부터 집합적 의례로 행하고 있던 요배와 융합했다. 신사에서뿐만 아니라 일반 국민과 학생에게 일정한 시각에 묵도를 하도록 했다.[365] 이로써 묵도가 일본의 특수한 예법으로 바뀌면서[366] 국가숭배의 도구가 되었다.[367]

식민지 조선에서도 육군기념일,[368] 해군기념일,[369] 지나사변기념일,[370] 만주사변기념일,[371] 전몰장병 위령제[372] 등에서 '호국영령'을 위해 묵도를 했으며 애국일 등의 특별한 날에도 묵도를 하게 했다. 마침내 1940년 11월 27일에 "전체 조선에서 정오에 1분 동안 묵도를 한다"라고 결정했다.[373] 그 뒤로 일제는 묵도를 독려하는 캠페인과 '지도'를 강화했다. 묵도는 일본보다 조선에서 더욱 철저하게 실시했다. "내지나 만주에서 처음으로 조선에 와서 묵도를 올리는 것을 보면 경탄한다"라고 했다.[374] 국민총력조선연맹에서는 묵도 시간을 1분에서 30초로 단축하기로 했다. 일에 지장이 있고 오히려 잡념이 일어나기 쉽기 때문이라고 했다.[375] 그러나 1분 동안 울렸던 사이렌의 기계장치 때문에 제대로 시행하지 못하다가 1942년 7월에 묵도 시간을 30초로 단축했다.[376]

국가숭배의 장치로는 국기를 빼놓을 수 없다. 다음 포스터를 보자.

그림 4 내각정보부,《사상전전람회기록도감》, 1938, 121쪽

그림 5 《매일신보》1939년 2월 8일; 《경성일보》 1939년 2월 7일; 《조선일보》1939년 2월 12일

그림 4는 일장기만으로 그림 전체를 채웠다. "국가 기념일에는 반드시 국기를 걸어서" 일본정신을 드높이라고 적었다. 그림 5는 일본정신발양주간 포스터다. 여기에서도 다른 상징물과 함께 일장기가 중요한 역할을 한다. 국민정신총동원조선연맹에서는 1939년 2월 11일 기원절을 중심으로 일주일 동안 일본정신발양주간을 선포했다. 기원절이란 "일본의 진무 천황이 일본을 세우고 즉위한 날"이다. 일본정신발양주간은 "비상시국의 어려움을 인고 단련으로 극복하자"라는 취지였다. "우러러보라 일장기, 높이라 일본정신", "일억일심, 다져라 일본정신."[377] 그런 표어도 내걸었다. 그림 5에는 일본과 한반도 지도 가운데에 석검石劍이 있고 그 아래에 칼과 화살 그리고 일장기가 있다. 한 마리 새가 날아간다. 황금빛의 솔개, 금치金鵄다. 일본 신화에 따르면 금치가 진무 천황의 전쟁을 도왔다고 한다. 일본에서 1890년 기원절 때 〈금치훈장조칙〉을 만들었다. 그 뒤부터 무공이 뛰어난 사람에게 금치훈장을 주었다. 일본정신발양주간 포스터에 금치를 배치한 것엔 중일전쟁의 승리를 기원하고 기원절을 기념하려는 뜻이 담겨 있다.

일제는 일본정신을 방공과 방첩에도 활용했다. 일본은 1936년 11월에 일독방공협정을 맺었다. 일독방공협정은 단순히 국가 사이의 이해관계로 맺은 것이 아니라 "일본정신과 나치스정신이 결합한 결과"라고 했다.[378] 일제는 근대전에서 사상전이 중요하다면서 '사상국방'을 내세웠다. 다음은 일본정신과 사상국방의 관계를 보여 준다.

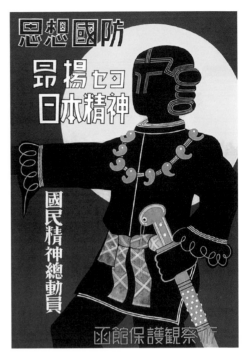

그림 6 전단, 朝鮮總督府警務局保安課,
《朝鮮に於ける防共運動》, 1939, 51쪽

그림 7 일본 포스터(1930년대 후반), 田島奈都子 編,
《明治·大正·昭和初期日本ポスター史大図鑑》, 國書刊行會,
2019, 343쪽

그림 6은 조선방공협회에서 배포한 전단이다. 한복을 입고 일장기 앞에 깊게 고개 숙인 부부를 그렸다. '일본정신앙양'이라고 적었다. 일본정신을 드높여서 공산주의를 물리치자는 뜻이다. 그림 7에선 "초대 천황인 진무 천황을 떠올리게 하는 옛사람"을 그렸다.[379] "사상국방, 앙양하라 일본정신"이라고 적었다.

조선방공협회는 공산주의와 스파이를 한통속으로 보았다. 공산주의와 스파이는 천황제와 일본제국주의를 교란하는 외부의 침입자였다. 방공에 일본정신이 중요하듯이 방첩에도 일본정신이 필요했다.[380] 그러한 인식은 다음 삽화에서도 드러난다.

그림 8 삽화, 《조광》 82호, 1942년 8월, 52쪽

그림 8에서 일본정신을 몸에 두른 무사가 일본도를
들었다. "국민 방첩 실천의 근본은 일본정신이다.
스파이는 일본정신으로 막아 낼 수 있다"라고
적었다. 일제는 '반도의 사상'이 일본정신으로
통일되기를 바랐다.[381] 파시즘의 기본 특질은
반혁명 또는 예방 반혁명이다. 일본에서도
혁명운동의 영향력을 차단하는 '대항사상'으로서
일본정신을 각 계층에 침투시켰다.[382]
이제 대화숙大和塾이 1942년에 장충단공원에서
열었던 일본정신박람회 선전 포스터를 보자.
대화숙은 이름에서 알 수 있듯이 조선의
사상범과 그들의 가족에게 대화大和, 즉
'야마토'라는 일본정신을 가지게 하려는
사상범 교화기관이었다. 대화숙을 '일본정신
수련도장'이라고 부른 것은 그 때문이었다.
대화숙은 "예전의 사상 관계자들에게 참된
일본정신을 주입해 황국신민으로서 사상국방에
협력시키게 하는" 단체였다.[383] 대화숙이 주최한
일본정신박람회는 "국체관념을 새기고 국민사상을
통일·순화하며 내선일체의 성과를 거두게 하는
동시에 대동아 성전聖戰 완수에 돌진"하는 것을
목표로 삼았다.[384] 그림 9의 일본정신박람회
포스터에는 일본의 상징인 벚꽃, 일본 무사의
상징인 투구와 일본도를 그렸다. "일본도는
무용武勇·과감·강직을 뜻하며 그것은 곧
일본정신을 상징한다."[385] 이 포스터는 일본정신을
무사에 대한 숭배로 이미지화했다.[386]

그림 9 《매일신보》 1942년 4월 14일

걸핏하면 애국:
국산품 애용과 애국 이벤트

일제의 식민지가 되었어도 국산이라는 말을 많이 썼다. 식민지 시기에 국산은 으레 일본산을 가리켰다. 조선의 물품은 '토산품', '선산(조선산)', '우리 것'이라고 했다.[387] 1920년대 초반부터 1930년대 중반까지 민족주의자와 상공업자가 앞장서서 물산장려운동을 했다. 물산장려운동이란 '토산품 소비운동'이었다. 그와 성격은 다르지만 1930년에 조선총독부도 '물산장려'를 했다. 신문은 '총독부에서 물산장려'라는 기사를 실었다.[388] "총독부에서 일본의 국산운동과 짝을 이루어 조선에서도 조선물산 애용을 선전하고 장려한다"라는 내용이었다. 신문에서는 다음과 같은 포스터도 실었다.

그림 1 《매일신보》 1930년 9월 17일; 《조선신문》 1930년 9월 17일; 《조선신문》 1930년 9월 24일

그림 1은 조선총독부 상공과에서 배포했다.[389] 커다란 일장기를 거는 모습을 그렸다. 일장기 뒤로 연기가 오르는 공장 굴뚝이 있다. "국산 애용, 먼저 선산鮮産(조선산)"이라고 적었다. 국산을 애용하면 일본 산업이 발전한다는 메시지를 전한다. 조선총독부의 국산애용운동은 일본의 국산애용운동에 보조를 맞춘 운동이었다. 일본은 1920년대 초·중반에도 국산장려운동을 했지만,[390] 1930년에 다시 '국산품 애용'을 꺼내 들었다. 왜 그랬을까. 일본은 긴축과 산업합리화로 노동자의 실질임금이 줄어들면서 경제가 불황의 늪에 빠지자 국산품 애용으로 대처하려고 했다.[391] 금 해금 뒤에 수입초과로 금이 해외로 유출되는 것을 막고 국내 산업을 육성한다는 목표도 있었다.[392] 국산품 애용이란

"해외 수입품에 최면술이 걸리는 악습을 타파하고, 공업 능력을 증진하는 길"이라고
했다.[393] 국산품 애용이야말로 불경기를 벗어나는 가장 빼어난 방법이라고도 했다.[394] 그러나
세계공황의 소용돌이 속에서 "중소상인의 폐점이 속출하고 농촌의 피폐가 극에 다다른
상황"[395]에서 구매력이 전혀 없는 사람들에게 국산품을 애용하라는 말은 아무런 효과가
없었다.

애국일은 '애국'이라는 말을 전면에 내세운 대표 행사였다. 애국일은 1937년 9월 6일 전국의
학생을 모두 동원해 처음 시행했다.[396] 이날 애국일 기념식을 하고 신사참배, 국방헌금,
위문대 증정 등의 행사를 하면서 "시국을 철저히 인식하고 장병의 무운장구를 빌었다."[397]이

그림 2 전단, 《매일신보》 1939년 9월 1일

행사는 중일전쟁 뒤에 전시체제를 강화하는 정책과 관계가
깊었다. 그 뒤로도 달마다 6일에 애국일 행사를 하기로
했다.[398] 1937년 11월에는 '학교 애국일'을 일반인에게도
확대하고 지방의 사정에 따라 1일 또는 15일에 실시할
것을 결정했다. 애국일 행사에서는 신사참배, 국기게양,
국가제창, 황국신민서사 제송齊頌, 천황폐하 만세삼창을
하라고 했다.[399]

일본에서는 매월 1일을 흥아봉공일興亞奉公日로 하기로
했다. 1939년 9월 1일이 제1회 흥아봉공일이었다.[400]
일본의 흥아봉공일은 조선의 애국일과 취지가 같았다.
따라서 조선에서는 애국일과 흥아봉공일을 겹쳐
사용하기로 했다.[401] 애국일로 표기하되 흥아봉공일로
해석하는 식이었다.[402] 다음 전단이 그 보기다.

그림 2 전단은 제1회 흥아봉공일을 겨냥했지만,
"애국일(매월 1일)"이라고 적었다. 조선에서는 전에 하던
그대로 이날을 애국일로 부르기로 했기 때문이다. 이
전단에는 "국위를 선양하고 황군의 무운장구를 기원하기
위해서 신궁·신사에 참배, 제1선 장병의 노고를 생각하며
절주·절연·일채주의一菜主義 실행, 호국영령에 대해서
정오에 묵도"라고 쓰여 있다. 국가주의를 주입하던

애국일은 1942년 1월부터 폐지하고 매월 8일을 대조봉대일로 하기로 했다. 따라서 1942년
1월 8일이 제1회 대조봉대일이 되었다. 1941년 12월 8일에 일본이 진주만을 기습해
태평양전쟁을 일으킨 것을 기억하도록 8일로 날짜를 정했다. 이날 온갖 국가주의적 의식을
치른 뒤에 천황의 대미·대영 선전포고 '조서'를 낭독하도록 했다. 일제는 패망하기 직전인
1945년 8월 8까지 대조봉대일 행사를 했다.

그림 2의 전단에 있는 '일채주의'란 한 가지 반찬만으로 밥을 먹는다는 뜻이다. 이와 관련해서
다음 포스터를 보자.

그림 3 《통보》 57호, 1939년 11월 17일, 14쪽

그림 3에서 한 소녀가 도시락을 먹기 전에
손을 모은다. "드리자 감사, 지키자 총후"라고
쓰여 있다. 맨 아래에 아주 작은 글씨로
"시국 포스터전 1등 입선"이라고 적었다. 이
포스터는 절약과 감사하는 마음을 상징화하는
데 성공했다.[403] 포스터 속 도시락은
'히노마루벤또日の丸弁当'다. 번역하면 '일장기
도시락'이다. 매실장아찌(우메보시 うめぼし) 하나를
도시락 한가운데 박아 놓으면 일장기처럼
된다. 점심때쯤이면 장아찌의 붉은색이 번져서
욱일승천기旭日昇天旗처럼 보인다. 애국일이나
그 밖의 행사에 히노마루벤또를 싸 오도록
했다.[404] 왜 그랬을까. 다음 글은 학생에게
히노마루벤또를 싸 오게 하는 까닭을 적었다.

이것은 고통과 결핍을 견디는 강건한 정신력, 전선에 있는 황군처럼 거친 옷과 밥에 만족하는
총후봉공銃後奉公의 정신, 거국일체의 정신을 연성하는 것에 목적이 있다.… 1개월에 한 번 또는
두 번은 반드시 필요하다고 생각한다. 그날은 흥아봉공일, 지나사변기념일, 만주사변기념일,
육군기념일, 해군기념일 등의 국방적 의의가 있는 날이 바람직하다. 이 같은 날에는 전선에 있는
황군의 어려움을 생각하면서 황군에 대한 감사의 마음을 깊이 하고 한층 더 총후의 일상생활을

긴장되게 할 수 있다.[405]

이처럼 히노마루벤또에는 간소한 생활을 다짐하고 애국하는 마음을 굳게 하라는 뜻이 담겨 있었다.
중일전쟁 뒤에 일제는 황국신민화정책을 펼치면서 걸핏하면 애국을 들먹였다. 다음 저축 포스터도 그러하다.

그림 4 《경성일보》 1938년 3월 4일

그림 4는 일장기를 배경으로 하고 애국저금이라는 표제어를 달아서 애국심에 호소한다. 중일전쟁 뒤에 여러 단체에서 시도했던 '애국저금'이란 한 사람이 하루에 1전씩 저금해 국방헌금으로 내거나 '황군위문'에 쓰려는 돈이었다.[406] 그림 4에서 "저금은 나를 위하고 나라를 위한다", "저금은 누구나 할 수 있는 봉공奉公"이라고 적었다. 남녀 학생이 저금통장을 들고 있는 이 포스터는 '애국부인회 조선본부'에서 배포했다.[407] 애국부인회는 1901년 일본에서 군인 유가족을 돕기 위해 만든 여성단체였다. 1906년에 '애국부인회 한국지부'를 두어 한국 여성도 가입하게 했고, 1911년 2월에 애국부인회 조선본부로 이름을 바꾸었다. 이 단체는 조선 부인들에게 저축하게 해 국방헌금을 내는 역할도 했다.[408]

군사 후원단체였던 애국부인회는 그림 5에서 보듯이 부인보국제라는 애국 행사도 했다.

그림 5 《매일신보》 1941년 3월 6일; 《경성일보》 1941년 3월
6일; 《조선신문》 1941년 3월 4일

그림 5에 "봉축奉祝, 지구절. 부인보국제, 3월 6일"이라고 적혀 있다. 애국부인회가
배포했음도 밝혔다. 지구절이란 황후 탄생기념일이다. 애국부인회는 "국모폐하 탄생한 지
38회를 맞이하는 날"에 부인보국제 행사를 한다고 했다. 이 행사에서 부인의 각오를 다졌다.[409]
애국부인회에서는 해마다 부인보국제를 했다. 일본에서는 1933년 3월 6일 지구절에
애국부인회가 주도해 제1회 부인보국제를 했다. "우리는 일본 부인이다"라는 의식을 갖게 하고
나라의 은혜에 보답해야 한다는 행사였다.[410] 1941년에는 "국제정세가 급박해지고 애국부인회
창립 40주년이 되었으므로" 행사를 좀 더 크게 하기로 했다.[411] 그래서 그림 5와 같은 포스터도
만들었다. 이날 국기를 걸고 주부들은 일본 부인의 본분을 다하도록 노력해야 한다고 했다.[412]
그러나 이 행사를 끝으로 부인보국제 기사는 신문에 실리지 않았다.
애국의 논리는 "신하 된 도리를 다하라"라는 '신도臣道실천' 표어로도 나타났다. 다음 포스터를
보자.

그림 6 《조선신문》 1940년 10월 29일

그림 6은 아무런 그림 없이 글자만으로 만든 포스터다. 짙은 푸른빛 바탕 위에 "온 힘을 다해 실천하라. 신도실천!! 직역봉공!! 국민총력조선연맹"이라고 적었다.[413] 신하의 도리를 실천하고 직장에서 열심히 일해 국가에 봉사하라는 뜻이다. 신도실천은 일본 대정익찬회의 신조였다. 그 내용을 간략하게 살펴보자. 일본은 '고도국방체제'를 수립한다면서 1940년 10월에 대정익찬회를 만들었다. 대정익찬회는 일본의 관제 '단일기구'로서 전쟁 협력을 위한 조직이었다. '대정'은 천황의 정치를 뜻하고 '익찬'이란 힘을 모아 협력한다는 뜻이다. 대정익찬회가 닻을 올리면서 '신도실천'을 내걸었다. 신도실천이란 "온 힘을 다해 애국하고 '멸사봉공'의 정신으로 생활하는 것"을 뜻했다.[414] 일본에서 대정익찬회를 만든 것에 발맞추어 조선에서도 국민정신총동원조선연맹을 해체하고 1940년 10월에 국민총력조선연맹을 만들었다. 국민총력조선연맹도 '신도실천'을 가장 중요한 목표로 제시했다. 그림 6은 국민총력조선연맹이 첫발을 내디디면서 '신도실천' 표어를 선전하려고 만든 포스터다. 일제는 국민의 의무를 강제할 때면 '신도실천'이라는 말을 쓰곤 했다. 다음 포스터도 그러하다.

그림 7 《조선신문》 1940년 12월 28일

그림 7은 "전시국민생활 쇄신강조 포스터"다.[415] 신사 앞에 세운 도리이鳥居, とりい 위를 진무 천황 신화에 등장하는 황금빛 솔개가 환하게 난다. 왜 도리이를 그렸을까. "신도실천을 신에게 빌고 맹세하는" '기서식祈誓式'을 조선신궁에서 했기 때문이다.[416] 그림 7에 "전시국민생활, 일억일심 신도실천, 국민총력조선연맹"이라고 적었다. 전시국민생활은 "황국신민으로서 자유주의·이기주의·향락주의에서 벗어나 비상시 국가가 기대하는 새로운 생활체제."[417] 일제는 일장기나 신사만이 아니라 여러 상징을 통해서도 애국의 논리를 전파했다. 다음과 같은 오뚜기 포스터도 그 가운데 하나다.

그림 8 《매일신보》 1942년 12월 30일; 《황민일보》 1942년 12월 31일

그림 8은 "새해에도 이기자"는 뜻을 담은 포스터다.[418] 왜 오뚜기를 주제로 삼았을까. 1942년 6월 미드웨이해전에 이어 8월에 미군의 과달카날 상륙에 이르기까지 일본이 크게 패했다. 그러나 일본은 패배를 숨기면서 국민정신을 고양해 전의를 높이려고 했다.[419] 그림 8은 바로 그러한 상황을 반영한다. "배에는 히노마루를 붙이고 불덩어리 달마達磨가 지구를 돌진한다"라고 한 것으로 보아 그림 8 달마 오뚜기는 붉은색이다.[420] 왜 달마 오뚜기일까. 에도시대에 '오키아가리 다루마起き上がり達磨'라는 달마 인형이 탄생했다. 달마대사는 남인도 왕국의 왕자로 중국에 건너가 선종을 개조한 인물이다. 달마대사가 터득한 선종의 교리는 내용이 어려워서 빨간 법의法衣를 입고 좌선하는 달마대사 그림과 함께 설명하는 경우가 많았다. 비슷한 사물에 '비유'해 물건을 만들거나 그림을 그리는 것이 유행했던 에도시대, 달마대사는 인형 형태로 만들어져 '오키아가리 다루마'가 되었다.[421] 그림 8 포스터를 "경성·평양·부산의 전차 안에 붙여서 밝아 오는 새해에 넘어져도 일어나는 오뚜기의 정신을 깨우치게 했다."[422]

달마 오뚜기는 전시 교육에도 등장했다. 다음 그림은 초등학교 공작 수업 가운데 달마 오뚜기 관련 내용이다.

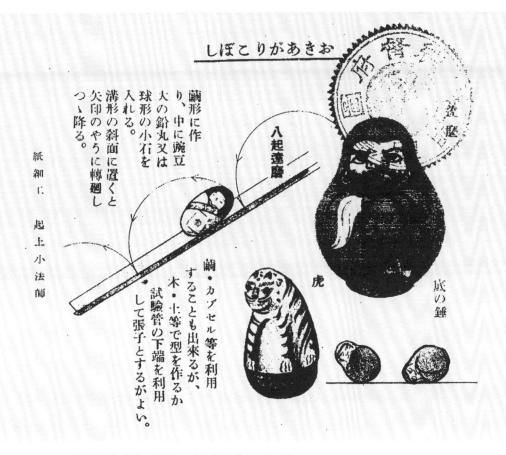

しぼこりがあきお

紙細に　起上小法師

繭形に作り、中に豌豆大の鉛丸又は球形の小石を入れる。

溝形の斜面に置くと矢印のやうに轉廻しつゝ降る。

繭・カプセル等を利用することも出來るが、木・土等で型を作るか試驗管の下端を利用して張子とするがよい。

八起達磨

虎

底の錘

그림 9 삽화, 조선총독부 엮음, 《예능과공작교수자료 제5학년》, 1943, 41쪽

그림 9는 "비행기와 탱크 등의 신무기를 익히게 하는 공작 수업"[423]에 달마 인형도 포함했음을 알려 준다. 거기에는 "절대로 넘어지지 않는 오뚜기의 정신으로 미영을 격멸하자"[424]는 군사적 목적이 있었다.

지금까지 일본 애국심을 조선인에게 주입하려는 포스터를 살펴보았다. 다음은 조선을 소재로 삼아 일본인의 애국심을 자극하는 '애국조선대전람회' 포스터다.

그림 10 《경성일보》 1938년 7월 20일

그림 10에서 한복을 입은 남녀가 힘을 합쳐 커다란 일장기를 걸고 있다. 남대문이 있고 저 멀리 탱크가 북쪽으로 줄지어 달린다. 이 포스터는 '애국'하는 조선과 '병참기지' 조선을 상징화했다. 그림 10을 보면 경성일보사가 주최해 도쿄 다카시마야高島屋 백화점에서 애국조선대전람회를 연다고 적혀 있다. "중일전쟁이 일어나자 결연히 일어난 반도 2300만 민중의 애국운동과 일본의 대륙전진기지로서 조선 산업의 발흥은 중요한 의의가 있다. 애국조선대전람회는 시국 인식의 커다란 자료가 될 것이다."[425] 이 전람회를 주최한 경성일보사는 그렇게 광고했다.

이 전람회는 "식민 통치의 놀랄 만한 성과와 2300만의 애국하는 마음을 파노라마식으로 전시했다."[426] 학생, 청년단, 방호단, 부인회 등의 애국 활동을 소개했다.[427] 보기를 들면, 애국헌금을 하는 모습이나,[428] 군에 가는 남자에게 1000명의 여자가 한 땀씩 수繡를 놓는 '센닌바리(천인침千人針)' 풍경을 전시했다.[429] 일본에서 열린 애국조선대전람회는 제국주의를 찬양하고 전쟁 열기를 높이는 것이 목적이었다.

4

신체와 물자

동원되는

전쟁을 위한　신체

'나라의 보배':
아동애호와 우량아대회

일제강점기에 유유아乳幼兒라는 단어를 많이 썼다. 일반적으로 2세까지를 유아乳兒, 2세부터
보통학교에 다니기 전까지를 유아幼兒라고 한다. 따라서 '유유아'란 갓난아이와 나이 적은
어린이를 일컫는다. 1920년대부터 일제 권력은 '유유아애호데이' 등을 만들어 유유아의 건강에
개입했다. 육아 방식을 바꾸게 하면 전통적인 요소를 파괴하는 데 효과가 있으며, 식민지인의
저항을 줄이는 윤활유 역할을 할 수 있기 때문이었다.[1]

일제강점기에 유유아애호데이, 유유아애호주간, 아동애호주간 등이 있었다. 이름이 엇비슷해
혼동하기 쉽다. 논문뿐만 아니라 사료에서도 이름을 뒤섞어 쓰는 일이 있다. 따라서 그 이름이
언제 어떻게 바뀌었는지를 아는 것이 중요하다. 유유아애호데이는 유유아 사망률을 낮추려는
뜻으로 1927년 5월 5일에 처음 실시했다. 1931년부터 유유아애호주간으로 확대했다.
유유아애호주간은 1935년부터 아동애호주간으로 이름을 바꾸었다. 그 뒤 아동애호주간은
1942년에 새롭게 시작한 건민운동의 한 영역으로 흡수되었다.[2] 이제 차례대로 그 내용을
살펴보자.

1927년 제1회 유유아애호데이는 조선사회사업연구회가 일본의 중앙사회사업회의 방침을
그대로 따르면서 시작되었다.[3] 조선사회사업연구회란 1921년 4월 조선총독부 내무국
사회과가 주관해 만든 반민반관단체다.[4] 다음 그림들은 일본에서 유유아애호데이를 시작할
때의 포스터다.

그림 1 일본 제1회 유유아애호데이 포스터(1927),
中央社會事業協會,《全國乳幼兒愛護デ-報告書. 第1回》,
東京 中央社會事業協會, 1928, 도판

그림 2 일본 제1회 유유아애호데이 포스터(1927),
中央社會事業協會,《全國乳幼兒愛護デ-報告書. 第1回》,
東京 中央社會事業協會, 1928, 도판

그림 1 · 2는 일본의 '제1회 전국 유유아애호데이' 포스터다. 그림 1을 보면 "어린이는 나라의
보배"라고 적었다. 그 말에는 국가주의사상이 담겨 있다.[5] "강하게 길러서 바르게 이끌자"라고
썼다. 그림 2에는 "유유아애호데이 5월 5일"이라고만 쓰여 있다. 이때 조선에서도 유유아
무료 진찰, 강연, 활동사진 상영 등의 간단한 행사를 했다. 조선에서는 일본보다 1년 늦은
1928년부터 본격적으로 아동애호데이 행사를 했다.[6] 조선에서 배포한 아동애호 또는
유유아애호 포스터를 보자.

그림 3 아동애호데이(1928), 《조선신문》 1928년 5월 4일; 《매일신보》 1928년 5월 6일; 朝鮮初等敎育硏究會, 《朝鮮の敎育硏究》 2호, 1928년 5월, 177쪽

그림 4 《경성일보》 1929년 5월 2일; 《매일신보》 1929년 5월 3일

그림 5 《매일신보》 1930년 5월 5일; 《조선신문》 1930년 5월 2일; 《경성일보》 1930년 5월 4일

그림 3에 "사랑하고 보호하자. 나라의 보배. 아동애호데이!"라고 적었다. 그림 4·5에서는 유유아애호데이를 조선사회사업회가 주최한다고 했다. 1921년에 발족한 조선사회사업연구회가 1929년 1월 1일에 조선사회사업회로 이름을 바꾸었다.[7]

그림 4에서는 우람한 나무와 예쁜 꽃을 그렸다. 나무 왼편과 오른편에 일본 어린이와 조선 어린이를 그려 넣고 나무 기둥에는 유유아애호일이라고 썼다. "유유아 사망률을 저감케 합시다"라고 써서 유유아애호일의 핵심 목표를 제시했다. 그러나 이때의 유유아애호일은 조선에 사는 일본인을 주요한 대상으로 했다.[8] 그림 5에서는 닭과 병아리를 '모던하게' 디자인하고 "強く(군세게), 正しく(바르게), 愛らしく(귀엽게)"라는 일본 유유아애호운동 표어를 한글 표기 없이 그대로 적었다. 그림 3·4·5는 아동애호데이, 유유아애호일을 섞어 써서 용어가 통일되지 않았음을 보여 준다. 그러나 1931년부터 주간으로 확대하면서 명칭도 유유아애호주간으로 통일했다. 그때의 포스터를 차례대로 보자.

그림 6 유유아애호주간 포스터(1931), 《매일신보》
1931년 5월 2일; 《조선신문》 1931년 5월 2일;
조선사회사업협회, 《조선사회사업》, 1931년 5월, 도판

그림 7 유유아애호주간 포스터(1932), 《경성일보》 1932년
4월 29일; 조선사회사업협회, 《조선사회사업》, 1932년
5월, 도판

유유아애호주간에서도 예전과 마찬가지로 "굳세게, 바르게, 귀엽게"라는 표어를 썼다.
그러나 기간을 늘려 '주간'으로 한 만큼 선전이나 행사도 훨씬 늘었다. 1920년대에 활발했던
어린이운동은 이제 힘을 잃어 가고 주도권이 '유유아애호주간'으로 넘어갔다. 그와 함께
어린이의 권리를 내세우는 것이 아니라 어린이의 건강을 강조했다.[9]
유유아애호주간에도 예전에 했던 강연회, 활동사진 상영, 유유아 건강상담소 운영 등을
이어 갔다. 라디오방송을 비롯한 계몽 활동과 함께 여러 선전 활동도 떠들썩하게 했다.
여기에 새로운 무대장치가 덧붙여졌다. 장난감회사, 제약회사, 제과회사, 분유회사 등이
만든 무대였다. 그들은 유유아애호주간을 계기로 활발하게 광고하고 여러 마케팅 전략을
펼쳤다. 1930년대부터 등장하기 시작한 백화점이 그러한 마케팅을 뒷받침했다. 백화점은
유유아애호주간에 맞추어 어린이용품 등을 판매하면서 이익을 챙겼다.[10]

그림 8 유유아애호주간 포스터(1933), 조선사회사업협회,
《조선사회사업》1933년 5월, 도판

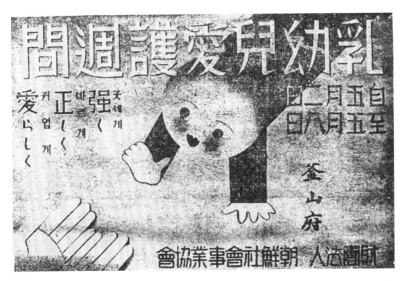

그림 9 유유아애호주간 포스터(1934),《매일신보》1934년 4월 26일;《조선시보》1934년 5월 2일

그림 10 사진, 조선사회사업협회, 《동포애》 1937년 5월, 도판

그림 10은 1937년 제11회 아동애호주간 때 화신백화점의 홀 사진이다. 어린이 장난감을
'10퍼센트 할인 봉사'한다는 현수막을 걸었다. 오른쪽 기둥에는 어머니가 아이를 자랑스럽게
들고 있는 포스터도 붙였다.

백화점을 비롯한 상계와 유아용품회사에서는 근대교육을 받은 신여성을 주요 대상으로
삼았다. 특히 "모유를 대신하는 분유" 마케팅이 활발했다. 분유회사는 "더운물에 타면
새로운 젖이 된다"라고 광고했다.[11] 1910년대에 조선에 들어온 분유는[12] 1920년대 후반부터
모유 대용품으로 자리를 잡으려 했다.[13] 유유아애호주간을 계기로 분유회사는 새로운
판로를 개척했다. 그들은 도시문화에 편승하거나 그것을 강화하면서 유행에 민감한
신여성들에게 '아동애호'사상을 침투시켰다.[14] 그들은 분유가 편리하고 경제적인 모유
대용식이자, 과학적인 자양식이며, 우량아로 키울 수 있는 것처럼 광고했다.[15] 다음 그림은
유유아애호주간을 활용한 분유 제품 마케팅 전략을 보여 준다.

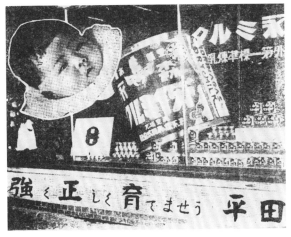

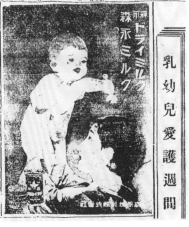

그림 11 쇼윈도 사진, 《조선신문》 1932년 5월 5일   그림 12 분유 광고, 《조선시보》 1934년 5월 5일

그림 11은 히라다平田백화점 쇼윈도 사진이다. 분유를 전시하면서 우량아 사진을 큼지막하게 걸고, "굳세고 바르게 기르자"라고 했다. 도시 번화가의 쇼윈도는 하나의 무대와 같다. 거리를 걷는 '관객'은 그 무대를 보며 쇼윈도에 전시한 상품을 마음에 새긴다. 그림 12는 분유를 먹여 볼이 불그스레하고 토실토실하게 살이 오른 아이를 어머니가 자랑스럽게 치켜든 모습이다. 이 광고에 '유유아애호주간'을 함께 적어 넣었다.

앞에서 말했듯이 1935년부터 유유아애호주간을 아동애호주간으로 이름을 바꾸었다. 1937년 중일전쟁이 일어난 뒤부터 아동애호주간의 성격도 변했다. "제2의 국민을 건강하게 기르기"를 아동애호운동의 목표로 삼았다.[16] 1939년부터 국민정신총동원연맹이 아동애호운동에 개입했다. 국민정신총동원조선연맹은 중일전쟁이 일어난 이듬해인 1938년 7월에 결성되었다. 행정조직과 짝을 맞추어 일제 지배정책을 관철하려는 조직이었다. 1939년 아동애호주간에 '국민정신총동원 제13회 전국아동애호주간'이라는 이름을 붙였다.[17] 이때부터 "유유아 사망률 저하"에서 "인적자원의 함양"으로 아동애호의 목표를 바꾸었다.[18] 그저 인구의 수를 늘릴 뿐만 아니라 '건전한 다음 세대 국민'이라는 '질의 향상'도 꾀한다는 뜻이었다.[19] '건전한 다음 세대 국민'은 어떤 모습일까. 1939년 포스터와 사진을 보자.

그림 14 사진, 조선사회사업협회, 《동포애》 1939년 5월, 도판

그림 13 조선사회사업협회, 《동포애》 1939년
5월, 도판; 《조선시보》 1939년 4월 23일

그림 13을 보면 "국민정신총동원 전국아동애호주간"이라는 표제어가 있다. 예전과 똑같이
조선사회사업협회 주최라고 쓰고, "굳세게, 바르게, 귀엽게"라는 표어도 적었다. 그러나
그림 가득히 일장기를 그려서 일본 국가주의를 두드러지게 했다. 우람한 아이와 함께 철모와
비행기를 그려 넣어 '전쟁을 위한 아동'을 길러 내야 한다는 것을 분명히 했다. 거기에 걸맞게
"아동애호는 장기건설의 기초"라는 표어도 적었다. '장기건설'이란 '장기전쟁'을 치르면서
새로운 중국을 건설하겠다는 뜻이었다.[20] 그림 14는 애국부인회 조선본부에서 운영하는
유치원에서 어린이가 만세를 부르는 사진이다. 장난감 총을 들고 욱일기를 흔든다.
이 무렵 매체에서는 '국가의 아이'라는 이데올로기를 선전하는 데 열을 올렸다. 그
이데올로기에 따르면 "내 아이를 대할 때 국가에 쓰일 아동을 내가 맡아 기르고 있다고
생각해야 한다."[21] 다음 포스터에 '국가의 아이'가 누구인지 잘 나타난다.

그림 15 《조선일보》 1940년 5월 2일; 《매일신보》
1940년 5월 2일; 《경성일보》 1940년 5월 2일

그림 16 《경성일보》 1941년 4월 27일

그림 15는 국민건강주간과 아동애호주간을 함께
시행할 때의 포스터다. 국민건강주간의 목표는
"우리의 몸이 '나의 몸'이 아니라 '나라 몸'인 것을
깨닫는 것이었다."[22] 그림 15에서 '나라의 보배'인
갓난아이가 일장기를 들고 있다. 아이의 몸은
'국가의 몸'이라는 것을 상징한다. "뻗어 가는
일본, 어린이는 보배"라고 포스터에 적었다. 그림
16에는 '국민총력 제15회 전국아동애호주간'이라는
표제어가 있다. '국민총력'이란 무엇일까.
국민정신총동원조선연맹이 1940년에
국민총력조선연맹으로 이름을 바꾸었다. 그 이름을
줄여서 '국민총력'이라고 했다. 잘 보이지 않지만,
그림 16에는 "어린이의 건강은 흥아의 빛"이라는
표어도 있다. 우람한 아이가 호기심 어린 눈으로
장난감 비행기를 보면서 두 손을 움켜쥐었다.
장난감 비행기를 가지고 놀면서 비행사나 항공병의
꿈을 키우라는 뜻이다.
1942년 제16회 아동애호주간 때에는 "아기들을
튼튼하고 꿋꿋하고 귀엽게 길러서 나라에
바치자"라고 선전했다.[23] 1943년 아동애호주간
때는 "건아健兒는 건병健兵의 초석"이라는 표어를
내세웠다.[24]
일제는 중일전쟁 뒤부터 '인적자원'을 확보하는
것에 신경을 곤두세웠다. 이 '인적자원'이라는
말은 무섭다. 국력을 키우는 데 보탬이 되는
자원만이 인적자원으로 가치가 있으며 병자나
장애인은 '인적자원'에서 배제되었다. 또한,
'인적자원'이라는 말에는 개성이 아니라 국가의

의지를 실현하는 획일적인 인격과 능력을 요구한다는 것이 포함되어 있다.[25] 건강한 아동은
미래의 전력을 확보하는 데 중요했다. 일제는 다산정책과 함께 유아사망률을 낮추고
모자보건을 살피겠다면서 아동애호주간 행사를 했다. 그러나 실질적 아동애호정책은 없었고
실행할 재정적 여력도 없었다. 일제가 병원 등을 동원해 벌인 '유유아 건강상담'과 같은 행사도
형식적인 것에 지나지 않았다.[26]

아동애호운동은 1942년부터 새롭게 시작한 건민운동 가운데 하나가 되어 독자적인 행사를
하지 않았다. "어느 때나 항상 실시해야 한다"라면서 1944년에는 건민운동마저 하지 않았다.
그해에는 어머니와 어린이를 보호하자는 취지의 전람회만 열었다.[27]

건강이란 그 누구라도 부정할 수 없는 보편적이고 자명한 가치처럼 보인다. 그러나 건강에는
의식적이든 무의식적이든 어떤 가치관이 들어 있다. 특히 '우량아대회'는 아이의 신체를
어떤 기준에 따라 순서를 정하면서 건강에 대한 가치관을 제시한다. 모든 우량아대회는
'과학적'인 기준에 따라 어린이의 발달 상태를 측정하고 적절한 방식으로 어린이를 돌보는
것을 교육한다는 공통점이 있다.[28] 이 땅의 우량아대회는 1910년대 중반부터 외국인 선교사가
시작했다.[29] 유유아애호주간 때도 곳곳에서 '유아심사회'를 열었다. 1939년 아동애호주간을
맞이해 매일신보사와 경성일보사가 '제1회 전선우량유아표창회'를 크게 열었다. 그때의
포스터를 보자.

그림 17 《경성일보》 1939년 4월 20일

중일전쟁 뒤부터 일제는 '체위 향상'이 중요하다고 거듭 강조했다. 매일신보사와 경성일보사에서는 "체위 향상은 유아 때부터"라는 표어를 걸고 '제1회 전선우량유아표창회'를 열었다.[30] 만 세 살에서 만 네 살까지의 아이들을 대상으로 했다.[31] 그림 17에서 어린이는 국가를 위한 인적자원이라는 메시지를 강하게 전한다. '우량'이란 '불량'의 상대 개념이고 우생사상을 배경으로 했다.[32] '우량'의 기준은 "전쟁을 견딜 만한 튼튼한 신체와 운동능력"이었으며 "우수한 지능과 정신"도 가져야 했다.[33] 우량유아표창회라는 '미디어 이벤트'는 1943년 제5회 대회까지 이어졌다. 신문사만 우량아대회를 연 것은 아니었다.

그림 18 《매일신보》 1940년 4월 23일

그림 18은 "일본 황실이 탄생한 지 2600년이 된 해"를 기념하면서 아동애호주간을 계기로 '애국부인회 조선본부'가 유아심사회를 연다는 포스터다. "어린이의 건강, 흥아의 빛"이라고 적었다. 그 밖에도 일본적십자사 조선본부는 건민운동에 발맞추어 유아심사회를 열었다. 유아심사회는 만 1세 이하의 젖먹이가 대상이었다.[34] 이 행사는 1945년까지 이어졌다.[35]

쓸 만한 몸인가:
체력검정과 체력검사[36]

전쟁을 일으킨 일제는 "국민의 체위를 향상시켜 국방전력을 강화"하는 여러 정책을 내놓았다. 그 정책에 따라 체력검정과 체력검사를 했다. 체력검정이란 합격자에게 '체력장体力章'이라는 배지(휘장徽章)를 주었기 때문에 체력장검정이라고도 했다.[37] 일본에서 체력장검정제도는 후생성이 1939년 8월에 요강을 정하고 10월에 실시했다.[38] 그러나 놀랍게도 그 이전에 식민지 조선에서 여학생에게 체력장검정 종목을 시범 삼아 운영했다. 다음은 그때의 사진이다.

그림 1은 제2고녀생이 수류탄 던지기와 흙부대를 운반하는 사진이다.[39] 여학생이 체력검정 종목을 시범 삼아 하고 있다. 체력장검정은 15세부터 25세까지의 남자를 대상으로 표준에 합격하면 '체력장'을 준다는 일종의 운동능력 테스트였다. 달리기, 멀리뛰기, 던지기, 운반, 턱걸이, 그렇게 다섯 가지 영역에서 청년층이 이룩해야 할 '표준' 체력을 제시했다.[40] 이러한 운동능력 테스트는 이미 독일, 소련, 미국, 프랑스, 스웨덴 등 적잖은 나라에서 실시하고 있었다. 일본의 체력장검정 요강은 독일과 소련 제도를 참고했다고도 하지만, 육군토야마학교陸軍戶山學校의 체력장검정과 비슷했다. 체력장검정에는 군사 연구의 최신 성과가 들어가 있었다.[41] 일본 육군은 이미 1920년대 초부터 체력과 운동능력의 관계를 연구해서

그림 1 사진, 《조선신문》 1939년 7월 4일

1930년대 후반에는 '인적 전력'론을 제기할 만큼 운동능력 연구를 진전시켰다.[42] 군사 연구의 성과를 이용한 만큼 일본의 체력장검정은 군사적 성격이 강했다. 다음은 일본 체력장검정을 소재로 삼은 약 광고다.

그림 2 광고, 《경성일보》 1939년 9월 15일; 정근식, <식민지지배, 신체규율, '건강'>, 미즈노 나오키 외 지음, 정선태 옮김, 《생활 속의 식민지주의》, 산처럼, 2007, 122쪽

그림 2에서는 "국민 체력검정 첫 실시가 임박했다"라고 했다. 이 광고에서 일본은 1939년 10월에 청소년의 체력검정제도를 전면적으로 실시한다고 했다. 그리고 "100미터, 2000미터, 멀리뛰기, 수류탄 던지기, 운반, 턱걸이" 등 6개 종목에 대해서 초급, 중급, 상급으로 나누어 표로 정리했다.[43]

체력장검정에서 초급 정도의 체력이란 육군이 병사에게 요구하는 '기초체력'이었다.[44] 일본에서 1942년부터 체력장검정에서 '특수검정' 종목으로 수영 300미터를, 1943년부터는 8킬로그램을 짊어지고 24킬로미터를 5시간 안에 가는 행군을 첨가했다. 1943년부터는 15세부터 21세의 여자를 대상으로 하는 여자 체력검정제도를 실시했다. 여자 기초검정으로 1000미터 달리기(速行), 줄넘기, 단봉투短棒投, 체조를 했다. 여자 특수검정으로 수영과

행군을 했다.[45] 일본에서는 이 검정을 '여자징병검사'라고도 불렀다.[46]

일본에서 체력검정제도를 발표하자마자 식민지 조선의 신문들은 발 빠르게 보도했다. 나아가 체력검성제도는 "종래의 운동경기가 선수 위주여서 일반에게 보편화하지 못해 국방력을 기르는 데 한계가 있는" 것을 극복하려는 정책이라고 해설했다.[47] 그러나 조선에서는 아직 법령이 없었기 때문에 경성부 사회과에서는 후생성 검정기준에 따라 시범 삼아 체력장검정을 했다. 1939년 7월 16일부터 8월 18일까지 청년훈련소원, 청년단원 552명을 대상으로 체력장검정을 했다.

법령이 갖추어지지 않았음에도 일본보다 먼저 조선에서 시범 삼아 체력장검정을 한 까닭은 무엇일까. 그 이전부터 조선총독부가 "조선 청년의 전투력을 조사하겠다"라는 방침을 이미 세워 두었기 때문일 것이다.[48] 군이 체력검정제도가 아니더라도 조선에서는 군대에 갈 청년의 체력을 조사하고 '전력을 함양할 방안'을 마련할 계획이었다. 1938년에 육군지원병제를 실시했기 때문이다. 체력장검정에 관심이 높았던 총독부는 특수검정인 수영도 일본보다 조선에서 먼저 시행했다.[49]

일제는 체력장검정 준비기간이 끝나자 1942년 9월에 조선 전체에서 체력장검정을 하겠다고 했다. 그러면서 "체력장검정이란 국가가 개인의 체력을 관리하는 정책"이라고 해설했다. 중등학교 이상의 학교에 재학하는 15세부터 25세까지의 남자 약 6만 명을 대상으로 했다. 체력장검정에 합격한 사람만이 조선신궁봉찬체육대회에 참가할 수 있다고 했다.[50] 조선신궁봉찬체육대회란 오늘날로 치면 전국체육대회였다. 이렇게 1942년에 첫 남자 체력장검정제도를 실시한 총독부는 1943년에 좀 더 널리 체력장검정을 하기로 했다. 11만 5000명을 대상으로 했다. '표준'에 다다른 사람에게는 합격의 표시로 체력장을 주기로 했다. 이 체력장은 상급학교에 입학할 때 도움이 된다고 유혹했다. 합격하지 못한 사람은 25세까지 해마다 검정한다고 위협했다.[51] "징병제와 해군특별지원병제 실시를 앞두고 청소년들의 몸과 마음을 연성시켜 훌륭한 황군이 되게 하려는 뜻이었다."[52] 1943년에는 15세부터 21세까지의 여학생에게도 시험 삼아 체력장검정을 하기로 했다.[53] 다음은 그때 배포한 포스터다.

그림 3 《경성일보》 1943년 6월 17일; 손환,
<일제강점기 조선의 체력장검정에 관한 연구>,
《한국체육학회지》 48-5, 2009, 4쪽

그림 3에 "소화 18년(1943), 남자·여자체력장
검정"이라고 크게 썼다. "자기의 체력을
근거로 체육 운동을 일상생활로 조직하자",
"결전에 곧바로 대응할 수 있도록 체력 양성에
힘쓰자"라는 표어를 적었다. '결전'이라는 말은
'시국어'이자 1943년의 유행어였다. '실시 범위'
라고 쓴 곳은 알아보기 힘들다. 신문 기사를
참고하자. 체력장검정 대상은 일반남자 19세에서
20세, 남자 재학생 15세부터 25세까지,
여자 재학생 15세부터 21세까지였다.[54]
〈체력장검정요강〉에 따르면, "다음 세대의 중견이
될 남자 청년의 체력 증강"과 "다음 세대의 건강한
모체母體가 될 여자 청년의 체력 향상"을 꾀하는
것이 남녀 체력장검정의 목표였다.[55]
조선총독부에서는 1943년 9월부터 11월까지
3개월에 걸쳐 전체 조선에서 체력장검정을
하라고 각 도에 지시했다. 이에 따라 각 도에서는
학교를 단위로 체력장검정을 하기로 했다. 검정에는 특수검정과 기초검정 두 가지가
있었다. 특수검정으로 남자는 수영, 여자는 수영과 행군을 했다. 기초검정에서 남자 종목은
100미터·2000미터·멀리뛰기·수류탄 던지기·중량 운반·턱걸이 등 6개고, 여자 종목은
1000미터 속행·줄넘기·짧은 봉 던지기·중량 운반·체조의 5가지였다.[56]
특수검정인 수영과 행군에는 "징병제와 해군지원병제를 앞두고 반도 젊은이의 전투력을
단련시키겠다"라는 뜻이 있었다. 기본검정도 전기戰技와 증산에 필요한 몸과 마음을 만드는
데 필요하다고 했다.[57] 특히 여자검정 종목에는 다음과 같은 해설이 뒤따랐다. "1000미터
속행은 다리의 힘을 길러 공습 등으로 교통기관이 파괴되었을 때 꼭 필요하며 줄넘기는
하반신을 강하게 하는 전신적인 운동이며 민첩성을 양성한다. 짧은 봉 던지기와 중량 운반은
상반신을 강하게 하고 방공훈련 때 물을 길어 나르는 데 크게 도움이 된다."[58] 일제는 학생이
아닌 시민에게도 체력장검정을 퍼트리려고 '체력장검정종목 연성대회'를 열기도 했다.[59] 일부

노동자에게도 체력장검정을 하려고 했다.[60]

체력검정을 계획대로 실행했는지는 확인할 수 없다. 그러나 조선 청소년 전체를 대상으로 한꺼번에 체력검정을 할 만큼 준비하지 못했음은 분명하다.[61] 패전이 가까웠던 1944년부터는 총독부가 체력검정을 할 처지가 전혀 아니었다. 겨우 하루하루를 살아 내는 배고픈 사람들에게 체력검정을 강요하기도 어려웠을 것이다.

체력검정과 함께 체력검사도 '국민체력관리정책'에서 중요했다. 일제는 1942년 5월 9일에 조선인에게 징병제를 시행하겠다고 발표했다.[62] 그 이전에 예비조사 차원에서 1942년 3월 1일부터 10일까지 징병 대상이 될 조선 청년의 체력을 검사했다.

조선에서 청년 체력검사를 하게 되는 과정을 짚어 보자. 일본에서는 1940년 4월에 공표한 〈국민체력법〉에 따라 1940년 10월 1일부터 12월 31일까지 청년 체력검사를 했다. 청년에 대한 강제 건강진단이었다.[63] 청년의 체력을 국가가 직접 관리하는 제도를 만들어 '인적자원'의 '품질 향상'을 꾀하려 했다. 이것은 독일 나치스가 '의무로서의 건강'이라는 표어를 내걸고 진행했던 건강정책과 엇비슷했다.[64]

1942년 초 조선에서도 "지원병제도를 확충하고 노무동원을 시행하는 데 필요한 기초자료를 만들려고 만 18~19세 청년의 체력을 검사한다"라고 발표했다.[65] 체력검사는 총독부가 후생국을 신설한 뒤에 벌인 가장 큰 사업이었다.[66] 체력검사로 "인적자원의 대세를 적확하게 파악하게 하고 국방이나 노무에 인적자원을 가장 유효 적절하게 활용할 수 있는 자료를 얻을 것이다"라고 했다.[67] 일제는 "체력검사란 청년이 국가에 봉사하게 하기 위한 특전"이며,[68] "청년이 황국을 위해 이바지할 수 있는 길을 열어 준 미증유의 은전恩典"이라고 선전했다.[69] 신문에서는 체력검사가 "징병제에 버금가는 중대한 의의가 있다"라고 평가했다.[70] 친일단체에서는 "만 18, 19세 조선 청년은 황국신민의 영광을 누릴 체력검사를 빠짐없이 받아야 한다"라고 선전했다.[71] 국민총력조선연맹에서는 다음과 같은 어설픈 포스터도 만들었다.

그림 4 《매일신보》 1942년 2월 13일

그림 5 《경성일보》 1942년 2월 15일;
국민총력조선연맹, 《국민총력》 1942년 3월호, 41쪽

그림 4·5는 한글과 일본어로 쓴 것만 다르고 형식과 내용은 똑같다. 만 18세부터 만 19세까지의 조선 청년을 체력검사 대상으로 한다는 내용도 있다.[72] "당신은 얼마나 나랏일에 쓸만한 몸을 가졌습니까!"라고 적었다. 국가에 봉사하지 않는 몸은 "국가의 성가신 짐이다"라는 인식이 자리 잡고 있다. "한 사람도 빠지지 말고 모두 검사를 받읍시다"라는 말은 "이 검사에 참여하지 않는 사람은 엄벌한다"라는 뜻이다.[73] 국민총력조선연맹에서 배포한 이 포스터에서는 "자세한 것은 애국반장에게 물어 주세요"라고 했다. "애국반장이 총동원해 자기 반 구역 안에 사는 사람을 조사하고 취지를 전달"하라는 지시가 있었던 터였다.[74] 애국반장이란 애국반의 반장이다. 애국반은 '국민정신총동원조선연맹'(뒤에 '국민총력조선연맹')의 말단 조직으로 10호를 1반으로 하는 것을 원칙으로 했다. 일제는 애국반을 지배와 감시 기구로 활용했고 전쟁이 확대되면서는 공출과 배급, 인력동원의 역할을 하도록 했다.

1942년 2월 5일 조선청년체력검사를 공포했다. 그 내용은 다음과 같다. ① 대상 연령: 만 18세와 19세의 청년, ② 검사 사항: 키 몸무게 가슴둘레 시력 호흡기 등, ③ 검사자:

군의軍醫, 공의公醫, 민간의民間醫, ④ 질문 사항: 학력, 청년훈련소 종료 상황, 지원병 지원 실적, 특수기능, ⑤ 대상 지역: 조선 전체. 이처럼 연령이나 검사 사항 그리고 군의가 중심이 되어 체력검사를 한 것 등이 일본 징병검사와 같았다. 조선청년체력검사에는 준비 단계부터 군 관계자가 많이 참여했다.[75] 3월 1일부터 전국 272개 검사장에서 한꺼번에 청년체력검사를 시작했다.[76] 예정 인원 40만 명 가운데 31만 명이 검사를 마쳤다.[77] 조선군만이 아니라 일본의 육군성과 의무국醫務局에서도 조선에 외서 체력검사 상황을 시찰했다.[78]

"준비 기간이 짧았지만, 모든 행정기관과 애국반을 동원해 체력검사에 성공했다"라고 자평했다. 해당자의 83.2퍼센트가 출석했고 고지서를 받은 사람 가운데 97퍼센트가 출석했다. 1942년 체력검사는 징병제에 대비해 대상자에게 통지하고 그들을 동원하는 데 필요한 행정 체계와 운영을 점검하고 경험할 수 있게 했다.[79] "고지서를 받지 못한 사람은 자진해서 신고하라"라고 해서 행정의 빈틈을 메웠다.[80] 체력검사는 청년의 체력만이 아니라 청년의 '사상 동향'도 함께 조사했다. 체력검사는 징병검사 예행연습이었다.[81] 많은 조선인도 이미 체력검사를 징병과 관련된 것으로 인식하고 있었다.[82] "체력검사에 합격한 사람은 군대에 끌려간다"라고 잡담을 나누다가 체포된 사례도 있다.[83] 그림 6은 체력검사 사진이다.

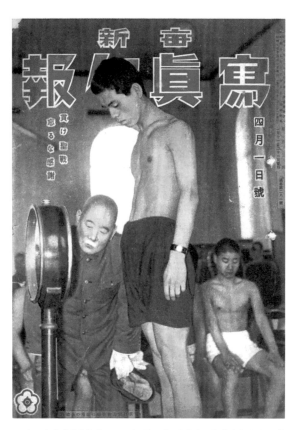

그림 6 사진, 《매일신보》 1942년 3월 5일; 매일신문사, 《매신 사진순보》 281호, 1942년 4월 1일, 표지

체중계 위에 앳된 청년이 올라가 있고 미나미 지로 총독이 체중계 바늘을 바라본다. 이 사진은 "피식민지 '아들'의 애국적 충정과 그를 따뜻이 받아들이는 '아버지'로서의 지배자의 관계를 표현한다."[84]

패전이 눈앞에 다가왔어도 일제는 조선인의 체력을 관리하고 통제할 의지를 보이면서 1945년 3월 24일에 〈조선체력령〉을 공포했다.[85] 〈조선체력령〉은 일본에서 1940년 9월 시행한 〈국민체력법〉과 취지가 같았다. 〈조선체력령〉에 따르면, 26세 미만의 남자와 20세 미만의 여자는 모두 체력 관리 대상이었다. 이들에게 체력검사를 하고 체력 수첩을 주어 질병 치료와 체력 증강에 힘쓰게 할 것이라고 했다.[86] "모든 대상자를 다 할 수는 없고 먼저 공장과 사업장 그리고 학생의 체력검사를 하겠다"라고 했다.[87] 그러나 그마저도 실행하지 못했다.

군인이 될 몸:
건강주간과 건민운동[88]

중일전쟁 뒤부터 일본은 예전보다 국민의 체력에 신경을 더 썼다. 국민이 건강해야 생산력도 높아지고 군대도 강해질 수 있기 때문이다. 일본 육군성에서는 젊은이들의 체력이 떨어져서 징병검사 결과가 나쁘다고 주장했다. 일본에서는 징병검사 결과가 청장년에 관한 유일한 전국적 신체검사 통계였다. 그 통계를 총괄하는 육군이 국민 체위가 낮아졌다고 하자 커다란 사회적 반향이 생겼다.[89] 일본 육군성은 국민의 체위를 향상시켜야 한다는 사회 분위기를 만들었다. 일본은 1938년에 후생성을 만들어 전쟁 수행에 필요한 인적자원을 육성하려는 '보건국책'을 시행했다.[90]

후생성은 1938년 5월 17일부터 23일까지 건강주간을 설정해 국민의 건강에 개입했다. 일본의 건강주간은 "국민의 건강을 증진하고 체위를 향상하여 인적자원의 충실을 꾀하는 것"이

그림 1 《조선신문》 1938년 5월 7일

목표였다.[91] 그림 1은 조선에서 발행하는 신문에도 실린 일본의 건강주간 포스터다.

그림 1을 보면 "마음도 몸도 튼튼하게"라는 표어가 있다. "햇볕에 말리고 햇볕을 쬐어라. 모두 체조, 힘써 걷자. 흰쌀을 그만두고 주식을 개선해야 한다"라고 했다.

일본에 호응해 식민지 조선에서도 1939년부터 건강주간을 시행했다. "총후의 전투력을 기르고 일할 힘을 갖추게 하는 것"이 목적이었다.[92] 예전의 '결핵예방데이'처럼 부분적으로 실시하던 것을 그만두고 여러 캠페인을 한데 묶어서 건강주간으로 확대한다고 했다.[93]

건강주간은 1940년에 국민건강주간으로 이름을 바꾸었다.[94] 다음 사진과 포스터를 보자.

그림 2 사진, 《동아일보》 1940년 5월 2일

그림 3 《매일신보》 1940년
4월 21일

그림 2는 남대문에 건 국민건강주간 선전 간판이다. 왼쪽에
아동애호라고 적었다. 국민건강주간과 아동애호주간이 겹쳤기
때문이다. 오른쪽에 '건강보국'이라고 적었다. '건강보국'이라는
말은 일본에서 1938년 5월 건강주간 때 생겼다. '건강보국'이라는
말에는 개인의 건강은 국민의 의무이며 병자와 장애인은
비국민이라는 인식이 담겨 있다.[95] "인적자원 확보는
건강증진으로부터",[96] "비상시에 튼튼한 체력을 갖추는 것은
국가의 자랑."[97] 국민건강주간 때 그러한 표어를 내걸었다.
그림 3은 조선총독부와 각 도가 주최해 5월 2일부터 8일까지
국민건강주간을 시행한다는 포스터다. "만들자, 자신 있는
몸을"이라고 적었다.
1941년에는 4월 28일부터 30일까지 3일 동안
국민건강증진운동을 했다.[98] 그러나 기간을 줄이고 이름만
바꾸었을 뿐, 이전의 건강주간 또는 국민건강주간과 크게 다르지
않았다. 다음은 국민건강증진운동 무렵에 잡지에 실린 삽화다.

그림 4 《신시대》 1권 4호, 1941년 4월, 158쪽

그림 4를 보면 전신주 옆에 '건강보국'이라는 선전 간판이 있다. '건강보국'이라는 말은 의약품 광고에서도 널리 쓰였다. 할아버지가 체력을 향상하려고 맨발로 달리기 운동을 한다. 이 삽화는 체위 향상에 대한 강박관념을 전파한다.

국민건강주간이나 국민건강증진운동은 1942년에 건민운동으로 확장되었다. 왜 식민지 조선에서 건민운동을 시작했을까. 일본에서 건민운동이 등장하게 된 배경부터 살펴보아야 한다. 일본에서는 1941년 7월에 고이즈미 지카히코小泉親彦(1884~1945)가 후생대신이 되면서 훨씬 더 체위와 체력을 강조했다. 육군 군의軍醫 중장中將이던 그는 육군성 의무국장일 때부터 국민체력을 증강해야 한다고 주장했다. 고이즈미는 건민健民이라는 말을 만들었으며 '건민 즉 건병健兵'이라는 표현을 아주 좋아했다. 그가 후생대신에 취임한 뒤부터 '건병건민'이라는 말이 매스컴에도 퍼졌다. 후생성이 벌이는 갖가지 운동에 '건민'이라는 말이 앞머리를 장식했다.[99]

일본 후생성은 1942년 5월에 건민운동을 시작했다.[100] 건민운동은 "성전의 목적을 이룩하기 위해서 인구 증식과 인구의 자질을 향상시키"는 것이 목표였다. 그러나 건민운동의 실제 내용은 예전의 건강 캠페인과 큰 차이가 없었다.[101] 식민지 조선에서도 1942년 5월에 건민운동을 시작했다. 건민운동이란 "징병제 실시를 앞두고 그동안 개별적으로 진행했던 갖가지 운동을 종합적으로 발전시켜 국민을 연성하는" 것이었다.[102] "건민운동은 건강한 병정과 건전한 국민을 확보하는 것이 목표다."[103] 여기서 말하는 "건전하다"라는 단어는 육체와 정신이 모두 건강함을 뜻했다.

조선총독부는 1942년 5월 9일에 "1944년부터 조선에서 징병제도를 시행하겠다"라고 발표했다.[104] 이로써 "건민강병을 목표로 하는 건민운동"이 더욱 중요해졌다.[105] 체육도 건민강병을 목표로 삼았다.[106] "부름이 다가왔다. 몸은 좋은가", "결전이다. 정신력이다.

체력이다." 현상 모집에서 상을 탄 1943년 건민운동 표어는 징병제와 건민운동의 관계를 잘
보여 준다.[107]
건민운동은 모두 네 영역으로 이루어졌다. ① 황국신민화를 위한 건민운동, ② 보건과 의료의
건민운동, ③ 모성과 유유아 보호의 건민운동, ④ 체육과 운동의 건민운동이다.
보건과 의료의 건민운동 가운데 결핵예방운동은 이 책 1장에서 이미 다루었다.
아동애호운동도 앞에서 서술했지만, '모성과 유유아 보호의 건민운동'만 좀 더 살펴보기로
한다. 다음은 그 포스터다.

그림 5·6 모두 '건민운동, 아동애호'라는 표제어를 달았다. 그림 5에 "길러라 체력, 흥아의
힘", "이 아이가 앞으로 국가를 지킨다"라고 적혀 있다. 입술과 볼이 발그레하고 토실토실한
'건아健兒'가 '대동아공영권'을 거머쥐었다. 그림 6에선 비행기가 하늘을 난다. 전투모를 쓰고
거수경례하는 어린이 가슴에는 일장기가 있고 어린이는 튼실하다. 이전의 아동애호주간 때
표어 그대로 "굳세게, 바르게, 귀엽게"라고 적었다. 뻗어나가는 일본의 앞날은 어린이의
건강에 달려 있다는
표어도 있다.
튼튼한 아기를
키우려면 올바른 육아
지식이 필요하다면서
다음과 같은 달력도
배포했다.

그림 5 아동애호 포스터,
국립민속박물관 소장

그림 6 《매일신보》 1942년 4월 22일;
조선사회사업협회, 《조선사회사업》
1942년 5월, 도판

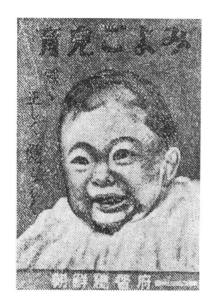

그림 7 육아달력, 《매일신보》 1942년 12월
23일; 《경성일보》 1942년 12월 24일;
《황민일보》 1942년 12월 27일

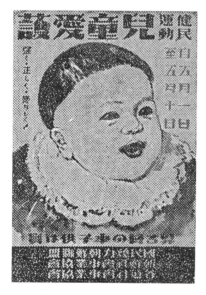

그림 8 《경성일보》 1943년 4월 25일

그림 7은 조선총독부에서 배포한 '육아월력育兒月曆'
사진이다. 건민운동만으로는 육아 지식을 보급하는
데 한계가 있어서 육아달력을 만들었다고
했다.[108] 총독부에서는 육아달력 3만 부를 인쇄해
출생신고를 하는 가정에 무료로 배포했다. "조선은
내명년도(1944년-인용자)부터 징병제를 실시하므로
튼튼한 아기를 길러 나라에 바치자면 아기 기르는
지식을 철저히 향상해야" 하기 때문에 육아달력을
배포한다고 했다.[109] 이 달력은 "어머니에게 올바른
육아 지식을 알려서 '건민건병'을 이루게 하는" 것이
목적이었다.[110] "열 명 가운데 한 명은 한 살이 못 되어
죽는 셈이다. 이처럼 많은 젖먹이가 애처롭게 죽는
대부분이 어머니들이 아이 기르는 지식이 전혀 없기
때문이다"라고 했다.[111] 그러나 이 육아달력은 유아의
사망과 질병의 책임이 전시의 궁핍한 생활 때문이
아니라 어머니의 무지와 소홀 탓이라는 '도덕적
협박'을 내포한 것이기도 했다.[112] 육아달력과 비슷한
포스터가 있다.

그림 8은 일본의 어린 보배를 강하고 훌륭하게
키우자는 포스터다. "굳세게 바르게 건민으로"라고
적었다. 이 포스터는 아동애호주간을 건민운동으로
합쳤음을 알려 준다.

이제 여러 영역의 건민운동 가운데 '체육과 운동의
건민운동'을 살펴보자. 건강을 지키고 체력을
단련하려면 어떤 운동을 해야 할까. 건민운동에서는
"체조, 도보, 등산, 집단근로 작업 등을 하며 체육과
무도武道를 하라"고 했다.[113] 포스터에는 어떤 운동이
등장할까.

그림 10 삽화, 《신시대》 1권 1호, 1941년
1월, 276쪽

그림 9 건민운동 포스터, 국립민속박물관 소장

그림 9 건민운동 포스터에서는 "넘치는 건강, 나라의 힘"이라는 표어를 적었다. 여자 어린이가
라디오체조를 하는 것으로 보인다. 라디오체조란 라디오로 방송하는 음악과 구령에 따라 하는
체조다. 여러 체조 가운데 왜 라디오체조라고 짐작하는가. 일제가 '건민수련'으로 라디오체조를
하게 했기 때문이다.[14] 그림 10도 중요한 근거가 된다. 그림 10은 라디오체조를 설명하는 여러
그림 가운데 한 컷이다. 방향만 다를 뿐 그림 9·10은 동작이 똑같다. 다음 그림을 더 보자.

그림 11 만화, 《매일신보》 1943년 1월 1일   그림 12 조선총독부 정보과, 《통보》 115호, 1942년 5월 1일, 33쪽

그림 11은 1942년 5월 1일부터 건민운동을 시작했다는 만화다. 가족이 라디오체조를
하는 것을 그렸다. 그림 12는 1942년 건민운동 포스터다. "전승戰勝이다. 개로皆勞다.
건강이다"라는 표어를 적었다. 전쟁에서 이기려면 모든 사람이 열심히 일하고 건강해야
한다는 뜻이다. "해가 떠오를 무렵에 사람들이 모여 확성기에서 울려 나오는 라디오에 맞추어
라디오체조를 한다."[115] 그림 12는 맨 앞의 지도자를 따라 아침 일찍 여럿이 모여 라디오체조를
하는 것으로 보아도 괜찮다. 일본은 통치하는 모든 곳에서 라디오체조를 하게 했다.
'건민운동의 제일선第一線'인 라디오체조는 맹주 일본이 '대동아공영권'의 영역을 점검하고
확인하는 일이기도 했다.[116] 다음 건민운동 포스터는 글자만으로 구성했다.
포스터 오른쪽에는 흰 바탕에 '건민강병'이라는 건민운동 표어를 썼다. 왼쪽에는 빨간색 바탕에
"우리는 황국의 중요한 몸이다. 한 사람 한 사람이 쇠와 같은 몸으로 단련하여 전쟁으로!

그림 13 《경성일보》 1943년 4월 22일

그림 14 건병건민 포스터, 국립민속박물관 소장

그림 15 광고, 《문화조선》 4권 4호, 1942년
7월, 도판

증산으로! 미영 격멸로 돌진해야 하지 않겠는가"라고
적었다.[117]

다음 그림에서는 검도를 이용해서 건민운동을
선전한다. 그림 14 포스터에서는 "건강은 백만의
우군"이라는 표어와 함께 검도를 하는 소년을
그렸다. '건병건민'이라는 건민운동의 핵심 표어를
붉은 글씨로 강렬하게 썼다. 무도는 1939년부터
준정과準正科로서 5학년 이상 남아에게 매주 30분씩
두 번 실시했다. 교육 당국에서는 "검도나 유도는
무사도 정신, 곧 일본정신을 일깨우며 전장戰場에서
효용가치가 있다"라고 해 무도 교육을 강조했다.[118]

그림15는 검도를 주제로 삼은 약 광고다. "만들어라
체력, 무릅써라 시국"이라고 적었다. 이 약 광고는
건민운동을 주요한 소재로 삼았다.

다음 그림에서 보듯이 건민운동은 걷기도 강조했다.

그림 16 만화, 김주홍, <명랑한 김산일가> 가운데 한 컷,
《半島の光》 58, 1942년 9월, 16쪽

그림 17 《매일신보》 1941년 7월 18일

그림 16에서 노인이 건민운동 포스터를
가리키며 애국반 반원에게 걷는 운동을
하라고 권유한다. 실제로 건민운동 때
직장이나 마을에서 '강보회強步會'를
만들어 함께 걷기운동을 하라고 했다.[119]
'강보'란 강행군을 뜻한다.[120] 따라서 그림
16에 등장하는 포스터가 실제로 있었을
확률이 매우 높다. 그 포스터는 건민운동
이전에 나온 그림 17 포스터와도
비슷하다. 그림 17은 경기도 위생과와
경기도 결핵예방협회에서 배포한
포스터다. 이 포스터에서는 체위 향상을
위해 "햇빛을 쬐고 대지를 걸으라"라고
했다. 이때의 "체위 향상이란 곧 국방력
또는 전투력의 향상"을 뜻하기도 했다.[121]
1944년에는 건민운동 행사를 하지
않았다. "건민운동은 어느 때나 늘 해야
하니까 5월 초에만 하는 건민운동은
이제 하지 않는다"라고 했다.[122] 전쟁
상황이 어려워지자 "급하지 않은 행사는
폐지한다"라는 방침에 따라 건민운동
행사를 하지 않은 것으로 보인다.[123]
그렇지만 건민운동 그 자체는 사라지지
않았다. 보기를 들면, 1944년 부인의
'생활 전력화戰力化운동'에 건민운동도
포함했다.[124] 또한, 청소년 건민정책에
따라 1944년 말 조선에도 건민수련소를
만들기도 했다.[125]

건민수련소란 "허약한 장정을 수용하여 장래의 건병으로 만드는 곳"이었다.[126] 일본 후생성 관리가 한 말에 따르면, "건민수련소의 대상자는 건강한 사람도 병자도 아니다. 건강도에서 그 중간에 있는 약한 사람이다."[127] 건민수련소는 "체력검사에서 '근골박약자筋骨薄弱者'나 '결핵요주의자'로 판명된 청소년을 2개월 동안 수용하여 억센 체력의 소유자로 만드는 곳"이었다. 일본에서는 1943년 전국에 2000개에 이르는 건민수련소를 설치했다. 그곳에 약 40만 명의 청년을 2개월 동안 수용해 '건민수련'을 시켰다. 이 건민수련은 육군에서 체력이 약한 병사에게 특별한 훈련을 하는 것과 비슷했다.[128] 체력장검정은 건민수련에서 큰 역할을 했다. 일본의 건민수련소는 입소자가 입소할 때와 퇴소할 때 체력장검정을 해서 성적이 향상된 것을 성과의 지표로 삼았다.[129]

조선의 건민수련소는 조선에 사는 일본 청년부터 대상으로 하고 차츰 조선인으로 확대할 계획이었다.[130] 15세 이상 26세 이하의 병약한 청소년을 한곳에 50~100명씩 수용하려 했다.[131] 건민수련소에서는 군대식으로 체력을 단련시켰다.[132] 중병이나 장애가 있는 사람은 건민수련소에 들어가지 못했다. 건강을 회복해서 병력이나 노동력으로서 국가에 도움이 될 수 있다고 판단되는 사람만 들어갈 수 있었다. 건민수련소에서 보듯이 건민운동이란 개인의 건강을 위한 건강증진운동이 아니었다.[133]

뒷걱정 없이 전투:
원호

식민지 조선의 '군사원호'는 일본의 정책을 뒤따랐기 때문에 간략하게나마 일본의 원호정책을
살펴보아야 한다.

전쟁에 동원된 병사로서는 자신의 생사가 가장 중요했을 터이지만, 가족의 생계와 제대한 뒤의
생활문제도 불안했다. 천황제 군대는 병역에 대한 사회적 보장이 부족했으며 의무와 개인의
희생만을 강요했다.[134] 그러나 차츰 전사자와 상이군인의 처우문제가 중요해졌다. 일본은
전쟁이 길어지면서 군사원호정책을 마련해야만 했다. 군사원호란 "군인과 그 가족에 대한
정신적·물질적 지원을 하는 것"이었다. 그때까지 경제적 도움만을 '군사구호救護'라고 했지만,
중일전쟁 때에 이르면 경제적 지원과 정신적 지원을 아우르는 '군사원호'라는 말을 사용했다.[135]
일제는 1937년 7월에 중일전쟁을 일으키고 확대하면서 본격적으로 군사원호 활동을 했다.
1938년 10월 3일에 천황이 '군인원호에 관한 칙어'를 '하사'하면서 군인원호사업이 국민적
활동이 되었다. 일본은 1938년 11월에 군인원호 중앙단체인 '은사재단恩賜財團 군인후원회'를
설립하고 지방에 지회도 두었다.[136] 일본 곳곳에서 '총후후원회' 등의 이름을 가진 군사원호
단체가 생겨났다. 그러나 각 지역 '총후후원회'는 조직과 사업이 서로 달라서 공평하지 못했다.
1939년 일본 정부는 각 지역 '총후후원회'를 개조하고 규격화해서 '총후봉공회'를 만들었다.[137]
조선총독부는 중일전쟁 뒤에 조선군사후원연맹을 만들어 군사원호 활동을 하게 하는 등
일본의 원호정책에 호응했다.[138] 군사후원연맹은 "군인이 뒷걱정 없이 자신의 임무를 다하도록
하려는 단체"였다.[139] 군사후원연맹은 천황으로부터 '하사금'을 받아 미나미 지로 총독이 알선해
결성했다. 애국부인회 조선본부 등이 조선군사후원연맹과 손을 잡고 '황군 위문사업'을 했다.[140]
전쟁 때 일본 프로파간다의 중심적 목표 가운데 하나는 총후와 전선을 하나로 묶어 일반
대중과 병사 사이에 공생관계를 만드는 것이었다.[141] 일제는 전선과 후방을 잇는 사업으로
원호를 중요하게 여겼다. "러일전쟁에서 일본이 승리하고 러시아가 패배한 것은 일본은
총후가 열렬했지만 러시아는 총후가 냉담했기 때문이었다"라면서 후방의 원호를 강조했다.[142]
"상이군인과 영령에 감사하고 유가족 원호에 협력해야 한다. 참 마음을 다하여 군인원호에

힘쓰자."[143] 원호사상의 취지는 그러했다. 대중에게 원호사상을 보급하려고 원호강화주간, 총후후원강화주간 등의 행사를 했다. "전몰군인의 전공을 생각하고 상이군인과 출정군인에 대한 감사의 마음을 드높이기 위하여" 1938년부터 총후후원강화주간을 시행했다.[144] 그때 "출정군인의 무운장구를 기원하는 1분간 묵도"와 기원제 등의 행사를 했다.[145] 신문에 실린 1938년과 1939년 총후후원강화주간 포스터는 다음과 같다.

그림 1은 일본의 '상병보호원'과 '철도성' 등이 배포한 포스터다. "타고 내릴 때 먼저 전쟁에서 다친 용사부터"라고 적었다. 이 밖에도 일본에서는 "나라를 지킨 상병傷兵을 지키자"라는

그림 1 《조선신문》 1938년 9월 24일

그림 2 《매일신보》 1939년 10월 3일

그림 3 상이군인기장, 國民精神總動員 中央聯盟, 《傷痍軍人を勞はれ》, 1938, 표지 가운데 일부

표어를 적은 포스터도 만들었다.[146] 그림 2에 "나라를 수호한 상병을 수호하자. 명예로운 유가족, 거국적으로 원호"라고 적었다. 유가족으로 일본 여성과 일본 어린이뿐만 아니라 저고리를 입은 조선 여성도 그렸다. 그림 1·2에서 상병은 오른쪽 가슴에 상이군인기장記章을 달았다. 그 모습은 그림 3과 같다. 상이군인기장은 "성전聖戰을 치른 병사의 영예를 오래도록 기리기 위해" 1938년에 만들었다.[147]

1939년에는 그림 4와 같은 포스터도 배포했다.

그림 4 《경성일보》1939년 8월 31일 　　　　그림 5 일본 포스터(1940), 에도도쿄박물관 소장

그림 4는 "영령과 유족에게 감사하자"라는 포스터다. "용사의 영령, 잊지 말자 감사"라고 적었다.[148] 일제는 국가를 위한 죽음, 특히 전쟁과 관련한 죽음을 영령이라고 했다.[149] 그림 4에서는 군인의 칼 위에 철모를 얹었다. 철모에는 신사 입구에 세우는 '도리이'를 그렸다. '도리이'는 "천황을 위해 죽은 영령을 제사 지내는 야스쿠니신사靖國神社"를 가리킨다.[150] 일본 '군사보호원'에서 배포한 그림 5도 도리이를 강조했다. 군사보호원은 상이군인의 의료와 직업 보호, 군인 유족과 가족의 보호 등을 총괄하는 기구였다. 군사보호원은 1939년에 후생성의 외국外局으로 개설했다.[151] 그림 5에서는 군인유족기장도 볼 수 있다. 기장이란 "기념하는 뜻을 나타내는 휘장"이다. 군인유족기장은 벚꽃 마크에 보라색 실로 만든 장식을 붙였다.[152] 그림 4·5는 전사자가 야스쿠니신사에 안치되었다는 것을 뜻한다.

조선에서 발간한 매체에도 다음과 같은 일본의 군사원호 포스터가 실렸다.

그림 6은 1939년 봄 야스쿠니신사 임시대제臨時大祭 때 배포한 포스터다.[153] 야스쿠니신사 임시대제는 전쟁사자 추모 의례 가운데 가장 큰 행사였다. 천황이 임시대제 기간에 야스쿠니신사를 참배하면서 그 위상이 더욱 강화되었다.[154] 그림 7은 일본에서 1941년에 실시한 '총후봉공강화운동' 포스터다. 일본의 표상으로 후지산을 내세웠다. 포스터 위쪽에는 군사보호원 총재가 직접 쓴 "샘솟는 감사, 타오르는 원호(湧立つ感謝, 燃立つ援護)"라는 표어가 있다.[155] 신문이 이러한 일본 포스터를 조선에 소개한 까닭이 무엇일까. 조선에 사는 일본인에게 '내지'의 소식을 전한다는 뜻도 있었지만, 군인원호에서 '내선일체'를 이루어야 한다는 뜻도 있었다.

일제는 "1940년은 기원 2600년이 되는 해"라면서 여러 행사를 했다. 이를 계기로 총후후원강화운동 이름을 총후봉공강화운동으로 바꿨다. '봉공'이라는 말에는 "상병, 귀향 군인, 군인 유가족도 국민의 후원에 보답하려면 자신의 임무를 다하라"라는 뜻도 담겨 있었다.[156] 그림 8 포스터에서는 봉공을 강조한다.

그림 6 《경성일보》 1939년 4월 14일; 《조선신문》 1939년 4월 16일 (출처: 田島奈都子 編, 《プロパガンダ·ポスターにみる日本の戦争》, 勉誠出版株式會社, 2016, 125쪽)

그림 7 《경성일보》 1941년 9월 11일; 《매일신보》 1941년 9월 10일

그림 8에서 "총후봉공강화운동, 10월
7일~10월 11일, 조선총독부"라고 적었다.
"받들어라, 호국의 신령神靈. 다짐하라,
총후봉공"이라는 표어를 썼다. 태양처럼
빛나는 원 안에 신사 지붕의 장식물이
있다. 이 장식물은 신사 건물에만 사용해서
신사의 상징물처럼 되었다. 게다가 장식물에
일장기까지 그려 넣어 애국주의를 한껏
강조했다.
1941년에 조선총독부는
총후봉공강화운동주간을 맞이해 다음과
같은 포스터를 만들었다.

그림 8 《조선신문》 1940년 9월 26일

그림 9에도 상이군인기장이 있다. 상이군인장에서
빛이 환하게 쏟아진다. 전진하는 군인의 몸에
'대동아공영권'의 지도를 그려 넣었다. 움켜쥔
주먹은 전쟁을 치르는 병사의 의지를 드러낸다.
"우러르라, 호국의 신령. 다짐하라, 총후의
봉공"이라고 적었다.
지역에서도 필요에 따라 군사원호 포스터를
만들었다. 그림 10 포스터가 그 보기다.

그림 9 《매일신보》 1941년 9월 19일; 《경성일보》
1941년 9월 30일; 《조선신문》 1941년 9월 19일

그림 10 《경성일보》 1941년 1월 14일

그림 10은 경상남도에서 배포한 포스터다. 포스터에는 "받들어라, 충령忠靈. 황군에 감사"라는 표어를 넣었다. 어린이와 여성이 보인다. 국가가 여성들에게 위령과 추도의 임무를 맡겼음을 나타낸다.[57] 그림 11 포스터에서는 상이군인을 등장시켰다. "나라를 지켰던 상병傷兵을 지키자, 군인원호강화운동"이라고 적었다. 병원에 있는 상이군인이 경례하는 모습을 그렸다. 잘 보이지는 않지만, 벚꽃을 배경으로 삼은 듯하다. 왼쪽 아래에 전함도 그렸다. 일제는 "영예로운 부상을 입고 돌아온" '백의白衣의 용사'를 전쟁 프로파간다에 활용하곤 했다. 그림 12가 그 보기다. 그림 12는 어린이책 속표지다. '백의의 용사'와 어린이가 함께 어울리는 모습을 그려서 아이들에게 원호사상을 전달한다. 그림 13도 1942년 원호강화운동 포스터다.

그림 11 《경성일보》 1942년 9월 29일

그림 12 속표지, 童話作家協會 編, 《銃後童話讀本》, 金の星社, 1940

"군인원호강화운동. 1억이 원호하자 명예의 병사와 집을." 그림 13에 그렇게 적혀 있다. 그림 13에서는 전사한 '명예의 병사'와 군인 유가족을 그렸다. 이 군인원호강화운동에서는 "영예의 집을 수호합시다"라는 표어를 걸고 "위안회, 강연회, 위문대 발송 등의 행사"를 했다.[158] 위문대란 전쟁터 군인들을 격려하기 위해 오락품이나 일용품, 사진, 편지 등을 넣은 자루다. 길이 30센티미터, 폭 25센티미터 정도의 크기다.[159] 이 위문대에는 위문문도 함께 넣었다. "위문문은 마음의 탄환"이었다.[160]

위문대와 관련해서는 그림 14와 같은 '벽신문'도 있다. 벽신문이란 문자가 많이 들어간 큰 포스터다.

그림 13 《경성일보》 1942년 10월 3일; 《매일신보》 1942년 9월 24일; 《황민일보》 1942년 10월 4일; 조선사회사업협회, 《조선사회사업》 1942년 10월, 도판

그림 14는 '결전, 군인원호의 격문'을 실은 벽신문이다. 격문의 내용은 다음과 같다.

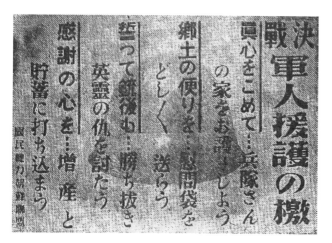

진심을 담아서: 군인의 집을 지키자. 고향의 소식을: 위문대를 계속 보내자. 맹세하며 총후도: 승리하여 영령英靈의 원수를 무찌르자. 감사하는 마음을: 증산과 저축에 온 힘을 다하자.

그림 14 《매일신보》 1943년 9월 26일

조선총독부는 1944년에 징병제를 시행하면서 군사원호사업도 중요하게 여겼다. 일제는 "군사원호사업을 적극적으로 일으키기 위해 모든 조선의 부읍면에 총후봉공회를 설치했다."[161] 조선의 총후봉공회는 '내지'의 총후봉공회와는 다르게 군사원호사업보다는 "군사사상 보급과 징병제도에 대한 선전" 활동에 더 큰 목표가 있었던 것으로 보인다. 조선의 총후봉공회는 장정들이 입영하기까지의 뒷일을 맡아보았다.[162] 1944년 군인원호는 "전의의 앙양, 전력 증강, 원호 강화"라는 3대 목표를 설정했다.[163] 다음은 그때의 포스터다.

그림 15는 국민총력조선연맹이 배포한 만화 포스터다. "군인원호란 싸움터에 있는 군인에게 걱정을 끼치지 않게 하는 것입니다", "강한 군대를 더욱 강하게 하려면, 군인 가족을 돕고 증산과 저축에 힘쓰며 위문대와 위문문을 척척 보냅시다." 그렇게 적었다.

그림 15 《경성일보》 1944년 4월 22일

전쟁을 위한 신체

'전장의 백합꽃':
종군간호부

여성은 천인침(센닌바리)과 위문대를 만들고 병상을 문병하며 전사자의 영령을 추모했다. 여성들은 그렇게 전쟁을 응원하고 군사원호를 했다. 간호사라는 직업도 전쟁과 밀접한 관련이 있었다. 1890년에 간호부(사)를 양성하기 시작한 일본적십자사도 본디 전시 구호 활동을 목적으로 설립했다.[164] 일본은 1919년부터 육군간호부를 채용했으며 만주사변부터 중일전쟁 시기에 본격적으로 간호부를 전장으로 파견했다. 이로써 종군간호부가 탄생했다.[165] 종군간호부는 전장에서 "전투력 회복에 봉사"했다. 간호부는 "여성의 천성에 가장 알맞은" 직업이지만 '종군간호부'는 용기나 침착 냉정함 같은 '남성다움'의 미덕을 가져야 한다고 했다.[166]

그림 1 《조선신문》 1933년 11월 14일; 《경성일보》 1933년 11월 15일

만주사변에서 활약한 일본적십자사는 "비상시를 맞이하여 모든 국민에게 적십자에 대한 인식을 깊게 하려고" 1933년 11월 15일부터 17일까지 제1회 적십자데이를 실시했다. 왜 그날일까. 1864년에 제네바에서 "부상병들을 위한 중립적이고 인도주의적 지원에 대한 최초의 제네바협약"을 체결했다. 일본은 1886년 11월 15일에 적십자조약에 가맹한다고 공포했다. 바로 그날을 '적십자데이'로 삼았다.[167] 그림 1은 일본적십자사와 일본적십자조선본부에서 배포한 제1회 적십자대회 포스터다. 그림 1은 "누구나 사원이 될 수 있다"라면서 '자발적'으로 적십자운동에 참여할 것을 권유한다. 간호부를 지적이며 서구적인 외모를 가진 여성으로 그렸다. 이 포스터에서 간호부는 전투와는 거리가 먼 '자비의 천사'라는 수동적

이미지를 강조한다. 이때 간호부의 제복은 침착함과 안정감을 전달한다.[168]

일본은 1938년 2월 〈육군특별지원병령〉에 따라 조선인을 병력자원으로 동원하기 시작하면서 보건의료도 총동원체제에 편입했다. 1938년부터 조선인 간호부의 종군도 시작했다.[169] 다음 사진은 그때 상황을 반영한다.

그림 2 사진, 《매일신보》 1938년 11월 16일

그림 2는 간호 학생이 들것을 들고 행진하는 사진이다. 중일전쟁이 일어나면서 나라 안팎에서 간호사 수요가 늘어났다. 일제는 일본적십자조선본부, 육군병원 등을 통해 조선에서 종군 간호부를 모집했다.[170] 그 무렵의 적십자데이 포스터를 보자.

그림 3 《매일신보》1939년 11월 14일

그림 4 일본 포스터(1939), 田島奈都子 編,
《プロパガンダ·ポスターにみる日本の戦争》,
勉誠出版株式會社, 2016, 54쪽

그림 3·4를 배포한 1939년은 적십자조약 체결 75주년을 기념하는 해여서 제7회
적십자데이를 예년보다 성대하게 치렀다.[171] 그림 3에서는 '박애부대'라는 군사적 용어를
사용했다. 때로는 간호사를 '천사부대'라고도 했다.[172] 간호사에게 '부대'라는 용어를 붙여서
군속의 의미를 강조했다.[173] 군속이란 육·해군에 복무하는 군인 이외의 군대 구성원을
뜻한다. 그림 4는 "전선에 총후에 사랑의 적십자"라고 적었다. 얼굴과 팔은 햇볕에 그을린
것으로 보인다. 포스터에서 전선이라는 것을 느끼게 한다.[174] 그림 3·4는 분위기가
엇비슷하다.
시간이 흐를수록 적십자데이 포스터에 전쟁 분위기가 더 많이 스며들었다. 다음 포스터가
그 보기다.

그림 5 《경성일보》 1940년 11월 13일 · 그림 6 《황민일보》 1942년 11월 13일; 《경성일보》 1942년 11월 12일

그림 5에서 간호부는 결연한 모습으로 커다란 적십자 깃발을 움켜쥐었다. "온 힘을 다하라. 간호도 흥아의 사명"이라고 적었다. 그렇게 포스터 속 종군간호부는 중일전쟁의 승리를 기원한다. 《경성일보》는 그림 6을 전단이라고 소개했다.[175] 그러나 《황민일보》에서 소개한 대로 포스터일 것이다.[176] 그림 6에서는 영어를 쓰지 않기로 한 정책 때문인 듯, '적십자데이'가 아니라 '적십자일'이라고 표기했다. "백의에 담긴 사랑의 일본정신(大和魂)"이라고 적었다. 일제는 전세가 불리해지면서 일본정신, 무사도정신 등을 강조하면서 '정신주의'로 난국을 타개하려 했다.

다음 포스터는 아주 명확하게 종군간호부의 임무를 제시했다.

그림 7에선 우거진 숲속에 있는 야전병원 천막을 그렸다. "결전이다. 집마다 일장기와 적십자"라고 적었다. 이 포스터를 배포한 1943년에는 '결전'이라는 말이 온 나라를 휩쓸었다. 종군간호부는 '전쟁에 피는 꽃'이며,[177] '전장의 백합꽃'이라고 했다.[178] 그림 7은 야전병원 천막을 무성한 잎 사이에 핀 꽃처럼 그렸다. 그림 7은 종군간호부의 노래도 떠올리게 한다. 다음은 김억이 작사한 종군간호부의 노래 1절이다.

그림 7 《경성일보》 1943년 11월 15일

> 대포는 쾅 우레로 튀고
> 총알은 땅 빗발로 난다.
> 흰옷 입은 이 몸은 붉은 십자의
> 자애의 피가 뛰는 간호부로다.
> 전화에 흐트러진 엉성한 들꽃
> 바람에 햇듯햇듯 넘노는 벌판
> 야전병원 천막에 해가 넘으면
> 삭북 천리 낯선 곳 벌레가 우네[179]

그림 8은 아시아·태평양전쟁 때 '적십자일' 포스터다. 군복처럼 생긴 간호복을 입었다. 그림 9의 사진과도 옷이 같다. 이 옷은 종군간호부 제복이다. 그림 9 사진에는 "나오라, 반도 여성들!"이라고 쓰여 있다. 잡지 《신시대》가 '반도 여성'에게 종군간호부로 많이 지원해 달라고 홍보하는 사진이다. 이 사진을 실으면서 《신시대》는 다음과 같은 기사도 덧붙였다.

> 반도의 여성도 일찍이 전선에 백의천사 되어 좋은 성적을 거두어 왔는데 조선에서는 내년(1944년-
> 인용자)부터 실시될 징병제를 앞두고 반도 여성들도 솔선하여 백의천사가 될 것을 요망하고 있는 이때
> 육군조병창에서는 간호부를 널리 모집하게 되었다. 나오라! 반도의 젊은 여성들아.[180]

위에 인용한 글에서 '육군조병창'이란 1941년에 문을 연 인천육군조병창을 뜻한다.

그림 8 일본 포스터(연도 미상), 小菅信子,
《日本赤十字社と皇室》, 吉川弘文館,
2021, 148쪽

그림 9 《신시대》 3권 4호, 1943년 4월, 도판

소총과 탄약 등의 무기를 만들던 곳이다. 이곳에서 모집하는 종군간호부에는 15~16세로
고등여학교를 졸업했거나 국민학교 고등과를 마친 사람이 지원할 수 있었다.[181]
종군간호부가 되겠다고 스스로 나선 사람들이 있었을까. "조선에서는 지금까지 이 숭고한
직업을 지망하는 여성이 극히 적고 모집할 때마다 그 반수 이상은 내지에서 희망자를 모집해서
채용하고 있는 부진한 상태"라고 했다.[182] 일제는 많은 여학생이 종군간호부로 지원하도록
선전했다. 여학생을 간호부로 보내라는 권유를 자주 했고, 결국 여학교에서 간호부를
차출했다.[183]

조선총독부는 1943년에 여학생에게 전시훈련을 강화한다면서 '구급간호법'을 교육하기
시작했다.[184] 이어서 여학교에서 '전시구호간호학'이 필수가 되었다.[185] 전쟁 막바지인
1944년에는 고등여학교에서 기존의 구급간호교육을 강화해 졸업생에게 간호사 면허를 주는
파행적인 교육정책을 시행했다.[186] 1945년 초에 잡지에서는 "요즈음 각 여학교 생도들을 각
종합부속 병원에 수개월씩 실제적으로 수업시키고 있음은 참으로 효과적이고 좋은 일이라고
생각한다"라고 했다.[187] 일제는 1945년 봄부터 여러 여학교에서 간호부 면허를 주도록 했다.[188]
간호 인력 양성이 그만큼 급했다는 뜻이다.

전쟁에 나갈 　생명

나를 신고하라:
국민등록, 청장년국민등록, 기류령

"근대전은 총력전으로서 물적자원과 함께 인적자원도 총동원해야 한다. 따라서 인적자원을 원활하게 동원하고 배치하려면 국민등록제가 필요하다."[189] 국민등록제는 '국가총동원'에 대비해서 국민의 일하는 능력을 국가에 등록해 두는 제도였다. '국가총동원'이란 "전시 또는 사변을 맞이했을 때 국방 목적을 달성하기 위해 국가의 총력을 가장 유효 적절하게 발휘할 수 있게끔 인적·물적자원을 운용하는 것"이었다.[190]

일본에서 1939년 1월 7일 〈국민직업신고령〉을 공포했다. 이른바 국민등록제였다. 전시 노무동원에서 가장 긴요하다고 인정되는 중요 직업 134종에 종사하는 자, 그 직종에 종사했던 적이 있는 자, 일정한 학교에서 일정한 학과를 마친 자 등을 대상으로 직업능력에 관한 사항을 신고하는 제도였다.[191]

조선에서도 1939년 6월 1일부터 국민등록제를 실시하기로 했다. 국민등록은 "국민이 가지고 있는 기능이 있는 곳과 수량을 조사하여 비상시에 신속하고 정확하게 운용할 수 있도록 하는 것"을 목적으로 했다.[192] 그러나 전체 국민이 아니라 전쟁에 직접 필요한 134개 직종에서 일하는 사람만이 대상이었다. 그 내용을 좀 더 자세하게 살펴보자.

이미 의사나 선원 등의 직업능력을 등록했지만 이번에 그 대상을 넓혔다.[193] 16세 이상 50세 미만의 남자 가운데 다음 항목에 해당하는 사람은 반드시 신고해야 했다. ① 현직자: 계속 3개월 이상 조선 총독이 지정한 134종 직업에서 일하는 사람. 주로 군수산업, 생산력확충계획 산업 또는 작전과 용병에서 필요하다고 인정되는 직업이다. ② 전직자: 앞에서 말한 직업에서 1년 이상 계속 일하고 그 직업을 그만둔 지 5년이 지나지 않은 사람. ③ 학교 졸업자: 주로 공업 관계 학교와 기계, 전기, 채광採鑛·야금冶金, 응용화학 등의 기술 학과를 졸업한 사람. ④ 기능자 양성시설 수료자. ⑤ 검정시험 합격자 또는 면허자.[194] 일제는 이처럼 '전쟁동원에 필요한 국민'은 70만~72만 명이 될 것으로 예상했다.[195] 다음은 그때의 국민등록 선전 포스터다.

그림 1 《동아일보》 1939년 6월 1일 ; 《매일신보》 1939년 5월 24일

그림 1을 보면 "국민등록, 직업능력의 신고"라고 적혀 있다. 6월 1일부터 실시하며 "부청府廳·군청郡廳·도청島廳에" 신고하라고 했다. 그림 1은 '산업전사'의 과장된 신체가 보는 사람을 압도한다. 우람한 팔뚝으로 국민등록 신고 용지를 들었고 저 멀리 공장 굴뚝에서 연기가 솟아오른다. 전쟁을 위한 공장이다.

조선총독부는 이 포스터만이 아니라 여러 방법으로 국민등록을 선전하고 준비도 철저하게 했다. 그러나 국민등록 성적은 매우 나빴다. 당국에서는 당황했다. 왜 이런 일이 일어났을까. 신고 절차가 까다로웠기 때문만은 아니었다. "등록하면 전지戰地로 동원될 것이다"[196]라고 여기며 신고하기를 꺼렸기 때문이다. 일제는 국민등록에 포함되지 않는 일반 노동자를 미숙련노동자로 분류하거나,[197]

'잉여노력剩餘勞力'이라고 불렀다.[198] 일제는 기능자만을 등록시키는 것에 만족할 수 없었다. 국민등록이 끝난 뒤에 곧바로 품팔이 노동자 등을 조사했다.[199] 일제는 일정한 나이의 모든 사람을 신고하게 해 언제든지 노동력으로 동원할 수 있게 하는 '총동원 태세'를 갖추고자 했다.[200]

국민등록제는 일제가 조선인들을 일본 인구 가운데 일부분으로 여기면서 '생명자원'으로 관리했음을 보여 준다.[201] 이러한 관리는 청장년국민등록으로 이어진다. 이제 청장년국민등록을 살펴보자.

일본에서는 1940년에 징병검사를 앞둔 남자 청년을 등록하게 했다. 1941년부터 그 범위를 넓혀서 16세 이상 40세 미만의 남자와 16세 이상 25세 미만의 미혼 여자에게 '청장년국민등록'을 하도록 했다. 모든 국민은 일해야 한다는 '국민개로' 원칙에 따라 그들을 근로보국대 대원으로 만들려는 뜻이었다.[202] 식민지 조선에서도 "국민개로운동에 대응하고 일본에 호응해서" 1941년부터 청장년국민등록제도를 실시했다.[203] 그러나 일본과는 달리 만 16세 이상 40세 미만의 남자들에게만 실시했다.

청장년국민등록도 국민등록과 마찬가지로 직업능력을 신고하게 하는 제도였다. 신고 용지에 성과 이름, 생년월일, 본적과 주소를 비롯해 학력과 직업, 지위와 급료, 배우자의 유무와 부양자 수 등을 적도록 했다.[204] 일정한 연령층에서 일할 수 있는 능력이 있는 사람을 등록해 언제라도 동원에 응할 수 있도록 하는 것이 청장년국민등록제도의 목적이었다.[205] 이미 국민등록을 한 사람, 학교에 재학하는 사람, 현역 군인이나 예전에 등록된 의사·약제사 등 의료 관계자와 선원 등은 제외했다.[206] 전체 남자 인구 가운데 35퍼센트가 대상이었다.[207] 등록 의무자는 전국에 약 400만 명이 있고 그 가운데 10만 명 남짓이 일본인이었다.[208] 그들을 대상으로 한 청장년국민등록 포스터를 보자.

그림 2를 보면 일장기와 함께 여러 깃발이 펄럭인다. 그 깃발에는 "남자는 모두 신고하라"라고 쓰여 있다. 청장년국민등록은 해마다 9월 말부터 10월 10일까지 해야 했지만, 1941년만큼은 11월 30일부터 12월 10일까지 하기로 했다.[209] 그래서 그림 2에 "청장년국민등록, 11월 30일"이라고 적었다.

신문에서는 "조선인도 황국신민으로서 징용을 받을 수 있는 획기적 등록이다. 그러나 등록해도 곧바로 징용하는 것이 아니라 국민개로체제 확립에 이바지하기 위한 등록이다.

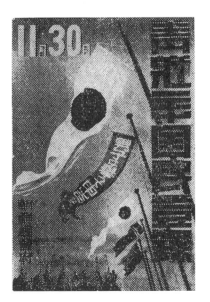

그림 2 《조선신문》 1941년 10월 22일

이것을 오해하지 말라"라고 당부했다.[210] 그런데도 "모든 등록자를 청년대에 편입시킨다든가, 또는 육군특별지원병으로 채택한다는 등의 유언비어"가 떠돌았다.[211] 사람들은 청장년국민등록을 께름칙하게 여겼다. 한 사람도 빠짐없이 신고하게 하려고 경기도에서만 조사 인원 5000명을 투입했다. 일제는 청장년국민등록제도를 실행하는 과정에서 동원체제를 정비하고 강화했다.[212]

1942년 제2회 청장년국민등록은 예정대로 9월 30일부터 10월 10일까지 시행했다. 청장년국민등록은 해마다 하는 것이므로 작년에 신고했더라도 이번에 또다시 해야 했다.[213] 그때의 포스터를 보자.

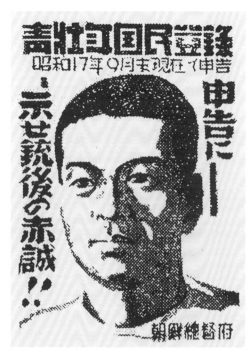

그림 3 《매일신보》 1942년 8월 28일; 《황민일보》 1942년
8월 29일; 《경성일보》 1942년 8월 28일; 《부산일보》
1942년 9월 2일

그림 4 일본 포스터(1940), 도쿄에도박물관 소장

그림 3을 보면 "보이자 총후의 적성赤誠!! 청장년국민등록 신고로"라고 썼다. 신문에서는
청장년국민등록이 "총후국민이 된 감격과 결의를 노무보국으로 나타내기 위한 귀중한 자료가
된다"라고 선전했다.[214] '노무보국勞務報國'이란 열심히 일해 나라의 은혜를 갚는다는 뜻이다.
신문에서는 청장년국민등록이란 '산업전사등록'이라고 해석하기도 했다.[215] 그림 4는 일본
후생성이 일본 청년에게 '노무동원'에 참여하라고 선전하는 포스터다. "가라! 총후의 전선인
중공업으로!"라고 적었다. 그림3·4는 굳센 결의와 강건한 체력을 가진 청년을 묘사했다. 둘 다
'총후의 전선'에 나선 '산업전사'의 전형을 보여 준다.

1943년 제3회 청장년국민등록도 예정대로 9월 30일부터 10월 10일까지 시행했다.
조선총독부에서는 다음과 같은 "아름다운 포스터 10만여 장을 배포했다."[216]

그림 5 《매일신보》 1943년 9월 19일

그림 5에서는 "연령: 16~40세까지, 기일: 9월 30일에서 10월 10일까지"라고 적었다. "모두 신고, 결전체제 청장년국민등록"이라는 표제어를 달았다. 결전체제란 무엇일까. 전쟁이 길어지면서 전시체제를 강화한다는 뜻에서 1941년 말부터 결전체제라는 말을 쓰기 시작했다. 결전체제라는 말은 전시체제라는 말보다 훨씬 더 억압적이고 패전의 분위기마저 감돈다. 과달카날전투(1942년 8월 7일~1943년 2월 9일)를 거치면서 연합군 쪽으로 전세가 기울자, 일제는 결전체제라는 말을 더 자주 사용했다. 1943년부터 이 말은 하나의 유행어처럼 되었다. 그림 5에서 두 사람은 '결전체제'를 반영하듯이 숙연하고 비장하다. 1943년 제3회 청장년국민등록은 "결전체제하에서 군수와 생산력 확충을 위한 인적동원체제를 마련하는" 것이 목적이었다.[217] 그림 5에서 두 사람은 확연히 나이에 차이가 있다. 앞의 청년은 16세를 대표하고 뒤의 장년은 40세를 뜻한다. 장년의 남성은 삭발했다. 청년단 모자를 쓴 앞의 청년도 삭발했을 것이다. 일제는 이전부터 '비상시국'에 대응하는 헤어스타일로 삭발을 강제했다. 사람들은 그

헤어스타일을 '깎까중이' 머리라고 불렀고 신문에서는 '중머리 활보시대'가 왔다고 했다.[218]
일제는 국민등록과 청장년국민등록으로 일할 수 있는 능력을 조사할 뿐만 아니라, 순조롭게
그들을 동원하려면 사는 곳도 정확하게 파악해야 했다. 그래서 조선총독부는 1942년 10월
15일에 〈조선기류령〉을 실시했다. 신문에서는 '기류령'의 취지와 목적을 다음과 같이 보도했다.

조선에서는 오는 15일부터 획기적 제도인 기류제도가 실시되어 본적지를 떠나 다른 곳에 90일 이상
있는 사람은 2주일 안으로 기류계를 내어 기류적寄留籍에 올리지 않으면 안 되게 되었다. 이 제도는
사회생활이 복잡해지면서 이동이 심한 국민이 있는 곳을 국가가 적확하게 알아서 여러 가지 시설을
하는 데 쓰고자 하는 중요한 제도로서 당면한 문제로는 징병제도를 실시하는데, 자녀를 학교에 넣은
때, 물자배급을 하는 데 가장 근본적인 자료가 된다.[219]

이 기사에서 보듯이 징병제를 앞두고 "국민이 현재 사는 곳을 명확히 하려고 기류령을
실시했다."[220] 기류령은 모든 거주자를 호적에 등록시키고 이들의 소재지를 장부에 기록하도록
한 것이다. 기류령은 징병 적령자를 파악하고 징병 영장을 발급할 때 꼭 필요한 제도였다.[221]
기류령에 따라 기류자는 반드시 기류계를 내야 했다. '기류자'란 "본적지 이외에 90일 이상
거주할 목적으로 주소 또는 거소居所를 정한 자"였다.[222] 조선총독부는 기류령을 실시하면서
징병제만이 아니라 학교 입학이나 식량 배급 같은 생활상의 절실한 요구에도 필요하다고
선전했다. "배급표도 기류로부터"라는 표어를 내걸기도 했다.[223] 이제 '기류령' 포스터를 보자.

그림 6 《매일신보》 1942년 10월 6일

그림 6에서 "1942년 10월 15일, 주소와 거소의 계출屆出, 조선기류령 실시, 조선총독부 법무국"이라고 적었다. 주소와 거소를 신고하라고 했다. 거소란 무엇일까. "주소와 거소는 법률상으로는 다르지만, 일반 관념으로는 같다고 생각해도 좋다"라고 신문에서는 해설했다.[224] 그림 6은 흐릿해서 알아보기 힘들지만 그래도 해석해 보자.

중앙에 집 한 채가 있다. 누군가 그 집 안으로 들어가는 듯하다. 그리고 그 사람을 감시하듯 바라보는 눈동자가 왼쪽 아래에 선명하다. 오른쪽 아래에는 도시의 동네를 그렸다. 손에 기류계를 든 모습도 그렸다. 도시에 머무는 사람들은 기류계를 내라는 뜻이다. 전체 인구 가운데 42.25퍼센트가 기류신고를 했다. 본적을 떠나 사는 사람이 그만큼 많았다는 뜻이다.[225]

기류제도는 징병뿐만 아니라 인력과 물자동원을 위한 주민 통제를 뒷받침했다.[226] 기류령은 박정희 정권 때인 1962년에 거의 별다른 손질 없이 〈주민등록법〉으로 변경되었다. 주거지 신고를 의무화하는 〈조선기류령〉은 한국 주민등록제도의 기원이라 할 수 있다.[227] 1942년 '기류령' 실시에 이어 1943년 2월부터 3월까지 징병 예상자에 대해서 '호적 및 기류 일제조사'를 했다. 다음은 그 포스터다.

一齊調査施行
戸籍及寄留の
昭和十八年三月一日 施行期

그림 7 《경성일보》 1943년 2월 18일(출처: 성균관대학교 박물관,
《잃어버린 시간, 식민지의 삶》, 2015, 81쪽)

그림 7에서 조사 항목을 적은 종이를 볼 수 있다. 조사 항목은 ① 본적, ② 주소 또는 거주의 장소, 기류계의 유무, ③ 호주의 성명, 호주의 주소, 호주와의 관계, ④ 성명, ⑤ 출생 연원일 등이었다. 조사 대상은 만 20세 이하의 조선 남자였다.[228] 그림 7에서 청년은 청년단복을 입고 위를 쳐다본다. 청년은 매우 건장하고 결의에 찬 모습이다. 포스터의 청년은 마치 징병을 간절히 바라는 듯하다.

"징병을 완벽하게 준비하려면 무엇보다 먼저 호적과 기류를 정비해야 한다."[229] 호적이란 "호주를 중심으로 그 집에 속하는 사람의 본적지, 성명, 생년월일 따위의 신분에 관한 사항을 기록한 공문서"다. 기류란 "본적지 이외의 일정한 곳에 주소나 거소를 두는 일"이다. "내일의 징병, 오늘의 호적."[230] 이 표어처럼 징병할 때 호적은 중요했다. 그러나 "호적과 기류계를 서로 연관시켜야만 징병제를 실시할 수 있다."[231] 누가 징병 대상자이며 그의 호주가 누구이고 어디에 사는지 알아야만 징병할 수 있기 때문이다.

'호적 및 기류 일제조사'는 1943년 2월 10일 예비조사와 3월 1일 본조사로 나누어 조선 전역에서 일제히 실시했다. 일제는 징병 적령자를 조사해서 한 사람이라도 빠뜨리지 않으려 했다.[232] 다음 포스터는 애국반을 동원해 모든 사람이 '호적 및 기류 일제조사'에 참여하도록 했음을 보여 준다.

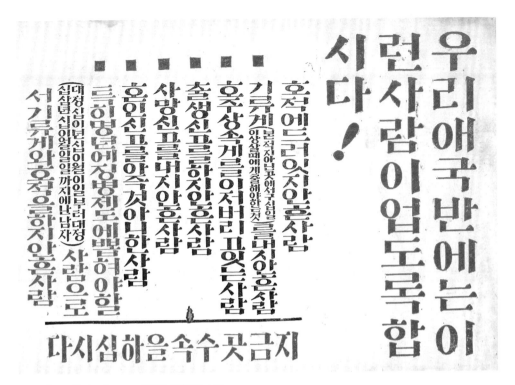

그림 8 《애국반》 제31호(1943), 국립중앙박물관 소장

그림 8에서 "명년(1944년-인용자)에 징병제도에 뽑혀야 할 사람으로서 기류계와 호적을 내지 않은 사람"이 애국반에 없도록 하라고 했다.
"징병제 실시의 초석, 호적과 기류",[233] "징병의 철벽, 호적과 기류의 정비로부터."[234] 이러한 신문 보도는 '호적 및 기류 일제조사'의 목적이 무엇인지를 잘 드러낸다.

청년에게 군인정신을:
청년훈련소, 여자청년연성소

청년훈련소란 청년을 국가의 목적에 맞게 교육하고 군사훈련을 시키는 기관이다. 일본에서는
1926년 7월 1일 〈청년훈련소령〉을 만들어 청년훈련소제도를 시행했다. 일본 정부와 군은
청년훈련소를 설립하면서 청년 군사교육을 법제화했다.[235] 식민지 조선에서도 1926년 9월
경남 방어진의 재향군인 분회가 처음으로 청년훈련소를 만들었다.[236] 일본에서는 1927년에
〈징병령〉을 개정하면서 "청년훈련소 출신자들은 일반 장정보다 6개월 짧게 군대 생활을
한다"라고 했다. 그에 따라 식민지 조선에 사는 일본 청년은 청년훈련소 설립을 바라기도
했다.[237]

조선의 청년훈련소는 일본의 청년훈련소를 본떠 만든 조직이다. 일본 청년훈련소는 일본의
병역법 체계와 밀접한 관련이 있다. 다음 표는 일본 병역법 체계와 청년단체의 관계를 보여
준다.

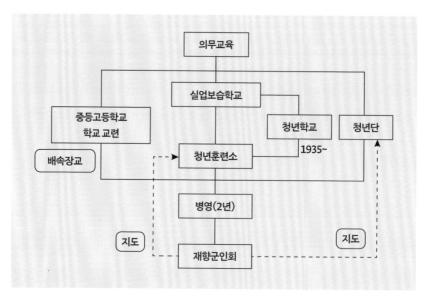

그림 1 일본의 병역법 체계와 청년훈련소, 야마다 아키라 지음, 윤현명 옮김, 《일본, 군비확장의 역사》, 어문학사, 2019, 133쪽

1927년에 완성한 일본의 병역법 체계는 만 40세까지의 모든 남자를 지역 단위로
군사 조직화하는 것이었다. 일본에서는 1925년부터 의무교육을 받은 남자의 경우,
중학교·고등학교에서는 배속된 육군 현역 장교에게 교련을 받았다.
일본에서는 재향군인회가 청년훈련소 설립에 관여하고 청년훈련소를 지도했다. 재향군인회
규약에도 "청년훈련소의 훈련을 돕는다"라는 내용이 있다.[238] '재향군인'이란 현역 복무를
마치고 사회로 복귀한 사람이다. 일본에서 1910년에 정식으로 재향군인회가 닻을 올렸다.
일본의 재향군인회는 예전부터 곳곳에 있던 퇴역군인단체를 해산하고 전국적으로 통합한
조직이었다. 청일전쟁 뒤부터 육군은 재향군인회가 필요하다는 것을 인식하고 장려했다.
러일전쟁을 겪은 뒤에는 퇴역군인이라면 "평상시에도 예비전력을 충실하게 만들고 사회
풍조가 악화되는 것을 막아야 한다"라고 생각했다.[239] 군부가 직접 나서서 일반 국민을
상대하려면 걸림돌이 많았다. 그리하여 재향군인회를 군부의 대역으로 내세웠다. 일본의
재향군인회는 1925년에 규약을 고쳐서 군부와 직접 연관된 권력 기구가 되었다.[240]
재향군인회는 군국주의를 지탱하는 사회적 기반이었으며, "군이 지역사회를 지도·교화하는
강력한 장치"였다.[241] 재향군인회는 민주 세력을 억압하고 전쟁에 협력하는 데 앞장섰다.[242]
식민지 조선에서도 조선군 20사단과 19사단 관하에 재향군인회가 있었다.[243] 일본인 퇴역군인
단체인 재향군인회에서 청년훈련소를 만들기 시작했다. 일본이나 조선의 재향군인회는
청년훈련소 등에 개입하면서 청년에게 군국주의를 주입하고 전쟁에 협력하는 데 앞장섰다.
조선의 청년훈련소는 초등학교를 졸업하고 중학교에 가지 못한 청년을 교육하는 조직이었다.
청년훈련소는 "지식인을 만드는 곳이 아니라 국민의 바탕을 단련시키는 교육기관"이었다.[244]
조선의 청년훈련소는 처음에는 조선에 있는 일본인만을 대상으로 했지만, 차츰 그 대상을
조선인으로 확대했다. 조선총독부는 1929년에 〈청년훈련소규정〉을 공포했다. 이 무렵
조선에 15개의 청년훈련소가 있었다.[245] 이제 재향군인회가 설립했던 청년훈련소를 공립으로
전환하기 시작했다. 큰 공장이나 상점 등에서도 청년훈련소를 세울 수 있게 했다.
각 군 단위 지역에 설치한 공립 청년훈련소와 관공서, 공장 등에 설치한 사립 청년훈련소가
있었다. 청년훈련소는 공민, 수신, 보통학과(국어, 수학, 국사, 지리, 이과), 직업과 등을
가르친다고 했지만, 교련을 가장 중요하게 여겼다. 다음 포스터는 그 내용을 잘 보여 준다.

그림 2 《경성일보》 1932년 3월 16일; 《조선신문》 그림 3 《조선신문》 1934년 3월 21일
1932년 3월 16일

그림 2·3은 경성청년훈련소와 용산청년훈련소에서 배포한 포스터다. 포스터에 쓴
내용이나 그림으로 전달하려는 메시지가 똑같다. 경성청년훈련소와 용산청년훈련소는
'제국재향군인회'의 경성연합분회와 용산분회에서 설립하고 운영하던 것을 1930년 9월
경성부에서 인수한 것이다.[246] 모든 청년훈련소는 따로 시설을 마련하지 않고 이미 있는
초등학교를 이용했다. 경성청년훈련소는 일출소학교에서 교육했고, 용산청년훈련소는
용산소학교에서 교육했다.[247] 그림 2 포스터에서는 "수업료가 없고 병역에서 재영在營
기간을 줄여 주는" 두 가지 특전이 있다고 했다. 그림 2를 실었던 신문에서는 "청년훈련은
가장 중요한 급무로서 각국이 저마다 맹렬한 경쟁을 하고 있다. 만주사변을 거치면서 더욱
훈련소가 필요해졌다"라고 했다.[248] 식민지 조선에서도 이미 1925년부터 중등학교 이상의
학교에 육군 현역 장교를 배속해 군사훈련(교련)을 시키고 있었다.[249] 그러나 만주사변 뒤에
군사교육은 더 중요해졌다. 그림 2·3은 교련하는 모습을 전면에 내세웠다. 다음 사진은
경성·용산청년훈련소 생도가 장충단공원 광장에서 교련 사열을 받는 모습이다.

그림 4 사진, 《조선신문》 1934년 11월 24일

청년훈련소는 "병역 이전의 몇 년 동안을 허비하지 않도록" 대략 4년 동안 700시간을 교육했다.[250] 청년훈련소는 초등교육을 마친 뒤에 중학교에 입학하지 못한 청년에게 중등교육 가운데 일부를 가르치고 군사교육을 시키는 것이 목표였다. 이 무렵 재일 조선인단체 가운데 군국주의 조직에서 다음과 같은 청년훈련소 관련 포스터를 배포했다.

그림 5는 군부의 원조를 받아서 도쿄에서 설립한 조선의용단이 배포했다. 그림 왼쪽에 "황국을 지키기 위하여"라는 글자가 보인다. 관련 기사를 참고하면 오른쪽에는 "조선 청년을 모두 청년훈련소로"라고 적었다.[251] 조선의용단은 "일한병합의 정신을 신봉하며 황은을 받든다"라는 강령을 가졌다. 그림 5에서도 조선인과 일본인이 함께 총을 들고 "천황폐하 만세"를 외치는 듯하다. 이 단체는 징병제에 해당하지 않는 조선인도 청년훈련소에서 군사훈련을 받아야 한다고 주장했다. 만주사변 뒤에 일본이 국제연맹을 탈퇴해 완전히 고립되었으니, 비상시에 대처해야 한다는 논리였다.[252] 잠깐 나타났다가 곧 사라져 버린 이 단체의 실체는 아직 알려지지 않았다.

각 지역과 직장에 청년훈련소를 설치했다. 1940년에 초등학교가 있는 곳이면 빠짐없이 공립으로 청년훈련소를 만들도록 했다. 또한,

그림 5 《조선신문》 1933년 12월 7일

30명 이상을 고용하는 관청, 회사, 은행, 공장, 광산 등에 사립 청년훈련소를 두도록 했다. 1940년에 초등학교 졸업자는 의무적으로 입소해 일정 기간 교육을 받게 했다.[253] 그리하여 "소학교 6년제를 마치면 청년훈련소의 훈련생이 되어 비상훈련을 받거나 지원병이 될 때의 기초훈련을 했다."[254] 미나미 지로 총독은 "청년훈련소를 증설하는 것은 육군지원병 확충과 밀접한 관계가 있으며 국민총훈련의 기초가 된다"라고 관계자 회의에서 훈시했다.[255] 1941년에는 전국에 1700여 개 청년훈련소를 개설했다.[256] 교련 과목도 강화했다.[257] 청년훈련소는 징집 이전 청소년에게 군사훈련을 시키는 것이 주요 목적이었지만, 공장에 설치한 사립 청년훈련소에서는 직업에 필요한 기능교육도 했다.[258]

청년훈련소를 강화하는 가운데 조선에도 일본처럼 청년학교제도를 도입하자는 논의가 생겼다. 일본에서는 1935년에 〈청년학교령〉을 시행했고 1939년부터 청년학교를 의무제도로 만들어 소학교를 졸업한 학생 모두에게 군사교련과 실업교육을 했다. 징병 연령이 될 때까지 '황군 병사'로 만드는 교육이 목적이었다.[259] 청년학교는 청년훈련소를 체계적으로 만들어 중등교육을 받지 못하는 청년들에게 좀 더 강력하게 전시 교육을 하는 것을 목표로 삼았다. 마침내 식민지 조선에서도 패전 직전인 1945년 4월에 청년훈련소를 해소하고 청년학교를 발족했다.[260]

일제는 청년훈련소 말고도 '조선청년특별연성소', '청년훈련소 별과', '군무예비훈련소', '여자청년연성소' 등을 두어 청년을 통제하고 군사교육을 강화했다. 징병제에 대비한 조치였다. 조선청년특별연성소는 국민학교를 마치지 못한 17세부터 21세 미만의 청년이 대상이었다. 대부분 국민학교에 설치했으며 교장이 소장이고 교원이나 면사무소 직원 등이 교육했다. 오후 6시부터 9시까지 일주일에 네 번 "1년 동안 일본어를 중심으로 하는 기초훈련을 했다."[261] 행군 등의 교련훈련을 했고 근로봉사도 시켰다.[262] '청년훈련소 별과'는 상급학교에 진학하지도 않았을 뿐만 아니라 청년훈련소에 입소하지도 않은 사람을 대상으로 했다. 징병 본검사 이전에 부·읍·면에서 실시한 예비검사에서 합격해 입영할 예정인 장정만을 수용해 예비훈련을 시켰다.[263] '군무예비훈련소'에서는 1944년도 징병검사 결과 현역 징집이 예정되어 있거나 현역 징집 판정을 받은 사람에게 군사훈련을 시켰다.[264] 1945년에도 군무예비훈련소를 운영했다. '여자청년연성소'는 1944년 4월부터 각 국민학교에 설치해서 1년 동안 '연성'하도록 했다. 16세~17세 미혼자를 대상으로 했다. 수련修練(50시간), 일본어(350시간), 가사(50시간), 직업(150시간)을 가르쳤으며 수업료를 내야 했다. 수업료는 한 달에 30전이었다.[265] 일본어

비중이 매우 높았다. 여자청년연성소는 '황국여성의 자질'을 기르고 남성의 징병에 찬동하게 하면서 노동자 훈련을 하는 것이 목표였다.[266] 또한, '여자 청년'이 앞으로 '건병의 어머니'가 될 것을 기대했다.[267]

이름도 엇비슷한 여러 청년단체는 예비 병력인 청년이 군사훈련의 주요한 표적이 되었음을 보여 준다. "조선 청년은 군사교련을 통해 남자다움뿐만 아니라 일본인다움도 몸에 익히게 된다."[268] 일제는 황국신민교육, 특히 '군인정신 배양'을 청년교육의 목표로 삼았다.[269] 국민학교《수신》교과서에도 다음과 같은 글이 실렸다.

> 경사스러운 입영을 목표로 하여 청년의 얼굴에는 한층 더 긴장한 빛이 보입니다. 국어(일본어)를 애용하고 몸도 마음도 훌륭한 황국신민이 되려고 하는 의기가 더욱 왕성해지게 되었습니다. 곳곳의 청년특별훈련소와 청년훈련소에서는 아침 일찍부터 밤늦게까지 씩씩하게 교련이나 체조를 하는 모습이 보이며, 또 총검도의 우렁찬 구령을 듣는 것도 믿음직스럽기 그지없습니다.[270]

청년훈련소 훈련을 받은 사람들은 징병 연령이 되자마자 징병 대상자가 되었다.[271]

죽음을 부르는 '황군':
지원병, 학도병, 소년병, 그리고 징병제

일제는 1932년부터 조선인을 군인으로 동원하는 문제를 생각하기 시작했지만, 1937년 중일전쟁을 일으킨 뒤에 본격적으로 논의했다. 마침내 1938년 2월 법령을 공포하고 1938년 4월 3일부터 육군특별지원병제도를 시행했다.[272] 지원 자격은 17세 이상으로 사상이 견고하고 체격이 강건하며 수업연한 6년인 소학교를 졸업한 사람이었다. '견고한 사상'을 중요하게 여긴 것은 군에 민족주의자나 공산주의자가 들어오는 것을 매우 경계했기 때문이다.[273]

지원병제는 식민지 조선을 더욱 깊숙하게 전쟁으로 몰아넣는 계기가 되었다. 친일 매체에서는 지원병제도가 "무질서한 상태의 조선인을 생기발랄하게 훈련시킬 수 있는 방편"이라고 선전했다. "군대 가야 사람 된다"라는 뜻이다.[274] 일제가 지원병을 모집하자 해마다 지원자 수가 크게 늘어서 지원병제도는 성공한 것처럼 보였다. 1938년부터 1943년까지 80만 명이 넘게 지원했다. 그 가운데 1만 6830명이 입영했다.[275]

왜 이토록 지원자가 많았을까. 첫째, 식민권력의 강제와 압박 때문이었다. 일제 자료에 따르더라도 스스로 지원하는 경우는 35퍼센트 남짓이었고 대부분 식민권력의 강압으로 지원했다.[276] 총독부의 하부기관인 도·군·면 등이 지원자를 늘리는 데 앞장섰다.[277] 여기에 경찰이 빠질 수 없다. 1938년 지원병제를 시행할 때부터 경찰은 지원자 선정과 예비조사 등을 맡았다.[278] 농촌지역의 저소득층을 대상으로 면사무소 직원이나 경찰이 가서 지원병으로 나갈 것을 강제했다.[279] 학교도 예외가 아니었다. "중학교 이상의 출신과 중등 이상의 가정에서는 지원자가 매우 적어서 총독부 학무국에서는 각 공립·사립 중학교 재학생 가운데 17세 이상 23세까지의 학생을 조사하여 보고하라고 했다."[280] 이것은 교장이나 교사를 앞세워 재학생을 지원병으로 내몰게 하려는 속셈이었다. 둘째, 스스로 지원하는 경우다. 그 계기는 갖가지였다. 일본 군인이 되는 것을 신분 상승의 기회로 생각한 사람이 있었다. 거기에는 군인이 되면 일본인과 동등한 권리를 누릴 수 있다는 기대도 작용했을 것이다. 1939년부터 계속되는 재해로 피폐해진 농촌에서 지원병에서 활로를 찾는 사람도 있었다.[281] 가혹한 군대 생활보다도 못한 현실을 벗어나려 했던 사람들이다. 아주 드물게는 탈주해 독립군에 참여하려고 일부러

지원하기도 했다.[282] 셋째, 식민교육에 빠져들거나 선전 등에 휩쓸려 지원한 사람이다. 식민권력은 학교와 경찰 그리고 관변단체를 동원하는 적극적 프로파간다, 황당한 군국 미담의 유통, 제대한 사람을 앞세운 순회강연 등을 했다.[283] 이제 지원병 선전 포스터를 보자.

그림 1 《매일신보》 1939년 12월 29일; 《조선신문》 1939년 12월 30일

그림 2 잡지 표지, 《총동원》 2권 11호, 1940년 11월

그림 1은 "각 애국반에서 한 사람씩 지원병을 내보내는 선전을 하려고 만든 포스터"다. 이 포스터는 '친일 화가' 김인승(1911~2001)이 그렸다. "폭이 석 자에 길이가 넉 자나 되는 상당히 큰 그림"이다.[284] 대략 가로 90센티미터, 세로 120센티미터다. 그림 2는 그림 1을 사용한 잡지 표지다. 포스터 속 지원병은 결의에 차 있고 오만하기까지 하다. 군복을 전통 의복과 대비시키면서 새로운 '남성성'의 기호로 제시했다. 군복을 입은 군인 뒤편에서 노를 젓는 노인은 너무 초라하다. 저렇게 늙고 힘없는 노인도 '봉공'한다는 메시지다.

일제는 이런 포스터 말고도 많은 전단을 뿌렸다. "한 집에 한 사람씩 지원병을 내보내자", "지원병은 반도의 자랑이다! 황국의 남자로 태어나 국방의 일선에 참가하는 것은 가문의 영예일 뿐만 아니라 남자다움의 본모습이다."[285] 전단에는 그러한 내용을 담았다.

육군지원병 포스터가 많았을 터지만, 매체에 실린 것은 그림 1뿐이다. 여기에 견주어 해군지원병 포스터는 매체에 여럿 실렸다. 해군지원병제는 1943년 8월 1일부터 시행했다. 육군에 견준다면 해군의 지원병제도는 매우 늦었다. 해군은 기술과 고도의 훈련이 필요하다면서 해군이 지원병 모집에 적극적으로 나서지 않았기 때문이다. 조선인을 위험한 존재로 여겼기 때문이기도 했다.[286] 이제 해군지원병 포스터를 다룰 차례다. 먼저 '과학전'의 상징인 군함을 주제로 삼은 포스터를 보자.

그림 3 《매일신보》1943년 7월 3일; 《경성일보》1943년 7월 4일; 《조선》 338호, 1943년 7월호, 도판

그림 4 광고, 《국민총력》 1943년 7월호, 도판

그림 3은 해군지원병 모집 포스터다. 그림 4는 그림 3을 이용한 강장제 광고다. 아마도 전함의 강렬한 주포主砲가 강장제 광고에 알맞다고 생각했을 것이다. 그림 3은 중간 문구가 보이지 않는다. 그림 4를 보면 "태평양은 너를 부른다. 반도의 젊은이여 바다로! 해군으로 !!" 이렇게 적었음을 알 수 있다. 신문에서는 그림 3 포스터와 함께 다음과 같은 기사를 실었다. "1943년 8월 1일 해군특별지원병제 실시를 앞두고 '태평양은 너를 부른다'라는 포스터를 만들어 전 조선에 배포했다. 특히 이 포스터는 농촌에 많이 배부하기로 했다."[287] 이 기사에서 일제가 주로 농촌 청년을 지원병으로 끌어가려 했음을 알 수 있다. 그림 3은 원근법을 사용해 전함의 정면을 그려서 보는 사람을 압도한다. 전함의 주포를 강조했다. "전함의 가치는 주포에 달려 있기" 때문이다.[288]

그림 5 매일신문사,《매신 사진순보》326호, 1943년 7월 11일, 4쪽

그림 6 민족문제연구소 엮음,《식민지 조선과 전쟁미술》, 2004, 115쪽

그림 7《매일신보》1943년 12월 27일

그림 5는 해군 비행기에서 폭탄을 떨어뜨려 적함을 침몰시키는 장면을 그렸다. 큼지막한 군함기 속으로 비행기가 빨려 들어가는 듯하다. 이 포스터를 실은 잡지에서는 청소년과 대학생들이 해군예비학교에 들어가서 '바다 독수리'가 되어 '하늘의 결전'을 치러야 한다고 했다.[289] 그림 6 포스터는 마치 사진처럼 만들었다. 전함을 웅장하게 그려서 호기심을 자극하고 사람들을 '스펙터클'한 전쟁으로 끌어들인다. 마치 영화의 한 장면처럼 보인다. 선전가들은 대중문화 안에서 이미 정립된 관습적 시각 코드들을 사용하는 경우가 많았다. 일반적으로 징집 포스터 디자인은 광고물이나 영화 포스터와 비슷하다.[290] 그러나 모든 포스터가 다 화려했던 것은 아니었다. 그림 7처럼 포스터답지 않은 포스터도 만들었다. "우수하고 진실한 반도 청년은 모두 무적해군에 지원하라"는 내용이다. 자세한 것은 경찰서에 문의하라고 적었다. 이 포스터를 실은《매일신보》에서는 "반도 청소년은 바다에 뼈를 묻는다는 각오를 해야 한다"라고 했다.[291]

해군지원병은 경남 창원군 진해에 있는 조선총독부 해군지원자훈련소에서 훈련받았다. 그러나 1년이 지난 1944년 8월 1일, 조선총독부 해군지원자훈련소를 폐지하고 지원병을 곧바로 해병단으로 보냈다.[292] 그렇게 예비훈련 과정을 생략한 것은 하루라도 빨리 병력을 충원해야

했기 때문일 것이다. 일제 말기 해군으로 동원된 조선인은 대략 2만 3000명에 이르며 이 가운데 해군특별지원병으로 동원된 조선인은 3000명으로 추정하고 있다.[293] 이제 포스터 속 해군지원병 모습을 보자.

그림 8 《경성일보》 1944년 6월 3일

그림 8에서는 멀리 있는 전함을 작게 그렸다. 포스터 속 해군은 바람에 펄럭이는 군함기를 들고 결의에 찬 모습으로 앞을 응시하고 있다. '대일본제국'이라고 쓴 모자를 썼다. 이 포스터에서는 군함, 해군기, 해군복 등 해군의 상징을 압축해서 표현하면서 지원병이 되라고 설득한다. 다음 그림을 함께 보면 그림 8의 본래 모습을 추측할 수 있다.

그림 9 일본 포스터(1940), 三好一,
《日本のポスター: 明治 大正 昭和》, 紫紅社, 2003,
194쪽

그림 10 일본 포스터(1941), 田島奈都子 編,
《プロパガンダ・ポスターにみる日本の戦争》,
勉誠出版株式會社, 2016, 15쪽

그림 9·10은 일본에서 해군지원병을 모집하는 포스터다. 그림 9는 바다를 상징하는 파란색
바탕에 군함기를 큼지막하게 그렸다. "군함기를 해군기라고 부르는 사람도 있으나 그것은
잘못이다."[294] 이 포스터도 멀리 있는 군함을 작게 그렸다. 그림 10에서는 '전투 의지'가 가득한
수병水兵과 항공병의 옆모습을 그렸다.

일제는 전쟁에서 수세에 몰리자, 고등교육을 받고 있던 학생까지 전쟁터로 몰아넣었다.
1943년 10월에 일본 육군성에서 조선인 학도지원병을 모집할 것이라고 발표했다. 조선인
전문학교와 대학교 학생이 대상이었다. 마침내 1944년 1월 20일에 '학병'이 군대에
들어갔다.[295] 학도지원병제도로 4385명이 동원되었다.[296] 말로는 '지원'이라고 했지만,
동원을 거부한 학생들은 이른바 '비국민非國民' 또는 '사상범'으로 낙인찍혔으며, 곧바로
'학도징용'으로 끌려갔다. '징용 학도'는 엄격한 감시 속에서 혹독한 노동에 시달려야 했다.[297]
일제가 학도지원병으로 나가라고 선전하는 포스터를 보자.

그림 11 《매일신보》 1943년 11월 14일

그림 11은 사진을 이용한 포스터다. 분열식을 하며 교련 사열査閲을 받는 학생들의 사진이다. 이 포스터는 학교 교련이란 학생을 군인으로 만들려는 군사교육이었음을 알려 준다. "학도들이여 나가라! 대호령大號令은 학도에게 내려졌다. 황은皇恩에 보답할 때는 지금이다. 한 사람도 빠짐없이 속히 전쟁의 대열에 달려가서 조선 청년의 철화鐵火와 같은 의기를 세계에 보여라! 일어나서 나아가라!" 그림 11 포스터에 그렇게 적혀 있다.

일제는 고등교육을 받은 학생만이 아니라 어린 소년도 군대로 데려갔다. 소년병이 그들이다. 일제는 국가를 병영으로 바꾸고 국민을 군인으로 만드는 데 혈안이 되었다. "군인을 교육하고 훈련하기 위해 군대라는 조직이 있듯이, 소국민을 육성하고 단련하기 위해 국민학교라는 조직이 있다."[298] 일제는 국민학교를 갓 나온 소년을 곧바로 군인으로 만들려고 소년병을 모집했다.

먼저 육군소년비행병을 보자. 일본은 1933년 4월에 육군소년비행병제도를 마련했다. 초등교육을 마친 15~17세를 대상으로 1년의 기초교육과 조종·정비·통신으로 나뉘는 2년의 상급교육을 시켰다. 1943년부터는 교육과정을 2년으로 줄였다.[299] 또 그해부터 국민학교를 마치면 곧바로 육군소년병이 될 수 있도록 지원 나이를 14세로 낮추었다.[300]

조선인 몇 명이 육군소년비행병이 되었는지 밝혀지지 않았지만, 1942년부터 눈에 띄게 늘었다.[301] 왜 소년들은 목숨을 걸어야 하는 전쟁터로 갔는가. "소년병은 형과 아저씨들의 뒤를 따르는 황국의 희망이고 꽃"이라고 추켜세웠기 때문일 수도 있겠다.[302] 일제가 1940년부터 항공기념일 행사를 하고 학교에서는 모형 비행기 만들기와 활공교육을 하는 등 갖가지 방법으로 '항공열'을 부추기자 이에 휩쓸린 소년도 있었을 것이다. 그러나 "전혀 학비가 들지

않으며 다달이 수당까지 받으면서 훌륭한 교육을 받을 수 있고 출세까지 빠르다"라는 선전
효과가 컸다.[303] "늠름한 제복을 입고 23세가 되면 소위가 된다."[304] 집안 사정으로 상급학교에
갈 수 없는 소년에게 그러한 선전은 솔깃했다. 포스터 속 육군소년비행병을 보자.

그림 12 《경성일보》 1941년 8월 14일

그림 12에서는 '귀여운 소년병'이[305] 아닌 영웅적인 소년병으로 묘사했다. 비행복을 입은 소년,
공군을 상징하는 독수리, 하늘을 나는 비행기를 대각선으로 배치했다. 소년비행병이 비행기를
타고 하늘로 날아오르는 날을 꿈꾸며 강인한 의지를 보인다. 압축적 메시지 전달 기법을
이용해서 황군에 대한 존경과 숭배를 유도했다.[306] 소년들의 감성에 호소하면서 비행사를
동경하도록 만드는 다음과 같은 포스터도 있다.

그림 13 《매일신보》 1943년 9월 17일
(출처: 田島奈都子 編,《プロパガンダ・ポスターにみる日本の戰争》, 勉誠出版株式會社, 2016, 59쪽)

그림 14 일본 포스터(1944), 에도도쿄박물관 소장

그림 13을 흑백 사진으로 실은《매일신보》는 "육군소년비행사를 모집하는 아름다운 포스터"라고 해설했다.[307] 그림 13에서 짙푸른 산악지대를 날아가는 비행기 편대는 참혹한 전쟁과는 아무런 관계가 없는 듯하다. 그림 14 포스터를 소개한 식민지 조선의 매체를 찾지 못했지만, 이 포스터도 국내에 배포했을 것이다. 그림 14에서 전투기가 이국적인 숲 위를 '평화롭게' 날아간다. 이러한 묘사는 전쟁에 대한 환상을 퍼뜨리고 점령지에 대한 호기심을 부추기면서 전쟁을 지지하도록 이끈다.

소년비행병의 역사는 길다. 일본에서는 육군보다 해군에서 먼저 항공 조종사에 대한 검토를 시작했다. 해군이 항공기 조종사로서 적당한 나이를 조사한 결과 "소년기에서 청년기로 넘어가는 16세에서 19세까지"가 가장 적당하다는 결론을 내렸다.[308] 소년비행병은 어렸지만, 치열한 경쟁률을 뚫고 합격한 빼어난 인재였다. 이들이 기초 조종교육을 끝내고 일선에 배치됐을 땐 고등학교 2~3학년 정도였다. 그 무렵 일본의 징집 연령이 스무 살이었으니 아직 군대 갈 나이도 안 되었다.[309] 그러나 그들 가운데 일부는 가미카제 특공대가 되어 자살 공격을 해야 했다.

비행병 말고도 육군소년병으로는 전차병, 야포병, 중포병, 고사포(방공)병, 통신병, 병기병 등이 있었다. 14세부터 17세까지 지원할 수 있었다.[310] '과학전'의 무기로 소년의 호기심을 자극해 전쟁으로 끌어들이는 포스터를 보자.

그림 15 《국민신보》 1939년 7월 23일;
每日新聞社 編, 《日本の戦争 2: 太平洋戦争》,
每日新聞社, 2010, 85쪽

그림 16 《국민신보》 1942년 4월 12일

그림 15는 《국민신보》의 '어린이란'에 실린 포스터다. 전차를 대각선으로 배치해 마치 튀어
오를 듯하게 그렸다. 이 신문은 "뉴스 영화에서 불을 뿜어 내며 적진으로 돌진하는 전차를 보고
놀랐을 것이다. 전차는 육군 기계 병기 가운데 최선두에 서 있다"라고 어린이에게 소개했다.
그리고 이 포스터와 함께 육군에서 15세부터 18세까지의 소년 전차병을 처음으로 모집한다는
등의 기사를 실었다.³¹¹ 그림 16은 '육군병기학교' 학생 모집 포스터다. 《국민신보》는 그림
16이 무기를 만들 사람을 모집하는 포스터이며 육군병기학교에 15세부터 20세까지 지원할 수
있다고 적었다.³¹² 소년병을 모집한다는 포스터를 더 보자.

그림 17 《경성일보》 1941년 8월 20일

그림 18 민족문제연구소 엮음, 《식민지 조선과 전쟁미술》, 2004, 117쪽

그림 17은 육군유년학교 학생을 모집한다는 포스터다. 육군유년학교란 육군 간부를 길러 내는 곳으로 13세부터 15세 미만이 지원할 수 있었다.[313] 육군유년학교를 졸업하면 육군사관학교에 들어갔다. 육군유년학교 출신들은 일반 중학교에서 육군사관학교로 진학한 학생들을 무시했다.[314] 그림 18과 그림 19의 소년병들은 비장하고 우울해 보인다. 병사 모집 포스터들은 메시지를 직접 전달하는 것이 목표였기 때문에 이미지가 단순하고 획일적이지만, 포스터 디자인에서 중요한 대비, 중첩, 클로즈업 그리고 상징을 사용하고 있다.[315] 소년병 모집 포스터는 전투 장면을 묘사한 것이 거의 없다는 특징이 있다.[316]

일제는 1942년 5월 9일 조선에 〈징병시행준비명령〉을 발령해 1944년부터 시행하기로 하고 대만에서도 1945년부터 시행하려고 했다. 이에 따라 식민지 조선에서 1943년 8월 1일부터

징병제를 시행했다.[317] 제1회 징병검사는 1944년 4~8월에 실시했고 제2회 징병검사는 1945년 2~5월에 실시했다. 제1회에 5만 5000명, 제2회에 4만 6000명 합계 10만 1000명이 징집되어 입대했다.[318] 일제는 지원병제도의 성과가 매우 좋으니 조선인의 열망을 받아들여 징병제를 실시한다고 주장했다. 또한 징병제는 내선일체를 완성하는 것이며, 조선인에게 '흥아 지도자'의 지위를 보증하게 할 것이라고 선전했다.[319] 친일파들도 앞장서 징병제를 거들었다. 이광수는 다음과 같은 글을 썼다.

그림 19 육군소년병 모집 포스터, 부산광역시립박물관 소장

> 만일 남자로 나서 징병에 들지 못한다면 그것은 병신이어서 심히 부끄러운 일일 것입니다. 이번 징병에 대하여 우리는 첫째로 감사하고 둘째로 반성을 할 것입니다. 감사하는 까닭은 나라에서 우리 조선 사람을 황국신민으로서 믿어 주신 것이고, 반성할 것은 우리에게 과연 그만한 신임을 받을 만한 애국심과 실력이 있나 하는 것입니다.[320]

이광수는 일제의 뜻을 잘 반영했다. 일제도 징병을 앞두고 조선 민족은 반성해야 한다고 주장했다. 일제에 따르면 "조선 민족은 책임 존중의 결핍, 자기 직역을 수행하는 데 적극성이 없는 것, 언행이 다른 것, 은혜를 잊어버리고 보은의 생각이 적은 것, 헛되이 이론에 치중하고 실행이 없는 것, 법을 지키지 않는 것" 등의 결점이 있다고 했다. 이 결점을 없애려면 조선 민족은 더욱 일본정신을 연마하고 황국신민이 되도록 힘써야 한다고 했다.[321]
온갖 감언이설과 황당한 선전이 넘쳐났지만, 뜻밖에도 징병제를 선전하는 포스터는 매우 적게 전한다. 그래서 더욱 소중한 다음 포스터를 보자.

그림 20 《매일신보》 1943년 7월 20일

그림 20은 국민총력조선연맹 선전부에서 '황국신민과 징병제도 이동전람회'를 열었을 때의 포스터다.[322] 이동전람회는 '길거리의 등대'로서 "반도의 후방을 튼튼하게 하는 효과가 있다"라고 했다.[323] 그림 20은 포탄이 터지는 전장에서 함성을 지르며 돌격하는 병사를 그렸다. 글씨가 잘 보이지 않지만 "천황폐하의 부르심에 반도 청년의 의기를 떨쳐 보이라"라는 내용이다. 이 포스터에 지원병이 되어 맨 처음 전사한 이인석李仁錫과 두 번째 전사자인 이형수李亨洙 등의 이름을 쓰고 "성전순국聖戰殉國의 모범을 보인 사람"이라고 했다. 그림 20을 잘 이해하려면 그림 21의 '사진 포스터'도 함께 보아야 한다. 그림 21은 일본에서 1943년 육군기념일에 만든 사진 포스터의 포토몽타주 원판이다. "격멸하고야 만다"라는 표어를 적었다. 땅바닥에 성조기가 떨어져 있고 일본 병사는 함성을 지르며 수류탄을 던진다. 그림 21이 그림 20 포스터에 크게 영향을 미쳤음을 한눈에 알 수 있다. 다음 두 그림도 '황국신민과 징병제도 이동전람회' 때의 포스터다.

그림 21 일본 '사진 포스터'(1943), David C. Earhart, *Certain Victory. Images of World War II in the Japanese Media*, New York & London: M. E. Sharpe, 2008, p.320

그림 22 《경성일보》 1943년 7월 20일

그림 23 《경성일보》 1943년 7월 20일

그림 22는 병사가 나팔을 부는
모습을 그렸다. 군사신호는 어느
시대에나 있었다. 유럽에서는
16세기부터 트럼펫과 피페,
드럼으로 군사신호를 보냈다.
19세기에 들어서면서 피페
대신에 나팔을 사용했다. 나팔
신호는 군인들의 행동을 지시하는
신호체계다.[324] 나팔수는 국가의
부름을 상징하는 징병제에서
자주 사용하는 이미지다.[325]
그림 22에는 약진躍進하는 해인
1944년에 징병제를 시행하는
것을 환영한다는 내용이 쓰여
있다. 그림 23에는 "조선은
무엇을 해야 하는가"라고 썼다.
대동아 건설에 떨쳐 일어서야
한다는 내용을 길게 쓴 듯하다.
한반도 지도 위를 배경으로
우뚝 서 있는 청년을 그렸다.
청년단복을 입은 청년이 주먹을
움켜쥐며 결의를 내비친다.
징병제 포스터는 국민학교에도
찾아갔다. 다음은 그 이동전람회
포스터 가운데 하나다.[326]

전쟁에 나갈 생명

그림 24 《매일신보》 1943년 8월 24일

그림 24는 "앞으로 황군이 될 어린이들에게 징병 지식을 넣어 주는" 포스터다. 병사는 총검을 비껴들고 살기등등하게 노려보고 있다. 이 포스터에 "우리가 기다렸던 길, 광명과 함께 열어 가자"라고 적었다. 이러한 징병 포스터는 마치 영화 포스터처럼 보여 또 다른 환상을 불러일으킨다. 이런 종류의 포스터는 전쟁을 한결 친숙하게 느끼도록 만들고 환상과 욕망의 습성을 악용해 전쟁을 미화한다.[327]

다음은 포스터가 아닌 벽신문이지만, 징병제 프로파간다의 방식을 이해하는 데 도움이 된다. 그림 25는 총독부 정보과에서 배포한 벽신문이다. 이 벽신문에선 "우리는 황국의 부름을 받았다"라는 표어를 넣고 "용감한 황군을 그렸다."[328] 사람들을 휘감고 있는 뱀과 먹잇감을 노리는 흉측한 악어는 영국 국기를 둘렀다. 배를 드러내고 있는 괴물은 성조기를 둘렀다. '황군'이 뱀과 악어를 제압하고 괴물을 칼로 찔렀다. '황군' 뒤에는 '징병제도' 어깨띠를 두른 청년, '내선일체' 어깨띠를 두른 노인, 병정 모자를 쓴 어린이가 있다. 그들 모두 일장기를 흔든다.

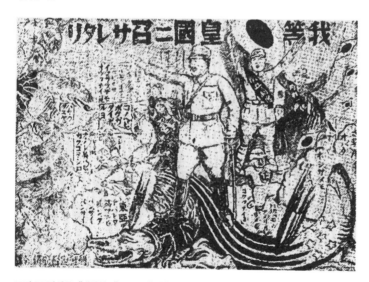

그림 25 벽신문, 《매일신보》 1942년 6월 18일

일제는 얼마나 많은 조선인을 군대로 끌고 갔을까. "육군특별지원병부터 징병까지 그러니까 1938년부터 1945년 사이에 대략 21만 4000명의 조선인 남성이 일본군이 되었다.[329] 이것도 하나의 설이며 정확한 숫자는 아직 알지 못한다. 군속까지 포함해서 약 38만 명이 동원되었고 이 가운데 2만 명 정도가 희생되었다고도 한다.[330]

끝으로 한글 신문에 실린 만주의 징병제에 관련된 포스터를 소개한다.

그림 26 《만선일보》 1940년 4월 14일

그림 26에서는 일제가 은혜를 베풀 듯이 만주 국기가 달린 총을 청년에게 건넨다. 청년은 기쁘게 총을 받는다. "경축 국병법 시행, 4월 15일"이라고 적었다.[331] 〈국병법〉이란 만주국의 징병제 관련 법이다.[332] 만주에서는 1940년 4월 〈국병법〉을 시행하고 다음 해인 6월에 국병國兵이 입영했다.[333]

'국방동물':
군마와 군견

일본 야스쿠니신사에는 '전몰 말 위령상'과 '군견 위령상'이 있다. 일제가 일으킨 전쟁에서 말과 개가 큰 역할을 했음을 알려 준다. 먼저 군마를 알아보자. 일본은 군마를 중요하게 여겼다. 청일전쟁과 러일전쟁을 비롯해 아시아·태평양전쟁에 이르기까지 군마는 큰 역할을 했다. 전투의 주력부대였던 보병은 걸어서 이동했다. 보병부대 안의 포병이나 기관총부대, 통신부대, 보급부대의 주된 운송수단은 자동차가 아닌 군마였다.[334] 그것은 일본군이 운송수단을 기계화하지 못했을 뿐만 아니라, 전쟁이 동남아시아까지 번지면서 말이 그곳의 자연환경에서 필요했기 때문이다. 전쟁 말기가 되면 심각한 연료난을 겪었기 때문에 전투와 물자 운반 때 말에 더욱 의존했다.[335] 일본이 점령했던 동남아지역은 토질이 진흙인 경우가 많고 도로가 정비되지 않아 자동차를 이용하기 매우 어려웠다. 따라서 말은 탄약이나 식량을 운반하는 운송수단이자 병사가 이동하는 수단이었다.[336] 만주사변 뒤에 참전한 군마와 현지 징용마는 몇십만 마리에 이르렀으며 대부분 전장에서 길을 가다가 죽었다.[337]

매체는 '말 없는 전사'인 군마의 무훈과 미담을 많이 소개했다. 이러한 전쟁 프로파간다를 통해 군마는 국민에게 깊은 인상을 남겼다. 그러나 '살아 있는 병기'인 군마는 전장에서 '병기 비품'으로 소모되었을 따름이었다.[338] 일제는 전쟁터에서 죽은 말의 혼을 달래고 공을 세운 말을 포상하는 '군마제'를 열어 전쟁 열기를 북돋웠다. 군마제는 일본과 조선에서 10월 하순 무렵 동시에 열렸다. 조선 군마제는 주로 조선신궁에서 열었다. 전쟁이 격화되던 시기에는 '군마의 무운장구 기원제'를 자주 열었다.[339]

일본은 러일전쟁 직후인 1906년부터 본격적으로 군마를 육성하는 '마정馬政 30년 계획'을 추진했다.[340] 그리고 1939년에는 4월 7일을 애마일로 정했다. 애마일이란 동물보호운동이 아니라 군사 목적을 가진 기념일이다. 왜 4월 7일인가. 청일전쟁과 러일전쟁에서 일본 말이 몸집이 작아 기대에 못 미쳤다면서 1904년 4월 7일에 말의 품종을 개량하도록 조서를 내렸던 것에서 비롯되었다.[341] 애마일이란 말의 건강을 보살펴 주고 '무운장구'를 빌며 '애마사상' 또는 '군마사상'을 기르는 날이었다. 다음 그림은 '애마사상'을 보여 준다.

그림 1 표지, 《半島の光》 64호, 1943년 4월

그림 2 표지, 매일신문사, 《매신사진순보》 284호, 1942년 5월 1일

그림 1은 "4월 7일, 애마일"이라고 쓰고 세일러 교복을 입은 여학생이 말에게 먹이를 주는 모습을 그렸다. "모든 것을 전쟁으로!"라고 적었다. 말을 잘 키워서 전쟁터로 보내자는 뜻이다. 애마일에 학생들은 강연을 듣거나, 말에게 홍당무를 주거나, 또는 승마대와 함께 거리를 행진하는 행사에 참석해야 했다. 그림 2는 말에게 홍당무를 주는 군인의 사진이다. "용감하게 싸우는 무언의 용사에게 바처라! 1억의 감사"라고 적었다. 이제 애마의 날 포스터를 보자.

그림 3 《경성일보》 1940년 4월 7일

그림 4 《경성일보》 1941년 4월 6일

그림 5 《매일신보》 1943년 3월 31일; 《경성일보》
1943년 4월 7일

전시체제 이전의 광고에서 '3B', 즉
Beauty(미인), Baby(어린이), Beast(동물)을
주제로 삼으면 호감도가 높아진다고 믿는
사람이 많았다.[342] 그림 3·4·5는 전쟁과
전혀 상관없다는 듯이 말을 사랑스럽게
그렸다. 마치 '3B 법칙'의 향수를
불러일으키는 듯하다. 다만, 그림 4에서는
일장기와 함께 말을 그려 넣고 "무언의
전사를 애호하자"라고 적었다. 애마일에는
'군마사상'을 전파하는 여러 행사를 했다.
다음 사진을 보자.

그림 6 사진, 《매일신보》 1940년 4월 10일

그림 6은 애마일에 조선은행 옆을 군마가 행진하는 사진이다. '4월 7일, 애마일'이라고 쓴
선전탑이 선명하다. 조선은행 광장은 조선은행, 경성우편국, 미스코시백화점으로 둘러싸인
지배권력의 상징 공간이자 권력의 무대장치였다.[343] 이곳을 군마가 행진하면서 식민지인에게
제국의 위용을 과시하고 '군마사상'을 전파하고 있다.

'애마사상'을 전파하는 데 친일파도 앞장섰다. 이광수는 애마운동이 크게 일어나서
어린아이들까지 〈애마행진곡〉을 즐겨 부르게 된 것은 좋은 일이라고 했다. 아들을 잘 길러서
군인으로 바치는 것이 '봉공'이듯이 군마나 군견을 길러서 바치는 것도 '봉공'이라고 주장했다.
이광수는 "동명왕이나 온달이 말을 잘 길러 대중에게 모범을 보인 역사가 있다"라고 했다.
"윷에도 말이 있고 바둑이나 장기에서도 말이라고 부르는 것은 옛날부터 말을 소중하게
여긴 까닭"이라면서 조선인은 더욱 애마사상을 가져야 한다고 했다.[344] 이광수가 말한
〈애마행진곡〉은 〈애마진군가〉로 바뀌었다.[345] 다음은 〈애마진군가〉 음반 광고다.

그림 7 광고, 《경성일보》 1939년 3월 1일

〈애마진군가〉는 육군성 마정과馬政課가 직접 나서서 작사와 작곡을 공개 모집했다. 일본 육군성은 '애마의 날'을 정한 뒤에 '애마사상'을 국민에게 침투시키려고 노래를 만들었다. 육군성은 〈애마진군가〉를 보급하는 데 강제력을 발휘했다.[346] 조선에서도 학무국에서 각 사범학교와 초중등학교에 〈애마진군가〉 악보를 배포했다.[347]

조선총독부는 1942년 3월에 〈조선마적령〉을 공포했다. '국방동물'인 말의 호적을 만든다는 뜻이다.[348] 일본에서는 〈마적법馬籍法〉을 1922년부터 실시했지만,[349] 조선에서는 1943년 4월부터 〈마적령〉을 시행했다.[350] 〈마적령〉이란 "말의 소유자 또는 관리인은 마적을 등록하고 말의 소유관계 이동 등에 대하여 모두 보고하게 하여 말의 확보와 징발 사무를 완벽하게 준비하는" 사업이었다.[351] 마적부馬籍簿에는 13개의 항목을 적도록 해서 인간의 호적보다도 훨씬 많은 정보를 모으도록 했다. 〈마적령〉에 따라 민간 말을 징발하는 체계가 마련되었다.[352] 다음은 〈조선마적령〉 포스터다.

그림 8 《매일신보》 1943년 3월 24일; 《경성일보》
1943년 3월 7일; 《신시대》 3권 4호, 1943년 4월,
도판

그림 8에서 말은 '조선마적령'이라고 쓴 띠를
둘렀다. "말의 소유자는 빠짐없이 신고하라"라고
쓰여 있다. 일제가 "건강한 몸을 만들어
강한 군인이 되자"라는 '건민운동'을 펼칠
때 조선마사회에서는 '건마健馬보국운동'을
일으키기도 했다.[353] 말을 튼튼하게 키워서
군마로 만들어 나라에 보답하자는 운동이었다.
이제 군견을 살펴보자. 경성부의 시정을
홍보하려고 만든 책 《경성부사》에 경찰견에 관한
중요한 글이 실렸다. 중요한 만큼 길더라도 그
내용을 그대로 인용한다.

> 유럽에서는 예부터 경찰견을 잘 훈련시켜
> 그 특성을 이용해 많은 성과를 거두어 왔다.
> 동양에서 처음 경찰견을 사용한 것은 조선의
> 경무총감부에서 1911년 11월에 경무총장
> 아카시 간지로明石元二郎가 독일에서

에어데일 테리어Airedale Terrier종 수컷 1마리와 암컷 2마리를 들여온 것이 효시다. 비록 처음에는
기후·풍토·언어가 달라 효과를 거두지 못했지만, 그 후 각종 훈련법과 사육법을 연구하고 꾸준히
보급한 결과 마침내 내지(일본) 각 도시의 경찰도 경찰견을 사육하고 훈련시키게 되었다.
1915년 당시 조선 전 도의 경찰견 수는 50마리를 넘어서 최전성기를 누렸다. 이 개들은 주로
유치자의 도주 예방, 범인 압송, 현행범 체포, 신원 불명의 범인 추적, 우편 체송 등에 투입되어 큰
효과를 거두었다. 그러자 조선에서는 경찰견 사육열이 고조되었고, 1931년 만주사변 뒤에는 이것이
군용견 열풍으로 이어지면서 특별하게 주목을 받게 된 것은 주지의 사실이다. 이처럼 각 방면에서는
개의 사육과 훈련이 이루어지고 있었는데, 그것이 경무총감부의 경찰견 사육에서 비롯된 사실은
자못 흥미롭다.[354]

일본보다 식민지 조선에서 먼저 경찰견을 활용했다는 것, 만주사변 뒤에 군용견 열풍이

불었다는 것이 눈에 띈다. 매우 중요한 내용이다. 신문 기사에서는 "제1차 세계대전 뒤에 군용견의 수요가 절실하게 되었으며 특히 만주사변에서 군견의 활약이 두드러져 일본군의 필수 병기로 중시하게 되었다"라고 적었다.[355] 제1차 세계대전 때 독일이 군견을 전쟁에 활용한 뒤부터 영국, 프랑스, 이탈리아, 미국 등에서 앞다투어 군용견을 보급했다. 일본도 만주사변 때에 군견의 효용성을 체험하고 반관반민半官半民 기관인 제국군용견협회를 만들어 군견 보급을 장려했다.[356] 다음은 만주사변 직후의 일본 군견대軍犬隊 사진이다.

그림 9 사진, 《부산일보》 1932년 10월 11일

그림 9에서 군견이 군인과 함께 열병식을 하고 있다. 압록강 등의 국경수비대에 군견을 배치했다.[357] "신병기를 사용하고 군용과학이 놀랄 만하게 발달했지만, 군용견은 전투에서 중요한 역할을 했다."[358]

일본의 제국군용견협회는 정식으로 1933년에 조선지부를 두었다. 그들은 국방 제1선인 조선에서 '군용견 보국'의 길을 닦겠다고 했다.[359] 제국군용견협회는 경연대회 등을 열어 군견 훈련 장면을 일반에 공개했다. 다음 포스터는 그 사실을 보여 준다.

그림 10 《매일신보》 1934년 5월 30일; 《조선신문》 1934년 5월
30일; 《경성일보》 1934년 5월 30일

그림 10을 보면 군견으로 나라에 보답한다는 뜻으로 '군견보국軍犬報國'이라고 적었다.
세퍼드가 용맹스럽게 한반도에서 튀어 오른다. 제국군용견협회가 1934년에 조선군 사령부의
후원을 받아 남대문소학교에서 군용견 전람회를 연다고 적었다. 무슨 까닭에서인지 군용견
행사는 주로 남대문소학교에서 열렸다. 다음 그림 11 포스터가 그 보기다.

그림 11 《조선신문》 1935년 5월 22일　　　　　　그림 12 표지, 《신시대》 4권 2호, 1944년 2월

그림 11에 '제3회 군용견전람회'라고 쓰여 있다. 제국군용견협회 조선지부에서는 군용견
훈련소를 설치해 개를 훈련했으며 일반인 애견가에게도 셰퍼드를 분양했다.[360] 군견으로는
셰퍼드, 도베르만, 에어데일 테리어 등의 견종을 썼다.[361] 그림 12 잡지 표지에서는 "나아가라,
지키라, 모두 다 결사!"라는 비장한 글귀를 적었다. 군견은 살기등등하다.

군용견 증산사업은 개를 키워 나라의 은혜에 보답하는 일이며 이익도 많이 남는 사업이라는
광고도 있다.[362] 다음 광고를 보자. 그림 13 광고는 군견과 파수 보는 개를 길러 국책에
협력하고 나라의 은혜에 보답하라고 선전한다.

군견을 주제로 한 영화를 만들고 공을 세운 군견에게는 훈장도 주었다. "군견 후카미深海는
1939년 응소된 이래 공산비적 76명을 체포하고 2명을 물어 죽여 적의 간담을 서늘하게 한
큰 훈공을 세워 군견 최고의 영예인 훈공장을 받았다."[363] 군견은 군마·군용 비둘기와 함께
위령제의 대상이 되었다.[364]

초등학교 교과서 《소학국어독본》은 〈견犬의 공적〉에서 "만주사변 최초의 밤 전투에서 전령의

임무를 완수하고 죽은 군견이 그
공적을 인정받아 훈장을 받은
것"³⁶⁵을 실었다. 음악 교과서에는
군견에 대한 노래가 있고³⁶⁶
《국어독본》에는 다음과 같은 삽화도
실었다.

그림 14는 초등학교 1학년
교과서에 실린 '전쟁놀이' 삽화다.
집에서 키우는 개는 군견 역할을
하고 여자 어린이는 종군간호부
역할을 하면서 전쟁놀이를 한다.
이러한 전쟁놀이는 '황군'을
동경하게 하는 어린이들의 모의
전투였다.

그림 13 《경성일보》 1943년 6월 29일

그림 14 삽화, 박경수, <일제말기 《국어독본》의 교화로 변용된 '어린이'>, 《일본어문학》 55, 2011, 559쪽

전쟁에 나갈 생명

군비가 되는　저축

전쟁 같은 경제:
경제전강조운동

중일전쟁은 쉽게 끝나지 않았다. 일본은 장기전에 대비했다. 일본은 1938년에 중일전쟁
1주년을 맞이해 "7월 하순부터 8월 하순 사이에 '경제전강조주간'을 실시한다"라고 결정했다.
전쟁에 필요한 물자를 동원할 수 있도록 국민에게 촉구하는 것이 목적이었다.[367] "현대의
전쟁은 단순한 총과 칼의 싸움이 아니고 장기 항전을 위한 경제전이다."[368] 따라서 모든 국민은
경제전에 대비해야 한다고 했다. 일본은 경제전강조주간 때 생활쇄신, 물자절약, 저축실행
등을 목표로 내걸었다.[369] 경제전강조주간에 실천하는 내용들은 다만 전쟁에 이기기 위한 것일
뿐만 아니라 앞으로도 생활하면서 꼭 필요하다고 했다. 다음은 1938년 일본의 경제전강조주간
포스터다.

그림 1 일본 포스터(1938), 並木誠士·和田積希 編,
《日本のポスター: 京都工芸繊維大学美術工芸資料館
デザインコレクション》, 青幻舍, 2018, 252쪽

그림 1에선 여러 '경제전' 가운데 저축을
주제로 삼았다. 머리 끈을 동여매고 열심히
일하는 아버지와 철모를 쓰고 일장기를 흔들며
저금통장을 들고 있는 사내아이를 그렸다.
사내아이는 미래의 병사를 꿈꾸며 '히노마루
페티시즘'[370]에 빠졌다.
식민지 조선도 일본과 보조를 맞추기로 했다.
일본보다 조금 늦은 1938년 8월 22일부터
일주일 동안 경제전강조주간을 시행했다.
"조선의 실정에 맞게 관민 일치의 전시체제를
확립하는 것"이 목표였다.[371] "아깝다는 관념을
철저하게 갖도록 하겠다"라는 방침을 세웠다.[372]
생산증가를 장려한다고도 했다. "늘어 가는
저축에 전진하는 황군." 이처럼 총독부에서는
여러 경제전 표어도 만들었다.[373] 경제전강조주간

때에 소비절약, 물품애용, 폐품의 이용과 회수, 저축실행, 생활쇄신, 물가등귀 억제에 대한 협력, 생산증진, 근로보국이라는 8대 목표를 설정했다.[374] 이 모든 것은 물자절약과 자금통제 등 전시통제경제를 강화하는 정책과 맞닿아 있었다.[375] 농촌에서는 변소 개선, 축사 개선, 흰옷 염색 등의 생활개선운동을 하라고 했다. 비료 증산에 힘쓰며 "쌀을 적게 먹고 저축하라"고도 했다.[376] 도시와 농촌, 또는 지역에 따라 경제전강조주간 행사의 내용은 조금씩 달랐다.[377] 1939년에는 경제전강조주간을 한 달로 늘려서 '경제전강조월간'으로 했다. 1939년 연말 한 달 동안 시행했던 경제전강조운동은 생활쇄신, 소비절약, 식량충실, 저축장려 등을 목표로 삼았다.[378] 경제전강조월간은 예전의 경제전강조주간과 큰 차이가 없다. 그런데 왜 한 달씩이나 했을까. 1939년 9월에 독일이 폴란드를 침공한 것을 계기로 제2차 세계대전이 시작되었고 이에 따라 세계 정세에 중대한 변화가 생겼기 때문이다.[379]

그림 2 조선총독부, 《통보》 59호, 1939년 12월 15일, 14쪽(출처: 서울시립대학교 박물관, 《캠페인을 보면 사회가 보인다》, 2002, 15쪽)

1938년 '경제전강조주간' 포스터는 찾을 수 없다. 다만 1939년 12월 내내 시행했던 경제전강조월간 포스터가 있다. 그 포스터를 보자.

그림 2에서는 "한 개의 못도 소홀하게 여기지 말자"라고 했다. 손에 든 한 개의 못이 대포도 되고 비행기도 된다는 뜻을 그림으로 나타냈다. 이 포스터를 설명하는 글에서는 "경제전 돌파가 최후의 승리를 가져온다"라고 적었다.[380] 경제전강조운동에서는 이와 같은 '물품 애용·소비절약' 포스터와 함께 다음과 같은 저축 포스터도 배포했다.

그림 3 조선총독부, 《통보》 59호, 1939년 12월 15일, 속표지

그림 4 조선총독부, 《통보》 58호, 1939년 12월 1일, 속표지

그림 3을 보면 "저축하자. 나라를 위해"라고 적었다. 아이는 푼돈을 모으는 저금통을 내민다. 한복을 입은 어머니는 손에 저금통장을 들었다. 아주 간결하게 메시지를 전한다. 그러나 그림 4는 좀 더 깊이 생각해야 그 뜻을 알 수 있다. 병아리가 철모에서 나온다. 병아리 날개에 만주국 국기를 그렸다. 병아리는 '신생 만주국'을 뜻한다. "저축으로 기르자 신동아"라고 적었다. 왜 만주이며 신동아인가. 제2차 세계대전 초기에 일본은 일단 중일전쟁에 전념하기로 하고 "군비의 충실, 생산력의 확충, 대륙 건설에 더욱 노력하기로 했다."[381] 그림 4는 그 무렵 일제의 침략정책을 그대로 반영한 포스터다. 1939년 경제전강조운동은 "도시에 주력하면서 호황산업 관계자와 사회 상층부에서 실천하도록 요구했다."[382] 그해 큰 가뭄으로 피폐해진 농촌은 이미 절약의 한계를 뛰어넘었기 때문이다. "가난한 사람은 잡곡 등을 먹으면서 보통 때에도 어쩔 수 없이 쌀을 절약하고 있다."[383] 아무리 전쟁 때라 하더라도 그토록 가난한 사람들에게 절약해 저축하라고 말하기는 낯 뜨거웠을 것이다. 경제전강조운동은 1939년을 끝으로 사라진다. 일제가 패망하는 그날까지 '경제전'을 쉼 없이 다그쳐야 했으니 특별히 '주간'이니 '월간'이니 하면서 강조할 필요가 없었기 때문이다.

부지런하고 검소하게:
근검저축기념일

저축장려에 앞장섰던 체신국에서 아주 낯선 프로그램을 준비했다. '세계근검데이'였다.
세계근검데이는 무엇이고 왜 10월 31일인가. 1924년 이탈리아 밀라노에서 제1회
국제근검회의가 열렸다. 그때 회의 마지막 날인 10월 31일을 세계근검데이로 정했다.
일본에서는 1931년 5월에 일본저축은행협회를 창립하고 국제근검협회와 관계를 맺었다.[384]
일본에서는 세계근검데이 기념을 1935년부터 했고 조선에서는 1936년에 시작했다.[385]
세계근검데이 포스터를 보자.

그림 1을 보면 두툼한 일력 위에 10월 31일이라고 크게 적었다. 흡족하게 저금통을 바라보고
있는 어머니와 딸을 그렸다. 사진일 수도 있겠다. 그림 2는 저금통을 든 어린아이가 손가락으로
세계근검데이라는 글자를 가리키고 있다. 철모를 쓴 어린아이는 병정놀이를 상징한다.
전시체제기에
흔한 이미지다.
그림 1과 그림 2는
1937년과 1938년
세계근검데이
포스터다. 그 밖에
그림 3과 같은
전단도 있다.

그림 1 조선총독부 체신국,
《朝鮮の遞信事業》, 1937, 60쪽

그림 2 조선총독부 체신국,
《朝鮮の遞信事業》, 1938, 도판

그림 3 전단, 서울시립대학교 박물관, 《캠페인을 보면 사회가 보인다》, 2002, 89쪽

그림 3에선 '10월 31일 세계근검일'이라고 했다. 체신국 창구에 어린 학생이 서서 우편저금통장을 내밀고 있다. 그림 속 일력에 'OCTOBER 31 TUESDAY'라고 쓰여 있는데, 이는 1939년의 일력이다. 따라서 이 전단을 1939년에 제작했음을 알 수 있다.

일본은 세계근검데이에 그다지 신경을 쓰지 않았다. 매체에서도 크게 다루지 않았다. "일본만의 독특한 기념일을 만들어야겠다고 연구를 거듭하여" 마침내 3월 10일 근검저축기념일을 새로 만들었다.[386] 왜 3월 10일인가. "1879년 3월 10일에 메이지 천황이 '근검에 관한 칙어'를 내렸기" 때문이다.[387] 그리하여 1936년부터 3월 10일을 근검저축기념일로 삼았다.[388] 3월 10일은 육군기념일과 겹치는 날이어서 '국방'과 '저축'을 결합해서 선전하기도 했다. 매체가 전하는 근검저축기념일 포스터를 보자.

그림 4 《매일신보》 1940년 3월 3일; 《동아일보》 1940년 3월 3일; 《경성일보》 1940년 3월 3일

그림 5 일본 포스터(연도 미상), 並木誠士·和田積希 編, 《日本のポスター: 京都工芸繊維大学美術工芸資料館デザインコレクション》, 青幻舎, 2018. 247쪽; 三好一, 《日本のポスター: 明治 大正 昭和》, 紫紅社, 2003, 218쪽

그림 4에 "3월 10일 근검저축기념일"이라고 적혀 있다. 그림 전체가 어둡다. 왜 그럴까. 그림 4를 이해하기 쉽게 일본 포스터인 그림 5와 견주어 보자. 한눈에 보아도 그림 4·5는 주제가 같고 기법도 엇비슷하다. 그림 5 포스터를 보면 저 멀리서 달이 뜨기 시작한다. 초저녁이다. '조리草履, ぞうり'를 신고 지게背負子, しょいこ에 짐을 가득 진 여자가 지친 모습으로 걸어간다. 포스터는 그렇게 열심히 일하고 절약해서 채권을 사라고 지시한다. 이제 그림 4의 배경이 왜 어둑어둑한지 소년이 신은 신이 무엇인지를 알겠다. 다른 포스터를 보자.

그림 6 《매일신보》 1941년 3월 9일;
《경성일보》 1941년 3월 10일

그림 7 《매일신보》 1942년 3월 6일

그림 8 《매일신보》 1943년 2월 26일;
《경성일보》 1943년 2월 26일

그림 6·7에선 모두 "3월 10일, 근검저축기념일"이라고
적었다. 그림 6을 보면 색동옷을 입은 여자아이가 손에
저금통장을 들었다. 그림 7에선 보리와 함께 구름이
휘도는 후지산을 그렸다. 그림 6에서는 어른에게
모범을 보이는 어린이가 등장하고 그림 7에서는
'신성한 일본제국'을 상징하는 후지산이 나온다. 두
포스터 모두 상투적이다. 그러나 그림 8 포스터에서는
색다르게 이중 효과를 노렸다.

"근검저축기념일, 체신국"이라고 썼다. 일력은 3월
10일을 보여 준다. 3월 10일은 육군기념일이기도 해서
포스터에서는 탱크를 그렸다. "육군기념일을 중심으로
우편저금강조주간을 설정했다. 그날 번 돈, 그날 쓸
돈을 전부 예금해 미영 격멸의 탄환으로 삼자."[389] 이
포스터를 실은 《매일신보》는 그렇게 적었다.

가족과 나라를 위해:
조선간이생명보험

19세기 이후 유럽에서 국가의 새로운 수입원으로 '국영보험'을 주목했다. 국영보험은
세금과 달리 재분배·안전·건강과 같은 긍정적 이미지를 심어 줄 수 있는 매력적인 국가
수입원이었다. 일본에서도 1916년 간이생명제도를 시행하면서 적립금을 정책자금으로
활용했다.[390]

조선에서도 '시정 20주년 기념일'인 1929년 10월 1일에 조선간이생명보험을 시작했다.
보험이란 "평소 적은 금액을 냈다가 꼭 써야 할 때 한몫 큰돈이 손에 들어오는 것"이었다.[391]
생명보험이란 "사람마다 질병 또는 사망으로 생길 수 있는 경제적 손실을 상호 공동출자로
보상하는 제도"다. 그렇게 보험회사에서는 광고 등을 통해 보험의 장점을 알렸다. 다음 사진과
포스터는 보험의 선전 전략을 보여 준다.

그림 1은 1929년 조선박람회 때 보험회사에서 출품한 '보험 가입자 가정 모형'이다.
생명보험에 가입한 가정은 아무런 근심 없이 행복하다. 그림 2는 1929년에 배포한
간이생명보험 만화 포스터다. "간이보험에 가입한 사람은 재난에 떨어져도 안심, 떨어지지 않으면 더 안심"이라고 적었다. 생명보험은 일반생명보험과 간이생명보험으로 나눌 수 있다. 일반생명보험은 민간 회사에서 경영하며 중산계급 이상의 사람을

그림 1 사진, 극동시보사 엮음, 《조선박람회기념사진첩》, 극동시보사, 1929, 31쪽

대상으로 한다. 간이생명보험은 정부가 독점 경영하며 재산이 없는 사람을 대상으로 했다.[392] 일제의 설명에 따르면, 간이생명보험이란 "민중의 경제생활 안정을 꾀하고 민력을 배양하며 근검저축의 미풍을 함양하기 위해 정부가 경영하는 소액 보험이다."[393] '간이簡易'란 간단하고 편리하다는 뜻이다. 왜 '간이'라는 이름을 붙였을까. 다른 보험에서는 건강검진과 신체검사를 받아야 했지만, 간이보험에서는 그럴 필요가 없다는 것이 그 이유 가운데 하나였다.[394] 일제는 "저소득층에게 보험의 혜택을 준다"라면서 이 제도를 사회사업정책 가운데 하나로 선전했다.[395] "조선에 계가 있어서 상부상조했지만, 보험은 과학적 이론과 통계적 근거에 따른 정교하고 합리적인 제도"라고 강조했다.[396]

간이생명보험은 우편국에서 취급했고 체신국이 총괄했다. 보험료는 월부가 원칙이며 우편국에서 가입자 집으로 순회해 돈을 걷었다.[397] 간이생명보험에는 종신보험과 양로보험 두 가지가 있다. 종신보험이란 피보험자가 사망하면 보험금을 주는 것이다. 양로보험은

그림 2 조선총독부 체신국, 《朝鮮の遞信事業》, 1929, 29쪽, 도판

10년 만기부터 40년 만기까지 7종이 있다. 가입 연령은 만 12세 이상 만 60세 이하며 1인당 계약 보험금은 20원 이상 450원 이하다.[398] 1942년 4월부터 보험금 제한액을 1000원으로 올리고 가입 연령을 낮추어 새롭게 가입 범위를 확대했다.[399] 저축을 강화하려는 목적이었다. 간이생명보험에서는 가입자를 모으려고 여러 방식으로 홍보했다. 절약이나 저축에 대한 관념, 생명의 가치를 계산하는 것, 가족의 생계가 한 사람의 신체에 달려 있다는 자각, 자신이 죽은 뒤에 가족의 경제생활에 대한 책임감 등을 느껴야만 사람들이 보험에 가입한다.[400] 포스터에서는 무엇을 강조했을까. 먼저 여성을 모델로 삼은 포스터를 보자.

그림 3 《조선신문》 1930년 5월 13일

그림 4 《조선신문》 1931년 4월 18일;《경성일보》 1931년
4월 18일

그림 3에 "불안한 인생에 안심할 보험"이라고 적혀 있다. 강변에 꽃이 가득하다. 어머니 품에
안긴 아기에게 할머니가 꽃을 따서 준다. "이 포스터는 초여름 한강을 배경으로 한 조선색이
짙은 포스터로서 지금까지의 포스터와는 완전히 다른 구상과 빼어난 완성도로 호평을
받았다."[401] 신문에서는 그렇게 이 포스터를 해설했다. 조선간이생명보험에서는 이 포스터 3만
장을 인쇄해서 조선 곳곳에 배포했다.

그림 4에선 "보험은 인생의 등불"이라고 적었다. 이 포스터 2만 장을 전국 우체국을 통해서
배포했다. 조선 여인이 보험증서를 손에 들고 있다. 그 여인에게 환한 빛이 쏟아진다.
상대적으로 경제활동에서 소외되고 있는 여인을 모델로 내세움으로써 보험이 불안한 현재를
대비하고 미래의 안위에 도움이 된다는 메시지를 전달한다.[402]

다음에서 보듯이 보험 선전물에서 노인도 주요 모델로 등장한다.

그림 5 조선총독부 체신국, 《朝鮮の遞信事業》, 1932, 도판

그림 6 그림엽서, 조선체신협회, 《조선체신》, 1935년 6월, 47쪽

그림 5의 포스터에 "안심과 행복은 보험으로부터"라고 적혀 있다. 풍요로운 들판에서 쉬면서 손녀의 시중을 받는 노인을 그렸다. 나이 들어 일할 힘은 없지만 보험 덕택으로 행복하게 살고 있다는 뜻이다. 그림 6은 1935년 조선산업박람회 때 체신국에서 발행한 그림엽서다. "자손과 보험은 노후의 보배"라고 적었다. 다음 '간이생명보험 포스터전' 사진에서도 갓을 쓴 노인을 모델로 삼은 포스터가 보인다.

그림 7 조선체신협회, 《조선체신》, 1937년 10월, 도판

신문에 실린 포스터 사진은 모두 흑백이지만 체신국에서 펴낸 책에서는 보기 드물게 컬러 포스터 사진을 실었다. 그 포스터들을 한데 묶어 놓은 그림 8과 같은 컬러 사진도 있다.

그림 8의 여러 포스터에는 어떤 공통점이 있을까. 건장한 남성의 모습은 보이지 않는다. 아이를 안고 있는 여인이나[403] 홀로 있는 갓난아이,[404] 그리고 작은 새와 같은 힘없고 여린 존재를 모델로 제시했다. "안심과 행복은 보험에서", "보험은 한 가정의 빛", "보험은 광명으로의 제1보" 등을 표제어로 적었다. 보험이 안정된 생활을 보장한다면서 보험 가입을 독려하는 내용이다.[405] 그림 8에서 오른쪽 맨 아래 있는, 새싹에 물을 주는 그림은 간이생명보험 5주년 기념 포스터다. 그래서 새싹도 다섯, 과실도 다섯이다. 여러 신문에서도 이 포스터 사진을 실었다.[406] 그림 8에서 "건장한 남성이 전혀 보이지 않는" 것에 좀 더 주의를 기울이자. 그런 뒤에 그림 3·4를 다시 보면 남편이 사망했지만, 생명보험의 혜택을 받은 부인을 모델로 했다고 해석할 수 있다. 그림 8 가운데 촛불을 손으로 감싸고 있는 포스터를 한 번 더 보자.

그림 8 조선총독부 체신국 엮음, 《조선체신사업연혁사》, 조선총독부체신국, 1938, 도판

그림 9 조선총독부 체신국, 《朝鮮の遞信事業》, 1934, 도판

그림 9에서 맨 위를 자세히 보면 "우리들의 생명을 보호하라"라고 적었음을 알 수 있다. 한반도 위에 있는 촛불이 바람에 꺼지지 않도록 손으로 감쌌다. 이 포스터는 "소비자를 불안하게 만들어 구매를 유발하는"[407] 전략을 썼다. 맨 아래에 "조선간이보험건강상담소, 경성·부산·평양·대구"라고 적었다. 그림 9에 쓰여 있는 건강상담소란 무엇인가. 간이생명보험에서는 보험 가입을 유도하거나 계속 유지하게 하려고 건강상담소를 운영했다. 간이생명보험에 들면 건강상담소를 이용할 수 있었다. 보험영수증을 가지고 오는 사람에게 건강을 상담해 주고 '처방지'도 주었다. 건강상담소는 "조기진단, 혈액·세균 등의 검사를 해서 건강증진에 도움을 준다"라고 했다. 신문에서는 "건강상담소란 가입자의 복리증진을 꾀한다는 뜻이 담겨 있다"라고 홍보했다.[408] 다음은 무료건강상담소를 주제로 삼은 포스터다.

그림 10은 의사가 보험 가입자의 건강을 진단하는 모습이다. 1932년에 만든 이 포스터에서는 경성과 부산 건강상담소가 있다고 적었다. 건강상담소는 1932년에 경성과 부산에,[409] 1933년에 평양과 대구에 설치했다.[410] 1938년까지 전국에 14개 건강상담소를 설치했다. 그러나 건강상담소는 큰 역할을 하지 못했다. 본래 취지대로 간이생명보험 가입자의 복리증진을 위해 운영했다기보다는 보험 가입을 유도하기 위한 장치였다고 봐야 할 것이다.[411]

중일전쟁 뒤부터 간이생명보험이 가파르게 성장했다. 이는 체신국이 간이생명보험을 전쟁 비용 조달 수단으로 인식해 사람들에게 가입하라고 다그쳤기 때문이다. 그때의 포스터를 보자.

그림 10 《경성일보》 1932년 12월 7일

그림 11 조선총독부 체신국, 《朝鮮の遞信事業》, 1938, 도판

그림 12 조선총독부 체신국, 《朝鮮の遞信事業》, 1939, 도판

그림 11을 보면 대문 기둥에 '무운장구'라고 쓰고 일장기를 달았다. 비스듬하게 그려서 오히려 더 시선을 끄는 기법을 썼다. "지켜라 조국, 준비하라 보험"이라고 적었다. 군대에 간 남자가 전사할 것에 대비해서 생명보험에 들라는 뜻일까. 그림 12에서는 '보험보국'이라고 크게 썼다. 그 아래에는 "모두 절약, 다 같이 보험"이라는 작은 글씨가 있다. 내선일체를 상징하듯, 일본 여성과 한국 여성이 함께 일장기를 손에 들었다. '조선간이생명보험'이라는 어깨띠가 선명하다. 글자가 일부 가려졌지만, '애국부인회 조선본부', '대일본국방부인회'라고 쓴 어깨띠도 둘렀다. 애국부인회 어깨띠에 찍힌 마크가 이채롭다. 그림 12에 등장하는 부인단체를 간단하게 살펴보자. 일본에서 1901년에 황군위문과 군인원호를 위해 애국부인회를 설립했다. 1906년에 이 땅에 '애국부인회 조선본부'가 들어섰다. '애국부인회 조선본부'는 일제 관료들의 부인이 중심이었다. 처음에는 중류 이상의 부인을 대상으로 했지만, 회원을 늘려 갔다.[412] '국방부인회 조선본부'는 조선에 주둔한 19, 20사단 특히 20사단의 지휘를 받아 1937년 경성에서 조직했다. 군부의 후원을 받으며 회원을 크게 늘렸다.[413] '애국부인회 조선본부'와 '국방부인회 조선본부'는 활동이 겹쳐 경쟁하기도 했지만, 일본의 침략전쟁을 뒷받침하는 데 뜻을 같이했다. 그림 12에서는 보험장려 활동에 두 부인단체가 함께 나서고 있다고 그렸다. 간이생명보험은 1941년에 '소아보험'이라는 새로운 상품을 내놓았다. 그 포스터를 보자.

그림 13 《매일신보》 1941년 10월 1일

그림 13에서 어린이가 해맑게 웃고 있다.
매체에서는 "소아보험이란 시정 31주년을 맞이해서
조선 어린이에게 혜택을 주는 정책"이라고
선전했다.[414] 소아보험은 만 3세부터 12세까지를
대상으로 했으며 15년 만기와 20년 만기 두 종류가
있었다. 중간에 사망하면 보험금을 주었다.[415]
저축장려 차원에서 일제는 소아보험 가입을
다그쳤다.[416] 초등학교 학생이 주요 대상이었다.[417]
간이생명보험에는 얼마나 가입했을까. 신문에서는
"1943년, 일본에선 간이생명보험에 78퍼센트가
가입했지만, 조선에선 24퍼센트만 가입했기 때문에
더욱 분발해야 한다"라고 적었다.[418] 간이생명보험
가입자는 1944년 553만 5000여 명, 1945년
1123만 3000여 명으로 늘었다. 패전 직전인
1945년에는 한 집에 두 명 넘게 가입한 셈이었다.[419]
그러나 일본 패전 뒤에 보험증서는 휴지 조각이
되고 말았다.[420]

빛내어 저축:
'저축봉공'

중일전쟁이 길어지면서 저축은 더욱 중요해졌다. 왜 그런가. 일제는 다음과 같이 말했다. 저축의 목적은 ① 생산자금의 공급, ② 공채소화, ③ 물가등귀를 억제해 군수 자재 공급을 확보하고 국민 생활의 안정을 꾀하는 것이다.[421] 다음 광고에서 보듯이 저축은 곧 전력戰力이었다.

그림 1 광고, 《半島の光》 70, 1943년 10월, 도판

"국방에는 저축이 실탄."[422] 이러한 표어처럼 그림 1 광고는 "저축은 전력"이라는 헤드카피를 달았다. 같은 추축국이었던 독일은 1943년까지는 국민의 생활 수준을 크게 낮추어 가면서 전쟁을 치른 것은 아니었다. 그러나 일본은 초기 단계부터 민중의 부담에 크게 의존했다.[423]

일본은 중일전쟁 초기부터 전쟁을 위한 저축장려운동을 했다. 저축을 개인의 자발적 경제활동이 아닌 국민의 의무로 강제하기 시작했다.

일본은 1938년 6월 21~27일을 저축강조주간으로 정했다. 이때 일본에서는 '저축보국'이라는 표어와 함께 "저축은 나를 위하고 나라를 위한다"라는 캐치프레이즈를 내걸었다.[424] 저축 표어는 "끊임없이 되풀이되는 리듬"과 같았다.[425] 조선에서도 일본과 보조를 맞추어 저축주간을 해마다 시행했다. 보통 저축주간은 상반기 보너스 때인 6월과 소비가 많은 연말

12월에 실시했다. 농촌보다는 도시, 그 가운데에서도 호황산업인 군수산업에 초점을 맞추어 저축을 장려하기로 했다.[426]

저축 목표액은 일본 대장성이 정했다. 그러면 "각 지역에 목표액을 할당하고 각 지역에서 직장과 이웃에 각각 할당하고 반강제적으로 목표를 달성"하도록 했다.[427] 각 가정의 '애국저축'은 애국반 반장이 저금을 모으거나 저축한 통장을 검열할 정도로 강제적이었다.[428] 온갖 이름으로 시행한 강제저축 가운데 '강제공제저축(天引貯蓄)'이 두드러진다. 강제공제저축이란 각 계층의 모든 수입에 대해 원천 공제해 저축하는 것이었다.[429] 농민들도 1940년 뒤부터 농산물 판매 대금의 10퍼센트 이상, 그리고 1944년 뒤부터는 25퍼센트 넘게 강제로 저축해야 했다.[430]

태평양전쟁기에 들어서면 채권 발행이나 차입금을 통한 자금 조달의 비중이 줄고 강제저축 비율이 크게 늘었다.[431] 강제저축이라는 말은 광고에도 등장했다. 다음은 어느 생명보험회사의 광고 문안 가운데 일부다.

> 저축은 총후의 탄환이다. 저축은 은행예금이 있고, 우편저금이 있으며 공채의 구입은 더욱 좋은
> 일이다. 그러나 장기에 걸쳐 강제저축의 의미에서 생명보험 가입이야말로 시국의 저축으로서 지극히
> 적당하다고 할 것이다.[432]

강제저축은 조세 저항을 불러일으키지 않는 효율적인 수탈 방식이었다. 강제저축액은 1936년부터 패전 때까지 조세의 3~4배나 되는 엄청난 규모였다. 일제도 '무리'라고 인정할 정도였다. 국민소득 대비 저축액의 비율은 1943년에 36.3퍼센트, 1944년에는 무려 59.6퍼센트나 되었다. 엄청난 물가고 속에서 예금은 곧바로 손실을 뜻했다. 그런데도 해마다 저축은 목표액을 넘어섰고 저축 실적율이 일본보다 높았다. 그만큼 강제력이 컸음을 알 수 있다.[433]

이제 연도별로 저축강조주간을 살펴보자. 1938년에는 저축에 관한 구체적 방침보다는 여러 매체를 동원한 선전에 힘을 쏟았다. "저축 목표 2억 원이면 한 사람마다 약 10원, 가구당 약 50원이다. 조선 형편에 이것이 가능할까."[434] 이 모든 의구심을 떨쳐 내려는 듯 선전은 맹렬했다. 그러나 저축 목표가 2억이었던 1938년, 그리고 저축 목표가 3억이었던 1939년의 저축강조주간 포스터는 찾지 못했다. 1940년 저축주간 포스터부터 보자.

그림 2 조선총독부, 《통보》 69호, 1940년 5월 15일, 6쪽

그림 3 일본 포스터(연도 미상), 에도도쿄박물관 소장

그림 2는 5억 저축 목표를 내걸었던 1940년 포스터다. 비행기와 탱크를 그려서 저축이 전비에 사용되고 있음을 강조했다. '저축貯蓄' 글자의 디자인은 저축이 높게 쌓인 느낌을 준다. 그림 3과 매우 비슷하다.

일제는 1940년부터 임금을 비롯한 여러 수입에 대해서 강제공제저축을 확대해서 시행했다. 농촌에서도 쌀 공출대금에 대해서 강제공출저금을 시작했다.[435] 일제의 저축장려운동에 동참했던 신문조차 "농촌에서 저축을 강제하는 것은 문제가 있다. 빚내어 저축하는 것은 불합리하다"라고 지적할 만큼 농민의 피해는 컸다.[436] 1940년에는 저축강조주간 말고도 기회만 있으면 저축을 독려했다. 다음 포스터가 그 증거다.

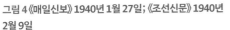

그림 4 《매일신보》 1940년 1월 27일; 《조선신문》 1940년 2월 9일

그림 5 《매일신보》 1940년 2월 22일

일제는 진무 천황이 일본을 세우고 즉위한 지 2600년을 맞이했다면서 1940년에 여러 행사를 했다. 그림 4는 우리로 치면 개천절인 2월 11일 '기원절'을 맞이해 '기념저금'을 하라는 포스터다. 이 포스터에서는 무사가 곡식을 바치는 신화적인 내용을 그렸다. 그림 5는 학생에게 공모했던 저축 포스터다. 중학생이 그린 이 포스터에는 "우리도 저축"이라는 표제어와 함께 철모를 쓴 어린이가 있다.

1940년까지는 소비를 줄여서 저축하라고 했지만, 6억 저축 목표액을 설정한 1941년부터는 "최저 생활비만 쓰고 나머지는 모두 저축하라"라고 했다.[437] 1941년 저축 포스터를 보자.

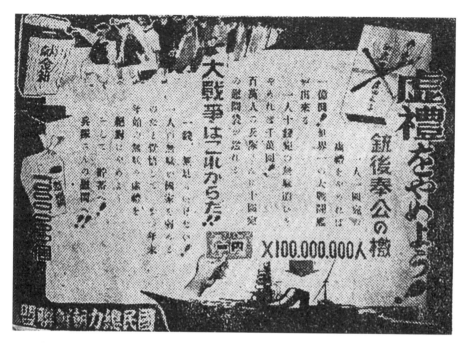

그림 6 《경성일보》 1941년 11월 26일;《국민신보》 1941년 12월 7일;《매일신보》 1941년 11월 26일

그림 6은 연말연시를 맞이해 국민총력조선연맹이 배포한 포스터다.[438] "허례를 없애자"라는 제목을 달았다. "큰 전쟁은 지금부터다"라고 했다. 맨 위에는 헌금 상자에 돈을 내려고 줄을 선 사람들을 그렸다. "1억 국민이 허례를 폐지하여 1원씩만 절약해도 세계 제일의 전투함 1척을 만들 수 있고 한 사람이 10전씩만 절약해도 100만 일선 용사들에게 10원가량의 위문대를 보낼 수 있다"라고 적었다.[439] "결전태세하의 국민이 망국적인 허례에 시간과 돈을 낭비해서는 안 된다. 허례를 완전히 없애자. 그리하여 1전錢이라도 많이 저축하자."[440] 포스터는 그렇게 '총후봉공'의 방법을 선전했다. 연말연시에 나온 또 다른 포스터를 보자.

그림 7 《매일신보》 1941년 11월 28일;
《국민신보》 1941년 12월 14일

그림 7은 총독부가 만든 '6억 저축 선전 포스터'다.
일장기 바탕 위에 탱크와 비행기를 배치했다.
"저축으로 보여라. 참된 정성을." 그렇게 적었다. 그림
8·9의 포스터와 잡지 표지는 저금과 전쟁의 관계를
직접 보여 준다.

그림 8을 보면 깨진 철모에 동전을 넣고 있다. 적은
돈이라도 모아서 6억 저축을 달성하고 그 돈으로
전쟁 비용을 대자는 뜻이다. 그림 9에서 보듯이
실제로 철모 모양의 저금통이 있었다. 이 철모처럼
생긴 '애국저금함'은 '조선금융조합연합회'가
국민저축조성운동을 벌이면서 나누어 준
저금통이다.[441]

태평양전쟁을 치르던 1942년이 되면 저축 목표액이
9억 원으로
훌쩍 뛰었다.
그만큼 내핍을
더 강요했으며
강제저축도
심해졌다.
1942년에
만든 포스터를
보자.

그림 8 《매일신보》 1941년 11월 14일;
《국민신보》 1941년 11월 30일

그림 9 잡지 표지, 《半島の光》 48호, 1941년
11월

그림 10은 사진에 색깔을 입혀 만든 포스터다. 웃으며 주판을 들고 있는 여성 뒤로 여러 대의 비행기가 날아간다. 이 여성은 갓포기를 입었다. 갓포기란 밥을 짓거나 빨래할 때 방해가 되는 소매를 쉽게 걷어 올릴 수 있도록 만든 옷이다. 갓포기는 일본 '국방부인회' 여성들이 출정 병사를 환송하거나 대외 활동을 할 때 제복처럼 입었다.[442] 그 뒤에 갓포기는 검소하고 소박하면서 현명한 부인을 상징했다.[443] 주판은 알뜰하게 가계를 운영하라는 메시지를 전한다. "저축할수록 강해진다. 나라도 우리 집도"라는 표제어를 달았다. "230억 저축 완수"라고 적었다. 230억은 1942년 일본제국 전체의 저축 목표액이다. 이 포스터는 일본에서 만들어 그대로 조선에 배포했다.

그림 11 · 12는 학생 공모 작품으로 그해 조선에 할당된 저축 목표액을 선명하게 보여 준다.

그림 10 《매일신보》 1942년 7월 1일(출처: 田島奈都子 編, 《プロパガンダ·ポスターにみる日本の戦争》, 勉誠出版株式會社, 2016, 56쪽)

그림 11 《매일신보》 1942년 8월 5일   그림 12 《매일신보》 1942년 11월 18일

그림 11에 "단호 저축 9억 달성, 대동아전쟁 완수"라고 적혀 있다. 그림 12에는
'저축봉공'이라고 썼다. 1942년 조선의 저축 목표액 9억과 강원도 목표액 2200만 원을
뚜렷하게 제시해서 강박감을 느끼게 한다. 두 포스터 모두 비행기를 보조 주제로 활용했다.
손은 실천을 뜻하고 받드는 모습은 '봉공'을 뜻한다. 1942년 저축 포스터를 더 보자.

그림 13은 총독부 포스터 공모에서 당선된 작품이다. Z기가 나부끼고 "황국의 흥폐! 총후의 저축에 있다!"라는 표어가 선명하다. Z기는 본디 국제 해양신호에서 알파벳 Z에 해당하지만, 일본은 러일전쟁 때 "최선을 다하라"라는 신호로 사용했다. 그림 13은 '총후' 생활에서도 'Z기 정신'으로 저축하라는 뜻이다.

전시체제기의 거의 모든 저축 포스터는 전쟁 분위기를 물씬 풍기지만 다음 포스터는 다르다. 그림 14에 모든 집은 저축하고 착한 어린이도 모두 저금한다고 적었다. 어린이는 손에 저금통장과 채권을 들었다. 그림 15에는 모란꽃을 수놓은 복주머니와 함께 우편저금통장을 그렸다. 모란은 일본에서뿐만 아니라 동아시아 전체에서 부귀영화의 상징이었다. 그림 14·15 포스터는 전쟁 분위기를 배제한 채 평상시의 관념과 욕망을 자극하며 잔잔하게 호소한다. 그러나 이러한 포스터는 특별한 예외였다. 1943년에 나온 그림 16 포스터를 보면 그 사실을 알 수 있다.

그림 13 《매일신보》 1942년 10월 25일;
《매일신보》 1942년 11월 1일

그림 14 《경성일보》 1942년 12월 16일

그림 15 《조선신문》 1941년 11월 7일

신문 기사에 따르면, 그림 16은 "색채가 아름다운 포스터"로서 상여금 시기에 맞추어 조선총독부에서 제작했다.[444] 지겹도록 대동아공영권 지도와 비행기를 그렸다. "12억 저축으로 총진군"이라고 적었다. 사람마다 국채, 채권, '탄환절수彈丸切手', 우편저금통장 등을 들었다. '탄환절수'란 본디 '우편저금절수'다.[445] 한 장에 2원이고 추첨해서 꽤 많은 당첨금을 주었다. '탄환절수'는 복권이나 마찬가지였다. 일제는 "탄환절수로 생긴 돈은 곧 대포의 탄환이 된다"라고 선전했다.[443]

1943년에 일제는 '귀축미영鬼畜米英', 다시 말하면 "마귀와 짐승 같은 미국과 영국"이라는 말을 퍼뜨려 사회적 용어로 만들었다. 태평양전쟁을 일으키자마자 신문에서 "영국은 신사를 위장한 귀축"이며,[447] "미국은 귀축처럼 잔인한 나라"라고 선전했다.[448] 그 뒤에 줄곧 미국과 영국은 '귀축' 행위를 한다고 보도했다.[449] 그러나 '귀축미영'이라는 말을 언제 처음으로 사자성어처럼 쓰기 시작했으며 누가 만들었는지 알 수 없다. 아시아·태평양전쟁 1주년인 1942년 12월 8일에 라디오방송에서 "미국은 귀축, 영국은 악마"라고 한 것에서 비롯되었다고 추정하기도 한다.[450] 어쨌든 '귀축미영'이라는 관용구가 일상의 전쟁용어로 정착했다. 일본의 학교 교실에는 "미국 귀신을 죽이자"라는 포스터를 붙였으며 학생들은 '파란 눈의 인형'을 파괴했다.[451] 조선에서는 1943년 초부터 '귀축미영'이라는 단어가 신문에 나타나기 시작했다.[452] 국민총력조선연맹에서는 '귀축미영'을 주제로 내세운 그림 17과 같은 저축장려 전단도 배포했다.

그림 16 《매일신보》 1943년 6월 16일

그림 17 전단, 《경성일보》 1943년 6월 2일; 《매일신보》 1943년
6월 2일

그림 17에선 떡 찧는 절구통을 그렸다. 묵직한 '저축 절굿공이'로 마귀와 짐승 같은
처칠과 루스벨트를 내려친다. "귀축미영, 저축으로 부수자"라고 큰 글씨로 적었다.
국민총력조선연맹에서는 이 전단을 배포하면서 '1943년 12억 저축운동'에 발맞추어 "먼저
저축하고 남는 것으로 생활하자"라고 했다.[453]
총독부는 1944년에는 23억의 저축 목표액을 설정하면서 그림 18과 같은 포스터를 배포했다.

그림 18에서 "필승 저축으로 총진군"하자고 했다. "낭비 없는 생활을 하자, 전쟁터를 생각하는 결전생활을 하자, 마음을 다잡고 저축에 힘쓰자"라고 적었다. 포스터는 텍스트의 양을 줄이고 이미지를 더 많이 사용하는 쪽으로 발전해 왔다. 그러나 그림 18은 그와 반대다. 텍스트로만 된 이 포스터는 도안을 만들어 컬러로 포스터를 제작할 여력이 없는 패망 직전의 상황을 반영한다.

조선총독부는 1945년에 35억 저축 목표액을 정했다. 1944년 국민소득 55억인데 1945년에 그것의 64퍼센트인 35억 원을 저축으로 흡수한다는 것은 무모하기 짝이 없었다.[454] 그러나 그 계획에 따라 온갖 강압적 방법으로 저축을 독려해 "개인이 가진 모든 현금을 저축으로 흡수"하려 했다.[455]

사람들은 처음부터 일제의 저축장려정책을 의심했다. "저금은 군비에 징발된다", "저금을 장려하면서 몇 년 뒤에 준다고 하지만 거짓말이다",[456] "전쟁이 끝날 때까지 돈을 돌려주지 않을 것이다", "저금 이자는 헌금해야 한다."[457] 이런 소문과 유언비어가 떠돌았다. 당연히 불만도 많았다. "수입을 고려하지 않은 채 동네를 단위로 해서 똑같이 할당하는 것은 저축하기 어렵게 한다. 직장과 거주 지역 둘 다 할당하는 것은 올바르지 않다. 국민 소비가 많다면서 절약해서 저축하라는 것은 어처구니없다. 저축해도 인플레이션은 막을 수 없다."[458] 이 밖에도 드러나지 않은 불만은 매우 많았다.

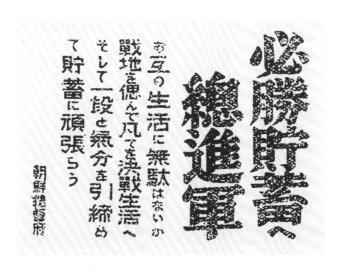

그림 18 조선총독부, 《여자청년 연성교본》, 조선교학도서, 1944, 102쪽

나라가 꾸는 돈:
국채와 채권

전쟁을 치르려면 엄청난 자금이 필요하다. 일제는 전시공채를 발행해서 전쟁 비용을 마련하려 했다. 전시공채는 일본 정부(대장성)에서 발행한 국채와 특수은행인 일본권업은행에서 발행한 채권(저축채권, 보국채권), 그렇게 두 종류였다.[459]

먼저 국채의 성격과 내용을 짚어 보자. 국채란 무엇이고 왜 국채를 사야 할까. 신문에서는 "전쟁 비용 가운데 약 77퍼센트는 국채가 차지한다"라면서 국채를 사라고 설득했다.[460] 일제는 "국채란 국가가 보증하는 가장 안전한 투자이며 가장 확실한 저축이다. 국채를 사면 국가에 봉사하게 된다"라고 홍보했다.[461] 일제는 지나사변국채, 대동아전쟁국고채권, 대동아전쟁특별국고채권 등으로 이름을 바꾸어 가며 40회나 국채를 발행했다. 시간이 지날수록 국채 발행액을 늘렸다.[462] 국채는 25원권, 50원권, 100원권, 500원권, 1000원권 등 다섯 종류였다. 이자는 연 3.5퍼센트였고 6개월마다 이자를 주었다.[463] 그 무렵 은행 평균 금리는 3.6퍼센트였다.[464] 대동아전쟁국채 가운데 10원권과 20원권은 '할인국채'였다. 10원권은 7원에, 20원권은 14원에 살 수 있고 10년 뒤에는 액면 금액 그대로 찾아갈 수 있다.[465] 원금도 돌려주고 이자도 준다는데 국채는 투자할 만한 가치가 있지 않았을까. 그렇지 않다. 전쟁 때의 엄청난 인플레이션을 생각한다면 국채 이자 3.5퍼센트는 아무것도 아니었다. 더구나 오랫동안 자금을 묵혀야만 했다.

국채는 대부분 강제로 팔았지만, 국채 판매를 위한 갖가지 선전을 쏟아 냈다. 매우 많은 국채 선전 포스터를 몇 개의 유형으로 나누어 살펴보자.

첫째, 국채 발행을 알리면서 사라고 설득하는 유형이다.

그림 1 《경성일보》 1938년 6월 10일

그림 1을 보면 우편국 직원이 손에 국채를 들고 있다. 그는 일장기 완장을 차고 바삐 달려가며 지나사변국채를 판다고 알린다.

둘째, 어린이를 모델로 한 국채 포스터가 있다. 그림 2에서는 어린이가 활짝 웃으며 두 손으로 종이를 펼쳐 들었다. 그 종이에 "가슴에 애국, 손에 국채"라고 쓰여 있다. 신문 보도에 따르면 일본에서 어린이를 주제로 한 포스터가 반응이 좋았다고 한다.[466] 그림 3에서는 아이가 대나무로 만든 저금통에 용돈을 저금한다. 일본 신문은 저축한 돈으로 기부하듯이 전시 국채를 사는 아이의 모습을 자주 보도했다.[467] "아가도 봉공에 한몫한다." 그림 3에 그렇게 쓰여 있다.

어린이를 모델로 한 국채 포스터를 더 보자.

그림 2 《경성일보》 1940년 6월 9일 (출처: 田島奈都子 編, 《プロパガンダ·ポスターにみる日本の戦争》, 勉誠出版株式會社, 2016, 58쪽)

그림 3 《경성일보》 1941년 8월 13일; 《국민신보》 1941년 8월 31일 (출처: 並木誠士·和田積希 編, 《日本のポスター: 京都工芸繊維大学美術工芸資料館デザインコレクション》, 青幻舍, 2018, 249쪽)

그림 4 《경성일보》1940년 11월 28일 (출처:
田島奈都子 編,《プロパガンダ·ポスターにみる
日本の戰爭》, 勉誠出版株式會社, 2016, 58쪽)

그림 4에서는 정회町會 고지판告知板에 철모를 쓴
어린이가 "낭비하지 말고 국채를 삽시다"라고 쓴다.
비행기와 탱크도 그렸다. 이 포스터의 기법은 그림
5와 같은 광고에서 이미 활용한 낯익은 것이었다.
프로파간다 포스터에서 어린이 모델을 내세운
것은 제1차 세계대전 때 이탈리아 전시채권으로
거슬러 올라간다. 어린이가 전시채권을 사라고
호소하는 것은 어린이를 대상으로 한 것이 아니라
'기특한' 어린이를 내세워 어른들을 움직이게 하려는
뜻이었다. "어린이도 참가하는데 하물며 어른들은
무엇을 하는가, 마땅히 국채를 사야 하지 않은가."
이 반어적인 호소는 선전 효과가 컸다. 제1차
세계대전 때 미국에서도 곧바로 그 같은 포스터를
배포했다. 일본에서도 제1차 세계대전이 끝난 뒤에
채권 구입과 저축장려 포스터에 어린이를 주제로
삼은 포스터를 만들었다.[468]
셋째, 여성을 모델로 한 국채 포스터가 있다.

그림 5 광고,《동아일보》1938년 11월 22일

그림 7 田島奈都子 編,《プロパガンダ·ポスターにみ
る日本の戦争》, 勉誠出版株式會社, 2016, 55쪽

그림 6《매일신보》1940년 4월 12일

그림 6·7은 '갓포기'를 입은 일본 여성을 주제로 삼았다. 앞에서도 설명했듯이 '갓포기'란
여성들이 부엌일을 할 때 편리하게 만든 소매 달린 앞치마다. 그림 6·7은 얼핏 보면 같아
보이지만 손에 든 글씨가 다르다. 그림 6의 여성은 "전선의 장병에게 탄환을! 식량을!"이라는
표어를 손에 들었다. 그림 7의 여성은 "낭비를 없애고 국채보국"이라는 표어를 손에 들었다.
다른 손으로는 위가 뾰족한 구슬 모양의 금색 저금통을 받쳐 들었다. 뒷배경은 온통 일장기로
덮었다.

넷째, 군인을 모델로 한 국채 포스터가 있다.

그림 8 내각정보부, 《사상전 전람회 기록도감》, 1938, 120쪽

그림 9 일본 포스터(1939), 서울시립대학교 박물관,
《캠페인을 보면 사회가 보인다》, 2002, 16쪽

그림 8·9에 "총을 잡는 마음으로 국채를 사서 나라에 보답하라"고 적혀 있다. 그림 8은 아무런
은유나 상징 없이 총을 잡은 군인과 국채를 직접 대비했다. 그림 9는 1939년 현상 모집에서
당선된 작품이다.[469] 푸른색 바탕에 군인·노동자·여성·학생의 옆얼굴을 그렸다.

그림 10은 군인들과 함께 종군간호사를 사선으로 그려 긴장감을 준다. 그림 11은 병사가 삽을 들고 참호를 파는 모습일지도 모른다. "싸우면서 건설한다"라는 '장기건설'의 의미를 강조한 포스터다. 이 포스터는《국채의 상식》이라는 팸플릿의 표지로도 사용했다.[470]

다섯째, 손을 소재로 한 국채 포스터가 있다.

그림 10《매일신보》1939년 12월 11일, 에도도쿄박물관 소장

그림 11《매일신보》1939년 6월 8일, 에도도쿄박물관 소장

그림 12 《경성일보》 1940년 10월 11일

그림 13 《매일신보》 1941년 2월 21일 (출처: 田島奈都子 編, 《プロパガンダ·ポスターにみる日本の戦争》, 勉誠出版株式會社, 2016, 23쪽)

손을 이용한 디자인은 포스터에서 자주 사용한다. 인간을 설득하려 할 때 말과 행동보다도 제스처가 큰 힘을 발휘하는데, 제스처 가운데 손동작이 가장 효과가 강하기 때문이다.[471] 그림 12는 "국민의 커다란 두 손으로 동아를 받드는 도안이며 다섯 가지 색의 멋진 포스터"였다.[472] 간단하면서 힘 있는 디자인이다. "국채의 힘으로 구축하자 신동아." 이 메시지를 강조하려고 지구본을 돌려 아시아를 보여 준다.[473] 그림 13에선 "구하라 국채, 총후의 힘"이라고 적고 세 개의 손이 탱크를 받들어 올리는 모습을 그렸다. 세 개의 손은 지나사변국채, 저축채권, 보국채권을 뜻한다.[474] 위로 떠받드는 이미지는 국민의 의무를 강조하고자 할 때 늘 쓰는 기법이다.

여섯째, 비행기를 주제로 한 국채 포스터가 있다.

그림 14 《경성일보》 1938년 8월 17일 (출처: 田島奈都子
編, 《明治·大正·昭和初期日本ポスター史大図鑑》,
國書刊行會, 2019, 347쪽)

그림 14는 일본 포스터 현상 모집에서 1등으로 당선된 작품으로 60만 장이나 인쇄했다.
일본뿐만 아니라 조선·대만·사할린 등에도 배포했다. 똑같은 도안으로 크기가 다른 포스터도
만들었다.[475] 그림 14에 '사나운 독수리(あらわし, 荒鷲)'와 함께 비행기 여럿을 그렸다. '사나운
독수리'는 용감한 전투기 비행사를 뜻한다. 이 밖에도 비행기를 주제로 삼은 다음과 같은
포스터가 있다.

그림 15 《매일신보》 1940년 8월 7일; 《경성일보》 1940년 8월 7일(출처: Gennifer Weisenfeld, *Gas Mask Nation—Visualizing Civil Air Defense in Wartime Japan*, Chicago and London: The University of Chicago Press, 2023, p.62)

그림 16 《경성일보》 1941년 6월 11일; 《매일신보》 1941년 6월 9일(출처: 田島奈都子 編, 《プロパガンダ·ポスターにみる日本の戦争》, 勉誠出版株式會社, 2016, 23쪽)

일곱째, 탄환과 포탄을 주제로 삼은 국채 포스터가 있다.

그림 17 《매일신보》 1941년 10월 10일; 《조선신문》 1941년
10월 11일; 《경성일보》 1941년 10월 12일

그림 18 《매일신보》 1941년 12월 13일; 《경성일보》
1941년 12월 13일; 《국민신보》 1941년 12월 28일(출처:
田島奈都子 編, 《プロパガンダ·ポスターにみる日本の戦争》,
勉誠出版株式會社, 2016, 65쪽)

그림 17은 굴뚝이 높게 솟아 있는 군수공장에서 커다란 포탄을 들어 올리는 모습이다.
"국채를 사서 전선에 탄환을 보내자"라고 적었다. 그림 18을 보면 폭격기에서 묵직한 폭탄을
떨어뜨리고 있다. 마치 일본이 진주만을 공격하는 모습을 그린 듯하다. "이 탄환에 이 한
장"이라고 적었다. 그림 17·18은 전쟁을 스펙터클하게 연출해 엄청난 전비가 필요함을 보여
주면서 채권을 사라고 설득한다.

여덟째, 전함을 주제로 삼은 국채 포스터가 있다.

그림 19 《매일신보》 1942년 4월 22일; 《경성일보》 1942년 4월 22일 (출처: 田島奈都子 編, 《プロパガンダ・ポスターにみる日本の戦争》, 勉誠出版株式會社, 2016, 67쪽)

그림 19에선 연기를 내뿜으며 가는 거대한 군함 위에 "승리다, 전비다, 국채다"라고 글자를 디자인하여 적었다. 이 표어는 거칠고 간결한 군대 명령어를 흉내 냈다.[476] 이 포스터에서 그림보다 문자가 더 강렬하다. 도상보다는 문자로 뜻을 전달하는 포스터가 더 있다.

그림 20·21·22 모두 대동아전쟁국채를 사라는 포스터다. 각각 "승리하기 위해서", "대동아전쟁 1주년을 기념하기 위해서", "비행기와 전함을 한 대라도 더 보내기 위해서" 국채와 채권을 사라고 했다.

이제 채권을 살펴볼 차례다. 저축채권은 1937년 12월부터 발행했고 보국채권은 1940년 5월부터 발행했다.[477] 1941년 12월 8일 '대동아전쟁' 뒤에 새롭게 결의를 다진다는 뜻에서 채권 이름을 바꾸었다. 즉, 지나사변보국채권을 전시보국채권으로, 지나사변저축채권을 전시저축채권이라고 했다.[478]

국채와 채권은 무엇이 다를까. 신문 기사를 요약해 보자. 국채는 해마다 3.5퍼센트의 이자가 있지만, 채권은 이자가 없다. 그 대신 추첨해서 상금처럼 '할증금割增金'을 준다. 또 국채는 1000원권부터 10원권까지 있지만, 저축채권이나 보국채권은 모두 적은 액면권이다. 채권으로 모은 돈은 전부 국채를 소화하는 데 쓰기 때문에 결국 저축채권이나 보국채권도 국채가 되는 셈이다. 저축채권은 30원권, 15원권, 7원 50전권이 있다. 30원권은 20원에, 15원권은

그림 20 《경성일보》 1942년 6월 21일; 《매일신보》 1942년 6월 21일

그림 21 《경성일보》 1942년 12월 8일

그림 22 《매일신보》 1943년 6월 24일

10원에, 7원 50전권은 5원에 판다. 보국채권은 10원과 5원권이 있다. 보국채권은 추첨해서 1등에 당첨되면 1만 원을 타는 행운을 잡을 수 있다.[479] 신문에서는 보국채권을 사서 "1만 원의 꿈, 행운을 꿈꾸라"라는 기사를 실어 사행심을 부추겼다.[480] 그러면서도 "보국채권은 복권이 아니다"라는 기사도 실었다.[481] 복권은 당첨되지 못하면 원금을 모두 잃지만, 보국채권은 당첨되지 않더라도 원금만은 돌려받는다고 했다.[482] 어찌 되었든, 보국채권은 대중의 사행심을 이용했다.

이제 채권 포스터를 유형별로 살펴보자. 첫째, 어린이를 모델로 한 채권 포스터가 있다.

그림 23 《조선일보》 1940년 6월 9일; 《경성일보》 1940년 6월 9일(출처: 田島奈都子 編, 《プロパガンダ·ポスターにみる日本の戦争》, 勉誠出版株式會社, 2016, 61쪽)

그림 24 《조선신문》 1941년 6월 29일

그림 23에선 철봉을 하는 소년을 그렸다. 철봉대에 '저축채권', '보국채권'이라고 적었다. "턱걸이를 연습하라." 일본에서는 항공병 시험과목에 체력측정이 있었으며, 거기에 턱걸이도 포함되었다. 일본에서 이 포스터는 시험에 합격하려면 어릴 때부터 연습해야 한다는 뜻도 있었다.[483] 이 포스터는 "소년의 체력이 국가와 가정 경제의 자원이 된다는 의미도 담고 있다."[484] 그림 24는 조선에서 저축채권을 선전할 목적으로 현상 모집한 포스터다. 가슴에 일장기를 새겨 넣었다. 일본과 조선 어린이가 '내선일체'로 채권을 손에 들었다.

둘째, 여성을 모델로 한 채권 포스터가 있다.

그림 25 《경성일보》 1940년 8월 28일 (출처: 田島奈都子 編, 《プロパガンダ・ポスターにみる 日本の戦争》, 勉誠出版株式會社, 2016, 49쪽)

그림 26 홍보 엽서, 민족문제연구소 엮음, 《식민지 조선과 전쟁미술》, 2004, 84쪽

그림 25는 볏단을 안은 일본 농촌 여인이 모델이다. 그 여인은 옷이 더러워지지 않도록 입는 노동용 겉옷인 '우왓빠리上っ張り'를 입고 머리에는 '데누기이手ぬぐい'라는 두건을 썼다. 이 포스터에도 억지스럽게 어깨에 일장기를 새겨 넣었다. 많은 포스터가 그러하듯이, 그림 25도 일본과 조선에서 함께 배포했다. 그림 25는 농촌 여성이 마땅히 해야 할 일을 제시한다. 도시에 농촌의 현실을 알리고 노동을 천하게 여기는 여성과 그 가족의 사고방식을 바꾸려는 의도도 있다.[485] 그림 26은 "황군을 후원하려면 저축하라"라는 홍보 엽서다. 그림 25·26은 아이디어와 주제가 똑같다. 전쟁이 길어지고 전쟁터가 넓어지면서 많은 일본 남성이 전쟁터로 나갔다. 전쟁 막바지에 일본 여성은 중공업 분야에서도 남성 노동자의 빈자리를 메워야 했다. 농촌에서는 가족 모두가 일을 했으며 주부는 가사노동과 육아뿐만 아니라 농사도 도맡아 해야 했다. 그림 25·26은 그런 상황을 반영한다.

셋째, 일본에 대한 애국심을 강조하는 채권 포스터가 있다. "가슴에 애국, 손에 국채, 문에 국기."[486] 이 표어는 그러한 포스터를 대변한다. 다음 두 포스터를 견주어 보자.

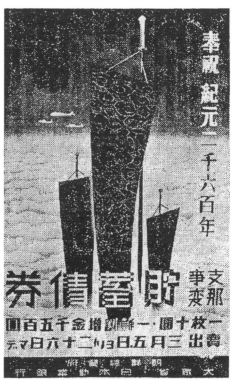

그림 27 일본 포스터(1940), 《사진주보》 105호, 1940년 2월 28일, 국립공문서관 아시아역사자료센터 소장

그림 28 《매일신보》 1940년 3월 5일; 《경성일보》 1940년 3월 5일

그림 27에선 기원 2600년을 축하하는 '지나사변저축채권'을 사라고 했다. 다른 많은 사례처럼 그림 28은 그림 27의 일본 포스터에 '조선총독부'라는 글자만을 덧붙여서 식민지 조선에 그대로 배포했다. 그림 27 · 28은 '천황의 군대를 상징하는 깃발(錦の御旗)'을 단 배를 주요한 소재로 삼았다.[487] 저 멀리 비행기가 날아간다. 첨단 무기인 비행기를 만들려면 채권을 사야 한다는 뜻이다. 그림 29 포스터는 일장기 이미지를 배경으로 했다.

그림 29에서 큰 수레바퀴가 붉은 해 쪽으로 굴러간다. 그림 30과 같은 대포의 바퀴를 그린 것일까. 알기 힘들다. 다음 그림 31 포스터도 아주 깊이 생각해야만 이해할 수 있다.

그림 29 《매일신보》 1940년 6월 9일

그림 30 사진, 《사진주보》 83호, 1939년 9월 20일,
국립공문서관 아시아역사자료센터 소장

그림 31은 일본 포스터에 조선총독부라는 글자만 덧붙여서 조선에 그대로 배포했다. 삽자루 위에 앉아 있는 새는 황금빛의 솔개, '금치'다. "진무 천황의 활시위에서 황금빛 솔개가 빛을 내었다"라는 일본 신화를 떠올리게 하는 디자인이다. 저 멀리 후지산도 보인다. 금치와 후지산은 일본 포스터에서 단골이다. 모두 일본 역사가 찬란하며 일본이 성스러운 나라라는 주장을 담고 있다. 그런데 왜 '금치'가 삽자루 위에 앉아 있는 것일까. 이것은 앞의 그림 11에서 삽을 들고 참호를 파는 군인의 모습을 떠올린다면, 삽은 중일전쟁 때의 '장기건설'을 뜻하는 것이라고 해석할 수 있다.

다음 포스터는 전쟁을 고맙게 여겨야 한다고 우긴다.

그림 31 《매일신보》 1940년 10월 12일;
《경성일보》 1940년 10월 12일

그림 32는 "대동아전쟁에 감사하는 저축"으로 '보국채권'을 사라는 포스터다.[488] 한 장에 5원짜리와 10원짜리가 있으며 4월 한 달 동안 판다고 적었다. 이 포스터에서 검게 보이는 영역은 무엇일까. "강력한 포탄이 뚫고 지나간 흔적"이라고 해석하기도 한다.[489] 그러나 어두운 동굴을 그린 것인지도 모르겠다. 이 어둠과는 달리 일본·조선·만주·대만 등의 '일본제국'은 밝게 빛난다.

앞의 여러 포스터가 일본에 대한 애국심을 에둘러서 강조했다면 다음의 그림 33 포스터는 직설적이고 상투적이다.

그림 32 《매일신보》 1942년 3월 31일

그림 33 《매일신보》 1942년 5월 22일

그림 33은 '히노마루' 도상을 사용했다. 제국의 경제적 힘이 빛살을 타고 전 세계로 퍼져 나가는 경제 권력의 이미지를 보여 준다.[490]

넷째, 비행기·탱크·전함 등의 전쟁 무기나 전투 장면을 주제로 한 채권 포스터가 있다.

그림 34·35는 산맥 위를 비행기가 무리를 지어 나는 모습을 위에서 내려다보듯이 그렸다. 비행기를 주제로 한 포스터에서 자주 사용하는 기법이다.

그림 34는 '대장성·일본권업은행'이 배포했다. 식민지 조선에 배포한 그림 35는 그림 34에 '조선총독부·조선식산은행'이라는 글자를 덧씌웠다. 그림 36 포스터도 그렇게 일본 포스터를 조선에 변용해서 사용했다.

그림 34 일본 포스터(1941), 국립공문서관 아시아역사자료센터 소장

그림 35 《조선신문》 1941년 4월 16일; 《경성일보》 1941년 4월 16일

그림 36은 군함에서 함포를 쏘는 모습이다. 식민지 조선에서는 이 도안을 그대로 사용하되 다른 문안을 넣었다. 일본 포스터에서는 '대장성·일본권업은행'이라고 했고 식민지 조선에서는 '조선총독부·조산식산은행'이라고 적었다. 그림 37 포스터는 사진을 활용해서 만들었다.

그림 36 《매일신보》 1941년 2월 6일; 《경성일보》 1941년 2월 10일(출처: 保阪正康 監修·太平洋戦争研究會 著, 《<写真週報>に見る戦時下の日本》, 世界文化社, 2011, 95쪽)

그림 37 《매일신보》 1941년 5월 31일; 《경성일보》 1941년
5월 31일(출처: 田島奈都子 編, 《プロパガンダ·ポスタ
ーにみる日本の戦争》, 勉誠出版株式會社, 2016, 79쪽)

그림 38 《매일신보》 1941년 10월 21일; 《경성일보》
1941년 10월 21일; 《조선신문》 1941년 10월 21일;
《국민신보》 1941년 11월 2일(출처: 田島奈都子
編, 《プロパガンダ·ポスターにみる日本の戦争》,
勉誠出版株式會社, 2016, 67쪽)

그림 37은 체신국에서 5만 장을 인쇄해 배포했다. 이때 "총후 저축은 채권으로부터"라는
표어를 내걸었다.[491]

그림 38은 풀이 우거진 들판에서 어딘가를 가리키는 병사의 사진을 배경으로 삼았다. "1억이
채권을 사는 데 총진군하자"라고 했고 "한 장이라도 많이 사자"라고 적었다. 그림 38은
도상보다 문자를 더 강조했다. 다음 포스터는 아예 도상이 없이 문자로만 만들었다.

그림 39 《매일신보》 1941년 11월 30일

그림 40 《매일신보》 1941년 7월 12일

도상 없이 문자로만 만든 포스터는 글씨체를 변형하거나 일정하게 색깔을 넣어 어떻게든 사람들의 눈길을 끌려고 했을 것이다. 그림 39에 "채권으로 힘차게 총후의 의기意氣를"라고 적었다. 그림 40에서 '특별보국채권'은 한 장에 1원이라고 했다. 그리고 "누구라도 간단하게 살 수 있다"라고 적었다. 특별보국채권이란 무엇일까. 다음 포스터와 사진을 더 보자.

그림 41에 "1장 1원으로 국민저축, 특별보국채권"이라고 적었다. 1등 '할증금'이 500원이라고
했다. 한 손가락을 들어 1장에 1원이라는 것을 강조했다. 그림 42는 가게 앞에 그림 41
포스터를 붙여 놓고 채권을 파는 사진이다. '특별보국채권'은 흔히 '꼬마채권'이라고 불렀다.
1원이라는 아주 적은 돈으로 사는 채권이라는 뜻이다. 1원 내고 '제비뽑기'를 해서 '할증금'
500원을 얻을 수 있다고 했으니, 복권이나 마찬가지였다. 이 '꼬마채권'은 "우편국, 금융조합,
은행, 백화점 같은 곳까지 가지 않고 근처 담배 가게에만 가도" 살 수 있었다.[492] "공장 노동자
같은 하급 저축 층에 알맞도록 내놓은 채권"이었다.[493] "농촌에서 놀고 있는 돈"을 흡수하려는
뜻도 있었다.[494] 일제는 '꼬마채권'을 모아서 '어른채권', 다시 말하면 저축채권이나
보국채권으로 바꿀 것을 권했다.[495]
일제는 채권을 팔려고 개인과 집단에 압력을 넣었다. 일제는 강제 판매 말고도 여러 방법을
썼다. 상여금 가운데 일부를 채권으로 주어서 상여금 봉투는 '채권봉투'가 되었다. 백화점

그림 41 《매일신보》 1941년 7월 14일

그림 42 사진, 《조선신문》 1941년 7월 16일

등에서 물건을 팔 때 채권을 끼워 파는 '구매저축', 고급 음식점 요리값의 10퍼센트에 해당하는 채권을 사게 하는 '유흥저축', 영화관처럼 입장료를 받는 곳에서 1원짜리 꼬마채권을 끼워 파는 '흥행저축' 등이 있었다.[496]

국채와 채권의 발행은 해마다 늘었다. 1942년에는 전년도에 견주어 2배가 넘었다. 이는 1941년 12월에 태평양전쟁을 일으키면서 전쟁 비용을 더 많이 마련해야 했기 때문이다. 전시공채는 시중에 현금이 풀리는 상여금 때에 발행하곤 했다. 상여금과 태평양전쟁기념일이 겹친 1942년과 1943년 말에 큰 액수를 발행했다.[497] 그러나 그 뒤부터 오히려 줄었다. 민간인의 자금을 흡수해 전쟁 비용에 쓰는 것이 한계에 부딪혔기 때문이다. 강제저축이나 현물납 등을 해야 했던 사람들에게 다시금 국채와 채권을 떠넘기기 어려웠다.

신문에서는 "행운이 따라다니는 채권을 울며 겨자 먹듯이 사면, 행운의 신이 결코 손을 내밀지 않는다"라고 했다.[498] 그렇게 '할증금'을 미끼로 삼아 기쁜 마음으로 채권을 사도록 부추겼다. 그러나 길게는 17년 뒤에 원금을 준다고 약속한 채권의 가치는 사실상 제로에 가까웠다.[499] 채권을 강제로 사야 했던 사람들은 불만이 많았다. 다음은 일본 검찰 자료 가운데 '애국채권'에 대한 내용이다.

> 중소상공업자 가운데 한 사람에게 1000원 또는 몇천 원이 할당된 사람이 있다. 그 과중 때문에 상당한 부민이 불만이 있다. 본 채권의 인기가 없는 것은 단순히 부담이 크기 때문만은 아니다. 무이자로 게다가 25개년의 장기간 상환하지 않는 것, 상공업자는 많은 사업자금이 동결되어 자연히 운전 불능이 되는 것, 봉급생활자는 연속해서 상당액이 중복되는 것 등 일본인과 조선인, 빈부의 구별 없이 심각한 불평의 원인이 되고 있다.[500]

사람들은 "애국반에서 사라니까 입맛을 쩍쩍 다시면서 샀다", "지난달에도 샀는데 이달에도 또 사라는 말인가" 하면서 못마땅하게 여겼다.[501] "암거래로 물건을 사지 않으면 생활할 수 없는데 무리하게 채권을 사라는 것은 심한 처사다."[502] 이런 불만이 곳곳에서 터져 나왔다. 일제도 인정하듯이 "채권 판매에서 조선인의 협력 열의는 매우 낮았다."[503]

모두 일하고

다 내라

노동 아닌 '근로':
근로보국과 국민개로

중일전쟁을 일으킨 일제는 모든 자원을 동원해야만 했다. 1938년 4월 1일 〈국가총동원법〉을
만들고 5월 5일부터 시행했다. "전쟁에는 사람(man), 돈(money), 자재(materials)라는 3M이
필요하다. 무엇보다 사람, 곧 병력과 노동력이 있어야 전쟁을 치를 수 있다."[504] 그리하여
일제는 "중일전쟁 1주년을 계기로" 근로보국대를 만들어 노동력을 동원했다.[505] '노동보국대'가
아니라 '근로보국대'라고 했다. 왜 일제는 노동이라는 말을 꺼리고 근로라는 말을 좋아했을까.
그 까닭을 알려면 일제의 '황국근로관'을 살펴보아야 한다.

> 일본에서 노동이란 단순한 노동자의 노동이 아니라 황국민의 노동이다. 따라서 그 바탕에는
> '사봉仕奉'이 있다. 이것은 자유주의적·마르크스주의적 노동관이나 나치즘적 노동관으로는 설명할 수
> 없다. 일본에서는 현재 노동이라는 말 대신에 근로라는 말로 대신하고 있다.[506]

이 글에서 '사봉'이란 무엇을 뜻할까. 사봉이란 "일에 봉사한다"라는 뜻이며 고전에도 나오는
말이다.[507] 봉사라는 말과 거의 같다. 그러나 일본에서 '사봉'이라는 말은 기독교적 '봉사'나
나치즘의 민족 동포에 대한 '봉사'와 같은 뜻이 아니라 천황을 받들어 모신다는 뜻이다.
일본에서 노동이라는 말 대신에 쓰는 '근로'란 천황에게 봉사하는 행위를 가리킨다.[508]
근로보국대는 성별·계층별, 남녀노소를 가릴 것 없이 일할 수 있는 모든 사람을 대상으로
한 '근로봉사대'였다.[509] 일제는 근로보국대를 만들 때 부역제를 들먹였다. 옛날 조선에서도
부역으로 노동력을 동원했으니, 아무 불평 말고 따르라는 뜻이다. 일제는 근로보국대를 마치
군사 조직처럼 만들어 사람들을 간편하게 동원하고 노동능률을 높이려고 했다.[510] 일제는
사람들이 '근로봉사'를 하면서 '국가관념 함양', '희생봉공', '비상시 국민의식 철저' 따위의
효과가 있기를 바랐다.[511] 친일파들은 "근로야말로 성스러운 전쟁을 승리로 이끌고, 동아의
신문화를 창조하는 원동력임을 알아야 한다"라면서 일제 정책을 거들었다.[512] 일제는 가장
동원하기 손쉬운 학생부터 근로보국대로 만들기 시작했다.[513]

일제는 1941년 9월부터 근로보국운동을 '국민개로國民皆勞운동'으로 확대했다. '국민개로'란 국민이라면 모두가 일을 해야만 한다는 뜻이다. 일제는 왜 '국민개로'를 내세웠는가. "근대전에서 물자 소모가 많으면 많을수록 생산에 참여하는 사람도 많아야 한다. 근대전에서는 병사 1명에 대해 약 8명의 산업전사가 필요"하기 때문이다.[514] "총을 잡고 전선에 나아가지도 못하면서 일하지 않는 자는 도저히 국민 될 자격이 없는 자다. 모두 일하며 모두 봉공奉公하자."[515] 이처럼 국민개로운동에서 조선인은 병역의 의무를 지지 않는 대신 열심히 일해 국가에 봉사해야 한다는 논리를 폈다.[516] '국민개로'란 '국민개병國民皆兵'에 상응하는 개념이었다.[517] 일제는 "국방국가를 건설하려면 국민개로가 필요하다"라고 거듭 강조했다.[518] 국민개로운동은 단순한 계몽운동이 아니었다. 일제는 〈국민근로보국협력령〉을 만들어 국민개로를 법으로 강제했다.[519] 이 법에 따르면, 14세 이상 40세 미만의 남자와 14세 이상 25세 미만의 미혼여성을 모두 근로보국대로 편성하고 1년에 30일 이내의 기간을 국가가 요구하는 일을 하게 했다.[520] 국민개로운동의 취지는 다음과 같다. ① 국민 근로 동원체제를 강화한다. ② 노동을 존중하게 하여 직역봉공職役奉公하게 한다. ③ 국가의 요청에 기쁘게 응하게 한다. ④ 근로와 취직은 모두 국가 본위로 해야 한다.[521] 요약하면, 국민개로운동은 "전 민중의 노동력을 결집하고 근로보국의 정신을 드높여서 생산력을 높이는 것"이 목적이었다.[522] 국민개로운동은 물질적 성과만이 아니라, 국민정신을 훈육하는 효과를 노렸다.[523] 일제는 "조선의 국민개로운동은 황국신민화운동과 긴밀하게 연결되는 특색이 있다"라고 말했다.[524] 다음 포스터는 그 내용을 잘 보여 준다.

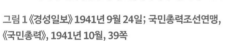

그림 1 《경성일보》 1941년 9월 24일; 국민총력조선연맹, 《국민총력》, 1941년 10월, 39쪽

그림 2 《조선신문》 1941년 9월 25일

그림 1·2를 보면 "국민총력조선연맹. 국민개로강조운동: 9월 20일 ~ 11월 20일"이라고 적어서 운동의 주체와 시기를 알렸다. "총력總力·총립總立·총동總動", 풀어서 말하면, "온 힘을 다하여·다 함께·모두 일하자"라고 했다. 또한, "한 사람도 빠짐없이! 어서 일하자"라고 했다. 그림 1에서는 일하는 사람들을 아주 조그맣게 그려서 '비천한 일꾼들'처럼 보이게 했다. 큰 손은 권력을 상징한다. 그 손은 "일하지 않는 자는 황민皇民이 아니다"라고 쓴 종이를 치켜들고 있다. 마치 퇴장 명령을 내리는 레드카드 같다. 이러한 협박적 말투는 "황민이 되어야만 한다"라고 스스로에게 다짐하게 하는 효과를 노린다. 그림 2는 글자만을 적은 포스터다. '국민개로운동'이란 '황민', 즉 황국신민을 만드는 과정이기도 했음을 이 포스터들이 보여 준다. 다음 만화는 '무위도식'하는 사람을 맹렬하게 공격한다.

그림 3 만화, 《국민총력》 1941년 11월, 도판

그림 4 《조선신문》 1941년 10월 7일; 《매일신보》
1941년 10월 7일; 《경성일보》 1941년 10월 7일;
《국민총력》 1941년 11월, 도판

그림 3은 일하지 않는 학생과 노인을
샌드위치맨sandwich man처럼 만들어 망신을
주자는 내용이다. 학생과 노인은 "오늘은 다방만
돌아다녔습니다. 바둑 두는 곳에 가서 하루 내내
놀았습니다"라는 광고판을 목에 맸다. 실제로 일제
경찰은 "일 없이 거리를 돌아다니는 불량한 남녀를
단속"해 국민개로를 뒷받침했다.[525] 신문에서는
"노동은 신성하다는 말은 벌써 시대에 뒤처진 말이다.
이제는 일하지 않는 자는 먹지 말아야 한다"라고
했다.[526] 그 밖에도 "일 아니 하는 자는 차라리
죽어라"[527]와 같은 광기 어린 구호가 쏟아져 나왔다.
일하는 사람을 예찬하면서 국민개로를 선전하기도
했다. 다음 포스터가 그 보기다.

그림 4는 전시생활강조 포스터 현상 모집에서
1등을 한 작품이다.[528] '전시생활강조'란 '근로
작업'과 절약운동을 하면서 시국에 맞게 살아 가자는
운동이었다.[529] 그림 3에서는 "전선으로 전선으로,
전쟁의 성과는 나날이 확대되어 가는데 총후는
어떠한가. 지금이야말로 한 사람이라도 놀고먹는
것을 허락하지 않는다"라고 적었다. '근로자'가 무거운
짐을 나르는 모습을 그렸다.

일제는 '근로보국'의 논리를 여러 방식으로 선전했다.
괴로움을 즐거움으로 여기며 노동을 취미로 삼아야
한다고 했다.[530] "일본 농민은 1년에 300일을
일하는데 조선의 농민은 그 반쯤만 일한다"라고
핀잔하기도 했다.[531] '결전체제'에 맞추어 생활하자는
다음 포스터는 격렬하다.

그림 5 《매일신보》 1941년 12월 27일; 《경성일보》 1941년
12월 26일

그림 5에서 성조기를 단 군함이 일본의 폭격으로 침몰한다. 1941년 12월 7일 일본이 진주만을 공습하는 장면을 그렸다. "대동아전쟁 승리를 위해 결전체제 국민 3수칙을 지키자"라고 적었다. 국민총력조선연맹이 주장하는 '3수칙'이란 절약, 저축, 개로다. "낭비는 국민의 적이고 저축은 승패의 열쇠며 개로는 총후의 결전"이라고 썼다. 왜 '개로'인가. 포스터의 글씨는 잘 보이지 않는다. 다행스럽게도 이 사진을 실은 신문에서 그 내용을 다음과 같이 전한다.

생산력은 전쟁력의 근본이 된다. 일하지 않고 놀면 생산력은 늘지 않는다. 한 사람이 놀면 그만큼 한 사람분의 생산력이 줄 뿐만 아니라 일하지 않고 노는 한 사람을 기르기 위해 다른 몇십 명이 노동해야 한다. 이야말로 막대한 국력의 손실이요 동시에 나라에 죄를 지는 것이다. 국민개로야말로 총후의 결전이다. 일선에 지지 않을 만큼 목숨을 바쳐서 일해야 한다.[532]

국민개로운동은 생산력을 높이려는 대중동원운동이었다. 매체에서는 '땀의 전사', '여자전사', '산업전사' 등 말끝마다 '전사'라는 말을 쓰면서 '근로'가 곧 전쟁과 연결되어 있음을 강조했다. 전쟁이 막바지로 치달으면서 일제는 더욱 처절하게 '근로보국'을 외쳤다. 다음과 같은 조선의 포스터와 일본 만화가 그 사실을 보여 준다.

그림 6 《경성일보》 1944년 1월 4일

그림 7 일본 만화(1944), 加藤悦郎
編, 《勤労青年が描いた増産漫画集》,
新紀元社, 1944, 49쪽 (출처: 佐々木啓,
《'産業戦士'の時代》, 大月書店, 2019, 200쪽)

그림 6은 국민총력 경기도연맹이 배포한 포스터다. 무슨 깃발 하나만을 덩그러니 그렸다. 이 깃발은 Z기다. Z기는 "검은색, 남색, 빨간색, 노란색을 맞추어 물들인 깃발"이다. 본디 이 깃발은 국제 해양신호에서 알파벳 Z에 배당된 것으로 하나의 신호기에 지나지 않는다. 그러나 일본 해군은 러일전쟁 때 "황국의 흥폐興廢는 이 한판 싸움에 있다. 모든 장병은 분투하고 노력하라"라는 뜻으로 이 깃발을 사용했다. 그 뒤에 "Z기는 승리의 암시이며 결사 돌격 명령을 하는 국민의 신호기"가 되었다.[533] 그림 6에서 "필승의 해, 소화 19년(1944), 총원을 결전 배치하자. 급하게." 그렇게 적었다. "올해야말로 미영 격멸을 위해 모두 전력 증강으로 매진하자"라는 뜻이다.[534] '결전체제'라는 말은 1941년부터 썼지만, '총원 배치'라는 말은 1944년에 처음 썼다. '총원 배치'란 한 사람도 빠짐없이 자기 역할을 하게끔 한다는 뜻이다. 본디 이 말은 해군에서 썼으며 함장부터 수병에 이르기까지 저마다 맡은 영역을 지켜 적에게 빈틈을 보이지 않는다는 뜻이다.[535] 그림 5에서 Z기의 이미지와 '총원 배치'라는 표어는 모두 해군에서 비롯된 것으로 서로 짝을 이룬다. 그림 6 일본 만화는 '생산 증강·식량 증산'이라고 쓴 Z기 아래에서 굳게 악수하고 있는 노동자와 농민을 그렸다. 본디 이 만화에는 "황국의 흥폐는 우리들의 증산에 있으며 모두 더욱더 힘껏 노력하자"라는 설명이 있다. 그림 6·7은 서로 통한다.

다음은 아침에 일찍 일어나서 좀 더 부지런하게 살라는 포스터다.

그림 8 《경성일보》 1944년 4월 8일; 《월간 소국민》, 1944년 5월, 65쪽

그림 8은 도시의 가정집을 그렸다. 차림새로 보아 일본 가정이고, 성인 남성은 없다.
남자는 전쟁터로 갔거나 산업현장에 징용되었음을 뜻한다. 왜 도시의 일본인 가정을 모델로
삼았을까. "조선 농촌에서는 비교적 일찍 일어나지만, 도시에서는 그렇지 않다. 일본 농촌은
조선 농촌보다도 1시간에서 1시간 반 더 일찍 일어난다."[536] 일제는 그렇게 선전했다. 그림
8은 '게으른' 조선인에게 일본인의 부지런함을 본받으라고 선전하는 포스터인 셈이다.
아랫집에서는 라디오 소리에 맞추어 아이들이 라디오체조를 하고 어머니는 집 앞 청소를
한다. 윗집에서는 먼지를 턴다. 그림 8에서 "필승생활은 먼저 일찍 일어나 청소 정돈"부터
하라고 했다. "미영을 쓸어 담듯이 먼지를 쓸자."[537] "아침에 일찍 일어나 청소로 돌격하자."
신문에서는 그런 기사를 실었다.[538] 그러나 '조기早起운동'은 단순한 청소운동만은 아니었다.
"매일 아침 그날 작업을 예정하고 가족 전부 일하게 하는 것"이 목적이었다.[539] 이전에도 아침
일찍 일어나자는 계몽운동이 있었지만, 1944년 '조기운동'은 '결전생활'을 강화하는 방법
가운데 하나였다.
이제 여성의 노동력을 절박하게 요구하는 포스터를 보자.

그림 9 《경성일보》 1945년 6월 15일

그림 9에선 일하는 여성을 그려 넣고 "당신의 뒤는 내가 떠맡겠습니다"라고 했다. 많은 남성이
징병과 징용으로 끌려가 일손이 모자란 것을 여성 노동력으로 채워 보겠다는 속셈이다.
"일하는 여성은 아름답다." 일제는 그렇게 '일하는 여성'을 추켜세웠다.[540] "참다운 여성미,
근로를 떠나 없다"라고 했다.[541] 일제는 "전시 가정생활을 비롯하여 생산 증강과 저축, 건강
등 모든 생활을 전력화戰力化하는 데 여성이 앞장서야 한다"라고 했다.[542] "자! 일하자 부인도
남자에 지지 않도록."[543] 그런 표어도 내걸었다.
1944년에 들어서면서 '부인의 전투 배치'라는 말을 쓰기 시작했다. 가정 부인을 더욱더 많이
생산 영역으로 끌어들여야 한다는 논리였다. "방공훈련과 애국반 활동, 그리고 물자배급이
원활하지 못해 부녀자들의 부담이 크지만, 어떠한 사업장에서도 일을 해야 한다"라고 했다.[544]

'금속전쟁':
금 모으기와 금속회수운동

"금은 현대전에서 가장 중요한 무기다. 현대전은 무력전이면서 경제전이었기 때문이다."[545] 전쟁이 길어지면서 군수품을 비롯한 여러 물자의 수요가 크게 늘었다. "금은 세계 각국이 공통으로 쓰는 화폐"였다.[546] 일본은 수입 초과에 대한 유일한 결제 수단인 금을 확보해야만 했다.[547] 일제는 "금이 많아야 전쟁에서 이긴다"라는 선전부터 하기로 했다. 그리하여 다음과 같이 '금의 전람회'를 열었다.

그림 1 《매일신보》 1939년 9월 22일; 《경성일보》 1939년 9월 20일

그림 1에서 '금金'이라는 글자를 마치 집처럼 디자인하고 지붕 위에 "9월 23일에서 29일까지, 삼월三越"이라고 적었다. 그 기간에 미쓰코시백화점에서 '금의 전람회'를 연다는 뜻이다. 전쟁에서 왜 금이 필요한가를 알려서 금을 나라에 바치도록 선전하는 전람회였다.[548]

"금을 가지고 있어서는 안 된다. 조선은행에 팔아라. 금붙이를 장 속에 넣고 감추어 두면 가택수색까지 한다"라는 기사가 신문에 실렸다.[549] 마침내 국민정신총동원 등에서 1939년 10월 1일부터 금매각운동을 시작했다. 금을 판 돈은 저축하라고 했다.[550] 1940년 3월 말까지 6개월 동안이나 금매각운동을 이어 갔다.[551] 그 무렵에 나온 포스터를 일본 포스터와 견주어 보자.

그림 2 《매일신보》 1939년 10월 27일;
《통보》 68호, 1940년 5월 1일, 속표지

그림 2·3은 "나라를 위하여 금을 정부에 팝시다"라는
표제어와 "사는 가격 한 문匁에 14원 43전"이라는
문구가 똑같다. 두 그림 모두 왼쪽에 금을 팔아야 할
곳을 지정했다. 그림 2에서 두 여성은 금비녀와 금반지를
들었다. 그림 3에서 일본 여성은 금목걸이와 금반지를
들었다. 금 제품에는 반지, 비녀, 가락지 등의 여성용
패물이 많았기 때문에 금 매각 포스터에서는 주로 여성을
모델로 삼았다. 그림 2에서는 탱크가 무리 지어 달리고
그림 3에서는 군대가 행진한다. 두 포스터의 도상은
다르지만, 기본 뼈대는 똑같다. 그림 2에서 어깨띠에 쓴
글씨가 보이지 않는다. 그러나 그림 3으로 미루어 볼 때
"금도 총동원"이라고 썼음이 틀림없다.
금매각운동은 큰 성과를 내지 못했다.[552] "마음은
전지戰地로, 금은 정부로."[553] 이런 표어에 관심을
기울이는 사람은 거의 없었다. 그러자 "금을 파는
성적이 좋지 않으므로 금의 국세조사를 머지않아
실시한다"라고 예고했다.[554] '금의 국세조사'란 자기가
가진 금을 신고하는 제도였다. 일본에서는 1938년
11월 15일에 '금의 국세조사'를 했다.[555] 조선에서는
그동안 산금장려정책을 시행하면서 금 사용을 제한했을
따름이었다. 그러나 이제는 일본과 보조를 맞추어
1940년 11월 15일에 '금의 국세조사'를 하기로 했다.
금매각운동 때에는 스스로 금을 팔도록 유도했지만,
'금의 국세조사'는 금을 강제로 팔도록 하는 것이
목표였다.[556] '금의 국세조사'는 사람들을 긴장시켰다.
"금을 몰수하는 것은 아닐까" 하는 걱정도 했다.[557]
조선총독부는 '금의 국세조사' 직전인 11월 1일부터
7일까지를 금매각강조주간으로 했다. "두어서 빛 안

그림 3 일본 포스터(1939), 田島奈都子 編,
《明治·大正·昭和初期日本ポスター史大図
鑑》, 國書刊行會, 2019, 278쪽

날 금, 나라에 팔아 빛내라"라고 했다.[558] 또한, "금매각강조주간에 금을 처분하여 금의
국세조사를 피하라"라고 회유했다.[559] 다음은 '금의 국세조사' 포스터다.

그림 4 《매일신보》 1940년 10월 11일;
《경성일보》 1940년 10월 27일

그림 4에서 한복을 입은 여인은 손에 금비녀, 금목걸이,
금반지를 치켜들었다. 그 금붙이와 함께 "11월 15일,
금품을 빠지지 말고 신고합시다"라고 쓴 '신고서'를 겹쳐
들어서 시선을 집중시킨다.
근대전은 엄청난 소모전이다. 전쟁을 치르는 나라는
함선·비행기·전차·탄환 등의 원료가 되는 여러 금속의
개발과 증산에 힘을 기울인다. 그리하여 근대전을
'금속전쟁'이라고도 불렀다.[560] 중일전쟁을 앞뒤로 세계
각국이 군비경쟁에 뛰어들면서 국제 고철 가격이 크게
오르는 등 이른바 '고철 가뭄'이 시작되었다. 일본은
중일전쟁으로 자원 수급문제가 불거지면서 '폐품회수'를
홍보하기 시작했다. 다음은 그 무렵의 포스터다.

그림 5 《조선신문》 1938년 12월 17일

그림 5에 "활용하자 폐품, 나라를 위해"라고 적혀 있다.
금속, 고무류, 면직물, 모직물, 종이 등의 폐품을
활용하자고 했다. 중일전쟁 이전의 '폐품 이용' 선전은
근검절약을 계몽하려는 뜻이었다. 그러나 중일전쟁
뒤에는 자원 확보 수단으로 '폐품회수운동'을 했다.[561]
식민지 조선에서 1939년까지는 고물 행상을 통해 폐품을
모으거나 각 관청 공무원, 학교, 애국부인회 등의 단체가
나서서 수집하게 했다. 그러나 1940년부터는 일반적으로
애국반을 통해 회수했다.[562] 다음 만화는 그 모습을
그렸다.

그림 6 만화, 《신시대》 1권 9호, 1941년 9월, 155쪽

그림 6에서는 손수레에 '폐물회수운동'이라는 깃발을 꽂았다. 종을 흔들어 신호를 보내고 확성기로 선전한다. 여성들이 빈 병과 종이 등의 폐품을 들고 온다.

일본이 북베트남으로 진격하자 미국은 1940년 10월에 일본으로 선철을 수출하는 것을 금지했다. 미국에서 선철을 수입해 중일전쟁을 치르던 일제는 타격을 입었다. 일본은 〈국가총동원법〉에 따라 〈금속회수령〉을 1941년 9월 1일부터 시행했다.[563] 조선과 대만에서는 10월 1일부터 실시하라고 했다. 조선에서도 "가정과 거리의 광맥을 발굴하라"라는 표어를 내걸고 '금속회수운동'을 벌였다.[564] 회수란 아무런 보상 없이 기증하는 것을 뜻했다.[565] 다음 포스터에서 보듯이 '자원회수'라는 용어도 썼다.

그림 7 《경성휘보》 245호, 1942년 4월, 도판

그림 7은 전시경제전람회 포스터다. "자원회수·대용품"이라는 표제어가 있다. 거대한
대포와 많은 비행기를 그린 듯하다. 이 전람회는 '자원회수와 자급자족 경제' 등을 전시해서
'국방국가'를 완성하는 방법을 일반인에게 알리는 것이 목표였다.[566]
금속회수운동에 따라 각 가정에서는 식기와 제기祭器를 공출해야 했다. 교회에서는 종을,
절에서는 범종과 불상마저 헌납해야 했다. 일제는 가로등과 간판 그리고 교량의 난간을 비롯한
모든 쇠붙이를 '거리의 광맥'이라고 부르며 회수했다.
놋그릇 공출을 비롯한 금속 공출 모습을 담은 사진이나 삽화 등은 많다. 그러나 뜻밖에도
금속회수운동이나 금속 공출 포스터는 찾기 힘들다. 매체에서는 다음 포스터만을 볼 수
있었다.

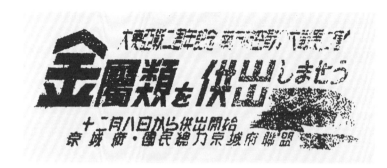

그림 8에는 '대동아전쟁' 2주년을 맞이해서 1943년 12월 8일부터 금속을 공출한다는 내용이 담겼다. 비행기와 군함을 그렸다. 일제는 패망할 때까지 금속 공출을

그림 8 《경성일보》 1943년 12월 6일

계속했지만,[567] 특히 1942~1943년에 심했다. "금속류는 병기 자원이다. 공출하는 것을 아까워하거나 숨기는 것은 가증스러운 귀축미영에 가담하는 비국민이다."[568] 일제는 금속 공출에 소극적인 사람을 그렇게 공격했다.

금속 제품이 바닥을 보일 무렵에 일제는 주화鑄貨에 눈독을 들였다. 다음 포스터를 보자.

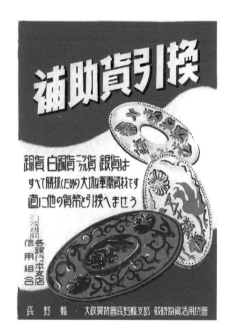

그림 9 일본 포스터(1942), 田島奈都子 編, 《プロパガンダ·ポスターにみる日本の戦争》, 勉誠出版株式會社, 2016, 90쪽

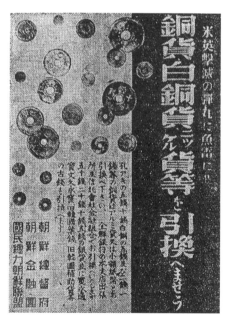

그림 10 《매일신보》 1943년 4월 10일

일본에서는 1942년 11월부터 구리나 니켈 등으로 만든 주화를 회수하고 알루미늄 주화로
바꾸어 주었다.[569] 그림 9는 그때의 포스터다. "동화銅貨, 백동화, 니켈화, 은화는 모두
전쟁 승리를 위한 중요한 군수 자재다. 곧바로 다른 화폐와 바꿔 쓰자"라고 적고 '보조화'를
그렸다. 그림 10은 "엽전과 백동화는 바꾸어 쓰자"라는 조선총독부 포스터다.[570] "미영 격멸의
탄환으로, 어뢰로", "동화·백동화·니켈주화 등을 바꿔 쓰자"라고 적었다. 다음에서 보듯이
보조화 교환 포스터는 더 있다.

그림 11 《매일신보》 1943년 12월 4일

그림 11은 "동전과
놋그릇 헌납을 독려하는"
포스터다.[571] "이 결전이다! 다
같이 항공기를 만들자!"라는
표어와 함께 "동화·백동화!
니켈화·은화!"라고 적었다.
포스터에 동전이 가득하다.
그림 중앙에는 회수 품목인
동전과 함께 군함과 비행기를
그렸다. 일본은 1933년에
5전과 10전을 니켈로
만들었다. 1938년 6월에

임시 화폐로 청동화를 만들기 전까지 니켈화를 유통했다.[572] 일본은 니켈화 회수에 힘을
쏟았다. 니켈이 병기에 쓰는 특수강철을 만들 때 꼭 필요했기 때문이다.
장신구이자 사치품이었던 백금도 전쟁에 쓸모가 많았다. 백금은 다른 금속으로 바꿀 수 없는
물리적이고 화학적인 특성이 있어서 전력 증강과 생산력 확충에 꼭 필요했다.[573] 백금 공출은
1943년 6월부터 시작했다.[574] "이전에 가정 부인이 금비녀, 금반지, 금귀이개 같은 것을
내놓았고 이어서 놋그릇과 쇠붙이를 내놓았는데 이제는 백금비녀, 백금반지, 백금귀이개를
나라에 바치자"라고 했다.[575] 백금 공출 포스터는 매체에 보이지 않는다. 다만 다음과 같은
제약회사의 '헌납 광고'가 있다.

그림 12 광고, 《경성일보》 1944년 10월 28일

그림 12 광고에서 "당신의 백금을 적 격멸의 병기로"라고 썼다. 신문에서는 빨리 백금을
팔라고 다그쳤다. 일제는 "조선인 부호와 기생들이 백금을 상당히 많이 가지고 있으므로
이에 상응하는 성적을 올릴 것"이라고 내다보았다. 그러나 백금회수운동은 큰 성과를 거두지
못했다.[576] 그러자 늦어도 1944년 12월부터 1945년 1월 말까지는 반드시 백금을 팔아야
한다고 했다. 그때에도 백금을 내놓지 않는다면 어떠한 불이익을 당할지 모른다고 협박했다.[577]

바쳐라, 땀과 물건:
증산과 공출

전쟁이 길어지면서 원자재 부족과 수송 장애 등으로 일본 경제가 흔들렸다. 1940년부터 영국·미국 등과 교역할 수 없게 되자 일제는 생산력 확충을 외쳤다. 생산력을 확충해서 "영국과 미국에 의존하는 것을 청산하고 자급력을 높일 것"이라고 했다. "현대의 전쟁은 국가 총력전이다. 무력전에서 승리하더라도 사상전·경제전에서 이기지 못하면 최후의 승리를 얻을 수 없다. 경제전에서 이기려면 생산력을 확충하고 증산에 힘써야 한다."[578] 온갖 매체에서 이같이 선전했다. 독일이나 영국, 소련이나 미국 등도 마찬가지로 전쟁 때 증산을 독려했다. 증산은 또 다른 전쟁이었다. 다음 포스터를 보자.

 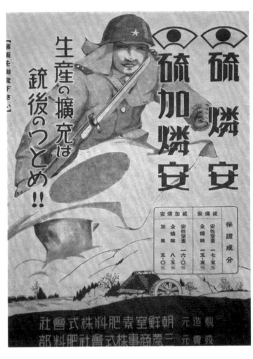

그림 1 조선총독부 정보과,《통보》127호, 1942년 11월 1일, 33쪽

그림 2 미쓰비시 비료부 포스터, 부평역사박물관 소장

그림 1은 행군하는 군대의 사진을 이용해서 만든 포스터다. 그리고 다음과 같이 적었다. "우리는 무엇을 해야 하는가! 관민官民이 하나가 되어 생산력을 확충하자!", "하반기에 기후조건 때문에 생산력이 떨어졌다고 말하는 것은 전선의 장병에게는 통하지 않는다", "직장도 전장이다. 조선의 병참기지라는 이름이 부끄럽지 않도록 필승 가도를 돌격하자. 증산으로! 증산으로!" 그 무렵 '증산 총돌격'이라는 말이 하나의 유행어가 되었다. 그림 2에서는 총검을 들고 돌격하는 일본군을 그렸다. "생산력 확충은 총후의 의무다!!"라고 적었다. 이 포스터는 비료회사에서 만들었지만, 증산을 독려하는 '국책 선전'에 동참했다.

전체 에너지 가운데 3분의 2를 석탄에 의존하고 있던 일본은 전시체제로 전환하면서 점령지와 식민지에서 더욱더 많은 석탄을 가져가려 했다.[579] 식민지 조선에서도 석탄 증산을 위한 여러 정책을 내놓았다. 일제는 "고도국방국가 건설에 필요한 광산 증산에 떨쳐 나서자"라고 했다.[580] 다음 포스터는 '고도국방국가'와 탄광의 관계를 잘 보여 준다.

그림 3 《조선신문》 1941년 6월 28일; 《경성일보》 1941년 6월 28일

그림 3은 1941년 7월 1일부터 9월 말까지 3개월 동안 진행한 '전선광산증산강조운동' 포스터다. '광업보국'이라는 표제어를 달았다. "광업으로 나라에 보답한다"라는 뜻이다. 미나미 지로 총독이 그 글씨를 썼다.[581] 총독이 직접 나설 만큼 1941년에 '광산 증산'이 절실했다. 그리하여 1941년 4월부터 '여자광부 갱내취업 허가제'를 실시했다. 일본에서는 1939년부터 여자가 광산의 갱 안에서 일할 수 있게 했다.[582] 조선에서도 1941년에 16세 이상의 여자를 갱 안에서 일을 시킬 수 있도록 했다.[583] "여자 광원들이 땅속의 태양 없는 전쟁터에서 증산전사로 일하고 있다"라는 기사가 미담처럼 신문에 실렸다.[584] 그림 3에 "다 함께 채굴, 떨쳐서 증산"이라고 적었다. 탄광

속으로 '광산전사鑛山戰士'가 줄지어 들어간다. 광부들은 마치 전쟁터에 나가는 군인 같다. 실제로 매체에서는 "노무자는 곧 병사다"라고 선전했다.[585] 그림 3에선 오른쪽 위에 비행기를 그리고 왼쪽 아래에 군함을 그려서 광업이 '고도국방국가'에서 중요하다는 것을 나타내었다. 이 포스터를 배포한 '국민총력조선광산연맹'은 "병참기지 반도의 지하자원을 개발하고 증산할 것을 목표로" 1941년 3월 5일에 만든 조직이다.[586] '국민총력조선광산연맹'에서는 1941년 7월에 전선全鮮광산증산강조운동, 1942년 9월에 전시광산증산강조운동, 1943년 9월에 중요광물비상증산강조운동을 했다.[587]

"석탄과 광석은 병기다!"[588] 일제가 패망하는 순간까지 '광산 증산'정책은 이어졌다. 다음 포스터를 더 보자.

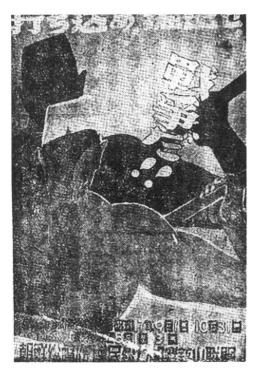

그림 4 《매일신보》 1942년 7월 16일; 《황민일보》 1942년 9월 11일; 조선총독부 정보과, 《통보》 121호, 1942년 8월 1일, 13쪽

그림 4는 1942년 9월 1일부터 10월 31일까지의 '광산증산기간'을 겨냥한 포스터다.[589] 조선총독부와 '국민총력조선광산연맹'이 제작했다. "뚫어라! 캐내어라! 전쟁이다!!"라는 표어 아래 광부가 힘껏 곡괭이를 휘두르고 있다.[590] 근육이 우람하고 등이 떡 벌어졌다. 그 그림자는 더 크다. 그야말로 '전사'의 모습이다. 이러한 '영웅적'인 노동자 이미지는 노동의 신성함을 선전하면서 노동력 착취를 은폐하는 역할을 한다. 다음에서 보듯이 매체에서는 '산업전사'의 상징으로 탄광노동자를 자주 내세웠다.

그림 5 잡지 표지, 《문화조선》 4권 4호, 1942년 7월1일, 33쪽

그림 6 삽화, 《신시대》 5권 1호, 1945년 1월, 3쪽

그림 5·6 모두 '증산을 다짐하는' 탄광노동자를 모델로 했다. 그림 6에 "여기도 전장이다"라고 적혀 있다. "광산에서 일하는 사람은 제일선의 군사에 못지않은 총후 전사"였다.[591] 그들은 "총 대신 괭이를 든 전사"였다.[592] 입때껏 근로자라고 낮잡아 부르던 사람을 이제는 '산업전사'라고 추켜세웠다. 증산을 다그치려는 속셈이다. 일제는 "나라를 위해 목숨을 바친다는 결의로 증산에 힘을 쏟아야 한다"라고 했다.[593] 탄광에서는 군대식 규율을 강요했다. 다음 글을 보자.

조선총독부와 국민총력조선광산연맹에서는 오는 9월 1일부터 10월 31일까지 만 2개월 동안 모든 광산을 총동원하여 '전시광산증산강조운동'을 전개하기로 했다. 이와 함께 밥을 잘 씹어서 적게 먹는 버릇을 기를 것, 명령에 복종, 시간 엄수 등 광산 노무자의 인격을 철저히 닦도록 훈련하며 작업을 시작하기 전에 조례를 하고 황국신민서사를 낭송하고 라디오체조를 한다. 또한 정오에는 묵도를 하고 일이 끝난 뒤에는 모두 한곳에 모여 묵상하며 반성의 시간을 갖도록 하는 등 군대식으로 운영하기로 했다.[594]

1943년이 되면 조선총독부는 공장과 광산의 모든 노동자가 '산업군단産業軍團'의 구성원이 되어야 한다고 했다. 그에 따라 공장과 광산은 '지휘관과 병사'가 협력해 군수 생산력을 증강하는 '전장'으로 바뀌었다.[595] 일제는 "직장은 전장이다"라는 구호를 내걸고 노동자에게 군대식 노동규율을 강제하며 증산을 다그쳤다.

일제의 증산정책에서 징용을 빠뜨릴 수 없다. 다음은 징용으로 끌려가는 응징사를 찬양하는 벽신문이다. 그림 7 벽신문은 만화로 구성했다.. '응징전사'라는 제목을 붙였다. 일제가

그림 7 벽신문, 《경성일보》 1944년 10월 7일

'근로자'를 '산업전사'로 부르며 증산을 다그쳤듯이 징용하는 사람들, 즉 응징사를 '응징전사'로 떠받들었다. 응징사란 1943년 7월에 개정한 국민징용령에 따라 동원된 노무자를 가리킨다. 조선에서는 1944년 2월 8일 '응징사복무규율'에 따라 징용 대상자들을 본격적으로 동원했다. 그림 7은 그때 상황을 반영한다. "응징전사, 징용에 나가신 우리 아버지 만세, 우리 형님 만세, 참말로 기쁜 징용, (물건을) 자꾸 만들고 (전장으로) 많이 보내라. 다 같이 힘을 합하여 원수의 미국을 때려 부수라." 벽신문에 일본어와 한글로 그렇게 적었다. 일제에 따르면 징용이란 "나라의 명령으로 국가가 지시하는 일터로 나아가서 있는 힘을 생산증강에 바치는 것이다." 매체에서는 응징사를 '총후의 생산병'이자 '생산 특공대'라는 전투용어로 표현했다. 나무도 전쟁물자에서 중요했다. 중일전쟁 뒤부터 일제는 국유림과 도유림 등에서 마구잡이로 나무를 베었다. 전쟁이 길어지고 임산물 수요가 늘자 차츰 사유림에서도 나무를 베도록 했다.

그림 8 목재증산운동 포스터, 국립수목원 산림박물관 소장

일제는 겉으로는 조림과 산림보호에도 신경을 쓴다고 했지만, 조림은 생색내기였고 벌채는 많았다. 1940년부터 일제는 목재 공출을 단행했다. 목재 생산을 늘리려고 군마다 공출량을 할당했다.[596] 다음은 목재증산운동 포스터다. 그림 8에선 '목재증산운동'이라는 글씨를 목재처럼 디자인했다. "베어라 나르라, 승리의 목재"라고 적었다. 강과 철도로 목재를 나르는 모습을 그렸다. 일본에서는 1943년 2월에 '목재증산운동' 실시 요강을 결정했다.[597] 총독부에서도 1943년 8월부터 목재증산운동을 하기로 했다.[598] 따라서 그림 7은 1943년에 제작한 포스터라고 추정할 수 있다. 다음은 목재증산운동에 발맞춘 나무심기운동 포스터다.

그림 9 《경성일보》 1944년 3월 29일

그림 9에서 "결전조림운동강조주간, 목재도 병기兵器다"라고 적었다. 일본에서는 1942~1944년에 '거국擧國조림운동'을 했다.[599] 이와 비슷한 취지로 식민지 조선에서도 1944~1945년에 '결전조림운동'을 했다.[600] 신문에서는 "풀과 나무는 식량 생산에 필요한 비료와 사료 또는 연료를 제공할 뿐만 아니라 군수 증강에도 절대로 필요하다. 따라서 신무천황제神武天皇祭에서 기념 식수하는 날인 4월 3일에 맞추어 일주일 동안 '결전조림운동'을 하기로 했다"라고 보도했다.[601] 그림 9는 여섯 개의 만화로 구성되었다. 베어 낸 나무 옆에 새로운 나무를 심은 모습, 숲을 보호하자는 내용을 적었을 팻말, 어린나무를 가꾸는 모습 등이 보인다. 왼쪽 맨 위를 보면 배가 있는 해변에서 목재가 총을 메고 행군한다. 나무로 군사용 목조선을 만든다는 뜻이다. "전쟁에서 이기려면 배를 만들어야 한다. 배를 만들려면 산에 나무를 심어야 한다."[602] 목조선의 재료가 되는 나무는 이제 중요한 군수품이 되었다. 일본은 군사용 또는 수송용 배를 쇠로 만들기 힘든 상황에서 '응급 대책'으로 목조선을 만들었다. "목조선은 수송력을 보강할 뿐만 아니라 적이 습격하는 위험을 분산시킬 수 있다. 만약 적의 공격으로 손상을 입어도 피해액이 적은 장점이 있다"라고 했다.[603] 매체에서는 이제 '목조선 시대'가 되었다면서[604] 목조선은 '승리의 병기'라고 허풍을 떨었다.[605] 그렇게 소형 목선을 많이 만들었지만, 선체를 만들었을 따름이었으며 엔진이 없는 무동력선이었다.[606] 다음 사진은 "결전의 바다에 모습을 드러낸 목조선" 모습이다.

그림 10 사진, 매일신문사, 《매신 사진순보》 330호, 1943년 8월 21일, 14쪽

조선총독부는 배 만드는 데 필요한 나무를 국가에 바치는 '공목供木운동'을 하면서 "절에 있는 고목을 포함한 모든 나무를 서슴지 말고 공출하라"라고 지시했다.[607] 목재는 '생산력 확충'과 금속 대용품으로도 중요했다.[608] 전신주, 차량, 침목, 펄프, 토목과 건축 등에서 목재 수요가 크게 늘었다. 따라서 일제는 국유림과 민유림을 가릴 것 없이 벌채를 더 많이 하라고 다그쳤다.[609]

"전력 증강은 증미增米로부터."[610] 전쟁을 치르고 있는 일제로서는 '광산 증산'과 '목재 증산' 못지않게 식량 증산도 절실했다. 잘 알려진 그림 11 포스터를 보자.

그림 11은 1940년대에 만든 산미 증식장려 포스터다. "밭에 떨어진 땀은 금비金肥보다 낫다", "상농上農은 풀이 나기 전에 뽑고, 중농中農은 풀이 나면 뽑고, 하농下農은 풀이 나도 뽑지 않는다", "가을걷이 때 하루가 늦으면 100일의 노력이 손실된다." 이와 같은 글을 적고 그림을 그려서 부지런히 일하라고 했다. 또한, "퇴비를 잘 주지 않으면 수확이 반이나 줄어든다"라고 했다. "공출을 제대로 하지 못해서 특별 배급하는 술을 먹기 틀렸다"라는 내용도 있다.

그림 11 산미 증식장려 포스터, 국립한글박물관 소장

미곡 생산을 늘리려면 비료를 많이 써야 한다. 그러나 1937년 중일전쟁과 1939년 제2차 세계대전이 일어나면서 비료 공급에 문제가 생겼다. 비료산업은 화약 제조 등 군수산업으로 전환할 수 있어서 전시에 비료 생산이 줄었다. '판매 비료' 공급이 크게 줄어 식량 증산에 문제가 생기자, 총독부는 '자급비료' 증산에 힘을 기울였다. 총독부는 이미 1926년부터 '자급비료개량증식 10개년 계획' 등을 세우고 자급비료 생산에 신경을 썼다. 그러나 1940년대에 들어서면서 훨씬 더 자급비료 증산에 집착했다. "식량 증산은 비료로부터"라는 표어를 내걸었다.[611] 1942년에 '퇴비생산배가운동', 1943년에 '건초와 퇴비증산운동', 1944년에 '건초퇴비증산운동'을 벌였다. 해마다 7월부터 10월까지 4개월 동안 '자급비료증산운동'을 했다. 총독부는 '판매비료' 공급이 거의 끊기는 상황에서 '자급비료' 증산에 매달릴 수밖에 없었다.[612] 그림 12 포스터는 가축 사료로 쓸 건초 증산에 초점을 맞추었다.

그림 12 《매일신보》 1942년 8월 1일

그림 13 《경성일보》 1943년 7월 14일(출처: 박암종, 〈한국 근대 포스터의 특징과 스타일에 대한 연구〉, 《디자인학연구》 21-5, 2008, 234쪽)

그림 12에 "풀은 가축의 쌀밥, 축산보국은 건초로부터"라고 적혀 있다. 일장기와 함께 국민총력조선연맹의 '애국반 마크'를 그렸다. 일제는 군마가 먹을 건초는 더욱 정성스럽게 만들라고 했다.[613] 국민학교 학생이 군마의 사료로 방학 동안에 '새'를 베어 말려 학교에 내었다.[614]

그림 13은 농촌에 풀베기를 장려해 가축 사료와 유기질 비료를 증산하려고 국민총력조선연맹에서 배포한 만화 포스터다. "건초를 만들자, 퇴비를 만들자"라고 적었다. 풀을 베어서 좋은 풀은 건초로 하고 나쁜 풀은 퇴비로 하라고 했다. 소와 말을 그린 그림에 "건초는 맛있다"라는 말풍선을 달았다. 농민은 "비료를 증산하고 자급하겠다"라고 다짐한다. 맨 아래 왼쪽에 "증산하여 미영을 격멸하자"라고 적고 루스벨트와 처칠의 얼굴에 일장기를 꽂은 모습을 그렸다. '건초증산운동' 때 풀베기 대회를 열어 상장과 상품을 주기도 했다.[615] 성적이 좋은 마을에는 판매 비료를 특별 배급한다는 유인책을 쓰기도 했다.[616] 농민들이 자급비료 생산을 위해 투여해야 할 노동량은 전체 농업노동 소요량의 34퍼센트를 차지할 만큼 비중이 매우 높았다.[617] 일제는 "건초증산운동에 중등학교 생도와 국민학교 상급 아동도 동원하라"라고 지시했다.[618] 그림 14는 그 지시에 따라 풀을 베는 어린이를 주제로 삼았다.

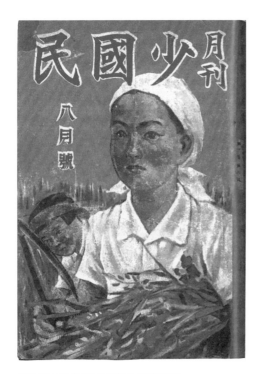

그림 14 표지, 《월간 소국민》 1944년 8월호

"피마자가 없으면 비행기는 날지 못한다."[619] 이런 표어가 생길 만큼 피마자가 갑자기 관심을 끌었다. '피마자'란 피마자 씨앗에서 채취하는 식물성 기름을 일컫는다. 윤활성이 좋아서 처음에는 항공기용 엔진의 윤활유로 쓴 일이 많았다. 그러나 산화하기 쉽고 열에 대한 안정성이 부족해서 제2차 세계대전 무렵에는 항공기용 윤활유는 주로 광물성 기름을 썼다. 전쟁이 확대되면서 주력 병기가 비행기로 바뀌자, 그 동력이 되는 연료나 윤활유 생산은 긴급한 과제가 되었다. 그러나 전쟁이 격화하면서 해외에서 물자를 조달하기 어려웠던 일본은 국내에서 생산할 수 있는 것으로 대신하지 않을 수 없었다. 그 때문에 피마자 생산을 장려했다. 전쟁 말기에 새롭게 일본 영토가 된 싱가포르나 인도네시아에서도 피마자 재배를 장려했다. 다른 작물의 경작지나 삼림을 피마자밭으로 바꾸거나 개인 집 마당에도 피마자를 심으라고 했다.[620] 그림 15·16은 식민지 조선에서도 피마자를 증산하라는 포스터와 사진이다.

그림 15에서 '애국부인회 조선본부' 띠를 두른 일본 여성과 조선 여성이 손을 들어 비행기에 인사한다. 두 여성 앞에는 잎이 무성하고 열매가 알찬 피마자가 있다. "기르자 애국 피마자"라고 적었다. 그림 16은 사진화보 잡지인 《매신 사진순보》 표지다. 피마자 열매, 즉 아주까리를 따는 풍경은 한가로워 보인다. 그러나 "젊은이는 하늘에, 여성은 증산에"라는 구호를 적어서 전쟁 분위기를 새겨 넣었다. 남성은 비행사가 되어 전투를 치르고 여성은 '총후'에서 피마자를 증산하라고 했다. 단발머리 여학생과 쪽진 젊은 부인, 나이 든 여성들까지 등장하는 사진은 실제 아주까리 수확 현장에 나가서 포즈를 부탁해 찍은 사진으로 보인다.[621]
예전부터 피마자기름은 아주까리기름이라고도 부르며 설사하게 하는 약이나 '포마드' 같은

그림 15 《경성일보》 1941년 1월 8일

그림 16 표지 사진, 매일신문사, 《매신 사진순보》
335호, 1943년 10월 11일

머릿기름 원료 등 여러 용도로 사용했다. 그러나 이제 "피마자기름이 비행기 발동기의
기계유가 되었다."[622]

> 비행기가 상공에 높이 올라가고 보면 겨울에는 얼어서 기계가 잘 안 돌아가는 수가 있는데 이
> 피마자기름을 윤활유로 쓰면 절대 어는 일이 없다. 그래서 비행기 윤활유로는 피마자가 일등으로
> 귀여움을 받고 있다. 더구나 지금은 남방에서 석유가 전혀 들어오지 못하다시피 된 만큼 자급자족의
> 대책으로 피마자를 쓰기로 된 것이다.[623]

"아주까리는 총후의 전력이다."[624] 끈적거리던 아주까리가 출세했다.[625] 일제의 패망이
가까워질 무렵에는 피마자는 단순한 피마자가 아니라 '결전의 피마자'가 된다. 다음 포스터와
광고를 보자.

그림 17 《매일신보》 1944년 4월 20일 ; 《경성일보》 그림 18 광고, 《국민총력》 1944년 4월 15일, 도판
1944년 4월 20일

그림 17에 "심자. 결전의 피마자!"라고 크게 썼다. 그 아래에 "비행기와 전차의 생명은
피마자기름이다. 우리의 향토호鄕土號를 우리가 길러 낸 피마자기름으로 날리자"라고
적었다.[626] 왼쪽 아래에 피마자가 있고 중앙에 비행기와 전차를 조그맣게 그려 넣었다. 이
포스터의 표제어는 그림 18의 '헌납광고'에도 그대로 쓰였다.

일제는 피마자 말고도 가마니, 고사리, 호박씨 등 온갖 것을 공출했다. 가마니는 '농촌에서
생산하는 병기'였으며,[627] 고사리는 '군인에게 보낼 선물'이었다.[628] 호박씨는 기름과 의약품의
원료가 되기 때문에 종자만 빼고 다 공출하라고 했다.[629] 다음은 온갖 씨앗을 모아서 내라는
포스터다.

그림 19 박암종, 〈한국 근대 포스터의 특징과 스타일에 대한 연구〉, 《디자인학연구》 21-5, 2008, 234쪽

그림 19를 보면 여러 과일과 식물을 그렸다. "전쟁에 필요한 기름을 짜는 여러 가지 종자를 많이 모아 냅시다"라고 적었다. 이 포스터는 식물성기름의 증산을 외쳤던 1944년 무렵에 배포한 것으로 보인다. 전쟁하려면 석유 같은 광물계 기름만이 아니라 동식물 기름도 필요했다. 유지油脂는 폭약의 주원료인 글리세린의 대부분을 차지하며 항공기 윤활유와 기계류 등에 쓰였다. 특히 씨앗 기름은 강철 제품을 만들 때 필요하다. 그러나 기름을 얻기가 매우 힘들어졌다. 동물 기름의 대표인 정어리는 1944년 무렵에 거의 잡히지 않았다. 따라서 식물 기름이 더 귀하고 필요해졌다. 식물 씨앗은 남방 등에서 많이 나왔다. 조선에서는 그 양이 적지만, 바닷길이 막히면서 씨앗을 모으게 되었다. 신문에서는 "기름 한 방울은 피 한 방울"이라는 마음으로 씨앗 공출에 협력하라고 했다.[630]
피마자와 씨앗만이 아니라 해조류도 군수품으로 관심을 끌었다. 다음 두 그림을 보자.

그림 20 표지 사진, 《사진주보》 252호, 1942년 12월 23일, 국립공문서관 아시아역사자료센터 소장

그림 21 《매일신보》 1943년 7월 10일

그림 20은 '일본의 국책 미디어'이며 사진화보 잡지인 《사진주보》 표지에 실린 사진이다. 이 사진은 '대동아전쟁 1주년 기념' 행사 가운데 하나였던 '근대 입체공방연습' 때의 모습이다.[631] 그림 21 '해조 증산' 포스터는 그림 20을 본떠 그렸다는 것을 누구나 쉽게 알 수 있다. 그림 21에서 군인이 위장하려고 몸에 두른 풀은 해조를 연상시킨다. "해조는 전쟁자원", "전쟁에서 이기려면 해조가 필요하다"라고 적었다. 그림 21의 왼쪽 아래에는 다시마, 미역, 감태, 모자반 등 증산해야 할 해조류가 적혀 있다. 그것이 비행기의 자재, 폭약, 성냥, 광학유리, 광산 용품 등을 만들 때 필요하다고 조그마한 그림을 곁들여 설명했다. '해조증산운동'은 일본에서 먼저 시작했다. 조선에서도 전라남도와 제주도를 중심으로 '해조증산운동'을 했다.[632] 증산운동은 공출의 확대를 뜻했다. 모든 공출이 그러했듯이 해조 공출도 바닷가 마을에는 큰 고통이었다. 화약 원료가 되는 감태를 공출해야 했던 제주도가 그 보기다. 제주도에서 감태는 밭의 퇴비로 사용하던 귀중한 해초였다. 한 마을에 몇백 포대씩 감태를 할당하면서 퇴비를 만들 수 없게 되자 밭은 점점 더 척박해졌다.[633]

일제는 공출로 갖가지 전쟁물자를 조달하려 했지만, 그 가운데서도 면화와 식량 공출을 중요하게 여겼다.[634] 일제는 미곡 공출에 앞서 면화 공출을 했다.[635] 면화는 옷을 만드는 섬유 자재일 뿐만 아니라, 화약과 도료塗料의 원료였다. 특히 해군에서 면화를 많이 사용했다.[636] 다음 포스터와 표지 그림은 면화 공출을 선전한다.

그림 22는 전단처럼 보이지만, 포스터다. "면화 공출 보국, 필승이다! 총력으로 면화 공출!!"이라고 적었다. 강원도 농회에서 배포했다. 농회는 농가에 공출량을 할당하고 공출을 집행하는 역할을 했다. 이 포스터를 배포한 강원도는 마을마다 '면화공출완수위원회'를 만들어 할당된 양을 공출하도록 했다.[637] 그러나 어느 곳에서나 면화 공출은 계획대로 되지 않았다. 일제는 공출을 잘하는 애국반에는 면포를 배급하고, 그렇지 않은 애국반에는 배급하지 않는 등의 상벌제도를 시행했다. 그림 23은 바구니에 면화를 가득 담은 여인이 환하게 웃는 모습을 그렸다. 이 표지는 '면화 공출 보국'에 적극 참여하라는 내용을 담고 있다. 표지 아래에 "애국반은 다 같이 국책에 총동원"이라고 적었다. 면화 공출에 애국반이 적극 나서라고 지시한다. 잘 알려진 다음 그림 24 포스터는 많은 역사적 사실을 담고 있다. 차근차근 살펴보자.

그림 22 《매일신보》
1942년 10월 1일

그림 23 표지, 《半島の光》 60호, 1942년 11월

그림 24는 공동작업과 쌀 공출, 그렇게 두 내용을 선전한다. 먼저 포스터 왼쪽에 있는
공동작업 내용을 살펴보자. "공동작업반장의 명령에 따라 시간을 잘 지켜 정성껏 작업을
하는 것이 중요하며, 제때 벼를 베면 1할을 더 수확할 수 있다"라고 적었다. 공동작업반이란
무엇일까. 1941년부터 만들기 시작한 공동작업반은 농촌 노동력을 총동원하기 위한
조직이었다.[638] 일제는 애국반을 단위로 여자 공동작업반 등도 만들어 '농촌 근로체제'를
강화하려 했다.[639] 신문에서는 공동작업반을 만든 배경과 현황을 다음과 같이 보도했다.

시국의 진전에 따라 일반 중공업과 특수산업 부문으로 농촌인구가 이동함에 따라 농업노동력에
지장이 있어서는 안 된다. 따라서 총독부 당국에서는 전선 각 농촌 부락마다 일찍부터 공동작업반을
편성하고 모내기, 벼 베기를 비롯하여 보리 베기, 풀베기 또는 그 외의 일반 농업작업에 참가시켜
커다란 성과를 거두고 있다. 전 조선에서 동원된 그들 공동작업반은 7만 5000여 반, 총 반원은
20여만 명에 이른다.[640]

그림 24 공동작업 공출 포스터, 부산광역시립박물관 소장

공동작업반이란 예전의 두레와 품앗이를 관에서 재편한 것이지만, 공동체적 연대감은 크게 상실되었다.[641] "공동작업은 능률을 증진할 뿐만 아니라, 제때 작업할 수 있다. 또한 가축과 농기구를 함께 이용할 수 있다. 또 단체훈련도 되어서 규율 있는 동작과 협동 단결의 정신도 단련할 수 있다."[642] 일제는 공동작업반의 장점을 그렇게 설명했지만, 공동작업반의 능률은 낮았다.

그림 24에서 공동작업반에서 일하는 여성은 "어린아이들은 탁아소에 맡겼으니 안심이 됩니다"라고 말한다. 탁아소란 어떤 곳일까. 공동작업반에 여성을 동원하려면 자녀들을 대신 맡아 주는 탁아소가 필요했다. 그러나 그 탁아소는 '이동식'이었다. 공동작업반이 작업 장소를 옮길 때마다 탁아소도 옮겼다. 이동 탁아소는 큰 나무, 숲속 같은 주변의 자연환경이나 기존 시설물을 이용했다. 거의 모든 탁아소가 아침 7시부터 저녁 8시까지 운영한 것으로 보아 농촌 부인들이 12시간 이상의 강도 높은 작업을 했다는 것을 알 수 있다. 탁아소는 농촌 부인의 노동력 징발을 위한 것이었지 아동을 위한 보육정책은 아니었다.[643]

이제 그림 24에서 오른쪽에 있는 쌀 공출 내용을 살펴보자. "공출 때는 지주님도 한몫해 주시니 고마워, 자 빨리빨리 됩시다"라며 벼를 가마니에 담는다. 그 옆으로 지게에 볏짚을 함께 들어 올려주는 지주 모습을 그렸다. "우리들의 대화大和협력의 힘이 전쟁을 이겨 내는 원동력이다. 한 알의 쌀이라도 더 많이 나라에 바쳐서 귀축미영을 때려 부수어 버리자! 공출미는 우리 마을의 공동책임이니 하루라도 빨리 공동출하 합시다." 이 포스터에서 공출할 때의 올바른 태도와 공출의 의의를 그렇게 적었다. 마귀와 짐승 같은 미국과 영국이라는 뜻인 '귀축미영'이라는 관용구를 썼다. 앞에서도 설명했듯이, 식민지 조선에서 1943년부터 '귀축미영'이라는 말을 쓰기 시작했다. 따라서 그림 24 포스터를 그 무렵에 배포한 것으로 추정해도 큰 무리가 없다. 이 포스터에서 공출이 "마을 공동책임"이라고 한 것은 농가에 할당된 공출량을 마을 단위로 연대책임을 지워 강제로 내게 하는 '촌락 연대책임제'를 뜻한다. 이 제도는 1943년부터 시행했다.[644]

공출이란 일제가 일방적으로 정한 가격에 강제로 농산물을 팔도록 하는 제도였다. 공출 쌀 가격은 생산비에도 미치지 못했다. 그나마 인플레를 방지한다면서 강제 공제저축을 하게 하여 돈을 다 주지도 않았다.[645] 전쟁을 치르면서 일본에서도 쌀 공출이 심했지만, 식민지 조선은 그보다도 훨씬 더했다. 그 무렵 일제 스스로도 "식량 공출이 조선 농촌에 가하고 있는 중압은 심각하다"라고 말할 정도였다.[646] 공출제도는 농민들의 반발과 저항에 부딪힐 수밖에 없었다.

일제는 이를 누그러뜨리려고 유인책을 쓰기도 했다. "공출에 적극 호응하는 농가에는 면포와 고무신을 준다"라는 것 등이 그 보기다.[647] 그러나 그 어느 곳에서든 쌀 공출에는 늘 강제와 억압, 폭력과 수탈이 뒤따랐다. "가미카제 특별공격대의 정신으로 미곡 공출을 하자"라고 다그쳤다.[648] 또 공출 성적이 저조한 부락에는 사찰대査察隊를 파견한다고 협박하기도 했다.[649] 그럼에도 공출에 저항하며 식량을 확보하는 '부정 취득'이 많았다.[650] 땅을 파고 옹기에 쌀을 넣어 두는 식이었다. 공출을 집행하는 사람들은 난폭했다. 농민들은 공출을 다 채우지 못하면 가택수색과 구타 등의 모욕적인 처벌을 받아야 했다. '왜정시대'의 공출은 많은 사람에게 오랫동안 고통스러운 기억으로 남았다.

국가와 선전

대중이란 이질적 속성이나 배경을 가진 익명의 다수자가 포함된 미조직 집합체다.[1] 그 '대중'을
국민으로 만드는 과정에서 국가는 자신의 이데올로기를 주입하려고 여러 선전 방식을
활용한다. 또한, 지배권력은 대중매체로 대중을 설득해서 자신들의 정치적 헤게모니를
확대하려고 한다.

근대국가란 그 자체가 '인간'을 만들어 내는 하나의 교육 장치다.[2] 일제는 사람들을
공통감각으로 훈육하고 지배 이데올로기에 순응하게 하려고 온갖 선전을 했다. 일제의 선전은
단순히 정치적 동화와 경제적 동원만이 아니라 삶의 방식에 개입해 조선인을 황국신민으로
만드는 것을 목표로 삼았다. 그러려면 일본 본국보다 식민지 조선에서 더욱 선전에 힘을
쏟아야 한다고 생각했다. 일제는 사람들의 눈길이 닿는 곳과 청중이 있는 곳 어디에나 선전의
힘이 미치도록 온 힘을 기울였다. 특히 전시체제기에 조선총독부만이 아니라 친일단체와
관변단체가 모두 나서서 자신들의 특기에 따라 문학, 영화, 연극, 광고, 미술, 사진 등을
활용해 선전을 퍼부어 댔다. 그때는 그야말로 "모든 예술이 프로파간다"였다.[3]

일제 자료에 따르면, "선전이란 어떤 주장을 선포하고 달성하기 위한 하나의 수단"이다. 또한
"선전전은 전투 수단의 최고봉"이라고도 했다.[4] 선전가들은 이러저러한 선전 수단을 무기에
비유하곤 했다. '선전전'이었다. 다시 말하면, 선전도 전쟁이었다. "사진은 선전의 독가스"이고
"영화는 1초에 24발을 발사하는 기관총이다."[5] 인쇄 선전물은 '종이 탄환'이라고 했다.[6] 라디오,

그림 1 광고, 《경성일보》 1944년 3월 31일

확성기는 '소리의 탄환'이라고 불렀다.

그림 1에서 확성장치란 "전력 증강, 산업전사에게 보내는 소리의 탄환"이라고 적었다. 확성기는 도시의 방공과 공장의 생산능률 향상에 도움이 된다고 했다. 이 책은 일제의 여러 선전 방식 가운데 포스터에 집중했다. 선전가들은 포스터를 중요한 선전 수단으로 활용했다. 포스터는 비용이 적게 들고 간단하며 효과가 컸기 때문이다. 그림 2·3은 포스터와 전단 '선전전'에 동원된 사람을 그렸다.

그림 2에서는 빼곡하게 붙은 헌 포스터를 떼고 새 포스터를 붙인다. 새로 붙이는 포스터에 "저축은 총후의 탄환이다"라는 표어가 있다. 표어란 반복해서 이념을 주입하는 장치다. 그림 3에서는 '국어(일본어) 상용'이라는 전단을 곳곳에 붙인다.

그림 2 만화, 《매일신보》 1942년 11월 2일

그림 3 삽화, 조선총독부 정보과, 《통보》 118호, 1942년 6월 15일, 12쪽

상업 포스터와 저항 포스터

조선총독부나 공공기관이 의뢰해서 만든 '프로파간다 포스터'만 있었을까. 그렇지 않다. 상업 활동을 위한 포스터가 있었다. "오늘날 장사치고 어느 것인들 선전의 힘을 빌리지 않을 수 없다. 어느 업종에서나 포스터로 선전하는 것을 고려했다."[7] 보기를 들면, 제약상은 마치 전쟁을 치르듯이 포스터와 전단을 배포했다.[8] 어떻게 하면 고객의 눈길을 끄는 포스터를 만들지 상업미술의 관점에서 더욱 신경을 써야 한다는 주장도 생겨났다.[9] 그러나 전쟁이 길어지면서 '용지절약' 때문에 기업이나 상인이 만든 상업 포스터는 크게 움츠러들었다.[10] '저항 포스터'도 있었다. 포스터의 선전 효과에 주목해 '포스터운동'에 관심을 둔 사람들이 만든 포스터다.[11] 다음은 '포스터운동'에 관심을 두었던 안석주安碩柱(1901~1950)가 한 말이다.

> 이제부터는 포스터 연구에 치중하려고 합니다. 무슨 사업에 대한 광고적 포스터가 아니라 사상의
> 발표 같은 것을 그림으로써 발표하는 것이 천언백구의 말이나 글보다 몇 배 이상으로 민중을
> 자극시킬 수 있는 것이니까요. 더구나 언론의 자유가 없는 우리 사회 같은 데서는 더욱 이 포스터의
> 필요가 급할 줄 압니다. 지금까지의 소위 미술가들의 그림은 너무나 민중하고 거리가 멀었지요.[12]

안석주 말고도 '민중 포스터' 또는 '저항 포스터'에 관심을 둔 예술가들이 많았다. '저항 포스터' 사례를 보자.

먼저 형평운동 포스터다. 형평사는 1923년 4월 25일 진주에서 창립대회를 열었다. 형평사는 말 그대로 "저울(衡)처럼 공평(平)한 사회를 만들고자 한 단체(社)"였다. 그때는 단체 이름에 사社를 붙이는 일이 많았다. 형평운동은 도살업이나 육류판매업으로 생활하던 백정에 대한 사회적 차별과 편견을 없애고 인권을 회복하려는 운동이었다. 형평사는 처음부터 여러 사회운동단체와 긴밀하게 관계를 맺으며 중요한 사회운동단체로 발돋움했다. 신분제적 유제를 타파하려는 형평운동은 '계급 해방'과 같은 급진적 운동과 결합할 가능성이 컸다. 지금까지 다음과 같은 세 개의 형평운동 포스터가 알려져 있다. 최근에 출판한 형평사 관련 책도 그 포스터를 널리 알리는 역할을 했다.[13]

그림 4 형평운동기념사업회 소장 그림 5 형평운동기념사업회 소장 그림 6 형평운동기념사업회 소장

위의 포스터에는 모두 '衡平'이라는 한자를 도안으로 만든 마크가 있다. 그림 4는 1928년
형평사 제6회 정기대회 때의 포스터다. 포스터에 그려진 깃발에는 '형평'이라고 적었으나
형평사의 공식 깃발인지는 알 수가 없다.[14] "전선全鮮에 산재한 형평계급아 단결하자.
천차만별의 천시를 철폐하자"라고 쓰여 있다. 그림 5는 1929년 형평사 제7회 정기대회
포스터다. 절규하는 몸짓과 깃발이 강렬하다. 깃발에는 "모히라! 자유평등의 기치旗幟
하下에로"라고 적었다. 그림 6은 1930년 형평사 제8회 정기대회 포스터다. 남자는 저울을
치켜들었다. 저울은 가축을 잡고 고기를 파는 백정들에게 꼭 필요한 도구다. 그 저울을
평등사회를 상징하는 기호로 사용했다. 그림 6의 남자는 그림 5에서 보이는 깃발을 팔에
걸쳤다. 깃발에는 "인생권人生權과 생활권生活權을 획득하자!!"라고 썼다. 남자의 팔뚝에는
"모히여라. 형평사총본부 기치旗幟 하下에로!"라고 적었다. 이러한 형평사 포스터는
형평운동의 지향을 알려 줄 뿐만 아니라 '저항 포스터'의 가닥을 짚어 볼 수 있는 소중한
자료다.
재일 조선인 사회에서도 다음과 같은 '저항 포스터' 기록을 남겼다.

그림 7은 오사카 신간회지회 발회식 포스터다. 신간회란 "사회주의 세력과 민족주의 세력이 연합한 민족협동전선체"였다. 그림 7을 보면 신간회 강령을 적고 모든 힘을 신간회로 모으자고 했다. 그림 8은 1925년 2월 도쿄에서 결성한 재일본조선노동총동맹이 1928년에 제4회 대회를 열었을 때의 포스터다.

그림 7 在日韓人歷史資料館 編著, 《写真で見る在日コリアンの100年》, 2008, 44쪽

그림 8 在日韓人歷史資料館 編著, 《写真で見る在日コリアンの100年》, 2008, 44쪽

이 대회는 조선공산당 일본총국이 준비했다. 이 대회에서 재일본조선노동총동맹을 산업별로 조직하고 일본 노동자와 공동투쟁을 강화한다는 방침을 결정했다.[15]

일제강점기에 발간한 매체에서 '저항 포스터'를 찾을 수 없다. 일제는 저항 세력이 포스터를 배포할 기회를 주지 않았다. 설령 저항 세력이 탄압을 뚫고 포스터를 배포했다 하더라도 검열을 받아야 했던 매체에서 싣지 못했다. 잡지를 선전하는 상업 포스터마저도 일제가 불온하다고 판단하면 모두 압수했다. 보기를 들면, 잡지 《비판》을 내면서 선전했던 포스터 그림이나 문구가 메이데이에 대한 것이라면서 선전 포스터를 압수했다.[16] "붉은 잉크로 인쇄하여 빨갛게 휘날리는" 《개벽》지 포스터도 압수했다.[17] 천도교에서 배포했던 포스터마저도 적색과 흑색으로 칠했다고 금지했다.[18] 적색은 사회주의를 뜻하고 흑색은 아나키즘을 뜻한다고 일제 경찰이 판단했기 때문이다.

일제는 사회단체가 만드는 포스터에 매우 예민하게 반응했다. 파리코뮌 기념 포스터나[19] 러시아혁명 기념 포스터 같은 혁명기념일 포스터도 금지했다.[20] 일제 경찰의 눈을 피해 '불온한 격문'을 쓴 포스터가 있다면 철저하게 수사해 처벌했다.[21] 메이데이 등에서 '불온한' 포스터를 붙이거나 그 밖에도 여러 '포스터 사건'으로 검거되는 사례가 아주 많았다. 그렇지만 탄압을

뚫고 포스터를 활용해 반일 선전을 하는 일도 적지 않았다. 보기를 들면, 1933년에 함흥에서 등화관제훈련을 해서 깜깜해졌을 때 시내 곳곳에 신문지 한 장 크기의 포스터가 나붙었다. 그 포스터에는 "노동자·농민은 적색조합으로!"라는 표어와 함께 제국주의 전쟁을 반대한다는 내용이 있었다.[22] 그 포스터는 어떤 모습일까. 알 수 없다. 검열을 받아야 했던 일제강점기 매체에 실릴 까닭이 없기 때문이다. 그러나 뜻밖에 다음과 같은 '불온한' 포스터가 신문에 실렸다.

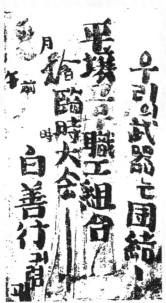

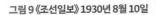
그림 9 《조선일보》 1930년 8월 10일

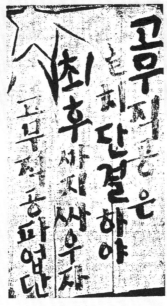
그림 10 《조선일보》 1930년 8월 13일

그림 9·10은 1930년 평양고무공장 노동자 파업 때 '파업단'이 배포한 포스터다. 평양은 서울·부산과 함께 고무신 공업이 일찍부터 발달한 곳이었다. 경제공황 때 공장주가 임금을 깎는다고 결정하자 이에 맞서 평양고무공장 노동자가 파업했다. 그림 9는 "8월 10일 백선기념관에서 평양고무직공조합 임시대회를 연다"라는 포스터다. "우리의 무기는 단결!"이라고 적었다. 이 대회에서는 임금 인하 절대 반대를 비롯해 단결권 확립 등 20개 요구사항을 제시했다.[23] 그림 10은 평양고무공장 파업이 치열해질 때의 포스터다. 파업단은 "조그만 개인의 이익 때문에 수많은 동무를 팔지 말자", "고무직공은 일치단결하여 최후까지 싸우자." 이러한 표어를 검은 잉크, 붉은 잉크로 쓴 포스터를 거리마다 붙였다.[24] 그러나 이 파업은 많은 사람이 검거되고 공장으로 복귀하는 노동자가 늘어 패배로 끝나고 말았다. 투쟁을 위한 포스터는 그림 9·10에서 보듯이 대부분 그림 없이 글자만으로 만들었을 것이다.

일제에 저항하는 세력이 공공의 장소에서 포스터를 활용해 선전하는 길은 완전히 가로막혔다. 그렇다면 자신의 공간 안에서라도 포스터를 붙일 수 있었을까. 사례가 있긴 있다. 1930년에 혁명적 농민조합운동이 활발했던 함경남도 정평에서는 청년회관 등에 마르크스와 레닌 등의 사진과 함께 "무산 농민은 소비조합으로", "언론집회의 자유 전취戰取"라고 쓴 포스터를 걸어두었다.[25] 그 모습이 몹시 궁금하다. 다음 사진이 그 모습을 추측할 수 있게 한다.

그림 11 사진, 《조선일보》 1926년 1월 12일

그림 11에서 서울청년회 간판과 함께 사무실 벽에 마르크스와 엥겔스 그리고 레닌의 사진을 걸어둔 것을 볼 수 있다. 사회주의사상에 따라 민족해방운동을 하겠다는 뜻이다. 이와 비슷한 맥락에서 저항단체들은 자신의 공간 안에서나마 '저항 포스터'를 걸어 대중에게 선전하려 했을 것이다. "마르크스의 이름을 시골 샌님까지 알게 된 것도 선전의 힘"[26]이라는 신문 기사에서 알 수 있듯이, 사회주의 진영도 여러 방식으로 자신의 사상과 노선을 선전했다. 그러나 '저항 포스터'는 제작과 배포도 매우 어려웠으며, 검열 때문에라도 매체에 실릴 수 없었다. 따라서 이 책에서도 '저항 포스터'는 다루고 싶어도 다룰 수 없었다.

포스터를 묻기

첫째, 포스터는 어디에 붙였을까. 포스터는 사람들 눈에 잘 띄게 하려고 주로 교통량이 많은 곳의 바깥벽과 게시판에 붙였다. 포스터 전람회를 하거나 '가두 이동전'과 순회전을 열어서 대중을 직접 찾아가기도 했다. 교통지옥인 전차에도 "문화적이지도 않고 보아서 불쾌한" 포스터가 붙어 있었다.[27] 상업 포스터는 상가의 쇼윈도나 술집과 음식점 등에 붙였다. 축음기 상점의 쇼윈도에는 노래 선전 포스터를 붙였다.[28] 다방에서 몹시 선정적인 극장 포스터를 걸어 놓았는가 하면,[29] 상점에서 '상반신 나체의 미인 포스터'를 붙여 놓아 경찰이 단속하는 일도 있었다.[30]

둘째, 포스터는 한 번에 얼마나 만들었을까. 1920년 후반에는 오프셋 인쇄와 사진 제작판이 보급되자 포스터 제작비나 만드는 시간이 크게 줄었다.[31] 그에 따라 좀 더 많은 포스터를 제작할 수 있었을 터이지만, 정확한 숫자는 알 수 없다. 종이를 절약하려고 1938년부터 영화 포스터를 폐지하거나 제한하더니[32] 1940년대에 들어서 상업 포스터를 더욱 억제했다.[33] 그렇지만 소비절약을 강조하던 전시체제기에도 전쟁과 황국신민화를 위한 포스터는 1만 장 넘게 제작하는 일이 아주 흔했다.[34] "강원도에서 궁성요배 포스터 25만 장을 만들어 애국반에게 22만 장을 배포하고 나머지는 각 관청과 회사, 은행, 학교 등에 배포했다"라는 기사도 있다.[35]

셋째, '내지' 일본의 포스터와 식민지 조선의 포스터는 무엇이 같고 무엇이 다른가. 포스터를 인쇄할 때까지의 여러 작업 공정에서 일본과 조선은 관계가 깊었다. 그러나 그때 사람들 가운데는 "조선의 인쇄술이 일본에 뒤져서 조선 포스터는 질이 낮다"라고 혹평하는 사람도 있었다.[36] '내지' 일본과 식민지 조선에서 선전의 목표가 같다면 포스터의 내용과 기법도 비슷했다. 또한, 일본 포스터를 조선에 그대로 배포하는 일이 많았다. 일본의 상업광고가 식민지 조선의 매체에 실리면서 일본과 조선의 소비자에게 똑같은 욕망을 창출했다. 그와 마찬가지로 식민지 조선에 배포한 일본 포스터는 '정신동원'에서 '내선일체'를 이루었다. 조선에서 독자적으로 만든 포스터는 일정하게 식민지 조선의 정서를 반영하기는 했다. '포스터의 현지화'라고 부를 수 있겠다. 그러나 그 경우에도 '제국의 시선으로 바라본 조선'을 재현했다.

넷째, 서구의 포스터와는 어떠한 관계가 있을까. 일본에선 이미 1910~1920년대에 오늘날과 같은 속도는 아니라도 정보의 동시성이 실현되기 시작했다. 서양에서 출현한 것이 일본에서도 거의 동시에 등장했다.[37] 포스터도 마찬가지였다. 그러나 중일전쟁 뒤의 '프로파간다 포스터'에는 20년이나 지난 외국 포스터를 번안하는 시대착오적인 작품도 있었다. 쏟아지는 제작 주문에 개성 있고 창조적인 포스터로 대응할 수 없었기 때문이다.[38] "일본 국민의 각성을

외치는 포스터조차 외국을 모방한 것이 많으니, 이것을 바로잡아야 한다"라는 신문 기사도
있다.³⁹ 서구의 포스터와 일본 포스터 그리고 식민지 조선의 포스터는 그렇게 '동시성'과
'번안'의 성격을 지니고 있었다.

다섯째, 계몽을 위한 포스터를 어떻게 볼 것인가. 동원을 위한 포스터는 목표를 뚜렷하게
제시하기 때문에 그 의도를 알기 쉽다. 그러나 계몽의 포스터가 무엇을 노리는지를 알려면
깊이 생각해야만 한다. 이데올로기 없는 선전은 없다. 포스터가 '계몽'의 옷을 입었더라도
그 안에는 반드시 이데올로기가 있다. 이 책에서는 이른바 계몽 프로젝트, 다시 말하면
'문명화' 기획에는 식민지인에게 열등감을 심어 주어 저절로 순종하게 하려는 속셈이 있다는
것을 지적하곤 했다. 결국 계몽의 포스터는 "근대성으로 유혹하는" 장치였다.⁴⁰ 그 포스터는
위생, 건강, 친절 등의 보편적 가치를 내세워 피식민자의 저항 에너지를 누그러뜨리고
포섭을 강화하는 역할을 했다. 식민권력이 위생과 건강을 챙겨 주며 생명을 보호하려 한 것은
식민지인의 생명이 그들에게 쓸모가 있기 때문이었다. 그러나 식민지인의 생명은 필요할 때면
언제나 쉽게 희생될 수 있었다.⁴¹ 말뿐인 '사회복지'도 사회적 갈등을 예방하는 것이 가장 큰
목표였다. 계몽의 포스터가 그려 내는 '착한 제국주의'의 본 모습은 늘 그러했다.

여섯째, 포스터를 비롯한 여러 선전은 대중의 의식에 얼마나 영향을 미쳤을까. 측정할 방법은
없다. 하나의 이미지를 해석하는 방식은 사람마다 다르다. 관람자는 선전이 본래 의도했던
것과는 전혀 다르게 그 의미를 받아들일 수 있다.⁴² 일제의 선전을 수용하는 태도는 사람마다
또는 계층마다 달랐을 것이다. 우호적 해석, 타협적 해석, 대항적 해석, 그렇게 세 가지
유형으로 구분할 수 있겠다.⁴³ 일제는 메시지를 전달하면 반드시 효과가 있을 것"이라고
판단해서 끊임없이 선전했다. 전시체제기에는 "선전으로 비전투원을 결속시키고 그들의 인격
모두를 전쟁으로 투입하게 한다"라는 목표가 있었다.⁴⁴ "그러나 선전의 효과는 제한적이다.
"선전가는 이미 존재하는 흐름의 물길을 트는 사람이며, 물 한 방울 없는 땅에서 삽질해 봤자
헛일이다."⁴⁵ 식민지 조선에서 선전의 효과가 생각만큼 크지 않았음을 보여 주는 자료가 있다.
현직 검사들이 발행한 《조선검찰요보》 15호(1945년 5월)를 보자.

전쟁 국면이 불리해짐에 따라, 조선의 독립 또는 공산화를 목적으로 하는 반국가적 불온 책동이
최근 급격히 증가하고, 게다가 악질화 경향을 보이고 있어서 특히 유의를 요하는 바입니다. … 조선
대중은 아직도 철저하게 황민화되지 않았습니다. 그 가운데 학도의 사상 동향은 아주 불건전하고

패전의식이 만연하여 차츰 불온운동의 와중으로 던져지고 있습니다. 게다가 노무자·농민 중에서도 양곡의 공출, 노무 징용 등과 관련하여 집단적 폭행 사범이 산발하는 등 참으로 우려할 만한 상황입니다.[46]

단기적으로 선전은 표적 청중(target audience)을 흥분시킬 수 있다. 그러나 장기적으로는 표적 청중이 선전 밑에 깔린 의도를 알아차릴 시간과 기회가 있으므로 그 효과가 줄어든다. 독일의 선전가 괴벨스가 말한 대로 "선전은 선전임을 깨닫는 순간 효과가 없어진다."[47] 일제는 특히 전시체제기에 그토록 요란한 구호를 쏟아 내고 갖가지 선전을 했지만, 모든 사람이 거기에 휩쓸린 것은 아니다. "일정한 자극을 반복해서 가하면 습관으로 굳어지고 어떤 생각을 자꾸 하다 보면 확신으로 자리 잡는다."[48] 그러나 식민지 민중은 전시 동원을 위한 수많은 선전에 짜증을 내거나 오히려 강하게 반발했을지도 모른다.

인간은 꼭두각시가 아니다. 아무리 선전해 댄들 인간의 자의식 모두를 말살할 수는 없다. 사람들은 겉으로는 선전을 받아들이는 척했지만 스스로 다른 의미를 찾아내기도 한다. 두꺼운 얼음장 밑에서도 물이 흐르듯, 이름 없는 대중은 때때로 '눈에 띄지 않는 저항'으로 체제를 거스른다. "나는 저항한다. 그러므로 존재한다." 무거운 억압과 거친 탄압 속에서도 저항의 틈새를 찾아 움직이는 사람들이 늘 있기 마련이다. 그래서 우리는 역사에서 희망을 본다.

부록

1920년대 포스터

가정우편저금장려,
《경성일보》1924년 2월
28일

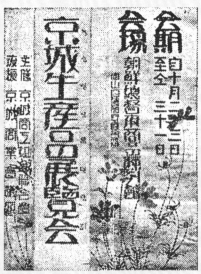

경성 생산품전람회, 《매일신보》 1926년 10월
21일

꽃의 날, 《조선신문》 1928년 3월 29일

평양 생산진흥교육품전람회, 《경성일보》
1928년 9월 18일

월말 지불일 단행, 《경성일보》 1929년 1월
24일

석가모니 탄생을 축하하는 화제 花祭,
《조선신문》 1929년 5월 16일

평양 사적명승전람회, 전국토산품전람회,
《경성일보》1929년 8월 16일

무용회, 《경성일보》1929년 10월 13일

대구 공설 질옥質屋(전당포) 영업
개시, 《조선시보》1929년 12월
22일

평화기념조선박람회 안내서 표지,
평화기념조선박람회조선협찬회 엮음,
<평화기념동경박람회 조선협찬회
사무보고>, 1922, 260쪽

엽서(연도 미상), 민족문제연구소,
《식민지 조선과 전쟁미술》, 2004, 72쪽

음악과 무용의 밤, 《조선신문》 1930년 1월
22일

화물 집배集配 개시, 《매일신보》 1930년
2월 18일; 《경성일보》 1930년 2월 17일

미곡 다수확, 《매일신보》
1930년 3월 21일

경성상공연합 대운동회, 《조선일보》
1930년 5월 4일

경성 생산품전시회, 《조선신문》
1930년 9월 9일

함흥 전기 부영府營, 《경성일보》 1931년 2월 7일

전기주간, 《조선신문》 1931년 3월
19일

'교육 영화' <해국남아>, 《조선신문》 1931년
5월 21일

경기도 공산품평회, 《조선신문》
1931년 8월 9일

수묘품평회, 《매일신보》 1931년 9월 11일

재만동포 위문 연극과 무용의 밤, 《매일신보》
1932년 1월 26일

전기주간, 《조선신문》 1932년 3월 19일

짐 꾸리기와 포장개선전람회,
《조선신문》 1932년 4월 19일

경성 토산품전람회, 《조선신문》
1932년 4월 19일

유치원 '스마일닝' 대회, 《동아일보》
1932년 10월 6일

경성 서부 주민대회, 《동아일보》
1932년 11월 19일

학생 작품전, 《동아일보》
1932년 9월 11일

동요·동극의 밤, 《동아일보》 1932년 11월
19일

연극, 《중앙일보》 1932년 12월 7일

음반 선전, 《경성일보》 1933년 6월 28일

조선무역촉진전람회, 《조선신문》 1933년
8월 18일

학생 작품전, 《동아일보》 1933년 9월
16일

야시, 商業美術聯盟 編,
《商業美術展ポスター集成》,
商業美術聯盟, 1934, 93쪽

과자품평회와 식료품전람회, 《조선신문》
1934년 4월 7일

산초山草전람회, 《경성일보》 1934년 6월 2일

대구 사과, 《조선신문》 1934년 11월 3일

대전 포스터전람회 포스터들,
《조선신문》 1934년 7월 22일;
《경성일보》 1934년 7월 22일

부산우편국 간이보험 5주년 기념,
《조선시보》 1934년 10월 1일

연극, 《조선중앙일보》 1935년 1월 31일

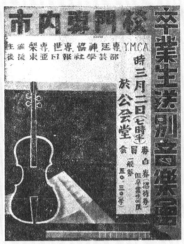

졸업생 송별음악회, 《동아일보》 1935년 3월 2일

강연, 《부산일보》 1935년 8월 24일

곡물대회, 《경성일보》 1935년 7월 19일

올림픽의 밤, 《조선중앙일보》 1935년 9월 10일

동물애호 포스터전람회 사진, 《조선신문》 1935년 9월 15일

선거 포스터 사진, 《조선신문》 1936년 2월 11일

부산의 식목과 꽃의 시市, 《조선시보》
1936년 3월 19일

'외국에 진출하는 금강산 포스터',
《조선신문》 1938년 4월 6일

비고, 並木誠士·和田積希 編著,
《日本のポスター: 京都工芸繊維大学美術
工芸資料館デザインコレクション》,
青幻舍, 2018, 191쪽

조선 쌀, 조선흥업주식회사 엮음,
《조선흥업주식회사삼십주년기념지》,
1936, 49쪽

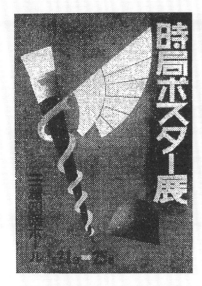

시국 포스터전을 알리는 포스터, 《조선신문》
1938년 1월 21일

대동강 스케이트, 《경성일보》 1938년
12월 24일(지방 종합판)

석가모니 탄생을 축하하는 화제,
《경성일보》 1939년 3월 30일
1929년에 제작한 포스터와
똑같은 디자인이다.

연극, 《조선일보》 1938년 7월 30일

항공로, 조선총독부 체신국 엮음,
《조선체신사업연혁사》, 조선총독부 체신국,
1938, 365쪽

 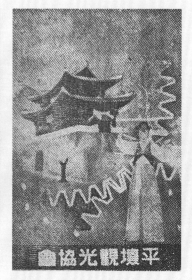

읍회의원·면협의회원 선거, 《경성일보》
1939년 5월 21일; 《매일신보》 1939년 4월
22일; 《조선일보》 1939년 5월 20일

관광 평양, 모란대와 기생, 공업도시를
상징하는 톱니바퀴, 《경성일보》 1939년 4월
21일

경성부회의원 선거 후보자 임흥순, 《조선일보》
1939년 5월 21일

1940년대 전반기 포스터

직유품織維品전시회,
《경성일보》 1940년 3월 20일

《조선신문》 1940년 5월 21일

'황기 2600년' 기념 포스터전람회,
《경성일보》 1940년 4월 13일

'황태자 강탄일' 기념
포스터, 《조선신문》
1940년 12월 13일

구례 약수, 《경성일보》 1941년 4월 15일

석가모니 탄생을 축하하는
화제, 《매일신보》 1941년
3월 19일
1929년과 1939년에도
이와 똑같은 디자인의
포스터를 배포했다.

해군기념일 중학생 특등 작품, 《매일신보》
1942년 5월 26일

조선간이생명보험 10억 원 돌파,《경성일보》 급행 전차 운행 시간 연장,《경성일보》1943년 2월 11일
1942년 11월 11일

경성부회의원 선거,《경성일보》1943년 승리냐, 노예냐,《경성일보》1945년 5월 비행기를 보내자,《경성일보》1944년 3월
5월 4일;《매일신보》1943년 5월 10일 26일 8일

조선미술전람회 포스터

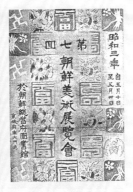

제2회 조선미술전람회, 《매일신보》 1923년 4월 19일; 《경성일보》 1923년 4월 18일

제4회 조선미술전람회, 《조선신문》 1925년 5월 19일; 《매일신보》 1925년 5월 19일

제6회 조선미술전람회, 《매일신보》 1927년 5월 4일; 《경성일보》 1927년 5월 4일

제7회 조선미술전람회, 《경성일보》 1928년 4월 10일

제8회 조선미술전람회, 《조선신문》 1929년 8월 13일

제9회 조선미술전람회, 옛 조선의 실타래를 그린 포스터, 《매일신보》 1930년 5월 6일; 《조선신문》 1930년 5월 6일; 《경성일보》 1930년 5월 6일

제10회 조선미술전람회, 《조선신문》 1931년 5월 5일; 《경성일보》 1931년 5월 5일

제11회 조선미술전람회, 《경성일보》 1932년 5월 5일

제12회 조선미술전람회, 기와 모습에 원색을 배치, 《조선신문》 1933년 4월 19일

제13회 조선미술전람회, 《조선신문》 1934년 4월 19일

제14회 조선미술전람회, 《조선신문》 1935년 4월 17일

제15회 조선미술전람회, 《조선신문》 1936년 4월 14일

제18회 조선미술전람회, 강서 3묘 고구려 벽화 가운데 현무(玄武), 《매일신보》 1939년 5월 19일

제19회 조선미술전람회, 신록과 봉황, 《매일신보》 1940년 5월 10일

제20회 조선미술전람회, "계란빛 바탕에 '고전미'가 들어 있는 그림", 《매일신보》 1941년 5월 7일; 《경성일보》 1941년 5월 8일

평양 견본시(상품 견본을 진열하여 선전하고 대량 거래하는 시장),《경성일보》1926년 4월 18일

경성 상품 견본시,《조선신문》 1930년 10월 9일

부산 상품 견본시,《조선시보》 1937년 9월 22일

조선 상품 견본시, 商業美術聯盟 編,《商業美術展ポスター集成》, 商業美術聯盟, 1934, 72쪽

텐만시 天滿市 (경성 신사 텐만궁과 관련하여 봄철 할인 판매하는 행사),《경성일보》1926년 4월 21일

경성 가을 큰 시장,《경성일보》1926년 10월 22일

중앙번영회 추계 경품부景品附 대매출,《매일신보》1926년 10월 25일

경성 백화 염매廉買 시,《조선신문》1930년 11월 16일

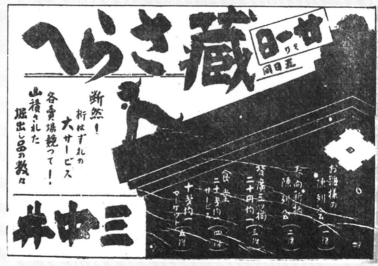

창고 대방출,《조선신문》1931년 2월 14일

창고 방출,《조선신문》1931년 2월 22일

'올 서비스 대매출', 《경성일보》
1931년 10월 30일

여름 상품 염매廉賣 시, 《조선신문》
1932년 6월 19일

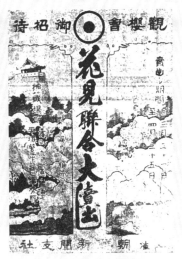

평양 꽃구경 연합 대매출, 《조선신문》
1933년 3월 21일

경품부 연말 대매출, 《조선일보》
1933년 12월 2일

경성 연말 대매출, 《조선신문》 1934년
11월 27일

부산 세모 대매출 포스터 현상 모집 1등
작품, 《부산일보》 1934년 11월 27일

경성 경품부 대매출, 《조선신문》 1935년 4월 14일

상업보국, 중원中元 대매출, 《조선신문》 1938년 6월 18일

'부산의 명물' 변천시辨天市, 《부산일보》 1929년 4월 2일

《조선시보》 1929년 10월 19일

《조선시보》1931년 10월 7일 　　　　　《조선시보》1932년 4월 2일

《부산일보》1932년 10월 8일 　　《조선시보》1933년 3월 28일 　　《부산일보》1933년 10월 5일

연하우편 선전 포스터

'세배 편지', 연하우편 선전지,
《매일신보》 1921년 12월 3일

《경성일보》 1932년 11월 30일

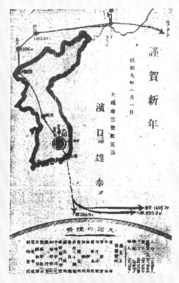

대구부가 발행한 연하우편엽서 선전
포스터, 《조선신문》 1933년 12월 1일

《조선시보》 1933년 12월 6일;
《경성일보》 1933년 11월 30일;
《조선신문》 1933년 11월 29일

부산 우편국의 연하우편 선전 포스터,
《부산일보》 1934년 12월 6일;
《경성일보》 1934년 12월 2일

기간을 한글로 쓴 포스터,
《동아일보》 1935년 12월 3일

기간을 일본어로 쓴 포스터,
《매일신보》 1935년 12월 3일

경조 慶弔 전보 선전 포스터,
《부산일보》 1936년 12월 4일

《조선일보》 1936년 12월 1일;
《부산일보》 1936년 12월 4일

일본의 선거 포스터

일본 보통선거 포스터, 《조선신문》 1928년 2월 10일

비고, 田島奈都子 編, 《明治·大正·昭和初期日本ポスター史大図鑑》, 國書刊行會, 2019, 247쪽

일본의 마키야마牧山 후보 선거 포스터, 《조선신문》 1928년 2월 10일

일본 총선거 포스터, 《조선신문》 1930년 1월 26일; 《경성일보》 1930년 1월 26일

일본의 '선거 숙정肅正' 포스터들, 《조선신문》 1935년 7월 26일

중국의 배일排日 포스터

꼬리에 일장기를 단 개가 침을 흘리고 있다. 일본 상품 배척 포스터,
《부산일보》1929년 3월 12일

일본 제품을 취급하는 간상奸商. 일본 상품 배척 포스터,
《부산일보》1929년 3월 13일

'일화 日貨 배척'이라는 나무 방망이를 들었다,
《부산일보》1929년 3월 14일

'인단仁丹'과 같은 일본 상품을 사면 중국 돈이
연기처럼 사라진다,《부산일보》1929년 3월 15일

일본 상품을 배척하면 일본은 멸망한다, 《부산일보》 1929년 3월 16일

상하이의 배일 포스터, 일장기를 단 거대한 괴물이 일본 게다로 중국인을 짓밟고
있다, 《매일신보》 1931년 10월 10일

제8회 원동운동대회,
《조선신문》 1927년 9월
15일

10회 올림픽 포스터를 들고
있는 미국 올림픽 출전 선수들,
《매일신보》 1931년 7월 26일

베를린올림픽 대회 포스터,
《매일신보》 1933년 2월 17일

1936년 독일 제4회 동기冬期 올림픽
포스터,《조선중앙일보》 1933년
11월 23일

베를린올림픽 대회 포스터,
《조선중앙일보》 1935년 7월
3일1923년 4월 18일

삿포로동계올림픽 포스터(이 포스터는
Olympic을 Olimpic으로 잘못 적었다),
《조선일보》 1938년 5월 28일1923년 4월
18일

도쿄올림픽 포스터,《조선일보》 1938년 4월
29일1923년 4월 18일

기타 해외 포스터

기독교의 군축 선전 포스터, '세계의 평화', 《경성일보》 1922년 1월 28일

중국 혁명군의 포스터, 《조선일보》 1927년 4월 13일

외국영화 포스터전람회 사진, 《경성일보》 1930년 8월 3일

중국 남북 두 파의 포스터들, 《조선일보》 1927년 6월 8일

독일 총선거에 사용한 포스터들, 《매일신보》 1930년 9월 26일

고리키 원작 <어머니>, 소련 영화 포스터,
《동아일보》 1931년 6월 18일

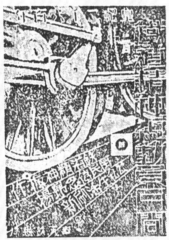

만주 봉천 철도국의 '철도정신 진작
순간 旬間' 포스터, 《만선일보》 1940년
2월 1일

일본무역보국연맹이 발행한 방첩 포스터,
《조선신문》 1940년 11월 22일

'포스터의 전쟁'

"전쟁은 모든 것을 동원한다. 포스터는 전투력을 자극하고
전략에 대한 인민의 지지를 얻는 데 큰 힘이 된다." _〈포스터의 전쟁 1〉, 《조선일보》 1940년 5월 28일

영국 웰스 지방의 포스터, "전투부대를
지지하자", 《조선일보》 1940년 5월
28일

독일 포스터, '위험을 무릅쓴 전선의 히틀러', 《조선일보》 1940년 5월 31일

해군을 주제로 한 프랑스 포스터,
《조선일보》 1940년 6월 1일

프랑스 포스터, 《조선일보》 1940년 6월
1일

영국 해군의 위세를 자랑하는 포스터,
《조선일보》 1940년 6월 4일

독일 포스터, "잊을 것이냐? 두 번은 없다", 《조선일보》 1940년 6월 5일

영국의 저축장려 포스터, 《조선일보》 1940년 6월 7일

프랑스 포스터, 《조선일보》 1940년 6월 8일

프랑스 포스터, 《조선일보》 1940년 6월 8일

머리말

1   조지 오웰 지음, 김순녀 옮김, 《1984년》, 청목, 2004, 32~33쪽.

2   데이비드 웰치 지음, 이종현 옮김, 《프로파간다 파워》, 공존, 2015, 146쪽.

3   청년조선사 엮음, 《신어사전》, 청년조선사, 1934, 94쪽.

4   田島奈都子, 《戰前期日本のポスター: 広告宣伝と美術の間で揺れた50年》, 吉川弘文館, 2023, 10쪽.

5   〈인천 수족관의 광고화〉, 《매일신보》 1915년 7월 24일.

6   〈좌측통행 선전〉, 《매일신보》 1921년 11월 4일.

7   宮野力哉, 《絵とき 広告〈文化誌〉》, 日本經濟新聞出版社, 2009, 241쪽(김경리, 〈그림엽서 봉투도안으로 보는 관광의 상품성과 경성: 1920~1930년대 경성관광 그림엽서를 중심으로〉, 《일본학보》 110, 2017, 287쪽에서 재인용).

8   竹内幸絵, 《近代広告誕生: ポスターが ニューメディアだった 頃》, 青土社, 2011, 22쪽.

9   존 바니콧 지음, 김숙 옮김, 《포스터의 역사》, 시공사, 2015, 12쪽.

10   존 바니콧 지음, 김숙 옮김, 《포스터의 역사》, 시공사, 2015, 41쪽.

11   竹内幸絵, 《近代広告誕生: ポスターが ニューメディアだった 頃》, 青土社, 2011, 22~23쪽.

12   竹内幸絵, 《近代広告誕生: ポスターが ニューメディアだった 頃》, 青土社, 2011, 23~28쪽.

13   토비 클락 지음, 이순령 옮김, 《20세기 정치선전 예술》, 예경, 2000, 104쪽.

14   요시미 슌야 외 지음, 이태문 옮김, 《운동회: 근대의 신체》, 논형, 2007, 177쪽.

15   에드워드 버네이스 지음, 강미경 옮김, 《프로파간다》, 공존, 2009, 79쪽.

16   松本一郎, 《戰時社會文化》, 積善館, 1944, 235쪽.

17   情報局記者會 編, 《大東亞戰爭事典》, 新興亞社, 1942, 187쪽.

18   데이비드 웰치 지음, 이종현 옮김, 《프로파간다 파워》, 공존, 2015, 12쪽.

19   토비 클락 지음, 이순령 옮김, 《20세기 정치선전 예술》, 예경, 2000, 7쪽.

20   데이비드 웰시 지음, 최용찬 옮김, 《독일 제3제국의 선전정책》, 혜안, 2001, 18쪽.

21 니콜라스 잭슨 오쇼네시 지음, 박순석 옮김, 《정치와 프로파간다》, 한울, 2009, 37쪽.

22 パラク・クシュナー著, 井形彬 訳, 《思想戰, 大日本帝國のプロパガンダ》, 明石書店, 2016, 33쪽; Barak Kushner, *The Thought War, Japanese Imperial Propaganda*, Hawaii: University of Hawaii Press, 2007, p.4.

23 에드워드 버네이스 지음, 강미경 옮김, 《프로파간다》, 공존, 2009, 19쪽.

24 〈光明と希望〉, 《경성일보》 1921년 4월 15일.

25 〈시정 주지 선전〉, 《매일신보》 1921년 4월 18일.

26 碧霞山人, 〈선전〉, 《매일신보》 1920년 7월 24일.

27 박순애, 〈조선총독부의 정보선전정책〉, 《한중인문학연구》 9, 2002, 165~166쪽; 정근식, 〈일본 식민주의의 정보통제와 시각적 선전〉, 《사회와역사》 82, 2009, 45쪽.

28 田中市之助, 《新興朝鮮開發事情: 中央より見たる》, 朝鮮民報社, 1939, 39쪽.

29 박인식, 〈日帝の朝鮮支配末期における情報・宣傳政策〉, 《아시아문화연구》 12, 2007, 73쪽.

30 堂本敏雄, 〈朝鮮に於ける情報宣傳〉, 《조선》 294호, 1939년 11월, 23~24쪽.

31 강동진, 《일제의 한국침략정책사》, 한길사, 1980, 113쪽.

32 堂本敏雄, 〈朝鮮に於ける情報宣傳〉, 《조선》 294호, 1939년 11월, 31~38쪽.

33 田島奈都子 編, 《プロパガンダ・ポスターにみる日本の戰爭》, 勉誠出版株式會社, 2016, 50쪽.

34 〈문맹퇴치 선전일 순서〉(2), 《동아일보》 1928년 3월 26일.

35 堂本敏雄, 〈朝鮮に於ける情報宣傳〉, 《조선》 294호, 1939년 11월, 40쪽.

36 문경연, 〈일제 말기 종이연극(紙芝居 실연實演과 제국의 이벤트 Ⅱ〉, 《돈암어문학》 36, 2019, 293쪽.

37 오오타케 키요미, 〈전시 통제하의 식민지 '국책' 선전 교육: 그림연극(紙芝居/카미시바이)의 활용〉, 《연세교육연구》 15-1, 2002, 156쪽.

38 安田常雄, 《國策紙芝居からみる日本の戰爭》, 勉誠出版, 2018, 252쪽.

39 〈'가미시바이' 재출발〉, 《매일신보》 1943년 8월 15일.

40 新垣夢乃, 〈植民地台灣の 紙芝居活動をみつめる三者の視線について〉, 《일본학보》 112, 2017, 250쪽.

41 Barak Kushner, "Planes, Trains and Games: Selling Japan's War in Asia", *Looking Modern: East Asian Visual Culture from Treaty Ports to World War Ⅱ*, eds.by Jennifer Purtle and Hans Bjarne Thomsen, Chicago: Art Media Resources, 2009, p.246.

42 이석태 엮음, 《사회과학대사전》, 한울림, 1987, 259쪽; 최보민, 〈1920년대 중반 벽신문의 등장과 의미〉, 《역사연구》 46, 2023, 55쪽.

43 情報局記者會 編, 《大東亞戰爭事典》, 新興亞社, 1942, 73쪽.

44 田島奈都子 編, 《プロパガンダ・ポスターにみる日本の戰爭》, 勉誠出版株式會社, 2016, 88쪽.

45 니콜라스 잭슨 오쇼네시 지음, 박순석 옮김, 《정치와 프로파간다》, 한울, 2009, 364쪽.

46 〈인쇄예술의 정화를 모은 연전상과의 '포스타실' 방문기〉, 《조광》 3권 3호, 1937년 3월, 46쪽.

47 〈가장 효과적인 소매상점 개업법〉, 《동아일보》 1934년 6월 3일.

48 〈夏への商戰, ビール〉, 《경성일보》 1928년 5월 12일;
    〈全國化粧品店店頭を飾るクラブ美身クリームのポスター〉, 《조선신문》 1929년 12월 13일.

49 기무라 료코 지음, 이은주 옮김, 《주부의 탄생》, 소명출판, 2013, 311~312쪽.

50 존 바니콧 지음, 김숙 옮김, 《포스터의 역사》, 시공사, 2015, 12쪽.

51 〈街のアラベスク〉, 《조선신문》 1934년 12월 16일.

52 小山榮三, 《戰時宣傳論》, 三省堂, 1942, 253~254쪽.

53 최규진, 〈이미지는 말할 수 있는가: 《매신 사진순보》로 생각한다〉, 《역사연구》 46, 2023, 297쪽.

54 박상욱, 〈나치 문화정책에서의 프로파간다: "기쁨을 통한 힘"(KdF)의 속성변화와 문화포스터를 중심으로〉, 《서양사론》 110, 2011, 272쪽.

55 요시미 순야 외 지음, 연구공간 수유+너머 '일본근대와 젠더 세미나팀' 옮김, 《확장하는 모더니티》, 소명출판, 2007, 20쪽.

56 〈문화도 전쟁의 무기〉, 《매일신보》 1941년 12월 14일.

57 〈문화도 전쟁의 무기, 전시 총력의 6대 방책을 결정〉, 《매일신보》 1941년 12월 14일.

58 존 바니콧 지음, 김숙 옮김, 《포스터의 역사》, 시공사, 2015, 20쪽.

59 피터 버크 지음, 박광식 옮김, 《이미지의 문화사》, 심산, 2005, 53쪽.

60 레지스 드브레 지음, 정진국 옮김, 《이미지의 삶과 죽음》, 시각과 언어, 1994, 108쪽.

1 깨우쳐라 '국민'이여

1 〈傳染病御用心〉, 《경성일보》 1929년 9월 5일.

2 〈사람 잡아먹는 파리〉, 《동광》 2호, 1926년 6월, 2쪽.

3 〈파리 값이 하루 십여 원〉, 《매일신보》 1914년 6월 16일.

4 〈인적자원을 확보코저 병마의 구축에 총력〉, 《매일신보》 1941년 4월 23일.

5 〈파리 한 마리에 미균 6백만〉, 《조선일보》 1930년 6월 8일.

6 데이비드 웰치 지음, 이종현 옮김, 《프로파간다 파워》, 공존, 2015, 140쪽.

7 〈위생 소식〉, 《동아일보》 1927년 6월 7일.

8 최규진, 《이 약 한번 잡숴 봐!: 식민지 약 광고와 신체정치》, 서해문집, 2021, 102~103쪽.

9 〈해충 신세타령, 파리〉, 《동아일보》 1937년 7월 16일.

10 Peter Darman, *Posters of World War II : Allied and Axis Propaganda 1939~1945*, Pen & Sword MILITARY, London, 2008, p.418.

11 박민구, 〈위생의 근대와 생명파: 서정주와 오장환의 시〉, 《한국근대문학연구》 10-2, 2009, 218쪽.

12 〈갖은 기생충은 제철이라고 야단법석〉, 《조선중앙일보》 1936년 8월 16일.

13 차균현, 〈기생충과 그 구제법〉, 《신시대》 4권 1호, 1944년 1월, 96쪽.

14 조선총독부 엮음, 박찬승·김민석·최은진·양지혜 역주, 《국역 조선총독부 30년사 상: 시정 25년사 1》, 민속원, 2018, 474쪽.

15 조선총독부 엮음, 박찬승·김민석·최은진·양지혜 역주, 《국역 조선총독부 30년사 상: 시정 25년사 1》, 민속원, 2018, 474쪽.

16 〈기생충 농촌에 많은 원인〉, 《동아일보》 1940년 2월 29일.

17 오세남, 〈배설물의 처치〉, 《조선가정의학전서》, 조선일보출판부, 1939, 99쪽.

18 〈조선인 사망률 증가, 그 대책은 무엇〉(사설), 《동아일보》 1933년 1월 10일.

19 최규진, 《이 약 한번 잡숴 봐!: 식민지 약 광고와 신체정치》, 서해문집, 2021, 116~118쪽.

20 데이비드 웰치 지음, 이종현 옮김, 《프로파간다 파워》, 공존, 2015, 140쪽.

21 〈傳染病御用心〉, 《경성일보》 1929년 9월 5일.

22 신동원, 《호환 마마 천연두: 병의 일상 개념사》, 돌베개, 2013, 19쪽.

23 김영희·김수진·이꽃메·이순구·하정옥, 《한국의 과학기술과 여성》, 들녘, 2019, 411쪽.

24 〈환절기의 유행병 적리가 경성을 습격〉, 《동아일보》 1927년 8월 26일.

25 신동원, 《호환 마마 천연두: 병의 일상 개념사》, 돌베개, 2013, 258쪽.

26 〈'냉수' 생물엄금과 예방주사가 필요〉, 《매일신보》 1935년 7월 11일.

27 이종찬, 〈위생의 근대〉, 《인문연구》 51, 2006, 78쪽

28 신동원, 《호환 마마 천연두: 병의 일상 개념사》, 돌베개, 2013, 149~150쪽.

29 〈보는 대로 듣는 대로〉, 《동아일보》 1926년 9월 14일.

30 최규진, 《이 약 한번 잡숴 봐!: 식민지 약 광고와 신체정치》, 서해문집, 2021, 178~179쪽.

31 〈傳染病御用心〉, 《경성일보》 1929년 9월 5일.

32 신규환, 《질병의 사회사》, 살림, 2006, 48~50쪽.

33 신동원, 《호열자 조선을 습격하다》, 역사비평사, 2004, 78쪽.

34 綿引 弘 著, 《物が語る世界の歷史》, 聖文社, 1994, 257쪽.

35 자크 르 코프·장 샤를 수르니아 엮음, 장석훈 옮김, 《고통받는 몸의 역사》, 지호, 2000, 159쪽.

36 박윤재, 〈조선총독부의 결핵 인식과 대책〉, 《한국근현대사연구》 47, 2008, 218~221쪽.

37 최은경, 〈일제강점기 조선총독부의 결핵정책(1910-1945): 소극적 규제로 시작된 대응과 한계〉, 《의사학》 22-3, 2013, 724~725쪽.

38 나리타 류이치 지음, 서민교 옮김, 《근대 도시공간의 문화경험》, 뿌리와이파리, 2011, 399쪽.

39 〈결핵예방칠칙, 10만매 인쇄배부〉, 《매일신보》 1936년 5월 21일; 최은경, 〈일제강점기 조선총독부의 결핵정책(1910-1945): 소극적 규제로 시작된 대응과 한계〉, 《의사학》 22-3, 2013, 729쪽.

40 〈欲びよ日光, 20日結核豫防デー〉, 《경성일보》 1938년 5월 13일.

41 〈體位向上: 保健へ大行進〉, 《부산일보》 1939년 4월 16일.

42 〈인적자원을 좀먹는 결핵을 예방하자!〉, 《매일신보》 1939년 8월 9일.

43 〈시사해설, 건민운동〉, 조선총독부 정보과, 《통보》 115호, 1942년 5월 1일, 10쪽.

44 최규진, 《이 약 한번 잡숴 봐!: 식민지 약 광고와 신체정치》, 서해문집, 2021, 204쪽.

45 〈건민은 강병의 초석〉, 《매일신보》 1943년 4월 18일.

46 최은경, 〈일제강점기 조선총독부의 결핵정책(1910-1945): 소극적 규제로 시작된 대응과 한계〉, 《의사학》 22-3, 2013, 751쪽.

47 박윤재, 〈조선총독부의 결핵 인식과 대책〉, 《한국근현대사연구》 47, 2008, 233쪽.

48 박현수, 〈식민지 조선에서 결핵의 표상: 나도향의 경우〉, 《반교어문연구》 34, 2013, 275쪽.

49 〈우리는 거리에다 침을 뱉지 맙시다〉, 《매일신보》 1936년 5월 8일.

50 小畑忠良, 〈생활의 신체제〉, 《신시대》 1권 4호, 1941년 4월, 35쪽.

51 이규엽, 〈전쟁과 눈보건〉, 《신시대》 4권 10호, 1944년 10월, 46쪽.

52 이규엽, 〈전쟁과 눈보건〉, 《신시대》 4권 10호, 1944년 10월, 47쪽.

53 〈눈의 기념일〉, 《매일신보》 1940년 9월 10일; 〈眼を大切にせよ, 制四回眼の記念日です〉, 《황민일보》 9월 18일.

54 〈총후 보안운동〉, 《매일신보》 1942년 9월 16일.

55 〈방공과 비타민의 관계〉, 《매일신보》 1944년 3월 4일.

56 엄진주, 〈1910~1930년대 위생용품에 투영된 담론 연구: 라이온치마齒磨 광고를 중심으로〉, 《어문논집》 72,
    2017, 232쪽.

57 최규진, 《이 약 한번 잡숴 봐!: 식민지 약 광고와 신체정치》, 서해문집, 2021, 170쪽.

58 여인석·이현숙·김성수·신규환·김영수, 《한국의학사》, 역사공간, 2018, 285쪽.

59 신재의, 〈일제강점기 치과의사회의 설립과 활동: 대한치과의사협회 창립일과 근원에 대하여〉,
    《대한치과의사협회지》 42-2, 2004, 125쪽.

60 田島奈都子 編, 《明治·大正·昭和初期 日本ポスター史大図鑑》, 國書刊行會, 2019, 26쪽.

61 〈ムシ齒の豫防デー愛齒運動〉, 《부산일보》 1932년 6월 3일.

62 신재의, 〈일제강점기 치과의사회의 설립과 활동: 대한치과의사협회 창립일과 근원에 대하여〉,
    《대한치과의사협회지》 42-2, 2004, 126쪽.

63 〈體位向上: 保健へ大行進〉, 《부산일보》 1939년 4월 16일.

64 〈병마정복의 거화: 관민일치, 박멸대진군, 국민건강주간중제행사결정〉, 《매일신보》 1940년 4월 21일.

65 신재의, 〈일제강점기 치과의사회의 설립과 활동: 대한치과의사협회 창립일과 근원에 대하여〉,
    《대한치과의사협회지》 42-2, 2004, 126~127쪽.

66 신재의, 〈일제강점기 치과의사회의 설립과 활동: 대한치과의사협회 창립일과 근원에 대하여〉,
    《대한치과의사협회지》 42-2, 2004, 136쪽.

67 김철용, 〈금니와 신체제〉, 《여성》 5권 11호, 1940년 11월, 65쪽.

68 춘원, 〈색의色衣 노래〉, 《동광》 21, 1931년 5월, 75쪽.

69 〈잘살자면 생활개신〉, 《조선일보》 1929년 5월 14일.

70 김은주, 〈1930년대 조선의 농촌 생활개선사업과 '국민화'작업〉, 《한국사론》 58, 2012, 161쪽.

71 〈홍성군 색의착용 선전행렬거행〉, 《매일신보》 1932년 12월 26일.

72 조경달 지음, 정다운 옮김, 《식민지기 조선의 지식인과 민중》, 선인, 2012, 179쪽.

73 〈색의선전행렬 악대를 선두로 이천에서 성대거행〉, 《매일신보》 1933년 1월 12일.

74 〈영동황간면의 색의착용장려〉, 《매일신보》 1932년 11월 19일.

75 조희진, 〈식민지시기 색복화 정책의 전개 양상과 추이〉, 《국학연구》 16, 2010, 694~695쪽.

76 박찬승, 〈일제하의 '백의白衣' 비판과 '색의色衣' 강제〉, 《동아시아문화연구》 59, 2014, 59쪽.

77 〈계림8도, 자랑을 찾아서〉, 《매일신보》 1933년 7월 25일.

78 〈白衣を脱いで生活向上を圖れ〉, 《경성일보》 1932년 10월 2일.

79　〈자성려연면에서 색의선전행렬〉, 《매일신보》 1933년 4월 22일.

80　미야타 세쓰코 해설·감수, 정재정 옮김, 《식민 통치의 허상과 실상》, 혜안, 2002, 271쪽.

81　공제욱, 〈의복통제와 '국민' 만들기〉, 공제욱·정근식 엮음, 《식민지의 일상, 지배와 균열》, 문화과학사, 2006, 149쪽.

82　송찬섭·최규진, 《근현대 속의 한국》, 한국방송통신대학교출판문화원, 2018, 47~48쪽.

83　〈새로 제정된 국민복, 총력전에는 이 복장〉, 《매일신보》 1940년 2월 2일.

84　〈もんぺは銃後女性の制服です〉, 《경성일보》 1944년 9월 1일.

85　〈차려라 결전복장—인천서 의복생활 가두지도 대출동〉, 《매일신보》 1944년 8월 23일.

86　이창익, 〈근대적 시간과 일상의 표준화〉, 《역사비평》 59, 2002, 406쪽.

87　구로다 이사무 지음, 서재길 옮김, 《라디오 체조의 탄생》, 강, 2011, 95쪽.

88　정상우, 〈개항 이후 시간관념의 변화〉, 《역사비평》 50, 2000, 187쪽.

89　정근식, 〈시간체제의 근대화와 식민화〉, 공제욱·정근식 엮음, 《식민지의 일상, 지배와 균열》, 문화과학사, 2006, 117쪽; 〈'시의 기념일', 오는 10일에 시계 선전을 할 터이다〉, 《매일신보》 1921년 6월 7일.

90　조선총독부 엮음, 박찬승·김민석·최은진·양지혜 역주, 《국역 조선총독부 30년사 중: 시정 25년사 2》, 민속원, 2018, 903쪽; 〈'시의 기념일', 오는 10일에 시계 선전을 할 터이다〉, 《매일신보》 1921년 6월 7일.

91　〈10일은 '시時'의 기념일〉, 《매일신보》 1928년 6월 4일; 〈貴方の時計は正確ですか〉, 《경성일보》 1933년 6월 10일.

92　〈시의 지도자 싸이렌, 백만 부민을 호령하는 무영無影의 위력〉, 《매일신보》 1941년 6월 11일.

93　한민주, 《권력의 도상학: 식민지 시기 파시즘과 시각 문화》, 소명출판, 2013, 493쪽.

94　시계 광고, 《조선일보》 1921년 9월 18일.

95　〈경성부의 '시'의 선전〉, 《매일신보》 1924년 6월 11일.

96　김진균·정근식, 〈근대적 시·공간의 사회이론을 위하여〉, 《경제와 사회》 41, 1993, 191쪽.

97　〈시의 선전, 시간관념 필요〉, 《매일신보》 1922년 6월 6일.

98　〈인천 '시'의 기념〉, 《동아일보》 1926년 6월 9일.

99　〈시의 기념일, 포스터만 배포〉, 《동아일보》 1926년 6월 4일.

100　정근식, 〈시간체제의 근대화와 식민화〉, 공제욱·정근식 엮음, 《식민지의 일상, 지배와 균열》, 문화과학사, 2006, 119쪽.

101　구로다 이사무 지음, 서재길 옮김, 《라디오 체조의 탄생》, 강, 2011, 103쪽.

102　〈기차 탈 때 기분으로 시간을 엄수하자〉, 《동아일보》 1931년 6월 6일; 〈시의 기념일 6월 10일의 표어는 기차 시간 지키듯이〉, 《매일신보》 1936년 5월 31일.

103　〈횡설수설〉, 《동아일보》 1936년 6월 10일.

104　〈시의 기념일 계기로 총후의 능렬증진〉, 《매일신보》 1938년 6월 5일.

105　〈10일은 시의 기념일, 시간관념을 강조〉, 《매일신보》 1938년 6월 8일.

106　〈시간관념을 재인식, 정동서 전시생활혁신을 강조〉, 《매일신보》 1940년 6월 6일.

107　〈시간엄수는 새생활의 출발〉, 《매일신보》 1938년 6월 8일.

108 〈결전하의 시간관념, 목숨도 오고 가는 1분 1초〉, 《매일신보》 1943년 6월 10일.

109 〈일분일초를 다투자〉, 《매일신보》, 1943년 6월 11일.

110 조선총독부 엮음, 박찬승·김민석·최은진·양지혜 역주, 《국역 조선총독부 30년사 상: 시정 25년사 1》, 민속원, 2018, 111쪽.

111 조선총독부 엮음, 박찬승·김민석·최은진·양지혜 역주, 《국역 조선총독부 30년사 상: 시정 25년사 1》, 민속원, 2018, 111~112쪽.

112 서울특별시 시사편찬위원회, 《국역 경성부사》 2, 서울특별시 시사편찬위원회, 2013, 187쪽.

113 조선총독부 엮음, 박찬승·김민석·최은진·양지혜 역주, 《국역 조선총독부 30년사 상: 시정 25년사 1》, 민속원, 2018, 407쪽; 이종봉, 〈일제강점기 도량형제의 운용 양상〉, 《한국민족문화》 57, 2015, 268쪽.

114 〈生活改善メートル展覽會, 慶尚北道主催〉, 《조선신문》 1927년 4월 16일.

115 〈メルトル展を飾る天女の舞〉, 《경성일보》 1927년 10월 13일.

116 〈되질보담 저울질〉, 《동아일보》 1931년 4월 1일.

117 〈조선 미돌법 실시 유예기간을 연장〉, 《매일신보》 1934년 4월 14일: 조선총독부 엮음, 박찬승·김민석·최은진·양지혜 역주, 《국역 조선총독부 30년사 중: 시정 25년사 2》, 민속원, 2018, 764쪽.

118 조선총독부 엮음, 박찬승·김민석·최은진·양지혜 역주, 《국역 조선총독부 30년사 중: 시정 25년사 2》, 민속원, 2018, 763쪽.

119 이종봉, 〈일제강점기 도량형제의 운용 양상〉, 《한국민족문화》 57, 2015, 283쪽.

120 〈'미돌'법 당분 스톱〉, 《매일신보》 1939년 6월 25일.

121 이종봉, 〈일제강점기 도량형제의 운용 양상〉, 《한국민족문화》 57, 2015, 268쪽.

122 〈금주하시오〉, 《동아일보》 1924년 2월 26일.

123 〈금주하시오〉, 《동아일보》 1924년 2월 26일.

124 이철락, 〈오인의 활로〉, 《절제 생활》 5호, 1928년 9월, 2쪽.

125 〈기독부인의 금주선전〉, 《매일신보》 1927년 1월 26일.

126 장규식, 〈1920~30년대 YMCA학생운동의 전개와 일상활동〉, 《한국기독교와역사》 27, 2007, 99쪽.

127 이유나, 〈죄악과의 전쟁: 초기 한국 구세군의 금주 담론을 중심으로〉, 《민족문화연구》 86, 2020, 275~286쪽.

128 윤은순, 《1920·30년대 한국 기독교 절제운동 연구》, 숙명여자대학교 박사학위논문, 2008, 49쪽.

129 〈과학보급기관을 건설하자〉(상), 《동아일보》 1934년 6월 28일.

130 윤은순, 〈1920~30년대 기독교 절제운동의 논리와 양상: 금주금연운동을 중심으로〉, 《한국민족운동사연구》 59, 2009, 150쪽.

131 〈금주 포스터 발매〉, 《동아일보》 1933년 3월 9일.

132 윤해동, 〈물산장려운동: '근대화'를 위한 불가피한 경로인가?〉, 《내일을 여는 역사》 5, 2001, 146쪽.

133 〈記憶せよ關東の慘事〉, 《경성일보》 1932년 8월 25일.

134 야나기타 구니오 지음, 김정례·김용의 옮김, 《일본 명치·대정시대의 생활문화사》, 소명출판, 2006, 245쪽.

135 〈술 없는 날〉, 《매일신보》 1931년 8월 27일.

136 〈관동대진재 기념일, 술먹지 말고 저축을〉, 《매일신보》 1942년 8월 25일.

137 〈헌수 절대폐지 운동 취지〉,《총동원》1권 4호, 1939년 9월, 28쪽; 〈국책상의 반역인 헌수를 철저 폐지〉,《동아일보》1939년 8월 23일.

138 소현숙, 〈식민지시기 '불량소년' 담론의 형성: 민족/국민만들기와 '협력'의 역학〉,《사회와역사》107, 2015, 49~50쪽.

139 최규진,《일제의 식민교육과 학생의 나날들》, 서해문집, 2018, 269~270쪽.

140 〈술 기근시대의 묘안! 학생음주를 절대 금단〉,《동아일보》1940년 2월 22일.

141 이노우에 가즈에, 〈1920~1930년대 일본과 식민지 조선의 생활개선운동〉, 나카무라 사토루·박섭 엮음,《근대 동아시아 경제의 역사적 구조》, 일조각, 2007, 327쪽.

142 손진태, 〈온돌예찬〉,《별건곤》12·13호, 1928년 5월, 189쪽.

143 박동진, 〈전시하 주택과 연료문제〉,《조광》9권 1호, 1943년 1월, 116쪽.

144 강상훈, 〈일제강점기 일본인들의 온돌에 대한 인식변화와 온돌개량〉,《대한건축학회논문집》22-11, 2006, 255~257쪽.

145 우치다 준 지음, 한승동 옮김,《제국의 브로커들》, 길, 2020, 137쪽.

146 〈신고안의 온돌 장치, 산림의 황폐를 조장하는 온돌을 여하히 하면 개량할까, 괘장 경기도 기사 담〉,《매일신보》1923년 6월 1일.

147 掛場定吉(경기도 임무과장, 도기사), 〈온돌의 개조에 취하여〉,《조선》(조선문) 67호, 1923년 4월, 41쪽; 掛場定吉(경기도 임무과 기사), 〈온돌의 개조에 취하여〉,《동아일보》1923년 6월 3일.

148 박경하, 〈1920년대 한 조선 청년의 구직 및 일상생활에 대한 일고찰:《진판옥일기晉判鈺日記》(1918~1947)를 중심으로〉,《역사민속학》31, 2009, 187쪽.

149 권석영,《온돌의 근대사》, 일조각, 2010, 168~173쪽.

150 이노우에 가즈에, 〈1920~1930년대 일본과 식민지 조선의 생활개선운동〉, 나카무라 사토루·박섭 엮음,《근대 동아시아 경제의 역사적 구조》, 일조각, 2007, 344쪽.

151 〈총후보국강조주간에 제하여〉(사설),《조선일보》1938년 12월 16일.

152 〈自動車にも 標語, 歲末年始銃後報國强調週間, 京畿道の節約運動〉,《경성일보》1938년 12월 13일.

153 최규진, 〈이미지는 말할 수 있는가:《매신 사진순보》로 생각한다〉,《역사연구》46, 2023, 305~306쪽.

154 〈夏と節水〉,《매신 사진순보》327호, 1943년 7월 21일, 9쪽.

155 김영미, 〈일제시기 도시의 상수도 문제와 공공성〉,《사회와역사》73, 2007, 47쪽.

156 김백영,《지배와 공간》, 문학과지성사, 2009, 462~463쪽.

157 김백영,《지배와 공간》, 문학과지성사, 2009, 460쪽.

158 〈경제통제신단계, 이윤통제강화〉,《조선일보》1940년 5월 23일.

159 〈全商店參加して商店經費切下週間, 五月二十五日から七日間實施す, 京城府, 商議共同主催で〉,《조선신문》1940년 4월 19일.

160 〈全商店總動員, 商店經費切下週間〉,《조선신문》1940년 5월 22일.

161 〈생활개선과 쌀의 절약〉, 국민정신총동원조선연맹,《총동원》1권 4호, 1939년 9월, 27쪽.

162 〈식량확보를 목표코 절미운동에 착수, 정동조선연맹에서 적극 활동〉,《동아일보》1939년 8월 17일.

163 〈생활개선과 쌀의 절약〉, 국민정신총동원조선연맹, 《총동원》 1권 4호, 1939년 9월, 27쪽.

164 〈노유와 노동자외는 하루 한 끼 죽을〉, 《조선일보》 1939년 10월 12일.

165 〈호떡장수 격증, 절미운동 강화로〉, 《조선일보》 1940년 5월 30일.

166 田島奈都子 編, 《プロパガンダ・ポスターにみる日本の戰爭》, 勉誠出版株式會社, 2016, 82쪽.

167 大空社編輯部 編, 《戰時下標語集》, 大空社, 2000, 240쪽.

168 〈우리 도의 신체제〉, 《조광》 7권 3호, 1941년 3월, 310쪽.

169 이송순, 〈일제말 전시체제하 '국민생활'의 강제와 그 실태: 일상적 소비생활을 중심으로〉, 《한국사학보》 44, 2011, 324쪽.

170 〈절미여행, 참외를 먹자〉, 《매일신보》 1942년 8월 14일.

171 이송순, 〈일제말 전시체제하 '국민생활'의 강제와 그 실태: 일상적 소비생활을 중심으로〉, 《한국사학보》 44, 2011, 325쪽.

172 〈절미 포스터 배포〉, 《매일신보》 1942년 5월 10일.

173 〈경기도연맹에서도 절미일 실시〉, 《매일신보》 1940년 2월 7일.

174 〈부민에 절미를 강조, 한 달에 세 번의 절미일 설정〉, 《매일신보》 1940년 11월 28일.

175 황해도 농정과, 《전시농민독본》, 1943, 60~61쪽.

176 〈결전식생활독본〉, 《매일신보》 1943년 7월 11일.

177 〈식량절약도 전투다. 시장한 것 쯤 참자!〉, 《매일신보》 1943년 2월 7일.

178 〈총후에도 결전은 왔다! 의, 식, 주에 대쇄신. 필승전시생활실천요강강 근일발표〉, 《매일신보》 1943년 7월 5일.

179 〈결전생활을 실천하자〉(사설), 《매일신보》 1943년 7월 25일.

180 〈모든 것을 전력증강에. 백만부민이 실천할 '결전의 서' 제정〉, 《매일신보》 1943년 8월 14일.

181 〈12억 저축전에 총진군, 전비는 국민저축에서〉, 《매일신보》 1943년 6월 17일.

182 〈9개조 실천으로 총후국민의무 다하자〉, 《매일신보》 1943년 7월 18일.

183 〈남자는 각반, 여자는 '몸뻬'〉, 《매일신보》 1943년 5월 8일.

184 조선총독부 엮음, 박찬승·김민석·최은진·양지혜 역주, 《국역 조선총독부 30년사 중: 시정 25년사 2》, 민속원, 2018, 826쪽.

185 〈餘分? なを金があれば銀行の方が安全です〉, 《조선신문》 1928년 12월 22일.

186 이병례, 〈1930년대 초반 생활물가 동향과 물가 인하 운동〉, 《사림》 54, 2015, 202쪽.

187 서정익, 〈세계대공황기(1929~36년) 일본의 경제정책〉, 《사회과학연구》 27, 2008, 177~178쪽.

188 이병례, 〈1930년대 초반 생활물가 동향과 물가 인하 운동〉, 《사림》 54, 2015, 203쪽.

189 "긴축 시대에는 진수성찬 대신 아지노모도", 아지노모도 광고, 《매일신보》 1931년 12월 12일.

190 지수걸, 〈일제의 군국주의 파시즘과 '조선농촌진흥운동'〉, 《역사비평》 47, 1999, 23쪽.

191 김호범, 〈식민지 전시경제하 조선금융조합 금융업무의 특성에 관한 연구〉, 《경영·경제연구》 24-1, 2005, 70쪽.

192 김영희, 《일제시대 농촌통제정책 연구》, 경인문화사, 2003, 44쪽.

193 박경식, 《일본제국주의의 조선지배》, 청아출판사, 1986, 125쪽.

194 야마베 겐타로 지음, 최혜주 옮김, 《일본의 식민지 조선통치 해부》, 어문학사, 2011, 249쪽.

195 손정목, 《일제강점기 도시사회상연구》, 일지사, 1996, 366~367쪽.

196 이종민, 〈1910년대 경성 주민들의 죄와 벌〉, 《서울학연구》 17, 2001, 104쪽.

197 정재정, 〈일제하 경성부의 교통사고와 일제 당국의 대책〉, 《전농사론》 7, 2001, 549쪽.

198 〈횡설수설〉, 《동아일보》 1921년 10월 27일.

199 손정목, 《일제강점기 도시사회상연구》, 일지사, 1996, 367~369쪽; 정재정, 〈일제하 경성부의 교통사고와 일제 당국의 대책〉, 《전농사론》 7, 2001, 549쪽.

200 〈좌측통행 성적〉, 《매일신보》 1921년 12월 2일; 〈전차까지도 좌측운전〉, 《동아일보》 1921년 12월 2일.

201 〈좌측통행 선전, 선전하는 그림 삼천 장을 경향에 배포해〉, 《매일신보》 1921년 11월 4일.

202 〈좌측통행 선전, 선전하는 그림 삼천 장을 경향에 배포해〉, 《매일신보》 1921년 11월 4일.

203 〈도로통행〉, 《동아일보》 1921년 9월 12일.

204 〈경관의 말씨, 좀 온순히 하시오〉, 《매일신보》 1924년 9월 12일.

205 石川登盛, 〈조선에 재한 교통과 경찰〉, 《조선》(조선문) 75호, 1923년 12월, 29쪽.

206 〈せまる電話强調週間〉, 《조선신문》 1935년 2월 16일.

207 〈釜山遞信分掌局の電信電話愛護週間〉, 《조선신문》 1936년 4월 23일.

208 〈친절은 생활의 미덕〉, 《매일신보》 1942년 7월 20일.

209 〈총후의 친절운동〉(사설), 《매일신보》 1942년 7월 16일.

210 망중한인, 〈보는 대로, 듣는 대로, 생각나는 대로〉, 《동아일보》 1926년 7월 30일.

211 〈총후의 친절운동〉(사설), 《매일신보》 1942년 7월 16일.

212 〈교통기관서 솔선하여 친절운동 전개〉, 《매일신보》 1942년 7월 15일.

213 〈경성 전차에 여차장 출현〉, 《조선일보》 1932년 12월 3일.

214 〈7백만인이 일심으로 감사와 명랑한 생활〉, 《매일신보》 1942년 8월 18일.

215 전홍진, 〈친절운동과 신상도〉, 《춘추》 1942년 9월, 55쪽.

216 〈賣るも買ふも笑顔〉, 《부산일보》 1944년 1월 21일.

217 〈상인과 고객, 승무원과 승객, 서로 친절하라〉, 《매일신보》 1942년 8월 23일.

218 전홍진, 〈친절운동과 신상도〉, 《춘추》 1942년 9월, 55쪽.

219 〈웃음은 친절의 근본〉, 《매일신보》 1943년 2월 18일.

220 《신시대》 3권 3호, 1943년 3월, 9쪽.

221 〈친절하라, 친절하라〉, 《매일신보》 1943년 9월 5일.

222 〈총후의 멸사봉공, 웃는 얼굴로〉, 《매일신보》 1943년 2월 22일.

223 〈친절운동의 첨병, 연맹서 벽신문 배포〉, 《매일신보》 1942년 8월 9일.

224 조유경, 〈신문매체로 유포된 1940년대 경성 여성의 이미지〉, 《미술사논단》 43, 2016, 243쪽.

225 최규진, 〈직업여성, 또는 '걸'그룹〉, 《내일을 여는 역사》 43, 2011, 309쪽.

226 〈총후의 명랑한 가정은 주부의 얼굴에서〉, 《매일신보》 1945년 5월 12일.

227 〈한몸되고 한맘되자〉, 《매일신보》 1943년 2월 13일.

228 광고, 《국민총력》 1943년 9월, 도판.

229 〈결전미술의 동향〉(좌담회), 《국민문학》 1944년 5월, 문경연 외 옮김, 《좌담회로 읽는 '국민문학'》, 소명출판, 2010, 586쪽.

230 소래섭, 《불온한 경성은 명랑하라》, 웅진, 2011, 42쪽.

231 大平判山, 〈산업전사의 수기: 만들자! 보내자! 적 미영이 항복하는 날까지〉, 《신시대》 4권 7호, 1944년 7월, 35쪽.

232 곽은희, 《유동하는 식민지》, 소명출판, 2018, 213~215쪽.

233 〈불친절을 쫓아내면 총후는 명랑〉, 《매일신보》 1942년 8월 23일.

234 〈웃는 얼굴로 '명랑감투'〉, 《매일신보》 1945년 1월 10일.

235 〈명랑감투의 기백으로〉, 《매일신보》 1944년 12월 31일.

236 〈음울·퇴영 기분 일소, 명랑감투 구적 필멸〉, 《매일신보》 1945년 1월 16일.

237 香山光郎, 〈명랑한 세상〉, 《방송지우》 3권 1호, 1945년 1월, 44~45쪽.

238 전성규, 〈해방의 우울과 퇴폐·거세된 남성성 사이의 '명랑': 정비석의 《장미의 계절》과 《도회의 정열》을 중심으로〉, 《대동문화연구》 85, 2014, 135쪽.

239 소래섭, 《불온한 경성은 명랑하라》, 웅진, 2011, 17~39쪽.

240 〈납세의무 1〉(사설), 《매일신보》 1914년 12월 1일.

241 〈납세의무의 근본 의의〉, 《시대일보》 1924년 10월 31일.

242 〈府の納稅カレンダ―〉, 《조선신문》 1932년 12월 18일.

243 〈경성부의 휘장〉, 《매일신보》 1918년 6월 18일.

244 〈경성부 휘장〉, 《동아일보》 1926년 9월 26일.

245 〈府章の制定〉, 〈경성부 휘장〉, 《경성휘보》 59호, 1926년 10월, 27쪽; 〈경성부 휘장〉, 《동아일보》 1926년 9월 26일; 〈경성부 휘장 도안 입상자 심사발표〉, 《매일신보》 1926년 9월 26일.

246 김백영, 《지배와 공간》, 문학과지성사, 2009, 411쪽.

247 식민지 시대 말기에 만든 것으로 추정하는 연구도 있다(강부원, 〈식민지 시기 비행기 표상과 기술 지배로서의 신체제〉, 성균관대학교 석사학위논문, 2009, 69쪽).

248 정태헌, 《일제의 경제정책과 조선사회: 조세정책을 중심으로》, 역사비평사, 1996, 360쪽.

249 박암종, 〈한국 근대 포스터의 특징과 스타일에 대한 연구: 근현대디자인박물관 소장 포스터를 중심으로〉, 《디자인학연구》 21-5, 2008, 234쪽.

250 경성세무감독국, 《(납세강화 원고) 時局と納稅》, 1938, 51쪽.

251 〈納稅報國歌〉, 《조선신문》 1938년 7월 24일.

252 〈부민의 납세보국 소득세 체납자 격감〉, 《매일신보》 1938년 9월 10일.

253 정태헌, 《문답으로 읽는 20세기 한국경제사》, 역사비평사, 2014, 154쪽.

254 손낙구, 《일제하 세무관서의 설치와 운영》, 건국대학교 박사학위논문, 2015, 3쪽.

255 박기주, 〈식민지기(1905~1945)의 세제〉, 한국조세연구원, 《한국세제사: 제1편 연대별》, 2012, 248쪽.

256 정진성, 〈미쓰이물산 해외지점의 전개과정, 1876~1913〉, 《국제지역연구》 8-4, 2000, 69쪽.

257 강정원, 〈일제 전시체제기 조선임업개발주식회사의 설립과 운영〉, 《역사문화연구》 66, 2018, 135쪽.

258 中島弘二, 〈日本帝國における森林と綠化〉, 中島弘二 編, 《帝国日本と森林: 近代東アジアにおける環境保護と資源開発》, 勁草書房, 2023, 115~120쪽.

259 〈애림주간을 설정〉, 《조선일보》 1939년 9월 10일.

260 〈4월 3일 중심 애림주간 실시!〉, 《매일신보》 1940년 3월 26일.

261 〈4월 3일 중심 애림주간 실시!〉, 《매일신보》 1940년 3월 26일.

262 中島弘二, 〈日本帝國における森林と綠化〉, 中島弘二 編, 《帝国日本と森林: 近代東アジアにおける環境保護と資源開発》, 勁草書房, 2023, 115쪽.

263 〈나무를 많이 심자, 4월 3일을 기해 결전조림운동〉, 《매일신보》 1944년 3월 6일.

264 염복규, 〈일제하 경성 지역 소방 기구의 변화 과정과 활동 양상〉, 《서울학연구》 49, 2012, 32쪽.

265 김상욱, 〈한말·일제강점기(1899~1929 목포소방조의 결성과 활동〉, 《역사학연구》 34, 2008, 121쪽.

266 김상욱, 《일제강점기 호남지역 소방조 연구》, 목포대학교 박사학위논문, 2020, 41쪽.

267 〈방호, 소방, 수방단 해체, 경방단으로 일제 통합〉, 《동아일보》 1939년 7월 2일.

268 안세영, 〈1930년대 경성부방호단의 조직과 방공정책의 특징〉, 《한국민족운동사연구》 99, 2019, 226쪽.

269 김상욱, 〈일제강점기 소방기구의 변천과 역할〉, 《한국행정사학지》 43, 2018, 207쪽.

270 〈국방복에 각반 흑색 전투모, 경방단 신제복〉, 《매일신보》 1939년 8월 27일.

271 김민철, 〈식민지조선의 경찰과 주민〉, 한일관계사연구논집편찬위원회 엮음, 《일제 식민지배의 구조와 성격》, 경인문화사, 2005, 256쪽.

272 〈これからが火災の季節, 消防署で防火デーを作り防火の宣傳に努む〉, 《경성일보》 1926년 10월 14일.

273 염복규, 〈일제하 경성 지역 소방 기구의 변화 과정과 활동 양상〉, 《서울학연구》 49, 2012, 48쪽.

274 염복규, 〈일제하 경성 지역 소방 기구의 변화 과정과 활동 양상〉, 《서울학연구》 49, 2012, 50쪽.

275 〈전시체제하의 경보대, 완전한가〉, 《매일신보》 1937년 8월 13일.

276 김상욱, 〈일제강점기 소방기구의 변천과 역할〉, 《한국행정사학지》 43, 2017, 188쪽.

277 〈방화 '데-' 선전 포스터 배부〉, 《조선일보》 1937년 11월 25일.

278 〈공습 방지용 '탕크·폼프' 2대 증비〉, 《매일신보》 1939년 2월 22일.

279 〈국방방화 '데이'〉, 《동아일보》 1937년 12월 2일.

280 〈獎忠壇の模擬火災〉, 《경성일보》 1940년 11월 22일.

281 三橋孝一郎, 〈空襲に備へて〉, 국민총력조선연맹 엮음, 《시국해설독본》, 조선도서출판주식회사, 1942, 175쪽.

282 〈방화보국에 총기립〉, 《매일신보》 1944년 11월 26일.

283 이종민, 〈1910년대 경성 주민들의 '죄'와 '벌': 경범죄통제를 중심으로〉, 《서울학연구》 17, 2001, 101~105쪽.

284 〈美しいポスターを排布して〉, 《조선신문》 1925년 4월 12일.

285 大日方純夫, 《警察の社會史》, 岩波書店, 1993, 127~128쪽.

286 최인영·김제정, 〈1930-40년대 경성지역 대중교통의 문제점과 대책〉, 《서울학연구》 50, 2013, 154~155쪽.

287 정재정, 〈일제하 경성부의 교통사고와 일제 당국의 대책〉, 《전농사론》 7, 2001, 527~536쪽.

288 〈조선과 교통안전〉(사설), 《동아일보》 1932년 4월 15일.

289 〈조선과 교통안전〉(사설), 《동아일보》 1932년 4월 15일.

290 〈자동차 사고 대개는 노동시간의 과도〉, 《중외일보》 1929년 10월 9일.

291 石川登盛, 〈조선에 재한 교통과 경찰〉, 《조선》(조선문) 75호, 1923년 12월, 29쪽.

292 〈경성은 교통지옥, 행인의 공포시대 도래〉, 《매일신보》 1930년 3월 28일.

293 〈교통지옥 이룬 경성서 사고방지 대선전〉, 《매일신보》 1930년 4월 6일.

294 〈けふ交通安全デー〉, 《조선신문》 1931년 4월 18일.

295 〈명일 교통안전데이〉, 《매일신보》 1934년 4월 7일.

296 〈교통안전방해로 60여명을 잡어〉, 《조선중앙일보》 1935년 4월 25일.

297 〈교통사고방지 위해 경성에 안전협회〉, 《매일신보》 1936년 9월 22일.

298 〈교통사상의 보급은 군부에 더욱 필요〉, 《매일신보》 1937년 5월 28일.

299 서울특별시사편찬위원회, 《서울교통사》, 서울특별시, 2000, 254~256쪽; 정수남, 〈거리 위의 모더니티: 서울의 '러시아워' 현상에 관한 시·공간의 사회학적 연구〉, 《사회연구》 8, 2004, 220쪽.

300 서울특별시사편찬위원회, 《서울교통사》, 서울특별시, 2000, 319쪽.

301 〈총후의 '교통훈' 확보〉, 《매일신보》 1941년 4월 12일.

302 〈전시 국민 교통훈련, 교통안전운동을 전선에 통일 실시〉, 《매일신보》 1942년 4월 12일.

303 〈거리를 아름답게〉, 《매일신보》 1944년 5월 29일.

304 〈교통전사들을 표창〉, 《매일신보》 1942년 5월 8일.

305 〈교통훈련 통일, 전조선 일제히 11일부터 훈련주간〉, 《매일신보》 1942년 5월 9일.

306 〈교통도덕 철저 강조, 來12일부터 5일간 훈련주간 실시〉, 《매일신보》 1943년 4월 9일.

307 《문화조선》 4권 3호, 1942년 5월, 표지.

308 〈전시학생생활의 규범결정〉, 《매일신보》 1939년 6월 24일.

309 〈버리자, 탄다는 생각〉, 《매일신보》 1943년 4월 13일.

310 강해수, 〈'도의의 제국'과 식민지조선의 내셔널 아이덴티티〉, 《한국문화》 41, 2008, 195쪽.

311 〈민중에 대한 지도력 강화, 도의 조선을 현현하라〉, 《매일신보》 1942년 6월 19일.

312 강해수, 〈'도의의 제국'과 식민지조선의 내셔널 아이덴티티〉, 《한국문화》 41, 2008, 198쪽.

313 〈해상안전주간〉, 《조선일보》 1936년 2월 26일.

314 〈海難期の三月に朝鮮最初の"海上安全週間"〉, 《경성일보》 1935년 9월 27일.

315 김현주, 《문화》(한국개념사 총서13), 소화, 2019, 329쪽.

316 김성태, 《경성 문화시설의 입지적 특성과 사회적 기능에 관한 연구》, 서울대학교 박사학위논문, 2020, 56쪽.

317 이지원, 〈3·1운동 이후 일제의 식민지 사회교화정책과 조선 민족성〉, 《학림》 45, 2020, 185쪽.

318 조선총독부 엮음, 박찬승·김민석·최은진·양지혜 역주, 《국역 조선총독부 30년사 하: 시정 30년사》, 민속원, 2018, 1,282쪽.

319 조선총독부학무국사회교육과 엮음, 《조선사회교육요람》, 1941, 79쪽.

320 〈경성부 도서관 삼일간 무료 개방〉, 《동아일보》 1924년 11월 2일.

321 〈도서관 '데이'와 도서협회〉, 《매일신보》 1925년 10월 30일.

322 쮸주키 쮸구오, 〈일제 시대 도서관 열람자 상황: 1922~1941년 경성과 인천의 도서관을 중심으로〉, 《한국교육사학》 33-1, 2011, 265~268쪽.

323 조은정, 〈한국 근대미술의 일하는 여성 이미지에 대한 연구〉, 《여성학논집》 23-2, 2006, 217쪽.

324 김포옥, 〈일제하의 공공도서관에 관한 연구〉, 《도서관학》 6, 1979, 162쪽.

325 〈대경성의 숫자행진〉(7), 《중앙일보》 1931년 12월 21일.

326 노영택, 〈일제시기의 문맹률 추이〉, 《국사관논총》 51, 1994, 130쪽.

327 조선총독부 엮음, 박찬승·김민석·최은진·양지혜 역주, 《국역 조선총독부 30년사 하: 시정 30년사》, 민속원, 2018, 1282쪽.

328 〈총독부도서관 대중문고 설치〉, 《매일신보》 1932년 1월 7일.

329 〈총독부도서관 방공주간 공개〉, 《매일신보》 1933년 6월 9일.

330 〈府立圖書館が積極的活動〉, 《조선신문》 1933년 10월 31일.

331 〈도서관주간 등화가친지절〉, 《매일신보》 1937년 10월 23일.

332 〈全國圖書館週間際して〉, 《부산일보》 1938년 11월 8일.

333 田島奈都子 編, 《明治·大正·昭和初期 日本ポスター史大図鑑》, 國書刊行會, 2019, 314쪽.

334 〈讀書普及運動, 八日より五日間全國一齊施行各圖書舘から宣傳〉, 《조선신문》 1939년 11월 7일.

335 〈全國讀書普及運動日に就いて〉, 《조선시보》 1939년 11월 8일.

336 〈讀書普及運動記念內鮮文物交流展, 七日から圖書館で〉, 《조선신문》 1940년 11월 8일.

337 〈물산장려선전 비라〉, 《동아일보》 1931년 2월 18일.

338 오미일, 《경제운동》, 한국독립운동사편찬위원회, 2008, 75쪽.

339 오미일, 《한국근대자본가연구》, 한울, 2002, 304~305쪽.

340 박찬승, 《한국근대 정치사상사연구》, 역사비평사, 1992, 265~266쪽.

341 박찬승, 《한국독립운동사》, 역사비평사, 2014, 180~181쪽.

342 〈조선물산장려 표어 현상 당선〉, 《동아일보》 1922년 12월 25일.

343 오미일, 《경제운동》, 독립기념관 한국독립운동사연구소, 2008, 75쪽.

344 〈물산장려 대선전〉, 《동아일보》 1923년 1월 27일.

345 〈조선물산장려의 제일성〉, 《조선일보》 1923년 2월 14일.

346 〈물산장려의 행렬 금지〉(사설), 《동아일보》 1923년 2월 15일.

347 〈평양은 선전 행렬을 제한 조산물산장려와 경찰의 간섭〉, 《조선일보》 1923년 2월 16일.

348 〈평양물산장려의 대선전〉, 《조선일보》 1923년 2월 18일.

349 윤해동, 〈물산장려운동: '근대화'를 위한 불가피한 경로인가?〉, 《내일을 여는 역사》 5, 2001, 150쪽.

350 강영심, 〈1920년대 조선물산장려운동의 전개와 성격〉, 《국사관논총》 47, 1993, 160쪽.

351 방기중, 〈1920·30년대 조선물산장려회 연구: 재건과정과 주도층 분석을 중심으로〉, 《국사관논총》 67, 1996, 98쪽.

352 방기중, 〈1920·30년대 조선물산장려회 연구: 재건과정과 주도층 분석을 중심으로〉, 《국사관논총》 67, 1996, 98쪽.

353 오미일, 《경제운동》, 한국독립운동사편찬위원회, 2008, 92~93쪽.

354 XYZ, 〈과거 일년간 민족적 제운동의 회억과 비판〉, 《동아일보》 1924년 1월 1일.

355 박찬승, 《한국근대 정치사상사연구》, 역사비평사, 1992, 274~275쪽.

356 XYZ, 〈과거 일년간 민족적 제운동의 회억과 비판〉, 《동아일보》 1924년 1월 1일.

357 이승렬, 〈일제 파시즘기 조선인 자본가의 현실인식과 대응: 부르주아 민족주의 민족관을 중심으로〉, 방기중
     엮음, 《일제하 지식인의 파시즘체제 인식과 대응》, 혜안, 2005, 286쪽.

358 박찬승, 《한국근대 정치사상사연구》, 역사비평사, 1992, 275쪽.

359 〈물산장려운동의 사명〉, 《조선일보》 1925년 12월 1일.

360 〈물산장려의 신형세〉, 《조선일보》 1926년 8월 31일.

361 〈수만장의 선전지〉, 《조선일보》 1928년 4월 18일.

362 〈조선물산장려운동 선전 행렬과 강연〉, 《동아일보》 1929년 2월 12일.

363 〈물산장려우동 평양에 선전 행렬〉, 《동아일보》 1928년 1월 6일.

364 〈조선물산장려 선전 대행렬〉, 《동아일보》 1932년 2월 6일.

365 〈"자작자급하여 우리 것으로 살자"〉, 《동아일보》 1934년 2월 14일.

366 〈구정 원일을 기하여 우리 물산장려 대선전〉, 《조선일보》 1935년 2월 4일.

367 〈구정 원일을 기하여 우리 물산장려 대선전〉, 《조선일보》 1935년 2월 4일.

368 방기중, 〈1930년대 물산장려운동과 민족·자본주의 경제사상〉, 《동방학지》 115, 2002, 105쪽.

369 〈교재 10만부 무료로 배부〉, 《조선일보》 1935년 12월 22일.

370 오성철, 《식민지 초등교육의 형성》, 교육과학사, 2000, 412~413쪽.

371 한만수, 〈식민지 시기 검열과 1930년대 장애우 인물 소설〉, 《한국문학연구》 29, 2005, 18~21쪽.

372 신남철, 〈학생 계몽대의 동원을 기회하여, '계몽'이란 무엇이냐〉, 《동아일보》 1934년 6월 23일

373 〈문맹퇴치의 운동〉, 《동아일보》 1928년 3월 17일.

374 〈본사창립 8주년 기념, 문맹타파의 봉화〉, 《동아일보》 1928년 3월 16일.

375 〈문맹퇴치대선전 순서〉, 《동아일보》 1928년 3월 23일; 〈문맹퇴지 선전일 순서〉(2) 《동아일보》 1928년 3월 26일.

376 〈문맹퇴치일순서〉(4), 《동아일보》 1928년 3월 28일

377 〈문맹퇴치 선전일 순서〉(1), 《동아일보》 1928년 3월 25일.

378 〈만반준비가 완성된 금일, 문맹퇴치선전 돌연금지〉, 《동아일보》 1928년 3월 29일.

379 〈만반준비가 완성된 금일, 문맹퇴치선전 돌연금지〉, 《동아일보》 1928년 3월 29일.

380 홍지석, 〈카프 초기 프롤레타리아 미술 담론〉, 《사이間SAI》 17, 2014, 11쪽.

381 국립현대미술관 기획, 김윤수 외 지음, 《한국미술 100년》 1, 한길사, 2006, 287쪽.

382 기혜경, 〈1920년대의 미술과 문학의 교류 연구: 카프 형성과정을 중심으로〉, 《한국근현대미술사학》 8, 2000,
     35쪽.

383 국립현대미술관 기획, 김윤수 외 지음, 《한국미술 100년》 1, 한길사, 2006, 285쪽; 기혜경, 〈1920년대의
     미술과 문학의 교류 연구: 카프 형성과정을 중심으로〉, 《한국근현대미술사학》 8, 2000, 30쪽.

384 〈사백여 남녀학생 동원, 삼천인이 문자해득〉, 《조선일보》 1929년 10월 4일.

385 〈하기방학의 봉사사업〉, 《조선일보》 1930년 6월 24일.

386 〈귀향학생봉사의 결정〉(사설), 《조선일보》 1929년 10월 4일.

387 신용하, 〈1930년대 문자보급운동과 브·나로드 운동〉, 《한국학보》 31-3, 2005, 112쪽.

388 〈향촌 가정으로 전개될 본사 문자보급운동〉, 《조선일보》 1935.12.23.

389 〈본사 년중 사업 문자보급운동〉, 《조선일보》 1936.12.13.

390 〈제1회 학생 하기 브나로드운동〉, 《동아일보》 1931년 7월 16일.

391 최민지·김민주, 《일제하 민족언론사론》, 일월서각, 1978, 196쪽.

392 강선보·고미숙, 〈농촌계몽운동에 나타난 계몽주의 사조의 성격고찰: 브나로드운동을 중심으로〉, 《한국교육학연구》 3-1, 1997, 7~8쪽.

393 김상회 옮김, 〈끗업는 토론한 뒤〉, 《신동아》 2권 2호, 1932년 2월, 100쪽.

394 윤재석, 〈石川啄木의 번역시 '끝업는토론한뒤' 일고찰: 한국의 '브나로드운동'을 중심으로〉, 《일본문화학보》 35, 2007, 148쪽.

395 〈브나로드운동대를 보내며, 동포와 대원에 고함〉(사설), 《동아일보》 1932년 7월 18일.

396 정준희, 〈1930년대 브나로드운동의 사회적 기반과 전개과정〉, 연세대학교 석사학위논문, 2018, 22쪽.

397 김현경, 〈민중에 대한 빚: 브나로드 운동의 재조명〉, 《언론과 사회》 16-3, 2008, 87쪽.

398 〈제1회 학생 브나로드 운동〉(8), 《동아일보》 1931년 8월 13일.

399 富田晶子, 〈농촌진흥운동하의 중견인물의 양성: 준전시체제기를 중심으로〉, 최원규 엮음, 《일제말기 파시즘과 한국사회》, 청아, 1988, 221쪽.

400 임종태, 〈김용관의 발명학회와 1930년대 과학운동〉, 《한국과학사학회지》 17-2, 1995, 94~100쪽.

401 김용관, 〈질의와 응답〉, 《과학조선》 창간호, 1933년 6월, 24쪽. 창간호는 '발명학회 출판부'에서 편집했다.

402 《과학조선》 1권 2호, 1933년 7월호는 '발명학회 출판부'가 아니라 '과학조선사'에서 편집했다. 이 때부터 《과학조선》은 대중적 잡지를 지향했다. 그 뒤에는 발행 주체가 '과학지식보급회'로 바뀌었다.

403 김용관, 〈과학의 민중화〉, 《과학조선》 1권 3호, 1933년 9월, 1쪽.

404 김용관, 〈과학데이란 무슨 날〉, 《동아일보》 1939년 4월 16일.

405 〈조선과학운동의 과거 1년간 경과보고〉, 《과학조선》 3권 4호, 1935년 6월, 25쪽. 윤치호(과학보급회장), 〈과학데이에 임하여 의식심중한 우리의 금일〉, 《조선중앙일보》 1936년 4월 19일.

406 황종연, 〈과학주의와 국가주의의 밀약〉, 황종연 엮음, 《문학과 과학》 Ⅲ, 소명출판, 2015, 5쪽.

407 정선아, 〈과학데이(1934-1936)의 스펙타클: 일본 식민지시기 특정 과학관의 공공성 획득을 위한 절충적 전략〉, 《인문사회 21》 5-2, 2014, 87쪽.

408 박상준, 〈'과학의 날' 원조 '과학데이'를 아시나요〉, 《한겨레》, 2017년 4월 17일.

409 윤치호(과학보급회장), 〈과학데이에 임하여 의식심중한 우리의 금일〉, 《조선중앙일보》 1936년 4월 19일.

410 박성래, 〈역사 속 과학인물: 식민지 조선의 과학선구자 김용관 선생〉, 《과학과 기술》 26-12, 1993, 25쪽.

411 《과학조선》 제3권 제4호, 1935년 6월, 1쪽.

412 정선아, 〈과학데이(1934-1936)의 스펙타클: 일본 식민지시기 특정 과학관의 공공성 획득을 위한 절충적 전략〉, 《인문사회 21》 5-2, 2014, 89쪽.

413 임종태, 〈김용관의 발명학회와 1930년대 과학운동〉, 《한국과학사학회지》 17-2, 1995, 90~91쪽.

414 현원복, 〈1930년대의 과학·기술학 진흥운동〉, 《민족문화연구》 12, 1977, 263쪽.

415 박성래, 《다시 보는 민족과학 이야기》, 두산동아, 2002, 115쪽.

416 황종연, 〈과학주의와 국가주의의 밀약〉, 황종연 엮음, 《문학과 과학》 III, 소명출판, 2015, 14쪽.

417 마해송, 〈어린이날과 방정환 선생〉, 《자유신문》 1946년 5월 5일.

418 이기훈, 〈1920년대 '어린이'의 형성과 동화〉, 《역사문제연구》 8, 2002, 18쪽.

419 마해송, 〈어린이날과 방정환 선생〉, 《자유신문》 1946년 5월 5일.

420 김정의, 《한국소년운동사》, 민족문화사, 1992, 107쪽; 김정의, 〈방정환의 소년인권운동 재고〉, 《실학사상연구》 14, 2000, 869~870쪽.

421 국성하, 〈'어린이' 개념의 변화에 관한 연구: 1920년대 신문·잡지 기사를 중심으로〉, 《한국교육사학》 32-1, 2010, 33쪽.

422 장정희, 〈어린이날 유래와 회차 재고〉, 《근대서지》 15, 2017, 424쪽.

423 한영혜, 〈두 개의 어린이날: 선택된 이야기와 묻혀진 이야기〉, 《한국사회학》 39-5, 2005, 30쪽.

424 〈첫 어린이날 포스터·조선소년군창설자료 공개〉, 《동아일보》 1985년 9월 18일.

425 사단법인 색동회 공식 블로그(https://m.blog.naver.com/saekdonghoe/222662363631)

426 〈삐라선전까지 돌연 금지〉, 《조선일보》 1923년 5월 2일.

427 〈민중운동자대회〉, 《동아일보》 1925년 2월 8일.

428 〈사백 이십여단, 오백 대의원〉, 《동아일보》 1925년 4월 20일.

429 〈자명종〉, 《조선일보》 1925년 4월 17일.

430 〈민중운동자대회 금지에 대하여〉, 《동아일보》 1925년 4월 21일.

431 〈주목의 눈, 경계의 손〉, 《조선일보》 1925년 4월 19일.

432 〈어린이날 기념, 선전 행렬은 허가〉, 《조선일보》 1925년 4월 30일.

433 〈'메이데이'에 혼이 나서 '어린이' 행렬도 금지〉, 《조선일보》 1925년 5월 5일.

434 〈어린이대회 성황〉, 《동아일보》 1926년 9월 24일.

435 김정인, 〈1920년대 천도교 소년운동의 이론과 실천〉, 《한국민족운동사연구》 73, 2012, 170쪽.

436 〈기행렬과 축하식은 양방이 합동거행?〉, 《매일신보》 1927년 4월 29일.

437 〈오월회측의 축하와 기행렬〉, 《중외일보》, 1927년 5월 1일.

438 〈어린이들의 기행렬〉, 《동아일보》 1927년 5월 5일.

439 〈어린이날 기념 절차〉, 《조선일보》 1927년 5월 1일.

440 박철하, 《청년운동》(한국독립운동의 역사 30), 독립기념관 한국독립운동사연구소, 2009, 227쪽.

441 〈어린이날 노래〉, 《동아일보》 1925년 4월 30일.

442 〈어린이들의 기행렬〉, 《동아일보》 1927년 5월 5일.

443 〈조선소년의 총동맹을 총연맹으로〉, 《조선일보》 1928년 3월 31일.

444 박철하, 《청년운동》(한국독립운동의 역사 30), 독립기념관 한국독립운동사연구소, 2009, 274쪽.

445 〈소년운동, 중앙통일기관 소년총연맹〉, 《동아일보》 1929년 1월 4일.

446 서유리, 《시대의 얼굴: 잡지 표지로 보는 근대》, 소명출판, 2016, 260쪽.

447 이주희, 〈1920년대 조선총독부의 '아동보호일' 제정과 그 성격〉, 《역사와 교육》 33, 2021, 295쪽.

448 〈포스터 선전지 청구할 규정〉, 《매일신보》 1929년 4월 24일.

449 한영혜, 〈두 개의 어린이날, 선택된 이야기와 묻혀진 이야기〉, 《한국사회학》 39-5, 2005, 38쪽.

450 〈금지당한 지방〉, 《조선일보》 1929년 5월 7일; 〈금지당한 지방〉, 《조선일보》 1929년 5월 8일; 〈금지당한 지방〉, 《조선일보》 1929년 5월 9일.

451 박철하, 《청년운동》(한국독립운동의 역사 30), 독립기념관 한국독립운동사연구소, 2009, 281쪽.

452 〈금년 어린이날 결의문〉, 《중외일보》 1930년 5월 5일.

453 한영혜, 〈두 개의 어린이날: 선택된 이야기와 묻혀진 이야기〉, 《한국사회학》 39-5, 2005, 31쪽.

454 〈어린이날 중앙준비회 반대동맹 조직〉, 《동아일보》 1931년 4월 5일.

455 〈'어린이날' 폐지, 무산소년주간을〉, 《동아일보》 1931년 5월 5일.

456 고장환, 〈어린이날을 지키는 뜻과 지나온 자취〉(하), 《매일신보》 1936년 5월 5일; 〈어린이날 준비위원 결정〉, 《매일신보》 1937년 4월 17일.

457 〈명일의 주인〉(사설), 《동아일보》 1932년 5월 1일.

458 〈아동애호와 지도자〉, 《조선일보》 1940년 5월 10일.

459 김혜경, 《식민지하 근대가족의 형성과 젠더》, 창비, 2006, 190쪽.

2 널리 알리니

1 구로다 이사무 지음, 서재길 옮김, 《라디오 체조의 탄생》, 강, 2011, 16~17쪽.

2 쓰가와 이즈미 지음, 김재홍 옮김, 《JODK, 사라진 호출부호》, 커뮤니케이션북스, 1999, 36쪽.

3 〈방송야화〉, 《삼천리》 제6권 제11호, 1934년 11월, 121쪽.

4 국사편찬위원회 엮음, 《근현대 과학기술과 삶의 변화》, 두산동아, 2005, 272쪽.

5 승일, 〈라디오·스포츠·키네마〉, 《별건곤》 2호, 1926년 12월, 105쪽.

6 쓰가와 이즈미 지음, 김재홍 옮김, 《JODK, 사라진 호출부호》, 커뮤니케이션북스, 1999, 36쪽.

7 〈완성된 방송국〉, 《동아일보》 1926년 12월 24일.

8 〈京城放送局 聽取章〉, 《조선신문》 1927년 2월 16일.

9 〈ラヂオは愉快に聽きたいものです〉, 《조선신문》 1933년 11월 28일.

10 大門正克, 《戰爭と戰後を生きる》, 小学館, 2009, 99쪽.

11 〈라디오 검열, 전문계 신설〉, 《동아일보》 1934년 3월 2일.

12 〈무허가 라디오를 경찰과 협력 조사, 방공방첩상 엄벌방침〉, 《매일신보》 1939년 8월 31일.

13 〈국외의 불온한 방송, 청취 취체를 엄명〉, 《매일신보》 1937년 6월 25일.

14 쓰가와 이즈미 지음, 김재홍 옮김, 《JODK, 사라진 호출부호》, 커뮤니케이션북스, 1999, 132~133쪽.

15 변은진, 《파시즘적 근대체험과 조선민중의 현실인식》, 선인, 2013, 81쪽.

16 쓰보이 히데토 지음, 손지연·박광현·박정란·장유리 옮김, 《감각의 근대 2: 노래하는 신체》, 어문학사, 2020, 178쪽.

17 김영희, 〈일제시기 라디오의 출현과 청취자〉, 《한국언론학보》 46-2, 2002, 152쪽.

18 조선총독부 엮음, 박찬승·김민석·최은진·양지혜 역주, 《국역 조선총독부 30년사 하: 시정 30년사》, 민속원, 2018, 1,286~1,287쪽.

19 마이클 로빈슨, 〈방송, 문화적 헤게모니, 식민지 근대성, 1924~1945〉, 신기욱·마이클 로빈슨 엮음, 도면회 옮김, 《한국의 식민지 근대성》, 삼인, 2006, 104쪽.

20 파울 요제프 괴벨스 지음, 추영현 옮김, 《괴벨스 프로파간다!》, 동서문화사, 2019, 406쪽.

21 쓰가와 이즈미 지음·김재홍 옮김, 《JODK, 사라진 호출부호》, 커뮤니케이션북스, 1999, 142쪽.

22 체신국, 〈朝鮮とラヂオの使命〉, 《통보》 35, 1938년 12월, 9~10쪽.

23 정진석, 〈일제하의 라디오 보급과 청취자〉, 《신문과 방송》 262, 1992, 61쪽.

24 이준영, 〈조선총독부 재무국장 하야시 시계조의 궁민구제 사업과 부산대교 건설〉, 《한국민족운동사연구》 101, 2019, 346쪽.

25 서재길, 〈일제 식민지기 라디오방송과 '식민지 근대성'〉, 《사이間SAI》 1, 2006, 194~195쪽.

26 〈적색방송 방지코저 북조선에 대방송국〉, 《조선중앙일보》 1935년 8월 21일.

27 김인수, 〈1930년대 후반 조선주둔일본군의 대對소련, 대對조선 정보사상전〉, 《한국문학연구》 32, 2007, 203쪽.

28 大門正克, 《戰爭と戰後を生きる》, 小学館, 2009, 153쪽.

29 大門正克, 《戰爭と戰後を生きる》, 小学館, 2009, 97쪽.

30 〈청취료는 감하코 중단방송도 단행〉, 《매일신보》 1927년 9월 27일(신문에서는 중단방송이라고 했지만, 중계방송을 잘못 적은 것이다).

31 〈본사 주최 전선야구쟁패전〉, 《매일신보》 1924년 8월 25일.

32 〈야구전 실황을 중계방송한다〉, 《동아일보》 1927년 8월 28일.

33 〈경성방송국의 권투 중계방송〉, 《중앙일보》 1933년 4월 14일.

34 〈성대 대 구대축구 중계방송, 축구로는 첫 시험〉, 《조선중앙일보》 1933년 9월 11일.

35 〈경마실황을 전파로 전조선에 중계방송, 'DK' 최초의 시험〉, 《매일신보》 1934년 4월 1일.

36 〈종로 명물 야시의 실황을 전파로 방송〉, 《매일신보》 1935년 7월 27일.

37 〈KODK 예는 연평도요, 조기잡이 실황방송〉, 《매일신보》 1939년 5월 16일.

38 〈국민보건체조〉, 《매일신보》 1932년 7월 21일.

39 〈조석의 '라디오' 체조, 일가 보건의 열쇠〉, 《매일신보》 1941년 1월 6일.

40 조선총독부 체신국, 《朝鮮の簡易保險》, 1937, 44쪽; 박진수, 〈라디오 체조와 '국민'의 일상: 국민가 '라디오 체조 노래'의 시대적 변천〉, 《아시아문화연구》 53, 2020, 38쪽.

41 구로다 이사무 지음, 서재길 옮김, 《라디오 체조의 탄생》, 강, 2011, 38쪽,

42 윤대석, 〈1940년대 전반기 황국신민화운동과 국가의 시간, 신체 관리〉, 《한국현대문학연구》 13, 2003, 80쪽.

43 도미타 쇼지 지음, 유재연 옮김, 《그림엽서로 본 일본 근대》, 논형, 2008, 222쪽; 〈조석의 '라디오' 체조 일가 보건의 열쇠〉, 《매일신보》 1941년 1월 6일.

44 구로다 이사무 지음, 서재길 옮김, 《라디오 체조의 탄생》, 강, 2011, 19쪽; 〈조석의 '라디오' 체조, 일가 보건의

열쇠〉, 《매일신보》 1941년 1월 6일.

45 다카오카 히로유키, 〈전쟁과 건강: 근대 '건강 담론'의 확립과 일본 총력전 체제〉, 《당대비평》 29, 2004, 335쪽.

46 황의룡·손환, 〈일제 강점기의 라디오체조 보급과 사회적 영향〉, 《한국체육사학회지》 14-3, 2009, 43쪽.

47 백명세, 〈라디오체조〉, 《매일신보》 1939년 12월 23일.

48 송찬섭·최규진, 《근현대 속의 한국》, 한국방송통신대학교출판문화원, 2018, 310쪽.

49 〈도구 안 쓰는 운동으론 라디오체조!〉, 《매일신보》 1938년 7월 14일.

50 〈조석의 '라디오' 체조, 일가 보건의 열쇠〉, 《매일신보》 1941년 1월 6일.

51 〈국민 체위 향상과 황민연성의 총력보〉, 《매일신보》 1942년 7월 19일.

52 〈건민수련에 총기립, 오늘부터 방방곡곡에서 라디오체조〉, 《매일신보》 1943년 7월 22일.

53 구로다 이사무 지음, 서재길 옮김, 《라디오 체조의 탄생》, 강, 2011, 38쪽.

54 구로다 이사무 지음, 서재길 옮김, 《라디오 체조의 탄생》, 강, 2011, 210쪽.

55 구로다 이사무 지음, 서재길 옮김, 《라디오 체조의 탄생》, 강, 2011, 206쪽.

56 〈국민체위향상과 황민연성의 총력보〉, 《매일신보》 1942년 7월 19일.

57 早川タダノリ, 《神國日本のトンデモ決戦生活》, 合同出版, 2011, 110쪽(하야카와 타다노리 지음, 송태욱 옮김, 《신국 일본의 어처구니없는 결전생활》, 서커스출판상회, 2019, 195쪽).

58 구로다 이사무 지음, 서재길 옮김, 《라디오 체조의 탄생》, 강, 2011, 204쪽.

59 이철우, 〈일제하 한국의 근대성, 법치, 권력〉, 신기욱·마이클 로빈슨 엮음, 도면회 옮김, 《한국의 식민지 근대성》, 삼인, 2006, 86쪽.

60 〈국세조사좌담회〉(상), 《매일신보》 1930년 9월 7일.

61 박명규·서호철, 《식민 권력과 통계》, 서울대학교출판부, 2003, 29쪽.

62 박명규·서호철, 《식민 권력과 통계》, 서울대학교출판부, 2003, 35쪽.

63 조선총독부 엮음, 박찬승·김민석·최은진·양지혜 역주, 《국역 조선총독부 30년사 상: 시정 25년사 1》, 민속원, 2018, 501~502쪽.

64 〈국세조사 중지 이유〉, 《동아일보》 1920년 7월 15일.

65 박명규·서호철, 《식민 권력과 통계》, 서울대학교출판부, 2003, 37쪽.

66 문서과, 〈간이국세조사의 개황〉, 《조선》(조선문) 97호, 1925년 11월, 76~77쪽.

67 〈기다리던 금일 오전 0시, 전선에 명동하는 경종과 기적〉, 《매일신보》 1925년 10월 1일.

68 박명규·서호철, 《식민 권력과 통계》, 서울대학교출판부, 2003, 100쪽.

69 〈대정 14년 간이국세조사법규 속해〉, 《조선》(조선문) 93호, 1925년 7월, 33쪽.

70 박명규·서호철, 《식민 권력과 통계》, 서울대학교출판부, 2003, 80쪽.

71 손정목, 《일제강점기 도시사회상연구》, 일지사, 1996, 128쪽.

72 〈국세조사요지 10만 장을 배부〉, 《매일신보》 1930년 8월 3일.

73 〈국세조사〉(5), 《매일신보》 1930년 7월 18일.

74 〈국제조사 기념 스탬프〉, 《매일신보》 1930년 9월 7일.

75 〈國調團扇〉, 《조선신문》 1930년 8월 8일.

76 박명규·서호철, 《식민 권력과 통계》, 서울대학교출판부, 2003, 85쪽.

77 〈명15일을 국세조사 선전일로〉, 《매일신보》 1935년 9월 15일.

78 서울특별시 시사편찬위원회, 《국역 경성부사》 3, 서울특별시 시사편찬위원회, 2014, 289쪽.

79 〈소화 10년도 조선국세조사 시행규칙〉, 《조선일보》 1935년 5월 28일.

80 경성부, 《조선국세조사: 소화10년》, 1936, 82쪽.

81 박명규·서호철, 《식민 권력과 통계》, 서울대학교출판부, 2003, 92쪽.

82 〈대중소비의 공급자 45만명을 조사〉, 《매일신보》 1939년 7월 28일; 〈물자국세조사 절박〉, 《동아일보》 1939년 7월 28일.

83 〈물의 국세조사〉(사설), 《매일신보》 1939년 5월 16일.

84 〈대중 소비의 공급자 45만 명을 조사〉, 《매일신보》 1939년 7월 28일; 〈물자국세조사 절박〉, 《동아일보》 1939년 7월 28일.

85 〈물의 국세조사〉(사설), 《매일신보》 1939년 5월 16일; 田島奈都子 編, 《プロパガンダ・ポスターにみる日本の戦爭》, 勉誠出版株式會社, 2016, 32쪽.

86 〈국세조사의 기념 스탬프〉, 《매일신보》 1939년 7월 28일.

87 최규진, 《이 약 한번 잡숴 봐!: 식민지 약 광고와 신체정치》, 서해문집, 2021, 420쪽.

88 〈국력, 얼마나 늘었는가. 명년 대규모로 조사〉, 《매일신보》 1939년 12월 3일.

89 〈朝鮮昭和十五年國勢調査について〉, 《통보》 77호, 1940년 9월 15일, 2~3쪽.

90 〈총력전 정비에 초석, 사변하의 국세조사〉, 《매일신보》 1940년 9월 8일.

91 〈총력전 정비에 초석, 사변하의 국세조사〉, 《매일신보》 1940년 9월 8일.

92 〈대규모의 국세조사〉, 《매일신보》 1940년 1월 8일.

93 〈내십월일일을 기하여 전국 일제 국세조사〉, 《매일신보》 1940년 2월 20일.

94 〈전선 인구조사, 래 5월 1일 오전 영시〉, 《매일신보》 1944년 2월 10일.

95 〈전선 인구조사, 래 5월 1일 오전 영시〉, 《매일신보》 1944년 2월 10일.

96 〈정확히 신고하라〉, 《매일신보》 1944년 2월 19일.

97 〈전선 인구조사, 래 5월 1일 오전 영시〉, 《매일신보》 1944년 2월 10일.

98 손정목, 《일제강점기 도시화과정연구》, 일지사, 1996, 253쪽.

99 〈인구조사, 거짓 없는 신고를〉, 《매일신보》 1944년 4월 22일.

100 〈조선인구조사 명년 5월경에〉, 《매일신보》 1944년 12월 5일.

101 〈경오세만경〉(2), 《매일신보》 1930년 12월 24일.

102 〈동정 메달 5만개〉, 《동아일보》 1927년 12월 14일.

103 김성연, 〈한국 근대 문학과 동정의 계보: 이광수에서 《창조》로〉, 연세대학교 석사학위논문, 2002, 12쪽.

104 김현주, 〈문학·예술교육과 '동정': 이광수의 《무정》을 중심으로〉, 《상허학보》 12, 2004, 175쪽.

105 손유경, 〈한국 근대소설에 나타난 '동정'의 윤리와 미학에 관한 연구〉, 서울대학교 박사학위논문, 2006, 82쪽.

106 소영현, 〈아나키즘과 1920년대 문화지리학〉, 《현대문학의 연구》 36, 2008, 356쪽.

107 〈오늘 겨울 가두에 빈민의 천사〉, 《동아일보》 1932년 12월 21일.

108 〈엽서통신〉, 《별건곤》 36호, 1931년 1월, 113쪽.

109 〈동정사업 변경, 폐물 얻어 구휼〉, 《동아일보》 1933년 12월 16일.

110 〈세말동정주간 실시 제사항〉, 《매일신보》 1933년 12월 9일.

111 박세훈, 〈구제와 교화: 일제 시기 경성부의 방면 위원 제도 연구〉, 《사회와 역사》 61, 2002, 132쪽.

112 김명구, 〈일제시기 사회사업 전개와 대구 사례〉, 《대구사학》 128, 2017, 59쪽.

113 박세훈, 〈동원된 근대: 일제시기 경성을 통해 본 식민지 근대성〉, 《한국근대미술사학》 13, 2004, 138~141쪽.

114 〈고맙게들 받으라〉, 《매일신보》 1939년 12월 28일.

115 〈삼남일대의 수재 피해액오천만원 을축년대홍수해에 불하〉, 《조선중앙일보》 1934년 7월 28일.

116 〈삼남 수재 동정음악〉, 《조선일보》 1934년 8월 23일.

117 고태우, 〈일제시기 재해문제와 '자선·기부문화': 전통·근대화·'공공성'〉, 《동방학지》 168, 2014, 163~164쪽.

118 〈동경 3·1극장 주최 수해 구제 연극과 음악〉, 《조선일보》 1934년 8월 17일.

119 〈세말 동정주간 실시 제사항〉, 《매일신보》 1933년 12월 9일.

120 〈횡설수설〉, 《동아일보》 1937년 12월 22일.

121 〈기한에 우는 빈민을 부민의 동정으로〉, 《매일신보》 1930년 12월 13일.

122 〈동정주간에 협력하여 총후 인적자원을 확보하자〉, 《매일신보》 1944년 12월 15일.

123 고태우, 〈일제시기 재해문제와 '자선·기부문화': 전통·근대화·'공공성'〉, 《동방학지》 168, 2014, 173쪽.

124 〈세말동정주간〉, 《만선일보》 1939년 12월 15일.

125 조성은, 《근대 사회사업 개념과 담론에 관한 연구: 1920년대와 1930년대를 중심으로》, 서울대학교 박사학위논문, 2012, 181쪽.

126 박세훈, 〈구제와 교화: 일제 시기 경성부의 방면 위원 제도 연구〉, 《사회와 역사》 61, 2002, 126쪽.

127 다카시 후지타니 지음, 이경훈 옮김, 《총력전 제국의 인종주의》, 푸른역사, 2019, 140쪽.

128 權学俊, 〈戰時下日本における國家主義的な身体管理と'国民'形成に關する一考察〉, 《일본어문학》 43, 2008, 590쪽.

129 文部大臣官房学校衛生課, 《大正13年 全国体育デー実施概況》, 1925, 1쪽.

130 文部大臣官房学校衛生課, 《大正13年 全国体育デー実施概況》, 1925, 2쪽.

131 〈금 3일을 기념코자 등산 臨水를 장려〉, 《매일신보》 1925년 11월 3일.

132 임동현, 《일제시기 조선인 체육단체의 스포츠 문화운동》, 고려대학교 박사학위논문, 2022, 111쪽; 〈제3의 체육데이 천지에 충만할 체육 기분〉, 《매일신보》 1926년 9월 28일.

133 김해경·김영수, 〈근대 복합운동 공간인 훈련원 공원의 변천에 관한 연구〉, 《서울과 역사》 94, 2016, 151쪽.

134 〈明治神宮競技場より規模大きい〉, 《경성일보》 1925년 10월 10일.

135 유근필·조현신, 〈일제강점기 동아일보 기사를 통해 본 경성운동장의 장소성〉, 《기초조형학연구》 15-2, 2014, 341쪽; 김해경·김영수, 〈근대 복합운동 공간인 훈련원 공원의 변천에 관한 연구〉, 《서울과 역사》 94, 2016, 151쪽.

136 〈조선의 체육일 10월 1일로 개정〉, 《매일신보》 1926년 8월 18일; 〈제3의 체육데이 천지에 충만할 체육 기분〉, 《매일신보》 1926년 9월 28일.

137 趙相宇, 《忘却された日韓関係: 〈併合〉と〈分断〉の記念日報道》, 創元社, 2022, 110~116쪽.

138 서울특별시 시사편찬위원회, 《국역 경성부사》 3, 서울특별시 시사편찬위원회, 2014, 289쪽.

139 〈제5회 경성체육데-, 만여 아동 연합체조〉, 《매일신보》 1928년 10월 2일.

140 〈事變色も濃厚に京城の體育デー〉, 《조선신문》 1938년 9월 7일.

141 〈府民の體位向上陣, '京城府體育日' 迫る〉, 《경성일보》 1938년 9월 29일.

142 〈경기참가자 천수백, 운동장엔 인산인해〉, 《매일신보》 1938년 10월 2일.

143 趙相宇, 《忘却された日韓関係: 〈併合〉と〈分断〉の記念日報道》, 創元社, 2022, 122쪽.

144 〈체육일에 제하여〉(사설), 《매일신보》 1941년 10월 1일.

145 〈학원의 명절 '체육일'〉, 《매일신보》 1941년 9월 30일.

146 〈전부민 등행연성회〉, 《매일신보》 1942년 9월 17일.

147 趙相宇, 《忘却された日韓関係: 〈併合〉と〈分断〉の記念日報道》, 創元社, 2022, 124쪽.

148 손환, 〈일제하 조선체육협회의 활동에 관한 연구〉, 《한국체육학회지》 42-6, 2003, 19쪽.

149 박해남, 〈제국과 식민지 간 재현 경쟁의 장, 스포츠: 조선신궁체육대회와 메이지신궁체육대회를 중심으로〉, 《한림일본학》 26, 2015, 119~120쪽.

150 정근식, 〈식민지지배, 신체규율, '건강'〉, 미즈노 나오키 외 지음, 정선태 옮김, 《생활 속의 식민주의》, 산처럼, 2007, 97~98쪽.

151 박해남, 〈제국과 식민지 간 재현 경쟁의 장, 스포츠: 조선신궁체육대회와 메이지신궁체육대회를 중심으로〉, 《한림일본학》 26, 2015, 129쪽.

152 〈半島 最高の體育祭典, '體力奉公'への鍛鍊けふ開幕〉, 《경성일보》 1941년 10월 21일.

153 최규진, 《이 약 한번 잡숴 봐!: 식민지 약 광고와 신체정치》, 서해문집, 2021, 351~359쪽.

154 송찬섭·최규진, 《근현대 속의 한국》, 한국방송통신대학교출판문화원, 2012, 311쪽.

155 金誠, 《近代日本·朝鮮とスポーツ: 支配と抵抗, そして協力へ》, 塙書房, 2017, 51쪽.

156 厚生省, 《第10回明治神宮国民体育大会報告書》, 1940, 6쪽.

157 임동현, 《일제시기 조선인 체육단체의 스포츠 문화운동》, 고려대학교 박사학위논문, 2022, 105~106쪽.

158 權学俊, 〈戰時下日本における國家主義的な身体管理と'国民'形成に關する一考察〉, 《일본어문학》 43, 2008, 590쪽.

159 權学俊, 〈帝国日本の国家戦略に関する一考察: 1920年代における身体をめぐる政治と民衆〉, 《일본연구》 56, 2022, 201쪽.

160 함예재, 〈전시하 후생성의 국민체력동원과 메이지신궁대회〉, 《일본역사연구》 37, 2013, 71~72쪽.

161 高嶋航, 《帝国日本とスポーツ》, 塙書房, 2012, 173쪽.

162 高嶋航, 《帝国日本とスポーツ》, 塙書房, 2012, 130쪽.

163 함예재, 〈전시하 후생성의 국민체력동원과 메이지신궁대회〉, 《일본역사연구》 37, 2013, 85~87쪽.

164 高嶋航, 《帝国日本とスポーツ》, 塙書房, 2012, 137쪽.

165 高嶋航, 《帝国日本とスポーツ》, 塙書房, 2012, 157쪽.

166 〈眞摯敢鬪'の標語 '體力奉公'に改む〉, 《조선신문》 1941년 10월 15일.

167 송찬섭·최규진, 《근현대 속의 한국》, 한국방송통신대학교출판문화원, 2012, 304~307쪽.

168 서은주, 〈'한국적 근대'의 풍속: 최인훈의 《크리스마스 캐럴》 연작 연구〉, 《상허학보》 19, 2007, 447쪽.

169 강준만, 〈한국 크리스마스의 역사: '통금 해제의 감격'에서 '한국형 다원주의'로〉, 《인물과 사상》 105, 2007, 163쪽.

170 조익상, 〈크리스마스 담론과 표상 연구: 근대 문자매체를 중심으로〉, 연세대학교 석사학위논문, 2012, 1쪽.

171 조익상, 〈크리스마스 담론과 표상 연구: 근대 문자매체를 중심으로〉, 연세대학교 석사학위논문, 2012, 8쪽.

172 방원일, 〈한국 크리스마스 전사前史, 1884~1945: 이원적 크리스마스 문화의 형성〉, 《종교문화연구》 11, 2008, 89쪽.

173 〈세말 경성판〉(3), 《매일신보》 1936년 12월 25일.

174 〈크리스마스를 장식하는 성탄목의 유래는?〉, 《동아일보》 1934년 12월 26일.

175 〈京城のカフェーではクリスマス前賣券〉, 《부산일보》 1934년 12월 14일; 〈크리스마스 티켓' 금지〉, 《조선일보》 1936년 12월 4일; 〈크리스마스 행사 식권 전매 금지〉, 《동아일보》 1938년 12월 17일.

176 〈성탄 만찬회 금년은 중지〉, 《매일신보》 1937년 12월 22일.

177 〈쌘터클러스는 안 온다〉, 《동아일보》 1938년 12월 19일.

178 〈쌘터클러스는 안 온다〉, 《동아일보》 1938년 12월 19일.

179 정진헌, 〈일제 강점기 한국 그림동요 연구: 전봉제를 중심으로〉, 《한국아동문학연구》 25, 2013, 151쪽.

180 〈신판 성탄제〉, 《매일신보》 1940년 12월 25일.

181 신동규, 〈일제침략기 선교사 셔우드 홀과 크리스마스 씰을 통해 본 한일관계에 대한 고찰〉, 《한일관계사연구》 46, 2013, 194~195쪽.

182 최은경, 《일제강점기 조선 사회 결핵 유행과 대응에 관한 연구》, 서울대학교 박사학위논문, 2011, 147쪽.

183 이충렬, 《그림으로 읽는 한국 근대의 풍경》, 김영사, 2011, 183쪽.

184 신동규, 〈일제침략기 선교사 셔우드 홀과 크리스마스 씰을 통해 본 한일관계에 대한 고찰〉, 《한일관계사연구》 46, 2013, 191쪽.

185 신동규, 〈일제침략기 결핵전문 요양병원 해주구세요양원의 설립과 운영 실태에 대한 고찰〉, 《한일관계사연구》 52, 2015, 374쪽.

186 신동규, 〈일제침략기 선교사 셔우드 홀과 크리스마스 씰을 통해 본 한일관계에 대한 고찰〉, 《한일관계사연구》 46, 2013, 196~197쪽.

187 〈결핵박멸의 봉화〉, 《조선일보》 1936년 11월 13일.

188 김지원, 〈엘리자베스 키스의 작품에 재현된 일제강점기 조선 여성 이미지의 특성 연구〉, 《인문과학연구논총》 40-1, 2019, 72쪽.

189 심영옥, 〈엘리자베스 키스의 시각으로 본 한국인의 모습과 풍속의 특징 분석〉, 《동양예술》 21, 2013, 54쪽.

190 신동규, 〈일제침략기 해주구세요양원의 결핵예방과 퇴치를 위한 홍보인쇄자료의 분류와 성격 검토〉, 《한일관계사연구》 54, 2016, 346~347쪽.

191 신동규, 〈일제침략기 해주구세요양원의 결핵관련 홍보자료 판매와 수익금 활용에 대한 고찰〉, 《일본문화연구》 59, 2016, 168~169쪽.

192 이충렬, 《그림으로 읽는 한국 근대의 풍경》, 김영사, 2011, 189쪽.

193 이창성, 〈한국의 크리스마스실 야화〉(6), 《보건세계》 37-11, 1990, 60쪽.

194 신동규, 《일제강점기 해주구세요양원의 결핵퇴치운동연구》, 동아대학교 역사인문이미지연구소, 2020, 158쪽.

195 신동규, 《일제강점기 해주구세요양원의 결핵퇴치운동연구》, 동아대학교 역사인문이미지연구소, 2020, 154쪽.

196 이충렬, 《그림으로 읽는 한국 근대의 풍경》, 김영사, 2011, 194쪽.

197 송찬섭·최규진, 《근현대 속의 한국》, 한국방송통신대학교출판문화원, 2018, 70~71쪽.

198 샌더 L.길먼·지우 쉰 외 지음, 이수영 옮김, 《흡연의 문화사》, 이마고, 2006, 525쪽.

199 이종임, 〈일제강점기 담배포장디자인의 메타포적 표현 연구: 한국과 일본의 담배포장 디자인을 중심으로—〉, 《기초조형학연구》 23-6, 2022, 358쪽.

200 이영학, 〈담배의 사회사: 조선후기에서 일제시기까지〉, 《역사비평》 12, 1991, 129~130쪽.

201 이언 게이틀리 지음, 정성묵·이종찬 옮김, 《담배와 문명》, 몸과마음, 2003, 305쪽.

202 〈満洲部隊に‘ひかり’煙草〉, 《경성일보》 1932년 1월 14일.

203 〈満洲派遣軍用煙草特製品‘ひかり’を納入〉, 《조선신문》 1932년 1월 14일.

204 이언 게이틀리 지음, 정성묵·이종찬 옮김, 《담배와 문명》, 몸과마음, 2003, 276~277쪽.

205 〈연초 포스터 전람회 개최〉, 《동아일보》 1937년 12월 4일.

206 다카시 후지타니 지음, 한석정 옮김, 《화려한 군주: 근대일본의 권력과 국가의례》, 이산, 2003, 81쪽.

207 〈口付は‘菊花’, 兩切は‘コロネーション’, 朝鮮專賣局でも記念煙草賣出し〉, 《경성일보》 1928년 6월 19일.

208 〈御大典煙草は卽日賣切れ?〉, 《조선신문》 1928년 10월 30일.

209 〈어대전기념 연초성적 불량〉, 《동아일보》 1928년 11월 28일.

210 〈신 궐련 ‘은하’〉, 《동아일보》 1932년 11월 15일.

211 〈신엽권련 판매〉, 《조선중앙일보》 1933년 7월 11일.

212 〈新らしい葉卷煙草〉, 《경성일보》 1933년 6월 27일.

213 〈煙草のポスタ―〉, 《조선신문》 1936년 8월 21일.

214 박태원, 〈기호품 일람표〉, 《동아일보》 1930년 3월 18일.

215 〈‘2전’ 상관에 구정을 끊고 ‘피죤’으로부터 봉지 담배로〉, 《조선일보》 1936년 11월 14일.

216 〈담배와 영어 절연, 피죤과 마코 改名〉, 《조선일보》 1939년 7월 29일.

217 〈붓방아〉, 《매일신보》 1939년 7월 25일.

218 〈변성명하는 피죤과 마코〉, 《조선일보》 1938년 11월 25일.

219 〈담배와 영어 절연, 피죤과 마코 改名〉, 《조선일보》 1939년 7월 29일.

220 〈담배 값이 또 올랐다〉, 《매일신보》 1939년 11월 16일.

221 〈平壤の煙草展〉, 《경성일보》 1934년 5월 28일.

222 〈煙草展は好人氣〉, 《부산일보》 1935년 10월 13일.

223 〈점포장 경기와 입상자 투표〉, 《동아일보》 1936년 4월 22일.

224 彬本竜, 〈‘大衆娛樂’として競馬〉, 奧須磨子·羽田博昭 編著, 《都市と娛樂: 開港期~1930年代(首都圈史叢書)》, 日本經濟評論社, 2004, 138쪽.

225 木村茂光 外 編,《日本生活史辞典》, 吉川弘文館, 2016, 208쪽.

226 야나기타 구니오 지음, 김정례·김용의 옮김,《일본 명치·대정시대의 생활문화사》, 소명출판, 2006, 406쪽.

227 彬本竜,〈'大衆娛樂'として競馬〉, 奧須磨子·羽田博昭 編著,《都市と娛樂: 開港期~1930年代(首都圈史叢書)》, 日本經濟評論社, 2004, 138쪽.

228 한국마사회,《한국경마60년사》, 마사회, 1984, 55쪽.

229 〈경마실시 기념 임시 대경마〉,《매일신보》1937년 5월 21일.

230 〈朝博記念の大競馬開催, 六俱樂部共同で〉,《조선신문》1929년 8월 21일.

231 한국마사회,《한국경마60년사》, 마사회, 1984, 70쪽.

232 〈축년 성행의 경마열.취체령 제정 발표〉,《조선일보》1929년 4월 4일.

233 〈競馬は馬匹の改良に資す〉,《조선시보》1926년 4월 11일.

234 한국마사회,《한국경마60년사》, 마사회, 1984, 62쪽.

235 〈잡신〉,《동아일보》1928년 9월 5일.

236 〈개성 경마대회〉,《조선일보》1930년 10월 12일.

237 〈개성 경마대회 대성황리에 개막〉,《매일신보》1930년 10월 15일.

238 〈いよいよせまる開城の記念大競馬, 新府を擧げて大人氣〉,《조선신문》1930년 10월 7일.

239 〈못된 유행, 공연한 도박장인 경마장의 투표열〉,《조선일보》1929년 4월 9일.

240 이금도·서치상·강윤식,〈일제강점기 부산 서면 경마장의 조성과정을 통해 본 (구)하야리아부대 이전부지의 도시사적 의미〉,《대한건축학회논문집: 계획계》28-6, 2012, 135쪽.

241 이금도·서치상·강윤식,〈일제강점기 부산 서면 경마장의 조성과정을 통해 본 (구)하야리아부대 이전부지의 도시사적 의미〉,《대한건축학회논문집: 계획계》28-6, 2012, 136쪽.

242 〈興味津津たるふけの勝馬豫想〉,《부산일보》1932년 11월 21일.

243 景山宜景,〈競馬は何の,目的で行ふか〉,《조선경마》창간호, 조선경마사, 1936년, 5쪽.

244 〈마권투표로 피해가 막대〉,《동아일보》1932년 4월 13일.

245 〈잡신〉,《동아일보》1928년 9월 5일.

246 〈마권투표로 피해가 막대〉,《동아일보》1932년 4월 13일.

247 김동인,〈경마 이야기〉,《별건곤》25, 1930, 125쪽.

248 〈競馬學第一課①, 競馬は賭博ではない〉,《조선신문》1936년 3월 19일.

249 〈라디오방송 들으며 실내서 경마 도박〉,《조선일보》1934년 4월 10일.

250 조선총독부 엮음, 박찬승·김민석·최은진·양지혜 역주,《국역 조선총독부 30년사 하: 시정 30년사》, 민속원, 2018, 1,096쪽.

251 〈경마계에도 신체제운동〉,《매일신보》1940년 9월 8일.

252 〈記念競馬會四月三日初日〉,《조선신문》1940년 3월 13일.

253 〈경마도 신체제〉,《매일신보》1942년 2월 18일.

254 한국마사회,《한국경마60년사》, 마사회, 1984, 126~127쪽.

255 〈조선에서는 경마 속행〉,《매일신보》, 1944년 2월 5일.

256 송찬섭·최규진, 《근현대 속의 한국》, 한국방송통신대학교출판문화원, 2018, 364쪽.

257 〈춘계경마〉(광고), 《방송지우》 2권 4호, 1944년 4월, 도판.

258 〈경성 추계경마〉, 《매일신보》 1944년 8월 21일.

259 유모토 고이치 지음, 연구공간 수유+너머 동아시아 근대 세미나팀 옮김, 《일본 근대의 풍경》, 그린비, 2004, 279쪽.

260 김윤정, 〈일제강점기 해수욕장 문화의 시작과 해변 풍경의 변천〉, 《역사연구》 29, 2015, 12~13쪽.

261 전혜진, 《《별건관》에서 드러난 도시 부르주아 문화와 휴양지 표장》, 《한국언어문화》 41, 2010, 22~25쪽; 한민주, 《불량소녀들》, 휴머니스트, 2017, 356쪽.

262 다케쿠니 토모야스 지음, 소재두 옮김, 《한국 온천 이야기》, 논형, 2006, 145쪽.

263 이선희, 〈송도원 광무곡〉, 《신여성》 1933년 8월, 70쪽.

264 임성숙, 〈근대 인쇄매체에 나타난 여름 여가 연구: 여가에 대한 이중적 인식을 중심으로〉, 《동남어문논집》 39, 2015, 19쪽.

265 김주리, 〈식민지 시대 소설 속 해수욕장의 공간 표상〉, 《인문연구》 58, 2010, 173쪽.

266 운곡, 〈납량풍물첩〉(1), 《동아일보》 1936년 7월 2일.

267 김기림, 〈바다의 유혹〉(상), 《동아일보》 1931년 8월 27일.

268 최영수, 〈피서지통신〉(11), 《동아일보》 1937년 8월 10일.

269 〈경성 각상점 진열창 품평회〉, 《별건관》 4호, 1927년 2월, 133쪽.

270 최영수, 〈피서지통신〉(11), 《동아일보》 1937년 8월 10일.

271 다케쿠니 토모야스 지음, 소재두 옮김, 《한국 온천 이야기》, 논형, 2006, 143쪽.

272 최영수, 〈피서지 3경〉, 《동아일보》 1933년 8월 13일.

273 이선희, 〈송도원 광무곡〉, 《신여성》 1933년 8월, 70쪽.

274 〈松島海水浴場ポスター〉, 《부산일보》 1939년 6월 18일.

275 최규진, 〈전시체제기 '멸사봉공'의 신체, 일본정신과 무도〉, 《역사연구》 44, 2022, 183쪽.

276 김윤정, 〈일제강점기 해수욕장 문화의 시작과 해변 풍경의 변천〉, 《역사연구》 29, 2015, 29~30쪽.

277 최규진, 《일제의 식민교육과 학생의 나날들》, 서해문집, 2018, 227쪽.

278 〈해양정신의 앙양〉, 《매일신보》 1944년 7월 21일.

279 조선총독부, 《조선총독부시정연보》, 1914, 1쪽; 신주백, 〈박람회: 과시·선전·계몽·소비의 체험공간〉, 《역사비평》 67, 2004, 375쪽.

280 조선총독부 엮음, 박찬승·김민석·최은진·양지혜 역주, 《국역 조선총독부 30년사 상: 시정 25년사 1》, 민속원, 2018, 122쪽.

281 최병택, 《욕망의 전시장: 식민지 조선의 공진회와 박람회》, 서해문집, 2020, 57쪽.

282 김태웅, 〈1915년 경성부 물산공진회와 일제의 정치선전〉, 《서울학연구》 18, 2002, 140~141쪽.

283 권태억, 《일제의 한국 식민지화와 문명화》, 서울대학교출판문화원, 2014, 106쪽

284 배성준, 《한국 근대 공업사 1876~1945》, 푸른역사, 2022, 178쪽.

285 〈초일의 대성황, 대공진회의 개장〉, 《매일신보》 1915년 9월 12일.

286 최석영, 《한국 근대의 박람회·박물관》, 서경문화사, 2001, 47쪽.

287 김대호, 〈일제강점 이후 경복궁의 훼철과 '활용'(1910~현재)〉, 《서울학연구》 29, 2007, 99~100쪽.

288 토드 A.헨리 지음, 김백영·정준영·이향아·이연경 옮김, 《서울, 권력도시》, 산처럼, 2020, 186쪽.

289 김경리, 〈그림엽서 봉투도안으로 보는 관광의 상품성과 경성: 1920~1930년대 경성관광 그림엽서를 중심으로〉, 《일본학보》 110, 2017, 301쪽.

290 서유리, 《시대의 얼굴: 잡지 표지로 보는 근대》, 소명출판, 2016, 336쪽.

291 권혁희, 《조선에서 온 사진엽서》, 민음사, 2005, 231~232쪽.

292 권행가, 〈일제시대 우편엽서에 나타난 기생 이미지〉, 《미술사논단》 12, 2001, 93쪽.

293 주연정, 〈조선물산공진회와 식민주의 시선〉, 《문화과학》 33, 2003, 149쪽.

294 〈공진회 광고지〉, 《매일신보》 1915년 4월 20일.

295 〈공진회의 광고 그림〉, 《매일신보》 1915년 4월 22일.

296 전민정, 〈일제시기 조선박람회(1929년 연구: 조선인의 근대적 시각 체험을 중심으로)〉, 성균관대학교 석사학위논문, 2004, 106~107쪽.

297 홍선표, 〈경성의 시각문화 공람제도 및 유통과 관중의 탄생〉, 한국미술연구소 한국근대시각문화연구팀, 《모던 경성의 시각문화와 관중》, 한국미술연구소, 2018, 32~33쪽; 토드 A.헨리 지음, 김백영·정준영·이향아·이연경 옮김, 《서울, 권력도시》, 산처럼, 2020, 193쪽.

298 이각규, 《한국의 근대박람회》, 커뮤니케이션북스, 2010, 139쪽.

299 김경리, 〈그림엽서 봉투도안으로 보는 관광의 상품성과 경성: 1920~1930년대 경성관광 그림엽서를 중심으로〉, 《일본학보》 110, 2017, 297쪽.

300 서유리, 《《매신 사진순보》, 조선에 전쟁을 홍보하다: 전시체제하 사진화보잡지의 표지 이미지 연구〉, 《근대서지》 10, 2014, 383쪽.

301 〈공진회 기념 연초 광고〉, 《매일신보》 1915년 9월 9일.

302 김지혜, 〈경성고백, 광고 속의 경성〉, 《미술사논단》 44, 2017, 212쪽.

303 송혜경, 〈재조일본인의 가정담론 형성과 식민지주의: 조선에서 개최된 가정박람회(1915)를 중심으로〉, 《아시아문화연구》 46, 2018, 98쪽.

304 요시미 순야 지음, 이태문 옮김, 《박람회》, 논형, 2004, 178쪽; 이성례, 〈한국 근대기 전시주택의 출품 배경과 표상〉, 《미술사논단》 43, 2016, 116쪽.

305 이성례, 《한국 근대 시각문화의 '현모양처' 이미지》, 이화여자대학교 박사학위논문, 2016, 47쪽.

306 백지혜, 《스위트 홈의 기원》, 살림, 2005, 21쪽.

307 김명선, 〈1915년 경성 가정박람회 전시주택의 표상〉, 《대한건축학회논문집: 계획계》 28-3, 2012, 162~163쪽.

308 〈立派な家庭學校です〉, 《경성일보》 1915년 9월 14일; 山路勝彦, 《近代日本の植民地博覧会》, 風響社, 2008, 121쪽.

309 〈仁川の水族館〉, 《부산일보》 1915년 8월 28일.

310 〈仁川の水族館如何〉, 《부산일보》 1914년 12월 4일.

311 〈공진회와 수족관〉, 《매일신보》 1915년 1월 16일.

312 《대성한 조선물산공진회(12), 인천협찬회의 사업》, 《신문계》 3권 9호, 1915년 9월, 57쪽.

313 海東樵人, 〈수족관 관람기〉, 《신문계》 3권 10호, 1915년 10월, 74~75쪽.

314 서울시립대학교 박물관, 《엽서로 보는 근대 이야기》, 2003, 99쪽.

315 〈인천수족관〉, 《매일신보》 1915년 7월 3일.

316 한규무, 〈근대 인천의 '군함관람'과 그 성격〉, 《인천학연구》 1-15, 2011, 155~157쪽.

317 權錫永, 《からまりあい重なりあう歴史: 植民地朝鮮の文化の力学》, 北海道大学出版会, 2021, 228쪽.

318 정소영, 〈1923년 조선부업품공진회의 개최와 영향〉, 《숭실사학》 38, 2017, 142~143쪽.

319 〈부업품공진회의 필요한 소이〉(사설), 《매일신보》 1923년 9월 28일.

320 신주백, 〈박람회: 과시·선전·계몽·소비의 체험공간〉, 《역사비평》 67, 2004, 376~377쪽; 박천홍, 《매혹의
질주, 근대의 횡단》, 산처럼, 2003, 272쪽.

321 陳道溶, 〈조선부업품공진회를 시찰하고〉, 《조선》(조선문) 77호, 1924년 2월, 65~66쪽.

322 김대호, 〈일제강점 이후 경복궁의 훼철과 '활용'(1910~현재)〉, 《서울학연구》 29, 2007, 103~104쪽.

323 김기진, 〈마음의 폐허, 겨울에 서서〉, 《개벽》 42, 1923년 12월, 121쪽.

324 조선부업품공진회 엮음, 《조선지부업》, 1923, 2쪽.

325 〈부업과 조선〉(사설), 《매일신보》 1923년 10월 2일.

326 김기진, 〈마음의 폐허, 겨울에 서서〉, 《개벽》 42호, 1923년 12월, 122~123쪽.

327 〈부업공진회의 계획, 농촌진흥의 근본책은 여하〉, 《동아일보》 1923년 6월 22일.

328 유광열, 〈나 역 구경의 영광을 입던 이야기〉, 《개벽》 41호, 1923년 11월, 68~71쪽.

329 〈부업공진회 소감〉, 《동아일보》 1923년 10월 18일.

330 최병택, 《욕망의 전시장: 식민지 조선의 공진회와 박람회》, 서해문집, 2020, 160쪽.

331 權錫永, 《からまりあい重なりあう歴史: 植民地朝鮮の文化の力学》, 北海道大学出版会, 2021, 250쪽;
〈眞劍な觀覽人〉, 《경성일보》 1923년 10월 9일; 〈정말 착실한 관람객은 입장자의 오십분일〉, 《동아일보》 1923년
10월 15일.

332 〈통계전람회 개최, 통계의 양면〉(사설), 《동아일보》 1923년 10월 15일.

333 〈통계 전람회 출품물 개황〉, 《매일신보》 1923년 9월 16일.

334 〈통계전람회의 개최, 통계와 사회생활〉(사설), 《동아일보》 1923년 8월 25일

335 〈통계전람회의 개최, 통계의 양면〉(사설), 《동아일보》 1923년 10월 15일.

336 〈대구에서 개최한 부업전람회 회장〉, 《매일신보》 1933년 3월 21일.

337 〈농어촌진흥부업품전람회〉, 《매일신보》 1933년 2월 3일.

338 〈副業品展覽會, 農山漁村の 振興に 慶北で開催の 計劃〉, 《경성일보》 1933년 2월 3일.

339 이노우에 가즈에, 〈1920~1930년대 식민지 조선의 생활개선운동〉, 나카무라 사토루·박섭 엮고지음, 《근대
동아시아 경제의 역사적 구조》, 일조각, 2007, 330쪽.

340 최희정, 〈1930년대 '자력갱생'론의 연원과 식민지 지배 이데올로기화〉, 《한국근현대사연구》 63, 2012,
148~149쪽.

341 〈국민정신작흥운동 11월 10일 일제 개시〉, 《매일신보》 1932년 10월 27일.

342 〈각성하라 농촌아!〉, 《매일신보》 1932년 11월 10일.

343 이영학, 《일제의 농업생산정책》, 동북아역사재단, 2022, 216쪽.

344 황해도 농정과, 《전시농민독본》, 1943, 33쪽.

345 황해도 농정과, 《전시농민독본》, 1943, 34쪽.

346 김영희, 〈농촌진흥운동을 통한 일제의 농촌통제와 농민의 반응〉, 《한국민족운동사연구》 30, 2002, 306쪽.

347 임혜영, 〈일제강점기 가마니의 보급과 통제〉, 《전북사학》 53, 2018, 219~220쪽.

348 김도형, 〈일제의 농업 수탈과 가마니〉, 인병선·김도형 엮음, 《가마니로 본 일제강점기 농민 수탈사》, 창비, 2016, 15~19쪽.

349 김도형, 〈일제의 농업 수탈과 가마니〉, 인병선·김도형 엮음, 《가마니로 본 일제강점기 농민 수탈사》, 창비, 2016, 27쪽.

350 〈부인전사들의 입직경기〉, 《매일신보》 1941년 9월 16일.

351 이송순, 〈일제하 1930·40년대 농가경제의 추이와 농민생활〉, 《역사문제연구》 8, 2002, 112쪽.

352 이경란, 〈1910년대 부업생산물의 상품화와 농가경제〉, 《역사문제연구》 2, 1997, 204~206쪽.

353 정일묵, 〈농민은 구제를 요구하는가? 농촌구제문제〉, 《별건곤》 55호, 1932년 9월, 11쪽.

354 최병택, 《욕망의 전시장: 식민지 조선의 공진회와 박람회》, 서해문집, 2020, 56쪽.

355 정윤희, 〈1910년대 지방 물산공진회 연구〉, 한양대학교 석사학위논문, 2016, 47쪽.

356 〈경북공진회에 대하여〉, 《매일신보》 1913년 11월 9일.

357 〈경북공진회 요항〉, 《매일신보》 1918년 3월 14일.

358 〈경북공진회 광고지〉, 《매일신보》 1918년 9월 26일.

359 최금미, 〈일제강점기 지방 물산공진회 건축에 관한 연구: 1910~1920년대를 중심으로〉, 한양대학교 석사학위논문, 2017, 35쪽.

360 최금미, 〈일제강점기 지방 물산공진회 건축에 관한 연구: 1910~1920년대를 중심으로〉, 한양대학교 석사학위논문, 2017, 37쪽.

361 〈비행기에서 폭탄, 대구공진회의 한 장관〉, 《매일신보》 1918년 10월 29일.

362 〈경북공진회 최종일의 장관〉, 《매일신보》 1918년 11월 21일.

363 〈권두언〉, 《조선》(조선문) 74호, 1923년 11월, 1쪽.

364 〈전국특산품진열대회〉, 《매일신보》 1923년 10월 14일.

365 〈작 10일에 개막된 부산의 수산공진회〉, 《동아일보》 1923년 10월 11일.

366 〈작 10일 개막된 부산의 수산공진회〉, 《동아일보》 1923년 10월 11일.

367 김동철, 〈1923년 부산에서 열린 조선수산공진회와 수산업계의 동향〉, 《지역과 역사》 21, 2007, 268~273쪽.

368 〈강원 수산품평회〉, 《매일신보》 1913년 8월 24일.

369 〈원산 수산품평회〉, 《매일신보》 1922년 7월 11일.

370 〈원산 근해에도 해일, 송도원 전멸상태〉, 《조선일보》 1933년 8월 4일.

371 〈원산수산공진회 복구 즉시 개관〉, 《매일신보》 1933년 8월 9일.

372 〈경남 물산공진회 상황〉, 《조선》(조선문115호, 1927년 5월, 71쪽.

373 경상남도 창원군 외 2부 18군연합물산공진회 엮음, 《물산공진회사무보고》, 1928, 118쪽.

374 〈8일에 개막된 진해물산공진회〉, 《조선일보》1927년 4월 9일.

375 손정목, 《한국개항기 도시사회경제사연구》, 일지사, 1992, 339쪽.

376 조선흥업주식회사 엮음, 《조선흥업주식회사삼십주년기념지》, 1936, 176쪽.

377 〈名勝史蹟等に因める圖案を挿入したる通信日附印の意匠説明(續)〉, 朝鮮遞信協會, 《朝鮮遞信協會雜誌》, 1932년 10월호, 67쪽.

378 허정도, 〈일제에 의한 진해신도시계획의 식민성 고찰〉, 《인문논총》28, 2011, 195~200쪽.

379 손정목, 《한국개항기 도시사회경제사연구》, 일지사, 1992, 357~358쪽.

380 경상남도 창원군 외 2부 18군연합물산공진회 엮음, 《물산공진회사무보고》, 1928, 121쪽; 〈경남물산공진회〉, 《동아일보》1927년 3월 16일.

381 이영학, 《일제의 농업생산정책》, 동북아역사재단, 2022, 209쪽.

382 최성환, 〈육지면 보급 후 일제강점기 목포항의 기능과 영향〉, 《한국민족문화》74, 2020, 284~294쪽.

383 〈晝夜兼行で準備を急ぐ〉, 《경성일보》1926년 11월 2일.

384 최성환, 〈육지면 보급 후 일제강점기 목포항의 기능과 영향〉, 《한국민족문화》74, 2020, 306쪽.

385 〈全南の木浦で教育品展覽會〉, 《조선신문》1926년 11월 6일.

386 〈중요물산 연합공진회〉, 《동아일보》1925년 6월 6일.

387 〈울산 물산전람회〉, 《동아일보》1926년 9월 23일.

388 〈林産共進會のポスター〉, 《경성일보》1926년 8월 5일.

389 〈경남북연합임업공진회〉, 《부산일보》1932년 4월 13일.

390 〈林共を機會に各種の大會〉, 《조선신문》1932년 10월 10일.

391 〈慶尙北道, 林業共進會を機會に滿蒙軍事展覽會〉, 《조선신문》1932년 9월 15일.

392 이송순, 〈1920~30년대 전반기 식민지 조선의 농가경제 분석〉, 《사학연구》119, 2015, 300쪽.

393 〈군축산조합주최로 축산품평회 개최〉, 《매일신보》1932년 11월 7일.

394 차철욱, 〈일제강점기 조선소의 일본수출과 관리시스템〉, 《역사와 경계》88, 2013, 257쪽.

395 심유정・최정업, 〈근대 수의전문기관의 설립과정과 역사적 의미: 수출우검역소와 우역혈청제조소를 중심으로〉, 《농업사연구》10-1, 2011, 75쪽.

396 장윤걸, 〈제국 일본의 한반도 축산 통제: '이중검역체제'의 성립 과정과 그 의미〉, 《한일관계사연구》69, 2020, 89쪽.

397 차철욱, 〈일제강점기 조선소의 일본수출과 관리시스템〉, 《역사와 경계》88, 2013, 229쪽.

398 조선총독부 엮음, 《조선박람회사진첩》, 1930, 1쪽.

399 요시미 순야 지음, 이태문 옮김, 《박람회》, 논형, 2004, 42쪽.

400 〈朝博 ポスター〉, 《조선신문》1928년 12월 14일.

401 서유리, 〈《매신 사진순보》, 조선에 전쟁을 홍보하다〉, 《근대서지》10, 2014, 387쪽.

402 〈朝博 ポスター〉, 《조선신문》1928년 12월 14일.

403 〈朝博 ポスター〉,《조선신문》1928년 12월 14일.

404 〈계림과 신유〉,《조선일보》1921년 1월 1일.

405 山路勝彦,《近代日本の植民地博覧会》, 風響社, 2008, 8쪽.

406 안현정, 〈시선의 근대적 재편, 일제치하의 전시공간: 박람회와 박물관을 중심으로〉,《한국문화연구》19, 2010, 221쪽.

407 〈조선박람회와 경계〉(사설),《동아일보》1929년 8월 21일.

408 권혁희, 〈일제시기 '조선풍속인형'과 조선인의 시각적 재현〉,《민속학연구》21, 2007, 15~16쪽.

409 〈電車の中に朝博の宣傳〉,《경성일보》1929년 5월 17일.

410 〈省線に朝博の宣傳〉,《경성일보》1929년 8월 1일.

411 이각규,《한국의 근대박람회》, 커뮤니케이션북스, 2010, 339쪽; 최인영, 〈1929년 조선박람회에 활용된 경성의 교통망〉,《서울학연구》72, 2018, 42쪽.

412 〈경찰의 경동 비난성점고〉,《조선일보》1929년 9월 15일.

413 조선총독부 엮음, 박찬승·김민석·최은진·양지혜 역주,《국역 조선총독부 30년사 중: 시정 25년사 2》, 민속원, 2018, 703쪽.

414 〈시정 25주년기념 취의〉,《매일신보》1935년 1월 26일.

415 손정목,《일제강점기 도시사회상연구》, 일지사, 1996, 203쪽; 박천홍,《매혹의 질주, 근대의 횡단》, 산처럼, 2003, 279~280쪽.

416 토드 A.헨리 지음, 강동인 옮김 〈제국을 기념하고, 전쟁을 독려하기: 식민지 말기(1940년) 조선에서의 박람회〉,《아세아연구》51-4, 2008, 83쪽.

417 요시미 순야 지음, 이태문 옮김,《박람회》, 논형, 2004, 45쪽.

418 高橋猛 編,《朝鮮大博覽會の槪觀》, 경성일보사, 1940, 97~102쪽.

419 〈조선대박람회 성공리 폐막〉(사설),《매일신보》1941년 10월 24일.

420 토드 A.헨리 지음, 강동인 옮김 〈제국을 기념하고, 전쟁을 독려하기: 식민지 말기(1940년) 조선에서의 박람회〉,《아세아연구》51-4, 2008, 85~96쪽.

421 하야카와 타다노리 지음, 송태욱 옮김,《신국 일본의 어처구니없는 결전생활》, 서커스출판상회, 2019, 151쪽.

422 토드 A.헨리 지음, 강동인 옮김 〈제국을 기념하고, 전쟁을 독려하기: 식민지 말기(1940년) 조선에서의 박람회〉,《아세아연구》51-4, 2008, 92쪽.

423 渡邊克己,《小國民のための兵隊さんものがたり》, 國民總力朝鮮聯盟, 1944, 24~25쪽; 서울시립대학교 박물관,《캠페인을 보면 사회가 보인다》, 2002, 14쪽.

424 〈飯米を節約して赤誠の奉公袋〉,《부산일보》1937년 12월 11일.

425 가와무라 구니미쓰 지음, 송완범·신현승·전성곤 옮김,《성전의 아이코노그래피》, 제이앤씨, 2009, 53쪽.

426 〈半島の遲しさ橫溢, 出たポスター第一陣〉,《경성일보》1940년 2월 24일.

427 〈本社主催 朝鮮大博覽會のポスター決る〉,《경성일보》1940년 5월 7일.

428 〈目も覺める朝搏ポスター〉,《경성일보》1940년 6월 28일.

429 토드 A.헨리 지음, 강동인 옮김, 〈제국을 기념하고, 전쟁을 독려하기: 식민지 말기(1940년) 조선에서의 박람회〉,

《아세아연구》 51-4, 2008, 81쪽.

430 이성례, 《한국 근대 시각문화의 '현모양처' 이미지》, 이화여자대학교 박사학위논문, 2016, 132쪽.

431 서유리, 《〈매신 사진순보〉, 조선에 전쟁을 홍보하다》, 《근대서지》 10, 2014, 369쪽.

432 〈조선대박람회 성공리 폐막〉(사설), 《매일신보》 1941년 10월 24일.

433 차철욱, 〈1906년 '일한상품박람회'와 수입무역의 동향〉, 《지역과 역사》 21, 2007, 230쪽.

434 최종호, 〈개화기부터 1910년까지 뮤지엄과 엑스포 정책 연구〉, 《박물관학보》 22, 2012, 23쪽.

435 이각규, 《한국의 근대박람회》, 커뮤니케이션북스, 2010, 91쪽.

436 한규무, 〈1907년 경성박람회의 개최와 성격〉, 《역사학연구》 38, 2010, 302쪽.

437 이각규, 《한국의 근대박람회》, 커뮤니케이션북스, 2010, 100~112쪽.

438 高橋千晶·前川志織 編著, 《博覧会絵はがきとその時代》, 青弓社, 2016, 53쪽.

439 이각규, 《한국의 근대박람회》, 커뮤니케이션북스, 2010, 108쪽.

440 신주백, 〈박람회: 과시·선전·계몽·소비의 체험공간〉, 《역사비평》 67, 2004, 374~375쪽; 한규무, 〈1907년 경성박람회의 개최와 성격〉, 《역사학연구》 38, 2010, 300쪽.

441 신주백, 〈박람회: 과시·선전·계몽·소비의 체험공간〉, 《역사비평》 67, 2004, 364쪽.

442 〈준비중의 조선박〉, 《매일신보》 1926년 3월 19일.

443 裵相哲, 〈조선박람회를 시찰하고서〉, 《조선》(조선문 106호, 1926년 8월, 93쪽.

444 〈인산과 박람회에 경계망이 이미 완비〉, 《시대일보》 1926년 5월 12일.

445 신주백, 〈박람회: 과시·선전·계몽·소비의 체험공간〉, 《역사비평》 67, 2004, 390쪽.

446 〈박람회와 조선인〉, 《조선일보》 1926년 5월 23일.

447 광고, 《경성일보》 1927년 4월 3일; 〈帝都の中央に輝やく朝鮮の姿〉, 《경성일보》 1927년 4월 5일.

448 〈朝鮮博覽會開催の意義〉(사설), 《경성일보》 1927년 4월 5일; 〈조선박람회 개최의 의의〉(논설), 《매일신보》 1927년 4월 6일.

449 〈금수강산의 축도, 반도 정수의 전당〉, 《매일신보》 1927년 7월 1일.

450 〈동도전시에 충일한 대공업 축복의 성〉, 《매일신보》 1927년 6월 30일.

451 〈帝都の中央に大朝鮮の宣傳〉, 《조선신문》 1927년 6월 29일.

452 〈朝鮮博覽會 趣意書〉, 《경성일보》 1927년 5월 20일.

453 〈조선박종막〉(논설), 《매일신보》 1927년 8월 31일.

454 조선총독부 엮음, 박찬승·김민석·최은진·양지혜 역주, 《국역 조선총독부 30년사 중: 시정 25년사 2》, 민속원, 2018, 702~703쪽.

455 한민주, 《권력의 도상학: 식민지 시기 파시즘과 시각 문화》, 소명출판, 2013, 314쪽.

456 〈一目に見られる滿蒙博覽會開催〉, 《부산일보》 1932년 3월 25일.

457 〈貨車五輛に滿載した出陣品〉, 《부산일보》 1932년 4월 13일.

458 양지선, 〈한인의 동부내몽골 이주를 통해 본 일제의 만몽정책(1931~1945)〉, 《몽골학》 39, 2014, 150~151쪽.

459 가토 요코 지음, 김영숙 옮김, 《만주사변에서 중일전쟁으로》, 어문학사, 2012, 44쪽.

460 〈肉彈三勇士の遺品早くも到着す〉, 《부산일보》 1932년 3월 31일.

461 오오누키 에미코 지음, 이향철 옮김, 《사쿠라가 지다, 젊음도 지다: 미의식과 군국주의》, 모멘토, 2004, 211쪽.

462 〈開會近き新興滿蒙博〉(사설), 《경성일보》 1932년 7월 13일.

463 〈신흥만몽박람회의 진의의〉(사설), 《매일신보》 1932년 7월 21일.

464 최재혁, 〈1930·40년대 일본회화와 만주국 표상〉, 《미술사논단》 28, 2009, 111~112쪽.

465 요시미 순야 지음, 이태문 옮김, 《박람회》, 논형, 2004, 245~246쪽.

466 貴志俊彦, 《帝国日本のプロパガンダ: '戦争熱'を煽った宣伝と報道》, 中央公論新社, 2022, 134쪽.

467 〈盛夏八月の釜山, 暑さ知らずの大行事〉, 《부산일보》 1936년 7월 23일.

468 〈興亞日本展望博覽會〉, 《조선신문》 1939년 12월 30일.

469 〈興亞の偉容も堂堂〉, 《조선신문》 1940년 4월 20일.

470 〈紀元2600年記念 興亞日本展望博覽會〉, 《조선신문》 1940년 4월 20일.

471 〈國防思想普及至大なる貢獻せん〉, 《조선신문》 1940년 4월 20일.

472 〈흥아대박람회 大邱日日주최로〉, 《매일신보》 1943년 9월 26일

473 미야타 세쓰코 지음, 이형랑 옮김, 《조선민중과 '황민화' 정책》, 일조각, 1997, 136~138쪽.

474 헌규무·노기욱, 〈1922년 평화기념 동경박람회와 조선인시찰단〉, 《한국민족운동사연구》 65, 2010, 51~52쪽.

475 목수현, 〈1930년대 경성의 전시공간〉, 《한국근현대미술사학》 20, 2009, 97쪽.

476 松村松盛, 〈민중교화의 사회교육의 의의에 就하여〉, 《조선》(조선문) 76호, 1924년 1월, 2쪽.

477 松村松盛, 〈민중교화의 사회교육의 의의에 就하여〉, 《조선》(조선문) 76호, 1924년 1월, 4쪽.

478 松村松盛, 〈사회교육시설, 전람회교육에 就하여〉, 《조선》(조선문) 81호, 1924년 6월, 17~18쪽

479 〈3대 전람회를 개최코 총후 민중을 직접 훈련, 백문이 불여일견, 금일부터 8일까지〉, 《매일신보》 1939년 5월 4일.

480 〈도세전람, 평안도주최〉, 《매일신보》 1921년 8월 28일.

481 〈평남 도세전람회〉, 《매일신보》 1921년 9월 30일.

482 〈전북 도세전람회〉, 《동아일보》 1922년 11월 11일.

483 〈咸北の道勢展覽會〉, 《경성일보》 1928년 8월 21일.

484 송규진, 〈함경선 부설과 길회선 종단항 결정이 지역경제에 끼친 영향: 나진·웅기·청진을 중심으로〉, 《한국사학보》 57, 2014, 8쪽.

485 김훙의, 〈일제하 나남의 군기지 건설과 군사도시화〉, 《한국민족운동사연구》 95, 2018, 182쪽.

486 〈平壤の秋を色どる酒類品評會と全鮮優良品展覽會〉, 《부산일보》 1928년 10월 7일.

487 〈성황을 이룰 전조선주류품평회〉, 《중외일보》 1928년 9월 15일.

488 김혜경, 〈일제강점기 평양 근대공원의 형성과 특성〉, 《국토지리학회지》 56-2, 2022, 98쪽.

489 〈평양 서기산에 개최된 품평회와 대전람회〉, 《매일신보》 1928년 10월 14일.

490 〈전도 특산즉매회〉, 《조선일보》 1934년 10월 23일.

491 〈조선특산품전람회 개최 의의〉(사설), 《조선일보》 1938년 3월 10일.

492 〈조선 최초의 가내공업전람〉, 《동아일보》 1926년 1월 23일.

493 〈多大の期待を有つた家内工業品展覽會〉, 《조선시보》 1933년 8월 27일.

494 〈함남 섬유공업전람회 성황〉, 《조선일보》 1928년 10월 4일.

495 〈工業振興展覽會, 二十日大網決定す〉, 《경성일보》 1933년 9월 23일.

496 〈공업진흥전〉, 《조선일보》 1933년 11월 3일; 〈朝鮮生産工業振興展盛況, 宇垣總督も二日參觀〉, 《조선신문》 1933년 11월 3일.

497 〈第二回朝鮮工業展覽會, 十二日より二十一日まで商工獎勵館にて〉, 《조선시보》 1934년 10월 15일.

498 〈工業展ポスター配布〉, 《조선신문》 1934년 9월 25일.

499 목수현, 〈조선미술전람회와 문명화의 선전〉, 《사회와 역사》 89, 2011, 86~88쪽.

500 김정선, 〈1920년대 부산 화단과 미술의 대중화〉, 《인문연구》 100, 2022, 166쪽.

501 〈待たる本社主催の 菊人形と菊花大會〉, 《부산일보》 1926년 10월 20일.

502 https://ja.wikipedia.org/wiki/菊人形

503 강영조, 〈근대 부산 대정공원에서 개최된 국낙원의 구성과 홍보 전략〉, 《한국전통조경학회지》 32-3, 2014, 204~205쪽.

504 〈粹を蒐めて異彩をはなつ菊樂園菊花大會〉, 《부산일보》 1928년 10월 16일.

505 강영조, 〈근대 부산에서 대정공원의 성립 과정과 공간 구성에 관한 연구〉, 《한국전통조경학회지》 31-2, 2013, 100쪽.

506 손환·하정희, 〈한국 최초의 운동장, 부산 대정공원 운동장의 역사적 의미〉, 《체육사학회지》 26-3, 2021, 2쪽.

507 〈봉축국화대회 11월에 개최〉, 《조선일보》 1940년 5월 14일.

3 황국신민이 되어라

1 우치다 준 지음, 한승동 옮김, 《제국의 브로커들》, 길, 2020, 419쪽.

2 〈만몽권익옹호대회, 27일 오후 1시 조선신궁전에서〉, 《매일신보》 1931년 9월 28일.

3 우치다 준 지음, 한승동 옮김, 《제국의 브로커들》, 길, 2020, 420쪽.

4 〈6주년을 기념하는 만주사변기념일〉, 《매일신보》 1937년 9월 18일.

5 〈日支事變記念ポスター〉, 《경성일보》 1933년 9월 18일; 〈만주사변이주년 기념포스타〉, 《매일신보》 1933년 9월 18일.

6 辻田真佐憲 監修, 《滿帝帝國ビジュアル大全》, 洋泉社, 2017, 63쪽.

7 朝日新聞社 取才班, 《朝日新聞の秘藏写真が語る戰爭》, 朝日新聞出版, 2009, 144쪽.

8 정미희 편저, 《나찌 미술》, 미진사, 1998, 100쪽.

9 〈滿洲事變五周年 記念講演會, 拓務省も參加して移民問題を强調す〉, 《부산일보》 1936년 9월 12일.

10 유필규, 〈1940년대 조선총독부 만주개척민지원자훈련소의 설치와 성격〉, 《한국독립운동사연구》 48, 2014, 190쪽.

11 오카베 마키오 지음, 최혜주 옮김, 《만주국의 탄생과 유산》, 어문학사, 2009, 228~229쪽.

12 加納実紀代, 〈滿洲と女たち〉, 《近代日本と植民地 5》, 岩波書店, 1993, 209쪽.

13 오카베 마키오 지음, 최혜주 옮김, 《만주국의 탄생과 유산》, 어문학사, 2009, 194쪽.

14 〈만주사변 8주년, 반도민중의 정신적 긴장 촉진차 來18일 전선적 기념거행〉, 《매일신보》 1939년 9월 10일.

15   〈대동아건설에 초석이 된 만주사변 십일주년 상기하라 명구월십팔일의 감명〉, 《매일신보》 1942년 9월 18일.

16   〈조선 개척민, 북방거점 만주국에 건설의 전사로 정신〉, 《매일신보》 1942년 5월 18일.

17   조정우, 〈'불령선인'에서 '개척의 전사'로: 중일전쟁 이후 조선인 만주이민정책의 재편〉, 《만주연구》 30, 2020, 157쪽.

18   〈朝鮮移住協會財團法人に改組〉, 《조선신문》 1942년 2월 6일.

19   한민주, 《권력의 도상학: 식민지 시기 파시즘과 시각 문화》, 소명출판, 2013, 313쪽.

20   〈대륙은 개척전사를 부른다〉, 《매일신보》 1942년 1월 18일.

21   吉田裕·森武麿·伊香俊哉·高岡裕之 編, 《アジア·太平洋戦争辞典》, 吉川弘文館, 2015, 639쪽.

22   김윤미, 〈전시체제기 조선인 '만주개척청년의용대'에 관한 연구〉, 《한일민족문제연구》 18, 2010, 158~159쪽.

23   김윤미, 〈전시체제기 조선인 '만주개척청년의용대'에 관한 연구〉, 《한일민족문제연구》 18, 2010, 179쪽.

24   윤상희, 〈조선인의 만주개척과 청년의용대〉, 《춘추》 1941년 7월호, 181쪽.

25   〈낙토만주개척의 첨병, 청년의용대진군보〉, 《매일신보》 1943년 11월 2일.

26   〈개척전사의 척후, 국방과 국내치안상 무언의 방패 미덥다! 개척청년의용대〉, 《매일신보》 1942년 5월 18일.

27   김기훈, 〈만주의 코리안 디아스포라〉, 한석정·노기식 편, 《만주, 동아시아 융합의 공간》, 소명출판, 2008, 214쪽.

28   〈신대륙건설에 정신한 수훈갑의 개척전사〉, 《매일신보》 1942년 10월 31일.

29   大塚英志, 《大東亜共栄圏のクールジャパン: 「協働」する文化工作》, 集英社, 2022, 144쪽.

30   《子どもたちの昭和史》(寫眞集), 大月書店, 2000, 32쪽.

31   야마무로 신이치 지음, 윤대석 옮김, 《키메라, 만주국의 초상》, 소명출판, 2009, 32~33쪽.

32   임성모, 〈만주국협화회의 대민지배정책과 그 실태: '동변도치목공작'과 관련하여〉, 《동양사학연구》 42, 1993, 99~101쪽.

33   한석정, 〈만주국의 민족형성과 외래 거류민의 사회적 위치에 관한 연구: 조선인과 일본인의 경우〉, 《한국사회학》 31-4, 1997, 850쪽.

34   〈신국가 독립 선전 포스터〉, 《매일신보》 1932년 2월 22일.

35   〈자치지도부의 해산식〉, 《매일신보》 1932년 3월 18일.

36   朝日新聞社 取才班, 《朝日新聞の秘藏写真が語る戦争》, 朝日新聞出版, 2009, 144쪽.

37   辻田真佐憲 監修, 《洲帝帝國ビジュアル大全》, 洋泉社, 2017, 94쪽; 기시 도시히코 지음, 전경선 옮김, 《비주얼 미디어로 보는 만주국》, 소명출판, 2019, 168쪽.

38   기시 도시히코 지음, 전경선 옮김, 《비주얼 미디어로 보는 만주국》, 소명출판, 2019, 117쪽; 朝日新聞社 取才班, 《朝日新聞の秘藏写真が語る戦争》, 朝日新聞出版, 2009, 143쪽.

39   朝日新聞社 取才班, 《朝日新聞の秘藏写真が語る戦争》, 朝日新聞出版, 2009, 143쪽.

40   〈更生する三天萬民衆〉, 《경성일보》 1932년 3월 1일.

41   기시 도시히코 지음, 전경선 옮김, 《비주얼 미디어로 보는 만주국》, 소명출판, 2019, 74쪽.

42   기시 도시히코 지음, 전경선 옮김, 《비주얼 미디어로 보는 만주국》, 소명출판, 2019, 39~41쪽.

43   최재혁, 〈만주국의 국가상징 및 황제 이미지의 창출〉, 《한국근현대미술사학》 35, 2018, 43쪽.

44 강인혜, 〈다민족 개척자: 만철사진전문지《만주그래프滿洲グラフ와 이에 표상된 조선인 부락〉,《미술사학》37, 2019, 214쪽.

45 임성모, 〈만주국협화회의 대민지배정책과 그 실태: '동변도치본공작'과 관련하여〉,《동양사학연구》42, 1993, 102~104쪽.

46 최재혁, 〈만주국의 국가상징 및 황제 이미지의 창출〉,《한국근현대미술사학》35, 2018, 44쪽

47 강인혜, 〈다민족 개척자: 만철사진전문지《만주그래프滿洲グラフ와 이에 표상된 조선인 부락〉,《미술사학》37, 2019, 199쪽.

48 전경선,《전시체제 하 만주국의 선전정책 연구》, 부산대학교 박사학위논문, 2012, 123~125쪽.

49 〈日滿一德一心 發露 明一日, 建國節 慶祝式〉,《매일신보》1942년 3월 1일.

50 〈日滿一德一心의 結晶-滿洲國의 飛躍을 祝福〉,《매일신보》1942년 9월 15일.

51 김언종, 〈'해태'고〉,《한국한문학연구》42, 2008, 474쪽.

52 이영섭, 〈한국 해태의 형상고刑象考: 중국으로부터의 변천과정을 중심으로〉,《중국어문학논집》92, 2015, 276쪽.

53 김성은, 〈근대 일본의 번역과 지나支那론: 스에마쓰 겐초의《일본문장론》을 중심으로〉,《일본어문학》82, 2019, 260~261쪽.

54 마이클 A.반하트 지음, 박성진·이완범 옮김,《일본의 총력전: 1919~1941년 경제 안보의 추구》, 한국학중앙연구원출판부, 2016, 133쪽.

55 박영준,《제국 일본의 전쟁, 1868-1945》, 사회평론아카데미, 2020, 296~297쪽.

56 박수현, 〈중일전쟁기 '유언비어'와 조선인의 전쟁 인식〉,《한국민족운동사연구》40, 2004, 215쪽.

57 水野直樹, 〈戰時期朝鮮の治安維持体制〉, 倉沢愛子 外 編,《岩波講座 アジア·太平洋戦争 7—支配と暴力》, 岩波書店, 2006, 108쪽.

58 가와무라 구니미쓰 지음, 송완범·신현승·전성곤 옮김,《성전(聖戰)의 아이코노그래피》, 제이앤씨, 2009, 53쪽.

59 田島奈都子 編,《明治·大正·昭和初期 日本ポスター史大図鑑》, 國書刊行會, 2019, 283쪽.

60 조유경, 〈태평양 전쟁기(1941~45) 잡지《半島の光》의 표지 이미지 연구〉, 이화여자대학교 석사학위논문, 2015, 67쪽.

61 정미희 엮음,《나찌 미술》, 미진사, 2008, 21쪽.

62 〈國民總訓練のポスター〉,《조선신문》1940년 6월 27일.

63 〈국민총훈련에의 출발구호〉,《조선일보》1940년 3월 12일.

64 〈기념포스터 전국에 작성 배포〉,《매일신보》1941년 6월 13일.

65 〈일억일심 새 결의, 사변기념 포스터 배부〉,《매일신보》1941년 6월 25일.

66 박영준,《제국 일본의 전쟁, 1868-1945》, 사회평론아카데미, 2020, 300쪽.

67 原田敬一, 〈慰靈と追悼—戰爭記念日から終戰記念日へ〉, 倉沢愛子 外 編,《岩波講座 アジア·太平洋戦争》2, 岩波書店, 2006, 297~301쪽.

68 〈육군기념의 성관〉,《매일신보》1914년 3월 11일.

69 〈전국민의 열혈을 용약케하는 3월 10일〉,《매일신보》1932년 3월 10일.

70 〈平壤全市戰場の巷と化す〉,《경성일보》1925년 3월 12일; 히로세 레이코 지음, 서재길·송혜경 옮김,《제국의 소녀들》, 소명출판, 2023, 93쪽.

71 〈話題〉,《경성일보》1928년 3월 14일.

72 田島奈都子 編,《明治·大正·昭和初期 日本ポスター史大図鑑》, 國書刊行會, 2019, 334쪽.

73 〈國民よ牢記せよ, 三月十日が來る〉,《조선신문》1929년 2월 20일.

74 田島奈都子,《戰前期日本のポスター─: 広告宣伝と美術の間で揺れた50年》, 吉川弘文館, 2023, 155쪽.

75 〈三月十日は國の紀念日〉,《경성일보》1929년 3월 5일.

76 김희영,〈태평양전쟁기(1941~45) 선전미술에 나타난 모성 이미지: 한국과 일본의 잡지를 중심으로〉, 서울대학교 석사학위논문, 2010, 66~67쪽.

77 조유경,〈태평양 전쟁기(1941~45) 잡지《半島の光》의 표지 이미지 연구〉, 이화여자대학교 석사학위논문, 2015, 43쪽.

78 田島奈都子 編,《明治·大正·昭和初期 日本ポスター史大図鑑》, 國書刊行會, 2019, 334쪽.

79 〈陸軍紀念日〉,《조선신문》1930년 2월 11일.

80 田島奈都子 編,《明治·大正·昭和初期 日本ポスター史大図鑑》, 國書刊行會, 2019, 334쪽.

81 〈육군기념식〉,《동아일보》1930년 3월 7일; 〈飛機, 煙幕, 爆彈等 科學戰爭の展開, 全市を沸き返らせる陸軍記念日のプロ〉,《조선신문》1930년 3월 6일.

82 〈陸軍紀念日〉,《조선신문》1931년 3월 5일.

83 〈陸軍紀念日の用意〉,《조선신문》1935년 2월 7일.

84 〈陸軍情報部の興亞ポスター〉,《경성일보》1939년 3월 4일.

85 〈흥아건설이 끝나면 광명은 아등에게〉,《매일신보》1939년 3월 2일.

86 최규진,《이 약 한번 잡숴 봐!: 식민지 약 광고와 신체정치》, 서해문집, 2021, 381쪽.

87 田島奈都子 編,《プロパガンダ·ポスターにみる日本の戰爭》, 勉誠出版株式會社, 2016, 29쪽.

88 田島奈都子 編,《プロパガンダ·ポスターにみる日本の戰爭》, 勉誠出版株式會社, 2016, 29쪽.

89 〈금일 제35회 육군기념일〉,《만선일보》1940년 3월 10일.

90 〈격멸하고야 만다, 대동아전쟁하 두 번째 육군기념일〉,《매일신보》1943년 3월 3일.

91 조건,〈중일전쟁기(1937~1940) '조선군사령부 보도부'의 설치와 조직 구성〉,《한일민족문제연구》19, 2010, 40쪽.

92 이정윤,〈일제 말기 '시국 미술' 연구〉, 홍익대학교 석사학위논문, 2000, 57~58쪽.

93 山中恒,《子どもたちの太平洋戰爭: 國民學校の時代》, 岩波書店, 1986, 145쪽.

94 〈부수자, 적 미영〉,《매일신보》1943년 5월 3일.

95 가와무라 구니미쓰 지음, 송완범·신현승·전성곤 옮김,《성전의 아이코노그래피》, 제이앤씨, 2009, 144~145쪽.

96 가와무라 구니미쓰 지음, 송완범·신현승·전성곤 옮김,《성전의 아이코노그래피》, 제이앤씨, 2009, 145쪽.

97 朝日新聞社 取才班,《朝日新聞の秘藏写真が語る戰爭》, 朝日新聞出版, 2009, 146쪽.

98 가와무라 구니미쓰 지음, 송완범·신현승·전성곤 옮김, 《성전의 아이코노그래피》, 제이앤씨, 2009, 149~150쪽.

99 〈무적황군의 전통과시, 건민강병을 강조〉, 《매일신보》 1943년 2월 23일.

100 田島奈都子, 《戦前期日本のポスター: 広告宣伝と美術の間で揺れた50年》, 吉川弘文館, 2023, 155쪽.

101 〈知らう軍隊生活十日聯盟で寫眞移動展〉, 《경성일보》 1944년 3월 4일)

102 서민교, 〈일제강점기 용산기지의 군사전략적 기능에 대하여: 1904년 러일전쟁에서 1930년대 만주사변기의 '조선군'의 역할과 기능〉, 《서울과 역사》 98, 2018, 245쪽.

103 〈咸興七四聯隊 軍旗拜受記念祭〉, 《부산일보》 1931년 4월 21일.

104 〈전투모와 군장 갖춘 사백 개성상업생, 늠름한 자태에 절찬〉, 《매일신보》 1937년 4월 22일.

105 〈대전 연대 군기제〉, 《조선일보》 1940년 5월 3일.

106 〈意義深きこのZ旗, 全市的に, 本社で配布〉, 《조선신문》 1930년 5월 23일.

107 〈해군지식, Z기〉, 《매일신보》 1943년 6월 24일.

108 〈교앙 불근신으로 연풍보교맹휴〉, 《조선일보》 1929년 6월 7일.

109 原田敬一, 〈慰靈と追悼─戦爭記念日から終戦記念日へ〉, 倉沢愛子 外 編, 《岩波講座 アジア·太平洋戦爭》 2, 岩波書店, 2006, 304쪽.

110 〈일로전역 30년 해군기념일 성대〉, 《매일신보》 1935년 5월 28일.

111 田島奈都子, 《戦前期日本のポスター: 広告宣伝と美術の間で揺れた50年》, 吉川弘文館, 2023, 174쪽.

112 田島奈都子, 《戦前期日本のポスター: 広告宣伝と美術の間で揺れた50年》, 吉川弘文館, 2023, 176쪽.

113 〈지키자 해군기념일〉, 《매일신보》 1939년 5월 25일.

114 〈해군지식, 군함기〉, 《매일신보》 1943년 6월 23일.

115 〈바다의 용자, 시가행진〉, 《조광》 6권 7호, 1940년 7월, 217쪽.

116 〈국민훈련의 요체는 월월화수목금금〉, 《매일신보》 1943년 8월 31일.

117 최규진, 〈이미지는 말할 수 있는가: 《매신 사진순보》로 생각한다〉, 《역사연구》 46, 2023, 308쪽.

118 〈Z기 하에서 대공세는 증산으로〉, 《매일신보》 1944년 5월 26일.

119 水沢光, 《軍用機の誕生: 本軍の航空戦略と技術開発》, 吉川弘文館, 2017, 55쪽.

120 〈眼で知る無敵振り, 五大百貨店で海軍展〉, 《경성일보》 1942년 5월 20일.

121 〈황국해양소년단, 해군기념일에 결성〉, 《매일신보》 1943년 5월 6일.

122 임상민, 〈일제강점기 해양소년단과 조직화되는 소국민: 조선공민교육회와 잡지 《해국소년》을 중심으로〉, 《일본문화학보》 96, 2023, 272쪽.

123 〈바다를 정복할 기백〉, 《매일신보》 1943년 3월 17일.

124 〈황국 해양소년단, 해군기념일에 결성〉, 《매일신보》 1943년 5월 6일.

125 〈바다는 우리들 갈 곳, 나가자 대해로.해양소년단결성〉, 《매일신보》 1943년 5월 28일.

126 야마다 아키라 지음, 윤현명 옮김, 《일본, 군비확장의 역사》, 어문학사, 2019, 231쪽.

127 〈대공세는 증산으로, 해군기념일의 국민표어 결정〉, 《매일신보》 1944년 5월 17일.

128 〈군수물자증산주간, 뜻깊은 해군기념일을 중심으로 전개〉, 《매일신보》 1944년 5월 24일.

129 〈흥아의 남아라면 하늘 높이 날자!〉, 《매일신보》 1940년 9월 26일.

130 〈창공과 친하자! 항공일 9월 28일로 제정〉, 《매일신보》 1940년 7월 10일.

131 〈창공과 친하자! 항공일 9월 28일로 제정〉, 《매일신보》 1940년 7월 10일.

132 〈현란할 창공의 향연〉, 《매일신보》 1941년 7월 27일.

133 田島奈都子, 《戦前期日本のポスター―広告宣伝と美術の間で揺れた50年》, 吉川弘文館, 2023, 150쪽.

134 마쓰이 히로시, 〈동원되는 어린이 과학〉, 진노 유키 외 지음, 허보윤 외 옮김, 《취미와 젠더: '수공예'와 '공작'의 근대》, 소명출판, 2023, 177쪽.

135 〈정공의 의기를 앙양〉, 《매일신보》 1942년 9월 5일.

136 〈空へ空へ〉, 《경성일보》 1942년 9월 18일.

137 조선총독부 엮음, 《예능과공작교수자료 제5학년》, 1943, 64쪽.

138 田島奈都子 編, 《プロパガンダ・ポスターにみる日本の戦争》, 勉誠出版株式會社, 2016, 61쪽.

139 〈육군소년비행병 모집 '포스터' 배포〉, 《매일신보》 1943년 9월 17일.

140 송혜경, 〈식민지 말기 일제의 항공정책과 아동의 전쟁동원〉, 《한림일본학》 19, 2011, 150쪽.

141 權学俊, 〈植民地朝鮮における飛行機表象と朝鮮総督府の航空政策(上)〉, 《立命館産業社会論集》 57-4, 2022, 48쪽.

142 〈海洋の制霸へ、海の記念日を制定〉, 《부산일보》 1941년 5월 28일.

143 〈해양을 재인식하자! 바다의 중요성 고취, 래20일 해의 기념일 행사 결정〉, 《매일신보》 1941년 7월 11일.

144 〈바다는 우리의 생명선〉, 《매일신보》 1941년 6월 28일.

145 〈칠대양에 일장기를〉, 《매일신보》 1941년 7월 17일.

146 〈바다의 공로자, '해의 기념일'에 16명을 표창〉, 《매일신보》 1941년 7월 18일.

147 〈바다는 우리의 고향, 웅비하자 칠대양〉, 《매일신보》 1942년 6월 28일.

148 〈바다의 기념일의 밤〉, 《매일신보》 1942년 7월 15일.

149 〈해국남아의 의기로 빛내자, '바다의 명절'〉, 《매일신보》 1943년 6월 21일.

150 〈바다를 무덤으로, 결전하 맞이하는 해의 기념일 새 맹세〉, 《매일신보》 1943년 7월 21일.

151 〈해양사상을 고취, 경성부의 해원충실운동〉, 《매일신보》 1944년 7월 15일.

152 〈선원감사원호주간〉, 《매일신보》 1944년 2월 22일.

153 〈청춘은 해양으로〉, 《매일신보》 1944년 7월 14일.

154 〈海員報國團 特別法人に吸收〉, 《조선신문》 1941년 8월 22일.

155 이승엽, 《《신여성》: 식민지시대 말기 여성의 '황민화'운동〉, 《한국민족운동사연구》 20, 1998, 507쪽.

156 〈인류를 구하야 금수를 만드는 과격파의 부인국유〉, 《매일신보》 1919년 5월 2일.

157 임경석, 〈일본인의 조선 연구: 사상검사 이토 노리오의 조선 사회주의 연구를 중심으로〉, 《한국사학사학보》 29, 2014, 246쪽.

158 バラク・クシュナー著, 井形彬 訳, 《思想戰、大日本帝國のプロパガンダ》, 明石書店, 2016, 50쪽.

159 데이비드 웰치 지음, 이종현 옮김, 《프로파간다 파워》, 공존, 2015, 182쪽.

160 미야타 세쓰코 해설·감수, 정재정 옮김, 《식민통치의 허상과 실상》, 혜안, 2002, 304쪽.

161 水野直樹, 〈戰時期朝鮮の治安維持体制〉, 倉沢愛子 外 編, 《岩波講座 アジア·太平洋戦争》7, 岩波書店, 2006, 95~96쪽.

162 조선총독부 엮음, 박찬승·김민석·최은진·양지혜 역주, 《국역 조선총독부 30년사 하: 시정 30년사》, 민속원, 2018, 1,004쪽.

163 이정욱·가나즈 히데미·유재진 엮고옮김, 《사상전의 기록: 조선의 방공운동》, 학고방, 2014, 54쪽.

164 〈엄연한 방공, 찬연한 국위〉, 《매일신보》 1938년 10월 16일.

165 〈적마극복기도〉, 《매일신보》 1931년 9월 8일; 이태훈, 〈일제말 전시체제기 조선방공협회의 활동과 반공선전전략〉, 《역사와현실》 93, 2014, 161~162쪽.

166 이태훈, 〈일제말 전시체제기 조선방공협회의 활동과 반공선전전략〉, 《역사와 현실》 93, 2014, 164쪽.

167 水野直樹, 〈戰時期朝鮮の治安維持体制〉, 倉沢愛子 外 編, 《岩波講座 アジア·太平洋戦争》7, 岩波書店, 2006, 106쪽.

168 조윤정, 〈비밀전, 스파이, 유언비어: 《신시대》에 나타난 통합과 배제의 논리〉, 《한국어문학연구》 57, 2011, 214쪽.

169 권명아, 《역사적 파시즘: 제국의 판타지와 젠더 정치》, 책세상, 2005, 222쪽.

170 정보국기자회, 《대동아전쟁사전》, 신흥아사, 1942, 165~166쪽.

171 〈간첩생활의 표리〉, 《조선일보》 1939년 12월 13일.

172 강성현, 《한국 사상통제기제의 역사적 형성과 '보도연맹 사건', 1925~50》, 서울대학교 박사학위논문, 2012, 188쪽.

173 토비 클락 지음, 이순령 옮김, 《20세기 정치선전 예술》, 예경, 2000, 115쪽.

174 나리타 류이치 외 지음, 정실비 외 옮김, 《감정·기억·전쟁》, 소명출판, 2014, 33쪽.

175 권명아, 〈여자 스파이단의 신화와 '좋은 일본인' 되기: 황민화와 국민방첩 이데올로기의 상관성을 중심으로〉, 《동방학지》 130, 2005, 313쪽.

176 〈여자는 약하다〉, 《매일신보》 1942년 7월 13일.

177 〈여급 기생 등에 입을 조심하도록〉, 《매일신보》 1938년 7월 26일.

178 〈빛나는 조국애의 승리, 허영녀 회심의 읍소〉, 《매일신보》 1942년 7월 19일.

179 〈무서운 외국 스파이〉, 《매일신보》 1939년 5월 18일; 〈조심해야 할 것은 부인네의 입술〉, 《매일신보》 1940년 1월 5일.

180 藤田實彦, 〈그대의 곁에 스파이가 있다〉, 《여성》 5권 10호, 1940년 10월, 20쪽.

181 강성현, 《한국 사상통제기제의 역사적 형성과 '보도연맹 사건', 1925~50》, 서울대학교 박사학위논문, 2012, 190쪽.

182 小山榮三, 《戰時宣傳論》, 三省堂, 1942, 69~70쪽.

183 남궁엽, 〈유언·모략〉, 《조광》 10권 5호, 103호, 1944년 5월, 36쪽.

184 남궁엽, 〈유언·모략〉, 《조광》 10권 5호, 103호, 1944년 5월, 39쪽.

185 윤해동, 〈식민지 근대와 공공성: 변용하는 공공성의 지평〉, 윤해동·황병주 엮음, 《식민지 공공성, 실체와 은유의 거리》, 책과함께, 2010, 45쪽.

186 송미영, 〈서울에도 스파이는 있다〉, 《신시대》 1권 4호, 1941년 4월, 112쪽.

187 조경선, 〈대동아전쟁과 국민의 일상요강〉, 《신시대》 2권 1호, 1942년 1월, 59쪽.

188 변은진, 《파시즘적 근대체험과 조선민중의 현실인식》, 선인, 2013, 209~215쪽.

189 〈口を愼んでスパイを防ぎませう〉, 《경성일보》 1941년 12월 16일.

190 송미영, 〈서울에도 스파이는 있다〉, 《신시대》 1권 4호, 1941년 4월, 102쪽.

191 〈방첩지남〉, 《신시대》 2권 8호, 1942년 8월, 52~54쪽.

192 〈방첩강화돌격전〉, 《매일신보》 1942년 7월 11일.

193 藤田實彦, 〈그대의 곁에 스파이가 있다〉, 《여성》 5권 10호, 1940년 10월, 20쪽.

194 〈방첩을 철저히 하려면 먼저 일본정신 앙양〉, 《매일신보》 1942년 6월 20일.

195 권명아, 《역사적 파시즘: 제국의 판타지와 젠더 정치》, 책세상, 2005, 207쪽.

196 〈국민방첩선전〉, 《매일신보》 1942년 7월 11일.

197 〈방공협회 모집의 방공, 방첩 표어 등 입선 발표〉, 《매일신보》 1938년 12월 1일.

198 バラク・クシユナー 著, 井形彬 訳, 《思想戰, 大日本帝國のプロパガンダ》, 明石書店, 2016, 107쪽.

199 〈방첩을 상시화하자〉(사설), 《매일신보》 1943년 7월 19일.

200 豊田三平, 〈スパイをスパイトする〉, 《신시대》 2권 8호, 1942년 8월, 56쪽.

201 이행선, 〈총력전기 베스트셀러 서적, 총후적 삶의 선전물 혹은 위로의 교양서: ‘위안’을 중심으로〉, 《한국민족문화》 48, 2013, 11쪽.

202 권명아, 〈생활양식과 파시즘의 문제: 식민지와 그 이후〉, 방기중 엮음, 《식민지 파시즘의 유산과 극복의 과제》, 혜안, 2006, 192쪽.

203 데이비드 웰치 지음, 이종현 옮김, 《프로파간다 파워》, 공존, 2015, 182쪽.

204 バラク・クシユナー 著, 井形彬 訳, 《思想戰, 大日本帝國のプロパガンダ》, 明石書店, 2016, 112쪽.

205 토비 클락 지음, 이순령 옮김, 《20세기 정치선전 예술》, 예경, 2000, 115쪽.

206 〈방첩을 철저히 하려면 먼저 일본정신 앙양〉, 《매일신보》 1942년 6월 20일.

207 〈방첩지남〉, 《신시대》 2권 8호, 1942년 8월, 52쪽.

208 〈스파이 전람회〉, 《황민일보》 1942년 7월 21일.

209 강성현, 〈한국 사상통제기제의 역사적 형성과 ‘보도연맹 사건’, 1925~50〉, 서울대학교 박사학위논문, 2012, 186~188쪽.

210 〈방공협회 모집의 방공 방첩 표어등 입선 발표〉, 《매일신보》 1938년 12월 1일.

211 강성현, 〈한국 사상통제기제의 역사적 형성과 ‘보도연맹 사건’, 1925~50〉, 서울대학교 박사학위논문, 2012, 192쪽.

212 김민철, 〈식민지통치와 경찰〉, 《역사비평》 26, 1994, 209쪽.

213 마쓰다 도시히코 지음, 이종민·이형식·김현 옮김, 《일본의 조선 식민지 지배와 경찰》, 경인문화사, 2020, 427쪽.

214 大日方純夫, 《警察の社會史》, 岩波書店, 1993, 127쪽.

215 마쓰다 도시히코 지음, 이종민·이형식·김현 옮김, 《일본의 조선 식민지 지배와 경찰》, 경인문화사, 2020,

430~431쪽.

216 大日方純夫, 《警察の社会史》, 岩波書店, 1993, 116~117쪽.

217 〈민중의 경찰화와 경찰의 민중화〉(사설), 《매일신보》 1924년 5월 26일.

218 마쓰다 도시히코 지음, 이종민·이형식·김현 옮김, 《일본의 조선 식민지 지배와 경찰》, 경인문화사, 2020, 453쪽.

219 〈不良者擊退法〉, 《조선신문》 1932년 2월 4일; 〈연말과 금품강청군, 엄중단속할 방침〉, 《매일신보》 1934년 11월 19일.

220 김민철, 〈식민지조선의 경찰과 주민〉, 한일관계사연구논집 편찬위원회 엮음, 《일제 식민지지배의 구조와 성격》, 경인문화사, 2005, 233쪽.

221 〈치안확보에 노력하야 민중의 복리를 증진케하라〉, 《매일신보》 1925년 6월 6일.

222 〈천여명 경찰이 총동원 활동〉, 《매일신보》 1935년 4월 14일.

223 〈오늘부터 연말 경계 첫 단계〉, 《매일신보》 1939년 12월 15일.

224 〈向ふ三軒両隣り, 新體制下の愛國班と隣組〉, 《국민신보》 1940년 10월 27일.

225 〈인조정신의 꽃〉, 《매일신보》 1942년 3월 10일; 〈인보정신 발휘 할 때〉, 《매일신보》 1943년 9월 14일.

226 〈방범에 경민일치. 경기도, 각서별로 방범협회조직〉, 《매일신보》 1940년 6월 5일.

227 〈애국반원 전부가 방범조합 결성, 서부 제1구 조합〉, 《매일신보》 1940년 11월 28일.

228 〈경민일체의 방범진〉, 《매일신보》 1941년 11월 19일.

229 〈가정방범운동, 15·16 양일간 전선에 실시〉, 《매일신보》 1941년 12월 14일.

230 〈비밀거래 절멸이 가정방범의 제일보〉, 《매일신보》 1941년 12월 29일.

231 〈범죄방지는 가정에서, 27, 8 양일 전선에 가정방범운동〉, 《매일신보》 1942년 4월 14일.

232 〈문단속을 잘하자, 가정방범 포스터 3천 매 반포〉, 《매일신보》 1943년 3월 13일.

233 〈애국반의 방범운동〉(사설), 《매일신보》 1943년 4월 15일.

234 〈범죄방지는 가정에서, 27·8 양일 전선에 가정방범운동〉, 《매일신보》 1942년 4월 14일.

235 〈방공防共, 방첩, 방공防空, 방화, 방범.국민총력실천사항〉(사설), 《매일신보》 1941년 3월 14일.

236 국민총력조선연맹, 《국민총력독본》, 1941, 88쪽.

237 〈신체제 용어집〉, 《조광》 7권 1호, 1941년 1월, 373쪽.

238 최선웅, 〈일제시기 사법보호사업의 전개와 식민지적 성격: 사상범 사법보호단체를 중심으로〉, 《동방학지》 186, 2019, 286쪽.

239 한상욱, 〈전시동원체제기 조선총독부의 사법보호정책: 조선사법보호협회의 조직과 활동을 중심으로〉, 《숭실사학》 42, 2019, 337쪽.

240 〈あすは司法保護記念日〉, 《경성일보》 1940년 9월 12일.

241 佐藤豁, 〈戰力增强と司法保護〉, 《국민총력》 1943년 9월, 17쪽.

242 한상욱, 〈전시동원체제기 조선총독부의 사법보호정책: 조선사법보호협회의 조직과 활동을 중심으로〉, 《숭실사학》 42, 2019, 342쪽.

243 최선웅, 〈일제시기 사법보호사업의 전개와 식민지적 성격: 사상범 사법보호단체를 중심으로〉, 《동방학지》 186,

2019, 301~302쪽.

244 공존사 엮음, 《대동아공영권》, 공존사, 1944, 160쪽; 김상범, 〈일제 말기 경제경찰의 설치와 활동〉, 《한국민족운동사연구》 17, 1997, 105쪽.

245 〈경제강조주 첫날, 상가를 암행 임검〉, 《동아일보》 1940년 7월 2일.

246 郭隗子, 〈신체제와 상인의 진로〉, 《신시대》 1권 4호, 1941년 4월, 100쪽.

247 이은희, 〈1940년대 전반 식민지 조선의 암시장: 생활물자를 중심으로〉, 《동방학지》 166, 2014, 256쪽.

248 배성준, 《한국 근대 공업사 1876~1945》, 푸른역사, 2022, 332쪽.

249 〈경제범 근절을 목표, 강화된 벌칙 철저 보급〉, 《매일신보》 1941년 3월 26일.

250 〈국가배급기관으로서 모리관념을 버리자〉, 《매일신보》 1941년 8월 20일.

251 〈신상업도덕 확립주간〉, 《매일신보》 1941년 8월 21일.

252 出口雄一, 〈戰時期の生活と'遵法運動'〉, 榎一江 編, 《戰時期の労働と生活》, 法政大学出版局, 2018, 248쪽.

253 〈준법주간의 회고〉(사설), 《매일신보》 1942년 11월 11일.

254 〈필승생활 철저 실천, 부연맹에서 열렬강조〉, 《매일신보》 1944년 8월 19일.

255 이송순, 〈전시기(1937-1945) 조선의 농촌 시장통제와 '암거래' 확산〉, 《한국민족운동사연구》 34, 2003, 296쪽.

256 이송순, 《일제말 전시 총동원과 물자 통제》, 동북아역사재단, 2021, 339~341쪽.

257 粟屋憲太浪, 《十五年戦争期の政治と社會》, 大月書店, 1995, 221쪽.

258 이은희, 〈1940년대 전반 식민지 조선의 암시장: 생활물자를 중심으로〉, 《동방학지》 166, 2014, 284~285쪽.

259 이송순, 《일제말 전시 총동원과 물자 통제》, 동북아역사재단, 2021, 347쪽.

260 土田宏成, 《近代日本の'国民防空'体制》, 神田外語大学出版局, 2010, 11쪽.

261 조선총독부 엮음, 박찬승·김민석·최은진·양지혜 역주, 《국역 조선총독부 30년사 하: 시정 30년사》, 민속원, 2018, 1,014쪽.

262 〈방공독본〉, 《조광》 75호, 1942년 1월, 171쪽.

263 大塚英志, 《'暮し'のファシズム: 戦争は'新しい生活様式'の顔をしてやってきた》, 筑摩書房, 2021, 260쪽; 조건, 〈전시체제기 조선 주둔 일본군의 방공 조직과 활동〉, 《숭실사학》 27, 2011, 87쪽.

264 〈陸軍記念日に朝鮮最初の大防空演習〉, 《조선신문》 1931년 2월 25일.

265 〈今夜七時敵機平壤を襲ふ, 監視隊各地に急派大防空演習開始〉, 《경성일보》 1931년 3월 9일.

266 〈敵機の襲來に燈火の官制〉, 《조선신문》 1931년 3월 10일.

267 〈최초의 등화관제〉, 《조광》 99호, 1944년 1월, 76쪽.

268 후지이 다다토시 지음, 이종구 옮김, 《갓포기와 몸뻬, 전쟁: 일본 국방부인회와 국가총동원체제》, 일조각, 2008, 131쪽.

269 〈등광 잃은 상점가, 월색 따르는 산책객 사태〉, 《매일신보》 1937년 8월 23일.

270 〈붓방아〉, 《매일신보》 1940년 10월 5일.

271 〈방공훈련을 이용 심야까지 주류 판매〉, 《매일신보》 1940년 10월 5일.

272 〈空!空!空への注意京城全市に防空デー〉, 《조선신문》 1932년 2월 25일; 〈방공데―와 청년단활동〉, 《매일신보》 1932년 3월 9일.

273 신주백, 《일본군의 한반도 침략과 일본의 제국 운영》, 동북아역사재단, 2021, 288쪽.

274 공존사 엮음, 《대동아공영권》, 공존사, 1944, 160쪽.

275 〈大防空演習近づく, 準備は出來た〉, 《경성일보》 1933년 5월 31일.

276 〈防空展覽會府廳で開く〉, 《조선신문》 1933년 5월 26일.

277 大塚英志, 《暮しのファシズム: 戰争は'新しい生活様式'の顔をしてやってきた》, 筑摩書房, 2021, 260쪽.

278 土田宏成, 《近代日本の'国民防空'体制》, 神田外語大学出版局, 2010, 13쪽.

279 大塚英志, 《暮しのファシズム: 戰争は'新しい生活様式'の顔をしてやってきた》, 筑摩書房, 2021, 265~272쪽.

280 〈京城國防義會'國防'と發刊〉, 《조선신문》 1933년 12월 6일.

281 〈防空へ! 防空へ!〉, 《조선신문》 1933년 3월 2일.

282 〈防空のために〉, 《조선신문》 1933년 6월 6일.

283 〈防空演習 宣傳 ポスター〉, 《부산일보》 1933년 9월 14일.

284 〈鎭海, 馬山中心防空演習實施か〉, 《조선시보》 1933년 8월 27일.

285 〈鎭海と中心とし防空大演習〉, 《부산일보》 1933년 9월 19일.

286 〈軍民一致の綜合防空演習〉, 《경성일보》 1933년 6월 15일.

287 〈조선방공법을 10월부터 실시〉, 《매일신보》 1937년 8월 20일.

288 조선총독부 엮음, 박찬승·김민석·최은진·양지혜 역주, 《국역 조선총독부 30년사 하: 시정 30년사》, 민속원, 2018, 1,011쪽.

289 공존사 엮음, 《대동아공영권》, 공존사, 1944, 160쪽.

290 〈방공법〉, 《매일신보》 1937년 11월 18일.

291 조건, 〈전시체제기 조선 주둔 일본군의 방공 조직과 활동〉, 《숭실사학》 27, 2011, 93쪽.

292 〈공중청음기〉, 《신시대》 3권 4호, 1943년 4월, 90쪽.

293 〈획기적실적을 거양코 근기방공연습종막〉, 《매일신보》 1938년 3월 10일.

294 〈護れ我等の空, 今日から六日間防空演習始る〉, 《경성일보》 1938년 6월 30일.

295 〈70만부민 총동원, 대규모의 방공훈련〉, 《동아일보》 1939년 6월 9일.

296 〈국민방공의 제일보, 방화 제일주의 표지하 가정조합결성〉, 《조선일보》 1938년 10월 9일.

297 안세영, 〈1930년대 경성부방호단의 조직과 방공정책의 특징〉, 《한국민족운동사연구》 99, 2019, 226쪽.

298 〈호화의 조선방공전람회, 오늘부터 부민관에서 공개〉, 《동아일보》 1939년 6월 17일.

299 〈독와사, 소이탄 속에서, '몸베' 부대 맹활동〉, 《매일신보》 1941년 7월 29일.

300 〈전격적 방공훈련〉, 《매일신보》 1941년 5월 17일.

301 〈소국민에 방공지식보급, 국민학교의 국어독본에 삽입〉, 《매일신보》 1941년 4월 22일.

302 신시대사 편집부 엮음, 《애국반·가정용 언문 방공독본》, 박문서관, 1941, 8쪽.

303 三橋孝一郎, 〈空襲に備へて〉, 國民總力朝鮮聯盟, 《時局解說讀本》, 1942, 175쪽.

304 오룡순, 〈나의 살림의 가지가지〉, 《신시대》 3권 12호, 1943년 12월, 90~91쪽.

305 香山光郎(이광수), 〈인고의 총후문화〉, 《매일신보》 1941년 7월 6일.

306 국민총력조선연맹 엮음, 《시국해설독본》, 1942, 175쪽.

307 〈사수적 방호력 집중〉, 《매일신보》 1942년 4월 3일.

308 〈防空食糧の知識, 備へあれば憂ひなし〉, 《조선신문》 1941년 8월 17일.

309 손정목, 《일제강점기 도시계획연구》, 일지사, 1990, 325~326쪽.

310 〈적기 올테면 오라. 격멸의 적개심 충천〉, 《매일신보》 1944년 7월 31일.

311 〈당국 발표를 믿고 유언비어 삼가라〉, 《매일신보》 1944년 7월 31일.

312 조건, 〈전시체제기 조선 주둔 일본군의 방공 조직과 활동〉, 《숭실사학》 27, 2011, 104~105쪽.

313 土田宏成, 《近代日本の'国民防空'体制》, 神田外語大学出版局, 2010, 15~16쪽.

314 三橋孝一郎, 〈空襲に備へて〉, 國民總力朝鮮聯盟 編, 《時局解說讀本》, 1942, 163~164쪽.

315 최유리, 〈일제 말기 황민화정책의 성격: 일본어 보급운동을 중심으로〉, 《한국근현대사연구》 2, 1995, 236~238쪽.

316 〈國語ノ全面的普及ニ關スル件〉, 국민정신총동원충청남도연맹, 《국민정신총동원연맹요람》, 1939, 125쪽.

317 戸部良一, 《戦争のなかの日本》, 千倉書房, 2020, 91쪽.

318 카와사키 아키라, 〈식민지 말기 일본어 보급 정책〉, 한국학의세계화사업단·연세대학교 국학연구원 엮음, 《일제 식민지 시기 새로 읽기》, 혜안, 2007, 287~288쪽; 조선총독부 엮음, 박찬승·김민석·최은진·양지혜 역주, 《국역 조선총독부 30년사 하: 시정 30년사》, 민속원, 2018, 1,293쪽.

319 다카시키 소지 지음, 이규수 옮김, 《식민지 조선의 일본인들》, 역사비평사, 2006, 166쪽.

320 미야타 세쓰코 지음, 이형낭 옮김, 《조선민중과 '황민화' 정책》, 일조각, 1997, 144쪽.

321 《半島の光》 58호, 1942년 9월, 32쪽.

322 〈時事解說−國語普及運動の展開〉, 조선총독부 정보과, 《통보》 117호, 1942년 6월 1일, 15쪽.

323 廣瀬續, 〈國語普及の新段階〉, 《조선》 329호, 1942년 10월, 42쪽.

324 〈국어상용 총력전〉, 《매일신보》 1942년 8월 6일.

325 〈국어의 보급·常用 철저, 구체적 운동요강 결정〉, 《매일신보》 1942년 5월 7일.

326 《경성휘보》 247호, 1942년 6월, 66쪽; 〈국어생활표어〉, 《매일신보》 1942년 5월 2일.

327 최유리, 〈일제 말기 황민화정책의 성격: 일본어 보급운동을 중심으로〉, 《한국근현대사연구》 2, 1995, 239쪽.

328 〈국어생활의 실천, 경기도서 포스터 모집〉, 《매일신보》 1941년 12월 22일.

329 〈국어생활실천화〉, 《매일신보》 1942년 2월 20일.

330 〈國語生活實踐ポスター展〉, 《조선신문》 1942년 2월 19일.

331 〈국어로써 나아가자 대동아〉, 《매일신보》 1941년 12월 30일.

332 파울 요제프 괴벨스 지음, 추영현 옮김, 《괴벨스 프로파간다!》, 동서문화사, 2019, 281쪽.

333 〈징병제인식 철저와 국어보급에 박차, 정보과서 벽신문과 포스터 배포〉, 《매일신보》 1942년 6월 18일.

334 한민주, 《권력의 도상학: 식민지 시기 파시즘과 시각 문화》, 소명출판, 2013, 481쪽.

335 〈국어는 '대동아어', 전해운동을 적극 전개〉, 《매일신보》 1942년 4월 26일.

336 〈일만 추진대 동원 국어전해운동에 맥진〉, 《매일신보》 1941년 5월 25일.

337 〈국어상용의 열쇠, 어머니의 노력에 있다〉, 《매일신보》 1943년 5월 3일.

338 한민주, 《권력의 도상학: 식민지 시기 파시즘과 시각 문화》, 소명출판, 2013, 481쪽.

339 〈징병제인식 철저와 국어보급에 박차, 정보과서 벽신문과 포스터 배포〉, 《매일신보》 1942년 6월 18일.

340 이정윤, 〈일제 말기 '시국 미술' 연구〉, 홍익대학교 석사학위논문, 2000, 69쪽.

341 〈국어의 보급 상용 철저, 구체적 운동요강결정〉, 《매일신보》 1942년 5월 7일; 〈하루에 한 마디씩 해득, 각가정에 국어보급〉, 《매일신보》 1942년 8월 9일.

342 〈國語でお話(國語常用の歌)〉, 《방송지우》 1호, 1943년 1월, 115쪽.

343 이어령, 《너 어디로 가니》, 파람북, 2022, 90~91쪽.

344 〈첫 조건이 국어상용.증등, 국민교 입학고사에 새 표준〉, 《매일신보》 1942년 8월 22일.

345 〈기생, 여급들도 국어상용하라〉, 《매일신보》 1942년 6월 12일.

346 〈황민연성 첫 조건, 학교서 실천에 힘쓰라〉, 《매일신보》 1941년 10월 8일.

347 권신영, 〈"愛國班と隣組"(애국반과 토나리구미): 1940년대 조선총독부의 전시 제국주의와 호칭의 정치학〉, 《동방학지》 166, 2014, 312쪽.

348 〈국어 전해에 총기립, 징병제 실시로 금년은 보급을 강화〉, 《매일신보》 1944년 4월 20일.

349 〈먼저 국어생활로 훌륭한 군인을 내기에 힘쓰자!〉, 《매일신보》 1944년 8월 25일.

350 〈兵への制一條件! 國語生活に徹しよう〉, 《경성일보》 1944년 8월 26일.

351 朝日新聞社, 《寫眞報道, 戰ふ朝鮮》, 1945, 18쪽.

352 〈內鮮一體と國語常用〉(사설), 《경성일보》 1943년 8월 16일(카와사키 아키라, 〈식민지 말기 일본어 보급 정책〉, 한국학의세계화사업단·연세대학교 국학연구원 엮음, 《일제 식민지 시기 새로 읽기》, 혜안, 2007, 309쪽에서 재인용).

353 권명아, 〈식민지 경험과 여성의 정체성: 파시즘 체제하의 문학, 여성, 국가〉, 《한국근대문학연구》 11, 2005, 97~99쪽.

354 일본정신에 대해서는 최규진, 〈전시체제기 '멸사봉공'의 신체, 일본정신과 무도武道〉, 《역사연구》 44, 2022를 요약했다.

355 대일본언론보국회 엮음, 《사상전 대학강좌》, 시대사, 1944, 104쪽.

356 〈朝鮮の新體制に就いて, 臨時道知事會議に於ける總督訓示要旨〉, 조선총독부 정보과, 《통보》 80호, 1940년 11월, 2쪽.

357 松本德明, 〈ナチス獨逸の指導原理と日本精神〉, 朝鮮總督府警務總監部 編, 《警務彙報》 382호, 1938년 2월, 26쪽.

358 〈궤도에 오른 총력연맹〉, 《조광》 64호, 1941년 2월, 295~296쪽.

359 〈신국 일본에 태어난 기쁨〉, 《매일신보》 1943년 2월 11일.

360 〈"아침마다 궁성을 요배", 삐라 6백만 매를 전선에〉, 《매일신보》 1938년 11월 2일.

361 〈일층 자숙 자계하라〉, 《매일신보》 1939년 1월 20일.

362 〈'황거'요배를 '궁성'요배로 개칭〉, 《매일신보》 1939년 1월 29일.

363 국민총력조선연맹, 《국민총력운동요람》, 1943, 33쪽.

364 〈황국신민은 누구나 지키자, 요배와 묵도시간〉, 《매일신보》 1944년 11월 3일.

365 栗津賢太, 〈なぜ私たちは默禱するのか?─近代日本における默禱儀礼の成立と變容〉, 蘭信三 外, 《変容する記憶と追悼》(シリーズ 戰爭と社會 5), 岩波書店, 2022, 216~222쪽.

366 〈默禱は適當な日本特殊な禮法〉,《조선신문》1941년 4월 23일.

367 栗津賢太,〈なぜ私たちは默禱するのか?―近代日本における默禱儀礼の成立と變容〉, 蘭信三 外,
《変容する記憶と追悼》(シリーズ 戦争と社会 5), 岩波書店, 2022, 215~216쪽.

368 〈陸軍紀念日に一齊に默禱〉,《조선신문》1938년 3월 1일.

369 〈오는 27일은 해군기념일, 정오에 일분간 묵도〉,《매일신보》1938년 5월 7일.

370 〈사변1주년 기념〉,《매일신보》1938년 7월 1일

371 〈정오에 묵도, 만주사변기념일〉,《매일신보》1939년 9월 16일.

372 〈혼과 혼이 합일, 정오 기하여 1분간 묵도〉,《매일신보》1938년 7월 8일.

373 〈총후의 단성을 표현, 정오에 1분간 묵도, 전선 일제 실시를 비격〉,《매일신보》1940년 11월 28일; 김승태,
《중일전쟁 이후 전시체제와 수탈》, 독립기념관 한국독립운동사연구소, 2009, 155쪽.

374 〈신호 없는 때의 요배와 묵도〉(사설),《매일신보》1942년 5월 17일.

375 〈묵도 시간 30초로 단축〉,《매일신보》1941년 2월 26일.

376 〈시간보다 정성으로〉,《매일신보》1942년 7월 19일.

377 〈일본정신발양주간 제1일〉,《조선일보》1939년 2월 9일.

378 松本德明,〈ナチス獨逸の指導原理と日本精神〉, 朝鮮總督府警務總監部 編,《警務彙報》382호, 1938년 2월,
22쪽.

379 田島奈都子 編,《明治・大正・昭和初期日本ポスター史大図鑑》, 國書刊行會, 2019, 342쪽.

380 〈방첩을 철저히 하려면 먼저 일본정신 앙양〉,《매일신보》1942년 6월 20일.

381 〈사상의 통일, 총력연맹의 실천대강〉,《매일신보》1941년 5월 18일.

382 栗屋憲太浪,《十五年戰爭期の政治と社會》, 大月書店, 1995, 130쪽.

383 〈일본정신 수련도장〉,《매일신보》1940년 12월 15일.

384 〈찬연한 황국의 사실진열〉,《매일신보》1942년 4월 3일.

385 〈일본 재인식〉,《국민신보》1940년 1월 28일.

386 한민주,《권력의 도상학: 식민지 시기 파시즘과 시각 문화》, 소명출판, 2013, 79쪽.

387 권창규,《상품의 시대》, 민음사, 2014, 310쪽.

388 〈총독부에서 물산장려〉,《조선일보》1930년 9월 24일.

389 〈兒玉總監が先頭に國産愛用宣傳〉,《조선신문》1930년 9월 17일.

390 미나미 히로시・사회심리연구소 지음, 정대성 옮김,《다이쇼 문화(1905~1927): 일본 대중문화의 기원》,
제이앤씨, 2007, 213쪽.

391 〈소극정책을 방기코 점차 적극책으로 진출〉,《조선일보》1930년 3월 25일.

392 〈일본의 국산품애용운동〉,《동아일보》1930년 3월 25일.

393 〈國産愛用の意義, 外品尊重の弊を去れ〉(사설),《경성일보》1930년 6월 6일.

394 〈국산품애용〉,《동아일보》1930년 9월 24일.

395 〈尤甚해가는 경제공황〉,《조선일보》1930년 3월 26일.

396 〈애국일〉(사설),《동아일보》1937년 9월 7일.

397 〈2백만 학생 총동원, 신사참배, 국방헌금, 위문대 증정〉, 《동아일보》 1937년 9월 7일.

398 〈금후 매월 6일을 애국일로 규정 준수〉, 《조선일보》 1937년 9월 17일.

399 〈국민정신작흥코저 일반의 애국일 지정〉, 《동아일보》 1937년 11월 15일.

400 〈흥아봉공일 실시〉, 《매일신보》 1939년 8월 16일.

401 〈흥아봉공일은 애국일과 동의, 조선서는 구명으로〉, 《매일신보》 1939년 8월 22일.

402 〈흥아봉공일을 단순히 '애국일'로〉, 《매일신보》 1940년 8월 4일.

403 井上祐子, 〈國家宣傳技術者〉の誕生—日中戰爭期の廣告統制と宣傳技術者の動員〉, 赤澤史郎 外 編著, 《戰時下の宣傳と文化》, 現代史出版, 2001, 99쪽.

404 〈실천운동을 철저, 경성부 정동연맹에서〉, 《조선일보》 1939년 8월 22일.

405 長谷川瑞, 《皇民練成学校訓練の新形態》, 啓文社, 1941, 135쪽.

406 〈일전 저금이 천여 원〉, 《매일신보》 1938년 12월 11일.

407 〈婦人報國精神强調週間〉, 《경성일보》 1938년 3월 4일.

408 박윤진, 〈대일본부인회 조선본부의 결성과 활동, 1942~45년〉, 《한국문화연구》 13, 2007, 194~197쪽; 친일인명사전편찬위원회, 《일제협력단체사전: 국내 중앙 편》, 민족문제연구소, 2004, 199쪽.

409 〈지구절을 삼가 봉축, 부인보국제집행〉, 《매일신보》 1941년 3월 4일.

410 〈지구절에 부인보국제〉, 《매일신보》 1933년 2월 28일.

411 〈佳節に擧る, 40周年記念をも兼ねて〉, 《경성일보》 1941년 3월 6일.

412 〈지구절, 경건한 마음으로 다같이 봉축합시다〉, 《매일신보》 1941년 3월 6일.

413 〈ポスターも出來ました, 國民總力朝鮮聯盟の第一步〉, 《조선신문》 1940년 10월 29일.

414 〈신도실천〉(사설), 《매일신보》 1940년 10월 15일.

415 〈戰時國民生活, 刷新强調のポスタ—京城府聯盟が配布〉, 《조선신문》 1940년 12월 28일.

416 〈戰時國民生活强調週間, けふは第一日の感謝日〉, 《조선신문》 1940년 9월 6일.

417 〈전시국민생활과 마음의 혁신〉(사설), 《매일신보》 1940년 9월 6일.

418 〈오는 해도 이기자! 총력연맹서 '달마 포스터' 반포〉, 《매일신보》 1942년 12월 30일.

419 粟屋憲太浪, 《十五年戰爭期の政治と社會》, 大月書店, 1995, 246~247쪽.

420 〈오는 해도 이기자! 총력연맹서 '달마 포스터' 반포〉, 《매일신보》 1942년 12월 30일.

421 https://allabout.co.jp/gm/gc/486629/(https://news.line.me/detail/oa-japaaan/1e16d0ecda39)

422 〈오는 해도 이기자! 총력연맹서 '달마 포스터' 반포〉, 《매일신보》 1942년 12월 30일.

423 하야카와 타다노리 지음, 송태욱 옮김, 《신국 일본의 어처구니없는 결전생활》, 서커스출판상회, 2019, 300쪽.

424 〈오는 해도 이기자! 총력연맹서 '달마 포스터' 반포〉, 《매일신보》 1942년 12월 30일.

425 〈愛國朝鮮大展覽會〉(광고), 《경성일보》 1938년 7월 30일.

426 〈약진반도의 축쇄도 애국조선전람회〉, 《매일신보》 1938년 7월 19일.

427 〈愛國朝鮮大展覽會〉(광고), 《경성일보》 1938년 7월 30일.

428 〈時局下躍進半島の縮圖, 愛國朝鮮大展覽會〉, 《경성일보》 1938년 7월 18일.

429 〈愛國朝鮮大展覽會〉, 《경성일보》 1938년 7월 19일.

4 동원되는 신체와 물자

1   김혜경, 《식민지하 근대가족의 형성과 젠더》, 창비, 2006, 72쪽.

2   〈인적자원 배양과 아동애호의 정신〉, 《매일신보》 1942년 5월 4일.

3   조선총독부 엮음, 박찬승·김민석·최은진·양지혜 역주, 《국역 조선총독부 30년사 중: 시정 25년사 2》, 민속원, 2018, 895쪽.

4   이주희, 〈1920년대 조선총독부의 '아동보호일' 제정과 그 성격〉, 《역사와교육》 33, 2021, 285쪽.

5   오오다케 키요미, 〈어린이날 한일 비교 연구: 1922년 전후를 중심으로〉, 《방정환연구》 8, 2022, 169쪽.

6   〈育てよ健やかに, われらのコドモ達〉, 朝鮮初等敎育硏究會, 《朝鮮の敎育硏究》 2호, 1928년 5월, 177쪽.

7   예지숙, 《조선총독부 사회사업정책의 전개와 성격(1910년~1936년)》, 서울대학교 박사학위논문, 2017, 127쪽.

8   田中友佳子, 《植民地朝鮮の児童保護史: 植民地政策の展開と子育ての変容》, 勁草書房, 2018, 97쪽.

9   김혜경, 《식민지하 근대가족의 형성과 젠더》, 창비, 2006, 150쪽.

10   田中友佳子, 《植民地朝鮮の児童保護史: 植民地政策の展開と子育ての変容》, 勁草書房, 2018, 113쪽.

11   '분말 순유, 락구도겐' 광고, 《동아일보》 1928년 2월 26일.

12   이은희, 〈일제강점기 우량아 양육과 우유·연유·분유의 상륙〉, 《경제사학》 71, 2019, 416쪽.

13   田中友佳子, 《植民地朝鮮の児童保護史: 植民地政策の展開と子育ての変容》, 勁草書房, 2018, 113쪽.

14   田中友佳子, 《植民地朝鮮の児童保護史: 植民地政策の展開と子育ての変容》, 勁草書房, 2018, 113~115쪽.

15   이은희, 〈일제강점기 우량아 양육과 우유·연유·분유의 상륙〉, 《경제사학》 71, 2019, 419~421쪽.

16   〈兒童愛護週間全鮮一齊に行ふ〉, 《부산일보》 1938년 4월 7일.

17   〈國民精神總動員, 第13回兒童愛護週間5月2日より實施〉, 《조선시보》 1939년 4월 11일; 내무국, 〈아동애호주간〉, 조선총독부 정보과, 《통보》 43호, 1939년 4월, 8쪽.

18   〈人的資源涵養, 護れ第2の國民, 兒童愛護週間實施 全道民擧げて本運動の强化〉, 《조선신문》 1939년 4월 19일.

19   田中友佳子, 《植民地朝鮮の児童保護史: 植民地政策の展開と子育ての変容》, 勁草書房, 2018, 127쪽.

20   〈금회 지나사변은 대륙의 장기건설〉, 《조선일보》 1938년 7월 1일.

21   〈아동애호주간과 근본 관념〉(사설), 《매일신보》 1939년 5월 4일.

22   〈건강주간도 오늘부터〉, 《조선일보》 1940년 5월 2일.

23   〈어린이는 흥아의 꽃, 5월 2일부터 일주일간 16회 아동애호주간 실시〉, 《매일신보》 1942년 3월 28일.

24   〈건아는 건병의 초석〉, 《매일신보》 1943년 4월 21일.

25   新村拓, 《医療と戦時下の暮らし: 不確かな時空を生きる》, 法政大學出版局, 2022, 207~208쪽.

26   김혜경, 《식민지하 근대가족의 형성과 젠더》, 창비, 2006, 150쪽.

27   〈전선순회의 育兒展, 제1차로 경성에서〉, 《매일신보》 1944년 4월 29일.

28   이현주, 〈1910년에서 1930년까지 미국과 한국에서의 "베이비 쇼(Baby Show)"에 관한 소고〉, 《미국사연구》 46, 2017, 220쪽.

29   이현주, 〈1910년에서 1930년까지 미국과 한국에서의 "베이비 쇼(Baby Show)"에 관한 소고〉, 《미국사연구》 46, 2017, 231쪽.

30   〈全鮮優良幼兒表彰會〉, 《경성일보》 1939년 4월 20일.

31 〈제1회 전선우량유아표창회〉, 《매일신보》 1939년 4월 12일.

32 정근식, 〈식민지지배, 신체규율, '건강'〉, 미즈노 나오키 외 지음, 정선태 옮김, 《생활 속의 식민지주의》, 산처럼, 2007, 120쪽.

33 新村拓, 《医療と戰時下の暮らし: 不確かな時空を生きる》, 法政大學出版局, 2022, 209쪽.

34 〈건강유아는 누구, 적십자병원에서 유아심사회〉, 《매일신보》 1942년 5월 2일.

35 〈일적유유아심사회〉, 《매일신보》 1945년 4월 11일.

36 최규진, 〈전시체제기 국민체력관리와 건민운동〉, 《역사연구》 47, 2023을 요약했다.

37 高井昌吏・古賀篤, 《健康優良とその時代: 健康というメディア_イベント》, 青弓社, 2008, 27쪽.

38 西尾達雄, 《日本植民地下朝鮮學校体育政策》, 明石書店, 2003, 516쪽.

39 〈戰力增强體力檢査, 潑剌!銃後女性の意氣〉, 《조선신문》 1939년 7월 4일.

40 高岡裕之, 《總力戰体制と'福祉国家': 戰時期日本の'社会改革'構想》, 岩波書店, 2011, 267쪽.

41 高岡裕之, 《總力戰体制と'福祉国家': 戰時期日本の'社会改革'構想》, 岩波書店, 2011, 268쪽; 함예재, 〈전시하 후생성의 국민체력동원과 메이지신궁대회〉, 《일본역사연구》 37, 2013, 77쪽.

42 高岡裕之, 〈戰爭と'体力'—戰時厚生行政と靑年男子—〉, 阿部恒久・大日方純夫・天野正子 編, 《男性史 2: モダニズムから総力戰へ》, 日本経済評論社, 2006, 194쪽.

43 최규진, 《이 약 한번 잡숴 봐!: 식민지 약 광고와 신체정치》, 서해문집, 2021, 404쪽.

44 高岡裕之, 《總力戰体制と'福祉国家': 戰時期日本の'社会改革'構想》, 岩波書店, 2011, 269쪽.

45 高岡裕之, 《總力戰体制と'福祉国家': 戰時期日本の'社会改革'構想》, 岩波書店, 2011, 273~274쪽.

46 김경옥, 〈총력전체제기 일본의 인구정책: 여성의 역할과 차세대상을 중심으로〉, 《일본역사연구》 37, 2013, 55쪽.

47 〈5종으로 체력검사, '표준형'을 제정〉, 《매일신보》 1939년 7월 3일.

48 〈청년전투력 조사 본격화〉, 《동아일보》 1938년 12월 22일.

49 〈부내 청소년의 영력검정시험〉, 《조선일보》 1939년 8월 29일.

50 조선총독부, 《조선사정: 소화 18년판》, 1942, 210쪽; 손환, 〈일제강점기 조선의 체력장검정에 관한 연구〉, 《한국체육학회지》 48-5, 2009, 3쪽.

51 〈중등학교 이상 재학자에 체력장검정을 실시〉, 《매일신보》 1943년 1월 13일.

52 〈남녀체력장검정〉, 《매일신보》 1943년 6월 18일.

53 〈종합적 체력 연성, 여자체력장검정은 시험적으로 실시〉, 《매일신보》 1943년 5월 20일; 〈남녀체력장검정〉, 《매일신보》 1943년 6월 18일.

54 〈作れ立波な體力を,檢定合格者に總督章を授與〉, 《경성일보》 1943년 6월 17일.

55 《(소화20년도)조선연감》, 경성일보사, 1944, 192~193쪽.

56 〈체력장검정, 9월부터 전선적으로 실시 개시〉, 《매일신보》 1943년 9월 3일.

57 〈作れ立波な體力を, 檢定合格者に總督章を授與〉, 《경성일보》 1943년 6월 17일.

58 〈확대된 체력장 검정〉, 《매일신보》 1944년 6월 3일.

59 〈체력장검정의 종목 연성대회〉, 《매일신보》 1943년 9월 22일.

60 이병례, 〈아시아·태평양전쟁기 식민지 조선의 건강담론과 노동통제〉, 《한국사연구》 185, 2019, 174쪽.

61 신주백, 〈일제 말기 체육 정책과 조선인에게 강제된 건강: 체육 교육의 군사화 경향과 실종을 중심으로〉, 《사회와역사》 68, 2005, 274쪽.

62 〈조선에 징병제도 실시, 반도동포에 최고 영예〉, 《매일신보》 1942년 5월 10일.

63 高岡裕野之, 〈戰爭と健康〉, 村一夫·北澤一利·田中聰·高岡裕之·柄本三代子, 《健康ブームを讀み解く》, 靑弓社, 2003, 167쪽.

64 新村拓, 《医療と戰時下の暮らし: 不確かな時空を生きる》, 法政大學出版局, 2022, 212쪽.

65 〈고지서는 벌써 배포, 누락자는 자진 계출하라〉, 《매일신보》 1942년 2월 22일; 〈반도청년 체력검사, 奉公의 열의로 참가하라〉, 《매일신보》 1942년 2월 16일.

66 西尾達雄, 《日本植民地下朝鮮學校体育政策》, 明石書店, 2003, 522쪽.

67 〈强き體で名乘れ體力檢查, 臨戰報國團から檄〉, 《경성일보》 1942년 2월 17일; 西尾達雄, 《日本植民地下朝鮮學校体育政策》, 明石書店, 2003, 530쪽.

68 〈체력검사의 의의〉(사설), 《매일신보》 1942년 2월 10일.

69 〈半島少青年に恩典, 体力檢查〉, 매일신문사, 《매신 사진순보》 281호, 1942년 4월 1일, 7쪽.

70 〈劃期的意義を持つ朝鮮青年體力檢查〉, 《조선신문》 1942년 12월 7일.

71 〈强き體で名乘れ, 體力檢查 臨戰報國團から檄〉, 《경성일보》 1942년 2월 17일.

72 〈청년체력검사 실시〉(사설), 《매일신보》 1942년 1월 28일.

73 〈무단 불출두는 처벌〉, 《매일신보》 1942년 1월 27일.

74 〈고지서는 벌써 배포, 누락자는 자진 계출하라〉, 《매일신보》 1942년 2월 22일.

75 樋口雄一, 《戰時下の朝鮮の民衆と徵兵》, 總和社, 2001, 19쪽; 〈체력검사에 나타날 반도청년들의 충성, 來月 실시 앞두고 군에서 회의〉, 《매일신보》 1942년 2월 6일.

76 〈체력검사와 청년의 열의〉(사설), 《매일신보》 1942년 3월 5일.

77 〈內地人青年にも體力檢查〉, 《국민신보》 1942년 월 3일.

78 〈검사의 준비는 완료, 청년체력검사는 드디어 명일부터〉, 《매일신보》 1942년 2월 28일.

79 신주백, 〈일제 말기 체육 정책과 조선인에게 강제된 건강: 체육 교육의 군사화 경향과 실종을 중심으로〉, 《사회와 역사》 68, 2005, 262쪽; 岡久雄(厚生局保健課長), 〈朝鮮青年體力檢查を終へて〉, 朝鮮總督府, 《조선》 324호, 1942년 5월, 44쪽.

80 〈고지서는 벌써 배포, 누락자는 자진 계출하라〉, 《매일신보》 1942년 2월 22일.

81 樋口雄一, 《戰時下の朝鮮の民衆と徵兵》, 總和社, 2001, 20쪽.

82 樋口雄一, 《戰時下の朝鮮の民衆と徵兵》, 總和社, 2001, 32쪽.

83 손준종, 〈근대교육에서 국가의 몸 관리와 통제 양식 연구〉, 《한국교육학연구》 16-1, 2010, 49쪽.

84 서유리, 《매신 사진순보》, 조선에 전쟁을 홍보하다: 전시체제하 사진화보잡지의 표지 이미지 연구〉, 《근대서지》 10, 2014, 393쪽.

85 〈조선체력령〉(1945년 제령 제5호), 《조선총독부관보》 1945년 3월 24일.

86 〈필승 인적요소 확립, 조선에 체력령 공포〉, 《매일신보》 1945년 3월 24일.

87 〈남 26세 여 20세 미만 법령으로 검사지정, 첫해는 공장 학교 방면에 관리실시〉, 《매일신보》 1945년 3월 25일.

88 최규진, 〈전시체제기 국민체력관리와 건민운동〉, 《역사연구》 47, 2023을 요약했다.

89 高岡裕之, 〈戰爭と'体力': 戰時厚生行政と靑年男子〉, 阿部恒久·大日方純夫·天野正子編, 《男性史 2: モダニズムから総力戦へ》, 日本経済評論社, 2006, 179쪽.

90 下西陽子, 〈戰時下の農村保健運動: 全國協同組合保健協會の健民運動対応を中心に〉, 赤澤史朗 外, 《戰時下の宣伝と文化》, 現代史出版, 2001, 215쪽.

91 〈건강주간 실시〉, 《매일신보》 1938년 4월 8일; 〈健康週間〉, 《경성일보》 1938년 4월 7일.

92 〈전조선 관민을 총동 체위 향상에 대진군 오월에 건강주간을 실시〉, 《매일신보》 1939년 4월 15일.

93 〈體位向上, 保健へ大行進〉, 《부산일보》 1939년 4월 16일.

94 〈건강제일 체력보국에, 5월 2일부터 국민건강주간〉, 《매일신보》 1940년 4월 14일.

95 藤野豊, 〈強制された健康: 日本ファシズム下の生命と身体》, 吉川弘文館, 2000, 25~26쪽.

96 〈시중을 물드린 '국민건강주간' 선전색〉, 《매일신보》 1940년 5월 1일.

97 〈꿋꿋한 체력은 국가의 자랑〉, 《매일신보》 1940년 4월 21일.

98 〈체위향상의 초석으로 국민건강증진운동 래28일부터 전조선에 실시〉, 《매일신보》 1941년 4월 16일.

99 다카오카 히로유키 지음, 송태욱 옮김, 〈전쟁과 건강: 근대 '건강 담론'의 확립과 일본 총력전 체제〉, 《당대비평》 27, 2004, 347쪽.

100 桜本富雄, 《玉砕と国葬: 1943年5月の思想》, 開窓社, 1984, 9쪽.

101 下西陽子, 〈戰時下の農村保健運動—全國協同組合保健協會の健民運動対応を中心に—〉, 赤澤史朗 外, 《戰時下の宣伝と文化》, 現代史出版, 2001, 225~226쪽.

102 〈건민건병 후생운동〉(사설), 《매일신보》 1942년 6월 7일.

103 〈훈풍의 5월을 택하여 전조선 건민운동 전개〉, 《매일신보》 1942년 4월 11일.

104 〈조선에 징병제도 실시, 반도동포에 최고 영예〉, 《매일신보》 1942년 5월 10일.

105 〈건민강조운동〉(사설), 《매일신보》 1943년 5월 1일.

106 이상백, 〈전시와 신체육이념〉, 《매일신보》 1942년 5월 31일.

107 〈건민 표어 입상〉, 《매일신보》 1943년 6월 22일.

108 〈건아는 건민의 초석, 총독부서 육아 '카렌다'를 무료배부〉, 《매일신보》 1942년 5월 8일.

109 〈애기 기르는 법, 육아월력삼만부를 무료배포〉, 《매일신보》 1942년 12월 23일.

110 〈育兒ごよみ, 育てませう健民, 初生兒出産家庭へ贈物〉, 《경성일보》 1942년 12월 24일.

111 〈건아는 건민의 초석, 총독부서 육아 '카렌다'를 무료배부〉, 《매일신보》 1942년 5월 8일.

112 안태윤, 〈일제하 모성에 관한 연구: 전시체제와 모성의 식민화를 중심으로〉, 성신여자대학교 박사학위논문, 2001, 115쪽.

113 〈건민은 강병의 초석〉, 《매일신보》 1943년 4월 18일.

114 〈건민 수련에 총궐기, 오늘부터 방방곡곡에서 라디오체조〉, 《매일신보》 1943년 7월 22일.

115 〈건민수련에 총기립, 오늘부터 방방곡곡에서 라디오체조〉, 《매일신보》 1943년 7월 22일.

116 早川タダノリ, 《神國日本のトンデモ決戦生活》, 合同出版, 2011, 110쪽(하야카와 타다노리 지음, 송태욱 옮김,

《신국 일본의 어처구니없는 결전생활》, 서커스출판상회, 2019, 195쪽).

117 〈一人々々が鐵の體, 標語も鮮か, 健民運動のポスター〉, 《경성일보》 1943년 4월 22일.

118 최규진, 〈전시체제기 '멸사봉공'의 신체, 일본정신과 무도武道〉, 《역사연구》 44, 2022, 219~222쪽.

119 〈건민은 국가의 초석〉, 《매일신보》 1943년 4월 12일.

120 〈완연, 3000명 대행진, 남녀노유 망라한 강보회 성관〉, 《매일신보》 1940년 11월 24일.

121 〈후생국 설치와 후생운동〉, 《동아일보》 1938년 12월 3일.

122 〈전선 순회의 육아전, 제1차로 경성에서〉, 《매일신보》 1944년 4월 29일.

123 〈각종행사, 회합통제 삼류로나누어실시방침천명〉, 《매일신보》 1943년 8월 21일.

124 〈생활을 전력화〉, 《매일신보》 1944년 6월 3일.

125 〈심신수련 힘찬 출발, 개성건민수련소 개소식〉, 《매일신보》 1944년 10월 11일.

126 〈수련의 보람 뚜렷하게, 개성 건민수련소 수료식 거행〉, 《매일신보》 1944년 11월 25일.

127 新村拓, 《医療と戦時下の暮らし: 不確かな時空を生きる》, 法政大學出版局, 2022, 310쪽.

128 다카오카 히로유키, 〈체력·인구·민족: 총력전체제와 후생성〉, 《한림일본학》 23, 2013, 26쪽.

129 高岡裕之, 《総力戦体制と'福祉国家': 戦時期日本の'社会改革'構想》, 岩波書店, 2011, 271~272쪽.

130 〈건민강병의 기초로 청소년 체력을 철저 관리〉, 《매일신보》 1944년 5월 1일; 〈6도에 건민도장〉, 《매일신보》 1944년 5월 25일.

131 〈전선 7개소에 건민수련도장 신설〉, 《매일신보》 1944년 5월 12일.

132 〈건민수련〉(하), 《매일신보》 1944년 8월 9일.

133 赤澤史朗, 《戦中·戦後文化論: 転換期の日本の文化統合》, 法律文化史, 2020, 23쪽.

134 粟屋憲太浪, 《十五年戦争期の政治と社會》, 大月書店, 1995, 126쪽.

135 一ノ瀬俊也, 《近代日本の徴兵制と社會》, 吉川弘文館, 2004, 248쪽.

136 寺崎昌男·戰時下教育研究會 編, 《總力戰體制と教育: 皇國民'鍊成'の理念と實踐》, 東京大出版會, 1987, 304쪽.

137 一ノ瀬俊也, 《近代日本の徴兵制と社會》, 吉川弘文館, 2004, 268쪽.

138 조선총독부 엮음, 박찬승·김민석·최은진·양지혜 역주, 《국역 조선총독부 30년사 하: 시정 30년사》, 민속원, 2018, 1345쪽.

139 〈내선일체, 군관민일치로 조선군사원호연맹조직〉, 《매일신보》 1937년 7월 22일.

140 준 우치다, 〈총력전 시기 '내선일체' 정책에 대한 재조선 일본인의 협력〉, 헨리 임·곽준혁 엮음, 《근대성의 역설》, 후마니타스, 2009, 239~242쪽.

141 バラク·クシュナー 著, 井形彬 訳, 《思想戰, 大日本帝國のプロパガンダ》, 明石書店, 2016, 34~36쪽.

142 국민총력조선연맹, 《국민총력독본》, 1941, 89쪽.

143 〈총후의 정성 바치자〉, 《매일신보》 1943년 9월 26일.

144 〈국민의 인식심화도하야 원호의 완벽을 기함 총후후원강화주간실시요강〉, 《매일신보》 1938년 9월 22일.

145 〈명일 조 8시 '싸이렌'은 1분간 묵도의 신호〉, 《매일신보》 1938년 10월 5일.

146 〈銃後後援强化週間〉, 《조선신문》 1938년 9월 24일.

147 〈傷痍軍人記章近く完成さる〉, 《조선신문》 1938년 9월 27일.

148 〈英靈へ,遺族へ感謝のポスター―配布〉,《경성일보》1939년 8월 31일.

149 정호기, 〈일제하 조선에서의 전쟁사자 추모 공간과 추모 의례〉,《사회와 역사》67, 2005, 130쪽.

150 田島奈都子,《戦前期日本のポスター―: 広告宣伝と美術の間で揺れた50年》, 吉川弘文館, 2023, 164쪽.

151 田島奈都子 編,《明治・大正・昭和初期日本ポスター史大図鑑》, 國書刊行會, 2019, 35쪽.

152 田島奈都子 編,《プロパガンダ・ポスターにみる日本の戦争》, 勉誠出版株式會社, 2016, 126쪽.

153 田島奈都子 編,《プロパガンダ・ポスターにみる日本の戦争》, 勉誠出版株式會社, 2016, 125쪽.

154 정호기, 〈일제하 조선에서의 전쟁사자 추모 공간과 추모 의례〉,《사회와 역사》67, 2005, 153쪽.

155 〈'銃後奉公強化'ポスター 完成〉,《경성일보》1941년 9월 11일.

156 〈호국의 영령에 감사, 군사원호운동을 강화〉,《매일신보》1940년 9월 14일.

157 와카쿠와 미도리 지음, 손지연 옮김,《전쟁이 만들어낸 여성상》, 소명출판, 2011, 107쪽.

158 〈영예의 집을 지키자〉,《매일신보》1942년 9월 24일.

159 保阪正康 監修・太平洋戦争研究會 著,《《写真週報》に見る戦時下の日本》, 世界文化社, 2011, 80쪽.

160 《사진주보》263호, 1943년 3월 17일, 15쪽.

161 〈이모저모 적극후원―총후봉공회, 전선서 발족〉,《매일신보》1944년 9월 1일.

162 〈군인원호의 본뜻〉,《매일신보》1944년 10월 7일.

163 〈전선장병에 일억의 감사 군인원호강화운동 십월삼일부터 전선에 실천행사〉,《매일신보》1943년 9월 12일.

164 와카쿠와 미도리 지음, 손지연 옮김,《전쟁이 만들어낸 여성상》, 소명출판, 2011, 81쪽.

165 小松 裕,《いのち と 帝國日本(日本の歴史 14)》, 小学館, 2009, 112쪽.

166 우에노 지즈코 지음, 이선이 옮김,《내셔널리즘과 젠더》, 박종철출판사, 1999, 30쪽.

167 〈赤十字デー迫る〉,《조선신문》1933년 11월 14일.

168 조지 L.모스 지음, 오윤성 옮김,《전사자 숭배》, 문학동네, 2015, 74쪽.

169 이꽃메,《한국근대간호사》, 한울, 2011, 195~197쪽.

170 신영숙, 〈아시아・태평양전쟁 시기 일본군 '위안부'의 정체성: 여자 군속의 종군간호부와 비교 연구〉,
     《동북아역사논총》25, 2009, 344쪽.

171 〈적십자조약 성립의 75주년을 기념〉,《매일신보》1939년 11월 14일.

172 〈'천사부대' 전선으로〉,《매일신보》1943년 9월 5일.

173 신영숙, 〈아시아・태평양전쟁기 조선인 종군간호부의 동원실태와 정체성〉,《여성과 역사》14, 2009, 153쪽.

174 田島奈都子 編,《プロパガンダ・ポスターにみる日本の戦争》, 勉誠出版株式會社, 2016, 54쪽.

175 〈輝く '赤十字', 來る十五日から記念行事〉,《경성일보》1942년 11월 12일.

176 〈赤十字日の催し, 十五日から三日の間〉,《황민일보》1942년 11월 13일.

177 〈전쟁에 피는 꽃, 백의의 천사 적십자 이야기〉(1),《매일신보》1937년 9월 26일.

178 〈전장의 백합화 백의의 천사, 훈련 쌓는 종군간호부〉,《매일신보》1941년 3월 23일.

179 친일반민족행위진상규명위원회,《친일반민족행위관계사료집》16, 친일반민족행위진상규명위원회, 2009,
     729쪽.

180 《신시대》3권 4호, 1943년 4월, 도판.

181 〈나오라 반도여성들, 육군조병창에서 백의천사 모집〉, 《매일신보》 1943년 3월 6일.

182 〈여성의 성직을 인식, 반도처녀들 구호간호부 나가라〉, 《매일신보》 1943년 2월 1일.

183 히로세 레이코 지음, 서재길·송혜경 옮김, 《제국의 소녀들》, 소명출판, 2023, 104쪽.

184 〈여학생에 전장교육, 실전즉응의 구급간호법을 훈련〉, 《매일신보》 1943년 9월 5일.

185 〈전시구호간호학, 여학교서 필수로 교수〉, 《매일신보》 1944년 5월 9일.

186 정선이, 〈일제 말기 고등여학교 간호교육의 실태와 의미〉, 《한국교육사학》 44-1, 2022, 70쪽.

187 이규엽, 〈전력증강과 모성보호〉, 《신시대》 5권 1호, 1945년 1월, 33쪽.

188 〈여학생에 간호부 면허를, 구호과정 수료한 今春 졸업생부터〉, 《매일신보》 1945년 3월 14일.

189 김정실, 〈국민등록이란 무엇인가〉, 《동아일보》 1938년 9월 22일; 한민주, 〈불온한 등록자들: 근대 통계학, 사회위생학, 그리고 문학의 정치성〉, 《한국문학연구》 46, 2014, 265쪽.

190 〈國民登錄制の實施〉, 《통보》 46호, 1939년 6월 1일, 13쪽.

191 唐島基智三, 《最新法令增補改正 國家總動員法解說》, 淸教社, 1941, 141쪽.

192 〈총력동원에 등록될 자 16세 이상 70만 명〉, 《매일신보》 1939년 5월 16일.

193 〈등록될 의약 기술자 전조선에 5,500명〉, 《동아일보》 1938년 7월 3일; 안자코 유카, 《조선총독부의 '총동원체제'(1937~1945   형성 정책), 고려대학교 박사학위논문, 2006, 131쪽.

194 〈國民登錄制の實施〉, 《조선》 290호, 1939년 7월, 106쪽; 조선총독부 엮음, 박찬승·김민석·최은진·양지혜 역주, 《국역 조선총독부 30년사 하: 시정 30년사》, 민속원, 2018, 1,352쪽.

195 〈총력동원에 등록될 자 16세 이상 70만 명〉, 《매일신보》 1939년 5월 16일; 〈금일, 국민등록시행규칙발포〉, 《동아일보》 1939년 5월 16일.

196 〈국민등록 2할 미만〉, 《동아일보》 1939년 7월 15일; 정일영, 〈일제 식민지 시기 '국민'되기의 이중성: '국민건강보험' 도입 담론과 '국민등록제' 시행을 중심으로〉, 《역사연구》 42, 2021, 367쪽.

197 〈노동자 건강 보험제도〉, 《조선일보》 1939년 5월 5일.

198 〈생산확충에 징용대비, '잉여노력'도 등록〉, 《조선일보》 1939년 5월 20일.

199 〈생산확충에 징용대비, '잉여노력'도 등록〉, 《조선일보》 1939년 5월 20일; 정일영, 〈일제 식민지 시기 '국민'되기의 이중성: '국민건강보험' 도입 담론과 '국민등록제' 시행을 중심으로〉, 《역사연구》 42, 2021, 363쪽.

200 이상의, 《일제하 조선의 노동정책 연구》, 혜안, 2006, 223~224쪽.

201 공임순, 《식민지 시기 야담의 오락성과 프로파간다》, 앨피, 2013, 267쪽.

202 田島奈都子 編, 《プロパガンダ·ポスターにみる日本の戦争》, 勉誠出版株式會社, 2016, 44쪽.

203 〈청장년등록 실시, 16세 이상 40세 미만의 남자〉, 《매일신보》 1941년 10월 22일.

204 〈직업능력 신고하라〉, 《매일신보》 1941년 11월 12일.

205 〈男子の三割五分適格〉, 《부산일보》 1941년 11월 7일.

206 〈조선은 남자만 등록, 12월에 실시될 청장년국민등록〉, 《매일신보》 1941년 10월 23일.

207 〈男子の三割五分適格〉, 《부산일보》 1941년 11월 7일.

208 〈全鮮で約四百萬人, 青壯年國民登錄實施〉, 《조선신문》 1941년 10월 22일.

209 〈全鮮で約四百萬人, 青壯年國民登錄實施〉, 《조선신문》 1941년 10월 22일.

210 〈全鮮で約四百萬人, 靑壯年國民登錄實施〉, 《조선신문》 1941년 10월 22일.

211 〈靑壯年の國民登錄制に他愛ない噂さ〉, 《부산일보》 1941년 11월 10일.

212 〈반드시 신고하라〉, 《매일신보》 1941년 11월 19일.

213 〈16세 이상 40세 미만의 남자, 빠짐없이 신고하라〉, 《매일신보》 1942년 9월 29일.

214 〈청장년의 국민등록 전선 일제 실시〉, 《매일신보》 1942년 8월 28일.

215 〈申告を怠るな! 靑壯年産業戰士の登錄實施〉, 《경성일보》 1942년 8월 28일.

216 〈청장년의 국민등록〉, 《매일신보》 1943년 9월 19일.

217 〈청장년국민등록, 한사람도 빠짐없이 신고하라〉, 《매일신보》 1943년 9월 24일.

218 〈가두의 진풍경 삭발 선풍!.중머리 활보시대. 시내 각 중등, 소학교 선생님들도 깍까중이. 경찰관에도 '삭발령'을 고려〉, 《조선일보》 1938년 7월 19일.

219 〈기류계의 여행을〉, 《매일신보》 1942년 10월 11일.

220 〈기류계출 잊지마라〉, 《매일신보》 1942년 10월 6일.

221 조건, 《전시 총동원체제기 조선 주둔 일본군의 조선인 통제와 동원》, 동국대학교 박사학위논문, 2015, 54쪽.

222 〈기류령에 협력 기대〉, 《매일신보》 1942년 10월 6일.

223 樋口雄一, 《戰時下の朝鮮の民衆と徵兵》, 總和社, 2001, 45쪽; 다카시 후지타니 지음, 이경훈 옮김, 《총력전 제국의 인종주의》, 푸른역사, 2019, 136쪽.

224 〈기류계는 금일부터〉, 《매일신보》 1942년 10월 15일.

225 이명종, 〈일제 말기 조선인 징병을 위한 기류제도의 시행 및 호적조사〉, 《사회와역사》 74, 2007, 93쪽.

226 김영미, 〈해방 이후 주민등록제도의 변천과 그 성격: 한국 주민등록증의 역사적 연원〉, 《한국사연구》 136, 2007, 290쪽.

227 김영미, 〈주민등록증은 왜 생겼나〉, 《내일을 여는 역사》 25, 2006, 143쪽; 홍성태, 〈주민등록제도와 총체적 감시사회: 박정희 독재의 구조적 유산〉, 《민주사회와정책연구》 9, 2006, 264쪽.

228 〈徵兵'に鐵壁の備へ先づ戶籍と寄留の整備から〉, 《경성일보》 1943년 2월 18일.

229 〈徵兵'に鐵壁の備へ先づ戶籍と寄留の整備から〉, 《경성일보》 1943년 2월 18일.

230 〈호적기류강조주간〉, 《매일신보》 1943년 6월 14일.

231 〈기류계를 빠짐없이 제출하라〉, 《매일신보》 1943년 7월 6일.

232 이명종, 〈일제 말기 조선인 징병을 위한 기류寄留제도의 시행 및 호적조사〉, 《사회와역사》 74, 2007, 95~96쪽.

233 〈호적, 기류 일제 조사〉, 《매일신보》 1943년 2월 15일.

234 〈徵兵'に鐵壁の備へ先づ戶籍と寄留の整備から〉, 《경성일보》 1943년 2월 18일.

235 菊池邦作, 《徵兵忌避の研究》, 立風書房, 1977, 416쪽.

236 〈他所に魁して靑年訓練所, 方魚津で好成績〉, 《조선신문》 1926년 9월 10일; 〈在鄕軍人の靑年訓練所 豫想以上の實績〉, 《조선신문》 1926년 9월 11일.

237 〈有難いのは, 靑年訓練所, 朝鮮は如何?〉, 《조선신문》 1927년 1월 18일.

238 戶部良一, 《戰爭のなかの日本》, 千倉書房, 2020, 101쪽.

239 戶部良一, 《戰爭のなかの日本》, 千倉書房, 2020, 101쪽.

240 후지와라 아키라 지음, 서영식 옮김, 《일본군사사》, 제이앤씨, 2013, 232쪽.

241 戸部良一, 《戦争のなかの日本》, 千倉書房, 2020, 99쪽.

242 菊池邦作, 《徵兵忌避の研究》, 立風書房, 1977, 407~408쪽.

243 이재헌, 〈일제강점기 청년훈련소의 운영과 재편〉, 울산대학교 석사학위논문, 2020, 7쪽.

244 이정순, 〈의무제로 되는 청년훈련소〉, 《신시대》 1권 5호, 1941년 5월, 68쪽.

245 〈필승의 연성과 원호, 징병결실까지 고심노력〉, 《매일신보》 1944년 9월 1일.

246 최현우, 《일제강점기 조선총독부 관료의 구미 시찰과 조사 활동》, 서울대학교 박사학위논문, 2020, 169쪽;
    이재헌, 〈일제강점기 청년훈련소의 운영과 재편〉, 울산대학교 석사학위논문, 2020, 16쪽.

247 〈先づ青年訓練所へ〉, 《조선신문》 1934년 3월 21일.

248 〈國家多難の時, 青訓生募集〉, 《경성일보》 1932년 3월 16일.

249 표영수, 〈일제강점기 조선인 군사훈련 현황〉, 《숭실사학》 30, 2013, 218쪽.

250 〈선철혼을 달궈내는 철도청훈의 금일〉, 《신시대》 1권 2호, 1941년 2월, 159쪽.

251 〈在東京'朝鮮義勇團'ポスターを作製して內地各地に飛檄〉, 《조선신문》 1933년 12월 7일.

252 〈愛國の士は集まれ!, 非常時に起つた朝鮮義勇團の結成運動〉, 《부산일보》 1934년 3월 1일,

253 이병례, 《일제하 전시 기술인력 양성정책과 한국인의 대응》, 성균관대학교 박사학위논문, 2011, 123~124쪽;
    최원영, 〈일제말기(1937~45)의 청년동원정책: 청년단과 청년훈련소를 중심으로〉, 《한국민족운동사연구》 21,
    1999, 272쪽.

254 〈'청훈'지도자로 제대될 지원병을 임용〉, 《매일신보》 1939년 7월 15일.

255 〈지원병 확충과도 밀접, 국민총훈련의 기초〉, 《매일신보》 1940년 1월 26일.

253 〈선철혼을 달궈내는 철도청훈의 금일〉, 《신시대》 1권 2호, 1941년 2월, 158쪽.

257 〈필승의 연성과 원호, 징병결실까지 고심노력〉, 《매일신보》 1944년 9월 1일.

258 이병례, 《일제하 전시 기술인력 양성정책과 한국인의 대응》, 성균관대학교 박사학위논문, 2011, 127쪽.

259 樋口雄一, 《戰時下の朝鮮の民衆と徵兵》, 總和社, 2001, 53~54쪽.

260 〈'청훈' 발전적 해소와 새 발족의 청년학교〉, 《매일신보》 1945년 4월 25일; 이병례, 《일제하 전시 기술인력
    양성정책과 한국인의 대응》, 성균관대학교 박사학위논문, 2011, 123쪽.

261 〈필승의 연성과 원호, 징병결실까지 고심노력〉, 《매일신보》 1944년 9월 1일.

262 〈혜화 청년특별연성소 방문기〉, 《조광》 88호, 1943년 2월, 35~36쪽.

263 〈필승의 연성과 원호, 징병결실까지 고심노력〉, 《매일신보》 1944년 9월 1일.

264 신주백, 〈일제말기 조선인 군사교육, 1942.12~1945〉, 《한일민족문제연구》 9, 2005, 171~175쪽.

265 〈授業料月に30錢, 女青鍊所 四月 開設〉, 《부산일보》 1944년 3월 9일.

266 樋口雄一, 《戰時下の朝鮮の民衆と徵兵》, 總和社, 2001, 70~72쪽.

267 〈健兵の母を期して女子青年鍊成所248ケ所に新設〉, 《부산일보》 1944년 2월 6일.

268 나리타 류이치 외 지음, 정실비 외 옮김, 《감정·기억·전쟁》, 소명출판, 2014, 286쪽.

269 〈青年團と皇國臣民敎育〉, 《조선》 321호, 1942년 2월, 44쪽.

270 이병담·구희성, 〈일제강점기 아동의 체육활동과 식민성: 조선총독부 《소학교보통학교체조교수서》와

국정교과서를 중심으로〉,《일본어문학》45, 2010, 364쪽.

271　樋口雄一,《戰時下の朝鮮の民衆と徵兵》, 總和社, 2001, 56쪽.

272　표영수,〈일제강점기 육군특별지원병제도와 조선인 강제동원〉,《한국민족운동사연구》79, 2014, 110쪽;
　　　신주백,《일본군의 한반도 침략과 일본의 제국 운영》, 동북아역사재단, 2021, 290쪽.

273　미야타 세쓰코 지음, 이영랑 옮김,《조선민중과 '황민화'정책》, 일조각, 1997, 38쪽.

274　김은영,〈청년의 초상과 청년교육:《조광》을 중심으로 본 전시체제기 교육담론〉,《역사연구》47, 2023, 123쪽.

275　안자코 유카,〈전장으로의 강제동원: 조선인 지원병이 경험한 아시아태평양전쟁〉,《역사학연구》81, 2021,
　　　99쪽.

276　최유리,《일제 말기 식민지 지배정책연구》, 국학자료원, 1997, 189쪽.

277　樋口雄一,《戰時下の朝鮮の民衆と徵兵》, 總和社, 2001, 14쪽.

278　樋口雄一,《戰時下の朝鮮の民衆と徵兵》, 總和社, 2001, 79쪽.

279　김현아,〈총력전체제기 육군특별지원병제의 실상과 군사원호: 황국신민화의 관점에서〉,《한일관계사연구》62,
　　　2018, 467쪽.

280　〈학원에도 지원병, 중학생 적격자 조사〉,《조선일보》1940년 2월 11일.

281　미야타 세쓰코 지음, 이영랑 옮김,《조선민중과 '황민화'정책》, 일조각, 1997, 49쪽.

282　안자코 유카,〈전장으로의 강제동원: 조선인 지원병이 경험한 아시아태평양전쟁〉,《역사학연구》81, 2021,
　　　104쪽.

283　정안기,〈전시기 육군특별지원병제의 추계와 분석〉,《정신문화연구》41-2, 2018, 298쪽.

284　〈지원병이 되라〉,《매일신보》1939년 12월 29일.

285　〈志願兵一戶一人出シマセウ〉,《국민신보》1941년 11월 16일.

286　樋口雄一,《戰時下の朝鮮の民衆と徵兵》, 總和社, 2001, 116쪽.

287　〈나오라 해군 남아들〉,《매일신보》1943년 7월 3일.

288　〈해군지식, 전함〉,《매일신보》1943년 6월 26일.

289　매일신문사,《매신 사진순보》326호, 1943년 7월 11일, 4쪽.

290　토비 클락 지음, 이순령 옮김,《20세기 정치선전 예술》, 예경, 2000, 103쪽.

291　〈해국의 남아라면, 대장부라면 무적해군의 일원이 되라〉,《매일신보》1943년 12월 27일.

292　표영수,〈해군특별지원병제도와 조선인 강제동원〉,《한국민족운동사연구》59, 2009, 291~293쪽; 朝日新聞社,
　　　《寫眞報道, 戰ふ朝鮮》, 1945, 12쪽.

293　임종국,《일본군의 조선침략사》2, 일월서각, 1989, 276쪽; 표영수,〈해군특별지원병제도와 조선인
　　　강제동원〉,《한국민족운동사연구》59, 2009, 299쪽.

294　〈해군지식, 군함기〉,《매일신보》1943년 6월 23일.

295　류시현,〈태평양전쟁 시기 학병의 '감성동원'과 분노의 기억: 학병수기집《청춘만장》을 중심으로〉,
　　　《호남문화연구》52, 2012, 104쪽.

296　정혜경,《조선 청년이여 황국신민이 되어라》, 서해문집, 2010, 82쪽.

297　이상의,〈태평양전쟁기 조선인 전문학생·대학생의 학도지원병 동원 거부와 '학도징용'〉,《역사교육》141,

2017, 155쪽.

298 국민총력조선연맹 편찬, 《시국해설독본》, 1942, 3쪽.

299 정혜경, 《아시아태평양전쟁에 동원된 조선의 아이들》, 섬앤섬, 2019, 97~98쪽.

300 〈육군학교 소년병들〉, 《매일신보》 1943년 5월 5일; 保阪正康 監修·太平洋戰爭硏究會 著,
《《写真週報》に見る戰時下の日本》, 世界文化社, 2011, 8쪽.

301 배영미·노기 카오리, 〈일제말기 조선인 특공대원의 '지원'과 '특공사'〉, 《한일민족문제연구》 13, 2007, 300쪽.

302 〈황운부익의 정도로!〉, 《매일신보》 1944년 3월 23일.

303 배영미·노기 카오리, 〈일제말기 조선인 특공대원의 '지원'과 '특공사'〉, 《한일민족문제연구》 13, 2007, 302쪽.

304 〈육군소년비행병〉(상), 《매일신보》 1943년 9월 5일; 〈육군소년비행병〉(하), 《매일신보》 1943년 9월 7일.

305 〈흉안에 군센 결의, 오직 순국멸적〉, 《매일신보》 1944년 3월 23일.

306 이정윤, 〈일제 말기 '시국 미술' 연구〉, 홍익대학교 석사학위논문, 2000, 47~48쪽.

307 〈육군소년비행병 모집 '포스터' 배포〉, 《매일신보》 1943년 9월 17일.

308 〈列强に先んじて海軍が少年航空兵, 十六歲から十九歲まで採用〉, 《조선신문》 1926년 6월 22일;
권희주·성윤아, 〈아시아태평양전쟁기 아동의 사상교육에 관한 연구〉, 《한국융합학회논문지》 11-12, 2020,
229쪽.

309 김윤형, 《나는 조선인 가미카제다》, 서해문집, 2012, 128~129쪽.

310 《子どもたちの昭和史》(寫眞集), 大月書店, 2000, 90쪽.

311 〈今に世に出る鐵牛小勇士〉, 《국민신보》 1939년 7월 23일.

312 〈半島靑年も入學〉, 《국민신보》 1942년 4월 12일.

313 〈陸軍幼年學校'が生徒を募集〉, 《경성일보》 1941년 8월 20일.

314 호사카 마사야스 지음, 정선태 옮김, 《도조 히데키와 제2차 세계대전》, 페이퍼로드, 2022, 49쪽.

315 이정윤, 〈일제 말기 '시국 미술' 연구〉, 홍익대학교 석사학위논문, 2000, 48쪽.

316 田島奈都子, 《戰前期日本のポスター: 広告宣伝と美術の間で揺れた50年》, 吉川弘文館, 2023, 171쪽.

317 변은진, 〈조선인 군사동원을 통해 본 일제 식민정책의 성격〉, 《아세아연구》 46-2, 2003, 229쪽.

318 안자코 유카, 〈전장으로의 강제동원: 조선인 지원병이 경험한 아시아태평양전쟁〉, 《역사학연구》 81, 2021,
101쪽.

319 조선군사보급협회 엮음, 《조선징병준비독본》, 1942, 64~84쪽.

320 香山光郎, 〈징병과 여성〉, 《신시대》 2권 6호, 1942년 6월, 28쪽.

321 조선군사보급협회 엮음, 《조선징병준비독본》, 1942, 91~96쪽.

322 〈조선을 아는가? 이동선전전 시내 6처에서 개최〉, 《매일신보》 1943년 7월 20일.

323 〈'街'を啓發する, 半島にも移動展誕生〉, 《경성일보》 1943년 7월 20일.

324 조순자, 〈영화음악을 중심으로 본 국책영화 '병정님'의 프로파간다에 관한 고찰〉, 《한국학연구》 54, 2015,
208쪽.

325 이정윤, 〈일제 말기 '시국 미술' 연구〉, 홍익대학교 석사학위논문, 2000, 50쪽.

326 〈징병그림 이동전, 국민학교 아동을 상대로 개최〉, 《매일신보》 1943년 8월 24일.

327 토비 클락 지음, 이순령 옮김, 《20세기 정치선전 예술》, 예경, 2000, 103쪽.

328 〈징병제 인식 철저와 국어보급에 박차, 정보과서 벽신문과 포스터 배포〉, 《매일신보》 1942년 6월 18일.

329 다카시 후지타니 지음, 이경훈 옮김, 《총력전 제국의 인종주의》, 푸른역사, 2019, 102쪽.

330 정근식, 〈식민지지배, 신체규율, '건강'〉, 미즈노 나오키 외 지음, 정선태 옮김, 《생활 속의 식민지주의》, 산처럼, 2007, 126쪽.

331 이 포스터는 《성경시보》 1940년 4월 14일에도 실려 있다(전경선, 〈전시체제 하 만주국의 국병법 선전〉, 《만주연구》 23, 2017, 155쪽).

332 전경선, 〈전시체제 하 만주국의 국병법 선전〉, 《만주연구》 23, 2017, 135쪽.

333 기시 도시히코 지음, 전경선 옮김, 《비주얼 미디어로 보는 만주국》, 소명출판, 2019, 222쪽.

334 吉田 裕, 〈アジア 太平洋戰爭の戰場と兵士〉, 倉沢愛子 外 編, 《岩波講座 アジア・太平洋戦争》 5, 岩波書店, 2006, 67쪽.

335 정호기, 〈일제하 조선에서의 전쟁사자 추모 공간과 추모 의례〉, 《사회와역사》 67, 2005, 157쪽.

336 김영아, 〈전시체제기 일본의 군마 동원과 육군 수의사의 역할〉, 연세대학교 석사학위논문, 2015, 10쪽.

337 요시다 유타카 지음, 최혜주 옮김, 《일본의 군대》, 논형, 2005, 198쪽.

338 吉田 裕, 〈アジア 太平洋戰爭の戰場と兵士〉, 倉沢愛子 外 編, 《岩波講座 アジア・太平洋戦争》 5, 岩波書店, 2006, 84쪽.

339 정호기, 〈일제하 조선에서의 전쟁사자 추모 공간과 추모 의례〉, 《사회와역사》 67, 2005, 158쪽.

340 〈전야의 산 병기〉, 《매일신보》 1942년 4월 8일; 加藤哲郎・小河孝, 《731部隊と100部隊—知られざる人獣共通感染症研究部隊》, 花伝社, 2022, 73~74쪽.

341 〈애마일의 유래〉, 《매일신보》 1939년 3월 30일.

342 田島奈都子 編, 《明治・大正・昭和初期日本ポスター史大図鑑》, 國書刊行會, 2019, 172쪽.

343 김백영, 〈식민권력과 광장공간: 일제하 서울시내 광장의 형성과 활용〉, 《사회와역사》 90, 2011, 276~277쪽.

344 香山光郎, 〈군마〉, 《춘추》 1942년 1월, 132~133쪽.

345 〈애마진군가〉, 《매일신보》 1939년 1월 28일.

346 戸ノ下達也, 《'国民歌'を唱和した時代—昭和の大衆歌謡》, 吉川弘文館, 2010, 104~107쪽.

347 〈애미진군가보배포〉, 《동아일보》 1939년 1월 28일; 〈애마진군가〉, 《매일신보》 1939년 1월 28일.

348 〈조선도 마적령 시행, 보호하자 국방동물〉, 《매일신보》 1943년 3월 24일.

349 加藤哲郎・小河孝, 《731部隊と100部隊—知られざる人獣共通感染症研究部隊》, 花伝社, 2022, 75쪽.

350 〈조선도 마적령 시행, 보호하자 국방동물〉, 《매일신보》 1943년 3월 24일.

351 〈마필의 확보를 기함〉, 《신시대》 3권 3호, 1943년 3월, 60쪽.

352 加藤哲郎・小河孝, 《731部隊と100部隊—知られざる人獣共通感染症研究部隊》, 花伝社, 2022, 75쪽.

353 〈건마 보국운동, 래3월 전선에 실시〉, 《매일신보》 1944년 2월 5일.

354 서울특별시 시사편찬위원회, 《국역 경성부사》 3, 서울특별시 시사편찬위원회, 2014, 296쪽.

355 〈軍犬時代を眞ッ向に行く〉, 《조선신문》 1934년 1월 8일.

356 장종건, 〈개의 연구와 로만스〉, 《중앙》 2권 1호, 1934년 1월, 32쪽.

357 〈동결한 국경에 군견이 활약〉, 《매일신보》 1934년 11월 28일.

358 〈軍犬の史料〉, 《조선신문》 1935년 10월 28일.

359 〈軍用犬報國へ、國防第一線の朝鮮に軍用犬協會朝鮮支部成立す〉, 《경성일보》 1933년 5월 6일.

360 〈군견 값싸게 일반에 양도〉, 《매일신보》 1933년 12월 6일.

361 김영아, 〈전시체제기 일본의 군마 동원과 육군 수의사의 역할〉, 연세대학교 석사학위논문, 2015, 11~12쪽.

362 광고, 《조선신문》 1934년 7월 26일.

363 〈군견최고의 영예 심견호에 훈공장수여〉, 《매일신보》 1942년 9월 14일.

364 〈무언전사에 감사〉, 《매일신보》 1941년 10월 16일.

365 박재홍, 〈만주사변 이후 교과서에 나타난 일제의 대륙진출에 대한 고찰: 조선총독부편찬 제III기 교과서를 중심으로〉, 《일본어교육》 70, 2014, 278쪽.

366 사희영, 〈1940년대 초등교과서의 식민화 교육 연계성 고찰: 조선총독부 판편 《국어》·《수신》·《음악》을 중심으로〉, 《일본어교육》 62, 2012, 321쪽.

367 〈'경제전강조주간' 적의실시키로 결정〉, 《조선일보》 1938년 6월 24일.

368 〈국민의 개인생활부터 경제전의 각오로〉, 《매일신보》 1938년 8월 10일.

369 大空社編輯部 編, 《戰時下標語集》, 大空社, 2000, 130쪽.

370 하야카와 타다노리 지음, 송태욱 옮김, 《신국 일본의 어처구니없는 결전생활》, 서커스출판상회, 2019, 102쪽.

371 〈경제전강조주간〉, 《조선일보》 1938년 7월 18일.

372 〈경제전강조주간 전조선 일제히 실시〉, 《동아일보》 7월 22일.

373 〈경제전강조 표어〉, 《매일신보》 1938년 8월 24일.

374 〈경제전강조주간실천요항〉, 《조선일보》 1938년 8월 12일.

375 〈경제전강조주간실천요항〉, 《조선일보》 1938년 8월 12일.

376 〈금일부터 경제전강조주간〉, 《조선일보》 1938년 8월 23일.

377 〈경제전강조주에 근로봉사에 전력〉, 《조선일보》 1938년 8월 26일.

378 〈經濟戰强調運動〉, 《조선신문》 1939년 11월 18일.

379 오미일, 〈국민정신총동원운동시기(1938~1940   일제의 경제전 캠페인: 경기도 지역을 중심으로〉, 《역사와 경계》 96, 2015, 379쪽.

380 조선총독부, 《통보》 59호, 1939년 12월 15일, 14쪽.

381 〈경제전강조운동 연말 한달 동안 두고 실시한다〉, 《매일신보》 1939년 11월 18일.

382 〈경제전강조운동 연말 한달 동안 두고 실시한다〉, 《매일신보》 1939년 11월 18일; 〈經濟戰强調運動〉, 《조선신문》 1939년 11월 18일; 〈경제전강조운동을 실시〉, 《동아일보》 1939년 11월 18일.

383 〈경제전강조운동〉(사설), 《동아일보》 1939년 12월 2일.

384 〈세계근검데이 10주년기념〉, 《동아일보》 1934년 11월 1일.

385 〈10월 31일은 세계근검저축일〉, 《조선일보》 1936년 9월 17일.

386 〈3월 10일은 근검저축기념일, 아국 독특의 행사〉, 《매일신보》 1939년 3월 9일.

387 〈10일은 근검저축기념일〉, 《동아일보》 1940년 3월 3일.

388 〈3월 10일은 근검저축기념일, 아국 독특의 행사〉, 《매일신보》 1939년 3월 9일.

389 〈결전필승의 각오로써 근검저축에 총진군〉, 《매일신보》 1943년 2월 26일.

390 구병준, 〈1929년 조선총독부의 조선간이생명보험 법령 제정과 보험 재정의 이중적 취약 구조: '조선간이생명보험령'의 예정이율과 사망률 규정을 중심으로〉, 《역사연구》 42, 2021, 310쪽.

391 〈생명보험의 화〉(광고), 《동아일보》 1926년 5월 31일.

392 〈家庭幸福への捷徑, 簡易生命保険の加入〉, 《조선신문》 1936년 3월 4일.

393 조선총독부 엮음, 박찬승·김민석·최은진·양지혜 역주, 《국역 조선총독부 30년사 중: 시정 25년사 2》, 민속원, 2018, 564쪽.

394 〈간이보험에 대하여〉, 《매일신보》 1929년 5월 5일.

395 조선총독부 엮음, 박찬승·김민석·최은진·양지혜 역주, 《국역 조선총독부 30년사 중: 시정 25년사 2》, 민속원, 2018, 564쪽.

396 〈간이생명보험 모집에 대하여〉, 《매일신보》 1930년 10월 7일.

397 〈간이생명보험, 일종의 국민보험이다〉, 《매일신보》 1929년 10월 1일.

398 조선총독부 엮음, 박찬승·김민석·최은진·양지혜 역주, 《국역 조선총독부 30년사 중: 시정 25년사 2》, 민속원, 2018, 565쪽; 〈간보법령 전문〉, 《매일신보》 1929년 5월 4일.

399 〈약진하는 간이보험〉, 《매일신보》 1942년 7월 11일.

400 구로다 이사무 지음, 서재길 옮김, 《라디오 체조의 탄생》, 강, 2011, 35쪽.

401 〈朝鮮簡保の大馬力〉, 《조선신문》 1930년 5월 13일.

402 권희주·성윤아, 〈식민지기 조선간이생명보험 '가미시바이紙芝居' 연구〉, 《중앙사론》 52, 2020, 47쪽.

403 《경성일보》 1932년 5월 15일; 《조선신문》 1932년 5월 15일.

404 《조선신문》 1933년 11월 2일.

405 권희주·성윤아, 〈식민지기 조선간이생명보험 '가미시바이紙芝居' 연구〉, 《중앙사론》 52, 2020, 47~48쪽.

406 《매일신보》 1934년 9월 29일; 《경성일보》 1934년 9월 29일; 《조선신문》 1934년 9월 29일; 《조선시보》 1934년 10월 1일.

407 정일영, 〈일제 식민지기 조선간이생명보험을 통해 본 '공공'의 기만성〉, 《역사학연구》 75, 2019, 190쪽.

408 〈京城と釜山に健康相談所〉, 《경성일보》 1932년 8월 17일.

409 〈조선간이보험 건강상담소〉, 《매일신보》 1932년 9월 30일.

410 〈평양 대구 양시에 건강삼담소 설치〉, 《조선일보》 1933년 6월 2일.

411 정일영, 〈일제 식민지기 조선간이생명보험을 통해 본 '공공'의 기만성〉, 《역사학연구》 75, 2019, 200쪽.

412 신영희, 〈전시체제기 애국부인회 조선본부의 군사후원사업과 애국자녀단〉, 《지역과 역사》 30, 2012, 346~347쪽.

413 박윤진, 〈대일본부인회 조선본부의 결성과 활동〉, 《한국문화연구》 13, 2007, 197쪽.

414 〈대망의 소아보험 명일부터 실시 결정〉, 《매일신보》 1941년 10월 1일.

415 〈소아보험 이야기〉, 《매일신보》 1941년 10월 4일.

416 〈소아보험 가입 권장〉, 《매일신보》 1941년 10월 7일.

417 〈국민학교 아동에게 소아보험을 장려〉, 《매일신보》 1942년 5월 26일.

418 〈저축과 생활안정에 일석이조인 간이보험에 총가입〉, 《매일신보》 1943년 6월 21일.

419 정태헌, 《일제의 경제정책과 조선사회: 조세정책을 중심으로》, 역사비평사, 1996, 418쪽.

420 정일영, 〈일제 식민지기 조선간이생명보험을 통해 본 '공공'의 기만성〉, 《역사학연구》 75, 2019, 208쪽.

421 조선총독부 엮음, 박찬승·김민석·최은진·양지혜 역주, 《국역 조선총독부 30년사 하: 시정 30년사》, 민속원, 2018, 1,210쪽.

422 《家庭の友》 39호, 1941년 1월, 19쪽.

423 佐々木啓, 〈総力戦の遂行と日本社会の変容〉, 《岩波講座·日本歴史 第18巻 近現代4》, 岩波書店, 2015, 82쪽.

424 田島奈都子 編, 《プロパガンダ·ポスターにみる日本の戦争》, 勉誠出版株式會社, 2016, 70쪽.

425 파울 요제프 괴벨스 지음, 추영현 옮김, 《괴벨스 프로파간다!》, 동서문화사, 2019, 280쪽.

426 〈촉수의 주력을 도시층에〉, 《매일신보》 1939년 5월 19일; 오미일, 〈국민정신총동원운동시기(1938~1940) 일제의 경제전 캠페인: 경기도 지역을 중심으로〉, 《역사와 경계》 96, 2015, 383쪽.

427 독립기념관, 《번역, 조선검찰요보》, 독립기념관 한국독립운동사연구소, 2021, 640쪽.

428 오미일, 〈국민정신총동원운동시기(1938~1940) 일제의 경제전 캠페인: 경기도 지역을 중심으로〉, 《역사와 경계》 96, 2015, 386쪽.

429 이송순, 《일제말기 전시 농업통제정책과 조선 농촌경제 변화》, 고려대학교 박사학위논문, 2003, 243쪽.

430 권대웅, 〈일제말기 조선저축운동의 실체〉, 《민족문화논총》 7, 1986, 73쪽.

431 최재성, 《식민지 조선의 사회 경제와 금융조합》, 경인문화사, 2006, 396쪽.

432 제일생명보험상호회사 광고, 《매일신보》 1942년 3월 29일.

433 정태헌, 《문답으로 읽는 20세기 한국경제사》, 역사비평사, 2010, 157쪽.

434 〈저축장려의 목표〉(사설), 《조선일보》 1938년 6월 22일.

435 문영주, 《일제하 도시금융조합의 운영체제와 금융활동(1918~1945)》, 고려대학교 박사학위논문, 2004, 131쪽.

436 〈저축강조주간〉(사설), 《조선일보》 1940년 6월 17일.

437 문영주, 《일제하 도시금융조합의 운영체제와 금융활동(1918~1945)》, 고려대학교 박사학위논문, 2004, 131쪽.

438 《매일신보》에서는 '삐라'라고 했지만 다른 신문에서는 포스터라고 했다. 〈전쟁은 이제부터 허례를 폐지, 저축하자〉, 《매일신보》 1941년 11월 26일.

439 〈전쟁은 이제부터 허례를 폐지, 저축하자〉, 《매일신보》 1941년 11월 26일.

440 〈亡國的な虚禮全廢の年末年始生活強調〉, 《국민신보》 1941년 12월 7일.

441 조유경, 〈태평양전쟁기(1941~45) 잡지 《半島の光》의 표지 이미지 연구〉, 이화여자대학교 석사학위논문, 2016, 38쪽.

442 후지이 다다토시 지음, 이종구 옮김, 《갓포기와 몸뻬, 전쟁: 일본 국방부인회와 국가총동원체제》, 일조각, 2008, 84~86쪽.

443 田島奈都子 編, 《明治·大正·昭和初期日本ポスター史大図鑑》, 國書刊行會, 2019, 344쪽.

444 〈저축은 총후결전의 탄환〉, 《매일신보》 1943년 6월 16일.

445 〈인기의 탄환절수 금일부터 전선에 백만원 매출〉, 《매일신보》 1942년 9월 9일.

446 〈誰でも出來る御奉公〉, 《황민일보》 1942년 8월 8일.

447 〈신사를 가장한 귀축〉, 《매일신보》 1941년 12월 22일.

448 〈귀축같은 잔인성〉, 《매일신보》 1941년 12월 23일.

449 〈미영병의 귀축행위〉(사설), 《매일신보》 1943년 2월 8일.

450 川村 湊, 〈'鬼畜米英'論〉, 倉沢愛子 外 編, 《岩波講座 アジア·太平洋戦争》 6, 岩波書店, 2006, 297~298쪽.

451 ジョン·W. ダワー(John W.Dower) 著, 斎藤元一 訳, 《容赦なき戦争: 太平洋戦争における人種差別》, 平凡社, 2001, 415쪽.

452 〈동심에 비친 귀축미영〉, 《매일신보》 1943년 2월 14일.

453 〈저축으로 미영 격멸〉, 《매일신보》 1943년 6월 2일.

454 권대웅, 〈일제말기 조선저축운동의 실체〉, 《민족문화논총》 7, 1986, 77~78쪽.

455 문영주, 《일제하 도시금융조합의 운영체제와 금융활동(1918~1945)》, 고려대학교 박사학위논문, 2004, 132쪽.

456 미야타 세쓰코 지음, 이형랑 옮김, 《조선민중과 '황민화' 정책》, 일조각, 1997, 19쪽.

457 〈저금과 헌금을 혼동치 맙시다〉, 《半島の光》 42호, 1941년 4월, 16쪽; 최재성, 《식민지 조선의 사회 경제와 금융조합》, 경인문화사, 2006, 148쪽.

458 독립기념관, 《번역, 조선검찰요보》, 독립기념관 한국독립운동사연구소, 2021, 640쪽.

459 조명근, 〈일제 말(1937~45 조선 내 민간인을 대상으로 한 전시공채의 발행 실태〉, 《대동문화연구》 65, 2009, 418쪽.

460 〈왜 채권은 사야 하나〉, 《매일신보》 1943년 6월 18일.

461 〈戰時下の生活改善〉, 국민총력조선연맹 엮음, 《시국해설독본》, 조선도서출판주식회사, 1942, 269쪽.

462 조명근, 〈일제 말(1937~45) 조선 내 민간인을 대상으로 한 전시공채의 발행 실태〉, 《대동문화연구》 65, 2009, 422~425쪽.

463 〈왜 채권은 사야 하나〉, 《매일신보》 1943년 6월 18일.

464 조선총독부, 《조선총독부통계연보(1942년판)》, 1944, 134쪽.

465 〈왜 채권은 사야 하나〉, 《매일신보》 1943년 6월 18일.

466 田島奈都子 編, 《プロパガンダ·ポスターにみる日本の戦争》, 勉誠出版株式會社, 2016, 58쪽.

467 田島奈都子, 《戦前期日本のポスター: 広告宣伝と美術の間で揺れた50年》, 吉川弘文館, 2023, 168쪽.

468 田島奈都子 編, 《プロパガンダ·ポスターにみる日本の戦争》, 勉誠出版株式會社, 2016, 58쪽.

469 田島奈都子 編, 《明治·大正·昭和初期日本ポスター史大図鑑》, 國書刊行會, 2019, 340쪽.

470 〈국채를 알라〉, 《매일신보》 1939년 6월 8일.

471 이정윤, 〈일제 말기 '시국 미술' 연구〉, 홍익대학교 석사학위논문, 2000, 80쪽.

472 〈國債で築け新東亞, 二十日から一齊賣出〉, 《경성일보》 1940년 10월 11일.

473 David C.Earhart, Certain Victory.Images of World War Ⅱ in the Japanese Media, New York & London: M.E.Sharpe, 2008, p.123.

474 이정윤, 〈일제 말기 '시국 미술' 연구〉, 홍익대학교 석사학위논문, 2000, 80쪽.

475 田島奈都子 編, 《明治·大正·昭和初期日本ポスター史大図鑑》, 國書刊行會, 2019, 347쪽.

476 David C.Earhart, Certain victory: images of World War II in the Japanese media, New York: M.E.Sharpe,

2008, p.252.

477 조명근, 〈일제 말(1937~45) 조선 내 민간인을 대상으로 한 전시공채의 발행 실태〉, 《대동문화연구》 65, 2009, 421쪽.

478 〈'대동아전국채', '전시보국채권' 이름 가는 채권들〉, 《매일신보》 1942년 1월 10일.

479 〈소액으로 애국장을〉, 《매일신보》 1943년 6월 19일.

480 〈만인계를 드시요! 행운의 주인공은 누구?〉, 《매일신보》 1940년 3월 18일.

481 〈報國債券は富籤でない〉, 《부산일보》 1940년 3월 21일.

482 조명근, 〈일제 말(1937~45 조선 내 민간인을 대상으로 한 전시공채의 발행 실태〉, 《대동문화연구》 65, 2009, 427쪽.

483 田島奈都子 編, 《プロパガンダ・ポスターにみる日本の戦争》, 勉誠出版株式會社, 2016, 61쪽.

484 한민주, 《권력의 도상학: 식민지 시기 파시즘과 시각 문화》, 소명출판, 2013, 161쪽.

485 田島奈都子 編, 《プロパガンダ・ポスターにみる日本の戦争》, 勉誠出版株式會社, 2016, 49쪽.

486 《신시대》 2권 6호, 1942년 6월, 69쪽.

487 田島奈都子, 《戦前期日本のポスター: 広告宣伝と美術の間で揺れた50年》, 吉川弘文館, 2023, 163~164쪽.

488 〈9억 저축의 선봉대〉, 《매일신보》 1942년 3월 31일.

489 한민주, 《권력의 도상학: 식민지 시기 파시즘과 시각 문화》, 소명출판, 2013, 469쪽.

490 한민주, 《권력의 도상학: 식민지 시기 파시즘과 시각 문화》, 소명출판, 2013, 460쪽.

491 〈저축 전초전〉, 《매일신보》 1941년 5월 31일.

492 〈한 장씩은 다 사자!〉, 《매일신보》 1941년 7월 14일.

493 〈일원 애국 봉사운동〉, 《매일신보》 1941년 7월 15일.

494 〈백만원의 꼬마채권〉, 《매일신보》 1941년 10월 10일.

495 〈꼬마채권 이야기〉, 《신시대》 1권 9호, 1941년 9월, 118~119쪽.

496 조명근, 〈일제 말(1937~45) 조선에서의 전시공채 소화 실태와 성격〉, 《한국사학보》 47, 2012, 217~220쪽.

497 조명근, 〈일제 말(1937~45) 조선 내 민간인을 대상으로 한 전시공채의 발행 실태〉, 《대동문화연구》 65, 2009, 444쪽.

498 〈소액으로 애국장을〉, 《매일신보》 1943년 6월 19일.

499 조명근, 〈일제 말(1937~45) 조선에서의 전시공채 소화 실태와 성격〉, 《한국사학보》 47, 2012, 221쪽.

500 독립기념관, 《번역, 조선검찰요보》, 독립기념관 한국독립운동사연구소, 2021, 354쪽.

501 〈왜 채권은 사야 하나〉, 《매일신보》 1943년 6월 18일.

502 독립기념관, 《번역, 조선검찰요보》, 독립기념관 한국독립운동사연구소, 2021, 640쪽.

503 독립기념관, 《번역, 조선검찰요보》, 독립기념관 한국독립운동사연구소, 2021, 119쪽.

504 厚生研究會 編, 《國民皆勞: 戰時下の勞務動員》, 新紀元社, 1941, 23~24쪽.

505 〈사변 일주년 기념일을 기점으로 12세부터 40까지 근로보국대로 총동원〉, 《매일신보》 1938년 6월 28일.

506 池田浩士, 《ボランティアとファシズム: 自発性と社会貢献の近現代史》, 人文書院, 2019, 304쪽

507 森田芳夫 編, 《朝鮮に於ける國民總力運動史》, 國民總力朝鮮聯盟, 1945, 71쪽.

508 池田浩士, 《ボランティアとファシズム: 自発性と社会貢献の近現代史》, 人文書院, 2019, 305쪽.

509 이상의, 《일제하 조선의 노동정책 연구》, 혜안, 2006, 292쪽.

510 윤해동, 〈식민지 말기 촌락에서의 '총동원체제' 구축(1937~1945년)〉, 《민족문화논총》 33, 2006, 304쪽.

511 〈사변 일주년 기념일을 기점으로 12세부터 40까지 근로보국대로 총동원〉, 《매일신보》 1938년 6월 28일.

512 최재서, 〈근로와 문학〉, 《국민문학》, 1943년 5월호, 79쪽(이경훈, 《오빠의 탄생》, 문학과지성사, 2003, 318쪽에서 재인용).

513 최규진, 《일제의 식민교육과 학생의 나날들》, 서해문집, 2018, 218쪽.

514 下川春海, 〈臨戰體制と三つの國民運動〉, 帝國地方行政學會朝鮮本部 編, 《朝鮮行政》 229호, 帝國地方行政學會, 1941년 11월, 4쪽.

515 〈일 아니 하는 자는 국민이 아니다〉(권두언), 《신시대》, 1941년 10월, 18쪽.

516 〈국민개로실시요강〉, 《조광》 73호, 1941년 11월, 32쪽.

517 김윤미, 〈총동원체제와 근로보국대를 통한 '국민개로': 조선에서 시행된 근로보국대의 초기 운용을 중심으로(1938~1941)〉, 《한일민족문제연구》 14, 2008, 127쪽.

518 二神直士, 〈國民皆勞の意味〉, 帝國地方行政學會朝鮮本部 編, 《朝鮮行政》 229호, 帝國地方行政學會, 1941년 11월, 38쪽.

519 전성현, 〈전시체제기 학교 隊조직의 변화와 집단 노동력 동원: 조선총독부의 학생동원정책을 중심으로〉, 《석당논총》 62, 2015, 271쪽.

520 〈국민개로의 법령, 오늘부터 근로보국협력령 실시〉, 《매일신보》 1941년 12월 1일.

521 上瀧基, 〈국민개로운동〉, 《시국해설독본》, 조선도서출판주식회사, 1942, 224~236쪽.

522 田花爲雄, 〈國民皆勞の倫理性〉, 조선총독부, 《조선》 318호, 1941년 11월, 12~13쪽.

523 〈국민개로실시요강〉, 《조광》 73호, 1941년 11월, 32쪽.

524 上瀧基, 〈국민개로운동〉, 《시국해설독본》, 조선도서출판주식회사, 1942, 237쪽.

525 〈가두의 풍기를 정화〉, 《매일신보》 1943년 9월 2일.

526 〈국민개로운동〉(사설), 《매일신보》 1941년 8월 23일.

527 香山光郎, 〈신시대의 윤리〉, 《신시대》, 1941년 1월, 31쪽(곽은희, 《유동하는 식민지》, 소명출판, 2018, 199쪽에서 재인용).

528 〈전시생활강조 포스터 입선작 발표〉, 《매일신보》 1941년 10월 7일; 〈入選作品' 決定, 戰時生活ポスター〉, 《경성일보》 1941년 10월 7일.

529 〈자숙상 대체양호, 전시생활강조주간을 마치고〉, 《매일신보》 1940년 9월 13일.

530 문경연, 《취미가 무엇입니까?》, 돌베개, 2019, 256~259쪽.

531 황해도 농정과, 《전시농민독본》, 1943, 55쪽.

532 〈개로는 총후의 결전, 저축은 승패의 열쇠 연맹서 결전국민 3수칙을 강조〉, 《매일신보》 1941년 12월 27일.

533 〈해군 지식, Z기〉, 《매일신보》 1943년 6월 24일.

534 〈今年こそ米英を擊滅〉, 《경성일보》 1944년 1월 4일.

535 〈ときのことば總員配置〉, 《매일신보》 1944년 1월 14일.

536 국민총력조선연맹 엮음, 《시국해설독본》, 조선도서출판주식회사, 1942, 255~256쪽.

537 〈정갈히 치우고 살자, 일소하라 "마음의 미영"까지〉, 《매일신보》 1943년 3월 1일.

538 〈早起淸掃ヘ突擊ダ, 三月十日カラ一齊ニ早起運動ヲ起ス〉, 《매일신보》 1944년 2월 10일.

539 〈필승생활 철저 실천, 부연맹에서 열렬강조〉, 《매일신보》 1944년 8월 19일.

540 최규진, 〈시각화한 신체와 '건강미'〉, 《역사연구》 41, 2021, 206쪽.

541 〈참다운 여성미 근로를 떠나 없다〉, 《매일신보》 1944년 8월 12일.

542 〈생활을 전력화〉, 《매일신보》 1944년 6월 3일.

543 황해도 농정과, 《전시농민독본》, 1943, 57쪽.

544 〈부인의 전투배치〉(사설), 《매일신보》 1944년 1월 14일.

545 〈민간 소유 금의 조사〉(사설), 《조선일보》 1939년 3월 30일.

546 〈금의 국세조사란? 금부치는 신고한다〉, 《조선일보》 1939년 6월 8일.

547 〈금의 국세조사를 앞두고〉(사설), 《매일신보》 1940년 10월 13일.

548 〈금의 만화경〉, 《매일신보》 1939년 9월 24일.

549 〈石渡藏相의 호령에 몸 둘 곳 모르는 금붙이들〉, 《조선일보》 1939년 6월 10일.

550 박현, 〈중일전쟁기 조선총독부의 금집중 정책〉, 《한국근현대사연구》 55, 2010, 189쪽.

551 〈사장 금매각운동 평남 애국반 선두로 철저 여행〉, 《매일신보》 1939년 10월 1일.

552 〈조선도 내지에 추수, 금보유상황 조사〉, 《매일신보》 1940년 4월 26일.

553 금 매각 표어, 《매일신보》 1940년 10월 17일.

554 〈금을 정부에 사장말고 팔라〉, 《매일신보》 1939년 10월 27일.

555 〈황금의 소재를 밝히는 '금'의 국세조사운동, 조선도 불원에 실시할 방침〉, 《매일신보》 1938년 11월 1일.

556 〈금의 국세조사를 앞두고〉(사설), 《매일신보》 1940년 10월 13일.

557 〈조선에도 금년 내로 '금'의 국제조사 단행〉, 《매일신보》 1939년 7월 29일.

558 금 매각 표어, 《매일신보》 1940년 11월 1일.

559 〈金賣却强調週間, はやく處分して國勢調査の手數を省け〉, 《조선신문》 1940년 11월 1일.

560 朝日新聞社 編, 《大東亞時局語》, 1944, 55쪽.

561 김인호, 〈중일전쟁기 조선에서의 폐품회수정책〉, 《한국민족운동사연구》 57, 2008, 219쪽.

562 김인호, 〈중일전쟁기 조선에서의 폐품회수정책〉, 《한국민족운동사연구》 57, 2008, 220쪽.

563 김인호, 〈태평양전쟁 시기 조선에서 금속회수운동의 전개와 실적〉, 《한국민족운동사연구》 62, 2010, 309~311쪽.

564 〈가정의 광맥을 탐사 금속회수의 대국민운동전개〉, 《매일신보》 1942년 6월 6일; 〈街の鑛山を堀れ〉, 《국민신보》 1941년 4월 27일.

565 손정목, 《일제강점기 도시사회상연구》, 일지사, 1996, 220쪽.

566 〈전시경제지침, 오늘부터 삼처서 전람회 개막〉, 《매일신보》 1942년 2월 6일.

567 〈재공출운동 성적불량으로 기간연장, 은·니켈〉, 《매일신보》 1945년 6월 29일.

568 〈캐자 가정의 광맥, 개성서 금속류 공출에 적성〉, 《매일신보》 1943년 9월 17일.

569 도가와 이사무 지음, 박상국 옮김, 《사진으로 보는 일본 현대사》 1, 역사의식, 1990, 209쪽.

570 〈엽전과 백동화, 바꾸어 쓰자〉, 《매일신보》 1943년 4월 10일.

571 〈동전, 놋그릇 다 내놓자, 경기도연맹에서 헌납을 독려〉, 《매일신보》 1943년 12월 4일.

572 〈백동전 엽전 할 것 없이 모두 나라에 바칩시다, 백동전은 군수품 제조에 소용〉, 《매일신보》 1942년 12월 28일.

573 〈백금도 보물답게, 전쟁에 꼭 소용되니 내놓자〉, 《매일신보》 1944년 10월 17일.

574 〈백금 비녀 반지, 나라에 파십시다〉, 《매일신보》 1943년 6월 1일.

575 〈백금을 나라에 바치자〉(사설), 《매일신보》 1943년 6월 2일.

576 독립기념관, 《번역, 조선검찰요보》, 독립기념관 한국독립운동사연구소, 2021, 518쪽.

577 〈백금 공출은 말일까지〉, 《매일신보》 1945년 1월 25일.

578 〈현대전쟁은 경제전, 증산·암방지에 총력〉, 《매일신보》 1941년 12월 20일.

579 김인호, 《식민지 조선경제의 종말》, 신서원, 2000, 312쪽.

580 〈鑛山增産强調運動〉(사설), 《조선신문》 1941년 7월 2일.

581 〈鑛山增産强調運動〉, 《조선신문》 1941년 6월 28일.

582 〈鑛山生産陣營へ女勞働者の進出〉, 《부산일보》 1939년 8월 11일.

583 〈여자도 광업전사로.명일 갱내취업허가의 부령발포〉, 《매일신보》 1941년 4월 19일.

584 〈태양없는 전장지저에서 감격, 여공열투〉, 《매일신보》 1944년 3월 6일.

585 〈모든 직장은 총후의 전장, 노무자는 곧 병사다〉, 《매일신보》 1943년 5월 30일.

586 〈掘り出せ'山の幸'〉, 《경성일보》 1941년 6월 28일.

587 안자코 유카, 《조선총독부의 '총동원체제'(1937~1945) 형성 정책》, 고려대학교 박사학위논문, 2006, 181쪽.

588 〈석탄과 광석은 병기다! 노무자전시훈 제정〉, 《매일신보》 1942년 8월 6일.

589 〈お國の爲だ鑛物をふやせ〉, 《황민일보》 1942년 9월 11일; 〈캐내어라 전쟁이다. 석탄과 쇠뭉치를〉, 《매일신보》 1942년 7월 16일.

590 〈캐내어라 전쟁이다. 석탄과 쇠뭉치를〉, 《매일신보》 1942년 7월 16일.

591 〈캐내어라 전쟁이다. 석탄과 쇠뭉치를〉, 《매일신보》 1942년 7월 16일.

592 〈증산의 첨병, 반도인 석탄 전사들, 북해도 현지보고 ①〉, 《매일신보》 1943년 8월 19일.

593 〈증산은 총후의 결전〉, 《매일신보》 1943년 3월 11일.

594 〈석탄과 광석은 병기다! 노무자전시훈 제정〉, 《매일신보》 1942년 8월 6일.

595 곽건홍, 《일제의 노동정책과 조선노동자》, 신서원, 2001, 197쪽.

596 최병택, 〈일제하 전시체제기(1937~1945) 임업동원책과 삼림자원 공출〉, 《한국사학보》 32, 2008, 272~288쪽.

597 〈목재증산운동 실시요강 결정〉, 《매일신보》 1943년 2월 6일.

598 〈목재증산운동 실시요강 내용〉, 《매일신보》 1943년 5월 29일.

599 中島弘二, 〈日本帝國における森林と綠化〉, 中島弘二 編, 《帝国日本と森林:
     近代東アジアにおける環境保護と資源開発》, 勁草書房, 2023, 115쪽.

600 〈나무를 많이 심자, 4월 3일을 기해 결전조림운동〉, 《매일신보》 1944년 3월 6일.

601 〈急げ綠化〉, 《경성일보》 1944년 3월 29일.

602 〈조선도 제재에서 조림운동에 총력진〉, 《매일신보》 1943년 3월 27일.

603 매일신문사,《매신 사진순보》330호, 1943년 8월 21일, 15쪽.

604 매일신문사,《매신 사진순보》330호, 1943년 8월 21일, 14쪽.

605 〈전선서 선재 공출, 보내자 목조선〉,《매일신보》1944년 6월 21일.

606 이송순,《일제말 전시 총동원과 물자 통제》, 동북아역사재단, 2021, 142쪽.

607 〈공출하자 조선 목재, 조선서도 대대적으로 운동을 전개〉,《매일신보》1943년 3월 7일.

608 〈목재는 결전의 무기, 증산에 총력을 바치자〉,《매일신보》1943년 8월 20일.

609 〈공출촉진과 수송력의 강화, 목재증산에 총력전〉,《매일신보》1943년 7월 31일.

610 황해도 농정과,《전시농민독본》, 1943, 8쪽.

611 〈食糧增産は肥料から〉,《황민일보》1942년 7월 12일.

612 이송순,《일제말기 전시 농업통제정책과 조선 농촌경제 변화》, 고려대학교 박사학위논문, 2003, 200쪽.

613 〈건초증산운동〉(사설),《매일신보》1942년 7월 2일.

614 미승우,《사진증언 일제 농림 수탈상》, 녹원출판사, 1983, 273쪽.

615 〈금일, 명예의 표창식〉,《매일신보》1943년 8월 15일.

616 〈건초 퇴비 증산전-우량한 곳엔 금비 특배〉,《매일신보》1944년 6월 24일.

617 이송순,《일제말 전시 총동원과 물자 통제》, 동북아역사재단, 2021, 255~256쪽.

618 〈건초 퇴비 증산전-우량한 곳엔 금비 특배〉,《매일신보》1944년 6월 24일.

619 田島奈都子 編,《プロパガンダ・ポスターにみる日本の戰爭》, 勉誠出版株式會社, 2016, 20쪽.

620 田島奈都子 編,《プロパガンダ・ポスターにみる日本の戰爭》, 勉誠出版株式會社, 2016, 20쪽.

621 서유리,《〈매신 사진순보〉, 조선에 전쟁을 홍보하다: 전시체제하 사진화보잡지의 표지 이미지 연구〉,
《근대서지》10, 2014, 397~398쪽.

622 江本益煥,〈蓖麻子油〉,《半島の光》1944년 1월, 22쪽.

623 〈피마자를 왜 심어야 하나〉,《매일신보》1945년 5월 5일.

624 〈반가웁다 아주까리 열매〉,《매일신보》1944년 8월 26일.

625 임원호,〈아주까리의 출세〉,《신시대》5권 2호, 1945년 2월, 40쪽.

626 〈피마자 결전증산, 애국반의 협력 강조〉,《매일신보》1944년 4월 20일.

627 〈빈 가마니는 공출, 도시서도 고공품증산에 협력하라〉,《매일신보》1945년 2월 3일.

628 〈고사리를 공출하자, 제1선 장병에게 선물로 보낸다〉,《매일신보》1944년 5월 7일.

629 〈호박씨도 공출하자〉,《매일신보》1945년 8월 12일.

630 〈식물성 기름의 증산, 석유만으로는 전쟁 안 된다〉,《매일신보》1944년 11월 11일.

631 保阪正康 監修·太平洋戰爭硏究會 著,《〈写真週報〉に見る戰時下の日本》, 世界文化社, 2011, 166쪽.

632 〈해조를 증산하자.내에 호응 조선에서도 운동 전개〉,《매일신보》1943년 7월 10일.

633 허영선,〈일제의 식민지 수탈이 제주지역에 끼친 영향: 구술을 통해 본 제주지역 공출 사례와 양상을 중심으로〉,
《4·3과 역사》14·15, 2015, 122쪽.

634 〈면화양곡 공출 체당정신으로〉,《매일신보》1944년 11월 14일.

635 〈면화도 전력이다, 공출로 전과에 보답〉,《매일신보》1944년 10월 28일.

636 〈면화는 전력의 자원, 당국에서 공출에 획기적인 보상제〉, 《매일신보》 1944년 11월 8일.

637 〈면화공출완수책〉, 《매일신보》 1942년 10월 1일.

638 〈부락마다 공동작업반, 부녀·여생도들도 총참가〉, 《매일신보》 1941년 4월 20일.

639 〈농촌 여자 근로체제, 공동작업반을 확충 강화〉, 《매일신보》 1944년 10월 14일.

640 〈형식적인 폐단 삼제, 능률향상에 대박차〉, 《매일신보》 1943년 2월 26일.

641 김영희, 《일제시대 농촌통제정책 연구》, 경인문화사, 2003, 293~295쪽.

642 황해도 농정과, 《전시농민독본》, 1943, 57~58쪽.

643 이윤진, 〈일제강점기 농번기탁아소 연구〉, 《교육비평》 17, 2005, 134~140쪽.

644 김영희, 《일제시대 농촌통제정책 연구》, 경인문화사, 2003, 301쪽.

645 이송순, 〈일제말(1937─1945) 조선의 농촌경제 변화: 미곡공출을 중심으로〉, 《사총》 44, 1995, 201쪽.

646 야마베 겐타로 지음, 최혜주 옮김, 《일본의 식민지 조선통치 해부》, 어문학사, 2011, 295쪽.

647 〈공출 우량농가에 면포 고무신 특배〉, 《매일신보》 1943년 3월 27일.

648 〈신풍특공대의 정신으로 면직원들이 미곡 공출에 돌격〉, 《매일신보》 1944년 11월 25일.

649 〈공출기피로 사찰대 설치〉, 《매일신보》 1944년 9월 9일.

650 조경달 지음, 정다운 옮김, 《식민지기 조선의 지식인과 민중》, 선인, 2012, 252쪽.

맺음말

1 有山 輝雄, 〈戰時體制と國民化〉, 《戰時下の宣傳と文化》, 現代史料出版, 2001, 5쪽.

2 가라타니 고진 지음, 박유하 옮김, 《일본근대문학의 기원》, 도서출판b, 2017, 186쪽.

3 조지 오웰 지음, 조지 패커 엮음, 하윤숙 옮김, 《모든 예술은 프로파간다다》, 이론과실천, 2013.

4 정보국기자회 엮음, 《대동아전쟁사전》, 신흥아사, 1942, 187쪽.

5 박민천, 〈시국과 영화〉, 《신시대》 1권 10호, 1941년 10월, 134쪽.

6 〈신체제용어집〉, 《조광》 7권 1호, 1941년 1월, 374쪽.

7 〈일류상가의 치부비결, 제일차공개=선전과 광고술〉, 《삼천리》 7권 11호, 1935년 12월, 120~126쪽.

8 草兵丁記, 〈남대문〉, 《삼천리》 4권 9호, 1932년 9월, 33쪽.

9 〈상공업과 미술, 시대성과 상품가치〉, 《동아일보》 1932년 8월 24일.

10 〈가로 풍경에도 이변, 영화 포스터 전폐, 프로그람도 제한〉, 《매일신보》 1938년 4월 15일.

11 〈포스터 운동 개시〉, 《매일신보》 1927년 1월 1일.

12 〈예술가의 가정(7) 삽화가로 유명한 안석주씨의 가정〉, 《중외일보》 1926년 12월 7일.

13 水野直樹 編, 《植民地朝鮮と衡平運動: 朝鮮被差別民のたたかい》, 解放出版社, 2023; 조미은·김일수·은정태·김학경, 《강원도 형평운동》, 원주시역사박물관, 2022.

14 형평운동 기념사업회(www.hpmove.com).

15 김경일, 《일제하의 노동운동: 1920~1945》, 지식마당, 2004, 226~227쪽.

16 〈선전 포스터 압수〉, 《동아일보》 1932년 4월 29일.

17 〈'개벽'의 적색 포스터 압수, 2000여 매를〉, 《동아일보》 1926년 6월 4일.

18 〈천도교 기념 포스터 철거〉, 《동아일보》 1927년 11월 2일.

19 〈동북지방〉, 《동아일보》 1928년 3월 24일.

20 〈적로기념금지〉, 《동아일보》 1927년 11월 11일.

21 〈해주 시내의 격문 포스터 첨부〉, 《매일신보》 1930년 10월 4일.

22 〈함흥격문사건은 아무 단서도 없어〉, 《조선중앙일보》 1933년 8월 29일.

23 〈평양고무공대회 19개조 요구 결의〉, 《조선일보》 1930년 8월 12일.

24 〈평양의 가도처처에 단결을 고조한 격려문〉, 《조선일보》 1930년 8월 13일.

25 〈작년 10월에 검거된 15명 상금유치〉, 《동아일보》 1931년 2월 5일.

26 김안서, 〈여름밤은 아직 어둡다〉(3), 《동아일보》 1927년 8월 7일.

27 〈교통지옥의 암행기(3)〉, 《동아일보》 1939년 11월 11일.

28 〈생활점묘 ABC(7)〉, 《매일신보》 1933년 12월 29일.

29 〈꺽다점평판기〉, 《삼천리》 6권 5호, 1934년 5월, 155쪽.

30 〈エロ氣分の濃厚なポスター〉, 《조선시보》 1931년 2월 24일.

31 田島奈都子 編, 《プロパガンダ・ポスターにみる日本の戦争》, 勉誠出版株式會社, 2016, 130쪽.

32 〈가두 풍경에 이변, 영화 포스터 전폐, 프로그람도 제한〉, 《매일신보》 1938년 4월 15일.

33 〈유흥 오락은 금물〉, 《동아일보》 1940년 8월 2일; 〈전시국민생활체제를 확립〉, 《매일신보》 1940년 8월 2일;
   〈너절한 선전광고 가두서 철회하라〉, 《매일신보》 1941년 5월 2일.

34 〈사치품을 쓰지 말자. 평북서 포스터 배포〉, 《매일신보》 1940년 9월 12일.

35 〈宮城遙拜ポスター〉, 《조선신문》 1939년 2월 17일.

36 〈인쇄예술의 정화를 모은 연전상과의 '포스타실' 방문기〉, 《조광》 3권 3호, 1937년 3월, 47쪽.

37 가시와기 히로시 지음, 노유니아 옮김, 《일본 근대 디자인사》, 소명출판, 2020, 50쪽.

38 田島奈都子, 《戦前期日本のポスター―: 広告宣伝と美術の間で揺れた50年》, 吉川弘文館, 2023, 161~162쪽.

39 〈포스터 도안 전국통일운동〉, 《매일신보》 1941년 1월 22일.

40 토드 A.헨리 지음, 김백영·정준영·이향아·이연경 옮김, 《서울, 권력 도시》, 산처럼, 2020, 32쪽.

41 다카시 후지타니 지음, 이경훈 옮김, 《총력전 제국의 인종주의》, 푸른역사, 2019, 73쪽.

42 토비 클락 지음, 이순령 옮김, 《20세기 정치선전 예술》, 예경, 2000, 14쪽.

43 마리우스 리멜레·베른트 슈타글러 지음, 문화학연구회 옮김, 《보는 눈의 여덟 가지 얼굴》, 글항아리, 2015,
   164쪽.

44 小山榮三, 《戰時宣傳論》, 三省堂, 1942, 67쪽.

45 데이비드 웰치 지음, 이종현 옮김, 《프로파간다 파워》, 공존, 2015, 41쪽.

46 독립기념관, 《번역, 조선검찰요보》, 독립기념관 한국독립운동사연구소, 2021, 901~902쪽.

47 데이비드 웰치 지음, 이종현 옮김, 《프로파간다 파워》, 공존, 2015, 44쪽.

48 에드워드 버네이스 지음, 강미경 옮김, 《프로파간다》, 공존, 2009, 123쪽.

참고문헌

도서

《'지방을 살다' 지방행정, 1930년대에서 1950년대까지》, 국사편찬위원회, 2006

《국역 경성발달사》, 서울특별시사편찬위원회, 2010

가라타니 고진 지음, 박유하 옮김, 《일본근대문학의 기원》, 도서출판b, 2017

가시와기 히로시 지음, 노유니아 옮김, 《일본 근대 디자인사》, 소명출판, 2020

가와무라 구니미쓰 지음, 송완범·신현승·전성곤 옮김, 《성전의 아이코노그래피》, 제이앤씨, 2009

가토 요코 지음, 김영숙 옮김, 《만주사변에서 중일전쟁으로》, 어문학사, 2012

강동진, 《일제의 한국침략정책사》, 한길사, 1980

강만길 외, 《일본과 서구의 식민통치 비교》, 선인, 2004

강명관, 《조선에 온 서양 물건들》, 휴머니스트, 2015

강영심 외 지음, 《일제 시기 근대적 일상과 식민지 문화》, 이화여자대학교출판부, 2008

강태웅·김용철·한정선 엮고지음, 《싸우는 미술: 아시아·태평양전쟁과 일본미술》, 아연출판부, 2015

고마고메 다케시 지음, 오성철·이명실·권경희 옮김, 《식민지제국 일본의 문화통합》, 역사비평사, 2008

고모리 요이치 외 지음, 한윤아 외 옮김, 《내셔널리즘의 편성》, 소명출판, 2012

고모리 요이치 외 지음, 허보윤 외 옮김, 《감성의 근대》, 소명출판, 2011

고모리 요이치 지음, 송태욱 옮김, 《포스트콜로니얼》, 삼인, 2012

공임순, 《식민지 시기 야담의 오락성과 프로파간다》, 앨피, 2013

공제욱·정근식 엮음, 《식민지의 일상, 지배와 균열》, 문화과학사, 2006

곽건홍, 《일제의 노동정책과 조선노동자》, 신서원, 2001

곽은희, 《유동하는 식민지》, 소명출판, 2018

구로다 이사무 지음, 서재길 옮김, 《라디오 체조의 탄생》, 강, 2011

국립현대미술관 기획, 김윤수 외 지음, 《한국미술 100년》 1, 한길사, 2006

국사편찬위원회 엮음, 《'몸'으로 본 한국여성사》, 경인문화사, 2011

국사편찬위원회 엮음, 《근대와 만난 미술과 도시》, 두산동아, 2008

국사편찬위원회 엮음, 《근현대 과학 기술과 삶의 변화》, 두산동아, 2005

국사편찬위원회 엮음, 《쌀은 우리에게 무엇이었나》, 두산동아, 2009

국사편찬위원회 엮음, 《여행과 관광으로 본 근대》, 두산동아, 2008

국사편찬위원회 엮음, 《옷차림과 치장의 변천》, 두산동아, 2006

권명아, 《역사적 파시즘: 제국의 판타지와 젠더 정치》, 책세상, 2005

권명아, 《음란과 혁명》, 책세상, 2013

권석영, 《온돌의 근대사》, 일조각, 2010

권창규, 《상품의 시대》, 민음사, 2014

권태억 외, 《한국 근대사회와 문화》 2, 서울대학교출판부, 2005

권태억 외, 《한국 근대사회와 문화》 3, 서울대학교출판부, 2007

권태억, 《일제의 한국 식민지화와 문명화》, 서울대학교출판문화원, 2014

권혁희, 《조선에서 온 사진엽서》, 민음사, 2005

그램 질로크 지음, 노명우 옮김, 《발터 벤야민과 메트로폴리스》, 효형출판, 2005

기 드보르 지음, 유재홍 옮김, 《스펙타클의 사회》, 울력, 2014

기무라 료코 지음, 이은주 옮김, 《주부의 탄생》, 소명출판, 2013

기시 도시히코 지음, 전경선 옮김, 《비주얼 미디어로 보는 만주국》, 소명출판, 2019

길윤형, 《나는 조선인 가미카제다》, 서해문집, 2012

김경일, 《한국노동운동사 2: 일제하의 노동운동 1920~1945》, 지식마당, 2004

김경일·윤휘탁·이동진·임성모, 《동아시아의 민족이산과 도시》, 역사비평사, 2004

김규환, 《일제의 대한언론·선전정책》, 이우출판사, 1978

김동노 엮음, 《일제 식민지 시기의 통치체제 형성》, 혜안, 2006

김동명, 《지배와 협력》, 역사공간, 2018

김려실, 《투사하는 제국, 투영하는 식민지》, 삼인, 2006

김백영, 《지배와 공간》, 문학과지성사, 2009

김봉식·박수현, 《전시동원체제와 전쟁협력: 총동원 계획과 관제운동》, 동북아역사재단, 2022

김순전 외, 《제국의 식민지수신》, 제이앤씨, 2008

김승태, 《중일전쟁 이후 전시체제와 수탈》, 독립기념관 한국독립운동사연구소, 2009

김시종 지음, 윤여일 옮김, 《조선과 일본에 살다》, 돌베개, 2016

김영미, 《동원과 저항》, 푸른역사, 2009

김영미, 《일제강점기 '오락문제'와 그 양상》, 경인문화사, 2020

김영숙·신동규, 《사진과 그림으로 보는 전시 일본의 프로파간다》, 동북아역사재단, 2021

김영희, 《일제시대 농촌통제정책 연구》, 경인문화사, 2003

김영희·김수진·이꽃메·이순구·하정옥, 《한국의 과학기술과 여성》, 들녘, 2019

김예림, 《1930년대 후반 근대인식의 틀과 미의식》, 소명출판, 2004

김용철 외, 《전쟁과 미술》, 현실문화A, 2019

김인호, 《식민지 조선경제의 종말》, 신서원, 2000

김지영, 《매혹의 근대, 일상의 모험》, 돌베개, 2016

김진균·정근식 엮고지음, 《근대주체와 식민지 규율권력》, 문화과학사, 1997

김철·신형기 외, 《문학 속의 파시즘》, 삼인, 2001

김태환 외, 《조선의 풍경, 근대를 만나다》, 채륜서, 2014

김현주, 《문화》(한국개념사 총서13), 소화, 2019

김혜경, 《식민지하 근대가족의 형성과 젠더》, 창비, 2006

김후련, 《일본 신화와 천황제 이데올로기》, 책세상, 2012

나리타 류이치 외 지음, 정실비 외 옮김, 《감정·기억·전쟁》, 소명출판, 2014

나리타 류이치 지음, 서민교 옮김, 《근대 도시공간의 문화경험》, 뿌리와이파리, 2011

나카네 타카유키 지음, 건국대학교 대학원 일본문화언어학과 옮김, 《'조선' 표상의 문화지》, 소명출판, 2011

나카무라 사토루·박섭 엮음, 《근대 동아시아 경제의 역사적 구조》, 일조각, 2007

나현성, 《한국학교체육제도사》, 도서출판교육원, 1970

노형석, 《모던의 유혹, 모던의 눈물》, 생각의나무, 2004

노형석, 《한국 근대사의 풍경》, 생각의나무, 2006

니콜라스 잭슨 오쇼네시 지음, 박순석 옮김, 《정치와 프로파간다》, 한울, 2009

다카시 후지타니 지음, 이경훈 옮김, 《총력전 제국의 인종주의》, 푸른역사, 2019

다카시 후지타니 지음, 한석정 옮김, 《화려한 군주: 근대일본의 권력과 국가의례》, 이산, 2003

다카시키 소지 지음, 이규수 옮김, 《식민지 조선의 일본인들》, 역사비평사, 2006

다케쿠니 토모야스 지음, 소재두 옮김, 《한국 온천 이야기》, 논형, 2006

데이비드 마이클 레빈 엮음, 마틴제이 외 지음, 정성철·백문임 옮김, 《모더니티와 시각의 헤게모니》, 시각과 언어, 2004

데이비드 웰시 지음, 최용찬 옮김, 《독일 제3제국의 선전정책》, 혜안, 2001

데이비드 웰치 지음, 이종현 옮김, 《프로파간다 파워》, 공존, 2015

도가와 이사무 지음, 박상국 옮김, 《사진으로 보는 일본 현대사》 1, 역사의식, 1990

도미야마 이치로 지음, 임성모 옮김, 《전장의 기억》, 이산, 2002

도미타 쇼지 지음, 유재연 옮김, 《그림엽서로 본 일본 근대》, 논형, 2008

도베 료이치 지음, 윤현명·이승혁 옮김, 《역설의 군대》, 소명출판, 2020

독립기념관, 《번역, 조선검찰요보》, 독립기념관 한국독립운동사연구소, 2021

레지스 드브레 지음, 정진국 옮김, 《이미지의 삶과 죽음》, 시각과 언어, 1994

로버트 보콕 지음, 양건열 옮김, 《소비: 나는 소비한다, 고로 존재한다》, 시공사, 2003

리영희, 《역정: 나의 청년시대》, 창비, 1988

리차드 H. 미첼 지음, 김윤식 옮김, 《일제의 사상통제》, 일지사, 1982

리처드 호웰스·호아킴 네그레이로스 지음, 조경희 옮김, 《시각문화》, 경성대학교출판부, 2014

마리우스 리멜레·베른트 슈티글러 지음, 문화악연구회 옮김, 《보는 눈의 여덟 가지 얼굴》, 글항아리, 2015

마셜 맥루언 지음, 김성기·이한우 옮김, 《미디어의 이해》, 민음사, 2002

마쓰다 도시히코 지음, 이종민·이형식·김현 옮김, 《일본의 조선 식민지 지배와 경찰》, 경인문화사, 2020

마쓰모토 다케노리 지음, 윤해동 옮김, 《조선 농촌의 식민지 근대 경험》, 논형, 2011

마이클 A. 반하트 지음, 박성진·이완범 옮김, 《일본의 총력전: 1919~1941년 경제 안보의 추구》, 한국학중앙연구원출판부, 2016

마이클 스티븐슨 지음, 조행복 옮김, 《전쟁의 재발견》, 교양인, 2018

마틴 반 클레벨트 지음, 이동욱 옮김, 《과학기술과 전쟁》, 황금알, 2006

메리 긴스버그 엮음, 오유경 옮김, 《공산주의 포스터》, 북레시피, 2019

문경연 외 옮김, 《좌담회로 읽는 '국민문학'》, 소명출판, 2010

문경연, 《취미가 무엇입니까?》, 돌베개, 2019

미나미 히로시·사회심리연구소 지음, 정대성 옮김, 《다이쇼 문화(1905~1927): 일본 대중문화의 기원》, 제이앤씨, 2007

미승우, 《사진증언 일제 농림 수탈상》, 녹원출판사, 1983

미야타 세쓰코 지음, 이형낭 옮김, 《조선민중과 '황민화' 정책》, 일조각, 1997

미야타 세쓰코 해설·감수, 정재정 옮김, 《식민통치의 허상과 실상》, 혜안, 2002

미즈노 나오키 외 지음, 정선태 옮김, 《생활 속의 식민지주의》, 산처럼, 2007

미즈노 나오키 지음, 정선태 옮김, 《창씨개명》, 산처럼, 2008

민족문제연구소 엮음, 《식민지 조선과 전쟁미술: 전시체제와 조선 민중의 삶》, 민족문제연구소, 2004

바네사 R. 슈와르츠 지음, 노명우·박성일 옮김, 《구경꾼의 탄생》, 마티, 2006

박경식 지음, 박경옥 옮김, 《조선인 강제연행의 기록》, 고즈윈, 2008

박경식, 《일본제국주의의 조선지배》, 청아출판사, 1986

박명규·서호철, 《식민권력과 통계》, 서울대학교출판부, 2003

박상하, 《경성상계》, 생각의나무, 2008

박성래, 《다시 보는 민족과학 이야기》, 두산동아, 2002

박영준, 《제국 일본의 전쟁, 1868–1945》, 사회평론아카데미, 2020

박윤재, 《한국 근대의학의 기원》, 혜안, 2005

박찬승, 《한국근대 정치사상사연구》, 역사비평사, 1992

박찬승, 《한국독립운동사》, 역사비평사, 2014

박천홍, 《매혹의 질주, 근대의 횡단》, 산처럼, 2003

박철하, 《청년운동》(한국독립운동의 역사 30), 독립기념관 한국독립운동사연구소, 2009

방기중 엮음, 《식민지 파시즘의 유산과 극복의 과제》, 혜안, 2006

방기중 엮음, 《일제 파시즘 지배정책과 민중생활》, 혜안, 2004

방기중 엮음, 《일제하 지식인의 파시즘체제 인식과 대응》, 혜안, 2005

배성준, 《한국 근대 공업사 1876~1945》, 푸른역사, 2022

백지혜, 《스위트 홈의 기원》, 살림, 2005

변은진, 《파시즘적 근대체험과 조선민중의 현실인식》, 선인, 2013

부산근대역사관, 《사진엽서로 떠나는 근대기행》, 민속원, 2009

사카이 나오키 외 지음, 이종호 외 옮김, 《총력전하의 앎과 제도》, 소명출판, 2014

샌더 L. 길먼·지우 쉰 외 지음, 이수영 옮김, 《흡연의 문화사》, 이마고, 2006

서울대학교 여성연구소 엮음, 《경계의 여성들》, 한울, 2013

서울시립대학교 박물관, 《엽서로 보는 근대 이야기》, 2003

서울시립대학교 박물관, 《캠페인을 보면 사회가 보인다》, 2002

서울특별시 시사편찬위원회, 《국역 경성부사》 2, 서울특별시 시사편찬위원회, 2013

서울특별시 시사편찬위원회, 《국역 경성부사》 3, 서울특별시 시사편찬위원회, 2014

서울특별시사편찬위원회 엮고지음, 《서울교통사》, 서울특별시, 2000

서유리, 《시대의 얼굴: 잡지 표지로 보는 근대》, 소명출판, 2016

서정완·임성모·송석원 엮음, 《제국일본의 문화권력》, 소화, 2011

서종원, 《한국의 근대 놀이문화》, 채륜, 2015

성균관대학교 박물관, 《잃어버린 시간, 식민지의 삶》, 2015

소래섭, 《불온한 경성은 명랑하라》, 웅진, 2011

소영현, 《부랑청년 전성시대》, 푸른역사, 2008

손정목, 《일제강점기 도시계획연구》, 일지사, 1990

손정목, 《일제강점기 도시사회상연구》, 일지사, 1996

손정목, 《일제강점기 도시화과정연구》, 일지사, 1996

손정목, 《한국개항기 도시사회경제사연구》, 일지사, 1992

손정목, 《한국지방제도·자치사연구》 상, 일지사, 1992

송규진, 《일제하의 조선무역 연구》, 고려대학교 민족문화연구원, 2001

송찬섭·최규진, 《근현대 속의 한국》, 한국방송통신대학교출판문화원, 2018

수요역사연구회 엮음, 《식민지 조선과 매일신보: 1910년대》, 신서원, 2003

수요역사연구회 엮음, 《일제의 식민지 지배정책과 매일신보: 1910년대》, 두리미디어, 2005

수전 손택 지음, 이재원 옮김, 《은유로서의 질병》, 이후, 2002

신규환, 《질병의 사회사》, 살림, 2006

신기욱·마이클 로빈슨 엮음, 도면회 옮김, 《한국의 식민지 근대성》, 삼인, 2006

신동규, 《일제강점기 해주구세요양원의 결핵퇴치운동 연구》, 경인문화사, 2020

신동원, 《호열자 조선을 습격하다》, 역사비평사, 2004

신동원, 《호환 마마 천연두: 병의 일상 개념사》, 돌베개, 2013

신주백, 《일본군의 한반도 침략과 일본의 제국 운영》, 동북아역사재단, 2021

신현규, 《꽃을 잡고》, 경덕출판사, 2005

쓰가와 이즈미 지음, 김재홍 옮김, 《JODK 사라진 호출 부호》, 커뮤니케이션북스, 1999

쓰보이 히데토 지음, 손지연·박광현·박정란·장유리 옮김, 《감각의 근대 2: 노래하는 신체》, 어문학사, 2020

씨울교육연구회 엮고옮김, 《일제 황민화교육과 국민학교》, 한울, 1995

아오노 마사아키 지음, 배귀득·심희찬 옮김, 《제국신도의 형성: 식민지조선과 국가신도의 논리》, 소명출판, 2017

안현정, 《근대의 시선, 조선미술전람회》, 이학사, 2012

앤드루 고든 지음, 김경리 옮김, 《재봉틀과 일본의 근대》, 소명출판, 2021

앤드루 고든 지음, 문현숙·김우영 옮김, 《현대일본의 역사》1·2, 이산, 2015

야나기타 구니오 지음, 김정례·김용의 옮김, 《일본 명치·대정시대의 생활문화사》, 소명출판, 2006

야마다 아키라 지음, 윤현명 옮김, 《일본, 군비확장의 역사》, 어문학사, 2019

야마모토 요시타카 지음, 서의동 옮김, 《일본 과학기술 총력전》, AK, 2019

야마무라 히로미 지음, 강태웅 옮김, 《화장의 일본사》, 서해문집, 2019

야마무로 신이치 지음, 윤대석 옮김, 《키메라, 만주국의 초상》, 소명출판, 2009

야마베 겐타로 지음, 최혜주 옮김, 《일본의 식민지 조선통치 해부》, 어문학사, 2011

얀 반 토른 외 지음, 윤원화 외 옮김, 《디자인을 넘어선 디자인》, 시공사, 2004

에드워드 버네이스 지음, 강미경 옮김, 《프로파간다》, 공존, 2009

에이드리언 포티 지음, 허보윤 옮김, 《욕망의 사물, 디자인의 사회사》, 일빛, 2004

여인석·이현숙·김성수·신규환·김영수, 《한국의학사》, 역사공간, 2018

연세대학교 국학연구원 엮음, 《일제의 식민지배와 일상생활》, 혜안, 2004

연세대학교 의학사연구소 엮음, 《한의학, 식민지를 앓다》, 아카넷, 2008

염복규, 《서울의 기원, 경성의 탄생》, 이데아, 2016

오미일, 《경제운동》, 독립기념관 한국독립운동사연구소, 2008

오미일, 《제국의 관문》, 선인, 2017

오미일, 《한국근대자본가연구》, 한울, 2002

오성철, 《식민지 초등 교육의 형성》, 교육과학사, 2000

오오누키 에미코 지음, 이향철 옮김, 《사쿠라가 지다, 젊음도 지다: 미의식과 군국주의》, 모멘토, 2004

오창섭, 《근대의 역습》, 홍시, 2013

오카베 마키오 지음, 최혜주 옮김, 《만주국의 탄생과 유산》, 어문학사, 2009

와카쿠와 미도리 지음, 손지연 옮김, 《전쟁이 만들어낸 여성상》, 소명출판, 2011

요시다 유타카 지음, 최혜주 옮김, 《아시아 태평양전쟁》, 어문학사, 2012

요시다 유타카 지음, 최혜주 옮김, 《일본의 군대》, 논형, 2005

요시미 순야 외 지음, 연구공간 수유+너머 '일본근대와 젠더 세미나팀 옮김, 《확장하는 모더니티》, 소명출판, 2007

요시미 순야 외 지음, 이태문 옮김, 《운동회: 근대의 신체》, 논형, 2007

요시미 순야 지음, 송태욱 옮김, 《소리의 자본주의》, 이매진, 2005

요시미 순야 지음, 안미라 옮김, 《미디어 문화론》, 커뮤니케이션북스, 2006

요시미 순야 지음, 이태문 옮김, 《박람회》, 논형, 2004

우에노 지즈코 지음, 이선이 옮김, 《내셔널리즘과 젠더》, 박종철출판사, 1999

우치다 준 지음, 한승동 옮김, 《제국의 브로커들》, 길, 2020

유모토 고이치 지음, 연구공간 수유+너머 동아사이 근대 세미나팀 옮김, 《일본 근대의 풍경》, 그린비, 2004

유선영·박용규·이상길 외, 《한국의 미디어 사회문화사》, 한국언론재단, 2007

윤난지 엮음, 《전시의 담론》, 눈빛, 2002

윤해동·황병주 엮음, 《식민지 공공성, 실체와 은유의 거리》, 책과함께, 2010

윤휘탁, 《일제하 '만주국' 연구》, 일조각, 1996

이각규, 《한국의 근대박람회》, 커뮤니케이션북스, 2010

이경민, 《경성, 사진에 박히다》, 산책자, 2008

이경민, 《제국의 렌즈》, 산책자, 2010

이경훈, 《오빠의 탄생》, 문학과지성사, 2003

이경훈, 《이광수의 친일문학 연구》, 태학사, 1998

이규수, 《제국과 식민지 사이: 경계인으로서의 재조일본인》, 어문학사, 2018

이기훈, 《청년아 청년아 우리 청년아: 근대, 청년을 호명하다》, 돌베개, 2014

이꽃메, 《한국근대간호사》, 한울, 2011

이상록·이유재 엮음, 《일상사로 보는 한국근현대사》, 책과함께, 2006

이상의, 《일제하 조선의 노동정책 연구》, 혜안, 2006

이석태 엮음, 《사회과학대사전》, 한울림, 1987

이송순, 《일제말 전시 총동원과 물자 통제》, 동북아역사재단, 2021

이승원, 《저잣거리의 목소리들》, 천년의상상, 2014

이승일·김대호·정병욱·문영주·정태헌·허영란·김민영, 《일본의 식민지 지배와 식민지적 근대》, 동북아역사재단, 2009

이어령, 《너 어디로 가니》, 파람북, 2022

이언 게이틀리 지음, 정성묵·이종찬 옮김, 《담배와 문명》, 몸과마음, 2003

이영아, 《육체의 탄생》, 민음사, 2008

이영학, 《일제의 농업생산정책》, 동북아역사재단, 2022

이재범 외, 《한반도의 외국군 주둔사》, 중심, 2001

이재원, 《제국의 시선, 문화의 기억》, 서강대학교출판부, 2017

이정선, 《동화와 배제: 일제의 동화정책과 내선결혼》, 역사비평사, 2017

이정욱·가나즈 히데미·유재진 엮고옮김, 《사상전의 기록: 조선의 방공운동》, 학고방, 2014

이중연, 《황국신민'의 시대》, 혜안, 2003

이지원, 《한국 근대 문화사상사 연구》, 혜안, 2007

이진경, 《근대적 시·공간의 탄생》, 푸른숲, 1997

이충렬, 《그림으로 읽는 한국 근대의 풍경》, 김영사, 2011

이치석, 《전쟁과 학교》, 삼인, 2005

이학래, 《한국체육사연구》, 국학자료원, 2003

이형식 엮고지음, 《제국과 식민지의 주변인: 재조일본인의 역사적 전개》, 보고사, 2013

이효덕 지음, 박성관 옮김, 《표상공간의 근대》, 소명출판, 2002

인병선·김도형 엮음, 《가마니로 본 일제강점기 농민 수탈사》, 창비, 2016

임경석, 《독립운동 열전》 1, 푸른역사, 2022

임종국 지음, 민족문제연구소 엮음, 《빼앗긴 시절의 이야기》, 아세아문화사, 2007

임종국, 《일본군의 조선침략사》 2, 일월서각, 1989

임종국, 《일제하의 사상탄압》, 평화출판사, 1985

임지현·김용우 엮음, 《대중독재》 1, 책세상, 2004

임지현·김용우 엮음, 《대중독재》 2, 책세상, 2005

자크 르 코프·장 샤를 수르니아 엮음, 장석훈 옮김, 《고통받는 몸의 역사》, 지호, 2000

전명혁·조형열·김영진, 《일제강점기 국내 민족주의·사회주의운동 탄압사》, 동북아역사재단, 2022

전상숙, 《조선총독의 지배정책》, 동북아역사재단, 2022

정미희 엮음, 《나찌 미술》, 미진사, 1989

정태헌, 《문답으로 읽는 20세기 한국경제사》, 역사비평사, 2010

정태헌, 《일제의 경제정책과 조선사회: 조세정책을 중심으로》, 역사비평사, 1996

정혜경, 《아시아태평양전쟁에 동원된 조선의 아이들》, 섬앤섬, 2019

정혜경, 《조선 청년이여 황국신민이 되어라》, 서해문집, 2010

제니스 미무라 지음, 박성진 옮김, 《제국의 기획》, 소명출판, 2015

조경달 지음, 정다운 옮김, 《식민지기 조선의 지식인과 민중》, 선인, 2012

조미은·김일수·은정태·김학경, 《강원도 형평운동》, 원주시역사박물관, 2022

조선총독부 엮음, 박찬승·김민석·최은진·양지혜 역주, 《국역 조선총독부 30년사 상·중: 시정 25년사 1·2》, 민속원, 2018

조선총독부 엮음, 박찬승·김민석·최은진·양지혜 역주, 《국역 조선총독부 30년사 하: 시정 30년사》, 민속원, 2018

조지 L. 모스 지음, 오윤성 옮김, 《전사자 숭배》, 문학동네, 2015

조지 L. 모스 지음, 임지현·김지혜 옮김, 《대중의 국민화》, 소나무, 2008

조지 오웰 지음, 조지 패커 엮음, 하윤숙 옮김, 《모든 예술은 프로파간다다》, 이론과실천, 2013

조진기, 《일제 말기 국책과 체제 순응의 문학》, 소명출판, 2010

존 바니콧 지음, 김숙 옮김, 《포스터의 역사》, 시공사, 2015

존 버거 지음, 편집부 옮김, 《이미지》, 동문선, 2005

존 베이넌 지음, 임인숙·김미영 옮김, 《남성성과 문화》, 고려대학교출판부, 2011

주영하·임경택·남근우, 《제국 일본이 그린 조선민속》, 한국학중앙연구원, 2009

주은우, 《시각과 현대성》, 한나래, 2003

주진오 외, 《한국여성사 깊이 읽기: 역사 속 말 없는 여성들에게 말걸기》, 푸른역사, 2013

진노 유키 외 지음, 허보윤 외 옮김, 《취미와 젠더: '수공예'와 '공작'의 근대》, 소명출판, 2023

천정환, 《근대의 책 읽기》, 푸른역사, 2003

천정환, 《끝나지 않는 신드롬》, 푸른역사, 2005

최규진, 《이 약 한번 잡숴 봐!: 식민지 약 광고와 신체정치》, 서해문집, 2021

최규진, 《일제의 식민교육과 학생의 나날들》, 서해문집, 2018

최길성, 《영상이 말하는 식민지 조선》, 민속원, 2009

최민지·김민주, 《일제하 민족언론사론》, 일월서각, 1978

최병택, 《욕망의 전시장: 식민지 조선의 공진회와 박람회》, 서해문집, 2020

최석영, 《일제의 조선연구와 식민지적 지식 생산》, 민속원, 2012

최석영, 《한국 근대의 박람회·박물관》, 서경문화사, 2001

최열, 《한국근대미술의 역사》, 열화당, 2015

최원규 엮음, 《일제말기 파시즘과 한국사회》, 청아출판사, 1988

최유리, 《일제 말기 식민지 지배정책연구》, 국학자료원, 1997

최인진, 《한국사진사: 1631-1945》, 눈빛, 1999

최재성, 《식민지 조선의 사회 경제와 금융조합》, 경인문화사, 2006

최지혜, 《경성 백화점 상품 박물지》, 혜화1117, 2023

친일문제연구회 엮음, 《조선총독 10인》, 가람기획, 1996

친일인명사전편찬위원회, 《일제협력단체사전: 국내 중앙 편》, 민족문제연구소, 2004

태혜숙 외, 《한국의 식민지근대와 여성공간》, 여이연, 2004

토드 A. 헨리 지음, 김백영·정준영·이향아·이연경 옮김, 《서울, 권력 도시》, 산처럼, 2020

토비 클락 지음, 이순령 옮김, 《20세기 정치선전 예술》, 예경, 2000

팀 에덴서 지음, 박성일 옮김, 《대중문화와 일상, 그리고 민족 정체성》, 2008

파울 요제프 괴벨스 지음, 추영현 옮김, 《괴벨스 프로파간다!》, 동서문화사, 2019

프레신짓트 두아라 지음, 한석정 옮김, 《주권과 순수성》, 나남, 2008

피터 버크 지음, 박광식 옮김, 《이미지의 문화사》, 심산, 2009

하야카와 노리요 외 지음, 이은주 옮김, 《동아시아의 국민국가 형성과 젠더》, 소명출판, 2009

하야카와 타다노리 지음, 송태욱 옮김, 《신국 일본의 어처구니없는 결전생활》, 서커스출판상회, 2019

한국마사회, 《한국경마60년사》, 마사회, 1984

한국미술연구소 한국근대시각문화연구팀, 《모던 경성의 시각문화와 관중》, 한국미술연구소, 2018

한국미술연구소 한국근대시각문화연구팀, 《모던 경성의 시각문화와 일상》, 한국미술연구소, 2018

한국미술연구소 한국근대시각문화연구팀, 《모던 경성의 시각문화와 창작》, 한국미술연구소, 2018

한국역사연구회, 《우리는 지난 100년 동안 어떻게 살았을까》 1·2, 역사비평사, 1998

한국조세연구원, 《한국세제사: 제1편 연대별》, 2012

한국학의세계화사업단·연세대학교 국학연구원 엮음, 《일제 식민지 시기 새로 읽기》, 혜안, 2007

한민주, 《권력의 도상학: 식민지 시기 파시즘과 시각 문화》, 소명출판, 2013

한민주, 《불량소녀들》, 휴머니스트, 2017

한민주, 《해부대 위의 여자들: 근대 여성과 과학문화사》, 서강대학교출판부, 2017

한석정, 《만주 모던》, 문학과지성사, 2016

한석정·노기식 엮음, 《만주, 동아시아 융합의 공간》, 소명출판, 2008

한일관계사연구논집 편찬위원회 엮음, 《일제 식민지지배의 구조와 성격》, 경인문화사, 2005

한일문제연구원, 《빼앗긴 조국, 끌려간 사람들》, 아세아문화사, 1995

함충범, 《일제말기 한국영화사》, 국학자료원, 2008

허광무·정혜경·김미정, 《일제의 전시 조선인 노동력 동원》, 동북아역사재단, 2021

허영철, 《역사는 한 번도 나를 비껴가지 않았다》, 보리, 2006

헨리 임, 곽준혁 엮음, 《근대성의 역설》, 후마니타스, 2009

호사카 마사야스 지음, 정선태 옮김, 《도조 히데키와 제2차 세계대전》, 페이퍼로드, 2022

호사카 마사야스 지음, 정선태 옮김, 《쇼와 육군》, 글항아리, 2019

홍선표, 《한국 근대미술사》, 시공사, 2009

황종연 엮음, 《문학과 과학》 Ⅰ·Ⅱ·Ⅲ, 소명출판, 2015

후지와라 아키라 지음, 서영식 옮김, 《일본군사사》, 제이앤씨, 2013

후지이 다다토시 지음, 이종구 옮김, 《갓포기와 몸뻬, 전쟁: 일본 국방부인회와 국가총동원체제》, 일조각, 2008

후지이 조지 외 지음, 박진한·이계황·박수철 옮김, 《쇼군 천황 국민》, 서해문집, 2012

후지타 쇼조 지음, 이순애 엮음, 이홍락 옮김, 《전체주의의 시대경험》, 창비, 2014

히로세 레이코 지음, 서재길·송혜경 옮김, 《제국의 소녀들》, 소명출판, 2023

히우라 사토코 지음, 이언숙 옮김, 《신사·학교·식민지》, 고려대학교 출판문화원, 2016

《子どもたちの昭和史》(寫眞集), 大月書店, 2000

《朝日新聞秘藏写真が語る戰爭》, 朝日新聞出版, 2009

L·やんぐ·加藤陽子 外譯, 《總動員帝國: 滿洲と戰時帝國主義の文化》, 岩波書店, 2003

ジョン·W. ダワー(John W. Dower) 著, 斎藤元一 訳, 《容赦なき戦争: 太平洋戦争における人種差別》, 平凡社, 2001

バラク·クシユナー 著, 井形彬 訳, 《思想戰, 大日本帝國のプロパガンダ》, 明石書店, 2016

加藤陽子 外, 《岩波講座・日本歴史 第18巻: 近現代 4》, 2015

加太こうじ, 《紙芝居昭和史》, 岩波書店, 2004

高岡裕之, 《総力戦体制と'福祉国家': 戦時期日本の'社会改革'構想》, 岩波書店, 2011

高橋千晶・前川志織 編著, 《博覧会絵はがきとその時代》, 青弓社, 2016

高嶋航, 《帝國日本とスポーツ》, 塙書房, 2012

高井昌吏・古賀篤, 《健康優良とその時代: 健康というメディア_イベント》, 青弓社, 2008

菊池邦作, 《徴兵忌避の研究》, 立風書房, 1977

権錫永, 《からまりあい重なりあう歴史: 植民地朝鮮の文化の力学》, 北海道大学出版会, 2021

権学俊, 《スポーツとナショナリズムの歴史社会学: 戦前=戦後日本における天皇制・身体・国民統合》, ナカニシヤ出版,
      2021

権学俊, 《朝鮮人特攻隊員の表象: 歴史と記憶のはざまで》, 法政大学出版局, 2022

貴志俊彦, 《満洲国のビジュアル・メディア: ポスター・絵はがき・切手》, 吉川弘文館, 2010

貴志俊彦, 《帝国日本のプロパガンダ: '戦争熱'を煽った宣伝と報道》, 中央公論新社, 2022

吉見俊哉 編著, 《1930年代のメディアと身体》, 青弓社, 2002

吉田裕・森武麿・伊香俊哉・高岡裕之 編, 《アジア・太平洋戦争辞典》, 吉川弘文館, 2015

金誠, 《近代日本・朝鮮とスポーツ: 支配と抵抗, そして協力へ》, 塙書房, 2017

大空社編輯部 編, 《戦時下標語集》, 大空社, 2000

大門正克, 《戦争と戦後を生きる》, 小學館, 2009

大日方純夫, 《警察の社会史》, 岩波書店, 1993

大塚英志, 《暮しのファシズム: 戦争は'新しい生活様式'の顔をしてやってきた》, 筑摩書房, 2021

大塚英志, 《大東亜共栄圏のクールジャパン: 「協働」する文化工作》, 集英社, 2022

渡辺賢二 編, 《広告・ビラ・風刺マンガでまなぶ日本近現代史》, 地歴社, 2007

藤野豊, 《強制された健康: 日本ファシズム下の生命と身体》, 吉川弘文館, 2000

藤野豊, 《厚生省の誕生》, かもがわ出版, 2003

蘭信三 外, 《変容する記憶と追悼》(シリーズ 戦争と社会 5), 岩波書店, 2022

蘭信三 外, 《総力戦・帝国崩壊・占領》(シリーズ 戦争と社会 3), 岩波書店, 2022

鈴木常勝, 《メディアとして紙芝居》, 平文社, 2005

林采成, 《飲食朝鮮: 帝国の中の'食'経済史》, 名古屋大学出版会, 2019

毎日新聞社 編, 《日本の戦争 1: 満洲國の幻影》, 毎日新聞社, 2010

毎日新聞社 編, 《日本の戦争 2: 太平洋戦争》, 毎日新聞社, 2010

綿引弘, 《物が語る世界の歴史》, 聖文社, 1994

木村茂光 外 編, 《日本生活史辞典》, 吉川弘文館, 2016

法政大学大原社會問題研究所・榎一江 編, 《戰時期の労動と生活》, 法政大学出版部, 2018

並木誠士・和田積希 編, 《日本のポスター: 京都工芸繊維大学美術工芸資料館デザインコレクション》, 青幻舎, 2018

保阪正康 監修・太平洋戰爭研究會 著,《〈写真週報〉に見る戰時下の日本》, 世界文化社, 2011

北田曉大,《広告の誕生: 近代メディア文化の歴史社会学》, 岩波書店, 2000

寺崎昌男・戰時下教育研究會 編,《總力戰體制と教育: 皇國民「錬成」の理念と實踐》, 東京大出版會, 1987

山路勝彦,《近代日本の植民地博覽会》, 風響社, 2008

山本武利,《紙芝居: 街角のメディア》, 吉川弘文館, 2000

山中恒,《子どもたちの太平洋戰爭: 國民學校の時代》, 岩波書店, 1986

三好一,《日本のポスター: 明治 大正 昭和》, 紫紅社, 2003

西尾達雄,《日本植民地下朝鮮學校体育政策》, 明石書店, 2003

小菅信子,《日本赤十字社と皇室: 博愛か報国か》, 吉川弘文館, 2021

小林英夫,《帝國日本と總力戰體制》, 有志舎, 2004

小松 裕,《いのち'と 帝國日本》, 小学館, 2009

粟屋憲太浪,《十五年戰爭期の政治と社會》, 大月書店, 1995

松本武祝,《植民地権力と朝鮮農民》, 社会評論社, 1998

水野直樹 編,《植民地朝鮮と衡平運動: 朝鮮被差別民のたたかい》, 解放出版社, 2023

水沢光,《軍用機の誕生: 本軍の航空戰略と技術開発》, 吉川弘文館, 2017

是澤博昭,《軍国少年・少女の誕生とメディア: 子ども達の日満親善交流》, 世織書房, 2018

新村拓,《医療と戰時下の暮らし: 不確かな時空を生きる》, 法政大學出版局, 2022

辻田真佐憲 監修,《洲帝帝國ビジュアル大全》, 洋泉社, 2017

阿部恒久・大日方純夫・天野正子 編,《男性史 2: モダニズムから総力戰へ 》, 日本経濟評論社, 2006

安田常雄,《國策紙芝居からみる日本の戰爭》, 勉誠出版, 2018

安川寿之輔,《十五年戰爭と教育》, 新日本出版社, 1986

桜本富雄,《玉碎と国葬: 1943年5月の思想》, 開窓社, 1984

野村一夫・北澤一利・田中 聡・高岡裕之・柄本三代子,《健康ブームを讀み解く》, 青弓社, 2003

若林宣,《戰う広告》, 小学館, 2008

奥須磨子・羽田博昭 編著,《都市と娛楽: 開港期~1930年代(首都圏史叢書)》, 日本経濟評論社, 2004

玉井 清 編,《戰時日本の國民意識: 國策グラフ誌『写真週報』とその時代》, 慶應義塾大學出版會, 2008

原田昌博,《政治的暴力の共和国: ワイマル時代における街頭・酒場とナチズム》, 名古屋大學出版會, 2021

一ノ瀬俊也,《近代日本の徴兵制と社会》, 吉川弘文館, 2004

一ノ瀬俊也,《飛行機の戰爭 1914~1945: 総力戰体制への道》, 講談社, 2017

一ノ瀬俊也,《宣伝謀略ビラで読よむ, 日中・太平洋戰爭》, 栢書房, 2008

在日韓人歷史資料館 編著,《写真で見る在日コリアンの100年: 在日韓人歷史資料館圖錄》, 明石書店, 2008

赤澤史朗 外,《戰時下の宣伝と文化》, 現代史出版, 2001

赤澤史朗,《戰中・戰後文化論: 転換期の日本の文化統合》, 法律文化史, 2020

赤澤史朗・北河賢三 編,《文化とファシズム》, 日本経濟評論社, 2001

田島奈都子 編,《プロパガンダ・ポスターにみる日本の戦争》, 勉誠出版株式會社, 2016

田島奈都子 編,《明治・大正・昭和初期日本ポスター史大図鑑》, 國書刊行會, 2019

田島奈都子,《戦前期日本のポスター: 広告宣伝と美術の間で揺れた50年》, 吉川弘文館, 2023

田野大輔,《魅惑する帝国: 政治の美学化とナチズム》, 名古屋大学出版会, 2007

田中友佳子,《植民地朝鮮の児童保護史: 植民地政策の展開と子育ての変容》, 勁草書房. 2018

井上祐子,《戦時グラフ雑誌の宣伝戦》, 青弓社, 2009

町田 忍,《戦時広告図鑑》, WAVE出版, 1997

斉藤利彦,《'誉れの子'と戦争》, 中央公論新社, 2019

趙相宇,《忘却された日韓関係: 〈併合〉と〈分断〉の記念日報道》, 創元社, 2022

朝日新聞社 取才班,《朝日新聞の秘蔵写真が語る戦争》, 朝日新聞出版, 2009

早川タダノリ,《'愛国'の技法》, 青弓社, 2014

早川タダノリ,《神國日本のトンデモ決戦生活》, 合同出版, 2011

佐々木啓,《'産業戦士'の時代: 戦時期日本の労働力動員と支配秩序》, 大月書店, 2019

竹内幸絵,《近代広告誕生: ポスターが ニューメディアだった 頃》, 青土社, 2011

中島弘二 編,《帝国日本と森林: 近代東アジアにおける環境保護と資源開発》, 勁草書房, 2023

池田浩士,《ボランティアとファシズム: 自発性と社会貢献の近現代史》, 人文書院, 2019

津金澤 聰廣 編著,《近代日本のメディア・イベント》, 同文館, 1996

津金澤 聰廣・有山輝雄 編著,《戰時期日本のメディア・イベント》, 世界思想史, 1998

津金澤聰廣・佐藤卓己 責任編輯,《広報・広告・プロパガンダ》, ミネルヴァ書房, 2003

倉沢愛子 外 編,《岩波講座 アジア・太平洋戦争》1~8, 岩波書店, 2006

浅井春夫 外,《事典・太平洋戦争と子どもたち》, 吉川弘文館, 2022

村一夫・北澤一利・田中 聡・高岡裕之・柄本三代子,《健康ブームを讀み解く》, 青弓社, 2003

土屋礼子,《対日宣伝ビラが語る太平洋戦争》, 吉川弘文館, 2011

土田宏成,《近代日本の'国民防空'体制》, 神田外語大学出版局, 2010

土田宏成,《帝都防衛: 戦争・災害・テロ》, 吉川弘文館, 2017

樋口雄一,《戦時下の朝鮮の民衆と徴兵》, 總和社, 2001

桶口雄一,《戦時下朝鮮の農民生活誌, 1939−1945》, 社会評論社, 1998

坂上康博・高岡裕之 編著,《幻の東京オリンピックとその時代》, 青弓社, 2009

戸部良一,《戦争のなかの日本》, 千倉書房, 2020

Barak Kushner, *The Thought War, Japanese Imperial Propaganda*, Hawaii: University of Hawaii Press, 2007

David C. Earhart, *Certain victory: images of World War II in the Japanese media*, New York: M.E.Sharpe, 2008

David Fedman, *Seeds of Control—Japan's Empire of Forestry in Colonial Korea*, Seattle: University of Washington Press, 2020

Gennifer Weisenfeld, *Gas Mask Nation—Visualizing Civil Air Defense in Wartime Japan*, Chicago and London : The
   University of Chicago Press, 2023

Peter Darman, *Posters of World War Ⅱ : Allied and Axis Propaganda 1939~1945*, Pen & Sword MILITARY,
   London, 2008

논문

가와 가오루 지음, 김미란 옮김, 〈총력전 아래의 조선 여성〉, 《실천문학》 67, 2002

강부원, 〈식민지 시기 비행기 표상과 기술 지배로서의 신체제〉, 성균관대학교 석사학위논문, 2009

강부원, 〈총력전 시기 《매일신보》의 지면 구성과 매체 운용: 학예면을 중심으로〉, 《대동문화연구》 89, 2015

강상훈, 〈일제강점기 일본인들의 온돌에 대한 인식변화와 온돌개량〉, 《대한건축학회논문집》 22-11, 2006

강선보·고미숙, 〈농촌계몽운동에 나타난 계몽주의 사조의 성격고찰: 브나로드운동을 중심으로〉, 《한국교육학연구》
   3-1, 1997

강성현, 《한국 사상통제기제의 역사적 형성과 '보도연맹 사건', 1925~50》, 서울대학교 박사학위논문, 2012

강영심, 〈1920년대 조선물산장려운동의 전개와 성격〉, 《국사관논총》 47, 1993

강영조, 〈근대 부산 대정공원에서 개최된 국낙원의 구성과 홍보전략〉, 《한국전통조경학회지》 32-3, 2014

강영조, 〈근대 부산에서 대정공원의 성립 과정과 공간 구성에 관한 연구〉, 《한국전통조경학회지》 31-2, 2013

강인혜, 〈다민족 개척자: 만철사진전문지 《만주그래프滿洲グラフ와 이에 표상된 조선인 부락〉, 《미술사학》 37, 2019

강정원, 〈일제 전시체제기 조선임업개발주식회사의 설립과 운영〉, 《역사문화연구》 66, 2018

강준만, 〈한국 크리스마스의 역사: '통금 해제의 감격'에서 '한국형 다원주의'로〉, 《인물과 사상》 105, 2007

강해수, 〈'도의'의 제국'과 식민지조선의 내셔널 아이덴티티〉, 《한국문화》 41, 2008

고태우, 〈일제시기 재해문제와 '자선·기부문화': 전통·근대화·'공공성'〉, 《동방학지》 168, 2014

공임순, 〈가난과 국가, 군국모의 연기하는 신체정치: '나가라'의 전시모성과 일상의 신체 변용〉, 《한국어문학연구》 61,
   2013

공임순, 〈전시체제기 징병취지 '야담만담부대'의 활동상과 프로파간다화의 역학: '황군' 연성과 '황민' 연성 사이, '말하는
   교화미디어'로서의 야담·만담가들〉, 《한국근대문학연구》 26, 2012

공임순, 〈전쟁 미담과 용사: 제국 일본의 동일화 전략과 잔혹의 물리적 표지들〉, 《상허학보》 30, 2010

곽은희, 〈전시체제기 노동소비 담론에 나타난 젠더 정치: 잡지 《여성》을 중심으로〉, 《인문연구》 59, 2010

곽은희, 〈프로파간다화된 만주표상과 욕망의 정치학〉, 《만주연구》 16, 2013

구병준, 〈1929년 조선총독부의 조선간이생명보험 법령 제정과 보험 재정의 이중적 취약 구조; '조선간이생명보험령'의
   예정이율과 사망률 규정을 중심으로〉, 《역사연구》 42, 2021

국성하, 〈'어린이' 개념의 변화에 관한 연구: 1920년대 신문·잡지 기사를 중심으로〉, 《한국교육사학》 32-1, 2010

권대웅, 〈일제말기 조선저축운동의 실체〉, 《민족문화논총》 7, 1986

권명아, 〈식민지 경험과 여성의 정체성: 파시즘 체제하의 문학, 여성, 국가〉, 《한국근대문학연구》 11, 2005

권명아, 〈여자 스파이단의 신화와 '좋은 일본인' 되기: 황민화와 국민방첩 이데올로기의 상관성을 중심으로〉,
　　《동방학지》 130, 2005

권명아, 〈총후 부인, 신여성, 그리고 스파이: 전시 동원체제하 총후 부인담론 연구〉, 《상허학보》 12, 2004

권신영, 〈"愛國班と隣組"(애국반과 토나리구미): 1940년대 조선총독부의 전시 제국주의와 호칭의 정치학〉, 《동방학지》
　　166, 2014

권창규, 〈식민지 시기 한국에서 전개된 일상 합리화 운동: 전시기의 소비 통제와 소비 대중의 국민화〉, 《인문연구》 69,
　　2013

權学俊, 〈戰時下日本における國家主義的な身体管理と'国民'形成に關する一考察〉, 《일본어문학》 43, 2008

權学俊, 〈帝国日本の国家戦略に関する一考察: 1920年代における身体をめぐる政治と民衆〉, 《일본연구》 56, 2022

권행가, 〈일제시대 우편엽서에 나타난 기생 이미지〉, 《미술사논단》 12, 2001

권혁희, 〈일제시기 '조선풍속인형'과 조선인의 시각적 재현〉, 《민속학연구》 21, 2007

권희주, 〈제국 일본의 모형비행기 교육과 '국민항공'〉, 《일본학보》 118, 2019

권희주·김은경, 〈식민지조선의 징병제 실시와 종이연극(紙芝居): 호적 신고 작품의 서사와 회화를 중심으로〉,
　　《역사문화연구》 83, 2022

권희주·성윤아, 〈식민지기 조선간이생명보험 '가미시바이紙芝居' 연구〉, 《중앙사론》 52, 2020

권희주·성윤아, 〈아시아태평양전쟁기 아동의 사상교육에 관한 연구〉, 《한국융합학회논문지》 11-12, 2020

기유정, 〈식민지 대 모국 간 경제마찰과 재일일본인 사회의 대응: 1929-1936년 '선미옹호운동'의 정치학적 함의에
　　대한 분석을 중심으로〉, 《사회와역사》 82, 2009

기혜경, 〈1920년대의 미술과 문학의 교류 연구: 카프 형성과정을 중심으로〉, 《한국근현대미술사학》 8, 2000

김경리, 〈그림엽서 봉투도안으로 보는 관광의 상품성과 경성: 1920~1930년대 경성관광 그림엽서를 중심으로〉,
　　《일본학보》 110, 2017

김경리, 〈스탬프의 식민정치학: 식민지 조선의 명소기념스탬프의 장소성〉, 《아시아문화연구》 50, 2019

김경리, 〈철도관광과 조선선 철도역 기념스탬프를 통한 도시 표상 연구〉, 《도시연구》 21, 2019

김다혜, 〈여학생 수다와 전쟁: 잡담의 기능: 《행복에의 흰 손들》을 중심으로〉, 《상허학보》 41, 2014

김대호, 〈일제강점 이후 경복궁의 훼철과 '활용'(1910~현재)〉, 《서울학연구》 29, 2007

김동철, 〈1923년 부산에서 열린 조선수산공진회와 수산업계의 동향〉, 《지역과 역사》 21, 2007

김명구, 〈일제시기 사회사업 전개와 대구 사례〉, 《대구사학》 128, 2017

김미정, 〈전시체제기 조선총독부의 여성노동력 동원정책과 실태〉, 고려대학교 박사학위논문, 2015

김민철, 〈식민지통치와 경찰〉, 《역사비평》 26, 1994

김상범, 〈일제 말기 경제경찰의 설치와 활동〉, 《한국민족운동사연구》 17, 1997

김상욱, 〈일제강점기 소방기구의 변천과 역할〉, 《한국행정사학지》 43, 2018

김상욱, 〈일제강점기 호남지역 소방조 연구〉, 목포대학교 박사학위논문, 2020

김상욱, 〈한말·일제강점기(1899~1929) 목포소방조의 결성과 활동〉, 《역사학연구》 34, 2008

김성연, 〈한국 근대 문학과 동정의 계보: 이광수에서 《창조》로〉, 연세대학교 석사학위논문, 2002

김성은, 〈근대 일본의 번역과 지나론: 스에마쓰 겐초의 《일본문장론》을 중심으로〉, 《일본어문학》 82, 2019

김성태, 〈경성 문화시설의 입지적 특성과 사회적 기능에 관한 연구〉, 서울대학교 박사학위논문, 2020

김수진, 〈한국 근대 여성 육체 이미지 연구: 1910~30년대 인쇄미술을 중심으로〉, 이화여자대학교 석사학위논문,
        2014

김순전·조성진, 〈조선총독부 발간 《보통학교수신서》를 통해 본 조선교육의 현상과 잔재〉, 《일본문화학보》 29, 2006

김시습, 〈미술에 개입된 일제 식민주의: 조선미술전람회의 그림 속 노동과 연관된 어린이 이미지를 중심으로〉,
        《한국근현대미술사학》 35, 2018

김시습, 〈조선미술전람회의 그림에 나타나는 어린이 이미지 연구〉, 한국예술종합학교 예술전문사학위논문, 2017

김언종, 〈'해태'고〉, 《한국한문학연구》 42, 2008

김연주, 〈프로파간다 포스터의 표현유형과 시각적 수사 접근 연구〉, 국민대학교 석사학위논문, 2013

김영미, 〈일제시기 도시의 상수도 문제와 공공성〉, 《사회와 역사》 73, 2007

김영미, 〈주민등록증은 왜 생겼나〉, 《내일을 여는 역사》 25, 2006

김영미, 〈해방 이후 주민등록제도의 변천과 그 성격: 한국 주민등록증의 역사적 연원〉, 《한국사연구》 136, 2007

김영희, 〈1930·40년대 일제의 농촌통제정책에 관한 연구〉, 숙명여자대학교 박사학위논문, 1996

김영희, 〈농촌진흥운동을 통한 일제의 농촌통제와 농민의 반응〉, 《한국민족운동사연구》 30, 2002

김영희, 〈일제시기 라디오의 출현과 청취자〉, 《한국언론학보》 46-2, 2002

김영희, 〈조선박람회와 식민지 근대〉, 《동방학지》 140, 2007

김예림, 〈한국적 근대는 어떻게 만들어졌나: 전시기 오락정책과 '문화'로서의 우생학〉, 《역사비평》 73, 2005

김예림, 〈전쟁 스펙터클과 전장 실감의 동력학: 중일전쟁기 제국의 대륙통치와 생명정치 혹은 조선·조선인의 배치〉,
        《동방학지》 147, 2009

김용철, 〈아시아태평양전쟁기 식민지 조선의 전쟁화와 프로파간다〉, 《일본학보》 109, 2016

김윤미, 〈전시체제기 조선인 '만주개척청년의용대'에 관한 연구〉, 《한일민족문제연구》 18, 2010

김윤미, 〈총동원체제와 근로보국대를 통한 '국민개로': 조선에서 시행된 근로보국대의 초기 운용을
        중심으로(1938~1941)〉, 《한일민족문제연구》 14, 2008

김윤정, 〈일제강점기 해수욕장 문화의 시작과 해변 풍경의 변천〉, 《역사연구》 29, 2015

김은영, 〈청년의 초상과 청년교육: 《조광》을 중심으로 본 전시체제기 교육담론〉, 《역사연구》 47, 2023

김은주, 〈1930년대 조선의 농촌 생활개선사업과 '국민화'작업〉, 《한국사론》 58, 2012

김이순, 〈제국일본의 식민지배와 공공기념물〉, 《한국근현대미술사학》 34, 2017

김인수, 〈1930년대 후반 조선주둔일본군의 대對소련, 대對조선 정보사상전〉, 《한국문학연구》 32, 2007

김인호, 〈중일전쟁 시기 조선에서의 폐품회수정책〉, 《한국민족운동사연구》 57, 2008

김인호, 〈태평양전쟁 시기 조선에서 금속회수운동의 전개와 실적〉, 《한국민족운동사연구》 62, 2010

김정선, 〈1920년대 부산 화단과 미술의 대중화〉, 《인문연구》 100, 2022

김정의, 〈방정환의 소년인권운동 재고〉, 《실학사상연구》 14, 2000

김정인, 〈1920년대 천도교 소년운동의 이론과 실천〉, 《한국민족운동사연구》 73, 2012

김제정, 〈식민지기 박람회 연구 시각과 지역성〉, 《도시연구》 9, 2013

김지원, 〈엘리자베스 키스의 작품에 재현된 일제강점기 조선 여성 이미지의 특성 연구〉, 《인문과학연구논총》 40-1, 2019

김지혜, 〈경성고백, 광고 속의 경성〉, 《미술사논단》 44, 2017

김지혜, 〈한국 근대 시각매체로 본 소녀의 탄생〉, 《대동문화연구》 118, 2022

김진균·정근식, 〈근대적 시·공간의 사회이론을 위하여〉, 《경제와 사회》 41, 1993

김태웅, 〈1915년 경성부 물산공진회와 일제의 정치선전〉, 《서울학연구》 18, 2002

김포옥, 〈일제하의 공공도서관에 관한 연구〉, 《도서관학》 6, 1979

김해경·김영수, 〈근대 복합운동 공간인 훈련원 공원의 변천에 관한 연구〉, 《서울과 역사》 94, 2016

김현경, 〈민중에 대한 빛: 브나로드 운동의 재조명〉, 《언론과 사회》 16-3, 2008

김현아, 〈총력전체제기 육군특별지원병제의 실상과 군사원호: 황국신민화의 관점에서〉, 《한일관계사연구》 62, 2018

김현주, 〈문학·예술교육과 '동정': 이광수의 《무정》을 중심으로〉, 《상허학보》 12, 2004

김혜경, 〈일제강점기 평양 근대공원의 형성과 특성〉, 《국토지리학회지》 56-2, 2022

김혜숙, 〈1937~1939년 식민지 조선의 가정방공과 가정용 대피시설의 특징〉, 《한일민족문제연구》 23, 2012

김호범, 〈식민지 전시경제하 조선금융조합 금융업무의 특성에 관한 연구〉, 《경영·경제연구》 24-1, 2005

김홍의, 〈일제하 나남의 군기지 건설과 군사도시화〉, 《한국민족운동사연구》 95, 2018

김희영, 〈태평양전쟁기(1941~45) 선전미술에 나타난 모성 이미지〉, 서울대학교 석사학위논문, 2010

나희덕, 〈1930년대 모더니즘 시의 시각성: '보는 주체'의 양상을 중심으로〉, 연세대학교 박사학위논문, 2006

노영택, 〈일제시기의 문맹률 추이〉, 《국사관논총》 51, 1994

다카오카 히로유키, 〈전쟁과 건강: 근대 '건강담론'의 확립과 일본 총력전 체제〉, 《당대비평》 29, 2004

다카오카 히로유키, 〈체력·인구·민족: 총력전체제와 후생성〉, 《한림일본학》 23, 2013

류시현, 〈태평양전쟁 시기 학병의 '감성동원'과 분노의 기억: 학병수기집 《청춘만장》을 중심으로─〉, 《호남문화연구》 52, 2012

목수현, 〈1930년대 경성의 전시공간〉, 《한국근현대미술사학》 20, 2009

목수현, 〈조선미술전람회와 문명화의 선전〉, 《사회와 역사》 89, 2011

문경연, 〈일제 말기 종이연극(紙芝居) 실연實演과 제국의 이벤트 Ⅱ〉, 《돈암어문학》 36, 2019

문경연, 〈한국 근대연극 형성과정의 풍속통제와 오락담론 고찰: 근대초기 공공오락기관으로서의 '극장'을 중심으로〉, 《국어국문학》 151, 2009

문영주, 〈1938~45년 '국민저축조성운동'의 전개와 금융조합 예금의 성격〉, 《한국사학보》 14, 2003

문영주, 〈일제 말기 관변잡지 《家庭の友》(1936.12~1941.03)와 '새로운 부인'〉, 《역사문제연구》 17, 2007

문영주, 〈일제하 도시금융조합의 운영체제와 금융활동(1918~1945)〉, 고려대학교 박사학위논문, 2004

미쓰이 다카시, 〈중일전쟁 시기 이후 조선총독부의 언어정책과 조선사회: 일본어 "보급"문제를 중심으로〉, 《한림일본학》 23, 2013

박란, 〈일제의 조선 항공정책과 항공기지 건설〉, 연세대학교 석사학위논문, 2023

박민구, 〈위생의 근대와 생명파: 서정주와 오장환의 시〉, 《한국근대문학연구》 10-2, 2009

박민선, 〈전시체제기 일제의 육군특별지원병제도 선전과 조선인 전쟁영웅화 작업: 이인석의 사례를 중심으로〉, 《숭실사학》 42, 2019

박상욱, 〈나치 문화정책에서의 프로파간다: "기쁨을 통한 힘"(KdF)의 속성변화와 문화포스터를 중심으로〉, 《서양사론》 110, 2011

박상욱, 〈나치의 대중행사 포스터에 나타나는 프로파간다 이미지 1933~39: 월동구호단의 아인토프 포스터와 독일 중북부 지역의 사례를 중심으로〉, 《역사와 경계》 94, 2015

박상욱, 〈복지인가? 프로파간다인가? 나치 포스터에 나타나는 민족공동체 이미지 분석: 나치 복지포스터를 중심으로〉, 《역사와 경계》 59, 2006

박상욱, 〈포스터로 보는 시대사: 독일의 '11월 혁명'과 '혁명포스터'〉, 《역사와 문화》 8, 2004

박상철, 〈러시아 포스터 속의 제1차 세계대전〉, 《서양사연구》 55, 2016

박선영, 〈식민지 조선의 영유아 신체 발육 심사와 차별적 요소 탐색〉, 《남도문화연구》 47, 2022

박선영, 〈여성지誌의 생활문화 담론과 제국이데올로기: 《여성》(1936-1940)을 중심으로〉, 《일본학보》 113, 2017

박성래, 〈역사 속 과학인물: 식민지 조선의 과학선구자 김용관 선생〉, 《과학과 기술》 26-12, 1993

박세훈, 〈구제와 교화: 일제 시기 경성부의 방면 위원 제도 연구〉, 《사회와 역사》 61, 2002

박세훈, 〈일제시기 경성을 통해 본 식민지 근대성〉, 《한국근대미술사학》 13, 2004

박수현, 〈중일전쟁기 '유언비어'와 조선인의 전쟁인식〉, 《한국민족운동사연구》 40, 2004

박순애, 〈조선총독부의 사상동원과 만화매체〉, 《한중인문학연구》 31, 2010

박순애, 〈조선총독부의 정보선전정책〉, 《한중인문학연구》 9, 2002

박암종, 〈한국 근대 포스터의 특징과 스타일에 대한 연구: 근현대디자인박물관 소장 포스터를 중심으로〉, 《디자인학연구》 21-5, 2008

박윤재, 〈조선총독부의 결핵 인식과 대책〉, 《한국근현대사연구》 47, 2008

박윤진, 〈대일본부인회 조선본부의 결성과 활동, 1942~45년〉, 《한국문화연구》 13, 2007

박인식, 〈日帝の朝鮮支配末期における情報·宣傳政策〉, 《아시아문화연구》 12, 2007

박재홍, 〈만주사변 이후 교과서에 나타난 일제의 대륙진출에 대한 고찰: 조선총독부편찬 제Ⅲ기 교과서를 중심으로〉, 《일본어교육》 70, 2014

박진수, 〈라디오 체조와 '국민'의 일상: 국민가 '라디오 체조 노래'의 시대적 변천〉, 《아시아문화연구》 53, 2020

박찬승, 〈일제하의 '백의白衣' 비판과 '색의色衣' 강제〉, 《동아시아문화연구》 59, 2014

박해남, 〈제국과 식민지 간 재현 경쟁의 장, 스포츠: 조선신궁체육대회와 메이지신궁체육대회를 중심으로〉, 《한림일본학》 26, 2015

박현, 〈중일전쟁기 조선총독부의 금집중 정책〉, 《한국근현대사연구》 55, 2010

박현수, 〈식민지 조선에서 결핵의 표상: 나도향의 경우〉, 《반교어문연구》 34, 2013

방기중, 〈1920·30년대 조선물산장려회 연구: 재건과정과 주도층 분석을 중심으로〉, 《국사관논총》 67, 1996

방기중, 〈1930년대 물산장려운동과 민족·자본주의 경제사상〉, 《동방학지》 115, 2002

방기중, 〈1940년 전후 조선총독부의 '신체제' 인식과 병참기지강화정책: 총독부 경제지배시스템의 특질과 관련하여〉, 《동방학지》 138, 2007

방원일, 〈한국 크리스마스 전사前史, 1884~1945: 이원적 크리스마스 문화의 형성〉, 《종교문화연구》 11, 2008

배개화, 〈죽음의 공동체로서의 국가: 총력전기 국민문학을 통해본 일본 제국〉, 《현대소설연구》 69, 2018

배영미·노기 카오리, 〈일제말기 조선인 특공대원의 '지원'과 '특공사'〉, 《한일민족문제연구》 13, 2007

변은진, 〈일제 식민지 지배 문화정책의 실체와 성격: 전시파시즘기 사상·선전정책의 강화를 중심으로〉, 《국사관논총》 94, 2000

변은진, 〈조선인 군사동원을 통해 본 일제 식민정책의 성격〉, 《아세아연구》 112, 2003

서민교, 〈일제강점기 용산기지의 군사전략적 기능에 대하여: 1904년 러일전쟁에서 1930년대 만주사변기의 '조선군'의 역할과 기능〉, 《서울과 역사》 98, 2018

서유리, 《한국 근대의 잡지 표지 이미지 연구》, 서울대학교 박사학위논문, 2013

서유리, 《《매신 사진순보》, 조선에 전쟁을 홍보하다: 전시체제하 사진화보잡지의 표지 이미지 연구〉, 《근대서지》 10, 2014

서은주, 〈'한국적 근대'의 풍속: 최인훈의 《크리스마스 캐럴》 연작 연구〉, 《상허학보》 19, 2007

서재길, 〈일제 말기 방송문예와 대일 협력: 《방송지우》 소재 신발굴 자료를 중심으로〉, 《민족문학사연구》 32, 2006

서재길, 〈일제 식민지기 라디오 방송과 '식민지 근대성'〉, 《사이》 1, 2006

서정익, 〈세계대공황기(1929~36년) 일본의 경제정책〉, 《사회과학연구》 27-1, 2008

소영현, 〈아나키즘과 1920년대 문화지리학〉, 《현대문학의 연구》 36, 2008

소현숙, 〈식민지시기 '불량소년' 담론의 형성: 민족/국민만들기와 '협력'의 역학〉, 《사회와역사》 107, 2015

소현숙, 〈일제시기 출산통제담론 연구〉, 《역사와현실》 38, 2000

손낙구, 《일제하 세무관서의 설치와 운영》, 건국대학교 박사학위논문, 2015

손유경, 《한국 근대소설에 나타난 '동정'의 윤리와 미학에 관한 연구》, 서울대학교 박사학위논문, 2006

손준종, 〈근대교육에서 국가의 몸 관리와 통제 양식 연구〉, 《한국교육학연구》 16-1, 2010

손환, 〈일제강점기 조선의 체력장검정에 관한 연구〉, 《한국체육학회지》 48-5, 2009

손환, 〈일제하 조선체육협회의 활동에 관한 연구〉, 《한국체육학회지》 42-6, 2003

손환, 〈일제하 한국근대스포츠시설에 관한 연구: 경성운동장을 중심으로〉, 《한국체육학회지》 42-4, 2003

손환·하정희, 〈한국 최초의 운동장, 부산 대정공원 운동장의 역사적 의미〉, 《체육사학회지》 26-3, 2021

송규진, 〈함경선 부설과 길회선 종단항 결정이 지역경제에 끼친 영향: 나진·웅기·청진을 중심으로〉, 《한국사학보》 57, 2014

송치호, 〈일제시기 조선사회사업협회의 성격에 대한 실증분석: '식민지배 도구적 성격'을 중심으로〉, 서울대학교 석사학위논문, 2007

송혜경, 〈식민지 말기 일제의 항공정책과 아동의 전쟁동원〉, 《한림일본학》 19, 2011

송혜경, 〈재조일본인의 가정담론 형성과 식민주의: 조선에서 개최된 가정박람회(1915)를 중심으로〉, 《아시아문화연구》

46, 2018

신동규, 〈일제침략기 결핵전문 요양병원 해주구세요양원의 설립과 운영 실태에 대한 고찰〉, 《한일관계사연구》 52, 2015

신동규, 〈일제침략기 선교사 셔우드 홀과 크리스마스 씰을 통해 본 한일관계에 대한 고찰〉, 《한일관계사연구》 46, 2013

신동규, 〈일제침략기 해주구세요양원의 결핵관련 홍보자료 판매와 수익금 활용에 대한 고찰〉, 《일본문화연구》 59, 2016

신동규, 〈일제침략기 해주구세요양원의 결핵예방과 퇴치를 위한 홍보인쇄자료의 분류와 성격 검토〉, 《한일관계사연구》 54, 2016

신영숙, 〈아시아·태평양전쟁 시기 일본군 '위안부'의 정체성: 여자 군속의 종군간호부와 비교 연구〉, 《동북아역사논총》 25, 2009

신영숙, 〈아시아·태평양전쟁기 조선인 종군간호부의 동원실태와 정체성〉, 《여성과 역사》 14, 2009

신영희, 〈식민지 조선에서의 징병제와 '군국모성': 최정희의 1940~1945년 작품을 매개로〉, 《대동문화연구》 59, 2007

신영희, 〈전시체제기 애국부인회 조선본부의 군사후원사업과 애국자녀단〉, 《지역과 역사》 30, 2012

新垣夢乃, 〈植民地台灣の 紙芝居活動をみつめる三者の視線について〉, 《일본학보》 112, 2017

신재의, 〈일제강점기 치과의사회의 설립과 활동: 대한치과의사협회 창립일과 근원에 대하여〉, 《대한치과의사협회지》 42-2, 2004

신주백, 〈1910년대 일제의 조선통치와 조선주둔 일본군: '조선군'과 헌병경찰제도를 중심으로〉, 《한국사연구》 109, 2000

신주백, 〈박람회: 과시·선전·계몽·소비의 체험공간〉, 《역사비평》 67, 2004

신주백, 〈일제 말기 조선인 군사교육, 1942.12~1945〉, 《한일민족문제연구》 9, 2005

신주백, 〈일제 말기 체육 정책과 조선인에게 강제된 건강: 체육 교육의 군사화 경향과 실종을 중심으로〉, 《사회와 역사》 68, 2005

신지영, 《한국 근대의 연설·좌담회 연구: 신체적 담론공간의 형성과 변화》, 연세대학교 박사학위논문, 2009

심영옥, 〈엘리자베스 키스의 시각으로 본 한국인의 모습과 풍속의 특징 분석〉, 《동양예술》 21, 2013

심유정·최정엽, 〈근대 수의전문기관의 설립과정과 역사적 의미: 수출우검역소와 우역혈청제조소를 중심으로〉, 《농업사연구》 10-1, 2011

안세영, 〈1930년대 경성부방호단의 조직과 방공정책의 특징〉, 《한국민족운동사연구》 99, 2019

안자코 유카, 〈전장으로의 강제동원: 조선인 지원병이 경험한 아시아태평양전쟁〉, 《역사학연구》 81, 2021

안자코 유카, 《조선총독부의 '총동원체제'(1937~1945) 형성 정책》, 고려대학교 박사학위논문, 2006

안태윤, 〈일제말기 전시체제와 모성의 식민화〉, 《한국여성학》 19-3, 2003

안태윤, 《일제하 모성에 관한 연구: 전시체제와 모성의 식민화를 중심으로》, 성신여자대학교 박사학위논문, 2001

안현정, 〈시선의 근대적 재편, 일제치하의 전시공간: 박람회와 박물관을 중심으로〉, 《한국문화연구》 19, 2010

양지선, 〈한인의 동부내몽골 이주를 통해 본 일제의 만몽정책(1931~1945)〉, 《몽골학》 39, 2014

엄진주, 〈1910~1930년대 위생용품에 투영된 담론 연구: 라이온치마齒磨 광고를 중심으로〉, 《어문논집》 72, 2017

여상임, 〈파시즘과 공명하는 여성의 욕망: 파시즘과 페미니즘의 여성담론〉, 《어문론총》 51, 2009

염복규, 〈일제하 경성 지역 소방 기구의 변화 과정과 활동 양상〉, 《서울학연구》 49, 2012

염복규, 〈조선박람회 전시관 양식에 보이는 제국과 식민지, 수도와 지방〉, 《인문논총》 75-4, 2018

예지숙, 《조선총독부 사회사업정책의 전개와 성격(1910년~1936년)》, 서울대학교 박사학위논문, 2017

오미일, 〈국민정신총동원운동시기(1938~1940) 일제의 경제전 캠페인: 경기도 지역을 중심으로〉, 《역사와 경계》 96, 2015

오미일, 〈총동원체제하 생활개선캠페인과 조선인의 일상: 식민도시 인천의 사회적 공간성과 관련하여〉, 《한국독립운동사연구》 39, 2011

오오다케 키요미, 〈어린이날 한일 비교 연구: 1922년 전후를 중심으로〉, 《방정환연구》 8, 2022

오오타케 키요미, 〈전지 통제하의 식민지 '국책' 선전 교육: 그림연극(紙芝居/카미시바이)의 활용〉, 《연세교육연구》 15-1, 2003

오태영, 〈다이글로시아와 언어적 예외상태: 1940년대 전반 잡지 《신시대》를 중심으로〉, 《한국어문학연구》 54, 2010

우미영, 〈근대 여행의 의미 변이와 식민지/제국의 자기 구성 논리: 묘향산 기행문을 중심으로〉, 《동방학지》 133, 2006

유근필·조현신, 〈일제강점기 동아일보 기사를 통해 본 경성운동장의 장소성〉, 《기초조형학연구》 15-2, 2014

유춘동·이혜은, 〈일제강점기 지역 선전매체 '부세일반府勢一般'의 구성과 시각화 전략〉, 《철학·사상·문화》 30, 2019

유필규, 〈1940년대 조선총독부 만주개척민지원자훈련소의 설치와 성격〉, 《한국독립운동사연구》 48, 2014

윤대석, 〈1940년대 전반기 황국신민화운동과 국가의 시간·신체 관리〉, 《한국현대문학연구》 13, 2003

윤소라, 〈일제강점기 식민지 조선인 여성의 시각화와 이미지 생산〉, 이화여자대학교 석사학위논문, 2013

윤은순, 〈1920~30년대 기독교 절제운동의 논리와 양상: 금주금연운동을 중심으로〉, 《한국민족운동사연구》 59, 2009

윤재석, 〈石川啄木의 번역시 '끝업는토론한뒤' 일고찰: 한국의 '브나로드운동'을 중심으로〉, 《일본문화학보》 35, 2007

윤해동, 〈물산장려운동: '근대화'를 위한 불가피한 경로인가?〉, 《내일을 여는 역사》 5, 2001

윤해동, 〈식민지 말기 촌락에서의 '총동원체제' 구축(1937~1945년)〉, 《민족문화논총》 33, 2006

이경란, 〈1910년대 부업생산물의 상품화와 농가경제〉, 《역사문제연구》 2, 1997

이경분, 〈'열등한' 일본인과 '신비화'된 일본제국: 나치제국의 이데올로기와 프로파간다의 간극에 대하여〉, 《국제지역연구》 19-4, 2010

이금도·서치상·강윤식, 〈일제강점기 부산 서면 경마장의 조성과정을 통해 본 (구)하야리아부대 이전부지의 도시사적 의미〉, 《대한건축학회논문집: 계획계》 28-6, 2012

이기복, 《일제하 '수산박람회'와 조선 수산업의 동향》, 부산대학교 박사학위논문, 2010

이기훈, 〈1920년대 '어린이'의 형성과 동화〉, 《역사문제연구》 8, 2002

이명종, 〈일제 말기 조선인 징병을 위한 기류제도의 시행 및 호적조사〉, 《사회와 역사》 74, 2007

이명화, 〈조선총독부 학무국 운영과 식민지교육의 성격〉, 《향토서울》 69, 2007

이병담·구희성, 〈일제강점기 아동의 체육활동과 식민성: 조선총독부 《소학교보통학교체조교수서》와 국정교과서를 중심으로〉, 《일본어문학》 45, 2010

이병례, 〈1930년대 초반 생활물가 동향과 물가 인하 운동〉, 《사림》 54, 2015

이병례, 〈아시아·태평양전쟁기 '산업전사' 이념의 형상화와 재현〉,《사총》94, 2018

이병례, 〈아시아·태평양전쟁기 식민지 조선의 건강담론과 노동통제〉,《한국사연구》185, 2019

이병례,《일제하 전시 기술인력 양성정책과 한국인의 대응》, 성균관대학교 박사학위논문, 2011

이상의, 〈태평양전쟁기 조선인 전문학생·대학생의 학도지원병 동원 거부와 '학도징용'〉,《역사교육》141, 2017

이성례,《한국 근대 시각문화의 '현모양처' 이미지》, 이화여자대학교 박사학위논문, 2016

이성례, 〈한국 근대기 전시주택의 출품 배경과 표상〉,《미술사논단》43, 2016

이송순, 〈1920~30년대 전반기 식민지 조선의 농가경제 분석〉,《사학연구》119, 2015

이송순, 〈일제말 전시체제하 '국민생활'의 강제와 그 실태: 일상적 소비생활을 중심으로〉,《한국사학보》44, 2011

이송순, 〈일제말(1937—1945) 조선의 농촌경제 변화: 미곡공출을 중심으로〉,《사총》44, 1995

이송순,《일제말기 전시 농업통제정책과 조선 농촌경제 변화》, 고려대학교 박사학위논문, 2003

이송순, 〈일제하 1930·40년대 농가경제의 추이와 농민생활〉,《역사문제연구》8, 2002

이송순, 〈전시기(1937-1945) 조선의 농촌 시장통제와 '암거래' 확산〉,《한국민족운동사연구》34, 2003

이수형, 〈1930년대 모더니즘 문학과 도시의 정신생활〉,《현대소설연구》56, 2014

이승엽,《《신여성》: 식민지시대 말기 여성의 '황민화'운동〉,《한국민족운동사연구》20, 1998

이영섭, 〈한국 해태의 형상고: 중국으로부터의 변천과정을 중심으로〉,《중국어문학논집》92, 2015

이영학, 〈담배의 사회사: 조선후기에서 일제시기까지〉,《역사비평》12, 1991

이유나, 〈죄악과의 전쟁: 초기 한국 구세군의 금주 담론을 중심으로〉,《민족문화연구》86, 2020

이윤진, 〈일제강점기 농번기탁아소 연구〉,《교육비평》17, 2005

이은주, 〈전시기《주부의 벗(主婦之友)》에 나타난 여성담론과 야스쿠니신사〉, 건국대학교 석사학위논문, 2005

이은희, 〈1940년대 전반 식민지 조선의 암시장: 생활물자를 중심으로〉,《동방학지》166, 2014

이은희, 〈일제강점기 우량아 양육과 우유·연유·분유의 상륙〉,《경제사학》71, 2019

이인영, 〈한국 근대 아동잡지의 '어린이' 이미지 연구:《어린이》와《소년》을 중심으로〉, 이화여자대학교 석사학위논문,
2015

이재헌, 〈일제강점기 청년훈련소의 운영과 재편〉, 울산대학교 석사학위논문, 2020

이정윤, 〈일제 말기 '시국 미술' 연구〉, 홍익대학교 석사학위논문, 2000

이종민, 〈1910년대 경성 주민들의 죄와 벌〉,《서울학연구》17, 2001

이종봉, 〈일제 강점기 도량형제의 운용 양상〉,《한국민족문화》57, 2015

이종임, 〈일제강점기 담배포장디자인의 메타포적 표현 연구: 한국과 일본의 담배포장 디자인을 중심으로〉,
《기초조형학연구》23-6, 2022

이종찬, 〈위생의 근대〉,《인문연구》51, 2006

이주희, 〈1920년대 조선총독부의 '아동보호일' 제정과 그 성격〉,《역사와 교육》33, 2021

이준영, 〈조선총독부 재무국장 하야시 시게조의 궁민구제 사업과 부산대교 건설〉,《한국민족운동사연구》101, 2019

이지원, 〈3·1운동 이후 일제의 식민지 사회교화정책과 조선 민족성〉,《학림》45, 2020

이창성, 〈한국의 크리스마스 씰 야화〉(6),《보건세계》37-11, 1990

이창신, 〈제2차 세계대전 중 미국정부의 이미지 전략과 젠더 이데올로기〉, 《미국사연구》 15, 2002

이창익, 〈근대적 시간과 일상의 표준화〉, 《역사비평》 59, 2002

이태훈, 〈일제말 전시체제기 조선방공협회의 활동과 반공선전전략〉, 《역사와현실》 93, 2014

이하나, 〈일제하 '활동사진(영화)대회'를 통해 본 식민지 대중의 문화체험과 감성공동체〉, 《한국문화》 84, 2018

이행선, 〈총력전기 베스트셀러 서적, 총후적 삶의 선전물 혹은 위로의 교양서: '위안'을 중심으로〉, 《한국민족문화》 48, 2013

이현주, 〈1910년에서 1930년까지 미국과 한국에서의 "베이비 쇼(Baby Show)"에 관한 소고〉, 《미국사연구》 46, 2017

이형식, 〈'내파內破'하는 '대동아공영권': 동남아시아 점령과 조선통치〉, 《사총》 93, 2018

이형식, 〈고이소 총독 시기(1942.5-1944.7) 조선총독부의 운영과 통치이념〉, 《일본역사연구》 52, 2020

이화진, 〈일제 말기 이동극단 활동의 전개 양상과 그 한계〉, 《한국학연구》 30, 2013

이희재, 〈일제시기 학교신체검사 제도의 시행과 특징〉, 《한국근현대사연구》 99, 2021

임경석, 〈일본인의 조선 연구: 사상검사 이토 노리오의 조선 사회주의 연구를 중심으로〉, 《한국사학사학보》 29, 2014

임동현, 〈일제시기 조선인 체육단체의 스포츠 문화운동〉, 고려대학교 박사학위논문, 2022

임상민, 〈일제강점기 해양소년단과 조직화되는 소국민: 조선공민교육회와 잡지 《해국소년》을 중심으로〉, 《일본문화학보》 96, 2023

임성모, 〈만주국협화회의 대민지배정책과 그 실태: '동변도치목공작'과 관련하여〉, 《동양사학연구》 42, 1993

임종태, 〈김용관의 발명학회와 1930년대 과학운동〉, 《한국과학사학회지》, 17-2, 1995

임혜영, 〈일제강점기 가마니의 보급과 통제〉, 《전북사학》 53, 2018

장규식, 〈1920~30년대 YMCA학생운동의 전개와 일상활동〉, 《한국기독교와역사》 27, 2007

장미화, 〈일본의 아시아·태평양전쟁기 여성동원정책에 관한 연구〉, 한양대학교 박사학위논문, 2007

장윤걸, 〈제국 일본의 한반도 축산 통제: '이중검역체제'의 성립 과정과 그 의미〉, 《한일관계사연구》 69, 2020

장정희, 〈어린이날 유래와 회차 재고〉, 《근대서지》 15, 2017

전경선, 〈전시체제 하 만주국의 국병법 선전〉, 《만주연구》 23, 2017

전경선, 《전시체제 하 만주국의 선전정책 연구》, 부산대학교 박사학위논문, 2012

전민정, 〈일제시기 조선박람회(1929년) 연구: 조선인의 근대적 시각 체험을 중심으로〉, 성균관대학교 석사학위논문, 2003

전상숙, 〈일제 파시즘기 사상통제정책과 전향〉, 《한국정치학회보》 39-3, 2005

전성규, 〈해방의 우울과 퇴폐·거세된 남성성 사이의 '명랑': 정비석의 《장미의 계절》과 《도회의 정열》을 중심으로〉, 《대동문화연구》 85, 2014

전성현, 〈전시체제기 학교 隊조직의 변화와 집단 노동력 동원: 조선총독부의 학생동원정책을 중심으로〉, 《석당논총》 62, 2015

전혜진, 〈《별건곤》에서 드러난 도시 부르주아 문화와 휴양지 표상〉, 《한국언어문화》 41, 2010

정근식, 〈식민지 위생경찰의 형성과 변화, 그리고 유산: 식민지 통치성의 시각에서〉, 《사회와역사》 90, 2011

정근식, 〈식민지 전시체제하에서의 검열과 선전, 그리고 동원〉, 《상허학보》 28, 2013

정근식, 〈일본 식민주의의 정보통제와 시각적 선전〉, 《사회와역사》 82, 2009

정상우, 〈1910년대 일제의 지배논리와 지식인층의 인식: '일선동조론'과 '문명화론'을 중심으로〉, 《한국사론》 46, 2001

정상우, 〈개항 이후 시간관념의 변화〉, 《역사비평》 50, 2000

정선아, 〈과학데이(1934-1936)의 스펙타클: 일본 식민지시기 특정 과학관의 공공성 획득을 위한 절충적 전략〉, 《인문사회 21》 5-2, 2014

정선이, 〈일제 말기 고등여학교 간호교육의 실태와 의미〉, 《한국교육사학》 44-1, 2022

정소영, 〈1923년 조선부업품공진회의 개최와 영향〉, 《숭실사학》 38, 2017

정수남, 〈거리 위의 모더니티: 서울의 '러시아워' 현상에 관한 시·공간의 사회학적 연구〉, 《사회연구》 8, 2004

정안기, 〈전시기 육군특별지원병제의 추계와 분석〉, 《정신문화연구》 41-2, 2018

정윤희, 〈1910년대 지방 물산공진회 연구〉, 한양대학교 석사학위논문, 2016

정일영, 〈일제 식민지 시기 '국민'되기의 이중성: '국민건강보험' 도입 담론과 '국민등록제' 시행을 중심으로〉, 《역사연구》 42, 2021

정일영, 〈일제 식민지기 조선간이생명보험을 통해 본 '공공'의 기만성〉, 《역사학연구》 75, 2019

정재정, 〈일제하 경성부의 교통사고와 일제 당국의 대책〉, 《전농사론》 7, 2001

정준희, 〈1930년대 브나로드운동의 사회적 기반과 전개과정〉, 연세대학교 석사학위논문, 2018

정진석, 〈일제하의 라디오 보급과 청취자〉, 《신문과 방송》 262, 1992

정진성, 〈미쓰이물산 해외지점의 전개과정, 1876~1913〉, 《국제지역연구》 8-4, 2000

정진헌, 〈일제강점기 한국 그림동요 연구: 전봉제를 중심으로〉, 《한국아동문학연구》 25, 2013

정해린, 〈식민지 시기 전조선여자올림픽대회(1924~1941)의 배경과 성격〉, 한양대학교 석사학위논문, 2021

정형철, 〈시각적 이미지와 식민주의적 응시〉, 《비교문학》 53, 2011

정혜인, 〈1920년대 《조선문 조선》의 '부업' 기사에 나타난 조선총독부의 의도와 현실〉, 《숭실사학》 43, 2019

정혜인, 〈전시총동원체제기 일제의 언론 통제와 동원〉, 숙명여자대학교 박사학위논문, 2021

정호기, 〈일제하 조선에서의 전쟁사자 추모 공간과 추모 의례〉, 《사회와역사》 67, 2005

조건, 〈일제 말기 조선 주둔 일본군의 '전쟁미담' 생산과 조선인 군인 동원〉, 《한일민족문제연구》 31, 2016

조건, 《전시 총동원체제기 조선 주둔 일본군의 조선인 통제와 동원》, 동국대학교 박사학위논문, 2015

조건, 〈전시체제기 조선 주둔 일본군의 방공 조직과 활동〉, 《숭실사학》 27, 2011

조건, 〈중일전쟁기(1937~1940) '조선군사령부 보도부'의 설치와 조직 구성〉, 《한일민족문제연구》 19, 2010

조명근, 〈일제 말(1937~45) 조선 내 민간인을 대상으로 한 전시공채의 발행 실태〉, 《대동문화연구》 65, 2009

조명근, 〈일제 말(1937~45) 조선에서의 전시공채 소화 실태와 성격〉, 《한국사학보》 47, 2012

조성은, 《근대 사회사업 개념과 담론에 관한 연구: 1920년대와 1930년대를 중심으로》, 서울대학교 박사학위논문, 2012

조순자, 〈영화음악을 중심으로 본 국책영화 '병정님'의 프로파간다에 관한 고찰〉, 《한국학연구》 54, 2015

조유경, 〈신문매체로 유포된 1940년대 경성 여성의 이미지〉, 《미술사논단》 43, 2016

조유경, 〈태평양 전쟁기(1941~45) 삽지 《半島の光》의 표지 이미지 연구〉, 이화여자대학교 석사학위논문, 2015

조윤정, 〈비밀전, 스파이, 유언비어: 《신시대》에 나타난 통합과 배제의 논리〉, 《한국어문학연구》 57, 2011

조은정, 〈한국 근대미술의 일하는 여성 이미지에 대한 연구〉, 《여성학논집》 23-2, 2006

조은주, 〈인구통계와 국가형성: 1960년, 1966년 한국의 인구센서스를 중심으로〉, 《한국사회학》 48-5, 2014

조익상, 〈크리스마스 담론과 표상 연구: 근대 문자매체를 중심으로〉, 연세대학교 석사학위논문, 2012

조정우, 〈'불령선인'에서 '개척의 전사'로: 중일전쟁 이후 조선인 만주이민정책의 재편〉, 《만주연구》 30, 2020

조형근·박명규, 〈식민권력의 식민지 재현전략: 조선총독부 기관지 《조선》의 사진이미지를 중심으로〉, 《사회와역사》 90, 2011

조희진, 〈식민지시기 색복화 정책의 전개 양상과 추이〉, 《국학연구》 16, 2010

주연정, 〈조선물산공진회와 식민주의 시선〉, 《문화과학》 33, 2003

지수걸, 〈일제의 군국주의 파시즘과 '조선농촌진흥운동'〉, 《역사비평》 47, 1999

쭈주키 쭈오, 〈일제 시대 도서관 열람자 상황: 1922~1941년 경성과 인천의 도서관을 중심으로〉, 《한국교육사학》 33-1, 2011

차승기, 〈추상과 과잉: 중일전쟁기 제국/식민지의 사상연쇄와 담론정치학〉, 《상허학보》 21, 2007

차철욱, 〈1906년 '일한상품박람회'와 수입무역의 동향〉, 《지역과 역사》 21, 2007

최규진, 〈시각화한 신체와 '건강미'〉, 《역사연구》 41, 2021

최규진, 〈이미지는 말할 수 있는가: 《매신 사진순보》로 생각한다〉, 《역사연구》 46, 2023

최규진, 〈전시체제기 '멸사봉공'의 신체, 일본정신과 무도〉, 《역사연구》 44, 2022

최규진, 〈전시체제기 국민체력관리와 건민운동〉, 《역사연구》 47, 2023

최규진, 〈직업여성, 또는 '걸'그룹〉, 《내일을 여는 역사》 43, 2011

최금미, 〈일제강점기 지방 물산공진회 건축에 관한 연구: 1910~1920년대를 중심으로〉, 한양대학교 석사학위논문, 2017

최병택, 〈일제하 전시체제기(1937~1945) 임업동원책과 삼림자원 공출〉, 《한국사학보》 32, 2008

최선웅, 〈일제시기 사법보호사업의 전개와 식민지적 성격: 사상범 사법보호단체를 중심으로〉, 《동방학지》 186, 2019

최성환, 〈육지면 보급 후 일제강점기 목포항의 기능과 영향〉, 《한국민족문화》 74, 2020

최원영, 〈일제말기(1937~45)의 청년동원정책: 청년단과 청년훈련소를 중심으로〉, 《한국민족운동사연구》 21, 1999

최유리, 〈일제 말기 황민화 정책의 성격: 일본어 보급운동을 중심으로〉, 《한국근현대사연구》 2, 1995

최은경, 〈개항 후 서양의학 도입과 '결핵' 용어의 변천〉, 《의사학》 21-2, 2012

최은경, 〈일제강점기 조선 사회 결핵 유행과 대응에 관한 연구〉, 서울대학교 박사학위논문, 2011

최은경, 〈일제강점기 조선총독부의 결핵정책(1910-1945): 소극적 규제로 시작된 대응과 한계〉, 《의사학》 22-3, 2013

최인영, 〈1929년 조선박람회에 활용된 경성의 교통망〉, 《서울학연구》 72, 2018

최인영·김제정, 〈1930-40년대 경성지역 대중교통의 문제점과 대책〉, 《서울학연구》 50, 2013

최재혁, 〈1930·40년대 일본회화와 만주국 표상〉, 《미술사논단》 28, 2009

최재혁, 〈만주국의 국가상징 및 황제 이미지의 창출〉, 《한국근현대미술사학》 35, 2018

최종호, 〈개화기부터 1910년까지 뮤지엄과 엑스포 정책 연구〉, 《박물관학보》 22, 2012

최현우, 《일제강점기 조선총독부 관료의 구미 시찰과 조사 활동》, 서울대학교 박사학위논문, 2020

최희정, 〈1930년대 '자력갱생'론의 연원과 식민지 지배 이데올로기화〉, 《한국근현대사연구》 63, 2012

토드 A. 헨리 지음, 강동인 옮김, 〈제국을 기념하고, 전쟁을 독려하기: 식민지 말기(1940년) 조선에서의 박람회〉, 《아세아연구》 51-4, 2008

토베 료이치, 〈조선주둔 일본군의 실상: 치안·방위·제국〉, 《한일역사 공동연구보고서》 5, 2005

표영수, 〈일제강점기 육군특별지원병제도와 조선인 강제동원〉, 《한국민족운동사연구》 79, 2014

표영수, 〈일제강점기 조선인 군사훈련 현황〉, 《숭실사학》 30, 2013

표영수, 〈해군특별지원병제도와 조선인 강제동원〉, 《한국민족운동사연구》 59, 2009

하세봉, 〈식민지권력의 두 가지 얼굴: 조선박람회(1929년)와 대만박람회(1935년) 비교〉, 《역사와 경계》 51, 2004

하신애, 〈전시체제기 야담의 두 가지 양상: 제국의 지역질서와 대중문화상품 간의 교차점을 중심으로〉, 《국제어문》 81, 2019

하종문, 〈군국주의 일본의 전시동원〉, 《역사비평》 62, 2003

한규무, 〈1907년 경성박람회의 개최와 성격〉, 《역사학연구》 38, 2010

한규무, 〈근대 인천의 '군함관람'과 그 성격〉, 《인천학연구》 1-15, 2011

한규무·노기욱, 〈1922년 평화기념 동경박람회와 조선인시찰단〉, 《한국민족운동사연구》 65, 2010

한금희, 〈1935~37년 일제의 '심전개발心田開發' 정책과 그 성격〉, 《한국사론》 35, 1996

한만수, 〈식민지 시기 검열과 1930년대 장애우 인물 소설〉, 《한국문학연구》 29, 2005,

한민주, 〈불온한 등록자들: 근대 통계학, 사회위생학, 그리고 문학의 정치성〉, 《한국문학연구》 46, 2014

한민주, 〈해방 전후 '유령인구'의 존재론〉, 《사이間SAI》 16, 2014

한상욱, 〈전시동원체제기 조선총독부의 사법보호정책: 조선사법보호협회의 조직과 활동을 중심으로〉, 《숭실사학》 42, 2019

한석정, 〈만주국의 민족형성과 외래 거류민의 사회적 위치에 관한 연구: 조선인과 일본인의 경우〉, 《한국사회학》 31-4, 1997

한승연, 〈근대 우정 제도의 발전과 사회적 영향 분석〉, 《정부학연구》 12-1, 2006

한영혜, 〈두 개의 어린이날: 선택된 이야기와 묻혀진 이야기〉, 《한국사회학》 39-5, 2005

한정선, 〈일본 총력전 시기의 항공미술: "거짓말의 진실"을 통한 영원성의 재현〉, 《일본학보》 99, 2014

함예재, 〈전시하 후생성의 국민체력동원과 메이지신궁대회〉, 《일본역사연구》 37, 2013

허영선, 〈일제의 식민지 수탈이 제주지역에 끼친 영향: 구술을 통해 본 제주지역 공출 사례와 양상을 중심으로〉, 《4·3과 역사》 15, 2015

허정도, 〈일제에 의한 진해신도시계획의 식민성 고찰〉, 《인문논총》 28, 2011

현원복, 〈1930년대의 과학·기술학 진흥운동〉, 《민족문화연구》 12, 1977

홍선표, 〈한국 근대미술의 여성 표상: 탈성화와 성화의 이미지〉, 《한국근현대미술사학》 10, 2002

홍성태, 〈주민등록제도와 총체적 감시사회: 박정희 독재의 구조적 유산〉, 《민주사회와정책연구》 9, 2006

홍수경, 〈만주국의 사상전과 민주영화협회: 1937~45〉, 연세대학교 석사학위논문, 2007

홍지석, 〈카프 초기 프롤레타리아 미술 담론〉, 《사이間SAI》 17, 2014

황민호, 〈중일전쟁 초기 조선총독부의 전쟁에 대한 선전과 조선인: 1937년의 《매일신보》의 기사 내용을 중심으로〉,
　　《한국민족운동사연구》 76, 2013

황의룡·손환, 〈일제 강점기의 라디오체조 보급과 사회적 영향〉, 《한국체육사학회지》 14-3, 2009

황익구, 〈일제침략기 군대만화엽서를 통해 본 군대의 홍보와 병영생활: 전쟁프로파간다의 전파와 확산〉,
　　《일본문화연구》 67, 2018

権学俊, 〈植民地朝鮮における飛行機表象と朝鮮総督府の航空政策(上)〉, 《立命館産業社会論集》 57-4, 2022

鈴木楓太, 〈戦時下の体育・スポーツ〉, 劉建輝・石川肇 編, 《戦時下の大衆文化─統制・拡張・東アジア》, KADOKAWA,
　　2022

栗津賢太, 〈なぜ私たちは黙禱するのか?─近代日本における黙禱儀礼の成立と變容〉, 蘭信三 外, 《シリーズ 戦争と社会
　　5─変容する記憶と追悼》, 岩波書店, 2022

有山輝雄, 〈戰時體制と國民化〉, 《戰時下の宣傳と文化》, 現代史料出版, 2001

井上祐子, 〈'國家宣傳技術者'の誕生─日中戰爭期の廣告統制と宣傳技術者の動員─〉, 《戰時下の宣傳と文化》,
　　現代史料出版, 2001

出口雄一, 〈戰時期の生活と'遵法運動'〉, 榎一江 編, 《戰時期の労働と生活》, 法政大学出版局, 2018

河かおる, 〈總力戰下の朝鮮女性〉, 《歷史評論》 612, 2001

下西陽子, 〈戰時下の農村保健運動─全國協同組合保健協會の對應への中心に─〉, 《戰時下の宣傳と文化》, 現代史料出版,
　　2001

Barak Kushner, "Planes, Trains and Games: Selling Japan's War in Asia", *Looking Modern: East Asian Visual Culture
　　from Treaty Ports to World War II* , eds. by Jennifer Purtle and Hans Bjarne Thomsen, Chicago: Art Media
　　Resources, 2009